진보와 빈곤

헨리 조지

현대지성 클래식 26

산업 불황의 원인과, 빈부격차에 대한 탐구와 해결책

진보와 빈곤
PROGRESS AND POVERTY

헨리 조지 | 이종인 옮김

현대
지성

부의 불평등한 분배와 특권으로부터 나오는

죄악과 비참을 목격하고

좀 더 나은 사회 구조의 가능성을

깊이 생각하고 그것을 실현시키기 위해

치열하게 노력하는 사람들에게

이 책을 바친다.

—

샌프란시스코, 1879년 3월.

차례

일러두기

본문에 나온 각주는 옮긴이라고 쓴 것을 제외하고는 모두 저자의 원주이다.

그대에게 나타나는 사물에 대하여 그대 스스로 정의하거나 묘사하라. 그리하여 그 사물이 그 본질, 그 순수한 상태, 그 온전한 실체 등에 있어서 어떤 종류의 것인지 뚜렷하게 파악하고, 그 사물의 적절한 이름과, 그 사물이 한 부분을 이루면서 그 속으로 편입되는 다른 사물들의 이름을 그대 자신에게 말하라. 왜냐하면 생활 속에서 그대에게 나타나는 모든 사실을 참되면서도 체계적으로 검토하는 것처럼 그대의 마음을 고양시키는 것은 없기 때문이다. 또한 사물을 쳐다보면서 우리의 세상이 어떤 세상인지 언제나 볼 수 있어야 한다. 그리하여 모든 사물이 이 세상에서 어떤 종류의 용도가 있는지, 모든 사물이 전체와 관련하여 어떤 가치를 가지고 있는지, 또 인간과 관련하여 무슨 가치가 있는지 파악하라. 인간은 가장 높은 도시의 시민이며, 그 도시에 대하여 다른 모든 존재의 도시들은 가족과 같다. 각각의 사물이 무엇인지, 무엇으로 구성되어 있는지, 그 사물의 본성이 얼마나 오래 지속되는지 등을 파악하는 것만큼 그대의 마음을 고양시키는 것은 없다.

-마르쿠스 아우렐리우스

피난처는 반드시 있는 법이다! 인간은 겨울바람에
얼어 죽을 뻔하다가 부싯돌을 쳐서 불을 얻음으로써
그들이 추운 곳에다 보관해 두었던 물건을 지킬 수 있었다.
그 후 작열하는 태양으로부터 나오는 붉은 불꽃을 소중히 여겼다.
인간은 늑대처럼 날고기를 마구 씹어 먹었으나, 곡식의 씨앗을 뿌렸고,
비록 잡초가 자라기는 했지만 그 곡식으로 생명을 이어갔다.
인간은 얼굴을 찡그리고 혀 짧은 소리를 내다가 말을 만들어냈고
참을성 많은 손가락이 그 말을 적는 글자를 발명했다.
형제들이여, 탐구, 갈등, 그리고 애정 어린 희생으로부터 나오는
것이야말로 가장 좋은 선물이 되는 것이다.

-에드윈 아놀드

이 세상의 넓은 땅에서 진리의 공유가
헛되이 이루어지는 법이 없다.
손들이 씨앗을 뿌리면, 언덕과 초원으로부터
손들은 노란 수확을 거두어들이는 것이다.

-휘티어

제4쇄 저자 서문

이 책에 제시된 견해들은 1871년 샌프란시스코에서 발간된 "우리의 토지와 토지 정책"이라는 논문에서 대체로 개진된 것들이다. 나는 그 당시 가능한 한 빨리 이 견해들을 좀 더 자세히 설명해야겠다는 생각을 품었으나 오랫동안 그럴 기회를 잡지 못했다. 그러는 동안에도 내 견해가 진실이라고 더욱 확신하게 되었고, 그 견해의 타당성을 더욱 온전하면서도 분명하게 보게 되었다. 그리고 그 진실을 파악하는 길에 많은 잘못된 사상과 엉터리 사고방식이 방해를 놓고 있다는 것을 분명하게 보았다. 그래서 이 문제에 관하여 전반적으로 다시 설명해야겠다는 생각이 더욱 간절해졌다.

나는 그런 설명을, 이 책에서 지면이 허락하는 한 자세하게 해보려고 시도했다. 나는 먼저 내 생각을 단단하게 쌓아올리기 전에 사전 준비 작업을 하는 것이 필요하다고 보아 책 속에서 필요한 사전 설명을 해놓았다. 이 책은 경제 이론을 어느 정도 아는 사람은 물론이고, 이 주제에 대하여 전에 전혀 공부한 적이 없는 사람들을 위한 것이기도 하기 때문이다. 그러나 이 책의 논의 범위가 너무나 넓기 때문에 거론된 여러 주제들에 대하여 필요한 만큼 충분히 서술하는 것은 불가능했다. 나는 이 책에서 일반 원칙들을 확립하는 데 가장 주력했다. 이렇게 한 것은 독자들이 필요하다고 생각할 경우 관련 주제를 스스로 더 연구해 나갈 것으로 믿기 때문이다.

어떤 면에서 볼 때 이 책은 경제학에 어느 정도 지식이 있는 사람들이 가장 잘 이해할 것이다. 그러나 전에 경제학 책을 전혀 읽지 않은 독자라도 이 책의 논의를 이해할 수 있고 또 책의 결론에 대하여 판단을 내릴 수 있다. 내가 이 책에서 의존한 객관적 사실들은 도서관을 뒤져야만 검증할 수 있는 그런 사실들이 아니다. 누구나 관측할 수 있고 누구나 알고 있는 사실들이며, 독자 자신이 스스로 검증할 수 있는 것들이다. 이와 마찬가지로 독자는 그런 사실들에 의거한 논리가 타당한지 여부도 스스로 판단할 수 있을 것이다.

이러한 탐구에 나서도록 유도한 여러 사실들을 간단히 서술한 다음에, 나는 현행 정치경제학에서 생산력이 증가하는 데도 불구하고, 임금은 최저 생계 수준으로 내려가는 이유에 대하여 내놓는 설명을 먼저 검토했다. 이 검토 결과, 현행 임금이론이 오해에 바탕을 두고 있다는 것이 밝혀졌다. 사실을 말해 보자면, 임금은 대가를 지불받는 노동에 의해서 생산되는 것이므로 다른 조건들이 같다면 노동자의 숫자가 증가할수록 임금은 높아져야 마땅하다. 여기에서 우리의 탐구는 어떤 이론을 만나게 되는데, 그것은 가장 중요한 경제 이론들의 바탕이면서 핵심을 이루는데 여러 방면에서 사상계에 막강한 영향을 미쳐왔다. 그것은 인구의 증가가 식량의 증가보다 더 빨리 이루어진다는 맬서스 이론이다. 우리의 검토 결과, 이 이론은 사실이나 비유의 측면에서 아무런 진정한 근거가 없고, 또 엄중한 검증 앞에서 철저히 반박된다는 결론이 나왔다.

지금까지 우리가 해온 탐구의 결과는 아주 중요한 것이기는 하지만 대체로 기존의 이론을 부정하는 것이었다. 그것은 다음과 같은 사실을 보여주었다. 현재의 이론들은 빈곤과 물질적 진보의 공존 상태를 만족스럽게 설명하지 못하고, 문제 자체에 대해서도 아무런 빛을 던져주지 못한다. 단지 이 문제의 해결은 부의 분배를 지배하는 법칙에서 찾아야 한다는 점만 제시했을 뿐이다. 따라서 우리의 탐구를 이 분야(부의 분배)로 확대하는 것이 필요해졌다. 일차 이 분야를 검토해 본 결과, 분배의 세 가지 법칙은 반드시 서로 긴밀하게 연계되어야 마땅했다. 그러나 현행 정치경제학이 제시하는 세 법칙은 서로 연계되지 않을 뿐만 아니라, 그들이 사용하는 용어도 생각의 혼란을 드러내고 있고 또 그런 용어상의 차이를 가지고 세 법칙이 서로 연계되지 않는 것을 어물쩍 넘어가려 한다.

이어 분배의 법칙으로 넘어가서 나는 먼저 지대의 법칙을 거론했다. 즉각 알 수 있는 바이지만, 이 문제는 현행 정치경제학도 옳게 파악하고 있다. 하지만 이 법칙의 전면적 범위는 옳게 파악을 하지 못했다. 지대의 법칙을 검토하려면 당연한 논리적 귀결로 임금과 이자의 법칙을 검토해야 한다. 생산물의 어떤 부분이 지주에게 돌아가야 하는지 결정하는 요인이 노동과 자본에게 돌아갈 나머지 부분을 결정하기 때문이다. 나는 여기에 머물지 않고 독자적으로 이자와 임금의 법칙을 도출했다. 나는 이자의 진정한 원인과 정당성을 살펴보았고, 많은 오해의 원인이 무엇인지 지적했다. 그 오해는 실제로는 독점의 이윤으로 파악해야 마땅한 것을, 자본의 정당한 소득과 서로 혼동하는 데서 비롯되었다.

이어 탐구의 주요 부분으로 돌아가서, 이자는 임금과 함께 오르거나 떨어져야 마땅하지만, 궁극적으로는 지대에 달려 있다는 것을 밝혀냈다. 지대는 생산의 한계 혹은 지대가 시작되는 생산점에 의해 결정된다.[1]

임금의 법칙에 대한 이와 유사한 독립적인 탐구도 역시 이와 비슷한 서로 일치되는 결과를 보여주었다. 이렇게 하여 분배의 세 법칙은 서로 연계되고 조화를 이루었고, 다음의 주장도 확인해 주었다. 즉, 물질적 진보와 함께 모든 곳에서 지대가 상승한다는 사실은 임금과 이자가 상승하지 못하는 사실을 설명해준다.

이러한 지대의 상승을 가져오는 원인의 탐구가 다음 번 주제인데, 자연스럽게 부의 분배에 영향을 미치는 물질적 진보의 효과를 검토하지 않을 수 없었다. 먼저 물질적 진보의 요소를 인구 증가와 기술 개선으로 구분했다. 이렇게 하여 다음 사실을 파악했다. 인구 증가는 경작의 한계를 낮춘다. 그 뿐만

---

1 부는 두 부분으로 나누어지는데, 하나는 경작의 한계에 의해 고정되는 지대선(rent line)이고, 다른 하나는 지대를 안 내도 되는 공짜 땅에서 노동과 자본이 얻을 수 있는 대가이다. 임금과 이자는 지대선 아래에서 지급이 되고, 그 선을 상회하는 부분은 모두 토지 소유주에게 지대로 돌아간다. 지대선은 지대가 시작되는 선인데 경작의 한계가 100이고 실제 생산량이 101, 102, 103 등일 경우 1,2,3은 모두 지대로 흡수된다: 옮긴이

아니라 인구 증가와 병행하여 나타나는 경제성과 힘은, 토지와 결부되어 총 생산물 중 지대가 가져가는 부분을 크게 만든다. 반면에 임금과 이자가 가져 가는 부분을 작게 한다. 그 다음으로 생산 방법과 생산력이 개선되면 역시 지 대는 증가하고 임금과 이자는 작아지는 결과가 발생한다. 그리하여 토지가 사유재산일 경우에, 인구가 정체되어 있는 상태에서는, 맬서스 이론에서 말 하는 인구 압박에서 나오는 모든 효과가 발생한다. 그 후에 물질적 진보로 인 하여 토지 가치는 지속적으로 상승하면서 결국 투기적 상승으로 이어진다. 토지 사유제 아래에서 이러한 투기적 상승은 파생적 원인임에도 불구하고, 막강한 힘을 발휘하여 지대를 증가시키고 임금을 하락시킨다.

연역적 논리는 이런 원인이 필연적으로 정기적인 산업 불황을 가져온다 는 것을 보여주는데, 이것은 귀납적 논리에 의하여 그런 결론이 증명되었다. 이러한 분석에 의하여 다음 사실이 확인되었다. 토지 사유제가 존속되는 한, 물질적 진보는 인구 증가와는 무관하게 노동자를 최저 생계의 임금 수준으 로 추락시킨다.

빈곤을 진보와 결부시키는 이런 원인(토지 사유제)을 확인하고 나서, 나 는 자연스럽게 그에 대응하는 해결 방법을 제시했다. 그러나 그건 너무 과격 한 해결책이므로 혹시 다른 해결책이 있지 않을까, 탐구해 보았다. 다른 관점 에서 그 탐구를 시작하면서 나는 일반 노동자 대중의 생활조건을 개선시키 기 위하여 현재 지지되고 있거나 신임되는 조치나 경향을 검토했다. 그 결과 토지를 공동 재산으로 만드는 것이 최선의 방법임을 확인했다. 그것 이외에 다른 방법들은 빈곤을 항구적으로 제거하지도 못하고 임금을 기아 수준으로 떨어트리는 경향을 제거하지도 못하는 것으로 확인되었다.

토지를 공동 재산으로 만들고자 하면 자연히 정의의 문제가 제기된다. 그 리하여 탐구는 윤리의 영역으로 접어들었다. 재산의 성격과 바탕을 살펴볼 때, 노동의 결과로 생겨난 물품의 재산권과 토지의 재산권, 이 두 가지는 서 로 근본적이면서도 타협되지 않는 차이점이 있다. 물품 재산권은 자연에 기 반을 둔 것이고, 자연의 승인을 얻었다는 측면이 있지만, 토지 재산권은 그런 기반이나 승인을 갖고 있지 않다. 그리고 토지의 독점적 소유권을 인정하는 것은 곧 노동의 생산물에 대한 재산권을 부정하는 것으로 이어진다. 더욱이 토지 사유제는 산업 개발이 진행되면서 필연적으로 노동계급의 예속화를 가져온다.

사정이 이렇기 때문에 사회가 토지 재산권을 회수해 가기로 선택한다면 토지 소유주들의 보상 요구는 정당한 요구가 되지 못한다. 토지 사유제는 인간의 자연법 인식("토지는 모든 사람의 것")과는 너무나도 동떨어진 것으로서, 그와는 정반대(토지공유제)가 자연법의 정신에 합치한다. 그리고 오늘날 미국에서 우리는 이런 잘못되고 파괴적인 제도를 허용함으로써 생겨나는 부작용을 느끼기 시작했다.

우리의 탐구는 이어 실용적 행정의 분야로 넘어간다. 토지 사유제는 정부 행정에 도움을 주는 것이 아니라 행정의 개선이나 촉진에 오히려 방해가 되고, 생산력을 엄청나게 낭비하게 만든다. 토지 공동재산 제도를 시행하는 것은 아무런 충격을 가져오지도 않고 또 기존 토지 소유자들의 소유권을 빼앗아가지도 않는다. 토지 가치세 하나만 인정하고 그 외의 나머지 모든 세금을 철폐하는 간단명료한 방법으로써 그 제도를 확립할 수 있다. 조세 원리를 탐구해본 결과, 이런 토지단일세야말로 모든 면에서 가장 좋은 세제임이 밝혀졌다.

이런 제도 변화가 가져올 효과는 다음과 같다. 그것은 생산을 크게 증가시킨다. 부의 분배에서 정의를 확립한다. 모든 계급에게 혜택이 돌아가게 한다. 좀 더 높고 고상한 문명으로의 상승이 가능해진다.

이제 탐구는 좀 더 넓은 분야로 확대되어 또 다른 출발점에서 시작된다. 먼저, 우리의 희망찬 주장은 완만한 인종(人種, race)의 개선으로 사회 발전이 가능하다는 통설과 정면충돌한다. 게다가 우리가 도달한 결론이 정말로 자연법에 부합하는 것이라면 그것이 보편적 역사 안에서 드러나는 것임을 증명해야 한다. 그리하여 마지막 검증 작업으로서 인류 발전의 법칙을 정립해야 할 필요가 있었다.

이 주제에 착수함과 동시에, 우리는 여러 위대한 사실들이 현재 통용되는 이론과 완전히 불일치하는 것을 목격하게 된다. 우리의 탐구는 문명의 차이가 개인의 차이에서 오는 것이 아니라 사회적 조직의 차이에서 오는 것임을 밝혀낸다. 모임(연합)으로 발전된 사회는 사람들 사이의 불평등이 심화되면 반드시 퇴보하여 추락하게 되어 있다. 심지어 현대 문명에서도 예전의 문명들을 파괴한 원인들이 드러나고 있고, 부의 평등함이 없는 정치적 민주화는 결국 독재정부나 무정부주의로 흘러가고 만다. 우리의 탐구는 또한 사회생활의 법칙이 정의의 자연 법칙과 일치하는 것임을 확인하면서, 문명의 퇴보를 예방하고 좀 더 웅대한 진보를 달성하는 방식을 제시한다. 이렇게 하여 우리의 탐구는 완료되었고 탐구의 결론은 맨 마지막 장(章)에서 아주 분명하게 드러나 있다.

이 탐구의 엄청난 중요성은 곧 분명하게 드러날 것이다. 이 탐구를 면밀하고도 논리적으로 검토해 보면, 이런 사실을 알 수 있을 것이다. 이 탐구의 결론은 경제학의 성격을 완전히 바꾸어 놓고, 경제학에 진정한 학문다운 일관성과 확실성을 부여하고, 그동안 무시해 왔던 일반 대중의 열망을 완전히 공감하는 쪽으로 경제학의 목표를 바꾸어 놓을 것이다. 만약 내가 처절하게 인식한 저 중대한 문제(가난)를 정확하게 해결했다는 가정 아래, 내가 이 책에서 수행하려 했던 것은, 스미스와 리카도 학파가 인지한 진실을 프루동과 라살 학파가 인지한 진실에다 서로 결합시키는 것이다. 진정한 의미의 자유방임 경제가 사회주의의 고상한 꿈을 실현시키는 길을 가리킨다고 주장하고 설득하려는 것이다. 사회 법칙과 도덕 법칙이 같은 것임을 주장하려는 것이다. 빈곤을 해결하여 더 높은 문명으로 나아가자는 웅장하고 고상한 생각을 일반 대중에게 호소하려는 것이다. 더 나아가 그런 호소를 가로막는 현행 여러 사상들을 논박하는 것이다.

이 책은 1877년 8월에서 1879년 3월 사이에 집필되었고, 인쇄는 1879년 9월에 완성되었다. 책이 출간된 이래의 여러 새로운 사건들은 이 책에서 제기된 주장의 타당함을 입증해 주었다. 그리고 여러 가지 사건들의 진행 – 특히 아일랜드 토지 소요 사태와 관련하여 영국에서 시작된 사회 운동 – 은 내가 간절히 해결하려고 하는 문제의 시급성을 더욱 분명하게 보여주었다. 내가 주장한 견해들에 대하여 여러 반론이 제기되었으나, 내 견해를 바꾸거나 수정해야 할 정도의 타당한 주장들은 없었다. 나는 이 책에서 예상되는 반론에 대하여 미리 대답을 해놓았는데, 그 대답으로 답변이 되지 못하는 반론은 아직껏 받아본 적이 없다. 몇 가지 자구상의 오류를 바로잡고 이 서문을 덧붙인 것 이외에, 이 제4쇄는 예전 인쇄본과 동일하다.

헨리 조지

1880년 11월, 뉴욕

발간 25주년 기념판에 들어간 헨리 조지 2세의 서문

그 사람은 헨리 조지였고 때는 1869년이었다. 당시 그는 뉴욕시의 막강한 언론과 독점적인 전신 회사들을 상태로 투쟁했으나 승리를 거두지는 못했다. 하지만 그 투쟁으로부터 하나의 씨앗이 뿌려져 싹이 텄고 그것이 무럭무럭 자라나 마침내 수많은 사람들의 머리와 가슴을 채워서 "무수하게 많은 군기를 흔들어대는 대군"이 되었다.

샌프란시스코에서 자신이 운영하던 신문의 전신(電信) 이용 권리를 얻기 위해, 뉴욕 시로 출장 가서 특파원 자격으로 대언론사와 싸우던 헨리 조지는 깊은 생각에 잠기며 그 도시의 거리를 걸어 내려갔다. 그는 그 도시의 엄청난 부를 자랑하는 많은 시설물들에 대하여 감탄했다. 그 도시는 헨리 조지가 상상했던 그 어떤 도시보다 개인들이 거대한 부를 누렸고, 그 부는 저 유명한 몬테 크리스토의 부와 어깨를 겨룰 만한 것이었다. 그러나 바로 여기에, 군주들의 궁정에 비견될 만한 거대한 부 바로 옆에 가난과 타락, 가난과 수치가 나란히 자리잡고 있었다. 그처럼 극명하게 대조적인 광경을 보고서 탁 트인 서부에서 출장 나온 젊은이는 마음속에 깊은 실망, 분노, 당혹감을 느꼈다.

모든 사람에게 충분히 돌아가고 남을 만한 자연의 혜택을 풍성하게 누리고 있는 이 축복의 땅에서 왜 이처럼 생활조건의 차이가 하늘과 땅처럼 벌어져야 하는가? 왜 저런 엄청난 부가 저런 심각하고 열악한 가난과 공존하는가? 왜 이처럼 풍성한 부를 자랑하는 사회에서 신체 튼튼한 남자가 일자리를 찾아 헤매지만 결국 얻지 못하는가? 왜 여자들은 배가 고파서 기절을 하고 어린아이들은 인생의 아침을 맞이하여 유아노동의 단조로운 바퀴를 계속 밟아 돌려야 하는가?

이것이 하느님이 의도하신 세상의 질서 내에 다 들어 있는 것인가? 아니다. 청년은 그것을 믿을 수 없었다. 그리고 바로 거기, 대낮의 도심 한 거리에서 그에게 한 가지 생각이 떠올랐다. 그것은 불타는 생각, 소명, 그리고 비전이었다. 그의 온몸이 부들부들 떨렸다. 그 자리에서 그는 이런 맹세를 했다. 반드시 이 심각한 가난의 이유를 알아내고야 말리라. 그리고 가능하다면, 이런 비참한 가난과 호화로운 부의 축적이 공존하는 사태를 해결하는 방법을 알아내고야 말리라.

전신 뉴스의 권리를 얻고자 출장 나갔던 임무가 실패로 돌아간 직후, 그는 샌프란시스코로 돌아와 마음속에서 뉴욕의 한 거리에서 했던 맹세를 계속 생각하면서 반드시 해답을 얻고야 말겠다고 스스로 다짐을 했다. 먼저 헨리 조지는 토지 투기가 방대한 땅을 묶어놓는 바람에 노동자가 그 땅을 활용하지 못한다는 사실을 눈여겨보았다. 어디를 둘러보나 토지를 "매점매석"하려는 시도가 눈에 띄었다. 사람들은 토지를 획득하여 보유하기만 할 뿐 실제로 사용하지는 않으면서 땅값의 "상승"만을 기다렸다. 어디에서나 토지를 사용하고자 하는 사람들은 그것을 얻기 위해 서로 경쟁하는 광경이 목격되었다. 헨리 조지는 인구가 증가하면 그런 경쟁이 더욱 치열해질 것이라고 예견했다. 토지 독점권을 가진 사람들은 사실상 그 토지를 사용하는 사람들을 소유한 것이었다.

이런 생각이 머릿속에 가득하던 헨리 조지는 1871년 넉 달에 걸쳐서 "우리의 토지와 토지 정책"이라는 작은 책을 써냈다. 48페이지짜리 작은 책에서 그는 토지 독점을 철폐해야 한다고 주장하면서, 그 방안으로 노동과 노동의 생산물에 대한 모든 세금을 폐지하고 대신 토지 개량과는 무관하게 토지의 가치에 대해서만 세금(토지단일세)을 매기자고 제안했다. 이 작은 책자는 1천 부가 발행되었으나, 곧 그 책의 저자는 사람들의 관심을 끌어당기기 위해서는 좀 더 자세한 설명을 해주는 책자가 필요하다고 생각했다.

그런 자세한 설명을 갖춘 책자는 6년이 흘러간 뒤에야 나왔다. 헨리 조지는 1877년 8월에 『진보와 빈곤』의 집필에 착수했다. 그것은 "우리의 토지와 토지 정책"이라는 도토리에서 무럭무럭 자라서 생겨난 참나무였다. 이 부피가 큰 책은 "산업 불황의 원인과, 부의 증가와 빈곤의 심화가 공존하는 현상에 대한 탐구"였고 그 해결책을 제시했다.

이 책은 1년 7개월에 걸친 각고의 노력 끝에 탈고되었다. 이 당시 헨리 조지의 가족은 심한 가난 속에 살고 있어서 거실에는 카펫이 깔려 있지 않았고, 저자는 종종 자신의 개인 사물을 전당포에 맡겨 돈을 꿔 와야 했다.

헨리 조지는 혼자 있던 한밤중에 이 책의 마지막 페이지가 완성되자, 무릎을 꿇고서 아이처럼 흐느껴 울었다. 그는 뉴욕 시의 거리에서 했던 맹세를 지켰고 그 이후는 이제 주님의 손에 맡길 따름이었다.

곧 그는 출판사를 찾아보기 위해 원고를 뉴욕에 보냈다. 일부 출판사들은 이 책이 너무 이상적이라고 생각했고 어떤 출판사들은 혁명적인 사상을 담고 있다고 보았다. 대부분의 출판사들은 이 책을 불온하다고 보았고, 모든 출판사가 팔리지 않거나 출판 비용을 건지지 못할 것이라고 생각했다. 정치경제학 저서는 명성 높은 저자가 써내도 별로 수익이 나지 않는 것으로 악명이 높았다. 그러니 무명인 데다 그 어떤 권위도 없는 저자가 써낸 이런 성격의 책이 무슨 판매의 희망이 있겠는가? 하지만 마침내 애플턴 출판사가 저자가 출판의 주된 비용, 즉 식자판 제작비용을 부담한다면 출판해 주겠다는 뜻을 밝혔다. 저자는 그런 조건을 받아들일 수밖에 없었다. 저자는 식자판 제작이 그 자신의 지휘 아래 이루어질 수 있도록, 샌프란시스코에 있는 친구 인쇄소에서 식자 작업을 하도록 했다. 그리고 첫 두 개의 식자판을 직접 활자를 뽑아서 제작했다.

이렇게 해서 제작된 식자판들을 뉴욕에 보내기 전에, 인쇄기에 걸어서 "저자 교정쇄"라는 이름 아래 5백 부를 찍어냈다. 헨리 조지는 이 책 한 부를 필라델피아에 사는 당시 81세의 부친에게 보내면서 이런 편지를 썼다.

"제가 이 책 한 부를 아버님에게 보내면서 하늘에 계신 우리 아버지에게 커다란 감사의 마음을 느끼고 있습니다. 제가 살아 있어서 이 책을 쓸 수 있었고 또 아버님께서 살아 계셔서 이 책을 볼 수 있는 것에 대하여 정말로 진정한 고마움을 느낍니다. 이 책은 엄청난 작업과 엄청난 희생 끝에 나오게 되었는데 이제 이렇게 완료가 되었습니다. 이 책은 발간 초기에는 물론이고 그 후에도 한동안 인정을 받지 못할 것입니다. 그렇지만 결국에는 위대한 책으로 인정되어 동서반구에서 출판이 될 것이고 여러 다른 언어들로 번역될 것입니다. 비록 이것을 확신하지만 아버님이나 나나 살아생전에 그것을 보지 못할지도 모릅니다. 하지만 내가 이 책에 표현한 믿음 - 우리에게는 또 다른 삶이 있다는 믿음 - 은 그것을 별로 중요하지 않은 일로 만들어 버립니다."

　이 책의 위대함이 결국 인정받을 것이라는 예언은 아주 빠른 시일 내에 실현되었다. 뉴욕의 애플턴 출판사는 지금으로부터 25년 전인 1880년 1월에 이 책의 최초 정규 시장 판매본을 내놓았다. 어떤 샌프란시스코 신문들은 이 책과 그 저자에 대하여 "어린 해리 조지"의 "한가한 취미"라고 비난하면서 곧 망각 속으로 빠져들 것이라고 예언했다. 그러나 미국과 해외의 다른 언론들, 가령 런던의 오랜 신문인 "선더러"에서 "에든버러 리뷰"에 이르기까지 중요 정기간행물들은 이 책을 가리켜 간단히 제쳐버릴 수 없는 주목할 만한 책이라고 칭찬했다. 미국과 영국에서 값싼 종이 표지 책이 나오자, 염가본의 판매숫자는 그 당시의 가장 인기 높은 소설들의 판매 수치를 월등하게 앞질렀다. 영국과 미국에서 이 책은 신문사들의 칼럼 기사로 연재되었다. 유럽의 모든 주요 언어로 번역되었고 독일어 번역본은 3종이나 된다. 이 책의 발행 부수는 정확하게 알 수 없다. 그렇지만 아무리 짜게 잡아도, 각종 단행본 형태와 번역본 등을 모두 감안하면 『진보와 빈곤』은 오늘날까지 2백만 부 이상이 발행된 것으로 알려져 있다. 이에 더하여 헨리 조지의 펜에서 흘러나와서 "진보와 빈곤 관련 문헌"이라는 소리를 듣는 다른 책들까지 합치면 약 5백만 부가 이 세상에 나와 있는 것으로 추산된다.

헨리 조지 2세

(저자 헨리 조지의 맏아들)

1905년 1월 25일, 뉴욕

문제의 제기

너희들은 건설한다! 너희들은 건설한다! 그러나 들어오지는 않는구나.

사막이 그 죄악 때문에 삼켜버린 부족들처럼.

너희는 약속의 땅으로부터 물러가서 죽는다.

그 초록이 너희 피곤한 눈에 빛나기도 전에.

－시고니 부인

금세기(19세기)의 특징을 말하라고 한다면 그 엄청난 부의 생산 능력을 들어야 할 것이다. 증기와 전기의 사용, 개선된 작업 과정과 노동력을 덜어주는 기계의 도입, 대규모로 이루어지는 아주 세분화된 분업, 원활하게 진행되는 교환 등은 노동의 효과를 크게 증가시켰다.

18세기 사람들은 환생하면 19세기를 어떻게 볼까?

이 놀라운 시대의 초입에서, 노동력을 덜어주는 발명품이 인간의 노고를 한결 가볍게 덜어주고 노동자의 노동 조건을 개선시키는 것은 당연한 일이며 또 사람들은 앞으로 그렇게 되리라고 기대했다. 다시 말해, 부를 생산하는 능력이 크게 증가되어 심각한 가난을 완전히 물리쳐서 가난은 이제 과거의 유물이 되고 말 것이라고 기대했던 것이다. 벤저민 프랭클린(1706-1790)이나 조지프 프리스틀리(1733-1804) 같은 18세기의 유명인사들이 미래를 상상할 때 돛단배를 대체하는 증기선, 마차를 대신하는 기차, 낫을 대신하는 수확용 기계, 도리깨를 대신하는 도리질 기계 등을 상상할 수 있었을까? 인간의 의지에 순종하고 인간의 욕구를 만족시키는 거대한 발동기, 지구상의 모든 인간과 모든 노역 가축을 합친 것보다 더 큰 힘을 발휘하는 엔진의 고동소리를 들을 수 있었을까? 숲속의 나무가 인간의 손을 거치지 않고서도 문, 새시, 블라인드, 상자, 통 등의 완제품으로 바뀌어지는 과정을 상상이나 할 수 있었을까?

커다란 공장에서는 장화든 구두든 예전의 구두 제작자가 밑창을 대는 노동력보다 더 적은 힘을 들여 거뜬히 만들어내고 있다. 그런 공장에서는 한 여공이 지켜보는 가운데, 수백 명의 튼튼한 직조공이 베틀을 가지고 손수 짜내는 것보다 더 빨리 옷감을 만들어내고 있다. 증기 망치가 거대한 굴대와 막강한 닻을 만들어내고, 다이아몬드 착암기가 거대한 암석을 중심부까지 뚫고 들어가고, 석유가 고래의 기름을 대신하여 바닷속 고래를 살려준다. 또한 거래와 유통의 시설이 크게 개선된 덕분에 노동력을 엄청나게 아낄 수 있게 되었다. 오후에 런던의 은행가가 요청한 주문 거래가 같은 날 아침에 샌프란시스코에서 결제된다. 만약 18세기 인사가 이런 것들이 가져온 수십만 가지 좋아진 점들을 알고 있었다면, 그는 19세기를 살아가는 사람들의 사회적 조건을 어떻게 추측했을까?

그것은 단순한 추측으로 그치지 않았을 것이다. 미래에 대한 비전으로 그치는 것이 아니라 그보다 훨씬 더 앞으로 나아가, 그런 미래의 모습을 직접 두 눈으로 목격한 것 같은 느낌이 들었을 것이다. 18세기 사람의 가슴은 기뻐서 뛰놀았을 것이고 그의 온 신경은 전율로 짜릿해졌을 것이다. 비유적으로 말한다면, 캐러밴(포장마차의 대열)의 한 대원이 높은 언덕에 올라가서 목마름에 지친 캐러밴 앞쪽에 울창한 숲의 반짝거리는 빛과 용출하는 샘물의 시원한 물소리를 보고 들은 것과 비슷했으리라. 자신이 상상한 바가 이처럼 눈앞에 현실로 나타난 것을 보고서, 그는 이런 새로운 힘들이 인간 사회를 근본적으로 향상시켜, 아주 가난한 사람들로부터 가난의 가능성을 아예 없애버리고, 가장 신분이 낮은 사람들로부터 물질적 가난에 대한 걱정을 사라지게 하는, 멋진 광경도 보았으리라. 또한 지식의 등불을 든 노예들(기계들)이 전통적인 노동의 저주를 대신 부담해 주고, 무쇠의 근육과 강철의 인대가 가장 가난한 노동자의 생활을 휴일로 만들어주어, 그 노동자가 높은 품성과 고상한 충동을 발휘하며 충분히 지적으로 성장하면서 인생을 즐기는 그런 광경을 보았으리라.

그리고 이런 풍요로운 물질적 조건으로부터 그에 따르는 필연적 결과로서, 인류가 늘 꿈꾸어 왔던 황금시대를 실현시켜 주는 도덕적 생활환경을 내다보았으리라. 그 발전된 사회의 어린이는 더 이상 영양부족으로 성장이 정체되거나 굶는 일도 없을 것이다. 노인은 더 이상 탐욕으로 괴로워하지 않을 것이다. 어린이는 호랑이와 함께 놀고, 어른들은 지저분한 돈벌이를 그만두고 별들의 영광을 노래할 것이다. 더러운 것들은 사라지고, 사나운 것들은 온순하게 될 것이다. 불화는 조화로 바뀌어질 것이다! 모든 사람이 필요한 것을 충분히 가지고 있는데 어떻게 탐욕이 생겨날 수 있겠는가? 가난이 사라져 버렸는데, 그것(가난)이나 그 공포로부터 생겨나는 악덕, 범죄, 무지, 잔악이 어떻게 존재할 수 있겠는가? 모든 사람이 자유인인데 누가 남의 발 아래 엎드리려 할 것인가? 모두가 동등한데 누가 누구를 압제할 수 있겠는가?

더러는 막연하고 더러는 분명한 상태로, 이러한 것들이 사람들의 희망이었으며, 이 멋진 세기의 주된 특징인 물질적 개선에서 생겨난 꿈들이었다. 이런 희망과 꿈은 사람들의 마음속에 깊이 각인되어 사상의 흐름을 급격하게 바꾸어 놓았고, 가장 근본적인 신념을 대체하면서 사람들의 믿음을 재정립했다. 더 높은 가능성들이 실현되리라는 비전은 더 찬란하고 생생해졌을 뿐만 아니라, 그러한 비전의 방향마저 바뀌게 되었다. 사람들은 사라져가는 석양의 희미한 빛의 뒤쪽을 쳐다보는 것이 아니라, 새벽의 영광이 온 하늘을 아름답게 장식하며 다가오는 것을 바라보게 되었다.

그런 경이로운 사회 발전은 벌어지지 않았다

그러나 이런 희망과는 아주 다르게, 실망에 뒤이어 또 다른 실망이 찾아왔다. 발견에 뒤이은 발견, 발명에 뒤이은 발명은 휴식을 간절히 필요로 하는 사람들의 노동을 덜어주지도 않았고, 가난한 사람들에게 풍요를 가져다주지도 않왔다. 하지만 실패의 원인으로 지목할 수 있는 것들이 너무나 많았기에, 우리의 시대에 이르러서도 그 새로운 믿음은 결코 줄어들거나 사라지지 않았다. 우리는 극복해야 할 어려움이 있다는 것을 인정하면서도, 시대의 흐름은 그런 어려움을 극복하는 쪽으로 가고 있다고 믿었다.

그러나 이제 우리는 도저히 착각할 수 없는 엄연한 사실들과 충돌하고 있다. 문명 세계의 모든 지역들에서 산업 불황에 대한 불평이 터져 나오고 있다. 노동은 비자발적 실업을 겪고 있고, 자본은 축적된 채로 낭비되며, 기업가들은 재정적 어려움을 겪고 있고, 노동자 계급은 가난, 고통, 불안을 호소하고 있다. 많은 사람들에게 "어려운 시절"이라는 말을 생각나게 하는, 무겁게 짓눌러오는 고통, 신경을 날카롭게 하고 분노를 부채질하는 고민 등이 오늘날의 세상을 괴롭히고 있다. 이러한 심각한 사태가 각 나라의 내부 상황, 정치 제도, 재무회계 제도, 인구밀도, 사회 조직 등과 무관하게 많은 사회들에서 공통적으로 발견된다.

이러한 사태는 어떤 국지적인 원인들에 의해서는 설명이 되지 않는다. 대규모 상비군이 유지되는 곳에서 고통이 있는가 하면, 상비군이 이름뿐인 곳에서도 여전히 고통은 존재한다. 보호 관세가 무역을 옥죄어서 황폐하게 만드는 곳에서 고통이 있는가 하면, 자유 무역이 시행되는 곳에서도 예외 없이 고통이 있다. 독재 정부가 아직도 득세하고 있는 곳에서 고통이 있는가 하면, 정치권력이 전적으로 국민의 소유인 곳에서도 역시 고통은 존재한다. 지폐가 유통되는 곳이든 금과 은만이 화폐로 유통되는 곳이든 그 어디를 막론하고 고통이 있기는 마찬가지다. 이런 모든 현상들의 저변에는 반드시 어떤 공통적인 원인이 있다. 이제 우리는 그 원인을 알아내야 한다.

공통적인 원인은 분명 존재하며, 그것은 물질적 진보 혹은 그런 진보와 밀접한 관계가 있다고 자신 있게 말할 수 있다. 이러한 진단은 우리가 산업 불황이라고 뭉뚱그려서 말하는 현상들이 언제나 물질적 진보에 수반하여 발생했다는 사실로 뒷받침된다. 산업 불황은 물질적 진보가 계속되면서 더욱 분명하고 뚜렷하게 불황의 모습을 드러낸다. 물질적 진보를 가져오는 조건들이 온전하게 실현된 곳 – 다시 말해, 인구가 조밀하고 부가 축적되고 생산과 교환의 기구가 고도로 발전된 곳 – 일수록, 우리는 가장 심각한 가난, 가장 힘든 생존의 몸부림, 가장 만연한 강제 실업을 발견한다.

　노동자들이 높은 임금을 찾아서 이동하는 곳, 자본이 높은 이자를 찾아서 흘러드는 곳은 신생 국가들, 즉 물질적 진보가 아직 초창기 단계인 나라들이다. 반면에 엄청난 풍요로움 속에서 가난이 만연한 곳은 오래된 나라들, 다시 말해, 물질적 진보가 후기 단계에 이른 나라들이다. 앵글로-색슨의 활기가 이제 막 발전의 시동을 걸고 있는 신생 국가들[2] 중 하나를 방문해 보라. 그 나라에서는 생산과 교환의 기구가 조잡하고 비효율적이다. 부의 축적이 아직 충분하게 이루어지지 않아 안락하고 사치스럽게 사는 계급이 별로 없다. 그 나라의 가장 좋은 집은 통나무집이거나 천과 종이로 만든 판잣집이고 가장 부자인 사람도 날마다 손수 일을 해야 한다. 그 나라에서 축적된 부와 그 부산물들을 발견하지 못하지만 반면에 거지들도 없다. 손쉽게 살아가는 사람도 없지만 아주 호화로운 삶을 살아가는 커다란 부자도 없다. 모든 사람이 생활비를 벌어들이기 위해 일을 해야 하고, 일할 능력과 용의가 있는 사람은 가난의 공포로 시달리지 않는다.

　그러나 이러한 사회들이 선진 문명사회들의 여러 조건들을 실현하여 물질적 진보의 규모가 커질수록 – 세계의 나머지 국가들과 더 원만하게 거래가 되고 친밀하게 연결되고, 노동력을 절약해주는 기계가 더 많이 활용되어 생산과 교환이 크게 촉진되고 그 결과 부의 총액이 늘어나고 또 인구 대비 개인의 부가 늘어날수록 – 가난은 점점 더 어둡고 심각한 양상을 띠게 된다. 어떤 사람들은 전보다 더 좋고 또 손쉬운 생활을 하게 되지만, 다른 사람들은 아예 생활비를 벌어들이기가 어려운 상황에 직면한다. 기차와 함께 "부랑자"가 생겨나고, 고급 주택, 물품이 풍부한 창고, 장엄한 교회 등이 마찬가지로

2　호주와 뉴질랜드: 옮긴이

"물질적 진보"의 표시가 되지만 동시에 구빈원과 교도소도 그런 표시가 된다. 가스등이 켜지고 경찰관이 순찰을 도는 거리에서는, 거지들이 행인에게 구걸을 한다. 대학, 도서관, 박물관의 그늘에는, 영국 역사가 토머스 매콜리(1800-1859)가 예언했던 더욱 혐오스러운 훈족과 더욱 사나운 반달족(야만족)이 모여든다.[3]

진보가 있는 곳에 빈곤이 있다

사회가 물질적 진보를 가져오는 여러 조건들 속으로 발전해감에 따라 그 사회에는 가난과 그 부작용이 등장한다. 이것은 다음의 사실을 증명한다. 사회가 어떤 일정한 발전 단계에 도달하면서 생겨나는 사회적 어려움들은 그 사회의 국지적 환경에서 비롯되는 것이 아니라, 물질적 진보 그 자체에서 생겨나는 것이다.

우리로서는 인정하기가 불쾌한 사실이지만, 19세기의 특징인 엄청난 생산력 증가 – 이 생산력은 놀라운 비율로 계속 증가하고 있는데 – 는 가난을 근절하거나 노동자들의 부담을 덜어주지 않는다. 오히려 부자와 나사로(가난한 자)의 빈부차이[4]를 더욱 심화시키고 생존을 위한 발버둥을 더욱 힘든 것으로 만들고 있다. 발명의 행진은 계속되어 한 세기 전만 해도 상상조차 할 수 없었던 생산 능력을 인류에게 가져다주었다. 그러나 노동을 절약해주는 기계가 놀랍도록 발전된 공장에서, 어린 아이들이 소년 노동을 하고 있다. 새로운 생산력이 거의 완벽하게 활용된다고 하는 곳에서, 많은 사람들이 자선이나 동냥으로 살아가고 있거나 아니면 거의 그 수준에 접근해 있다. 엄청난 부가 축적되고 있는 상황 속에서, 사람들이 굶어죽고 있으며 갓난아이들은 젖이 나오지 않은 어머니의 가슴을 빨고 있다. 돈벌이에 대한 탐욕과 부에 대한 숭

---

3 이 책의 10권 4장 말미에 매콜리가 미국은 내부의 훈족과 반달족에 의해 붕괴될 것이라고 언급하는 편지가 소개된다: 옮긴이
4 신약성경 누가복음 16장 19-31절: 옮긴이

배가 만연한 곳에서는 가난에 대한 공포가 그에 못지않게 만연하고 있다. 이제 약속된 땅은 우리의 눈앞에서 신기루처럼 사라졌다. 지식의 나무가 맺는 열매는 우리가 따려고 하는 순간, 우리의 손 안에서 소돔의 사과처럼 부서져 내린다.[5]

부가 크게 증가되고 평균적인 안락, 여가, 개선 등의 평균 수준이 높아진 것은 사실이다. 그러나 이러한 혜택은 전반적인 것이 아니다. 가장 낮은 계급의 사람들은 그런 혜택을 누리지 못한다.[6]

나는 최하위 계급 사람들의 생활 조건이 그 어디에서나 또 그 어떤 점에서나 개선이 되지 않았다고 말하는 것은 아니다. 하지만 증가된 생산력의 결과인 생활조건의 개선은 그 어디에서도 찾아볼 수 없다. 물질적 진보는 건강하고 행복한 생활의 필수조건들과 관련하여, 최하위 계급의 조건을 전혀 개선시키지 못했다. 개선은커녕 오히려 최하위 계급의 생활환경을 더욱 열악한 것으로 만들고 있다. 새로운 생산력은 그 성격상 계속 높아지는 추세이지만, 과거부터 오랫동안 기대해온 것처럼 사회조직을 밑바탕에서 든든히 받쳐주는 것이 아니라, 오히려 사회조직의 상층부와 하층부 사이의 중간 지대를 강타하고 있다. 마치 거대한 쐐기가 사회의 밑 부분을 찔러대는 것이 아니라, 사회를 관통하여 찔러대는 형상이다. 상층부와 하층부를 갈라놓는 지점보다 위쪽에 있는 사람들은 생활이 향상되는 반면에, 그 지점 아래쪽에 있는 사람들은 온몸이 찌그러질 정도로 심하게 압박을 당하고 있다.

이러한 억압의 효과는 널리 인식되지 않고 있다. 왜냐하면 간신히 목숨을

---

5   소돔의 사과는 고대의 저술가들이 겉모양만 좋을 뿐, 직접 따려고 하면 연기와 재로 변해 버리는 과일을 비유적으로 말한 것: 옮긴이

6   오늘날의 가장 가난한 사람도 한 세기 전에 가장 부자인 사람도 누리지 못한 혜택을 어느 정도 누리는 것은 사실이다. 그러나 생필품을 획득하는 능력이 높아지지 않는 상황에서는 이것이 생활 조건의 향상이라고 할 수 없다. 대도시의 거지는 시골 오지의 농부가 누리지 못하는 많은 것들을 누린다. 하지만 그렇다고 해서 도시 거지의 생활환경이 독립된 농부의 그것보다 더 낫다는 뜻은 아니다.

이어가는 계급이 오래전부터 존재해 와서 그들이 억압받는 상황이 그리 분명하게 드러나지 않을 뿐만 아니라 그들은 늘 그랬다는 식으로 알고 있기 때문이다. 최하위 계급이 장기간에 걸쳐 간신히 살아가고 있는 유럽의 여러 지역들에서, 그 계급이 더 이상 밑으로 내려가기는 불가능하다. 왜냐하면 그 다음 단계는 죽음이므로 더 이상의 억압은 있을 수 없기 때문이다. 그러나 새로운 정착촌도 계속 발전하여 오래된 사회의 생활환경을 닮아가는 과정에서는, 물질적 진보가 빈곤을 구제하지 못할 뿐만 아니라 오히려 그것을 실제적으로 조장한다는 건 분명하다.

미국의 경우, 더러움과 비참함, 그리고 이 둘로부터 비롯되는 악덕과 범죄는 물질적 진보에 비례하여 더욱 심해진다. 가령 농촌이 도시로 발달하는 과정, 물질적 발전이 더 개선된 생산과 교환의 방법을 가져오는 과정 등에서 어김없이 악덕과 범죄가 증가하는 것이다. 미국의 오래되고 부유한 도시들일수록, 노동자 계급 사이의 가난과 생활고가 더욱 분명하게 드러난다. 만약 샌프란시스코가 뉴욕에 비하여 심각한 가난이 좀 덜 눈에 띈다면, 그것은 샌프란시스코가 물질적 진보의 여러 조건들에 있어서 뉴욕보다 뒤지기 때문에 그런 것이 아닐까? 그러나 샌프란시스코가 현재의 뉴욕과 같은 물질적 조건에 도달한다면 그 거리에는 남루한 옷에 맨발로 돌아다니는 아이들이 분명 등장하게 될 것이다.

진보와 빈곤의 공존은 현대의 수수께끼

이처럼 진보와 빈곤이 나란히 어깨동무하고 있다는 것은 우리 시대의 커다란 수수께끼이다. 바로 여기에서 세상을 당황하게 만드는 산업적·사회적·정치적 어려움이 생겨난다. 이 문제를 해결하기 위하여 정치가, 자선사업가, 교육자들이 힘들게 싸워왔으나 별로 소용이 없었다. 바로 여기(진보와 빈곤의 어깨동무)에서 가장 발달하고 자립적인 국가들의 미래를 어둡게 만드는 먹구름이 생겨난다. 그것은 운명의 스핑크스가 우리 서구 문명에 내놓은 수수께끼이고 그것을 풀지 못한다면 우리 인류는 죽을 수밖에 없다. 현대 사회의 발전이 가져온 늘어난 부가 대규모 재산가를 만들어내고, 사치를 조장하고, 가진 자와 못 가진 자의 대비를 더욱 심각하게 만든다면, 그런 사회 발전은 진정한 진보가 아니며 항구적인 것이 될 수도 없다. 그에 저항하는 반작용이 반드시 일어나게 되어 있다. 문명의 탑은 그 기초부터 기울어질 것이고, 한 층 한 층 높일 때마다 최후의 대파국을 촉진시킬 것이다. 가난한 처지로 떨어질 사람을 교육시키는 것은 곧 그를 반항적인 사람으로 만드는 것이다. 노골적인 사회적 불평등의 기반 위에다, 모든 사람은 평등한 존재라고 주장하는 정치 제도를 수립하려는 것은, 피라미드를 거꾸로 세워보겠다고 하는 것이나 마찬가지다.

이 질문은 이처럼 중대하고 또 사회의 모든 분야에서 발생하여 우리에게 고통스럽게 호소해오고 있다. 그런데도, 모든 관련 사실들을 설명하고 해결해주는 간단명료한 해결안은 지금껏 제시된 적이 없다. 이것은 현재의 널리 퍼진 불황을 설명하려는 시도가 중구난방식으로 벌어지고 있다는 사실에서도 증명이 된다. 그러한 해명들은 천박한 생각에서 시작하여 과학적 이론에 이르기까지 아주 다양하다.

그러나 동일한 원론을 내놓고 서로 합의한 사람들도, 실행의 각론으로 들어가면 서로 의견이 달라서 무질서한 중구난방을 보여줄 뿐이다. 어떤 경제학의 권위자는 현재의 불황이 과도한 소비 때문이라고 진단한다. 또 다른 권위자는 과도한 생산 때문이라고 말한다. 저명한 저술가들은 전쟁에 의한 낭비, 철도의 부설, 노동자의 임금 인상 투쟁, 은본위제의 폐지, 지폐의 발행, 노동을 절약하는 기계의 증가, 단축된 무역 항로의 개설 중에서 어느 것 하나를 지적하면서 그것이야말로 사태의 원인이라고 주장한다.

교수들의 의견은 이처럼 각자 다르다. 그런데 이런 생각들, 가령 자본과 노동 사이에는 반드시 갈등이 벌어진다, 기계는 악이다, 경쟁은 억제되고 이자는 철폐되어야 한다, 정부는 자본을 대주고 일자리를 마련해 주어야 한다, 등의 생각들이, 심각한 피해를 당하고서 현 사태가 잘못되었음을 날카롭게 의식하는 사람들 사이에서 급속히 퍼져 나가고 있다. 이러한 생각들 때문에,

최종적 주권자인 많은 백성들이 허풍선이나 대중선동가의 선동에 귀가 솔깃해지게 되는데, 이것은 아주 위험한 일이다. 이런 위험한 생각들에 적절히 대처하기 위해서, 정치경제학은 그 학문적 가르침에 일치하면서도 많은 사람들이 이해할 수 있는 답변을 내놓아야 한다.

이러한 답변을 내놓는 것은 당연히 정치경제학의 영역에 속한다. 정치경제학은 일련의 교리로 구성되어 있는 것이 아니기 때문이다. 그것은 어떤 특정한 집단의 사실들(경제관련 사실들)을 해명하는 학문이다. 그것은 어떤 특정한 현상들에 대하여 원인과 결과를 밝혀내어 그 상호 관계를 추적하는 학문인데, 물리학이 다른 종류의 현상들을 연구하는 방식과 동일하다. 정치경제학은 단단한(객관적) 기반 위에다 그 기초를 세운다. 이 학문이 결론을 이끌어내는 여러 전제들은 가장 높은 구속력을 가진 진실들이다. 우리 모두가 인정하는 자명한 이치이다. 우리는 그 전제의 바탕 위에서 일상생활의 추론과 행위를 안전하게 분석할 수 있다. 가령 운동은 가장 저항이 적은 직선을 따라 움직인다는 물리학의 법칙을 형이상학적으로 다시 표현해 볼 수 있는데, 즉 인간은 가장 적은 노력으로 그 자신의 욕구를 충족시키려 한다는 것이다. 이런 안전한 전제의 바탕 위에서 탐구 작업을 해나간다면, 문제의 성격 파악과 문제의 요인들을 분리하는 탐구의 과정은 물리학의 그것처럼 확실성을 갖게 된다.

이런 의미에서 정치경제학은, 공간에 대하여 유사한 정리(定理)들로부터 유사한 방법을 통하여 결론을 도출하고, 이어 타당하다고 인정된 결론을 자명한 진리로 받아들이는 기하학과 비슷하다. 정치경제학의 분야에서는 다른 학문 분야에서처럼 인위적인 조합이나 조건들에 의하여 이론을 검증하지는 못하지만, 그에 못지않은 실용적 검증을 해볼 수 있다. 가령 서로 다른 조건들이 존재하는 여러 사회들을 상호 비교하거나, 일정한 방향성을 가진 힘이나 요인들을 우리의 상상 속에서 분리, 조합, 추가, 배제함으로써 검증이 가능한 것이다.

이 책은 왜 진보가 빈곤을 가져오는지 파헤친다

나는 이어지는 페이지들에서 지금껏 그 윤곽을 말해온 이 중대한 문제(진보와 빈곤의 어깨동무)를 정치경제학의 방법을 통하여 풀어 보고자 한다. 나는 빈곤을 진보에 연결시키는 법칙, 부가 늘어남과 동시에 빈곤도 증가하는 현상의 법칙을 찾아내려 한다. 나는 이 역설을 설명하는 과정에서 주기적으로 발생하는 산업과 상업의 마비 현상도 함께 해명할 수 있으리라 생각한다. 그런 마비 현상은 충분히 설명될 수 있는 것인데도, 그것보다 더 큰 전반적 현상으로부터 따로 떼어놓고 보니까 그처럼 설명이 안 되는 것이다. 적절히 착수되고 조심스럽게 추적해 나간다면 이 연구는 하나의 결론을 도출할 것이고, 그 결론은 모든 검증을 통과하여 하나의 진리로 인정받아서 다른 진리들과 상호 관계를 맺게 될 것이다. 왜냐하면 현상들이 벌어지는 앞뒤 순서에는 우연이라는 건 없고 반드시 서로 연결되어 있기 때문이다. 모든 결과에는 원인이 있고, 모든 사건에는 그 앞에서 벌어진 사건이 있는 것이다.

현재 가르쳐지고 있는 정치경제학은 부의 증가와 빈곤의 심화가 어깨동무하는 현상을 인간의 심층적 지식과 일치하는 방식으로 설명해주지 못한다. 이 학문이 가르치는 의심할 수 없는 진리들이라는 것이 서로 연결되지 않으며 따로 멋대로 떨어져 있다. 진리는 설사 불쾌한 것일지라도 대중의 생각에 어떤 진전을 보게 해주는데, 정치경제학은 그렇게 하지도 못했다. 지난 백 년 동안, 정치경제학은 몇몇 심오하고 영향력 있는 지식인들의 관심을 사로잡기도 했으나, 대체로 보아 정치가들에게는 무시당하고, 일반 대중들에게 퇴짜당하고, 많은 사상가들에게 아무것도 해결하지 못하는 가짜 학문 정도로 멸시를 받아왔다.

이렇게 된 것은 이 학문이 적절한 연구를 수행할 능력이 없기 때문이 아니라, 이 학문이 내세운 잘못된 전제사항들 혹은 연구 수행에서 간과된 요인들 때문이다. 이러한 오류는 기존 경제학의 권위자들을 배려하여 대체로 감추어지고 지적되지 않았는데, 나는 이 책에서 그 어떤 전제도 당연한 것으로 여기지 않으려 한다. 심지어 널리 인정되는 이론들도 제일 원리들의 기준에 입각하여 검증할 것이며, 검증에 통과하지 못하는 경우에는 관련 사실들을 다시 검토하여 사실들을 지배하는 새로운 법칙을 찾아내려 할 것이다.

나는 그 어떤 곤란한 상황도 회피하지 않을 것이고 또 그 어떤 결론에도 위축되지 않고 진실이 나를 이끄는 곳이라면 그 어디든 따라갈 생각이다. 우리는 이 문제(진보와 빈곤의 어깨동무)를 지배하는 법칙을 찾아내야 할 책임이 있다. 오늘날 우리의 번성하는 문명 한가운데서 여자들이 과도한 노동으로 기절을 하고, 어린아이들이 영양부족으로 신음을 하고 있으므로 그 고통에서 구제해 주어야 한다.

이 연구 결과로 밝혀진 법칙이 어떤 내용이 될 것인지에 대해서 나는 개의치 않는다. 만약 내가 도달한 결론이 이 시대의 편견과 정반대되는 것이라 할지라도 나는 위축되지 않을 것이다. 만약 그 결론이 오랫동안 현명하고 자연스러운 것으로 여겨져 온 기존의 제도에 정면으로 도전하는 것이라 할지라도 나는 뒤로 물러서지 않을 것이다.

임금과 자본

철학을 추구하는 사람은 마음이 자유로운 사람이어야 한다.　　－프톨레마이오스

제1장

현재의 임금 이론은 타당하지 않다

우리가 탐구하고자 하는 문제를 가장 근본적인 형태로 축소시켰으므로, 이제 정치경제학의 최고 권위자들이 그 문제를 설명하는 관점을 차근차근 점검해 보기로 하자.

부가 증가하는데도 가난이 심화되는 원인은 어디에서나 임금이 최소한으로 유지되는 경향과 그 원인에서 파악할 수 있다. 그러므로 우리의 탐구를 이런 압축된 형태로 설정해 보자.

왜 생산력이 증가하는데도 불구하고 임금은 최저 생계비 수준의 최소한으로 유지되는가?

현행 정치경제학[1]은 이 현상을 이렇게 설명한다. 임금은 노동자의 숫자와 노동의 고용에 들어간 총 자본 사이의 비율에 의해 고정된다. 따라서 임금은 노동자가 생활하고 노동을 재생산하는데 필요한 최소한의 액수로 결정되는 경향이 있다. 왜냐하면 노동자의 숫자 증가는 자연스럽게 자본의 증가를 따라잡고 나아가 압도하기 때문이다. 나눗수(노동자)의 증가가 비율의 가능성에 의해 억제되기 때문에, 나눔수(부)는 임금 때문에 큰 피해를 입지 않고 무한히 증가될 수 있다.

현재의 경제 사상에서 이 학설(임금 기금 이론)은 거의 이론의 여지가 없는 통설로 인정되고 있다. 정치경제학의 창시자들 중에서 가장 유명한 사람들이

---

1   이 용어는 앞으로 계속 나오는데 애덤 스미스-맬서스-리카도-J.S.밀로 이어지는 영국의 고전경제학파를 가리킨다: 옮긴이

이 학설을 지지하고 있으며, 이에 대한 반박이 이따금 있어 왔으나 그것은 전반적으로 유명무실한 것이었다.[2]

버클(Henry T. Buckle)은 이러한 임금 기금 이론을 보편적 역사를 일반화하는데 있어서 근본 바탕으로 삼았다. 이 학설은 영국과 미국의 모든, 아니 거의 모든 유명 대학에서 가르쳐지고 있으며, 일반 대중에게 실용적인 문제들을 잘 생각하게 유도할 목적으로 집필된 교과서에도 들어가 있다. 또한 이 학설은 새로운 실용주의 철학과도 조화를 이루고 있다. 실용주의 철학은 지난 몇 년 사이에 거의 모든 학문 세계를 정복했으므로 지금은 일반 대중의 마음을 빠르게 파고들고 있다.

이런 식으로 이 임금 학설은 사상계(思想界)의 상부 영역인 대학에 단단히 자리를 잡았으므로, 이제 다소 조잡한 형태로 하부 영역(대중)에도 단단히 뿌리를 내리고 있다. 또한 보호무역은 분명 앞뒤가 맞지 않는 어리석은 정책인데 그 오류를 고칠 생각은 하지 않고 끈질기게 붙들고 있다. 그 이유는 무엇일까. 어떤 사회에서 임금으로 나눠야 할 액수는 고정된 금액인데, "외국인 노동자"와 경쟁을 하게 되면 그 액수를 또다시 나눠야 하고 결과적으로 임금이 더 적어진다고 보기 때문이다. 이러한 생각이 이자를 철폐하고 경쟁을 제한해야 한다는 대부분의 이론들을 뒷받침하고 있다. 다시 말해, 이자 철폐와 경쟁의 제한으로 부의 총액에서 노동자가 가져갈 액수가 늘어난다고 보는 것이다. 이러한 생각은 사회의 각 분야로 퍼져 나가고 있다. 특히 생각이 깊지 못해 아무 이론도 없는 사람들, 가령 신문의 칼럼 집필자들이나 입법부의

2 　내 생각에 손턴 씨의 반론이 이 경우에 해당한다. 그는 노동의 고용을 위하여 총 자본 중 일부 떼어놓은 자본, 즉 미리 결정된 임금 기금의 존재를 부정한다. 그렇지만(이것이 중요한 사항인데) 임금이 자본에서 나온 것이고, 자본의 증감이 곧 노동의 고용을 위해 마련한 기금의 증감이라고 주장한다. 임금 기금 학설에 대하여 가장 맹렬한 공격을 퍼부은 사람은, 내 생각에, 프랜시스 A. 워커 교수이다("임금 문제": 뉴욕, 1876). 하지만 그도 임금이 대부분 자본에서 나온다고 시인했다. 이것은 임금 기금 이론을 지지하는 사람에게서 나올 법한 태도이다. 워커는 맬서스의 이론을 전적으로 받아들였다. 이렇게 하여 워커의 결론은 기존의 임금 이론을 주장한 사람들의 결론과 별반 다를 바 없게 되었다.

의원들 사이에서 빈번히 발견된다.

임금 기금 이론은 현실과 일치하지 않는다

그러나 아무리 널리 받아들여지고 깊게 뿌리를 내렸다 하더라도, 이 임금 이론은 객관적 사실들과 부합하지 않는다. 만약 임금이 고용을 추구하는 노동자의 숫자와 고용에 들어가는 자본 사이의 비율에 달려 있는 것이라면, 어느 한 요소가 희소하거나 풍부할 경우에 반대로 다른 요소는 그에 상응하여 희소하거나 풍부해져야 한다. 가령 임금이 높다면 자본도 상대적으로 풍부한 것이고, 반대로 임금이 낮다면 자본 또한 희소한 것이 되어야 한다. 임금 지불에 들어가는 자본은 끊임없이 투자처를 찾는 자본이므로, 현재의 이자율은 자본의 상대적 희소함 혹은 풍부함을 보여주는 척도가 된다. 따라서 임금이 자본 대 임금의 비율에 따라 결정된다(임금은 자본에서 나온다)는 이론이 맞는 얘기라면, 노동력이 상대적으로 희소함을 보여주는 표시인 높은 임금은 낮은 이자율이 수반되어야 한다. 왜냐하면 낮은 이자율은 상대적으로 풍부한 자본이 있음을 보여주는 표시이기 때문이다. 반대로 낮은 임금은 높은 이자율을 수반해야 한다.

　그런데 이것은 객관적 사실이 아니고 오히려 그 반대가 사실에 부합한다. 이자에서 보험의 요소를 제외하고 이자 그 자체 혹은 자본 사용의 대가만 고려한다면, 임금이 높을 때 이자도 높고, 임금이 낮을 때 이자도 낮은 것이 전반적인 사실이다. 영국보다 미국에서, 또 미국의 동부 주들보다 서부 주들에서 임금과 이자가 더 높다. 노동이 고임금을 향해 갈 때, 자본도 높은 이자를 향해 가는 것은 잘 알려진 사실이 아닌가? 임금이 전반적으로 등락할 때 이자도 그와 비슷하게 등락하는 것은 사실이 아닌가? 예를 들어 캘리포니아의 경우, 임금이 세계에서 가장 높고 또 이자도 그만큼 높다. 캘리포니아의 임금이 내려갈 때에는 이자도 함께 내려갔다. 보통 임금이 하루 5달러일 때, 은행의 연간 이자율은 25%였다. 그런데 이제 보통 임금이 하루 2달러 혹은 2.5달러이기 때문에 은행 금리는 10%에서 12%로 내려갔다.

임금은 자본이 상대적으로 풍부한 옛 국가들보다 자본이 상대적으로 희소한 신생 국가들에서 더 높다. 이 사실은 너무나 광범위하고 일반적인 것이어서 무시할 수가 없다. 비록 아주 슬쩍 언급되기는 했지만, 이 점은 현행 정치경제학의 창시자들도 주목한 것이었다. 그들이 지나가듯이 이 사실을 언급했다는 것은 내 말을 입증해준다. 즉, 이런 현실은 기존에 통설로 받아들여지는 임금 이론과 전적으로 불일치하는 것이다.

이런 사실을 설명하면서 밀(John S. Mill), 포셋(Fawcett), 프라이스(Richard Price) 같은 저술가들은 자신들의 논문에서 공식적으로 주장하던 임금 이론을 사실상 포기하고 있다. 그들은 노동과 자본의 비율에 따라 임금이 결정된다고 선언했지만, 신생 국가들의 높은 임금과 이자에 대해서는, 상대적으로 높은 부의 생산력으로 설명하고 있다. 하지만 나는 앞으로 이것이 사실이 아님을 보여줄 것이다. 부의 생산력은 인구가 듬성한 신생 국가들보다는 인구가 조밀한 옛 국가들에서 상대적으로 높은 것이다. 현재로서는 이런 불일치를 지적해두는 것으로 그치고자 한다. 아무튼 세 저술가들이 신생 국가들의 높은 임금은 상대적으로 높은 생산성 때문이라고 한 것은, 임금을 결정하는 요소가 임금 대 자본의 비율이 아니라, 임금 대 생산성의 비율이라고 실토하는 것이다.

이처럼 위의 세 저술가들은 이러한 불일치를 인식하지 못한 듯하지만, 현행 정치경제학자들 중에서 가장 논리적인 한 학자는 그것을 간파했다. 케언스(John E. Cairnes) 교수[3]는 아주 정교한 방식으로 사실과 이론을 일치시키려고 노력한다. 그는 신생 국가들에서 산업은 주로 식품생산에 집중하고 제조업은 주로 원자재 생산에 주력하기 때문에 생산에 들어간 자본의 상당 부분이 임금으로 지불된다고 보았다.

반면에 옛 국가들에서는 노동이 아니라 기계와 자재에 많은 자본이 투입된다. 이렇게 하여 신생 국가에서, 자본은 상대적으로 희귀하지만 이자율은

---

3   『새롭게 설명된 정치경제학의 주요 원리들』 제1장 2절.

더 높고, 임금 지불에 들어가는 돈도 더 많고 그래서 임금도 상대적으로 높다. 예를 들어, 오래된 국가에서 물품 제조에 10만 달러가 들어간다면, 이중 8만 달러는 건물, 기계, 재료 구입 등에 들어가고 임금 몫으로는 2만 달러밖에 남지 않는다. 반면에 신생국가에서, 농사 등에 들어갈 3만 달러 중에서 도구 등을 사들이는데 들어가는 돈은 5천 달러를 넘어가지 않고 나머지 2만 5천 달러가 임금으로 돌아간다. 이런 식으로 해서, 자본이 상대적으로 희소한 곳에서 임금 기금은 비교적 많아지고, 높은 임금과 높은 이자가 서로 동반한다.

임금 기금 이론은 노동과 자본의 상호 관계를 오해했다. 나는 다음에서 이 이론이 노동과 자본의 관계를 완전 오해한 데서 나온 것임을 보여주려 한다. 그들은 임금을 지불하는 기금에 대하여 근본적인 인식의 오류를 저지른 것이다. 그러나 현재로서는 동일한 국가, 동일한 산업 분야 내의 임금과 이자의 변동은 그런 식으로는 설명될 수 없다는 것만 지적해두고자 한다. "호경기" 혹은 "불경기"로 알려진 경기 변동의 상황에서, 노동과 좋은 임금에 대한 활발한 수요는 언제나 자본과 높은 이율에 대한 활발한 수요를 동반한다. 반면에 노동자가 일자리를 찾지 못해 임금이 떨어지면 낮은 이율에도 불구하고 투자처를 찾는 자본이 언제나 쌓여 있다.[4]

현재의 불황은, 대도시의 자본이 투자처를 찾지 못해 쌓이고 또 안전한 증권의 이율이 명목적인 수준에 그친다는 특징을 갖고 있지만, 이에 못지않게 노동자들 사이에서 실업과 생활고가 심각하다는 특징도 갖고 있다. 이렇게 하여 기존의 임금 이론으로는 설명이 되지 않는 현재의 조건 아래에서, 높은 이자는 높은 임금을 동반하고 반대로 낮은 이자는 낮은 임금을 동반한다. 또한 노동이 희소하면 따라서 자본도 희소하고 반대로 노동이 풍부하면 자본도 풍부하다.

서로 일치하는 이런 잘 알려진 사실들은 임금과 이자의 상호 관계를 분명

---

4 상업적 불황의 시기는 높은 할인율이 특징인데 이것은 분명 높은 이자율은 아니며 위험에 대한 높은 보험요율을 가리키는 것이다.

하게 보여주며, 그 관계는 서로 배치되는 관계가 아니라 연동되는 관계이다. 이런 관계는 임금은 자본과 임금의 비율에 의하여 결정된다는 기존의 임금 이론과 완전히 불일치하는 것이다.

그렇다면 우리는 어떻게 이런 임금 이론이 나올 수 있었는지 물어야 한다. 애덤 스미스에서 시작하여 오늘날에 이르기까지 일련의 경제학자들은 어떻게 이런 임금 이론을 받아들일 수 있었을까?

이 임금 이론을 지지하는 여러 논문들의 논리를 꼼꼼히 살펴보면, 그 이론이 관찰된 사실을 밑바탕으로 하는 귀납적 결론이 아니라, 기존에 추정된 이론 즉 임금은 자본으로부터 나온다는 이론에서 연역한 결론임을 알 수 있다. 자본이 임금의 원천이라고 가정하기 때문에 당연히 임금의 총액은 노동의 고용에 들어간 자본 총액에 의해 제약을 받는다는 얘기가 나오는 것이다. 그리하여 개별 노동자가 받는 임금은 임금 지불에 들어간 자본 총액을 노동자 숫자로 나눈 비율로 결정된다고 보는 것이다.[5]

이러한 논리는 나름 타당한 것처럼 보이지만 그 결론은 우리가 살펴본 바와 같이 객관적 사실들과 일치하지 않는다. 따라서 오류는 전제 조건에 있는 것인데, 이에 대해서 살펴보기로 하자.

임금이 자본에서 나온다는 이론은 현행 정치경제학의 가장 근본적이면서도 가장 당연한 이론들 중 하나이다. 또한 경제학의 발전에 심혈을 기울인 모든 위대한 사상가들이 공리로 받아들인 이론이기도 하다. 하지만 나는 이 이론이 근본적인 오류를 안고 있음을 충분히 증명할 수 있다. 이 이론은 그 뒤

---

5 예를 들어 매컬로크(『국부론에 대한 주석』 제4권)는 이렇게 말한다. "노동의 고용자가 노동을 구매하면서 지불하게 되는 한 국가의 자본 혹은 부의 부분은 때에 따라 다른 때보다 훨씬 더 클 수 있다. 그러나 그 자본 혹은 부의 크기가 어느 정도이든 간에 그것은 노동의 임금이 대가를 받아갈 수 있는 유일한 원천이다. 노동자가 단 1실링이라도 가져갈 수 있는 다른 기금은 존재하지 않는다. 따라서 평균 임금률, 즉 전국의 자본 총액 중 노동의 고용에 지출되는 금액을 노동자 숫자로 나눈 금액은 전적으로 그 총액과 노동자 숫자에 달려 있다." 이와 유사한 문장은 모든 표준 경제학자들의 저서에서 발견된다.

에 나온 아주 많은 이론들의 부모이기도 한데, 그 엉뚱한 논리 때문에 가장 중요한 실용적 결론들에게 큰 피해를 입혔다. 나는 그 오류에 대하여 아래에서 증명해 보이고자 한다. 나의 증명은 분명하면서도 결정적이어야 할 필요가 있다. 후대의 많은 추론의 바탕이 되었고 많은 권위자들의 지지를 받았으며, 또 그것 자체만 놓고 보면 그럴 듯하고 또 여러 가지 다른 형태로 재탕이 되기 쉬운 이론(임금 기금 이론)이므로, 간단히 한 문장으로 안전하게 제쳐버릴 수 있는 성질의 것이 아닌 까닭이다.

내가 증명하고자 하는 명제는 다음과 같다.

임금은 자본에서 나오는 것이 아니라, 임금의 대가인 노동의 생산물로부터 나온다.[6]

현행의 임금 이론은 임금이 자본에서 나온다고 주장하면서 동시에 자본은 생산물에 의해 회수된다고 주장하고 있다. 그래서 사람들은 나의 명제가 실질적 의미에서는 차이가 없는, 용어의 변경에 지나지 않는다고 생각하면서, 저 무익한 논쟁에 또 하나의 무익한 논쟁거리를 보태는 것이 아닐까 생각할지도 모른다. 그렇지만 이 중요한 정치경제학적 주제에 관하여 집필된 많은 논문들은, 픽윅 씨[7]가 발견한 돌 위에 새겨진 문장의 의미에 대하여 여러 유식한 학회의 사람들이 내놓은 해석만큼이나 황당하고 쓸모없었던 것이다.

두 명제[8]의 차이는 결코 형식적인 구분에 불과한 것이 아니다. 임금 기금 이론의 바탕 위에, 현재의 많은 이론들이 수립되었다는 것을 고려하면 그 차이는 더욱 분명하게 드러날 것이다. 그 차이로부터 연역된 학설들은 하나의 공리로 인정을 받아서, 이 가장 중요한 문제(임금)를 논의하는 여러 유능한

---

6 우리는 생산에 투입된 노동에 대해서 말하고 있다. 이렇게 하는 것이 우리의 논의를 한결 간편하게 해준다. 독자는 비생산적 서비스에 대하여 지급된 임금은 어떻게 된 것인가, 마음속으로 의문을 품을 수도 있는데, 그것은 여기서 논외로 한다.

7 찰스 디킨스의 소설 『픽윅 문서』에 나오는 우스꽝스러운 인물: 옮긴이

8 고전경제학에서 말하는 임금은 자본에서 나온다는 이론과, 임금은 노동의 생산물에서 나온다는 헨리 조지의 이론: 옮긴이

학자들을 구속하고, 지휘하고, 명령했던 것이다. 임금보다 자본이 우선한다는 전제 조건에 입각하여, 임금은 자본과 임금의 비율에 따라 결정된다는 학설과, 산업은 자본의 제약을 받는다는 학설이 나왔다.

후자의 학설은 노동이 고용되려면 먼저 자본이 축적되어야 하고 자본 축적 없이는 노동의 고용도 없다고 주장한다. 또 자본이 증가하면 산업에 추가 고용을 일으킬 수 있고, 유동 자본을 고정 자본으로 전환하면 노동 유지에 들어가는 기금은 자연히 감소된다고 본다. 높은 임금보다는 낮은 임금을 지불할 때 더 많은 노동자를 고용할 수 있다. 제조업보다는 농업에 더 많은 자본이 들어가며, 이윤은 임금의 높고 낮음에 따라 연동되며 임금은 노동자의 최저 생계비에 따라 결정된다. 이런 여러 가지 학설과 함께, 다음과 같은 역설도 주장되고 있다. 상품에 대한 수요는 노동에 대한 수요가 아니고, 어떤 상품은 임금이 감소되면 생산 비용이 높아지고, 반면에 임금이 인상되면 생산 비용이 감소한다.

노동은 기존 자본에 의해 유지되지 않는다

간단히 말해서, 현행 정치경제학의 모든 가르침은 그 광범위하고 중요한 부분이 다음과 같은 전제 조건을 내세우고 있다: 노동은 기존의 자본에 의하여 유지되고 지불되며, 노동의 궁극적 목표인 생산물이 확보되기 이전에 자본이 먼저 있어야 한다. 만약 이런 전제 조건이 오류이고, 노동의 유지와 지불은 잠시라도 자본에 의존하지 않으며, 오히려 임금은 노동의 생산물로부터 직접 나온다는 것이 증명될 수 있다면 그 결과는 어떻게 될까? 당연히 현행 임금 이론의 거대한 상부 구조는 밑받침을 잃게 되어 붕괴되고 말 것이다. 따라서 임금으로 나눠줄 총액은 고정되어 있으므로, 노동자 숫자가 늘어나면 받을 임금은 당연히 줄어든다고 하는 여러 대중적 이론들도 붕괴되고 말 것이다.

현행 임금 이론과 내가 주장하는 임금 이론의 차이는 국제무역을 바라보는 중상주의(重商主義) 이론과, 그 이론을 보충한 애덤 스미스의 이론 사이의 차이와 비슷하다. 중상주의 이론은 상업이란 돈을 받고서 물건을 교환하는 것이라고 보았다. 반면에 애덤 스미스는 상업은 물건 대 물건의 교환이라고 보았다. 이 두 이론은 겉보기에는 별 차이가 없어 보인다. 그러나 중상주의 이론의 신봉자들은 돈이 상품의 교환 이외에 다른 용도를 갖고 있다고 보지 않았다. 그리하여 이 두 이론을 현실의 장에 적용시키면 한 이론은 엄격한 정부의 보호 무역을 중시하는 반면에, 다른(애덤 스미스) 이론은 자유 무역을 권장한다는 엄청난 차이가 생겨나는 것이다.

내가 앞으로 전개하려는 논리의 궁극적 중요성을 독자들에게 충분히 납득시켰다면 나의 논리가 간단하게 전개되거나 혹은 복잡하게 전개되어도 사전에 미리 양해를 구할 필요는 없을 것이다. 그러나 사정은 그리 간단하지 않다. 이처럼 중요한 학설 – 여러 명의 권위자들로부터 지지를 받는 임금 학설 – 을 비판하는데 있어서 간단히 설명되는 것도 있지만 완벽하게 논리를 전개하려면 진술이 장황해질 수도 있기 때문이다.

만약 사정이 이렇지 않았더라면 나는 임금은 자본에서 나온다는 전제를 일고의 가치도 없는 것이라며 무시해 버렸을 것이다. 그러나 현행 정치경제학이 이 학설 위에 세운 저 거대한 상부구조는, 외양과 실제를 구분하지 않고 아주 당연시해 온 엉터리 기초 위에 세워진 것이다. 임금은 보통 현금으로 지불되고, 많은 생산업체에서 생산품이 완성되거나 출시되기 전에 지불되기 때문에 임금은 기존 자본에서 나오고 그리하여 산업은 자본의 제약을 받는다고 짐작된다. 다시 말해, 자본이 축적되지 않으면 노동은 고용될 수가 없고, 따라서 자본이 축적되는 정도에 따라 노동의 고용이 진행된다고 보는 것이다.

그러나 산업이 자본의 제약을 받는다고 일방적으로 주장하고 또 이러한 제약을 그 뒤에 나온 중요한 논리의 밑바탕으로 삼고 있는 여러 논문들에서, 자본은 잘 놔둔 혹은 축적된 노동이라는 말이 나온다. "나중의 생산을 돕기 위해 비축해둔 부의 부분"이라고 설명되어 있다. 이 인용문에서 "부"라는 단어 대신에 "자본"을 집어넣으면, 이러한 정의는 지금까지 해온 그들의 자기주장을 스스로 반박하는 꼴이 되어버린다. 노동의 결과물이 비축되지 않으면 노동은 고용되지 못한다는 얘기이니, 임금은 자본에서 나온다는 주장을 뒤집는 얘기가 아니고 뭔가. 따라서 임금 기금 이론은 너무 황당하여 의논거리도 되지 못하는 것이다.

만약 우리가 이런 귀류법(歸謬法)[9]을 지적하는 것으로 이 논쟁을 마무리하려 했다면 당장 이런 공격이 들어올 것이다. 최초의 노동자들은 신의 섭리에 의하여 그들의 노동에 필요한 자본을 제공받았다고 반론하는 게 아니라, 당신의 명제(임금은 생산물에서 나온다)는 생산이 복잡한 과정을 거치는 고도로 발전된 사회 형태를 전제로 하는 것이 아니냐고 반론할 것이다.

우리가 경제적 논리를 전개하는 데 있어서 꽉 붙들고 절대 놓지 말아야 하는 근본적 진리는 이런 것이다. 가장 발전된 형태의 사회도 가장 조잡한 원시적 형태의 사회를 정교하게 가다듬은 것에 불과하다. 가장 단순한 인간관계에서 분명하게 드러나는 원리들은, 노동 분업과 복잡한 도구와 방법의 사용에 의해 더욱 복잡해진 인간관계로 겉모습이 변용된 것일 뿐, 그 본질이 취소되거나 역전된 것은 아니다. 복잡한 기계들이 다양한 움직임을 보여주는 증기 제분소는 사실 오래된 강바닥에서 발굴해낸 돌절구와 별반 다르지 않다. 아무리 정교한 도구일지라도 결국에는 곡식을 빻기 위한 도구인 것이다. 제분소에서 일하는 사람들은 용광로에 장작을 집어넣든, 제분기를 돌리든, 돌을 골라내든, 포대 자루에 제분소 이름을 인쇄하든, 회계 장부를 기록하든, 결국에는 선사시대의 야만인들이 했던 것과 똑같은 일, 즉 인간의 음식에 필요한 곡식을 준비하고 있는 것이다.

따라서 아주 복잡한 현대의 생산 과정을 가장 단순한 형태로 환원시켜 보면, 이 복잡하게 세분되어 정교해진 생산과 교환의 네트워크에 참여하는 각

---

9   귀류법은 라틴어 reductio ad absurdum을 번역한 용어. 어떤 명제에 대하여 그 명제의 논리적 결과가 어리석음을 포함하고 있음을 지적하여, 그 명제가 어리석음으로 돌아가는 논리라는 뜻이다. 구체적 사례: "잠을 많이 잘수록 사람은 더 오래 살게 된다. 따라서 늘 잠자고 있는 것은 가장 오래 사는 것이 된다.": 옮긴이

개인은, 과일을 따기 위해 나무에 올라가거나 썰물 때 조개를 줍기 위해 해변에 나간 원시인이 했던 것과 똑같은 일을 하고 있다. 다시 말해, 자신의 노력을 통하여 자연으로부터 욕구의 충족을 얻어내려 하는 것이다. 우리가 이 사실을 명심한다면, 그리고 생산 과정을 하나의 전체 – 각자의 욕구를 충족시키기 위하여 어떤 특정한 대집단 속에 들어 있는 모든 개인들의 협력 – 로 바라본다면, 각 개인이 노력을 경주하여 얻은 보상은 최초의 원시인이 자신의 육체노동으로 자연으로부터 얻은 결과물과 똑같은 것임을 알 수 있다.

구체적 사례를 들어보겠다. 우리가 생각해 볼 수 있는 아주 원시적 상태에서 낚시를 가야 한다면 그 개인은 손수 땅을 파서 미끼로 쓸 벌레를 잡아야 하고 또 물고기도 자신이 직접 낚아야 한다. 그러나 노동 분업의 장점이 곧 알려지게 되어, 한 사람은 땅을 파서 미끼를 마련하고, 다른 한 사람은 물고기를 낚게 될 것이다. 그리고 땅을 판 사람도 실제 물고기를 잡은 사람 못지않게 낚시에 기여한다. 이어 카누의 편리함이 발견되자, 모든 사람이 한꺼번에 물가로 나가는 것이 아니라, 어떤 사람들은 뒤에 남아서 카누를 만들거나 보수를 하게 된다. 이때 카누를 만드는 사람은 실제 물고기를 잡는 사람 못지않게 낚시질에 그의 노동을 기여한 것이고, 물고기를 잡은 사람들이 돌아와서 카누 제작자가 밤에 저녁식사로 먹은 물고기는 낚시한 사람들의 노동 못지않게 그의 노동이 만들어낸 생산물인 것이다.

버는 것(임금)은 만드는 것(생산)이다

이렇게 하여 노동의 분업이 잘 이루어지면, 모든 사람이 각자 자연에 호소하여 그의 욕구를 충족시키려 하는 것이 아니라, 한 사람은 물고기를 낚고, 다른 한 사람은 사냥을 나가고, 세 번째 사람은 딸기를 따오고, 네 번째 사람은 과일을 주워오고, 다섯 번째 사람은 도구를 만들고, 여섯 번째 사람은 오두막을 짓고, 일곱 번째 사람은 옷을 만든다. 이런 사람들은 그 자신의 노동에서 나오는 생산물을 다른 사람들의 노동에서 나오는 것과 교환하는 것이며, 이런 점에서 그 자신이 사용하는 물건의 생산에 그 자신의 노동을 투입한 것

제1권 —— 임금과 자본

과 마찬가지가 된다. 그는 자신의 특정한 능력을 투자하여 자신의 특정한 욕구를 충족시키는 것이다. 다르게 말하면, 그가 실제로 얻는 것을 그가 생산한 것이다. 만약 그가 풀뿌리를 캐서 그것을 사슴 고기와 교환했다면, 그는 그 자신이 들판으로 나가서 사슴을 사냥하고, 반면에 사냥꾼은 뒤에 남아서 풀뿌리를 캐게 한 것과 다름없이 사슴 고기의 획득에 노력한 것이 된다. 그리하여 "나는 이러이러한 것을 벌었어," 혹은 "이러이러한 것을 살 수 있는 돈을 벌었어"라는 뜻을 가진 "나는 이러이러한 것을 만들었어"라는 말은, 경제적 관점에서 말해 보자면 비유적인 의미가 아니라 실제적인 의미를 갖는다. 즉 번다는 것은 곧 만든다(생산한다)라는 것이다.

원시사회에서는 너무나 분명하게 드러나는 이러한 원칙들을 소위 문명국의 복잡한 상황에다 적용시켜 보면, 모든 경우에서 노동이 상품과 교환되고, 생산이 소비를 선행한다는 것을 볼 수 있다. 임금은 버는 것 – 다시 말해, 노동이 만드는 것 – 이지, 자본에서 나오는 것이 아니다. 현금(동전이든 지폐든)으로 임금을 받는 노동자는 그의 노동이 총 자본에 기여한 것에 대한 대가, 혹은 총 재고에 대한 인출로 그것(임금)을 받는 것이다. 그렇게 인출한 것을 그는 자신의 욕구를 가장 잘 충족시키는 부의 형태로 활용할 수 있다. 인출 권리에 불과한 현금도, 그가 그 돈을 사용하기 위해 선택한 부의 특정한 형태도, 노동의 유지를 위해 자본이 미리 노동자에게 내준 것이 아니라, 그의 노동이 기존에 있는 부의 총량에 기여한 부 혹은 부의 한 부분인 것이다.

이런 원칙을 명심하면서 런던 템스 강둑의 어두컴컴한 사무실에 틀어박혀 거대한 해양 선박의 설계도를 그리고 있는 제도공을 한 번 생각해 보자. 이 사람은 캘리포니아에서 곡식을 수확하는 농부나 아르헨티나의 라플라타 팜파(나무는 없고 풀이 무성한 평원)에서 가축용 밧줄을 빙빙 돌리는 목동 못지 않게 빵과 고기의 생산에 그 자신의 노동을 기여하고 있다. 그 제도공은 오스트레일리아에서 양털을 깎거나 페이슬리에서 옷감을 짜는 사람 못지않게 그 자신의 옷을 만들고 있다. 또 그 자신이 프랑스의 가론 강의 강둑에서 포도를 수확하는 사람 못지않게 그가 저녁에 마시는 포도주의 생산에 기여하고 있다. 캘리포니아의 콤스톡 광산의 중심부에서 은 광석을 채굴하는 광부는 천 번의 물품 교환에 의하여, 실은 지구의 중심부에 가까운 1,500미터 깊이의 계곡에서 곡식을 수확하고 있는 것이다. 또한 북극의 얼어붙은 바다에서 고래를 추적하고 있는 것이며, 버지니아에서 담배 잎사귀를 따고 있는 것이며, 온두라스에서 커피 열매를 따고 있는 것이다. 하와이 섬에서 사탕수수 줄기를 베고 있는 것이며, 조지아에서 목화를 따거나 맨체스터나 로웰에서 옷감을 짜고 있는 것이다. 또한 하르츠 산맥에서 그의 아이들을 위해 목재 장난감을 만들고 있는 것이다. 로스앤젤레스 과수원의 녹색과 황금색 오렌지들 중에서, 그의 광산 근무 교대가 끝나면 집에서 기다리는 병든 아내에게 가져다줄 오렌지를 따고 있는 것이다. 콤스톡 은광의 광부가 갱도 입구에서 토요일 저녁에 받는 임금은 그가 이 모든 것들을 했다고 세상을 향해 내미는 증명서가 아니라면 무엇이겠는가? 그 광부의 노동이, 그가 실제로 노동하는 목적인 물건을 얻기까지 벌어지게 되는 저 장구한 일련의 교환 중 첫 번째 교환이 아니라면 무엇이겠는가?

이런 식으로 관찰하면 이 모든 것은 너무나 분명하다. 그러나 그 강력한 성채와 매복 장소에서 현행 임금 기금 이론(임금은 자본에서 나온다는 이론)의 오류와 맞서려면, 우리는 탐구의 방식을 연역에서 귀납으로 바꾸어야 한다. 먼저 객관적인 사실들과 그 사실들의 관계를 추적하기로 하자. 그리하여 첫 번째 원리들(연역된 원리들)을 가지고서 복잡한 사실들 속에서 구체적 사례들을 확인하여 얻은 명백한 결론에 똑같이 도달할 수(귀납할 수) 있겠는지 살펴보기로 하자.

제2장

용어들의 의미

우리의 논의를 계속 진행시키기 위하여 용어들의 의미를 명확히 해두기로 하자. 용어들을 불분명하게 사용하면 필연적으로 논리적 추론에 애매모호함과 불확실성이 뒤따르기 때문이다. 경제적 추론에서는 "부", "자본", "지대", "임금" 등의 용어는 일반 대화에서 사용되는 것보다 더 명확한 의미를 부여해야 한다. 그러나 심지어 정치경제학에서도 여러 학자들의 일반적 동의가 없어서 이런 용어들의 명확한 정의가 내려져 있지 않은 상황이다. 서로 다른 저술가들이 동일한 용어에 대하여 다른 의미들을 부여하거나, 동일한 저술가들이 어떤 용어를 서로 다른 의미로 사용하고 있다. 여러 저명한 저자들도 용어의 분명하고 정확한 정의가 중요하다고 하고서는 막상 그 정의 내리는 일에 큰 도움을 주지 못한다. 그 저자들은 불분명하게 용어를 사용하면 안 된다고 경고하면서도 막상 그 자신이 그런 중대한 오류를 저지르고 있다. 심지어 통찰력 깊은 사상가들도 동일한 영어 단어를 여러 가지 다른 의미로 사용하면서 중요한 결론을 내리는 것을 보면, 생각을 정확한 언어로 표현하는 것이 아주 중요한 일임을 알 수 있다.

나는 이런 위험들을 피하고자 한다. 이 책의 전편을 통하여 어떤 용어가 중요하면 그 용어의 의미를 명확하게 규정한 다음에 그 의미로만 사용하고 다른 의미로는 사용하지 않을 생각이다. 나는 독자들에게 내가 내린 용어의 정의를 명심해 줄 것을 요청한다. 그렇게 하지 않으면 내 말을 분명하게 이해하기가 어렵기 때문이다. 나는 용어들에 임의적인 의미를 부여하거나 새로운 용어를 만들어내는 일은, 설사 그것이 편리하더라도 하지 않을 것이다. 나는 용어들의 일반적 용례를 가능한 한 준수하면서, 생각을 좀 더 명확하게 표현하는 범위 내에서 용어들의 의미를 고정시키고자 한다.

우리가 현재 알아보아야 할 문제는 과연 임금이 자본에서 나오는가, 하는 것이다. 이 작업의 예비 조치로 먼저 임금과 자본의 정의를 명확하게 내리기로 하자. 임금의 경우에는 경제학자들이 충분할 정도로 확정적인 의미를 부여해 왔으나, 자본의 경우에는 정치경제학에서 여러 애매모호한 정의들이 내려져 왔으므로 여기서 자세히 검토해볼 필요가 있다.

임금의 정의

일반적 대화에서 사용되는 "임금"은 어떤 서비스를 제공하기로 하고 고용된 사람에게 지불하는 보상(대가)을 의미한다. 우리는 "자기 자신을 위해 일하는 자영업자"와 구분하기 위하여 "임금을 받고 일하는 사람"이라고 말한다. 이 용어는 육체노동을 하는 사람에 대한 보상이라는 의미로 사용되는 경향이 있어서 그 적용 범위가 더욱 비좁아진다. 우리는 전문가, 관리자나 서기 등에 대한 보상은 임금이라고 하지 않고, 수수료, 수임료, 봉급이라고 말한다. 이렇게 하여 임금의 일반적 의미는 육체노동을 하는 피고용자에게 지불하는 보상을 의미한다. 그러나 정치경제학에서 임금은 좀 더 넓은 의미를 갖고 있으며, 모든 노동에 대한 대가를 의미한다. 경제학자들이 말하는 바, 생산의 3대 요소는 토지, 노동, 자본인데, 경제학자들은 생산물에 들어가는 두 번째 요소(노동)에 해당하는 것을 임금이라고 명명한다.

이렇게 하여 노동이라는 용어는 부의 생산에 들어가는 모든 인간적 노력을 포함하고, 임금은 생산물 중 노동에 해당하는 부분이므로, 그런 노력에 대한 모든 보상을 포함한다. 따라서 정치경제학의 관점에서 보자면, 임금이라는 용어는, 어떤 종류의 노동인지 혹은 그 보상이 고용주에게서 나오는지 아닌지 등은 따지지 않고, 노동을 투입하여 받은 대가를 의미한다. 이러한 대가는 자본을 사용하여 얻은 대가나, 지주가 토지를 사용하여 얻은 대가와는 구분된다. 자기 자신을 위하여 토지를 경작하는 사람은 토지에서 난 생산물의 형태로 임금을 받는데, 이것은 그 사람이 자신의 자본이나 토지를 사용하여 이자나 지대를 받는 것과 마찬가지 행위이다. 이렇게 볼 때 사냥꾼의 임금은 그가 죽이는 들짐승이고, 어부의 임금은 그가 잡는 물고기이다. 자영업자인 노천금광 광업자가 물에 씻어서 건져내는 사금은, 탄광 광부의 노동[10]을 사들인 자가 그 광부에게 지불하는 돈 못지않게 그 광업자의 임금이다.

애덤 스미스가 지적했듯이, 소매상들의 높은 이윤은 대부분 임금인데 그들의 자본이 아니라 노동에 대한 대가로 번 것이기 때문이다. 간단히 말해서, 노력의 결과 혹은 보상으로 받은 것은 무엇이든지 "임금"이다.

"임금"에 대해서는 이 정도로 해두면 현재로서는 충분하다. 하지만 이 정의를 명심하는 것이 중요하다. 왜냐하면 표준 경제학 저서들에서는 이러한 임금의 의미가 다소 불분명하게 인식되다가 나중에 가서는 무시되기 때문이다.

자본의 정의

그런데 자본의 개념을 둘러싼 애매모호함을 제거하고 이 용어의 과학적 정의를 확정하는 것은 더욱 어렵다. 일반 담론에서는, 가치가 있거나 소득을 올려주는 모든 종류의 물건들이 막연하게 자본으로 인식되고 있지만, 경제학 저술가들은 이 용어를 아주 폭넓게 사용하고 있어서 이 용어는 어떤 고정된 의미가 없는 것처럼 보인다. 여기서 몇몇 대표적 저술가들의 정의를 서로 비교해 보자.

애덤 스미스는 자본을 이렇게 정의한다. "어떤 사람이 가지고 있는 축적물 중에서 그에게 수입을 가져오리라 기대되는 부분을 가리켜 자본이라 한다." 스미스는 이어 어떤 나라 혹은 사회의 자본은 다음 여덟 가지로 이루어져 있다고 말한다.

---

10 캘리포니아에서는 이 말이 흔하게 쓰인다. 그곳의 노천금광 광부들은 그들의 소득을 "임금"이라고 하며, 채취된 사금의 양에 따라 임금이 높다 혹은 낮다고 말한다.

(1) 노동을 쉽게 하거나 단축시키는 모든 유용한 기계와 작업도구.

(2) 건물들. 거주용 건물뿐만 아니라 가게, 농가 등 거래의 도구로 간주될 수 있는 건물.

(3) 개간이나 경작에 더 적합하도록 개량한 각종 토지.

(4) 모든 주민이나 사회구성원들이 습득한 유용한 능력.

(5) 화폐.

(6) 생산자와 거래자의 손에 있는 식량으로서, 그들은 이것을 판매하여 이윤을 얻으려 한다.

(7) 생산자와 거래자의 손에 있는, 천연상태의 원료나 다소 가공된 상태의 제품.

(8) 아직 생산자와 거래자의 손에 있는 완제품.

스미스는 이 여덟 가지 중 앞의 네 가지는 고정 자본이라 했고, 뒤의 네 가지는 유동자본이라고 했는데, 이러한 구분은 우리의 현재 논의에는 불필요한 것이다.

리카도의 정의는 다음과 같다.

"자본은 한 나라의 부 중 생산에 투입된 부분으로서, 음식, 의복, 도구, 원료, 기계 등 노동을 일으키는데 필요한 것들로 구성된다." —『정치경제학의 원리』, 5장.

앞으로 살펴보겠지만 이 정의는 애덤 스미스의 그것과는 상당히 다르다. 스미스가 포함시킨 것들 중에서 습득된 유용한 능력이나 생산자와 거래자의 손에 있는 기호품이나 사치품은 제외하고, 그 대신에 소비자의 손에 있는 음식과 의복 등(스미스가 제외한 것)을 포함하고 있다.

매컬로크의 정의는 이러하다.

"한 나라의 자본은 그 나라에 존재하는 산업 생산물의 모든 부분들, 가령 인간의 생존을 지원하기 위한 부분들이나 생산을 촉진하기 위한 부분들을 모두 포함한다."—『국부론에 대한 주석』, 제2권 1장.

이 정의는 리카도의 사고방식을 따라가고 있으나 그 범위가 더 넓다. 이 정의는 생산을 도와주지 않는 모든 것을 배제했으나, 생산을 도와주는 것은 모두 포함시켰기 때문이다. 그렇지만 어떤 실제적인 용도나 그 용도의 필요성에 대해서는 언급하지 않았다. 매컬로크가 표명한 견해대로라면, 유람 마차를 끄는 말은 들판에서 쟁기를 끄는 말 못지않게 자본이 될 수 있다. 왜냐하면 그 말은 필요할 경우에 쟁기를 끄는 일에 활용될 수 있기 때문이다.

존 스튜어트 밀은 리카도 및 매컬로크와 동일한 일반적 노선을 지향하면서 자본의 사용이나 사용 가능성보다는 자본을 사용하려는 의지를 더 중시한다. 밀은 이렇게 말한다.

"생산적 노동에 주거, 보호, 도구, 물자 등을 제공하고, 또 그 과정에서 노동자를 먹여주고 또 생활하게 해주는 것, 이런 것들은 뭐든지 다 자본이다."—『정치경제학의 원리』, 제1권 4장.

이러한 인용문들은 여러 대가들의 다양한 생각을 잘 보여준다. 군소 저자들 사이에서 자본의 정의는 더욱 다양한데 몇 가지 사례만 제시하면 충분할 것이다.

웨이랜드 교수의 『정치경제학 입문』은 경제학을 가르치는 미국 내 교육기관에서 널리 채택되는 교과서인데 이런 명료한 정의를 내리고 있다.

"자본이라는 용어는 두 가지 의미로 사용된다. 생산물과 관련해서는, 그 제품을 만들어내기 위해 인간의 노력이 가해진 모든 물질을 의미한다. 산업과 관련해서는, 산업이 가치를 부여하려고 하거나 이미 가치를 부여한 물질을 가리킨다. 그 가치를 부여하는데 사용된 도구들, 생산 과정에 참여하는 노동자의 생활에 도움이 되는 생계 수단도 역시 자본으로 인정된다. -『정치경제학 입문』, 제1권 1장.

보호무역의 옹호자인 미국 학자 헨리 C. 캐리는 자본을 다음과 같이 정의한다. "인간이 자연을 극복하기 위하여 사용하는 도구이며, 여기에는 인간 자신의 신체적·정신적 노력도 포함된다." 자유무역을 옹호하는 매사추세츠 출신 페리 교수는 이런 캐리의 정의가 자본과 노동의 구분을 크게 혼동했다고 반박하면서 다음과 같은 정의를 내놓았는데 이 정의는 자본과 토지를 크게 혼동하고 있다. "인간의 몸 밖에 있는 가치 있는 것으로, 이것을 사용하여 금전적 증가 혹은 이윤을 창출한다."

저명한 영국 경제학자인 윌리엄 손턴 씨는 노동과 자본의 관계에 대하여 정밀한 연구를 수행했다(『노동에 관하여』). 그는 자본에다 토지를 포함시켰는데, 이것은 대수를 가르치겠다고 하는 사람이 빼기와 더하기 기호가 동일한 의미, 동일한 가치를 가지고 있다고 선언하는 것과 같다. 역시 저명한 미국 경제학자 프랜시스 A. 워커 교수는 『임금 문제』라는 정교한 연구서에서 손턴과 똑같은 주장을 펴고 있다. 또다른 영국 학자인 N.A. 니콜슨은 "자본은 당연히 저축에 의해 축적되어야 한다"라고 말함으로써 어리석음의 극치를 보여주고 있다(『교환의 과학』, 런던, 1873, p.26). 니콜슨은 바로 그 다음 문장에서 이런 말도 했다. "곡식을 생산하는 토지, 땅을 뒤엎는 쟁기, 생산물을 확보하는 노동, 생산물 자체(그것을 사용하여 구체적 이윤이 생길 경우) 등이 모두 자본이다." 하지만 토지와 노동을 어떻게 절약하여 축적할 수 있는지에 대해서는 단 한 마디도 설명하지 않는다. 역시 저명한 미국 학자인 아마사 워커 교수는 자본은 노동의 순저축에서 나온다고 말하고서 곧이어 토지가 자본이라고 말한다(『부의 과학』, p.66).

나는 이런 모순되는 혹은 자기모순적인 정의들을 여러 페이지에 걸쳐서 인용할 수 있다. 하지만 더 이상의 예시는 불필요하다. 이미 예시한 인용문들만으로도 자본이라는 용어에 대한 이해의 폭이 아주 넓다는 것을 알 수 있다. 이 주제에 관하여 정치경제학 교수들 사이에서 존재하는 "혼동과 혼란"의 구체적 사례를 더 자세히 알아보려고 하는 독자는 그런 교수들의 저서가 나란히 꽂혀 있는 인근 도서관을 찾아가면 된다.

우리가 어떤 사물에 대한 명칭을 사용할 때 언제나 동일한 것만 가리키고 다른 것은 포함시키지 않는다면 그 명칭이 어떤 것이냐 하는 건 별로 문제가 되지 않는다. 자본이라는 용어를 막연하게 정의할 때 경제적 추론에서 발생하는 어려움은 다음과 같은 것이다. 경제적 추론의 전제 부분에서는 자본이라는 용어를 이렇게 사용한다고 구체적으로 정의해 놓고서는, 막상 결론 부분에 도달해서는 그 용어를 일반적 의미로 사용하는 것이다. 가령 임금은 자본에서 나온다는 명제를 말할 때, 여기에서 사용된 자본은 우리가 일반적으로 자본의 희소와 풍부, 증가와 감소, 파괴와 추가라고 말할 때의 그 자본이다. 다시 말해, 토지와 노동 등 다른 생산 요소들과 구분되는 것, 개인의 개별적 만족을 위해 사용되는 물건과 구분되는 것으로 이해되고 정의되는 것이다. 실제로 대부분의 사람들은 자본이 뭔지 잘 알다가도 그것을 정의하려고 하면 어려움을 느끼게 된다. 여러 경제학자들의 저서를 보면 그들은 널리 알려진 의미로 자본이라는 용어를 사용하다가도, 자본의 정의를 내리고 그 정의에 바탕을 두고서 논리를 펼 때에는 엉뚱한 태도를 보이는 것이다.

자본이라는 용어의 상식적 의미는 더 많은 부를 얻기 위해 투입된 부를 가리킨다. 애덤 스미스는 다음과 같은 정의를 내렸을 때 이런 상식을 표현한 것이다. "어떤 사람이 가지고 있는 축적물(재고) 중에서 그에게 수입을 가져오리라 기대되는 부분을 가리켜 자본이라 한다." 그리고 어떤 사회의 자본은 분명 이런 개인들이 갖고 있는 재고의 총합, 혹은 더 많은 부를 획득할 것으로 기대되는 그 사회의 총 재고라 할 수 있다. 그러나 이러한 자본의 정의 또한 파생적 의미의 정의일 뿐이다. 언어학자들이 추적한 바, 자본(capital)[11]이라는 단어는 부를 소[牛]의 머릿수로 측정하던 시절로 거슬러 올라가는데, 그

---

11 capital이라는 영어는 머리를 가리키는 라틴어 caput에서 온 것임: 옮긴이

시절에 어떤 사람의 소득은 그가 장차 늘어날 것으로 기대하면서 키우고 있는 소의 머릿수에 달려 있었다.

자본이라는 용어를 정확하게 사용하려고 할 때 생겨나는 어려움, 특히 경제적 논의보다는 정치적·사회적 논의에서 더욱 두드러지게 나타나는 어려움은 다음 두 가지에서 비롯된다.

첫째, 어떤 개인이 소유했을 때에는 자본으로 인정되는 어떤 부류의 물건들이 사회의 자본으로는 인정되지 않는다.

둘째, 그 부류의 물건들이 사용되는 목적에 따라 자본이 될 수도 있고, 되지 않을 수도 있다.

이런 점들만 유의한다면, 분명하고 확정적인 자본의 정의를 내리는데 별반 어려움이 없을 것이다. 또 일반적으로 사용되는 자본이라는 용어에 어떤 것들이 포함되는지도 분명하게 알 수 있을 것이다. 다시 말해, 어떤 물건들이 자본이고 또 자본이 아닌지 명확하게 구분함으로써 아무런 애매모호함이나 착오 없이 그 용어를 사용할 수 있다.

생산의 3대 요소: 토지, 노동, 자본

토지, 노동, 자본은 생산의 3대 요소이다. 자본이라는 용어가 토지와 노동과 대비되는 것으로 사용된다는 사실을 기억한다면, 토지 혹은 노동으로 분류될 수 있는 것은 결코 자본이 되지 못한다는 것을 즉시 알게 된다.

토지라는 용어는 물과 공기와 구분되는 지상의 땅만을 의미하는 것이 아니라, 인간 자신의 몸 밖에 있는 모든 물질적 세상을 가리킨다. 인간의 몸은 토지에서 태어난 것인데, 그 토지에 접근함으로써 인간은 자연과 접촉하거나 자연을 활용할 수가 있다. 간단히 말해서 토지라는 용어는 모든 자연적인 물질, 힘, 기회를 포함하며, 자연이 무상으로 제공하는 것은 자본으로 분류하면 안 된다. 비옥한 밭, 원광석이 풍부한 광맥, 수력 발전을 일으키는 폭포수 등은 소유자에게 자본을 소유한 것과 같은 이점을 제공할 수 있지만, 이런 것들을 자본으로 분류하는 것은 토지와 자본의 구분을 철폐하는 것이며, 두 용어가 서로 관계된 만큼 그 둘 모두를 무의미한 것으로 만들어 버린다.

노동이라는 용어는 모든 인간적 노력을 포함한다. 따라서 선천적인 것이든 후천적인 것이든 인간의 힘은 자본으로 분류되어서는 안 된다. 통상적인 대화에서, 우리는 어떤 사람의 지식, 기술, 근면함 등을 그의 자본이라고 말한다. 그러나 이것은 비유적인 의미로 사용된 것일 뿐, 정확성을 기해야 하는 경제학적 추론에서는 피해야 한다. 지식이나 기술이 뛰어나면 마치 자본을 소유한 것처럼 그 개인의 소득을 높여주고 또 어떤 사회의 지식, 기술, 근면함 등이 자본이 그렇게 해주는 것처럼 그 사회의 생산을 높여줄 수는 있다. 그러나 이러한 효과는 노동의 힘이 증가되어서 발생한 것이지, 자본 때문에 벌어진 것은 아니다. 대포알의 속도를 높이면 대포알의 중량이 늘어난 듯한 효과를 가져올 수도 있으나, 무게와 속도는 엄연히 다른 것이다.

따라서 우리는 자본의 범주에서 토지나 노동에 포함될 수 있는 모든 것을 제외시켜야 한다. 그렇게 함으로써 토지도 노동도 아닌 것들, 하지만 그 두 가지 생산의 요소들을 결합한 것에서 나온 것들만 남게 되는데, 이것들만이 자본이라고 할 수 있다. 다시 말해, 부가 아닌 것은 자본이 되지 못한다.

하지만 이 부(富)라는 포괄적인 용어를 사용할 때의 애매모호함 때문에 자본이라는 용어의 애매모호함이 생겨난다.

통상적으로 사용되는 "부"라는 용어는 교환 가치를 가진 모든 것을 가리킨다. 그러나 정치경제학의 용어로서는, 좀 더 한정적인 의미로 제한해야 한다. 집단적 혹은 일반적 부를 얘기할 때 흔히 부라고 말해지는 많은 것들이 경제학에서는 부로 간주되지 않는다. 이런 많은 것들은 교환 가치를 가지고 있고, 개인들 사이에서 혹은 사람들의 단체 사이에서 부를 획득하는 힘을 가지고 있으므로 보통 부라고 말해진다. 그러나 그런 것들은 진정한 부가 아닌데, 그런 것들의 증감이 부의 총액에 아무런 영향을 미치지 못하기 때문이다.

부라고 할 수 없는 것들

부라고 할 수 없는 것들로는 증권, 저당권, 약속어음, 은행 수표, 기타 부의 이전을 약속하는 것들이 있다. 또 노예도 부가 아니다. 노예의 가치는 한 계급이 다른 계급의 소득을 빼앗아가는 것을 의미하기 때문이다. 토지나 기타 자연의 기회 또한 부가 아니다. 토지의 가치라는 것은 어떤 개인이 그 땅을 독점적으로 사용하는 권리, 혹은 그 땅을 사용하는 사람이 만들어낸 부의 일부를 차지하는 권리를 인정해주는 것에 불과하기 때문이다. 증권, 저당권, 약속어음, 은행 수표가 늘어난다고 해서 한 사회 – 지불하기로 약속한 사람이나 지불 약속된 돈을 받기로 한 사람을 모두 포함하는 사회 – 의 부가 증가하는 것은 아니다. 어떤 사회의 인구 집단 중 일부를 노예로 삼는다고 해서 그 인구 집단의 부가 증가하지는 않는다. 노예 주인이 얻은 것은 곧 노예가 빼앗긴 것이기 때문이다. 토지 가격의 상승도 사회 전체의 부가 증가하는 것은 아니다. 토지 소유주가 얻은 높은 가격은 토지 임차인 혹은 매수인이 그만큼 잃은 것이기 때문이다.

이런 상대적인 부는 일반적인 생각이나 대화 혹은 입법과 법률에서는 실제적인 부와 별로 구분이 되지 않는다. 그러나 그런 부는 잉크 몇 방울과 종이 한 장만 있으면 그 어떤 물건도 파괴되거나 소비되는 일 없이 완전 무효화시킬 수가 있다. 최고 정치권력의 시행령에 의하여 부채는 취소될 수 있고, 노예는 해방될 수 있으며, 토지는 모든 사람의 공동 소유로 이용될 수 있다. 이렇게 한다고 해서 부의 총액(어떤 사회가 갖고 있는 부의 총액)은 코담배 한 줌만큼의 가치도 줄어들지 않는다. 어떤 사람이 잃는 것을 다른 사람이 얻음으로써, 플러스 마이너스 본전이 되기 때문이다. 엘리자베스 튜더(엘리자베스 여왕)가 총신들에게 독점 거래권을 수여하거나, 보리스 고두노프[12]가 러시아의 농민들을 판매 가능한 상품으로 만들었을 때와 마찬가지로 부가 생기지도 않았을 뿐만 아니라 사라지지도 않은 것이다.

---

12 보리스 고두노프 1552-1605. 처음에는 모스크바 일대의 차르였다가 나중에서는 러시아 전역의 차르가 되었음. 1587년에 농민들이 한 지주 밑에서 다른 지주 밑으로 옮겨가는 것을 금지하는 칙령을 반포함으로써 가장 가혹한 형태의 농노제가 수립되었다: 옮긴이

따라서 정치경제학에서 사용되는 부의 정의를 감안할 때, 교환 가치를 가지고 있는 모든 사물이 부가 되는 것은 아니다. 어떤 것을 생산하여 그것이 부의 총합(한 사회 내의 전체 부)을 증가시키거나, 반대로 그것들을 없애버리면 부의 총합이 감소하는 사물들만 부가 될 수 있다. 그런 사물들은 무엇인지 또 어떤 성질을 가지고 있는지를 따져보면 부를 정의하는데 큰 어려움이 없을 것이다.

우리가 어떤 사회의 부가 증가했다고 말할 때, 가령 영국이 빅토리아 여왕의 즉위 이후 부가 증가했고, 캘리포니아 주가 과거 멕시코 영토일 때보다 더 부가 증가했다고 말할 때, 영국이나 캘리포니아에 땅이 더 늘어났다거나 그 땅의 자연적인 힘들이 더 커졌다는 뜻은 아니다. 또 사람이 더 많아졌다는 뜻도 아니다. 후자의 경우를 가리킬 때에는 인구가 늘었다고 말할 것이다. 또 부의 증가는 그 지역에 사는 어떤 사람들이 그 지역의 다른 사람들에게 진 빚이 증가했다는 뜻도 아니다.

부의 증가라 함은 구체적 사물들, 상대적 가치가 아니라 실질적 가치를 가진 사물들, 가령 건물, 소 떼, 도구, 기계, 농산물과 광산물, 제조품, 선박, 마차, 가구 등이 증가했다는 뜻이다. 이런 물품들의 증가는 곧 부의 증가가 되고, 반면에 감소되면 부도 따라서 감소한다. 그 인구 숫자에 비례하여 이런 물품들을 많이 가지고 있는 사회가 가장 부유한 사회이다. 이런 물품들의 공통적인 특징은 인간의 용도와 욕구 충족에 맞추어 인간의 노동이 투입된 자연의 물질 혹은 생산물이라는 것이다. 이 물품들의 가치는 그와 유사한 종류의 물품을 만드는데 들어가는 평균적인 노동량에 달려 있다.

따라서 정치경제학에서 사용되는 부라는 용어는, 인간의 욕구를 충족시키기 위하여 인간의 노력이 들어가고, 이동되고, 종합되고, 분리되고, 혹은 다른 방식으로 가미된 자연의 생산물을 의미한다. 달리 말하면, 물질에 인간의 노동이 새겨진 것이다. 가령 석탄에 태양의 열기가 축적되어 있듯이, 인간의 욕구를 충족시키기 위하여 인간의 노동력이 가미된 사물을 말한다. 그러나 부가 노동의 유일한 목적은 아니다. 왜냐하면 노동은 인간의 욕구를 직접적으로 충족시켜주기도 하기 때문이다. 부는 생산적 노동의 목적이면서 결과로서, 다시 말해, 인간의 노동이 물질적 사물에 가치를 부여한 것을 의미한다. 자연이 인간의 노동 없이 부여해준 것은 부가 아니며, 또 노동을 투입한다 해도 인간의 욕구를 충족시켜 줄 수 있는 구체적 생산물을 만들어내지 않는다면 부로 이어지지 않는다.

자본은 어떤 목적을 위해 투입된 부이기는 하지만, 위에서 말한 부의 개념을 충족시키지 못하는 것은 자본이 될 수 없다. 이것을 잘 인식하고 명심함으로써, 우리는 모든 경제적 논리에 피해를 입히고, 일반 대중의 생각을 흐리멍덩하게 만들고, 심지어 예리한 사상가들조차도 모순의 미로에 빠지게 만드는 오해들을 불식시킬 수 있다.

모든 자본은 부이지만 부가 곧 자본은 아니다

모든 자본은 부이지만 모든 부가 곧 자본은 아니다. 자본은 부의 일부, 즉 생산을 돕기 위해 투입된 부이다. 이처럼 자본인 부와 자본이 아닌 부를 구분함으로써 두 번째 부류의 오해가 생겨날 가능성이 있다.

내가 지적해 온 일반 대중의 오류는 부와 자본, 즉 본질적으로 뚜렷한 존재를 갖고 있는 것과 상대적 존재를 갖고 있는 것을 혼동하는 데서 오는 것인데, 일반 대중들만 이런 오류를 범하는 것은 아니다. 이 오류는 널리 퍼져 있고 또 깊게 뿌리를 내리고 있다. 교육을 받지 못한 일반 대중뿐만 아니라 영국과 미국 같은 선진국에서 여론을 형성하고 주도하는 사람, 의회에서 법률을 제정하는 사람, 법원에서 그 법을 적용하는 사람들 중 대다수가 이런 오류를 저지르고 있다. 그 오류는 널리 퍼져 나가 인쇄기에 부담을 주는 많은 평범한 저술가들의 논문이나 정치경제학이라는 제목을 달고 있는 많은 책들에서도 등장하고 있다. 이런 책들은 무식한 사람들 사이에서는 교과서로 통하고, 스스로 생각하려고 하지 않는 사람들 사이에서는 권위 있는 책으로 대접받는다. 하지만 그 오류는 정치경제학을 다루는 최고의 저술가들 사이에서는 인정받지 못한다는 점에서, 일반 대중의 오류나 다를 바가 없다.

애덤 스미스같이 위대한 저서를 써낸 뛰어난 학자도 이런 오류를 한 가지 저지름으로써 최고의 재능도 때로는 완벽한 것은 아님을 드러냈다. 가령 스미스는 개인의 특성을 자본에다 포함시킴으로써, 수입을 가져올 것으로 기대되는 재고를 자본으로 규정한 당초의 입장에서 벗어나고 있다. 하지만 이런 오류는 스미스 이후의 저명한 계승자들에 의하여 극복이 되었다. 그리하여 위에서 제시한 리카도, 매컬로크, 밀 등의 자본의 정의에서는 개인의 특성이 자본에 포함되지 않았다. 세 사람의 정의에서나 또 스미스의 정의에서도 부채와 토지 가치 등 상대적 자본에 해당하는 것을 실제적 자본으로 혼동하는 오류는 저지르지 않았다.

그러나 실질적인 부에 해당하는 것들에 대하여 이들 학자의 정의는 스미스의 그것과는 아주 다르고, 그리하여 무엇이 자본이고 무엇이 자본이 아닌지에 대하여 의견이 엇갈린다. 가령 보석상의 재고는 스미스의 정의에 따르면 자본에 포함되지만, 노동자가 소유한 음식이나 의복은 포함되지 않는다. 리카도와 매컬로크의 정의는 보석상의 재고를 자본에 포함시키지 않으며, 이것은 밀의 정의에서도 마찬가지다. 만약 내가 인용한 밀의 문장을 일반인들이 이해하는 방식대로 이해한다면 말이다. 그러나 밀 자신이 말했듯이 어떤 사물이 자본인지 아닌지 여부는 그 사물의 성질이나 용도에 달려 있지 않다. 그 사물의 소유자가 그 사물이나 그것(사물)을 판매한 가치를, 도구나 재료 등과 함께, 생산적 노동의 공급에다 투입하려고 하는 의향이 있는지 여부에 달려 있다. 세 학자는 모두 자본에다 노동자의 식량과 의복을 포함시키고 있는데 반하여 스미스는 포함시키지 않았다.

세 학자의 자본 이론 검토

세 학자의 자본 정의는 현행 정치경제학의 가르침 중에서 가장 훌륭한 것이므로 그것을 살펴보기로 하자.

매컬로크는 이렇게 정의했다. "인간의 생존을 지원하기 위한 부분들이나 생산을 촉진하기 위한 부분들을 모두 포함한다." 이에 대해서는 분명한 반론이 제기될 수 있다. 번성하는 읍이나 도시의 주요 거리를 걸어가면 가게들에 온갖 종류의 귀중품들이 가득 들어차 있는 것을 볼 수 있다. 이런 물품들은 인간의 생존을 지원하거나 생산을 촉진하지는 않지만 가게 주인의 자본 중 일부분을 차지하고, 더 나아가 그 사회의 자본 중 일부이다. 또한 그 거리를 걸어 내려가는 사람은 인간의 생존을 지원하거나 생산을 촉진하는 생산물이 과시적이거나 쓸데없는 사치에 낭비되는 것을 목격할 수 있다. 이런 것들은 이론적으로는 자본의 한 부분이 될 수 있을지 모르나 실제적으로는 자본의 한 부분이 아닌 것이다.

리카도의 정의는, 생산에 사용될 수도 있으나 사용되지 않은 것들은 자본에 포함시키지 않고 오로지 생산에 사용된 것만 자본으로 보고 있다. 그런데 이것도 위에서 매컬로크의 정의에 대하여 제기한 첫 번째 반론에 직면하게 된다. 생산자들을 도울 수 있거나 현재 돕고 있거나 앞으로 돕기로 되어 있는 부만 자본으로 간주된다면, 보석상, 완구 가게, 담배 가게, 제과점, 그림 판매상 등의 재고, 더 나아가 사치품 가게들의 모든 재고는 자본이 아닌 게 되어 버린다.

J.S.밀은 자본인지 아닌지를 구분하는 기준을 자본가의 의향에다 미루어 버림으로써 이 어려운 문제를 회피했다(그런 기준이 내게는 불분명해 보이지만). 하지만 그 구분 기준을 너무나 막연한 것으로 만들어 놓아서, 모든 것을 다 아는 힘을 가진 사람이 아니라면 어떤 특정 시간대에 어떤 나라에서 어떤 것이 자본인지 혹은 아닌지를 구분하기 어려울 것이다.

이 세 가지 정의에 공통되는 가장 큰 결점은, 노동자와 자본가를 명확히 구분하는 상황에서는 도저히 자본으로 간주될 수 없는 것을 자본에 포함시킨다는 것이다. 그들은 자본가의 손에 있는 재고로서, 노동자의 노동에 대한 대가로 지불하려는 것을 자본으로 간주한다. 또한 그들은 일용 노동자가 소유하고 있는 음식과 의복을 자본에 포함시킨다. 그러나 노동자는 일을 하든 안 하든 그 음식과 의복을 소비할 것이다.

그러나 이 세 저술가는 다음 세 가지 경우에서는 방금 말한 의미로 자본이라는 용어를 사용하지 않는다.

첫째, 생산 작업에 독립적인 역할을 맡아 참여하거나, 그 생산의 결과물을 독립적으로 공유하는 노동과 자본을 언급할 때.

둘째, 임금이 자본에서 나온다고 하면서 임금이 자본 대 임금의 비율에 따라 결정된다고 말할 때.

셋째, 아주 일반적인 방식으로 자본이라는 용어를 사용할 때.

이 세 가지 경우에서, 자본이라는 용어는 일반적으로 이해되고 있는 의미로 사용된다. 그러니까 부의 소유자가 자신의 욕구를 충족시키는 데 사용하는 것이 아니라 더 많은 부를 얻기 위해서 사용하는 부를 가리켜 자본이라고 하는 것이다. 간단히 말해서, 정치경제학자든 일반 대중이든 애덤 스미스가 말한, "어떤 사람이 가지고 있는 재고 중에서 그에게 수입을 가져오리라 기대되는 부분"을 자본으로 보는 것이다. 단지 학자들은 자본을 정의하고 제일 원리를 수립할 때에만 이와는 다른 자본의 정의를 내리고 있는 것이다.

애덤 스미스의 정의야말로 자본이라는 용어에 확정적인 개념을 부여할 수 있는 유일한 정의이다. 이 정의를 사용해야만 자본을 부로부터 명확하게 분리시킬 수 있고, 또 자본을 노동과 대비시킬 수 있다. 만약 우리가 노동자에게 음식, 의복, 주거 등을 제공하는 모든 것을 자본으로 간주하고서 자본가가 아닌 노동자를 찾아내려고 한다면, 날카로운 막대기 하나 없이, 몸을 쉴만한 지하 토굴도 없는 완전 알몸인 남자를 찾아내야 할 것이다. 하지만 인간이 이런 상황까지 내려간 경우는 아주 예외적인 상황을 제외하고는 결코 발견되지 않았다.

내가 보기에 이처럼 정의가 다양하고 부정확하게 된 것은, 자본이란 곧 생산을 돕는 것이라는 고정 관념에서 자본의 정의를 도출했기 때문이다. 자본이란 무엇인지를 결정하고 그 다음에 자본이 구체적으로 작용하는 상황을 관찰한 것이 아니라, 자본의 기능을 먼저 추정해 놓고서 이어 그런 기능을 발휘하거나 할 수 있는 것들을 포함시키는 자본의 정의를 내린 것이다. 이 과정을 역전시켜서 자연스러운 순서를 따라가면서, 어떤 사물의 본질이 무엇인지 먼저 조사하고, 그 다음에 그 사물의 기능을 관찰하기로 하자. 우리가 하려고 하고 또 해야 할 필요가 있는 것은 용어의 한계를 명확하게 고정하여 널리 이해시키는 것이다. 다시 말해, 공통적으로 이해되는 개념의 테두리를 예리하면서도 분명하게 확정짓는 것이다.

자본의 구체적 사례

만약 어떤 사회에서 어떤 시점에, 정치경제학 책을 단 한 줄도 읽지 않은 열두 명의 지성적인 사람들에게 실제적 부의 가치를 가진 물품들을 제시한다면, 어떤 물품을 자본으로 보고 또 보지 않을 것인지, 단 한 건의 물품에 대해서도 이의가 없을 것이다. 소유주가 사업상의 용도로 혹은 투기를 위해서 갖고 있는 돈은 자본으로 간주될 것이다. 가정용이나 개인적 비용으로 따로 떼어 놓은 돈은 자본으로 간주되지 않을 것이다. 판매나 씨앗을 위해 혹은 임금 지불을 위해 따로 떼어놓은 농부의 곡식은 자본으로 간주되고, 반면에 농부의 집에서 소비될 곡식은 자본으로 간주되지 않을 것이다. 마부의 말과 마차는 자본으로 간주되는 반면 마부의 개인적 오락을 위해 마련한 마차는 자본으로 간주되지 않을 것이다. 여자의 머리 위에 얹힌 가발, 흡연자의 입에 물려 있는 담배, 어린아이가 가지고 놀고 있는 장난감 등을 가리켜 자본이라고 하는 사람은 없을 것이다.

그러나 가발 가게, 담배 가게, 완구 가게의 재고는 의심할 나위 없이 자본으로 간주된다. 재봉사가 판매하기 위해 만든 외투는 자본으로 간주되지만 재봉사 자신이 입으려고 만드는 것은 자본이 아니다. 호텔 주인이나 레스토랑 주인이 갖고 있는 음식은 자본이지만, 가정주부의 찬장이나 노동자의 도시락 바구니 속에 들어 있는 음식은 자본이 아니다. 용접공, 주조공, 선철 거래인의 손에 있는 무쇠는 자본이지만 요트의 창고에 무게중심으로 사용되는 무쇠는 자본으로 간주되지 않을 것이다. 대장장이의 풀무, 공장의 베틀은 자본이지만 집 안에서 가정 일을 하는 여자의 재봉틀은 자본으로 간주되지 않는다. 임대를 주었거나 사업용이나 생산용으로 사용되는 건물은 자본이고 농가는 자본이 아니다.

간단히 말해서, 우리는 애덤 스미스가 말한 바, "어떤 사람이 가지고 있는 재고 중에서 그에게 수입을 가져오리라 기대되는 부분을 가리켜 자본이라 한다"를 그대로 확인할 수 있는 것이다. 개인의 특성을 자본으로 본 실수를 제외하고, 또 자본에 해당하는 화폐의 범위를 어느 정도 제한한다면, 내가 위에서 열거한 애덤 스미스의 8가지 항목만큼 자본을 잘 열거한 경우를 찾아보기 어렵다.

이제 자본인 부와 자본이 아닌 부를 구분하고 나서 이 두 부류의 차이점을 찾아보기로 하자. 그 차이점을 사물들의 특성, 성능, 최종적 목표(용도) 등에서 찾으려고 하는 것은, 물 위에다 경계선을 그으려 하는 것처럼 헛된 일이다. 내가 보기에 우리는 그 차이점을 그 물건들이 소비자의 손에 있느냐 혹은 없느냐에서 찾아야 한다.[13]

그 본질, 용도, 생산물 등에서 앞으로 교환될 예정인 부의 물품들은 자본이다. 그러나 소비자의 손에 있는 부의 물품들은 자본이 아니다.

자본은 교환 과정 중의 부이다

따라서 우리는 자본을 "교환 과정 중의 부"라고 정의할 수 있다. 이때 교환이란 이 손에서 저 손으로 물건이 건너가는 것뿐만 아니라 자연의 재생산 혹은 변형 능력이 활용되어 부가 증가된 경우까지 포함한다. 이 경우에 우리는 자본의 일반 개념에 포함되는 모든 것을 포괄할 수 있으며, 자본이 아닌 것은

---

13 욕구를 충족시키기 위하여 소비자의 손에 있는 돈은 부라고 말할 수 있다. 돈 자체가 욕구를 충족시켜 주는 것은 아니지만, 그 돈이 소비 행위를 대신하기 때문이다. 따라서 내가 앞의 문단에서 공동 분류라고 한 것은 이 구분 안에 포섭이 되며, 그 구분은 본질적으로 정확한 것이다. 이와 관련하여 돈을 이야기할 때 나는 물론 동전을 말하고 있는 것이다. 물론 지폐도 동전의 모든 기능을 수행할 수 있지만 그것은 부가 아니며 따라서 자본으로 분류할 수 없다.

모두 배제할 수 있다. 이러한 자본의 정의 아래에서, 어떤 도구들은 자본으로 포함될 수 있다. 왜냐하면 그 도구의 서비스나 용도가 교환될 수 있는지 여부에 따라서 그 도구가 자본의 품목이 될 수도 있고 아니면 부의 품목이 될 수도 있기 때문이다.

이렇게 하여 교환을 목적으로 만들어지는 물건에 제작자의 녹로[14]가 사용되었다면 그 녹로는 자본이다. 그러나 어떤 신사가 자신의 도자기를 만드는 오락을 위하여 녹로를 보유하고 있다면 그것은 자본이 아니다. 그리하여 철도, 전신용 전선, 역마차, 극장, 호텔 등의 건설에 사용된 부는 교환 과정 중에 있다고 말할 수 있다. 이러한 교환은 한꺼번에 즉시 이루어지는 것이 아니고 조금씩 조금씩 무수히 많은 사람들이 참여하면서 이루어진다. 하지만 교환은 꾸준히 이루어지고, 철도, 전신, 역마차, 극장, 호텔의 "소비자"는 소유주가 아니라, 가끔 그런 시설을 사용하는 사람이 된다.

이러한 자본의 정의는, 자본은 생산에 바쳐진 부의 한 부분이라는 정의와 배치되지 않는다. 생산을 단지 물품의 제작으로만 국한시키는 것은 생산을 너무 협소하게 이해하는 태도이다. 생산은 물품의 제작뿐만 아니라 물품을 소비자에게 전달하는 것까지 포함한다. 상인이나 가게주인은 제조업자나 농부 못지않게 진정한 생산자이고, 그의 재고나 자본은 그들의 것 못지않게 생산에 바쳐진 것이다. 하지만 여기서 자본의 기능을 상술하지는 않을 생각이다. 우리는 그 문제를 뒤에서 더 자세히 다루게 될 것이다. 또한 내가 제시한 자본의 정의는 그리 중요한 것이 아니다. 나는 경제학 교과서를 쓰려는 게 아니고, 단지 어떤 중대한 사회적 문제를 지배하는 법칙을 찾아내려고 한다. 만약 독자들이 자본이라는 용어를 만났을 때 그 의미를 명확하게 파악할 수 있다면, 나의 목적은 달성된 것이라고 본다.

그러나 이 논의를 마치기 전에 종종 망각되기 쉬운 일을 하나 상기시키고

---

14 轆轤: 둥근 도자기를 만드는데 쓰는, 나무로 된 회전 원반: 옮긴이

자 한다. 정치경제학에서 사용되는 "부", "자본", "임금" 같은 것들은 추상적인 용어이다. 따라서 이들 용어가 나타내는 대상 전체에 일관적으로 적용되거나 혹은 적용되지 않거나 해야지, 어느 한 부분에는 적용되는데, 다른 부분에는 적용되지 않는다는 것은 있을 수 없는 일이다.[15] 이것을 명심하지 않으면 생각에 혼란이 오게 되고 너무나 뻔한 오류를 명백한 진리로 오해하게 된다. 부는 추상적인 용어이므로, 부의 개념은 교환 가능성의 개념을 포함한다. 부를 어느 정도 소유했다는 것은 교환 가치가 동일한 다른 종류의 부를 잠재적으로 소유했다는 것과 같은 뜻이다. 이것은 자본에 대해서도 똑같이 말할 수 있다.

---

15 위에서 세 학자가 자본을 어떤 경우에는 특수하게 정의하고 또 다른 경우에는 일반적으로 정의했는데, 용어의 정의가 이렇게 구분되어서는 안 된다는 뜻: 옮긴이

제3장

임금은 자본에서 나오는 것이 아니라 노동에 의해 생산된다

탐구를 계속해 나갈수록 이 논의의 중요성은 더욱 분명해질 것이다. 하지만 이 논의가 현재 우리가 거론하는 분야와 직접적으로 관계된다는 것은 지금 즉시 살펴볼 필요가 있다.

임금이 자본에서 나온다는 주장을 펴는 것은, 임금이라는 용어의 경제적 의미를 잘 모르는 것이며 그 용어의 일반적이고도 협소한 의미에 집중하는 것이다. 이것은 금방 파악될 수 있다. 왜냐하면 노동자가 스스로 고용주가 되어 노동의 생산물을 그 대가로 가져가는 모든 경우에, 임금이 자본에서 나오는 것이 아니라, 노동의 생산물로서 직접 산출된다는 것을 알 수 있기 때문이다. 가령 내가 새알을 채취하거나 딸기 열매를 줍는다면 내가 얻는 새알이나 열매는 곧 나의 임금이 된다. 이 경우에 자본은 전혀 개입하지 않는다. 전에 사람이 들어간 적이 없는 어떤 섬에 알몸으로 내던져진 남자도 새알을 줍거나 열매를 딸 수가 있다.

만약 내가 소가죽을 집어 들고서 그것을 구두로 만든다면 구두가 나의 임금, 즉 노력의 대가가 된다. 이 구두는 자본 - 나의 자본이든 남의 자본이든 - 에서 나온 것이 아니고, 노동에서 생겨난 것이며, 구두는 노동에 의하여 임금이 되었다. 내가 이 구두를 노동에 대한 임금으로 획득하는 과정에서 자본은 단 한순간이라도 줄어들지 않았다. 만약 우리가 자본이라는 개념을 도입한다면, 애초에 나의 자본은 가죽과 실 등에 불과하다. 나의 노동이 계속되면서 가치는 꾸준히 부가되었고 마침내 나의 노동은 완제품 구두로 결실을 맺었고, 나는 자본과, 그에 더하여 재료와 구두 사이에 존재하는 가치의 차이를 얻었다. 이 추가적인 가치(임금)를 얻는데 자본이 그 어느 때라도 개입한 적이 있는가?

애덤 스미스의 임금론

애덤 스미스는 경제 사상의 방향을 지시하여 오늘날 유행하고 있는 많은 임금과 자본 관계 이론들을 퍼트린 경제학의 아버지이다. 스미스는 내가 예를 든 간단한 사례들에서는 임금이 노동의 생산물이라는 것을 알고 있었고 그래서 노동의 임금에 관한 장(제8장)을 이렇게 시작한다.

> "노동 생산물은 노동의 자연적인 보수 또는 자연적 임금이 된다. 토지의 사적 점유
> 와 자본의 축적이 없는 원시 상태에서는 노동 생산물 전체가 노동자에게 돌아간다.
> 그는 자기와 함께 생산물을 나누어야 할 토지 소유자나 고용주가 없는 것이다."

만약 이 위대한 스코틀랜드 사람이 이것을 논지의 최초 출발점으로 잡고서 노동의 생산물을 노동의 자연적 임금으로 보고 또 지주와 고용주를 생산물의 공유자로 간주했더라면, 스미스의 결론은 아주 달라졌을 것이고, 오늘날의 정치경제학은 저토록 많은 모순과 오류를 저지르지 않아도 되었을 것이다. 간단한 생산 방식에서 드러나는 명백한 진리를 가지고 좀 더 복잡한 형태의 까다로운 문제를 헤쳐나간 것이 아니라, 스미스는 그 진리를 잠시 인식했으나 곧 내버리고서, "유럽의 모든 지역에서 고용주 밑에서 일을 하는 노동자 20명당, 단 한 명의 노동자가 독립적인 상태로 일을 하고 있다"라고 말하고 있다. 이것은 고용주가 그의 자본에서 노동자들에 대한 임금을 지급한다는 관점에 입각하여, 경제적 탐구를 해나가겠다는 뜻이다. 애덤 스미스가 자영업 노동자를 20대 1 수준으로 본 것은 기계 기술자만 감안한 수치였을 것이다. 만약 모든 노동자들을 다 따진다면, 백 년 전의 유럽이라고 하더라도 고용주 간섭 없이 자영업을 하는 노동자의 비율은 20대 1보다는 높을 것이다.

왜냐하면 모든 사회에서 독립적인 노동자가 상당수 존재한데다 유럽의 대규모 지역에서의 농업은 로마 제국 시대 이래로 반타작 소작인 제도로 운영되어 왔기 때문이다. 그 제도 아래에서는 노동자가 자본가로부터 대가를 받는 것이 아니라, 반대로 자본가가 노동자로부터 대가를 받아 왔다. 임금의 일반 법칙이 유럽과 마찬가지로 적용되는 미국의 경우, 제조업이 발달했음에도 불구하고 아주 많은 사람들이 자영업 농부들이므로, 고용주를 통하여 임금을 받는 농부의 비율은 유럽에 비해 낮다고 할 수 있다.

그러나 어느 지역이 되었든 자영업 노동자와 피고용 노동자 사이의 비율을 따지는 것은 불필요하다. 노동자가 자신의 임금을 직접 얻는 경우에 그 임금이 노동의 생산물이라는 자명한 이치를 되풀이하여 사례를 들 필요도 없다. 노동자가 노동의 결과로 직접 임금을 얻는 경우든, 혹은 고용주에게서 임금을 받는 경우든, 임금이라는 용어가 모든 노동의 소득을 포함한다는 것만 깨닫는다면, 임금이 자본으로부터 나온다는 전제는 상당 부분 사실이 아니라는 것이 분명해진다. 임금이 자본으로부터 나온다는 얘기가 어느 정도 그럴 듯하다고 수긍되는 경우는 노동자가 고용주로부터 임금을 받는 경우 정도이다. 하지만 표준 정치경제학에서는 임금이 자본에서 나온다는 이론은 보편적 진리로 받아들여지고 있고 또 이 토대 위에 거대한 상부 구조물이 세워져 있다.

이런 중요한 전제를 이런 식으로 제한하면 그 전제로부터 나온 모든 결론은 즉각 위태롭게 비틀거리는 것이 되어버린다. 하지만 여기서 머물지 말고, 그런 제한된 의미에서라도 그 이론이 사실과 일치하는지 살펴보기로 하자. 우리는 애덤 스미스가 내버린 단서를 집어 들고서 차근차근 앞으로 나가보자. 가장 간단한 형태의 생산에서 분명하게 확인된 사실들의 관계가 가장 복잡한 형태의 생산에서도 그대로 적용되는지 살펴보자.

"토지의 사적 점유와 자본의 축적이 없는 원시 상태"에서는 노동의 생산물이 전부 노동자에게 돌아가는데, 그 다음으로 단순한 상태는 노동자가 다른 사람을 위해 일하거나 다른 사람의 자본을 가지고 일을 하면서 현물로 임금을 받는 경우이다. 즉 그의 노동이 생산한 물품으로 임금을 받는 것이다.

이 경우, 자영업 노동자와 마찬가지로 임금은 노동의 생산물로부터 나오는 것이지 자본으로부터 나오지 않는다. 만약 내가 사람을 고용하여 새알을 줍게 하거나, 열매를 따게 하거나, 구두를 만들게 하고서 그 사람에게 그의 노동이 확보한 새알, 열매, 구두로 대가를 지불한다면 임금의 원천은 노동이라는 게 너무나 분명해진다. 바로 이런 형태의 고용이 새어대어 가축 소작제(saer-daer stock tenancy)[16]인데 헨리 메인 경이 그의 저서 『제도들의 초창기 역사』에서 아주 탁월하게 다루고 있다. 또 어떤 사람을 고용한 자본가가 그 사람에게 자신의 소 떼를 맡김으로써 맺어지는 고용주와 피고용자의 관계도 그런 사례이다. 야곱이 라반을 위해 일한 것은 바로 이런 관계이며, 심지어 오늘날의 문명국가들에서도 노동을 고용하는 흔한 방식이다. 미국의 남부 주들과 캘리포니아 주에서 상당한 정도로 시행되고 있는 공유제 토지 경작, 유럽의 반타작 소작인 제도, 감독자나 영업사원이 이윤의 일정 비율로 대가를 지급받는 여러 사례들은 생산물의 일부를 임금으로 지불하기로 하고 노동을 고용하는 방식이다.

현물 혹은 그에 상당한 것으로 임금을 지불하는 사례

단순함에서 복잡함으로 나아가는 다음 번 단계는 임금을 현물로 산정하기는 하지만 그에 상당하는 다른 것으로 지불되는 경우이다. 예를 들어, 미국의 포경선은 고정된 임금을 지불하는 것이 아니라 레이(lay) 방식, 즉 어획량의 일정 부분을 지불하는 것이 관행이다. 그리하여 선장은 어획량의 12분의 1에서 16분의 1정도가 되고 선실 사환 소년은 300분의 1을 받는 등 선원마다 그 비율이 다양하다. 이렇게 하여 포경선이 성공적인 항해를 마치고 뉴베드퍼드나

16　새어대어 가축 소작제: 초창기 아일랜드 법률 하에서 시행되었던 두 가지 형태의 소작제. 새어(saer: 자유 소작인) 형태에서는 소작인이 부족장이나 귀족들로부터 소 떼를 빌리되, 아무런 담보를 제공하지 않았고 또 공동체 내에서 소작인의 신분이 저하되지도 않았다. 대어(daer: 예속 소작인) 형태에서는 엄청나게 불리한 조건으로 소 떼를 빌려야 했고 공동체 내의 소작인 신분을 크게 떨어트렸다: 옮긴이

샌프란시스코에 입항하면 그 배의 선창에는 선원들의 임금뿐만 아니라 선주들의 이윤, 그리고 항해 도중에 사용한 물품들의 대금 등이 모두 들어 있게 된다. 선원들의 임금－포경선의 선원들이 포획한 고래의 기름과 뼈－이 자본에서 나온 것이 아니라, 그들의 노동의 생산물의 일부라는 사실을 이것보다 더 잘 보여주는 사례가 있을까? 선원들의 몫인 기름과 뼈를 시장 가격으로 쳐서 현금으로 지불한다고 해도 이 사실은 바뀌거나 불분명해지지 않는다. 그 돈은 실질 임금인 기름과 뼈에 상당하는 다른 어떤 것에 지나지 않는다. 이러한 임금의 지불에서 자본은 전혀 개입되지 않았다. 임금이 지불되어야 하는 가치가 항구로 들어오고 나서야 비로소 임금 지불의 의무가 발생한다. 선주가 그의 자본에서 선원들에게 지불할 돈을 꺼내는 순간, 그는 자신의 자본에 기름과 뼈를 추가한 것이다.

여기까지는 아무런 이의가 있을 수 없다. 그러면 이제 다른 단계인, 노동을 고용하여 임금을 지불하는 방식을 살펴보자.

샌프란시스코 만에서 좀 떨어진 곳에 있는 패럴론 제도는 바닷새들이 알을 까는 장소이다. 이 섬들을 소유한 회사는 제철이 되면 사람들을 고용하여 새알을 회수해 온다. 회사는 포경선의 경우처럼 이 사람들에게 회수해온 새알의 일정 비율을 임금을 지불할 수도 있다. 만약에 사업의 전망이 불확실하다면 그렇게 했을 것이다. 그러나 새들은 언제나 숫자가 많고 유순했기에 노동력을 많이 투입할수록 많은 새알을 수집해 올 수 있었다. 그래서 회사는 노동자들에게 고정 임금을 지불하는 것은 더 편리하게 여겼다. 노동자들은 섬으로 가서 새알들을 수집하여 중간 기착지로 가져온다. 그러면 며칠 단위로 그 새알들을 작은 배에다 싣고서 샌프란시스코로 가져가서 판매한다. 시즌이 끝나면 노동자들은 돌아오고 미리 약정된 임금을 돈으로 받는다.

이러한 거래는 돈으로 지불받는다기보다는, 수집된 새알들에 상당하는 것으로서 약정된 임금을 지불하는 것이나 마찬가지가 아닌가? 노동자가 받은 돈은 곧 새알이고, 그 새알을 팔아서 얻은 것이나 마찬가지가 아닌가?

이러한 임금은 새알(노동의 생산물)이나 마찬가지이고, 그 새알은 고용주

제1권 — 임금과 자본

의 개입 없이 자기가 직접 수집하여 가지고 있는 사람의 새알과 마찬가지가 아닌가?

이제 또다른 사례인, 현물로 지불된 임금이 현금으로 지불된 임금과 마찬가지인 경우를 살펴보자. 샌부에나벤투라에는 산타바바라 수로(水路)를 형성하는 섬들에 자주 출몰하는 물개를 사냥하여 그 기름과 가죽을 팔아 많은 생활비를 벌어들이는 사람이 살고 있다. 그는 이 물개 사냥을 나갈 때 두세 명의 중국인 조수를 데리고 나간다. 그는 처음에는 그 조수들에게 현금으로 임금을 지불했다. 하지만 중국인들은 물개의 일부 내장을 높게 평가하여 그 내장을 건조시켜 가루로 만들어서 약재로 사용했다. 또 물개 수컷의 수염인 기다란 털을 중국인이 아닌 다른 사람들이 볼 때 명확하게 알 수 없는 이유로 아주 높이 평가했다. 물개 사냥꾼은 곧 중국인 조수들이 돈 대신에 사냥한 물개의 내장과 수염을 기꺼이 임금 대신 받으려 하는 것을 발견했다. 그래서 현재 그는 그들의 임금을 대부분 그런 식으로 지불하고 있다.

이 모든 사례들 - 현금으로 지불된 임금은 현물로 지급된 임금과 같다 - 은 임금이 그 생산적 노동의 대가로 지불되는 모든 사례에 그대로 적용되지 않는가? 노동으로 창출된 기금이 곧 임금을 지불하는 기금이 아닌가?

어떤 사람은 이런 반론을 제기할지 모른다.

"자기 자신을 위해서 일하는 사람과, 고용주를 위해서 일하는 사람 사이에는 이런 차이가 있습니다. 그가 현물로 임금을 받을 때, 그의 임금은 노동의 결과에 달려 있습니다. 그러나 어떤 불운한 일이 생겨서 그의 노동이 무위로 돌아가면 그는 아무것도 얻지 못합니다. 반면에 고용주를 위해 일하는 사람은 결과가 어떻게 되었든 임금을 받습니다. 임금은 노동의 수행에 달려 있는 것이지, 노동의 결과에 달려 있는 게 아닙니다."

그러나 이것은 진정한 구분이 되지 못한다. 왜냐하면 평균적으로 볼 때, 고정 임금을 위해 수행된 노동은 그 임금 액수만큼 생산할 뿐만 아니라 그 이상을 생산하기 때문이다. 이렇게 하지 않으면 고용주는 이윤을 내지 못한다. 임금이 고정되어 있으면 고용주가 전적으로 위험을 부담하고 이런 부담에 대하여 보상을 받는다. 고정 임금은 변동 임금보다 언제나 낮기 때문이다. 고정 임금이 약정되었을 경우, 계약을 성실히 이행한 노동자는 고용주에 대하여 법적인 요구를 할 수가 있다. 그러나 일반적인 것은 아니지만 때때로, 고용주가 재난으로 인해 노동의 혜택을 얻지 못하여 임금을 지불하지 못하는 경우도 있다. 어떤 중요한 산업 분야에서, 고용주는 재난의 경우에 임금 지불을 면제받을 수 있다. 비록 계약이 변동 임금이 아니라 고정 임금을 약정했다고 하더라도 말이다. 해상법의 격언으로 "운임은 임금의 어머니"라는 말이 있다. 선원들이 자신의 역할을 제대로 수행했다고 하더라도 재난 사고가 발생하여 선박이 운임을 벌지 못했다면 선원은 임금을 받지 못하는 것이다.

이런 법적 격언에 내가 주장하려는 진리가 담겨 있다. 생산은 언제나 임금의 어머니이다. 생산이 없으면 임금은 존재가 없고 존재할 수도 없다. 임금은 자본이 아니라 노동의 생산물로부터 나온다.

노동은 임금을 선행한다

우리가 사실들을 분석할 때마다 이것(임금은 노동의 생산물로부터 나온다)은 진실임이 발견될 것이다. 왜냐하면 노동은 언제나 임금을 선행하기 때문이다. 이것은 자영업 노동자가 직접 취한 임금이나 고용주에게서 임금을 받는 노동자에게나 똑같이 적용되는 보편적 진실이다. 앞의 부류든 혹은 뒤의 부류든 보상은 인간의 노력에 달려 있는 것이다. 일급을 받든, 더 흔한 주급이나 월급을 받든, 간혹 연간 단위로 받든, 생산의 많은 분야에서 시행되는 일 단위로 지급을 받든, 고용주가 피고용자에게 지불하는 임금은 먼저 노동자가 고용주의 혜택을 위하여 노동을 제공하는 것을 전제로 한다. 개인적 서비스를 위하여 돈을 먼저 지급하는 몇몇 예외적 경우는 자선, 보장, 구매 등으로 한정된다. 변호사에게 먼저 주는 수임료(retainer)는 그 거래의 성격을 잘 보여주는 것이며, 해운업에서 선원들에게 먼저 내주는 돈을 "피 값(blood money)"이라고 하는 것은 그 돈이 사람을 사는 비용임을 보여준다. 영국과 미국의 해사법(海事法)은 선원을 돼지와 마찬가지인 가재(家財)로 취급하는 것이다.

나는 노동이 임금을 선행한다는 분명한 사실을 일부러 강조하고 있다. 그것이 앞으로 나오게 되는 좀 더 복잡한 임금의 현상을 이해하는데 아주 중요하므로 명심할 필요가 있다. 내가 이미 설명한 바와 같이 이것은 분명한 사실이지만, 임금이 자본에서 나온다는 잘못된 명제 - 아주 중요하고 파급효과가 큰 결론의 바탕이 된 명제 - 는 무엇보다도 이러한 진실을 무시하고 주의를 다른 데로 돌리게 하는 진술에서 나온 것이다. 그 진술은, 노동은 자본에 의하여 유지[17]되지 않으면 그 생산력을 발휘하지 못한다는 것이다.

부주의한 독자는 노동자가 일을 하려면 음식과 옷이 있어야 한다고 생각한다. 또 생산적인 노동자가 사용하는 음식과 의복 등이 자본의 일부라는 얘기를 들었으므로, 노동이 투입되려면 자본이 먼저 소비되어야 한다는 결론에 도달한다. 일단 이런 결론에 도달하면 산업은 자본에 의해 제약을 받는다는 또다른 결론이 자연스럽게 도출된다. 그리하여 노동에 대한 수요는 자본의 공급에 달려 있고, 따라서 임금은 고용을 원하는 노동자 수와 그들을 고용하는데 들어간 자본의 비율에 달려 있다고 믿게 된다.

그러나 앞 장의 논의를 잘 읽어본 독자는 이런 추론의 오류가 어디에 있는지 알아볼 것이다. 이 오류는 일부 예리한 지식인들조차도 그들 자신이 만들어낸 그물에 갇히게 만들어 그 오류를 깨닫지 못하게 했다. 그 오류는 자본이라는 용어를 두 가지 의미로 사용하는 데 있다. 자본이 생산 노동의 투입에 필요하다는 첫 번째 명제에서, "자본"이라는 용어는 모든 음식, 의복, 주거 등을 포함하는 것으로 이해되었다. 그러나 그 명제로부터 최종적으로 나온 결

---

17 "산업은 자본의 제약을 받는다…일을 할 재료와 먹을 음식이 공급되지 않는다면 산업은 없다. 자명하지만 종종 망각되는 사실이 있다. 즉, 한 나라의 국민들은 현재 노동이 아니라 과거 노동의 생산물에 의해 유지되고 또 그들의 필요를 공급받는다는 사실이다. 그들은 이미 생산된 것을 소비하지, 앞으로 생산되려고 하는 것을 소비하지 않는다. 생산된 것들 중에서도 일부가 생산 노동의 지원에 배정된다. 이렇게 배정된 것—그것은 한 나라의 자본이기도 한데—으로 노동자를 먹이고 재료와 생산의 도구를 제공하는데, 그렇게 먹이고 제공할 수 있는 것 이상의 노동은 존재하지도 않고 존재할 수도 없다." —존 스튜어트 밀, 『정치경제학의 원리』 제1권, 5장, 1절.

론에서, 그 용어(자본)는 욕구의 직접적 충족이라는 목적이 아니라 더 많은 부를 획득하기 위해 투입된 부라는, 통상적이고 적법한 의미로 사용되는 것이다. 다시 말해, 노동자의 손이 아니라 고용주의 손에 있는 부를 의미하는 것이다. 이러한 결론은 노동자가 아침 식사를 하지 않거나 옷을 입지 않고서는 일하러 나갈 수 없다는 얘기만큼이나 타당하지 못한 것이다. 또한 고용주가 아침식사와 옷을 마련해 주어야 노동자가 일하러 나갈 수 있다고 추론하는 것처럼 맞지 않는 얘기이다.

사실을 말해 보자면, 노동자는 일하러 나갈 때 스스로 아침식사를 하고 또 옷을 마련한다. 예외적인 경우에, 자본(노동과 구분되는 의미에서의 자본)이 아침식사나 옷을 제공할 수도 있다. 그러나 일이 시작되기도 전에 노동자에게 먼저 돈을 주지는 않는다. 오늘날 문명세계의 무수한 실업 중인 노동자들 중에서, 임금을 먼저 받아야 일을 하겠다고 하는 노동자는 단 한 명도 없을 것이다. 많은 노동자들이 한 달이 지나간 후에 임금을 받는 조건으로 일을 하러 나갈 것이다. 대부분의 노동자들이 습관적으로 주급을 받고 있는데, 임금을 주말에 줄 때까지 기다려야 한다면 일을 하지 않겠다고 하는 노동자들도 없을 것이다. 하루 일과가 끝날 때까지 혹은 다음 식사 때까지 임금 지불을 기다리지 않겠다고 하는 노동자도 없을 것이다. 임금 지급의 정확한 시기는 중요한 게 아니다. 핵심적인 사항 - 내가 강조하고자 하는 사항 - 은 일을 끝낸 후에 임금을 준다는 것이다.

따라서 임금의 지불은 언제나 노동이 먼저 투입된다는 것을 의미한다. 그렇다면 생산에서 노동이 투입된다는 것은 어떤 의미인가? 부가 생산되어 교환되거나 생산에 사용된다면 그것은 자본이 된다. 따라서 자본에서 임금이 나간다는 것은 노동이 자본을 생산한다는 것을 미리 상정하는 것이며, 이로 인해 임금이 지불된다.

일반적으로 보아 고용주는 이윤을 올리므로, 노동자에게 지불되는 임금은 그(고용주)가 노동으로부터 받은 자본의 일정 부분을 노동자에게 돌려주는 것이다. 피고용자의 입장에서 볼 때, 임금은 그의 노동이 이미 생산한 자본의 일부를 돌려받는 것이다. 임금으로 지불된 가치가 이처럼 노동에 의해 생겨난 가치로 교환이 되는 것인데, 임금이 자본으로부터 나온다거나 자본에서 먼저 지급한 것이라는 말이 어떻게 성립될 수 있겠는가? 노동을 임금과 교환하는데 있어서, 고용주는 노동이 창출한 자본을 먼저 받은 다음에 그 자본의 일부로 임금을 지불하는데, 어떻게 그의 자본이 한시라도 줄어들 수가 있겠는가?[18]

이 질문을 사실에 비추어 검증해 보자. 예를 들어 원자재를 가져와 완제품－목화에서 옷감, 쇠에서 철물, 가죽에서 장화 등－을 만드는 제조업 고용주가 일반 관례대로 그의 일꾼들에게 주에 한 번씩 임금을 지불한다고 해보자. 한 주의 작업이 시작되기 전인 월요일 아침에 그의 자본에 대하여 정확하게 재고 조사를 해보자. 그 자본은 그의 건물들, 기계, 원재료, 수중에 있는 돈, 창고에 있는 완제품 등이 될 것이다. 논의를 간단하게 전개하기 위하여 그 고용주가 그 주에 어떤 물품도 사들이거나 판매하지 않고, 한 주일의 작업이 끝난 후, 토요일 저녁에 일꾼들에게 임금을 지불하고서 그의 자본을 새롭게 조사했다고 해보자.

돈의 품목은 임금을 지불한 만큼 액수가 줄어들었을 것이고, 원재료도 작업한 만큼 줄어들었을 것이며, 석탄의 저장량도 그만큼 감소되었을 것이다. 또 그 한 주의 자연마모에 따른 건물과 기계의 가치에 대한 감가상각도 감안해야 할 것이다. 그러나 그가 이익이 나는 사업을 하고 있다면(평균적으로 보

---

18 나는 논의를 좀 더 분명하게 하기 위하여 자본을 생산하는 노동을 말하고 있다. 노동이 언제나 획득하는 것은 부이거나 아니면 서비스이다. 그 부는 자본일 수도 있고 아닐 수도 있다. 반면에 서비스는 일이 잘못되어 아무것도 획득하지 못하는 사례이다. 노동의 목적이 단지 사용자의 욕구를 충족시키는 것—가령 내가 사람을 고용하여 내 구두를 닦게 하는 것—이라면, 나는 자본에서 그 임금을 지불하는 것이 아니다. 내가 생산적 목적이 아니라 욕구 충족의 목적으로 비축해놓은 부에서 지불하는 것이기 때문이다. 설사 이렇게 지불된 임금이 자본에서 나온 것으로 인식된다 할지라도, 그 행동으로 인하여 그 임금은 자본의 범주에서 부의 범주로 옮겨간다. 가령 담배 상인이 자신이 피우기 위해 판매용으로 갖고 있는 재고에서 열두 개의 담배를 꺼내어 자신의 호주머니에 집어넣어 버리는 경우다.

아 사업을 계속 유지하는 사람은 수익을 올린다고 보아야 한다), 완제품들의 품목은 이런 결손을 모두 충당하고 남을 정도로 가치가 크며, 결산을 해보면 그의 자본이 증가했음을 보여줄 것이다.

따라서 그가 일꾼들에게 지불한 가치는 그의 자본이나 다른 사람의 자본에서 나온 것이 아님이 분명해진다. 그것은 자본이 아니라 노동 그 자체가 창출한 가치에서 나온 것이다. 그 고용주가 일꾼을 고용하여 조개를 파오게 하고 그런 식으로 채취한 조개들 중 일부를 임금으로 지불했을 때와 마찬가지로, 그의 자본은 전혀 지급되지 않은 것이다. 일꾼들의 임금은 그들이 노동이 만들어낸 생산물인 것이다. "토지가 점유되고 자본이 축적되기보다" 훨씬 이전에 원시인 남자가 돌조각으로 굴 껍질을 깨트려 굴을 얻었을 때와 마찬가지로, 그의 노동이 곧 그의 임금인 것이다.

임금은 은행 예금의 인출과 비슷하다

고용주를 위해 일한 노동자는 일을 다 마칠 때까지는 임금을 받지 못하므로, 그의 입장은 먼저 은행에 돈을 집어넣어야 출금을 할 수 있는 은행 예금자와 비슷하다. 은행 예금자가 자신이 기존에 예금한 돈에서 인출하기 때문에 은행의 자본을 전혀 감소시키지 않는 것과 마찬가지로, 노동자가 받는 임금은 고용주의 자본이나 사회의 총자본을 조금도 감소시키지 않는다. 은행 예금자가 발행하는 수표가 은행의 자본에서 나온 게 아닌 것처럼, 노동자의 임금은 자본에서 나오는 것이 아니다.

임금을 받는 노동자는 자신이 만들어낸 것과 똑같은 형태의 부를 되돌려 받지는 않는데, 이는 은행 예금자가 은행에 예금한 바로 그 동전이나 지폐가 아니라, 그에 상당하는 금액을 인출하는 이치와 마찬가지다. 예금주가 은행으로부터 자신이 맡긴 돈을 찾는다고 말하는 것처럼, 노동자는 자신의 노동으로 만들어낸 부를 임금으로 받는 것이다.

이런 보편적 진리가 종종 애매모호해지는 것은 대체로 보아 경제적 애매모호함을 일으키는 원천 때문에 그러한데, 그 원천은 부를 화폐와 혼동하는

데 있다. 애덤 스미스가 계란을 똑바로 세운 이래에,[19] 많은 사람들이 중상주의 제도의 오류를 크게 답습해 온 것은 자본과 노동의 관계를 잘못 이해하면서 그와 똑같은 망상에 사로잡혀 왔기 때문이다. 화폐는 교환의 일반적 수단이며 부가 한 형태에서 다른 형태로 변모하는 공통적 흐름이다. 그런 교환에 어떤 어려움이 있다면 주로 물품을 화폐로 바꾸고자 할 때 생겨난다. 따라서 어떤 특정한 형태의 부를 화폐로 바꾸기보다는 화폐를 다른 형태의 부로 바꾸는 것이 때때로 훨씬 쉽다. 이렇게 되는 것은 어떤 특정한 형태의 교환을 원하는 사람보다는 일반적 형태의 교환을 원하는 부의 소유자가 더 많기 때문이다.

그리하여 임금을 자신의 돈으로 지불한 생산업 고용주는, 그의 돈과 교환한 노동으로 증가된 가치를 재빨리 다시 돈으로 바꾸는 게 어려울 때가 있을 것이고, 그리하여 임금을 지불하느라고 그의 자본이 모두 소모되거나 먼저 지급되었다고 말할 수 있으리라. 그러나 노동이 만들어낸 새로운 가치가 지불된 임금보다 더 적지 않는 한(적게 되는 것은 아주 예외적인 경우이다), 그가 전에 돈으로 가지고 있던 자본은 이제 물품으로 형태가 바뀌었을 뿐, 가치가 줄어든 것은 아니다.

자본을 화폐로 생각하는 혼란이 잘 일어나지 않는 생산 분야가 하나 있다. 그 분야의 생산물은 금인데, 이 금은 화폐의 일반 물질인 동시에 기준이기 때문이다. 이 사업은 가장 단순한 형태에서 가장 복잡한 형태로 차근차근 옮겨가는 생산의 과정을 보여준다.

캘리포니아의 초창기 시절에, 그리고 후에 오스트레일리아에서, 노천 금광 광부는 강바닥이나 지표면에서 반짝거리는 물질(금)을 발견했다. 그것은 자연이 수 세기에 걸쳐 축적해 온 것인데, 광부는 그 사금을 캐내어 물에 씻

---

19 앞에서 나온 바 있듯이, 중상주의 이론은 상업이란 돈을 받고서 물건을 교환하는 것이라고 본 반면, 애덤 스미스는 상업은 물건 대 물건의 교환이라고 보아 자유 무역을 권장했는데 이 파격적 제안을 콜럼버스의 달걀에 비유했다: 옮긴이

음으로써 실제 돈으로 그의 "임금"(그는 그것을 이렇게 불렀다)을 수령했다. 그 지역에서 동전은 귀했으므로, 사금은 무게를 달아 화폐 대신 사용되었고 하루 일과가 끝나면 광부는 자신의 임금을 사슴 가죽 봉지에 담아서 호주머니에 넣었다. 이 임금이 자본에서 나왔는지 아니면 노동에서 나왔는지 여부는 의문의 여지가 없다. 그 임금은 분명 그의 노동에서 나온 생산물이다. 목 좋은 노천금광의 소유주가 일꾼들을 고용하여 그들이 계곡이나 모래톱에서 캐낸 사금으로 임금을 지불할 때에도 그 돈이 어디서 나왔는지는 의문의 여지가 없다.

동전이 좀 더 흔해지면서, 동전이 사금의 무게를 다는 번거로움과 중량 산정 과정에서의 부피 손실을 막아주었으므로, 사금은 상품으로 지위가 밀려나게 되었다. 그리하여 일꾼의 노동으로 얻은 사금을 판매한 대금으로 노천 금광 고용주는 일꾼들에게 임금을 지불하게 되었다. 고용주는 임금으로 지불할 동전이 충분히 있을 때에는, 사금을 인근 가게에 팔지 않았고 그리하여 가게 주인의 이윤마저도 함께 쳐주어야 하는 것을 피할 수 있었다. 그는 사금을 어느 정도 모아두었다가 자신이 직접 가거나 아니면 지급 우편으로 샌프란시스코의 조폐국에 보냈다. 그곳에서 그는 사금을 아무런 수수료도 지불하지 않고 동전으로 바꿀 수 있다. 이렇게 사금을 축적하는 동안에 고용주는 자신의 동전 재고를 감소시킨다. 이것은 제조업자가 상품을 축적할 때에 현금의 재고를 축소시키는 것과 마찬가지다. 그러나 고용주가 일꾼들의 사금을 받고서 동전으로 임금을 지불한다고 해서, 그의 자본이 줄어들었다고 생각하는 어리석은 사람은 없을 것이다.

그러나 간단한 노동만 투입해도 캐낼 수 있었던 사금 층은 곧 바닥이 났고 사금 광업은 좀 더 복잡한 특성을 띠게 되었다. 금을 캐내기 위해 금광에 깊은 수직굴을 파야 했고, 높은 댐을 건설해야 했으며, 단단한 암석층 사이로 기다란 터널을 파야 했고, 산등성이와 깊은 계곡을 통과하는 몇 마일에 이르는 수로를 끌어와야 했고, 값비싼 기계를 설치해야 했다. 때때로 이런 건설 작업은 몇 년이 걸렸고 이 기간 동안 수익은 기대할 수가 없었다. 또 고용한

제1권 —— 임금과 자본

일꾼들에 대해서는 매주, 매달 임금을 지불해야 되었다. 이런 경우는 다른 경우들과는 다르게 임금이 자본에서 나왔고 자본으로부터 먼저 지급되었다고 말할 수 있다. 확실히 여기에서는 산업이 자본의 제약을 받는다. 자본이 없으면 이런 일은 진행할 수가 없으니까 말이다. 그러나 이 상황을 좀 더 자세히 살펴보기로 하자.

예외적 사례의 검토

임금이 자본으로부터 나왔다는 주장을 펼 때에는 이러한 부류의 사례들이 반드시 제시된다. 노동의 목적이 달성되거나 완성되기 전에 임금이 지불되는 경우 - 가령 곡식을 수확하기 전에 몇 달 동안 밭을 갈고 씨를 뿌려야 하는 농업, 건물의 건설, 배, 철도, 운하의 건설 등 - 임금을 지불하는 자본의 소유주는 즉각적인 대가를 기대할 수가 없다. 그래서 한동안 "선(先) 지급을 하다", "대가(代價)의 밖에 있다"라는 표현이 사용되고 있다. 그 한동안은 몇 년이 되기도 한다. 따라서 제일 원리들을 명심하지 않는다면 임금은 자본에서 나온다는 결론에 섣불리 도달하게 된다.

그러나 이러한 사례들은 내가 앞 페이지들에서 자세히 말한 것을 숙지하는 독자들을 당황하게 하지 못한다. 간단히 분석해 보면, 제품이 완료되거나 심지어 생산되기도 전에 임금이 지불되는 이런 경우도 대 원리 - 제품이 완성되어야 임금이 지불된다 - 의 예외로 인정될 수 없음이 밝혀진다.

내가 금 중개상에게 가서 나의 은을 내놓고 금과 교환하려 한다면, 그는 은의 무게를 단 후에, 자신의 수수료를 제외한 그 은의 액수에 상당하는 금을 내준다. 그 중개상은 내게 그 자신의 자본을 내어주었는가? 분명 아니다. 그는 전에 금으로 가지고 있던 것을 이제 은과 그의 이윤을 합친 것으로 가지고 있다. 그는 금을 내주기도 전에 은을 미리 받았으므로 금 중개상으로서는 단 한순간도 그의 자본을 먼저 내주지 않았다.

금 중개상의 이런 운영 방식은 우리가 현재 고려하고 있는 사례 속의 자본가가 자신의 자본으로 임금을 내준 경우와 아주 비슷하다. 노동의 투입이 임금의 지불에 선행하고, 생산에 들어간 노동은 가치의 창조를 의미하므로, 고용주는 가치의 대가를 지불하기도 전에 가치를 받는다. 다시 말해, 그는 한 형태의 자본을 다른 형태의 자본으로 바꾼 것이다. 왜냐하면 가치의 창출은 생산물의 완성에 달려 있지 않기 때문이다. 가치는 생산 과정의 모든 단계에서, 노동이 투입된 직접적 결과로 발생한다. 따라서 노동이 투입된 과정이 아무리 길더라도, 노동은 자본으로부터 임금을 받기 전에 그(노동의) 투입으로 자본의 가치를 추가한다.

여기에 대장간에서 곡괭이를 만드는 대장장이가 있다고 치자. 분명 그는 자본을 만들고 있다. 그가 임금으로 돈을 받기도 전에 그는 고용주의 자본에 곡괭이를 추가한다. 여기에 그레이트 이스턴 조선소에서 용골 철판을 작업하는 기계공 혹은 보일러공이 있다고 치자. 그 또한 가치를 창출하여 자본을 만들고 있지 않은가? 거대한 증기선은 곡괭이와 마찬가지로 부의 품목이요 생산의 도구이다. 곡괭이는 몇 분만에 만들 수 있고 증기선은 몇 년이 걸리겠지만, 전자든 후자든 하루의 노동은 분명 부의 생산이요 자본에의 추가이다. 증기선이든 곡괭이든 완제품의 가치를 창출하는 것은 첫 번째 망치질도 마지막 망치질도 아니고 연속적인 망치질에서 나오는 것이다. 이처럼 가치의 창조는 연속적인 것이고 그것은 노동의 투입으로부터 즉각 생겨난다.

우리는 노동의 분업으로 인해 생산의 전체 과정 중 서로 다른 부분들이 서로 다른 생산자 집단에 의해 수행되는 경우에, 연속적 가치 창조를 분명하게 볼 수 있다. 다시 말해, 생산의 각 단계에서 노동이 창조한 가치의 부피를 측정할 때마다 이것을 확인한다. 조금만 깊이 생각해 본다면 이것이 대부분의 생산물에 그대로 적용되는 사실임을 알 수 있다. 가령, 배, 건물, 잭나이프, 책, 바느질 골무, 빵을 살펴보라. 이것들은 완제품이다. 하지만 이 제품들은 단 한 번의 노동, 혹은 단 하나의 생산자 집단에 의해서 생산된 것이 아니라 연속적인 생산 과정에 의해 생겨났다. 사정이 이러하므로, 우리는 완제품이 만들어지기까지의 여러 서로 다른 생산 단계를 금방 알아볼 수 있다. 설사 생산 단계를 알아보지 못한다 하더라도 우리는 여러 물질들의 가치를 알아본다. 그(물질들의) 가치는 종종 여러 차례 분해가 되어, 최종 가치의 창조에 여러 단계가 있음을 보여준다.

가치의 창조는 연속적 과정이다

이런 각 단계에서 우리는 습관적으로 가치의 창조, 자본에의 추가를 평가한다. 빵 장수가 오븐에서 꺼내오는 한 가마분의 빵은 특정한 가치를 가지고 있다. 이 가치에는 밀가루 반죽을 만드는 데 들어가는 밀가루의 가치가 부분적으로 들어가 있다. 이 밀가루의 가치에는 다시 제분소에서 부여한 밀의 가치가 들어가 있다. 선철 형태의 쇠는 완제품과는 아주 거리가 멀다. 그것은 여러 생산 단계를 거친 다음에 광산에서 철광석을 뽑아내는 궁극적 목표에 부합하는 완제품이 된다. 그렇지만 선철은 자본이 아니겠는가?

이와 마찬가지로 목화가 채취되었을 때 생산 과정이 완료되는 것은 아니다. 목화의 씨를 빼고 압축할 때에도 완료가 안 되기는 마찬가지다. 그것이 로웰이나 맨체스터에 도착했을 때에도 마찬가지다. 실로 만들어지거나 옷감으로 직조되었을 때에도 마찬가지다. 그것이 소비자의 손에 최종적으로 들어갔을 때 비로소 생산 과정은 완료가 된다.

이렇게 생산이 진행되는 각 단계에서 분명 가치가 창출되고, 자본이 추가된다. 우리가 습관적으로 구분하고 평가하지 않아서 그렇지, 이렇게 본다면 곡식을 수확하기 위해 땅을 갈아엎는 것도 가치의 창조 – 자본에의 추가 – 가 아니겠는가? 흉년이 들어서 수확이 형편없게 되었다고 가치 창출이 안 된다고 보는가? 분명 그렇지 않다. 생산의 각 단계에는 분명 그런 실패의 가능성이 도사리고 있기 때문이다. 평균적으로 보아서, 곡식은 반드시 수확된다. 열심히 밭을 갈고 씨앗을 뿌리면 평균적으로 볼 때 목화의 동그란 꼬투리가 많이 생겨날 것이고, 그 많은 목화 실을 자으면 많은 옷감이 생겨날 것이다.

간단히 말해서, 임금의 지불은 언제나 노동의 투입에 달려 있으므로, 생산에 들어간 임금의 지불은, 생산 과정이 아무리 길다고 하더라도 자본의 선지급을 가져오지 않으며, 심지어 단 한순간이라도 자본을 감소시키지 않는다. 배를 건조하는 데에는 일 년 혹은 여러 해가 걸릴지 모른다. 그러나 완성된 배의 가치 창출은 용골을 제작할 때부터 혹은 심지어 조선소 부지를 조성할 때부터 매일, 매 시간 진행되어온 가치의 총합이다. 배가 완성되기 전에 임금을 지불한다고 해서 조선업자의 자본이 줄어들거나 그 사회의 자본이 감소되는 것은 아니다. 부분적으로 완성된 배의 가치는 임금으로 지불된 가치보다 더 크기 때문이다. 그리하여 임금을 지불한다고 해서 자본이 선 지급되는 것도 아니다. 왜냐하면 한 주, 혹은 한 달 동안 일꾼들이 투입한 노동은 조선업자에게 임금의 주급 혹은 월급을 상회하는 자본을 만들어주었기 때문이다. 이것은 조선업자가 건설의 어떤 단계에서 부분적으로 완성된 배를 팔라는 주문을 받았을 때 이윤을 기대할 수 있다는 사실에 의해 증명된다.

따라서 수트로 터널(생고타르 터널) 혹은 수에즈 운하가 건설될 때 자본의 선불은 없다. 터널 혹은 운하는 건설되는 과정에서 그 공사에 들어간 돈 - 가령 공사에 사용된 화약과 천공기, 그리고 노동자를 위한 음식과 의복 등 - 만큼이나 자본이 되기 때문이다. 이것은 건설회사의 자본 가치가 줄어들지 않았다는 사실에 의해 증명된다. 이러한 형태의 자본들이 터널 혹은 운하의 형태를 취하는 자본으로 바뀐 까닭이다. 오히려 자본은 평균적으로 보아서, 건설 공사가 진행됨에 따라 늘어났다고 보아야 한다. 신속한 생산 방법에 투자된 자본이 평균적으로 보아 늘어나는 것처럼 말이다.

이것은 농업에서도 분명하게 드러난다. 가치 창출은 곡식을 수확할 때 한꺼번에 발생하는 것이 아니라 수확이 마무리되는 전 과정을 통하여 단계적으로 발생한다. 그리고 그 과정에 임금의 지불은 농부의 자본을 감소시키지 않는다. 이것은 토지가 생산 과정에서 판매되거나 임대될 때 분명하게 드러난다. 잘 갈아놓은 밭은 그렇지 않은 밭보다, 또 씨를 뿌린 밭은 그렇지 않은 밭보다 더 많은 돈을 받는 것이다. 다 자란 곡식을 판매할 때도, 농부가 직접 수확하지 않고 수확용 농기계 소유자에게 도급을 맡길 때에도 분명하게 드러난다. 아직 소출을 낼 정도는 아니지만 여러 해 조성해온 과수원이나 포도원의 경우에도 그것은 분명하게 드러난다. 성숙해질수록 가치가 더 나가는 말, 소, 양의 경우에도 분명하게 드러난다. 생산 과정 중의 교환 지점에서 그런 가치가 분명하게 드러나지 않는 때에도, 가치의 증가는 노동의 투입에 따라 분명하게 발생한다. 따라서 임금이 지불되기 전에 노동이 투입된 곳에서, 자본의 선불은 노동이 만들어낸 것이며, 피고용자가 고용주에게 만들어준 것이지, 고용주가 피고용자에게 그의 자본에서 선불한 것이 아니다.

누군가 이렇게 말할지 모른다. "하지만 지금까지 살펴본 경우들에서, 자본이 필요하지 않았습니까?" 그렇다, 필요하다. 나는 그것을 부정하지 않는다. 그러나 자본은 노동에 선불을 하기 위하여 필요한 것이 아니다. 그것은 전혀 다른 목적 때문에 필요하다. 이제 그 목적이 무엇인지 살펴보기로 하자.

자본은 교환의 용도로 필요하다

임금을 현물로 지불할 때, 가령 노동이 생산하는 것과 같은 종류의 부로 지불할 때, 그러니까 내가 나무를 벌목할 나무꾼을 고용하여 그들이 베어온 나무들의 일부로 임금을 지불한다면(이것은 삼림지의 소유주나 임차인이 가끔 쓰는 방식이다), 임금의 지불에는 전혀 자본이 필요하지 않다. 나무를 대량으로 한 번 거래하는 것이 소량으로 여러 번 거래하는 것보다 유리하므로, 상호 편의에 입각하여 나는 나무 대신에 돈으로 임금을 지불할 수 있다. 이 경우에도 임금 지불일이 도래하기 전에 나무를 돈과 교환할 수 있다면 자본은 불필요하다. 그러나 내가 이런 즉각적인 교환을 하지 못하고 또 원하는 대로 유리한 교환을 하지 못하여 대량의 나무를 축적해야 한다면 그 때에는 자본이 필요할 것이다. 심지어 이때에도 내가 나무를 담보로 하여 돈을 빌려옴으로써 부분적이거나 잠정적인 교환을 할 수 있다면 자본이 필요하지 않다. 그러나 내가 나무를 팔지도 못하고 그걸 담보로 돈을 빌려오지도 못하는데 다량의 나무를 계속 축적하고 싶다면 나는 자본이 필요할 것이다. 그러나 이 자본은 임금을 지불하기 위해서가 아니라 나무의 재고를 축적하기 위한 것이다.

터널 공사를 할 때에도 이런 사정은 마찬가지다. 만약 노동자가 터널의 형태로 임금을 지불받는다면(다시 말해, 터널 회사의 주식으로 임금을 받는다면),

임금을 지불하는 데에는 자본이 필요하지 않다. 시공업자가 터널의 형태로 자본을 축적하려고 할 때에만 자본이 필요하다. 이제 우리의 첫 번째 사례로 돌아가 보자. 내가 은을 팔려고 하는 중개상은 자본이 없이는 사업을 할 수가 없다. 그러나 그는 나의 은을 받고서 금을 내줄 때 나에게 자본을 선불해야 하기 때문에 자본이 필요한 게 아니다. 그는 사업의 성격상 일정 액수의 자본을 수중에 가지고 있어야 하는데, 어떤 고객이 찾아왔을 때 그 고객이 원하는 교환을 할 수 있기 위해서 자본이 필요한 것이다.

우리는 생산의 모든 분야에서 이런 상황을 발견한다. 임금의 대가인 노동이 생산 즉시 교환이 된다면, 임금을 지불할 목적으로 자본을 따로 떼어놓아야 할 필요가 없다. 생산물이 축적되는 경우나, 개인으로 보아서는 같은 결과가 되겠지만, 일반 유통과정에 들어가서도 즉시 현금화되지 않는 경우─즉 외상 판매가 되었을 경우─에나 자본이 필요한 것이다. 그러나 이런 식으로 필요한 자본은 임금의 지불이나 노동에 대한 선불로 필요한 것이 아니다. 자본은 언제나 노동의 생산물 속에 들어 있기 때문이다. 생산자가 자본을 필요로 하는 것은 노동의 고용주 자격으로 필요한 게 아니다. 그가 자본을 필요로 하는 건 노동의 고용주일 뿐만 아니라 노동의 생산물을 거래하는 상인, 투기자, 축적자를 겸하기 때문이다.

지금껏 해온 얘기를 요약하면 다음과 같다.

자기 자신을 위해 일하는 사람은 그가 생산한 물품으로 그의 임금을 얻는다. 그는 이 물품을 생산하고 그것을 판매할 때마다 이 가치를 다른 형태로 교환한다. 약정된 임금을 돈으로 받기로 하고 남을 위해 일하는 사람은 교환의 계약 아래에서 일을 한다. 그는 또한 노동을 제공하면서 그의 임금을 만들어낸다. 그는 정해진 시간, 정해진 액수, 혹은 다른 형태로 그 임금을 받는다. 그는 노동을 수행하면서 교환을 촉진한다. 그가 임금을 받을 때 교환은 완료된다.

그가 임금을 버는 동안에 그는 고용주에게 자본을 선불한다. 일이 완료되기 전에 임금을 지불하는 경우를 제외하고, 고용주가 노동자에게 자본을 선불하는 경우는 없다. 임금을 지불하고 이 생산물을 받는 고용주가 그것을 즉시 재교환하거나 잠시 가지고 있거나 해도 거래의 특성을 바꾸지 못한다. 그것은 지구 반대편에서 수백 번의 교환 끝에 그 생산물을 받아든 최종 소비자가 그 물품을 처리하는 방식이 거래의 특성을 바꾸지 못하는 것과 같다.

제4장

노동자의 생계비는 자본에서 나오는 것이 아니다

그러나 독자의 마음에 여전히 미진한 의문점이 남아 있거나 다시 생겨날 수 있다.

농부는 밭고랑을 먹을 수가 없고, 부분적으로 완성된 증기선은 기계공이 입은 옷을 생산해내지도 못한다. 그러니 존 스튜어트 밀의 말을 빌리면 내가 다음 사실을 잊어버린 것은 아닐까? "한 나라의 주민들은 현재 노동의 생산물이 아니라, 과거의 생산물에 의하여 생계를 유지하고 또 필요한 물품을 공급받는다."

혹은 대중적인 경제학 기본서의 저자인 포셋 여사는 이렇게 말했다. "씨앗을 뿌리고서 그 씨앗의 생산물이 한 덩어리의 빵으로 바뀌는 데에는 여러 달이 경과해야 한다. 따라서 노동자들은 그들의 노동이 생산에 도움을 준 생산물에 의존하여 생계를 유지하는 것이 아니라, 그들의 노동 혹은 남들의 노동이 전에 생산해 놓은 부에 의해 유지되며, 그 부는 자본이다."[20]

위의 두 인용문은 다음과 같은 전제를 깔고 있다. 노동은 자본에 의해 유지가 되며 이런 명제는 너무나 자명하여 그대로 진술하면 사람들이 곧바로 알아들을 것이다. 그리고 이런 전제가 현행 정치경제학 전반에 널리 퍼져 있다. 노동이 자본에 의해 유지된다는 것을 너무나 확신한 나머지 이런 말도 나왔다. "인구는 그것(인구)을 고용하려는 기금에 의하여 그 자신을 규제한다.

---

20 『초보자를 위한 정치경제학』, Millicent Garnett Fawcett, 제3장, p. 25.

따라서 인구는 자본의 증감에 비례하여 역시 증감한다."[21] 이것은 자명한 이치로 간주되어 중대한 논리적 전개의 밑바탕이 되었다.

그러나 앞에서 설명한 바와 같이 이 명제는 자명한 것이 아니라 어리석은 것이다. 왜냐하면 노동의 생산물이 축적되지 않으면 노동이 제공될 수 없다고 가정하여, 생산자보다 생산물이 더 선행한다고 하기 때문이다.

그리고 앞으로 자세히 살펴보면, 이 명제는 생각의 혼란으로부터 나온 것임이 밝혀질 것이다.

나는 이미 잘못된 정의(定義)에 의해 은폐된, 현행 정치경제학의 오류를 지적한 바 있다. 그런데 이 오류가, 생산 노동력은 의식주가 필요하므로 산업은 자본의 제약을 받는다는 명제를 뒷받침하고 있다. 노동자는 일을 하러 가기 위해 아침 식사를 해야 한다고 말하는 것은 자본가가 아침 식사를 대주지 않으면 일하러 가지 못한다는 뜻이 아니다. 왜냐하면 노동자의 아침 식사는, 실제로 기근이 벌어지고 있는 나라가 아니라면, 생산을 지원하기 위해 따로 떼어놓은 부에서 나오는 것이 아니라, 생계를 위해 따로 떼어놓은 부에서 나오기 때문이다.

앞에서 말한 것처럼, 음식과 의복 등 – 간단히 말해서 모든 부의 품목 – 은, 그런 품목이 소비하려는 사람의 손에 있는 것이 아니라 그런 품목을 다른 상품 혹은 생산 서비스와 교환하려고 하는 사람의 손에 있을 때 비로소 자본이 된다. 그리고 그 품목이 마침내 소비하려는 사람의 손에 들어가게 되면 자본이 아닌 일반적인 부가 되어버린다.

그런 거래에서 그 품목은 다른 부를 획득할 목적으로 보관 중인 부의 재고에서 이동하여, 욕구 충족을 위해 보관하는 부의 재고로 넘어간다. 그리고 그 품목의 소비가 부의 생산에 기여했는지 여부는 중요하지 않으며 소비는 그저 소비일 뿐이다.

---

21 이 문장은 리카도(제2장)에게서 인용한 것이다. 이러한 생각은 정치경제학의 표준적 저서들에서 공통적으로 발견된다.

자본인 부와 자본이 아닌 부

이러한 구분을 명확하게 해두지 않으면 자본인 부와 자본이 아닌 부의 경계선을 긋는 것이 불가능해진다. 존 스튜어트 밀이 했던 것처럼 그런 구분을 "소유주의 마음가짐"에 위임한다고 해도, 별로 도움이 되지 않는다. 왜냐하면 인간은 생산 노동에 참여하는 것과는 무관하게 식사를 하거나 식사를 하지 않을 수 있고, 또는 옷을 입거나 입지 않을 수 있기 때문이다. 인간은 배가 고프기 때문에 밥을 먹고 옷을 안 입으면 불편하기 때문에 옷을 입는다. 기회에 따라서 일을 할 수도 있고 안 할 수도 있는 노동자의 아침 식탁에 올라온 음식을 생각해 보자. 만약 생산 노동을 지원하거나 혹은 지원하지 않는 것이 자본과 비자본을 구분하는 경계선이라면, 이 음식은 자본인가 혹은 아닌가? 노동자 자신은 물론이고 리카도-밀 학파의 학자도 이런 것은 구분하기가 불가능하다. 그 음식이 노동자의 뱃속에 들어갔을 때에도, 또 그 노동자가 일을 얻지 못해 계속 돌아다니며 찾아다니는 동안에, 그 음식이 소화되어 그의 피와 조직 속으로 들어갔을 때에도, 그게 자본인지 아닌지 구분하기가 어렵다. 아무튼 그런 구분과는 무관하게 노동자는 아침 식사를 할 것이다.

그러나 논리적으로 충분할지라도 여기에서 멈추어 부와 자본을 구분하는 논의를 중단하는 것은 안전하지 않다. 또 그럴 필요도 없다. 내가 보기에 현재의 노동이 과거 노동의 생산물에 의해 유지된다는 명제는 다음과 같은 의미에서만 진실이다. 즉, 오후의 노동은 점심 식사의 도움이 있어야만 수행될 수 있고, 토끼 고기를 먹으려면 먼저 토끼를 잡아서 요리해야 한다. 그러나 이 명제는 그런 의미로 사용되고 있지 않다. 특히 그 명제에서 흘러나온 중대한 논리[22]를 지원할 때, 전혀 이런 의미를 갖고 있지 않다. 그렇다면 이 명제는 어떤 의미를 전제하는가? 그것은 생계에 즉각 도움이 안 되는 부를 만들어내는 일을 하는 동안에, 노동자를 지원하는 생계의 재고가 반드시 미리 존

---

22 이 책의 제2권에서 반박되는 맬서스 이론을 가리킨다: 옮긴이

재해야 한다는 의미이다. 그러면 이것이 진실인지 살펴보기로 하자.

로빈슨 크루소가 엄청난 노력과 고통을 이겨내며 만든 카누는 그의 노동이 즉각적인 대가를 가져다주지 못하는 생산물이었다. 그가 나무를 베어내고 카누의 속을 파내고 마침내 카누를 바다에 진수시켰을 때, 그가 노동에 필요한 음식의 재고를 충분히 쌓아둔 다음에 비로소 일을 시작했는가? 전혀 그렇지 않았다. 그는 일부 시간만 음식을 확보하는데 썼고, 그 나머지 시간은 카누를 건조하여 진수시키는 일에 바쳤다. 또는 백 명의 사람이 아무런 식량의 재고 없이 새로운 나라에 도착했다고 해보자. 그들이 한 계절의 식량 재고를 비축해야만 비로소 일을 시작할 수 있는가? 전혀 그렇지 않다. 물고기, 들짐승, 야생 열매 등이 충분하기 때문에 그 백 명 중 일부만 이런 식량을 준비하는데 노동을 투입한다면, 그 나머지 사람들의 식량을 충분히 댈 수 있다. 그들 사이에 상호 이득이 된다는 느낌이 강하고 또 서로의 욕구가 일치되기 때문에, 현재 식량을 갖고 있는 사람들은, 장래의 보상을 노리고 노동을 투입하고 있는 사람들과 그 식량을 나누게(교환하게) 될 것이다.

이러한 사례의 교훈은 다른 사례에도 그대로 적용된다. 생계용으로 사용될 수 없거나 즉시 활용될 수 없는 물건들을 생산하는데 있어서도, 노동자가 일하는 동안 그의 생계를 유지하는데 필요한 물자가 미리 생산되어 있어야 하는 것은 아니다. 교환의 범위 내에, 노동자에게 돌아갈 충분한 생계 물자가 동시에 생산되어 있고, 그 물자를 노동이 투입되고 있는 물건과 교환하려는 의사만 있으면 충분한 것이다.

소비는 동시적 생산에 의해 지원된다

생활 조건이 정상적인 상황이라면 소비가 동시적인 생산에 의해 지원되는 것이 사실이 아닌가?

여기에 돈 많은 게으른 사람이 있다고 해보자. 그는 머리로나 손으로나 일을 하지 않으며 그의 아버지가 정부 채권에 안전하게 투자해둔 부를 밑천으로 생활하고 있다. 그의 생계는 과거에 축적된 부에서 오는가, 아니면 그의 주변에서 벌어지는 생산 노동에서 오는가? 그의 식탁에는 새로 낳은 달걀, 며칠 전에 휘저어 만든 버터, 암소가 오늘 아침에 내놓은 우유, 24시간 전만 해도 바다에서 헤엄치던 물고기, 푸줏간 소년이 요리 시간에 맞추어 가져온 고기, 정원에서 방금 따온 채소, 과수원에서 나온 과일 등이 놓여 있다. 간단히 말해서, 모든 음식이 최근에 생산 노동자의 손에서 만들어지거나 그 손에서 떠나온 것들이다. 여기에는 최초의 생산 단계들에 참여한 사람들뿐만 아니라 운송업자와 유통업자도 포함되어야 한다. 병에 들어 있는 오래된 와인을 빼놓고는 상당히 오래전에 생산된 식품은 없다. 이 남자가 아버지로부터 물려받아 생활의 밑천이 된 것은 부가 아니라, 다른 사람들이 생산한 부를 그의 마음대로 부릴 수 있는 능력이다. 그리고 이런 동시적 생산으로부터 그의 생계에 이바지하는 물자가 생겨져 나온다.

런던 시의 50평방 마일은 다른 지역의 똑같은 공간에 비하여 더 많은 부를 포함하고 있다. 그러나 런던의 생산 노동이 갑자기 멈추어버린다면, 몇 시간 내에 사람들은 병든 양처럼 죽어나갈 것이고, 몇 주나 몇 달이 지나가면 살아남아 있는 런던 시민은 거의 없을 것이다. 생산 노동의 전면적인 중단은 포위당한 도시에 발생할 수 있는 재난보다 훨씬 무서운 상황인 것이다. 그것은 로마 제국의 장군 티투스가 예루살렘 도시 안으로 들어가는 물자를 차단하기 위해 성벽 주위에 설치한 외부 차단벽 정도에 그치는 것이 아니라, 그 도시의 모든 가정집 주위에다 차단벽을 설치한 것과 같다. 어떤 사회에 이런 노동의 중단이 발생했다는 것을 상상하면, 인간은 그날 벌어 그날 먹는다는 말이 사실임을 절감하게 된다. 어떤 사회에 일용할 빵을 제공하는 것은 그 사회에서 날마다 벌어지는 노동인 것이다.

피라미드를 건설한 노동자들의 생계 물자는 전에 비축해둔 재고에서 나온 것이 아니라 나일 강 계곡에서 정기적으로 수확하는 곡식에서 나온 것이었다. 현대의 정부는 몇 년에 걸친 토목 공사를 진행할 때 이미 생산된 부를 그 공사에 투입하는 것이 아니라, 앞으로 생산될 부, 그러니까 그 공사가 진행되는 동안에 생산자들로부터 세금으로 거두어들인 부를 활용한다. 이와 마찬가지로, 생계 물자가 아닌 생산에 참여하는 노동자들은 다른 사람들이 동시적으로 참여한 생산에서 나온 생계 물자를 활용한다.

거대한 증기 기관의 생산 과정이 그 노동자에게 빵, 고기, 의복, 주거 등을 제공해주는 교환의 범위를 추적해 보면, 증기 기관 노동자와 빵과 고기 생산자 사이에는 1천 건에 달하는 중간 교환이 있을 수 있지만, 그 거래는 가장 근본적인 형태로 축소시켜 놓고 보면 결국에는 그(노동자)와 그들(생산자들) 사이의 노동의 교환임을 알 수 있다. 그렇다면 증기 엔진에 노동을 투입하도록 유도한 원인은 무엇일까? 그것은 증기 기관에서 일하는 노동자가 원하는 것을 줄 수 있는 사람이 그것을 교환하는 대가로 증기 기관을 원하기 때문이다. 다시 말해서, 빵과 고기를 생산하는 사람들 측에서 증기 기관을 원하는 수요가 있거나, 아니면 반대로 증기 기관을 생산하는 사람이 빵과 고기를 원하고 있는 것이다. 바로 이런 요구 때문에 기계공의 노동이 증기 기관의 생산에 들어가게 되고, 반대로 기계공이 빵과 고기를 원하기 때문에 그에 상응하는 양의 노동이 빵과 고기의 생산에 들어가게 된다. 이렇게 하여 기계공의 노동은 실제로 엔진의 생산에 들어가지만, 사실상 그가 임금을 소비하는 물건을 생산하게 만드는 것이다.

이 원리를 정식화하면 이렇다.

소비에 대한 수요가, 노동이 생산에 투입되는 방향을 결정한다.

이 원리는 너무나 간단하고 분명하여 더 이상의 설명이 필요없다. 하지만 이 원리의 빛 속에서, 우리가 다루는 주제의 모든 복잡성은 사라진다. 그리하여 우리는 복잡한 현대적 생산 속에서 노동의 목표와 보상이 무엇인지 명확히 알게 된다. 우리는 사회 초창기의 아주 간단한 생산과 교환의 형태를 관찰함으로써 그 목표와 보상이 무엇인지 알아낸 바가 있다. 우리는 이제, 인간 사회의 초창기나 복잡한 현대 생활에서나 모두 마찬가지로, 각각의 노동자는 자신의 노동으로 욕구를 충족시키려 한다는 것을 안다.

현대의 세분화된 노동 분업은 각 생산자에게 아주 자그마한 부분의 생산을 맡기거나, 혹은 그가 노동으로 얻고자 하는 것을 전혀 생산하지 못하게 하지만, 그래도 다른 생산자들이 원하는 것을 생산하는데 도움을 줌으로써, 그 생산자는 자기가 원하는 것들을 생산하는 쪽으로 다른 사람의 노동 투입 방향을 결정하는 것이다. 이렇게 하여 그 생산자는 그 자신이 원하는 물건들을 생산하는 것과 마찬가지가 된다. 가령 그가 잭나이프를 만들고 밀을 먹는 사람이라면, 그 밀은 실제로는 그의 노동이 생산한 것이나 마찬가지다. 그 자신이 직접 밀을 키우고, 잭나이프 만드는 일은 밀 경작자에게 맡긴 것이나 마찬가지라는 뜻이다.

노동자의 소비는 자본의 지원이 아니다

이로써 우리는 노동자들이 자신의 노동에 대한 대가를 취하거나 소비하는 것은 무엇이 되었든, 자본이 그 노동자에게 선불한 것임이 아님을 알게 되었다. 내가 잭나이프를 만드는 노동자인데 받은 임금으로 밀을 사들였다면, 나는 잭나이프를 밀과 교환한 것이다. 잭나이프를 기존의 부의 재고에다 추가하고서 그 부로부터 밀을 취한 것이다. 소비에 대한 수요가 노동이 생산에 투입되는 방향을 결정하기 때문에, 밀 생산이 한계에 도달하지 않는 한 나는 밀의 재고를 감소시킨 게 아니다. 왜냐하면 잭나이프를 교환 가능한 부의 재고에다 집어넣고 밀을 꺼냈으므로, 나는 일련의 교환 과정의 끝에서 밀의 생산에 노동을 투입한 것이다. 이것은 밀 경작자가 밀을 집어넣고 잭나이프를 요구함으로써 노동을 잭나이프의 생산 쪽에다 투입한 것과 마찬가지다.

그래서 쟁기질을 하는 사람은 - 그가 밭을 갈아서 얻고자 하는 곡식은 아직 씨도 뿌리지 않았고 또 씨를 뿌린 다음에 곡식이 열매를 맺으려면 몇 달이 걸리지만 - 쟁기질에 노동을 투입함으로써, 사실상 그가 먹는 음식과 그가 받는 임금을 생산하는 것이다. 쟁기질은 농사의 한 부분일 뿐이지만, 곡식을 수확하기 위해서는 반드시 필요한 부분이다. 쟁기질은 곡식을 얻기 위한 하나의 단계이고, 그것이 미래의 곡식에 대한 확신을 주므로, 현재 보관 중인 재고에서 쟁기질하는 사람의 생계 물자와 임금을 내주도록 유도한다.

이것은 이론적으로만 진실한 게 아니라 실제적으로도 또 문자적으로 진실이다. 쟁기질을 해야 할 때에 쟁기질을 하지 않는다고 해보자. 그렇다면 수확 때까지 기다릴 것도 없이 곡식 부족의 징후가 즉각적으로 느껴지지 않을까? 쟁기질을 중단한다면 그 효과가 회계 사무소, 기계 공작소, 공장 등에서도 느껴지지 않겠는가? 베틀과 방직기도 쟁기처럼 곧 멈춰 서지 않겠는가? 사정이 이러하다면 우리는 그 효과에서 곧 불경기가 닥쳐오리라는 것을 예상할 수 있다. 사정이 이러하다면 밭에서 쟁기질하는 사람은 그의 생계 물자와 임금을 실제로 생산하는 것이라고 해야 하지 않을까? 마치 그의 노동이 교환대상인 물품을 직접 생산하는 것처럼 말이다.

물론 고용을 찾아다니는 노동이 있는 곳에서, 자본이 부족하다고 해서 토지 – 수요가 많은 곡식을 생산할 수 있는 밭 – 의 소유주가 그 노동을 고용하지 않는 일은 없을 것이다. 토지 소유주는 소작 방식으로 그 밭에다 농사를 짓는 합의를 맺을 수 있다. 이것은 미국의 일부 지역에서 흔히 사용하는 방식인데, 노동자들이 생계 물자가 없다면 그들이 앞으로 투입할 노동을 담보로 인근 가게에서 물품을 외상으로 가져다 쓸 수 있다. 만약 토지 소유주가 임금을 현금으로 지불하기를 좋아한다면, 그 자신이 직접 은행에서 대출을 받을 수 있다. 이렇게 하여 경작에 들어가는 노동은 농사가 진행되면서 즉각 활용되거나 교환된다. 노동자가 일을 하지 못해 먼저 생계 물자를 구걸하다시피 가져감으로써 평소보다 더 많은 물자가 사용되었다면(문명국가에서 정상적인 상황이 유지된다면 노동자들은 반드시 생계가 부양되어야 한다), 그 물자는 곧 채워지리라는 전망 아래 예비 자본으로부터 인출될 수 있을 것이다. 그리고 일이 다시 시작되면 일의 진행에 따라 대체될 것이다.

예를 들어, 남부 캘리포니아의 순수 농촌 지역에서 1877년에 대흉년이 들었고, 수백만 마리의 양들은 몸에 뼈만 남았다. 산호아킨 계곡 지역에서 많은 농부들이 다음 수확기까지 가족을 먹여 살릴 식량이 없는 상태였다. 그러나 장마가 적절한 시점에 시작되었고 이 궁핍한 농부들은 밭을 갈고 씨앗을 뿌리기 위해 일꾼들을 고용하기 시작했다. 그런데 여기저기에 자신의 곡식을 비축해 둔 농부가 있었다. 장마가 시작되자 그 농부는 다음 수확기에 곡식 가격이 떨어질 것을 우려하여 비축분 곡식을 판매하지 못해 안달이 났다. 이렇게 하여 비축되어 있던 곡식은 교환과 외상의 제도를 통하여 경작자들의 손으로 흘러들어갔다. 다음 번 수확기의 곡식을 얻기 위해 하는 노동이 그 비축분 곡식을 풀어놓게 한 것이며 더 나아가 생산한 것이다.

생산과 소비를 결합시키는 일련의 교환은 물이 가득 든 휘어진 파이프와 비슷하다. 만약 일정량의 물이 파이프의 한쪽 끝에 투입된다면 반대쪽 끝에서 같은 양의 물이 흘러나온다. 배출되는 물은 똑같은 물은 아니지만 넣은 것에 상당하는 물이다. 이와 마찬가지로 생산 작업을 하는 사람은 집어넣으면서 동시에 꺼낸다. 그들은 생계 물자와 임금을 받지만 그것은 그들의 노동이 만들어낸 생산물이다.

제5장

자본의 진정한 기능

우선 다음과 같은 질문이 제기될 수 있다. "만약 자본이 임금의 지불이나 생산 과정 중의 노동을 지원하는 게 아니라면, 자본의 진정한 기능은 무엇인가?"

앞에서 검토한 사항은 이 질문에 대한 답변을 분명하게 해준다. 우리가 살펴본 바와 같이 자본은 더 많은 부를 얻기 위해 사용되는 부로 구성되며, 욕구의 직접적 충족을 위해 사용되는 부와는 구별된다. 또 내가 이미 앞에서 정의한 바와 같이, 자본은 교환 과정 중의 부이고, 교환이 되지 않는 부는 그저 소비되는 일반적인 부일 뿐이다.

자본이 노동력을 높이는 3가지 방식

자본이 부를 생산하는 노동력을 높이는 방식은 다음 3가지다.

(1) 노동이 좀 더 효율적인 방식으로 투입되도록 돕는다. 가령 손으로 조개를 파내는 것이 아니라 삽으로 파내게 하고, 노를 젓는 것이 아니라 용광로에 석탄을 집어넣음으로써 증기선을 움직이게 한다.

(2) 노동이 자연의 생산력을 이용하도록 돕는다. 가령 씨앗을 뿌려서 곡식을 얻게 하고 가축을 키워서 새끼를 낳게 한다.

(3) 노동의 분업이 이루어지도록 지원한다. 한편으로는 특별한 능력의 활용, 기술의 획득, 낭비의 감소 등을 통하여 부의 인적 요인의 효율성을 높인다. 다른 한편으로는, 토양, 기후, 입지의 이점을 활용함으로써 자연이 부의 생산에 가장 혜택을 베푸는 특정한 종류의 부를 얻는데

있어서 자연적 요인의 힘을 극대화시킨다.

자본은 노동이 관여하여 부를 만들어내는 원료를 제공하지 않는다(사람들은 자본이 그런 원료를 제공한다고 잘못 알고 있다). 부의 원료는 자연이 제공한다. 하지만 그 원료는 부분적으로 가공이 되고 교환의 과정을 거치면서 자본이 된다.

자본은 임금을 제공하거나 선불하지 않는다(사람들은 자본이 그렇게 한다고 잘못 알고 있다). 임금은 노동자가 그의 노동을 통해 얻은 생산물의 일부이다.

자본은 노동자의 일이 진행되는 동안 노동자의 생계를 유지해주지 않는다(사람들은 자본이 그렇게 한다고 잘못 알고 있다). 노동자는 그들의 노동에 의해 생계가 유지된다. 어떤 물건을 전체든 부분이든 생산하는 사람은 그것을 생계 품목들과 교환하고, 그리하여 실제로 그 생계 품목을 생산하는 것이 된다.

따라서 자본은 사람들이 잘못 아는 것처럼 산업을 제약하지 않는다. 산업에 대한 유일한 제약은 천연 자원에 대한 접근의 제약뿐이다. 그러나 자본은 도구의 사용이나 노동의 분업을 제약함으로써 산업의 형태와 생산성을 제약할 수는 있다.

자본이 생산의 형태를 제약할 수 있다는 사실은 분명하다. 공장이 없다면 공장 생산도 없다. 재봉틀이 없다면 기계로 재봉하는 일도 없다. 경운기가 없다면 그 기계로 일하는 사람도 없다. 상품의 교환에 대자본이 투자되지 않는다면, 산업은 교환을 주축으로 하는 여러 가지 특별한 형태를 취할 수가 없다. 도구의 결핍이 산업의 생산성을 크게 제약하리라는 것은 분명하다. 만약 농부가 경운기를 사들일 자본이 없어서 삽을 사용해야 한다면, 수확기 대신에 낫을 사용해야 한다면, 탈곡기 대신에 도리깨를 사용해야 한다면, 기계공이 쇠를 자르는데 끌을 사용해야 한다면, 직조공이 손으로 돌리는 베틀을 사용해야 한다면, 해당 산업의 생산성은 자본의 도움을 받아 현재 사용하는 기계나 도구로 올리는 생산성의 10분의 1도 올리지 못할 것이다. 이렇게 되면 노동의 분업은 초창기의 아주 투박하고 거의 눈에 띄지 않는 형태로 되돌아갈 것이고, 생산물의 일부가 재고로 유지되거나 수송되지 않는다면, 교환도 인근 이웃주민들의 범위를 넘어서지 못할 것이다.

심지어 사냥, 낚시, 열매 채집, 무기 제작 등도 전문화되지 못할 것이다. 그 결과, 각자 생산한 것 중 일부분을 즉시 소비하지 않고 비축하지 않더라도 한 가지 일에만 전념하거나, 한 가지 물자의 생산에 전념하는 사람이 다른 물자가 필요할 때 쉽게 그 다른 물자를 구입하거나, 어느 하루 생산물이 많이 생산되면 그 다음날의 부족분을 그것으로 보충하는 일 등은 할 수가 없게 된다. 고도로 발전한 문명에 필요하고 또 그런 문명의 특징인 세분화된 분업이 가능하려면, 온갖 종류의 부가 끊임없이 재고로 축적되거나 교환을 위해 수송되어야 한다. 문명사회의 주민이 그 자신의 노동을 그 주위에 있는 사람들의 노동과 마음대로 교환하고 또 지구 반대편에 있는 사람들의 노동과도 교환을 할 수 있으려면, 창고, 가게, 배의 선창, 열차의 차량 등에 물품의 재고가 있어야 한다. 이것은 도시의 주민이 목이 말라 물 한 잔을 뜨려고 하면 저수지에 수 억 리터의 물이 들어 있어야 하고, 그 물이 다시 장거리의 수도관을 통해 수송되어야 하는 것과 같은 이치다.

자본은 산업의 형태를 제약할 수 있다

그러나 자본이 산업의 형태 혹은 산업의 생산성을 제약할 수 있다고 말하는 것은 자본이 산업을 제약한다고 말하는 것과는 아주 다른 이야기이다. 왜냐하면 현행 정치경제학에서 "자본은 산업을 제약한다"라는 말은 자본은 노동의 형태 혹은 노동의 생산성을 제약한다는 뜻이 아니라, 자본이 노동의 투입을 제약한다는 뜻이기 때문이다. 이러한 명제는 자본이 노동에 재료와 생계를 제공한다는 전제에서 나온 것이다. 우리는 이 전제가 근거 없는 것임을 지금껏 살펴보았다. 자본이 노동에 의해 생산되고 따라서 자본보다 노동이 먼저 있었다는 점을 상기한다면 이런 전제는 그야말로 터무니없는 것이다.

자본은 산업의 형태 혹은 산업의 생산성을 제약할 수 있다. 그러나 이것은 자본이 없으면 산업이 있을 수 없다고 말하는 게 아니다. 그것은 전기 직조기가 없으면 천을 짤 수 없고, 재봉틀이 없으면 재봉을 할 수 없고, 경운기가 없으면 경작을 할 수 없다고 말하는 것처럼 말이 되지 않는다. 한 사람만 살고 있는 동네, 가령 로빈슨 크루소의 동네에서 교환이 없으므로 노동도 없다고 말하는 것이나 마찬가지다.

그리고 자본은 산업의 형태 혹은 산업의 생산성을 제약할 수도 있다고 말하는 것은 제약한다고 단정적으로 말하는 것과는 아주 다른 이야기이다. 왜냐하면 어떤 사회에서 산업의 형태 혹은 생산성이 자본의 제약을 받는 경우는, 좀 더 면밀하게 검토해 보면, 실제 상황이라기보다는 이론적인 경우가 더 많기 때문이다. 멕시코나 튀니지 같은 나라에서 대규모 자본을 전반적으로 사용하면 산업의 형태가 바뀌고 생산성이 크게 늘어날 것은 분명하다. 또 이런 나라들에 대해서는 그 나라의 천연자원을 개발하려면 자본이 필요하다는 말들을 종종 한다.

하지만 이런 상황의 배후에는 자본의 결핍을 포함하여 그 이상의 결핍이 있다고 보아야 하지 않을까? 자본의 축적과 사용을 가로막는 것은 정부의 강탈과 권력 남용, 재산의 불안정성, 사람들의 무지와 편견 등이 아닐까? 자본이 그런 나라에 들어간다고 해도 사용되지 못하는 것은 자본의 결핍이라기보다는 이런 것들이 실질적으로 생산을 제약하기 때문이 아닐까?

물론 우리는 자본 부족이 노동 생산성 증가를 가로막는 유일한 장애물인 사회도 상상해 볼 수 있다. 하지만 그런 사회는 우연히 혹은 일시적으로 여러 조건들이 합쳐져서 그런 자본 부족이 생겨났다고 보는 것이 더 타당하다. 전쟁, 화재, 자연 재해 등으로 자본이 완전히 사라진 사회, 새로운 땅에 막 정착한 문명인들의 사회 등이 내가 생각해 볼 수 있는 유일한 사례들이다. 그러나 전쟁으로 피폐해진 사회에서도 전에 습관적으로 사용되던 자본이 신속하게 재생산되는 모습이 오랫동안 관측되어 온 바이고, 또 새로운 사회에서도 생산에 사용되거나 그런 경향이 있는 자본은 신속히 생겨난다는 사실이 널리 주목되어 왔다.

자본의 사용을 방해하는 것들

나는 노동의 생산성이 자본 부족으로 제약을 받는 것은 아주 드물거나 일시적인 현상이라고 생각한다. 어떤 사회에 자본 부족으로 자신의 노동을 효율적으로 투입할 수 없는 개인들이 물론 있을 것이다. 하지만 사회 전체에 충분한 자본이 있다면, 진정한 제약은 자본의 부족이 아니라 자본이 적절히 분배되지 않는다는 점에 있다. 만약 나쁜 정부가 노동자에게서 그의 자본을 빼앗거나, 부당한 법률이 생산자로부터 그가 생산에 사용할 부를 빼앗아서 그것을 산업에 기생하는 자들에게 주어 버린다면, 노동의 효율성을 가로막는 진짜 제약은 정부의 방만한 행정에 있는 것이지 자본 부족에 있는 것이 아니다. 자본의 사용을 가로막는 무지, 관습, 기타 조건들에 대해서도 같은 말을 할 수 있다. 제약을 가하는 것은 이런 것들이지 자본의 부족은 아닌 것이다.

티에라 델 푸에고 사람에게 회전 톱을 주고, 아랍의 베두인 족에게 증기 기관차를 주고, 플랫헤드 족 인디언 여자에게 재봉틀을 주는 것은 그들의 노동 효율성을 높여주지 않는다. 그들의 부를 높여주기 위해 다른 어떤 것을 줄 수 있을 것 같지도 않다. 그들이 자본으로 사용하는 데 익숙한 것 이외의 부는 그냥 소비되어 버리거나 낭비가 되어 버릴 것이다. 아파치 족과 수 족이 땅을 경작하지 않는 것은 씨앗과 도구가 부족해서가 아니다. 설사 씨앗과 도구를 그들에게 준다고 해도, 이동하는 버릇을 억제시키고 땅을 경작하는 방법을 억지로 가르쳐주지 않는 한, 그런 것들을 생산적으로 사용하지 않을 것이다. 설사 런던 시의 자본을 몽땅 현재 상태의 인디언 부족들에게 건네준다고 하더라도 그들은 사냥에 도움이 되는 아주 미세한 자본만을 생산적으로 사용할 것이다. 그러나 그 미세한 자본도 현재 그들이 재고로 갖고 있는 식량을 모두 소비할 때까지는 사용되지 않을 것이다.

그들은 자신들이 간절히 원하는 자본은 어떻게든 마련할 것이고, 아무리 커다란 어려움이 가로막는다 해도 이런저런 형태로 자본을 끌어다낼 것이다. 이 야생의 부족들은 미국과 영국의 공장들이 생산한 가장 좋은 무기를 가지고 사냥을 하고 전투를 하고, 최근 개량품이 나오면 사들인다. 이런 부족들이 앞으로 더 문명화가 된다면 문명사회가 필요로 하는 다른 자본들에도 눈을 돌리게 될 것이고, 또 그런 자본을 유용하다고 생각할 것이다.

영국 왕 조지 4세의 치세 시(1820-1830)에 몇몇 귀국하는 선교사들이 뉴질랜드 추장 홍기(Hongi)를 데리고 영국으로 돌아왔다. 그의 의젓한 외양과 아름다운 문신은 많은 영국인들의 주목을 받았다. 이 추장은 귀국할 때 영국 왕과 교회 단체들로부터 상당한 양의 도구, 농기구, 씨앗을 선물로 받았다. 이 뉴질랜드 추장은 이 자본을 식량을 생산하는데 사용했으나, 그 생산 방식은 영국 사람들이 전혀 생각하지 못한 방식이었다. 귀국 길에 시드니에 도착한 추장은 그 선물을 모두 무기와 탄약으로 바꾸었다. 그리고 고국에 도착하자마자 다른 부족을 상대로 전쟁을 벌여서 커다란 성공을 거두었다. 그는 첫 번째 전투에서 포로로 잡은 3백 명의 부족민을 요리해서 먹어버렸다. 홍기는 전투를 벌인 상대방 부족의 추장의 두 눈알을 파내어 먹고 그 따뜻한 피를 마심으로써 주된 요리의 서막을 장식했다.[23] 그러나 이제 그들의 끊임없던 전쟁은 멈추었고 남은 마오리 족은 유럽의 관습을 채택했으므로, 그들 사이에는 상당한 자본을 동원하여 사용하는 사람들이 생겨났다.

이와 마찬가지로, 새로운 사회들에서 사용하는 간단한 생산과 교환 방식을 오로지 자본 부족 탓으로 돌리는 것은 오류다. 자본이 별로 필요하지 않는 이런 방식은 그 자체로는 조잡하고 비효율적이지만, 그 사회의 여러 조건들을 감안한다면 실제로는 가장 효율적인 것이다. 최근의 개량된 설비를 갖춘 대규모 공장은 양모와 목화를 옷감으로 바꾸는 가장 효율적인 수단이지만, 대량의 옷감이 필요한 곳에서만 효율성을 발휘할 수 있다. 작은 마을에 필요한 옷감은 물레와 손으로 돌리는 베틀 등 훨씬 적은 노동으로 마련할 수 있다. 대규모 인쇄기는 한 사람의 인쇄공이 달라붙어도 수천 부의 신문을 인쇄할 수 있으나, 스탠호프 인쇄기나 프랭클린 인쇄기는 인쇄공과 그의 조수까

---

23 『뉴질랜드와 그 주민들』, 21장, Rev. Richard Taylor, London, 1855.

지 달라붙어도 1백 부를 인쇄할 수 있을 뿐이다. 그러나 지방 신문을 제작할 때에는 구식 인쇄기가 가장 효율적인 기계가 되는 것이다.

가끔씩 두세 명의 승객을 운송할 때에는 카누가 증기선보다 훨씬 더 좋은 수단이다. 밀가루 몇 포대는 철도 기차를 이용하는 것보다는 짐말을 쓰는 것이 노동의 소비가 훨씬 적다. 숲속 오지의 가게에다 대규모 상품의 재고를 남겨두는 것은 자본을 낭비하는 일이다. 일반적으로 말해서, 신생 국가의 인구가 듬성한 지역에 조잡한 생산과 교환의 장치가 사용되는 것은 자본 부족 때문이라기보다는 그 자본을 유익하게 사용하지 못하기 때문이다.

건강한 사회는 자본을 창출한다

아무리 많은 물을 집어넣는다고 해도 양동이에는 양동이 부피만큼의 물만 담긴다. 마찬가지로 생산과 교환의 기구가 요구하는 것보다 더 큰 부가 자본으로 사용되지는 못한다. 기존 조건 – 주민들의 지성, 습관, 안전, 인구 밀도 등 – 아래에서 그 사회의 주민들에게 가장 적합한 생산과 교환의 기구가 있는 것이다. 일반적으로 말해서, 이러한 액수의 자본은 어떻게든 마련이 된다는 게 나의 생각이다. 건강한 상태의 인간 유기체가 필수 지방을 비축하는 것처럼, 건강한 사회 조직은 필요한 액수의 자본을 비축하는 것이다.

그러나 자본의 양이 산업의 생산성을 제약하고 그리하여 임금의 상한을 고정시키는지 여부는 잠시 옆으로 밀쳐놓더라도, 문명국가들의 일반 대중이 가난한 것은 자본 부족에서 비롯된 것이 아님은 분명하다. 왜냐하면 세계 어느 곳에서도 임금이 산업의 생산성에 의해 고정된 상한까지 도달한 사례가 없을 뿐만 아니라, 자본이 가장 풍성한 곳일수록 임금은 상대적으로 가장 낮기 때문이다. 모든 선진국들에서 생산의 도구와 기계는 사용할 수 있는 이상으로 많으며, 수익성이 높을 것으로 예상되는 사업은 필요 이상의 자본을 끌어당긴다. 양동이에는 물이 가득 차 있을 뿐만 아니라 넘쳐흐른다.

이것은 너무나 분명하여 무식한 사람들뿐만 아니라 높은 명성을 누리는 경제학자들까지도 산업 불황의 원인을 기계류의 과다와 자본의 축적으로 돌린다. 그리고 자본을 파괴하는 원인인 전쟁은 활발한 거래와 높은 임금을 가져오는 원인으로 인식된다. 이런 문제에 대한 생각의 혼란은 너무나 심각한데, 이런 기이한 아이디어가, 자본이 노동을 고용하고 임금을 지불한다고 주장하는 많은 사람들에 의해 받아들여지고 있다.

지금까지 논의의 요약

이 연구의 목적은 너무나 많은 자기 모순적 답변들을 유발하는 문제를 해결하려는 것이다. 자본이 무엇이고 어떤 작용을 하는지 분명하게 조사하기 위하여 우리는 아주 중요한 첫 번째 걸음을 떼어놓았다. 하지만 아직 첫 번째 걸음일 뿐이다. 이제 지금까지의 논의를 요약하고 앞으로 나아가기로 하자.

우리는 현재의 임금 기금 이론, 즉 임금은 노동자 수와 고용에 배정된 자본 사이의 비율에 달려 있다는 이론은 객관적 사실과 일치하지 않는다는 것을 살펴보았다. 임금과 이자는 역비례로 오르거나 내리는 것이 아니라 정비례로 상승한다.

이러한 불일치로 인하여 우리는 임금 기금 이론을 더 자세히 살펴보았는데, 이 이론의 주장과는 다르게, 임금은 자본에서 나오는 것이 아니라, 임금이 대가로 주어지는 노동의 생산물로부터 직접 나온다는 것을 발견했다. 자본은 임금을 선불해주지도 않고 노동자의 생계비를 제공해주지도 않는다. 자본의 기능은 도구나 씨앗 등으로 생산 과정 중의 노동을 돕는 것이며, 교환을 원활하게 하는 데 필요한 부를 제공하는 것이다.

우리는 이렇게 하여 실제적인 결론에 도달했고 그 결론은 아주 중요하여 우리가 그것(결론)을 도출하기 위해 기울인 노력을 모두 보상해준다.

만약 임금이 자본에서 나오는 것이 아니라 노동의 생산물에서 나오는 것이라면 자본과 노동의 관계를 규정한 현행 임금 기금 이론은 타당하지 않다. 따라서 정치경제학 교수 혹은 노동자가 제시한 해결책, 즉 자본을 증가시키거나, 노동자 숫자를 제한하거나, 노동자의 작업 효율을 올려서 빈곤의 문제를 해결하려고 하는 처방은 거부되어야 한다.

만약 각 노동자가 자신의 노동을 수행하면서 창출한 기금(자본)에서 그의 임금이 나오는 것이라면, 임금은 노동자 숫자의 증가로 인해 감소될 수가 없다. 오히려 노동자 숫자가 증가하면서 노동의 효율성이 따라서 증가하므로, 다른 조건들이 같다면, 노동자 숫자가 많을수록 임금은 더 높아져야 마땅하다.

그러나 "다른 조건들이 같다면"이라는 단서 때문에 우리는 다음과 같은 질문을 먼저 해결하고서 그 다음 논의로 나아가야 한다. 그 질문은 이런 것이다. "자연의 생산력은 인구의 증가가 그것(생산력)을 계속 가져다 써서 줄어드는가?"

제2권

인구와 식량

하느님과 자연이 싸우고 있어서

자연이 이런 사악한 꿈을 돕는 것인가?

자연은 커다란 유형(類型)은 엄청 신경 쓰면서도

개별 생명에 대해서는 엄청 무심하구나.　　　　　　　　－테니슨

제1장

맬서스 이론의 기원과 지지자들

지금까지 검토해 온 이론 뒤에는 검토해야 할 또 다른 이론이 있다. 임금의 출처와 법칙에 관한 현재의 학설은 맬서스(Thomas R. Malthus) 이론이라고 알려진 학설로부터 강력한 지지를 받고 있다. 맬서스 이론은 인구가 식량보다 더 빨리 증가하는 경향이 있다고 주장한다. 서로 잘 들어맞는 이 두 학설[1]은 빈곤에 대한 현행 정치경제학의 진단을 뒷받침하고 있다. 그리고 우리는 이 빈곤이라고 하는 중대한 문제를 해결하려고 애쓰고 있는 것이다.

앞 권에서 우리는 임금이 노동자 수와 고용에 투자된 자본 사이의 비율에 의해 결정된다는 현행 이론이 전혀 근거 없다는 것을 밝혔다. 그래서 이런 이론이 어떻게 그처럼 널리 받아들여지고 또 득세할 수 있었는지 의아하다. 많은 노동자들이 자본가 계급에게 고용과 임금을 의존하고 있는 사회에서 이런 이론이 생겨났고, 또 이런 생활 조건 아래에서 실제와 외양을 구분해서 살펴보려고 하지 않는 일반 대중들 사이에서 뿌리를 내렸다는 것은 그리 놀라운 일도 아니다.

그러나 자세히 분석해 본 결과, 근거 없는 것으로 드러난 이론이 많은 뛰어난 사상가들 - 19세기에 들어와 정치경제학이라는 학문을 설명하고 발전시킨 학자들 - 에 의해 받아들여졌다는 사실은 정말로 놀랍다.

---

1   임금 기금 이론과 맬서스 이론: 옮긴이

맬서스 인구론과 임금 기금론

이런 이해하기 어려운 현실은 어떻게 설명해야 하는가? 그것은 맬서스 이론이 널리 받아들여지고 있다는 사실에서 찾아야 한다. 현행 임금 기금 이론은 검증을 받은 바가 없는데, 그 이론이 맬서스 이론의 지지를 받으면서 정치경제학자들의 마음속에서 자명한 진리로 여겨졌기 때문이다. 이 두 이론은 서로 잘 어울리면서 서로 강화하고 지원했는데, 지대 이론의 논의에서 드러난 원리로부터 추가 지원을 받았다. 그 원리는, 어떤 일정한 지점을 지나면 토지에 자본과 노동을 투입해도 소득이 감소한다는 지대의 법칙이다. 이 세 이론은 고도로 조직되고 발전된 사회 내의 여러 현상들을 너무나 잘 설명하여 객관적 사실에 부합하는 것처럼 보였고, 그리하여 엄밀한 조사를 면제받았다.

이 두 이론 중 어떤 것이 역사적으로 먼저 나온 것인지는 말하기가 어렵다. 인구 이론은 임금 이론에 과학적 학설의 지위가 부여된 후에 그런 지위를 부여받게 되었다. 아무튼 두 이론은 자연스럽게 생겨나서 함께 어울렸고 정치경제학의 체계가 정립되기 훨씬 이전부터도 다소 조잡한 형태를 유지하면서 위력을 발휘했다. 애덤 스미스 책의 여러 문장들로 미루어볼 때, 스미스가 그 이론을 발전시키지는 않았지만 맬서스 이론이 다소 원시적인 형태로 스미스의 마음속에 들어 있었던 것 같다. 이렇게 된 것은 내가 보기에 스미스가 임금의 문제에 대하여 생각의 방향을 잘못 잡았기 때문이었다.

그러나 이런 사정이야 어떻게 되었든, 두 이론은 서로 밀접하게 연결되어 상호 보완했다. 그리하여 버클은 『18세기 스코틀랜드 지성의 검토』에서 정치경제학의 역사를 살펴보면서 인구가 식량을 압박한다는 이론을 내놓아 현행 임금 이론을 "결정적으로 증명한" 공로를 맬서스에게 돌렸다. 버클은 『영국의 문명사』 제3권 5장에서 이런 말도 했다.

"18세기가 지나가자마자 노동에 대한 보상이 다음 두 가지에 달려 있다는 것이 증명되었다. 하나는 노동에 임금을 지불하는 국가적 기금의 크기이고, 다른 하나는 그 기금이 나누어지는 노동자의 숫자이다. 우리의 지식이 이처럼 크게 발전한 것은 비록 전적인 것은 아니지만 상당 부분 맬서스의 공로이다. 그의 저서 『인구론』은 사상의 역사에서 한 획을 그었을 뿐만 아니라, 이미 상당한 실용적 성과를 올리고 있는데 앞으로 더욱 큰 성과를 올릴 것으로 기대된다. 그 책은 1798년에 발간되었다. 1790년에 사망한 애덤 스미스가 만약 이때까지 살아 있어서 이 책을 읽었더라면 자신의 사상이 교정되기보다는 확대된 것을 보고서 커다란 만족을 느꼈으리라. 스미스가 없었더라면 맬서스도 없다는 게 확실하다. 다시 말해, 스미스가 기초를 놓지 않았더라면 맬서스는 그 위에 상부구조를 세우지 못했을 것이다."

인구의 증가는 기하급수, 식량의 증가는 산술급수

발표된 이래 정치경제학 분야뿐만 아니라 다른 사상 분야에도 엄청난 영향을 미친 이 유명한 학설은 맬서스에 의하여 하나의 명제로 정립되었다. 북아메리카의 식민지들의 성장이 보여주듯이, 인구는 25년마다 두 배 정도 불어나는 경향이 있어서 기하급수적으로 증가하는 반면에, 토지에서 얻을 수 있는 식량은 "인간의 근면에 가장 유리한 상황 아래서도 산술급수 혹은 현재 생산량에 25년치의 생산량을 더한 것보다 더 많이 생산되지는 못한다." 맬서스는 이어 이런 순진한 논리를 펼친다. "이 두 비율을 함께 살펴보았을 때 그 필연적인 결과는 아주 놀라운 것이다." 그러면서 그는 이렇게 말한다(제1장).

"영국의 인구는 현재 약 1천1백만이라고 산출되고 있으며, 또한 우리는 현재의 생산량을 이만한 인구를 부양하는데 필요한 양과 같다고 생각해 보자. 최초의 25년에 인구는 2천2백만이 될 것이다. 그리고 식량도 배가하므로 생존수단(의 증가)은 이 (인구의) 증가와 같을 것이다. 그리고 다음 25년에 인구는 4천4백만이 될 것이고 식량은 3천3백만 명을 먹일 수 있을 것이다. 그 다음 25년에 인구는 8천8백만이 될 것이고 식량은 그 인구의 절반 정도만 먹일 수 있을 것이다. 그리고 1세기가 지나가면 인구는 1억 7천6백만이 될 것이고, 식량은 5천5백만 명만 먹일 수 있을 것이다. 그리하여 1억 2천1백만 명의 인구는 식량 공급이 전혀 없는 상태로 내몰리게 될 것이다.

　이 섬이 아니라 전 세계의 인구를(물론 여기서 이민은 제외해야 한다) 임의의 수 즉 10억이라고 한다면, 인류는 1, 2, 4, 8, 16, 32, 64, 128, 256 등의 비율로 증가하고 식량은 1, 2, 3, 4, 5, 6, 7, 8, 9 식으로 증가한다. 2세기가 지나가면 인구 대 식량의 비율은 256 대 9가 될 것이고, 3세기가 지나가면 4,093대 13이 될 것이고, 2천년이 지나간다면 그 비율의 차이는 거의 계산할 수 없게 될 것이다.”

　이러한 결과는 물론, 생존물자의 한계 이상의 인구는 존재할 수 없다는 물리적 사실 때문에 벌어지지 않는다. 그리하여 맬서스는 이런 결론을 내린다. 인구의 무한 증가 경향은 생식 능력에 대한 정신적 절제 혹은 사망률을 높이는 다양한 원인들에 의하여 억제되어야 한다. 이어 맬서스는 인구 조절에 실패하면 결국 세상은 죄악과 궁핍으로 빠져들게 된다는 것이다. 생식을 억제하는 원인을 그는 소극적 억제라 했고, 사망률을 높이는 원인을 적극적 억제라 했다. 이것이 맬서스가 『인구론』에서 천명한 맬서스 이론이다.

　기하급수와 산술급수의 증가라는 가정은 오류가 너무나 분명하여 깊이 생각해볼 가치조차 없는 것이다. 그것은 토끼와 거북이의 경주에서 토끼가 아무리 달려도 거북이를 따라잡지 못한다는 저 유명한 수수께끼[2]의 수준에도 오르지 못하는 비율상의 말장난에 불과하다.

　이러한 비율상의 가정은 맬서스 이론에서 꼭 필요한 부분은 아니며, 그 이론을 전적으로 받아들이는 사람들에 의해서도 반박되었다. 가령 존 스튜어트 밀은 그런 가정에 대하여 이렇게 논평했다. “그것은 정밀성을 인정하지 않는 것들에게 정밀성을 부여하려는 불운한 시도였다. 논리적 추론을 할 줄 아

2　저 유명한 수수께끼: 제논의 역설이라고 하는데, 토끼가 거북이와의 거리를 좁히려면 우선 그 거리의 절반을 가야 하는데, 그 절반에 도달하려면 다시 그 절반의 절반을 지나가야 하는데 이처럼 무한히 절반이 있으므로 결국 거북이한테 도달하지 못한다는 논리. 그러나 실제로는 토끼가 곧 거북이를 따라잡으므로, 제논은 이 세상은 이런 논리적 모순으로 가득 차 있다고 주장: 옮긴이

는 사람이라면 그것이 논증에 불필요한 것임을 금방 알아보았으리라."[3]

맬서스 이론의 핵심은 인구가 식량보다 더 빨리 증가하는 경향이 있다는 것이다. 그 증가의 차이를 맬서스처럼 기하급수와 산술급수의 비율로 설명할 것인가, 혹은 밀처럼 일정한 인구 비율과 줄어드는 식량 비율로 설명할 것인가는 순전히 진술의 문제일 뿐이다. 두 사람이 동의하는 핵심적 사항은 맬서스의 말을 빌려 표현해 보자면 "인구는 생존 수단 이상으로 증가하려는 자연스럽고 일정한 경향을 가지고 있다"라는 것이다.

현재 통용되는 맬서스 이론을 가장 유리하면서도 덜 혐오스러운 형태로 다시 진술해 보면 이렇게 된다:

꾸준히 늘어나는 경향이 있는 인구는 억제를 하지 않으면 궁극적으로 식량의 한계를 압박하게 된다. 식량의 한계라는 것은 어떤 고정된 장벽이 아니라 신축성이 있는 장벽이지만 그럼에도 식량의 조달은 점점 더 어려워진다. 여기에다 생식력이 그 위력을 발휘할 때 절제되지 않는다면, 반드시 어느 정도의 식량 부족이 발생하여 (사람들이 굶어죽음으로써) 인구를 식량의 한계 내에 묶어두게 된다.

창조적 혜택과 지혜에 의한 조화로운 적응이라는 관점에서 볼 때, 이런 이론은 원인을 따지지 않고 빈곤과 그 부수 조건들을 불가해한 신의 섭리로 돌리려는 무책임한 이론만큼 혐오스럽지는 않다. 맬서스 이론은 죄악과 궁핍을 자연스러운 본능(생식 본능)의 결과로 치부했다는 점에서, 인간의 마음속에 깊게 뿌리 내리고 있는 근본적 정서와 충돌하는 것이다. 왜냐하면 생식 본능은 인간의 가장 순수하고 아름다운 애정과 결부되어 있는 것이기 때문이다. 맬서스 이론은 발표되자마자 거센 반발의 대상이 되었고 이 이론에 대한 싸

---

3 『정치경제학의 원리』 제2권 9장 6절. 그러나 밀이 이렇게 말했는데도 불구하고, 맬서스 자신은 기하급수적 비율과 산술급수적 비율을 크게 강조한다. 그리고 주로 이 두 비율 때문에 맬서스가 아주 유명하게 되었다. 이 두 비율은 아주 그럴 듯한 공식처럼 보여서, 많은 사람들이 아주 분명한 논리보다 더 중요한 논리로 여기게 되었다.

움은 차분한 논리보다는 과격한 감정이 더 많이 개입되었다. 하지만 맬서스 이론은 그런 시련을 씩씩하게 견뎌냈고 윌리엄 고드윈(1756-1836)[4] 같은 사람들의 반박, 윌리엄 코베트(1762-1835)[5] 같은 사람들의 비난, 논증, 냉소, 조롱, 분노의 화살에도 불구하고, 오늘날 사상계에서 공인된 진리로 우뚝 섰고, 심지어 그 이론을 믿고 싶지 않는 사람들로부터도 인정을 받기에 이르렀다.

임금 기금 이론과 지대 이론의 후원

이러한 승리의 원인, 그 강력한 힘의 원천은 분명하게 드러나 있다. 산술적 진리 – 계속 늘어나는 인구는 궁극적으로 식량을 제공하는 지구의 능력을 초과하고 심지어 서 있을 공간도 없어진다 – 의 지원을 받는 맬서스 이론은 동식물 왕국의 비유로부터도 지원을 받는다. 그 왕국에서 생명체는 어디에서나 다른 종들을 견제하는 장벽을 상대로 계속 부딪치고 있으나 성공하지 못하고 있다. 현대 사상의 흐름은 서로 다른 생명 형태들 사이의 구분을 무시함으로써 점점 더 큰 가중치를 이 동식물 왕국의 비유에 부여하고 있다.[6] 게다가 맬서스 이론은 인구 조밀한 지역 내에 만연한 가난, 범죄, 궁핍 등 객관적 사실들에 의해 입증되고 있다. 인구가 증가하기 때문에 물질적 진보는 가난 구제에 별 힘을 쓰지 못하고, 새로 정착한 지역들에서 인구가 급속하게 증가하고, 인구 조밀한 지역에서 궁핍한 계급의 사람들 사이에서 사망률이 높은 것은 맬서스 이론을 증명해주는 듯하다.

맬서스 이론은 이와 유사한 사실들을 설명해주는 일반 원리이다. 이 이론이 이런 사실들을 설명하는 방식은 임금 기금 이론과 그 이론으로부터 도출된 모든 원리들을 조화시키는 방식이다. 현재의 임금 이론에 의하면, 노동자의 숫자가 증가하여 자본을 더욱 나눠야 하기 때문에 임금은 떨어진다. 맬서

---

4   영국의 저술가로 맬서스 이론을 반박함: 옮긴이
5   영국의 정치 저술가: 옮긴이
6   동식물 왕국에 약육강식이 판을 치듯이 인구 증가가 식량 부족을 재촉한다는 뜻: 옮긴이

스 이론에 의하면, 인구 증가가 식량을 더욱 나눠야 하기 때문에 가난이 발생하게 된다. 식량 대신에 자본을 집어넣고, 노동자 숫자 대신에 인구를 집어넣으면 두 이론은 명실공히 같은 것이 된다. 실제로 정치경제학의 논문들에서 두 용어는 상호교환적으로 사용된다.7 그렇게 하여 위의 인용문에서 버클이 말한 것처럼, 맬서스의 인구 이론은 애덤 스미스의 임금 이론을 결정적으로 증명하는 것처럼 보인다.

『인구론』이 나온 지 몇 년 뒤에 리카도(David Ricardo)는 지대의 성격과 원인에 대하여 스미스가 저지른 실수를 교정했다. 그러면서 리카도는 그 자신의 지대 이론을 내놓아 맬서스 이론을 추가로 지원해 주었다. 인구가 늘어나면서 경작은 점점 덜 생산적인 토지로 내몰리게 되거나, 같은 땅에서도 생산성이 점점 떨어지게 되므로 지대는 올라갈 수밖에 없다는 지대 상승 이론을 내놓았던 것이다. 이렇게 세 이론이 결합하여 맬서스 이론은 양쪽에서 지지를 받게 되었다. 전에 이미 나온 임금 이론과 후에 나온 지대 이론은 맬서스 이론이라는 일반 원칙이 원활히 작동되는 사례를 제시한 것이다. 인구가 늘어날수록 임금은 내려가고 지대는 올라간다는 사실은, 인구 증가가 식량에 가하는 압박을 그대로 증명하는 것이었다.

이렇게 하여 정치경제학의 기본틀(현재 통용되는 이 학문은 리카도의 시대 이래 구체적인 변화가 개선을 이룬 바가 없고, 몇몇 사소한 사항들만 좀 더 분명하게 밝혀졌을 뿐이다) 속에 자리 잡게 된 맬서스 이론은, 앞에서 언급한 인간의 감정에는 혐오스러운 것이지만, 기존의 나라들에서 노동 계급 사이에 전반적으로 통용된 사상에서는 혐오스러운 것이 아니었다. 오히려 임금 이론의 지원을 받고 또 차례로 그 임금 이론을 지원하게 된 맬서스 이론은 노동 계급과 조화를 이루는 것이었다. 기계공이나 공원들이 볼 때, 낮은 임금과 구직난의 원인은 분명 다수의 노동자들에 의한 경쟁 때문이었다. 지저분하고 가난한 주

---

7 맬서스 이론이 자본의 정의에 미친 영향은 맬서스의 선배 학자인 애덤 스미스의 정의와, 후배 학자들인 리카도, 매컬로크, 밀의 정의를 서로 비교해보면 알 수 있다.

거지를 둘러볼 때, 사람이 너무 많다는 것 이외에 무슨 다른 가난의 이유가 있을 수 있겠는가?

기득권층에 아부하는 맬서스 이론

그러나 이 이론이 성공을 거두게 된 커다란 이유는 다음과 같은 것이다. 이 이론은 기득권을 위협하거나 권력을 가진 이익 집단을 적대시하지 않는다. 맬서스 이론은 부의 힘을 휘두르면서 사람들의 생각을 지배하는 계급에게 아주 커다란 정신적 위로를 안겨주고 또 그들의 지위를 확신시켜 주는 사상이다. 예전의 특권 지원 세력이 사라져가는 때에 나타난 이 이론은 특권을 누리는 자들을 구조하러 왔다. 어떻게 그렇게 되었을까? 소수의 특권층은 이 세상의 좋은 것들을 거의 독점하면서 세상의 궁핍과 비참을 자연적인 원인 (인구의 증가)으로 돌릴 수 있게 되었기 때문이다. 만약 그런 궁핍과 비참이 정치적 제도 탓으로 돌려진다면, 소수 특권층을 보호하는 모든 정부는 비난을 받게 되는 것이었다. 『인구론』은 윌리엄 고드윈의 저서 『정치적 정의에 대한 탐구(*Enquiry concerning Political Justice*)』에 대한 답변으로 나온 것인데, 후자는 인간의 평등 원칙을 강력하게 주장한 책이었다. 『인구론』의 집필 목적은 기존의 불평등에 대한 책임을 인간의 제도 탓이 아니라 창조주의 법칙으로 돌림으로써 인간 사회의 불평등을 정당화하려는 것이었다.

맬서스의 이런 주장은 그 자체로 새로운 것은 아니었다. 왜냐하면 그보다 40년 전에 알프레드 월리스(1823-1913, 영국의 생물학자)는 부의 평등한 분배가 어려운데 대한 답변으로 과도한 인구 증가의 위험을 제시했기 때문이다. 그러나 같은 사상이라도 타이밍에 따라 그 위력이 달라지는데 맬서스가 이런 주장을 펼 때의 시대 상황은 특히 유력 계급이 그것을 간절히 바라던 때였다. 이 계급은 프랑스 대혁명이 발발하여 현재의 사회 구조에 대한 의문이 증폭되어가는 현상에 대하여 깊은 공포를 느끼고 있었기 때문이다.

그때나 지금이나 맬서스 이론은 개혁의 요구를 회피하고 있으며, 불가피한 필연성을 들먹이면서 인간의 이기적인 태도를 옹호하고 양심의 가책을 무력화하고 있는 것이다. 이 이론은 부자가 풍성한 연회를 즐기면서도 그의 집 문 앞에서 배고파 기절한 나사로[8]의 이미지를 잊어버리게 만드는 철학이다. 이 이론 덕분에 부자는 가난한 사람이 동냥을 요구할 때 그의 호주머니를 느긋하게 닫아버릴 수 있다. 또 부유한 기독교 신자들은 일요일마다 가죽을 댄 고급 교회 신도석에서 고개를 숙이면서 전능하신 아버지에게 좋은 선물을 호소하면서도, 한 구역 떨어진 곳에서 창궐하는 지저분한 비참함에 대해서는 전혀 책임 의식을 느끼지 않는 것이다. 왜냐하면 이 이론에 의하면, 가난, 궁핍, 기아는 개인의 탐욕이나 미비한 사회적 제도 탓이 아니기 때문이다. 그런 것들은 보편적 법칙의 불가피한 결과이고, 그런 법칙을 상대로 싸우려드는 것은 중력의 법칙을 상대로 싸우려는 것처럼 한심하거나 아니면 허망한 일인 것이다.

이 이론에 따르면, 궁핍 속에서 부를 축적한 사람은 작은 오아시스에다 담장을 둘러 날아드는 모래로부터 그것을 보호해야 한다. 그렇지 않으면 모래가 오아시스를 삼켜버릴 것이기 때문이다. 그는 자기 자신을 위하여 소득을 올렸고 그 과정에서 아무에게도 피해를 입힌 것이 없다. 설사 부자가 그리스도의 가르침을 글자 그대로 시행하여 그의 부를 가난한 사람들에게 모두 나눠준다고 하더라도, 아무런 소득도 없을 것이다. 인구가 계속 증가하여 식량 혹은 자본의 한계를 압박할 것이기 때문이다. 그렇게 해서 생겨날 수 있는 평등이란 결국 모두가 똑같이 비참해지는 평등일 뿐이다.

이런 식으로 해서 유력 계급의 이해사항과 부딪치는 개혁은 가망 없는 것으로 치부되어 억제된다. 도덕법은 자연법의 처사를 사전에 방해하거나 막아서는 안 된다. 자연법은 초과 인구를 제거함으로써 인구의 증가 경향을 사전에 억제하여 이 지상이 마치 정어리가 가득 든 상자처럼 인간들로 가득 들어차는 것을 막아준다. 그러니 개인이든 단체든 빈곤을 퇴치하려는 노력을 펼

---

8 신약성경 중 누가복음 16장 19-31절: 옮긴이

치는 것은 아무런 효과도 없다. 단지 효율적인 교육을 펴고 금욕(성욕 절제)의 필요성을 설교하여 인구의 증가를 막으려고 애쓰는 것 이외에는.

가난한 사람들의 사고방식과 잘 맞아떨어지는 맬서스 이론은 이런 식으로 해서 부자들의 탐욕과 권력자의 이기심을 정당화하면서 재빨리 퍼져나갔고 깊이 뿌리를 내렸다. 이것이 맬서스가 내놓은 이론의 현주소이다.

그리고 근년에 들어와서 맬서스 이론은 인간의 기원과 종의 기원에 대한 급격한 사상의 변화로부터 새로운 힘을 얻었다. 맬서스 이론이 사상의 역사에서 새로운 한 획을 그었다고 한 버클의 말이 타당하다는 건 쉽게 증명될 수 있다. 그러나 맬서스 이론이 철학 분야 - 버클의 책도 이 분야에 속하지만 - 에 끼친 영향을 추적하는 것은 아주 흥미로운 일이 되겠지만 본 연구의 범위를 벗어나는 일이다. 그러나 파생적인 것이든 독창적인 것이든, 온 사방으로 퍼져 나가고 있는 이 새로운 발전 철학이 맬서스 이론을 지지하고 있다는 사실은, 이 이론을 그토록 강성하게 만든 여러 원천들을 살펴보면 금방 드러난다.

정치경제학의 분야에서, 임금 이론과 지대 이론이 맬서스 이론을 지원하여 핵심 진리의 반열에 오르게 했다. 이와 마찬가지로, 모든 형태의 생명의 발전에 대해서도 그(맬서스 이론)와 유사한 생각이 확대 적용되어, 이 이론을 더욱 높고 강고한 지위에 오르게 했다. 죽는 날까지 이 새로운 철학을 철저하게 반대했던 루이스 아가시즈(1807-1873, 스위스의 생물학자)는 다윈주의를 가리켜 "머리끝부터 발끝까지 맬서스 이론"[9]이라고 했고, 다윈은 생존 경쟁은 "동식물의 왕국에 몇 배나 강한 힘으로 적용된 맬서스 이론"이라고 말했다.[10]

진화 이론의 도움을 받는 맬서스 이론

하지만 내가 볼 때, 자연 선택 혹은 적자생존을 말하는 진화 이론이 맬서스주

---

9 매사추세츠 주 농업청에서의 연설, 1872. Report U.S. Department of Agriculture, 1873.
10 『종의 기원』 제3장.

의에 확대 적용될 수 있다고 말하는 것은 정확한 얘기가 아니다. 왜냐하면 맬서스 이론은 원래 진보의 사상을 담고 있지 않고 또 반드시 그럴 필요도 없기 때문이다. 하지만 진화 이론이 곧 맬서스 이론에 덧붙여졌다. 그리하여 매컬로크[11]는 "증가의 원리"가 사회 개선과 기술의 발전을 가져온다고 주장했다. 그러니까 그 원리에 의해 생겨나는 가난이 산업의 발달, 과학의 확장, 상류층과 중산층에 의한 부의 축적 등에 강력한 촉진제 역할을 했고, 이런 촉진제가 없었더라면 사회는 무기력과 쇠퇴 속으로 재빨리 가라앉아 버렸을 것이라고 선언했다.

이것이 인간 사회에 "생존 경쟁"과 "적자생존"의 발전 효과가 적용된 것이 아니라면 무엇이겠는가? 자연과학자들에 의하면, 자연은 이 두 가지 효과를 통하여 지구상에 넘쳐흐르는 저 무한하게 다양하고 멋지게 적응한 생명형태를 만들어낸다. 이 잔인하고 무자비하게 보이는 힘이야말로 무수하게 많은 세월 동안에 생명을 낮은 유형에서 높은 유형으로 발전시키고, 인간과 원숭이를 구분시키고, 19세기가 석기 시대의 뒤를 잇도록 한 힘이 아니고 무엇이겠는가?

이렇게 칭송되면서 증명되고, 또 이렇게 연결되고 지지를 받으면서 맬서스 이론 – 빈곤이 식량에 대한 인구의 압박 때문에 생긴다는 이론, 혹은 다르게 설명하면 노동자의 숫자가 증가하는 현상은 노동재생산의 바탕인 임금을 최소한으로 축소한다는 이론 – 은 이제 의심할 여지가 없는 진리로 널리 받아들여지고 있다. 당연히 사회 현상은 이 이론에 비추어 설명되어야 했다. 마치 지난 수 세기 동안 천체의 현상을 천동설의 가정 위에서 설명해 왔고, 지질학적 사실을 모세의 기록에 의거하여 문자 그대로 해석하려 했던 것처럼 말이다.

이 이론의 권위만 두고 볼 때, 이 이론을 공식적으로 부정하려 든다면 최

---

11 『국부론에 대한 주석』 IV.

근에 어떤 흑인 목사－지구가 태양 주위를 돈다는 과학적 견해에 반대하는 십자군 운동을 전개한 목사－가 보여준 그런 무모한 용기가 있어야 할 것이다. 경위야 어떻게 되었든 맬서스 이론은 사상계에서 거의 보편적인 지지를 받고 있으며, 오늘날 온 사방에서 우후죽순처럼 생겨나는 가장 좋은 문헌이나 가장 흔한 문헌 속에서도 널리 지지를 받고 있다. 정치가, 역사가, 자연과학자, 사회과학자 모임, 노동조합, 교회 목사, 물질주의자, 엄숙한 집단의 보수주의자, 과격파 중의 과격파 등도 지지하고 있다. 맬서스의 이름을 들어본 적도 없고, 그의 이론이 무엇인지 전혀 알지 못하는 많은 사람들에 의해 지지되고 있고 또 습관적으로 맬서스 이론과 똑같은 생각을 하고 있다.

그렇지만 현행의 임금 기금 이론을 객관적으로 점검해 보았을 때 그 타당성이 사라져버린 것처럼, 나는 그 이론과 쌍둥이 관계인 맬서스 이론도 또한 그렇게 되리라고 확신한다. 임금은 자본으로부터 나오는 것이 아님을 증명함으로써, 우리는 거인 안타이오스[12]를 이미 땅에서 떼어놓은 것이나 마찬가지다.

---

12 그리스 신화에서 발을 땅에 대고 있어야 힘을 얻는 거인으로서, 여기서는 맬서스 이론을 가리킴: 옮긴이

제2장

객관적 사실에 의한 추론

맬서스 이론은 널리 받아들여지고 있고 또 높은 권위를 얻었다. 따라서 이 이론이 사회적 문제의 논의에서 그토록 강력한 영향력을 발휘하게 도와준 이론의 근거와 원인들을 살펴보는 것이 편리하리라 생각된다.

그러나 우리가 맬서스 이론을 객관적인 사실에 입각하여 검증해 보면, 현행의 임금 이론과 마찬가지로 전혀 근거가 없는 것임이 밝혀질 것이다. 그렇게 보는 것은 다음 두 가지 이유 때문이다.

첫째, 이 이론을 지원하기 위하여 동원된 사실들은 그것을 증명해주지 않고 또 각종 비유도 그것을 용납하지 않는다.

둘째, 이 이론을 결정적으로 반박하는 사실들이 존재한다.

인구는 식량보다 빨리 증가하지 않는다

인구가 식량보다 더 빨리 증가한다는 가정에 대해서, 체험이든 비유와 같은 타당한 근거가 전혀 없다. 나는 이렇게 말함으로써 문제의 핵심을 찔렀다. 맬서스 이론을 증명하기 위해 인용된 사실들은, 인간의 생식 능력은 아무런 억제 대책 없이 그대로 내버려두면 때때로 식량보다 빨리 인구가 늘어나게 한다는 것을 보여준다. 가령 신생 국가들처럼 인구가 듬성한 곳이나, 오래된 국가들 내의 가난한 계급처럼 부가 불공평하게 분배되어 있는 곳에서, 인간은 겨우 목숨을 부지하기 위한 물리적 필요에 허덕인다는 것이다. 하지만 이런 사실을 바탕으로 하여, 인구가 충분히 조밀하고 부가 충분히 공평하게 분배되어 사회 전체가 생존을 위해 투쟁해야 할 필요가 없는 곳에서도, 번식 능력은 그런 인구 듬성하고 분배가 불공평한 지역에서와 똑같은 위력을 발휘한다고 추론하는 것은 타당하지 않다. 또한 번식 능력(인구 증가)이 가난의 원인을 제공함으로써 그런 공평한 분배의 사회를 막아버린다고 추정하는 것도 타당한 태도가 아니다. 그것은 핵심 논지를 전제에 포함시키는 순환 논법[13]에 지나지 않는다.

설사 인구 증가의 경향이 궁극적으로는 가난을 가져온다는 사실을 인정한다고 하더라도, 이것만 가지고 현재의 가난이 오로지 인구 때문이라고 단정할 수 없다. 가난을 설명할 수 있는 다른 요인들이 있다면 얘기는 달라지는 것이다. 현재의 정부, 법률, 관습 등에 비추어볼 때 오로지 인구 때문에 사회가 가난해진다는 것은 말이 안 되는 얘기이다.

이러한 사실은 『인구론』 자체에 풍성한 사례가 제시되어 있다. 사람들이 실제로 읽기보다는 소문을 들어서 잘 알고 있다고 생각하는 이 유명한 책은 문학적 호기심으로라도 한 번 정독해볼 만하다. 이 책의 가치와 이 책이 일으킨 효과(비록 "인구의 원리"를 발견한 공로는 제임스 스튜어트 경, 타운센드 씨, 그 외 몇 명의 사람이 맬서스와 나눠가져야 마땅하지만, 그 원리를 세상에 널리 알린 것은 『인구론』의 출판이었다)의 극명한 대조는 내가 보기에 문학의 역사상 가장 놀라운 일들 중 하나이기 때문이다. 이러한 사정은 『인구론』의 발간을 촉진시킨 『정치적 정의』의 저자인 고드윈이 아주 노령이 될 때까지도 이 저서를 경멸하여 반박 논리를 내놓기를 거부했다는 사실에서 쉽게 짐작할 수 있다.

맬서스 이론은 인구는 기하급수적으로 증가하는 반면에 식량은 기껏해야

---

13 순환 논법은 상관이 없는 것을 서로 관련시키는 억지 주장을 말한다. 구체적 사례를 들면 이러하다. 세 명의 도둑이 훔쳐온 진주 일곱 알을 분배하고 있다. 한 도둑이 오른쪽에 있는 도둑에게 두 알, 그리고 왼쪽에 있는 도둑에게도 두 알을 나눠주고 자신은 세 알을 가진다. 그러자 좌우의 두 도둑이 동시에 묻는다. "왜 너는 세 알을 가지는 거지?" 도둑이 대답한다. "내가 지도자니까." 두 도둑이 다시 묻는다. "네가 언제부터 지도자지?" 이런 대답이 돌아온다. "내가 세 알을 가진 때부터." 여기서 순환 논법은 인구 증가가 가난을 가져온다고 말하고서, 공평한 분배의 사회는 있을 수 없는 이유를 인구증가 탓으로 돌리는 것을 말한다: 옮긴이

산술급수적으로 증가할 수 있을 뿐이라는 가정으로부터 시작한다. 이러한 가정은 새끼 강아지의 성장에 이런 비율을 적용하는 것만큼이나 타당하지 못하다. 가령 강아지의 몸무게는 산술급수적으로 늘어나는데 비해 꼬리는 기하급수적으로 늘어난다고 얘기하는 것과 비슷하다.

이러한 가정에서 나오는 추론은 영국의 풍자소설가 조너선 스위프트(1667-1745)가 개가 없는 섬에 사는 학자들의 어리석은 생각에 부여했을 법한 추론이다. 그 학자들은 두 비율을 종합하여 이런 "놀라운 결과"를 연역해 낼 것이다. 개의 몸무게가 50파운드에 도달하면 그 꼬리는 1마일에 이를 것이다! 그리하여 개는 그 꼬리를 제대로 흔들지 못할 것이므로, 자라날 때마다 지속적으로 꼬리를 절단하기보다는 강력한 쇠테를 둘러서 신중하게 억제하는 방법이 추천될 것이다.

이런 어리석은 가정으로 시작하는 맬서스의 책은 수입품에 대하여 관세를 부과하고, 곡식의 수출에 대해서는 장려금을 제공해야 한다는 장황한 주장을 펼친다. 하지만 이런 주장은 정체가 폭로되어 오류들의 집하장으로 보내진지 이미 오래이다.

그리고 이런 주장을 펼치는 페이지들에서는 맬서스가 논리적 생각을 하지 못하는 사람임을 보여주는 문장들이 자주 눈에 띈다. 가령 그는 이런 말을 하고 있다. 임금이 일당 18펜스 혹은 2실링에서 5실링으로 오른다면, 고기 값은 반드시 파운드 당 8~9펜스에서 2~3실링으로 오를 것이다. 그리하여 노동자 계급의 생활 조건은 향상되지 않을 것이다.

맬서스 이론은 순환 논법이다

맬서스의 이런 주장을 읽고 있노라면 과거에 어떤 인쇄공이 아주 심각한 얼굴로 내게 했던 말이 생각난다. 그가 스무 살이었을 때 인쇄소에서 마흔 살의 어떤 저자를 알게 되었다. 그런데 이제 자기(인쇄공)가 마흔 살이 되었으니 그 저자는 여든 살이 되었을 것이라고 말했다. 이와 유사한 생각의 혼란이 여기저기에서 산발적으로 드러나는 것이 아니라, 작품 전체의 특징이기

도 하다.[14]

『인구론』의 주된 몸통은 역설적이게도 그 책이 내놓은 이론을 반박하고 있다. 왜냐하면 인구의 적극적 억제책에 대한 맬서스의 논설은, 과도한 인구 탓으로 생겨난 결과(죄악과 궁핍)가 실은, 인구의 증가가 아닌 다른 요인들에서 발생한 것임을 보여주고 있기 때문이다. 그 책에 인용된 모든 사례들(전 세계의 사례가 검토된 것은 아니다)은 죄악과 궁핍이 결혼을 억제하고 인간의 수명을 단축시킴으로써 인구 증가를 억제한다는 내용이다. 하지만 이런 사례들 중에서 죄악과 궁핍이 생산 능력을 앞서는 인구 증가 때문임을 보여주는 사례는 단 하나도 없다. 제시된 모든 사례에서 죄악과 궁핍은 비사회적인 무지와 강탈에서 나왔거나, 아니면 정부의 학정, 불공정한 법률, 파괴적인 전쟁에서 비롯된 것이었다.

맬서스가 보여주지 못한 사례를 그 이후의 학자들도 보여준 바가 없다. 가난과 궁핍이 인구 증가의 압박 때문임을 보여주는 상당히 큰 나라[15]의 사례는 온 세상을 다 뒤지고 온 역사기록을 다 살펴보아도 찾을 수가 없다. 인구 증가에 어떤 잠재적인 위험이 깃들어 있는지는 몰라도, 그 위험은 아직 나타나지 않았다. 그 어떤 시대가 되었든 인구 증가가 인류를 괴롭힌 악이었던 적이 없었다. 인구는 언제나 식량의 한계를 돌파하는 경향이 있었다! 그렇다면 우리의 이 지구에 이미 수천 년의 역사적 시간이 흘러갔고, 또 인류가 이

---

14 맬서스가 유명해진 이후에 집필한 다른 저서들은 『인구론』의 주장을 멋진 발견이라고 여긴 사람들에게도 경멸을 받았다. 가령 대영백과사전은 맬서스 이론을 받아들이면서도 맬서스의 『정치경제학』에 대해서는 이렇게 혹평했다. "내용의 배열이 아주 잘못되어 있는 책이며, 관련 주제의 실용적이거나 과학적인 설명도 되지 못한다. 상당 부분을 리카도의 이론을 검토하는 데에 바치고 있으며, 가치의 본성과 원인들을 탐구한다. 하지만 그 논의는 아주 불만족스럽다. 사실 맬서스 씨는 리카도 이론을 분명하고도 정확하게 이해하고 있지 못하며, 서로 다른 물품들의 교환 과정에서 확립되는 가치에 대한 원리도 제대로 설명하지 못한다."

15 나는 여기서 상당히 큰 나라라고 말했다. 세상에는 소규모 섬들도 있기 때문이다. 가령 피트케언 섬 같은 곳은 세상의 다른 지역들과의 소통이 단절되어 있어서, 인구 증가와 함께 개선된 생산 방식으로 등장하는 교환으로부터 배제되어 있다. 이 섬은 그런 사례로 제시될 수 있을 것이다. 그러나 잠시 생각해 보면 이런 예외적인 사례들은 논외로 하더라도 무방함을 알 수 있을 것이다.

지구에 존재한 것이 이미 수백만 년 전의 일인데, 지상에 인구가 이렇게 듬성한 것은 어떻게 된 일인가? 또 사람들이 모여 살던 수많은 군거지가 지상에서 사라져버린 것은 어떻게 된 일인가? 한때 경작된 들판에는 밀림이 울창하고, 인간이 즐겨 찾아다녔던 그런 곳들에서는 야생 짐승들이 새끼를 핥아주며 뛰어놀고 있다.

증가하는 수백만 인구를 헤아리면서 다음과 같은 분명한 사실을 놓치기 쉽다. 세상의 역사에서 한때 인구가 번창했던 곳이라고 알고 있는 곳은 또한 인구가 쇠퇴한 곳이기도 하다. 현재의 전 세계 인구가 예전의 그 어떤 시대에 비해서도 많다고 하는 얘기는 짐작과 추측일 뿐이다. 18세기 초에 몽테스키외는 당시의 일반 통설에 따라서 지구의 인구가 크게 줄어들었다고 주장했다. 하지만 이런 주장이 나온 이래, 사람들의 의견은 그와는 정반대로 형성되었다. 그러나 최근의 조사와 탐사는 고대 역사가들과 여행자들의 과장된 이야기를 크게 신빙하는 쪽으로 흘러가면서, 지금껏 생각해 온 것보다 더 인구가 조밀한 상태와 더 발전된 문명이 있었음을 보여준다. 또 인류의 역사도 일반적인 생각보다 훨씬 더 오래되었다는 것이다.

인구 조사를 무역의 발달, 기술의 발전, 도시의 크기 등을 기준으로 수행함으로써, 우리는 고대 문명의 특징인 집중 농업(그리고 관개 사업)이 유지 가능했던 인구의 밀도를 과소평가하기가 쉽다.

중국과 유럽의 잘 경작된 지역을 면밀히 살펴보면 알 수 있듯이, 단순한 생활 습관을 가진 대규모 인구는 교역을 별로 하지 않아도 또 기술이 낮은 단계에 있더라도, 또 대도시를 형성하지 않더라도 잘 살아갈 수 있다. 기술의 발전이나 인구의 집중은 현대적 발전의 특징인 것이다.[16]

---

16 H.H.밴크로프트의 『원주민 인종들』의 지도에서 살펴볼 수 있듯이 베라크루즈 주는 고대 유물로 보아 멕시코의 일부가 아니다. 그러나 코르도바의 휴고 핑크는 스미소니언 박물관(보고서, 1870)에 이런 글을 써서 보냈다. 베라 크루즈 주 전역을 통하여 땅을 조금만 파보면 깨어진 오석(烏石) 칼이나 도자기 파편이 반드시 발견된다. 그리고 그 고장 전역에 비 오는 시기에 빗물이 땅에 스며들지 않게 하는 용도인, 평행선으로 쌓아올린 돌들이 가로지르고 있다. 이것은 아무리 척박한 땅

사정이 이렇다 하더라도 전보다 더 많은 인구를 유지한다고 확신할 수 있는 유일한 대륙은 유럽이다. 그러나 이것도 유럽 전역에 해당하는 얘기는 아니다. 그리스, 지중해의 섬들, 유럽 쪽 터키, 이탈리아(추정), 스페인(추정) 등은 지금보다 과거에 인구가 더 많았다. 또한 북서부 유럽과 중부와 동부 유럽의 일부 지역도 마찬가지다.

인구가 꾸준히 증가해 왔다는 증거는 없다

아메리카도 우리가 알고 있는 역사적 시기 동안에 인구가 증가해 왔다. 그러나 이러한 증가폭은 사람들이 생각하는 것처럼 그리 크지 않았고, 어떤 사람들은 신대륙 발견 당시에 페루에서만 남아메리카 대륙 전역에 존재하는 인구보다 더 많은 인구가 있었다고 추정한다. 각종 지표에 의하면 신대륙 발견 이전에 아메리카의 인구는 계속 쇠퇴해 왔다. "원래는 오래된 이 신세계에서" 어떤 민족들이 일어났다 소멸하고 또 어떤 제국들이 흥기했다가 쇠망했는지 우리는 상상만 할 수 있을 뿐이다.

그러나 거대한 유적들의 파편은 장엄한 잉카 이전의 문명을 입증한다. 유카탄 반도와 중앙 아메리카의 열대 우림에는 스페인 정복 이전의 잊힌 대도시의 유적들이 남아 있다. 에르난도 코르테스[17]가 발견한 당시의 멕시코는 고도로 발전한 사회조직 위에 야만적 행태와 관습이 덧씌워진 상태였다. 현재 미국이 되어 있는 지역의 상당 부분은 여러 흙무덤이 흩어져 있어서 과거 한때 상당히 조밀한 인구가 살았음을 보여준다. 그리고 여기저기, 특히 슈피리어 호 근처의 구리 광산에는 백인이 인디언들과 처음 접촉하던 당시에 인디언들에게는 알려지지 않은 고도로 높은 기술의 흔적이 발견된다.

아프리카에 대해서는 의문의 여지가 없다. 북부 아프리카는 고대에 보유

이라도 징발되어 사용되었다는 뜻이다. 따라서 고대의 인구는 오늘날 유럽의 가장 인구 조밀한 지역만큼이나 인구가 많았다는 결론을 물리치기 어렵다.

17 에르난도 코르테스 1485-1547. 스페인의 군인, 탐험가로서 멕시코를 정복: 옮긴이

했던 인구의 작은 부분만 현재 보유하고 있다. 나일 강 유역은 지금보다 훨씬 많은 인구를 과거에 보유했고, 사하라 남부 지역은 역사적 시대 내에서 인구가 증가한 흔적이 없다. 그리고 아프리카는 노예 무역으로 인해 광범위한 인구 감소가 발생했다.

아시아에 대해서 말해 보자면 이 지역은 지금도 전 세계 인구의 절반 이상을 보유하고 있다. 하지만 인구 밀도 측면에서 보자면 유럽의 절반도 채 되지 못한다. 인도와 중국은 과거 한때 지금보다 더 많은 인구를 보유했다는 증거들이 있다. 두 나라는 물론이고 유럽에까지 거대한 이민의 물결을 보냈던 엄청난 인구 번식지들은 지금보다 훨씬 인구가 많았을 것이다. 그러나 소아시아, 시리아, 바빌로니아, 페르시아 등 한때 알렉산더 대왕의 정복 부대 앞에 굴복했던 지역들에서는 엄청난 변화가 발생했다. 이들 지역에는 과거 한때 대도시들과 거기에 사는 많은 주민들이 있었으나, 지금은 지저분한 마을들과 척박한 황무지만 남아 있을 뿐이다.

무수하게 많이 나온 이론들 중에서 지구상의 인구 숫자는 일정하다는 이론이 없다는 것은 다소 이상한 일이다. 만약 그런 이론이 나온다면 인구 증가가 식량 증가를 앞지르는 경향이 있다고 주장하는 이론보다는 한결 역사적 사실들과 일치할 텐데 말이다. 인구는 어떤 지역에서 증가하면 다른 지역에서는 감소한다. 인구가 밀집하는 중심지들은 자주 바뀌었다. 새로운 국가가 일어서면 오래된 국가는 쇠퇴했다. 인구가 듬성한 지역들이 곧 조밀하게 되었고 반면에 인구가 조밀한 지역들은 주민들이 급격하게 빠져나갔다. 추론 이외에 여러 증거들을 감안하여 과거 시대로 소급해 올라가면, 인구가 꾸준히 증가했다거나 때때로 총 인구가 증가했다는 것을 보여주는 증거들이 발견되지 않는다. 우리가 아는 한, 개척자들은 사람이 살지 않는 땅으로 진출한 것이 아니다. 그들은 이미 땅을 차지하고 있는 다른 어떤 사람들과 전투를 하면서 그 땅으로 진출했다. 흐릿한 제국의 뒤로 그보다 더 흐릿한 제국의 유령들이 떠오른다.

세상의 인구가 원시 초창기에는 아주 적었을 것이라고 우리는 안전하게 추측할 수 있다. 왜냐하면 인간이 존재할 수 없었던 지질학적 시대가 있었다는 것을 알기 때문이다. 따라서 카드모스[18]가 뿌린 용의 이빨에서 사람들이 생겨난 것처럼, 사람들이 갑자기 존재하게 되었다고 생각할 수가 없었다. 그러나 역사, 전통, 희미한 빛을 뿌리는 고대의 전승 등을 동원한 장기적 관점에서 보면, 우리는 과거에 많은 인구가 있었다는 것을 짐작할 수 있다. 이런 오랜 세월이 흐르는 동안에 인구의 원리는 이 세상의 형태를 결정할 정도로 강력한 것은 아니었고, 우리가 구체적으로 살펴볼 수 있는 것처럼 세상의 총인구를 늘려줄 정도도 되지 못했다. 인간의 목숨을 지탱해줄 수 있는 지구의 능력과 대비해 볼 때, 지구는 전반적으로 볼 때 아직 인구가 아주 듬성한 상태라 할 수 있다.

맬서스 인구론은 보편 법칙이 아니다

이 인구 문제를 생각하면서 시선을 현대 사회 너머로 확대시키는 사람이라면 반드시 주목하게 될 또 다른 일반적 사실이 있다. 맬서스 이론은 스스로 보편적 법칙이라고 말한다. 즉 인구의 자연스러운 증가 경향은 식량의 증가를 능가한다는 것이다. 만약 이것이 보편 법칙이라면 인구 밀도가 어느 수준에 이른 지역에서라면 다른 눈에 띄는 자연 법칙처럼 사람들의 눈에 띄었을 것이다. 그렇다면 고대의 신조와 법률, 유대인, 이집트인, 인도인, 중국인의 신조와 법률, 그리고 함께 긴밀하게 어울려 산 사람들의 신조와 법률에서 우리가 맬서스가 말한 신중한 억제(성적 금욕)의 관행을 발견할 수 없는 것은 어떻게 된 일인가? 오히려 지난 수십 세기에 걸쳐 축적된 지혜와 세계의 종교들은 현행 정치경제학이 요구하는 것과는 정반대의 것을 시민적 의무와 종교적 의무를 부과하고 있고, 또 애니 베선트[19]가 현재 영국에서 활발하게 전

18　그리스 신화의 인물로 용을 죽이고 그 이빨을 뿌렸더니 그 이빨들이 용사들로 변신했는데, 이들이 서로 싸워서 마지막 남은 5명이 테베 인들의 조상이 되었다: 옮긴이

19　애니 베선트(Annie Besant) 1847-1933. 영국의 신지학자, 자유사상가. 나중에 인도 독립운동의

개하고 있는 산아 제한 운동과 반대의 것을 장려하고 있지 않은가?

공동체가 각 구성원에게 고용과 생계를 보장해준 사회들이 있어 왔다는 것을 기억해야 한다. 존 스튜어트 밀(제2권 12장 2절)은 국가가 결혼과 출산을 규제하지 않고 이런 인구의 경향을 그대로 내버려둔다면 그 결과는 전반적인 비참과 타락의 상태가 될 것이라고 말한다. 밀은 말한다. "이러한 결과는 저명한 저자들이 자주 또 분명하게 지적해 왔기 때문에 교육받은 사람들이 그런 사실을 몰랐다고 변명하는 것은 더 이상 용서받지 못한다." 그러나 스파르타, 페루, 파라과이, 그리고 원시적 농업 조직을 구성한 다른 산업 공동체들은 이런 자연스러운 경향의 끔찍한 결과를 전혀 모르고서도 식량 부족 없이 잘 살았던 것 같다.

내가 방금 인용한 폭넓은 일반적인 사실들 이외에도, 누구나 알고 있는 공통적 상식도 이런 인구 증가의 엄청난 영향력을 증명해주지 않는다. 맬서스가 주장하는 것처럼 인구 번식의 경향이 그처럼 강력하다면 궁핍이라고는 모르는 가문이 종종 대가 끊기는 것은 어떻게 설명할 것인가? 상속되는 귀족 작위와 상속 재산의 특혜가 인구 증가의 원칙에 순응하는 것은 물론이고 족보를 보존하고 후손을 이어가게 하는데 큰 힘이 되는 영국 귀족 계급에서도, 그토록 많은 귀족 가문이 사라져버리고, 그리하여 상원은 세기가 바뀔 때마다 새로운 귀족 작위를 만들어내야만 구성원이 유지되는 것은 어떻게 된 일인가?

생계와 명예가 보장되어 있는 상황에서 오랜 세월 대를 이어온 단 하나의 가문을 살펴보려면 우리는 변하는 것이 별로 없는 중국 쪽으로 시선을 돌려야 한다. 공자의 후손들은 대가 끊어지지 않고 계속되어 각별한 특혜와 배려를 누리면서 여전히 고향 땅인 산동성(山東省) 곡부현(曲阜縣)에 살고 있는데 중국 내에서 사실상 유일한 상속 귀족 가문을 형성하고 있다. 인구가 매 25년마다 2배로 늘어난다고 가정한다면, 공자 사후 2,150년이 지났으므로 이

_____

지도자가 됨: 옮긴이

가문의 사람들은 859,559,193,106,709,670,198,710,528명이 되어야 한다. 그러나 이런 상상하기 어려운 숫자로 늘어난 것은 아니고, 공자 사후 2,150년 시점인 강희제(康熙帝, 1654-1722) 시절에 그 가문의 후손은 남자 1만 1천 명으로 배우자까지 따지면 2만 2천명이 된다. 이것은 맬서스 이론과는 아주 다른 결과이다. 더구나 공자 가문은 "가장 성스러운 고대의 스승"이라는 조상의 호칭 덕분에 적극적인 인구 억제책은 쓰지도 않았고 또 공자 자신도 신중한 억제 같은 것은 가르친 바가 없으므로, 더욱 눈에 띄는 이론과 현실의 불일치이다.

하지만 이 정도의 인구 증가도 상당한 규모라고 보아야 한다. 2,150년 동안에 단 한 명의 사람으로부터 2만 2천 명의 후손이 생겨났으니 말이다. 이것은 인구 과밀의 가능성까지도 암시한다.

그러나 다시 한 번 생각해 보자. 후손의 증가는 인구의 증가를 보여주지는 않는다. 이것은 일부일처제의 결혼을 하는 경우를 말하는 것이다. 스미스와 아내가 딸과 아들을 하나씩 두었다고 하자. 딸과 아들은 각각 다른 사람의 아들, 딸과 결혼하여 각각 두 명의 자녀를 둔다. 스미스와 그의 아내는 이렇게 하여 네 명의 손자를 두게 될 것이다. 하지만 윗세대와 아랫세대에 인구 숫자가 더 늘어나는 것은 아니다. 각 아이는 네 명의 손자만 갖게 되는 것이다. 이 과정이 계속되어 후대가 수백, 수천, 수백만이 된다고 해보자. 그래도 후손의 각 세대에서는 앞선 세대보다 더 많은 인구가 생겨나는 것은 아니다.

세대의 그물은 격자 모양의 창살 혹은 옷감 속의 대각선 올과 같다. 위쪽의 어느 지점에서 시작하더라도 시선은 밑으로 내려갈수록 넓게 퍼진다. 맨 밑에서 시작한다 하더라도 선은 위쪽으로 똑같은 방식으로 퍼진다. 한 남자가 자녀를 몇 명 둘 것인가는 확실하지 않다. 그러나 그가 부모 두 명을 둔 것은 확실하고 그 부모의 부모 또한 그러하다. 이런 식으로 몇 세대를 기하급수적으로 진행하여 그것이 맬서스 씨가 말한 것처럼 태양계를 사람으로 가득채울 정도의 "놀라운 결과"에 도달하는지 살펴보라. 그런 결과는 절대 나오지 않는다.

이제 이런 고려사항으로부터 좀 더 확정적인 탐구로 나아가기로 하자. 나는 인구과밀의 사례로 제시되는 케이스가 엄중한 검증을 통과하지 못한다고 확신한다. 인도, 중국, 아일랜드는 아주 강력한 사례를 제공한다. 이 나라들에서 많은 숫자의 사람들이 굶어 죽었고 많은 계급이 극심한 궁핍에 떨어졌거나 아니면 이민을 떠나야 했다. 그런데 이런 사태가 인구과밀 때문인가?

전체 인구를 국토의 전체 면적과 대비해 보면 인도나 중국은 세상에서 가장 인구 조밀한 국가들이 결코 아니다. MM.벰과 바그너의 추산에 의하면, 인도의 인구는 평방마일당 132명이고 중국은 119명인데 비하여, 작센(독일)은 평방마일당 442명의 인구를 보유한다. 다른 나라들의 숫자는 벨기에 441, 영국 442, 네덜란드 291, 이탈리아 234, 일본 233이다.[20]

따라서 인도와 중국 두 나라에는 사용되지 않았거나 충분히 사용되지 않은 지역들이 많이 있다. 그러나 두 나라의 인구 조밀한 지역들에서도 인도와 중국은 많은 주민들에게 훨씬 높은 수준의 편안함을 제공할 수도 있는데 그렇게 하지 않고 있다. 왜냐하면 두 나라에서 노동이 가장 조잡하고 비효율적인 방식으로 투입되고 있고, 또 엄청난 천연자원이 전반적으로 무시되고 있기 때문이다. 이것은 이 나라 국민들의 타고난 흠결 때문에 생겨난 것이 아니다. 비교 언어학이 보여주듯이 인도인은 우리와 같은 혈족이고, 중국은 높은 수준의 문명과 가장 중요한 현대적 발명의 원시적 형태를 보유했기 때문이다(우리 조상들이 이리저리 방랑하는 야만인이었던 시절에). 두 나라의 생산력에 족쇄를 채우고 산업에서 그 보상을 빼앗아가는 것은, 두 나라가 취하고 있는 사회 조직의 형태 때문이다.

---

20 나는 스미소니언 보고서[1873]에서 이 수치를 인용하면서 소수점 이하는 생략했다. 벰과 바그너는 중국의 인구를 4억 4,650만 명으로 보고 있다. 하지만 중국 인구가 1억 5천만을 넘지 않는다고 주장하는 사람들도 있다. 두 사람은 남부 인도의 인구는 206,225,580명에 평방마일당 132.29명으로 보았고, 실론은 2,405,287명에 평방마일당 97.36명, 그리고 북부 인도는 21,018,062명에 평방마일당 27.94명으로 보았다. 그들은 세계 인구는 13억 7,700만 명에, 평방마일당 26.64명으로 보았다.

인도의 빈곤은 인구와는 관련이 없다

태곳적부터 인도의 노동 계급은 강탈과 억압에 짓눌려서 아무런 도움도 희망도 없는 타락의 조건 속으로 빠져들었다. 수 세기 동안 토지 경작자는 그의 생산물 중에서 압제자가 그의 목숨을 부지할 식량과 다음 번 농사에 쓸 씨앗만 남겨준다면 자신을 행복한 사람이라고 생각해 왔다. 자본은 그 어디에서도 안전하게 축적될 수가 없었고 또 유의미할 정도로 생산을 도와줄 정도로 활용되지도 못했다. 주민에게서 쥐어짜낸 부는 그 지역에 터를 잡은 강도들의 우두머리나 다름없는 현지 통치자들이나 그들이 총애하는 농부나 측근들의 손으로 넘어가서 쓸모없고 낭비적인 사치에 소모되었다.

정교한 의식을 갖춘 무서운 미신으로 타락한 종교는, 물리적 힘이 주민들의 신체를 강압한 것처럼 그들의 정신을 억압했다. 이런 생활 조건 아래에서 유일하게 발전한 기술은 신분 높은 자의 과시와 사치에 도움이 되는 기술뿐이었다. 태수가 타고 다니는 코끼리는 정교한 세공을 자랑하는 금으로 장식되었고, 그의 왕권을 상징하는 일산(日傘)은 상감된 보석들로 번쩍거렸다. 그러나 인도 농부의 쟁기는 끝부분을 뾰족하게 만든 막대기가 전부였다. 태수의 하렘에 거주하는 여자들은, 너무나 하늘하늘하여 바람으로 짠 옷감이라는 소리를 듣는 모슬린으로 온몸을 치장했다. 그러나 장인들의 도구는 아주 형편없고 조잡한 것이었으며, 상거래는 변변치 않고 은밀하게 진행되었다.

이러한 전제와 횡포가 인도의 궁핍과 기아를 가져온 게 분명하지 않은가? 그런데 버클은 식량을 압박하는 인구의 증가가 궁핍을 가져오고, 궁핍이 다시 압제를 가져온 것처럼 말하고 있다.[21]

동인도 회사 소속의 목사인 윌리엄 테넌트는 『인구론』이 나오기 두 해 전

---

21 『문명의 역사』 제1권 2장. 이 장에서 버클은 인도 사람들의 압제와 타락에 대하여 무수한 증거를 수집했는데, 대체로 아주 오래된 시절의 사례들이다. 그는 맬서스 이론에 현혹되어 이런 사례를 받아들였고, 또 문명 발전 이론을 전개하는데 주춧돌로 삼았다. 인도가 식량을 너무나 쉽게 생산할 수 있기 때문에 그런 조건(압제와 타락)이 발생했다는 것이다.

인 1796년에 이런 글을 썼다.

"인도의 토지가 아주 비옥하다는 사실을 감안할 때, 그 지역에 기근이 자주 발생한다는 것은 정말 놀라운 일이다. 분명 그 원인은 토지가 척박하거나 기후가 나빠서가 아니다. 이런 불운한 사태의 원인은 어떤 정치적 원인에서 찾아야 한다. 인도의 다양한 정부들의 탐욕과 강탈이 그 원인이라는 것을 알아내는 데에는 그리 깊은 통찰력이 필요하지 않다. 산업을 크게 촉진시키는 것은 사회의 안정인데 그것이 안 되어 있는 것이다. 그래서 자신이 간신히 먹고 살 것 이상의 식량을 경작하려는 사람이 없으며, 최초의 나쁜 기후가 들이닥치자마자 기근이 발생하는 것이다.

그 어떤 시대가 되었든 무굴 제국의 정부는 지방 영주나 그의 봉신들에게 사회적 안정을 제공해주지 않았다. 그러니 그 밑에 있는 농부들의 경우는 더 말할 것도 없다. 그것은 폭력과 반란, 배신과 징벌의 연속이었다. 그런 상황 아래에서 상업이나 기술은 번성할 수 없었고 농업도 체계적인 외양을 갖추기 어려웠다. 무굴 제국이 무너지자 전보다 더 압제적인 무정부 상태가 벌어졌다. 무정부 상태는 악정보다 더 나쁜 것이다. 아주 한심한 상황이어서 유럽 국가들은 무슬림 정부(무굴 제국)를 뒤집어엎을 필요도 없었다. 제국은 그 자체의 부정부패로 인해 붕괴되었고, 다양한 군소 지방 통치자들의 압제로 이어졌다. 지방 영주들의 통치권은 곧 국가에 대한 반역을 의미했고, 그들의 농민수탈은 그들의 탐욕만큼이나 끝이 없었다. 정부에 바치는 지대는 일 년에 두 번씩 도적 떼나 다름없는 군대가 빼앗아갔고, 현지인들이 통치하는 지역에서 지대의 강탈은 오늘날에도 여전하다.

도적 떼는 불운한 농민들을 마을에서 숲속까지 추적하면서 그들의 변덕과 탐욕이 시키는 대로 농민들의 생산물 중 필요하다고 생각하는 부분을 제멋대로 강탈해 갔다. 농민이 마을의 토담 뒤에서 그들의 인신과 재산을 지키려고 하면, 그 불운한 농민 생산자들에게 더욱 가혹한 보복의 공격이 가해졌다. 그들은 포위당한 채 소총과 야전 무기들의 무차별 공격을 받다가 마침내 항복했다. 그러면 생존한 농민들은 팔려가고, 그들의 집은 불태워져 완전 파괴되었다. 그리하여 공포를 이기지 못하여 자신의 주거지로 돌아온 농민들은 어제까지만 해도 집이었던 건물의 완전 파괴된 잔해 중에서 그래도 쓸 만한 것이 없나 뒤지고 다녔다. 그러나 그 농민이 두 번째로 다시 마을에 돌아와 보면 폐허에는 연기만 솟아오르고, 그 괴괴한 파괴의 적막을 깨트리는 사람의 흔적은 전혀 발견할 수 없었다. 이러한 상황은 무슬림 통치자들이 다스리는 지역에만 한정되는 것이 아니다. 그것은 인도인들이 다스리는 지역의 라자[태수]에게도 똑같이 해당된다."[22]

설사 인구가 1평방마일당 한 명이고 토지가 에덴 동산이라고 할지라도 이런 무자비한 강탈은 궁핍과 기근을 가져올 수밖에 없었다. 그런 강탈에 뒤이어 영국인이 인도를 다스리던 초창기에 그에 못지않은 강탈이 벌어졌는데 이번에는 훨씬 더 대적하기 어려운 힘의 뒷받침을 받았다. 영국 역사가 매콜리(Thomas B. Macaulay)는 인도에 주재하는 영국인 총독 클라이브 경(Robert Clive)을 다룬 논문에서 이렇게 말했다.

"캘커타에서는 엄청난 재산이 급속한 속도로 축적되었으나, 반면에 수백만 명의 사람들이 극단적인 궁핍으로 떨어지고 말았다. 그들은 압제 하에서 사는 것이 습관이 되었지만 그처럼 지독한 압제는 없었다. 그들은 동인도회사의 새끼손가락이 벵골 통치자 수라자 다울라의 허리보다 더 굵다는 것을 발견했다…그것은 인간 폭군들의 정부라기보다 사악한 악귀의 정부였다. 때때로 인도 농민들은 지속되는 비참함을 참고 견뎠다. 때로는 그들의 선조가 마하라타(인도 토후국의 왕)를 피해 달아났듯이 백인들로부터 달아났다. 영국인 여행자가 타고 가는 가마는 으레 적막이 감도는 마을이나 도시를 지나가야 했다. 그가 도착한다는 소식이 그곳을 그렇게 만든 것이었다."

---

22 "India Recreations", by Rev. Wm. Tennant. London, 1804, Vol.1, See XXXIX.

매콜리는 영국인 통치의 참상을 이런 식으로 간략하게 스케치했지만, 영국 정치가 에드먼드 버크의 생생한 웅변은 인도의 참상에 대하여 아주 밝은 빛을 던진다. "인도의 전 지역이 도저히 사람의 짓이라고 볼 수 없는 무지막지한 탐욕에 고통을 받았고, 가난에 시달리는 농민들은 무자비한 고문을 당한 끝에 얼마 남지 않은 생산물을 빼앗겨야 했으며, 한때 사람들이 많이 살던 땅은 사막으로 변했다."

그러나 초창기 영국인들의 무법적이고 악질적인 소행은 오래전에 억제되었다. 인도의 엄청나게 많은 인구에 맞선 영국 총독부의 강력한 손길은 로마 제국의 평화 이상의 것을 제공했다. 영국 법률의 공정한 원칙들이 정교한 법률 체계로 자리 잡았고, 이 비참한 인도 사람들에게 앵글로-색슨 자유인의 권리를 보장하기 위하여 법률을 단속하는 관리들이 부임해 왔다. 인도 대륙 전역에 철도가 부설되었고 대규모 관개 사업이 시행되었다. 그러나 기근은 점점 더 빈번하게 발생했고 광범위한 지역에서 전보다 더 맹렬하게 기승을 부렸다.

영국의 식민 통치는 외국인 부재지주 제도

이것은 맬서스 이론을 증명해주지 않는가? 식량 생산의 가능성이 아무리 증가한다고 해도 인구 증가는 여전히 식량 문제에 압박을 가하지 않는가? 맬서스가 주장한 것처럼, 과잉 인구가 흘러들어오는 수문(水門)을 막는 것은 곧 새로운 수문을 여는 것이며, 신중한 절제에 의하여 인구 증가의 원천을 통제하지 않으면, 인구를 억제할 수 있는 방법은 전쟁 혹은 기근뿐이 아니겠는가? 이것이 맬서스 이론이 사람들에게 들려주는 정통적인 설명이었다.

그러나 진실은 전혀 그렇지 않다. 최근의 영국 정기 간행물들에서 다루어진 인도 사태는 이러하다. 과거부터 있어 왔고 지금도 만연한 인도의 기근은 인구가 식량의 자연적인 한계를 압박하기 때문이 아니다. 그런 설명은 황당무계한 것이다. 무슬림 통치자 하이더 알리의 기병 부대가 인도 남부의 카르나틱 지방을 쳐들어와 한바탕 파괴의 소용돌이를 일으킨 끝에 그 일대가 폐허가 된 것이 인구 증가 때문이라고 말하는 것처럼 말도 안 되는 얘기이다.

수백만 인도인들은 많은 정복자들의 굴레에 순순히 목을 내밀고 복종해 왔으나 그 굴레 중 가장 나쁜 것이 영국 총독부의 지속적이면서도 악랄한 식민 행정의 쇠사슬이었다. 그 탄압의 무게는 글자 그대로 수백만 명의 인도인을 갈아 뭉개 사라지게 했고, 영국 저술가들이 지적한 바와 같이, 더욱 끔찍하고 광범위한 대참사를 불러올 수밖에 없다. 영국 총독부가 아닌 다른 통치자들은 인도 땅에서 살았고, 그 통치가 악랄하고 전제적이었지만, 현지 인도인들을 이해하고 또 그들로부터 이해를 받았다. 그러나 현재의 인도는 외국인 부재지주가 소유한 대규모 영지와 비슷하다. 영국인 관리들은 아주 방대한 군사, 행정 조직을 운영하면서도, 자신들을 임시 유배되어 온 사람 정도로 생각한다.

거기다가 연간 약 2천만 파운드로 추정되는 막대한 돈이 인도인들로부터 수탈된다. 하루 일당을 1.5펜스 내지 4펜스만 받아도 행복하게 여기는 사람들로부터 이런 거액을 뜯어내는 것이다. 이 돈은 본국 송금, 연금, 식민 통치에 따르는 본국 행정비 등의 명목으로 영국으로 흘러들어간다. 이런 엄청난 조공(세금)을 바치지만 그에 따른 대가는 전혀 없다. 철도 부설에 들어간 엄청난 비용은 그 결과가 말해주듯이 경제적으로는 비생산적인 것이었다. 대규모 관개 사업은 대부분 비용만 많이 들어간 실패작이었다. 영국 식민 정부는 인도의 많은 지역에서 지주 계급을 만들어내고 싶은 욕망에서, 인도 땅의 절대적 점유권을 세금 징수인들(이 지위는 상속으로 보장된다)에게 넘겼다. 이들은 지대 명목으로 농민들을 무자비하게 수탈했다. 지대를 국가가 토지세의 명목으로 거두어들이는 다른 지역들에서, 생산량을 아주 높게 책정하고서 무자비하게 세금을 거두어갔다. 풍년에도 근근이 목숨을 이어가던 인도 농민들은 부과된 세금을 납부하려면 고리대금업자를 찾아갈 수밖에 없었다. 하지만 이 대금업자들은 제민다르(토지세 징수인)보다 더 무섭게 강탈해가는 자들이었다.

소금은 인도 전역에서 생활필수품이다. 식단의 대부분이 야채로 되어 있는 지역에서는 반드시 있어야 할 물품인데 이 소금에 대하여 근 200%의 세금을 매기다 보니, 소금을 각종 산업적 용도로 사용하는 것은 불가능하게 되었다. 그리하여 많은 인도 사람들이 그들 자신은 물론이고 키우는 소 떼의 건강도 유지하기가 어려웠다. 영국인 관리들 밑에는 일단의 현지인 직원들이 있었는데 이들 또한 인도인들을 억압하고 강탈했다. 엄격한 단속을 강조하는 영국법은 현지인들로서는 이해하기 어려운 절차였으나 아무튼 그 법은 현지 고리대금업자의 손에서 약탈을 합법화 해주는 막강한 도구가 되었다. 농민들은 세금을 납부하기 위하여 터무니없는 조건으로 이 대금업자들에게서 돈을 빌려야 했으므로, 그 의미를 잘 알지도 못하면서 대금업자들에게 각종 의무 조항의 준수를 쉽게 약속해주었다.

나이팅게일의 가난 구제 호소

플로렌스 나이팅게일은 거의 흐느껴 우는 듯한 어조로 이런 글을 썼다. "우리는 인도 사람들에게 너무 신경을 쓰지 않습니다. 동양에서 – 아니 세계에서 – 가장 슬픈 광경은 우리 동부 제국의 농민들입니다." 이어 그녀는 끔찍한 기근의 원인들을 지적한다. 우선 경작자들에게 경작의 수단마저도 빼앗아가는 과세 제도를 들었다. 그리고 인도 농민들은 "우리 영국 법의 결과로" 사실상 노예로 전락했다고 지적했다. 그리하여 "세상에서 가장 비옥한 나라인 인도의 아주 많은 지역들에서 사람들의 절반 정도가 굶어죽는 것을 우려하는 상태가 만연하고 있다. 전에는 기근이라고는 아예 알지 못했던 지역들에서 말이다."[23]

---

23 미스 나이팅게일은 『19세기』라는 잡지(1878년 9월) 속의 "인도의 사람들"이라는 기사에서 구체적 사례를 제시한다. 그녀는 그런 사례가 수백만 건에 달하는 사례들의 전형이라고 말한다. 남부 인도의 경작자들은 농노의 신세로 전락했다. 영국 식민지 정부의 민사법원이 인도 고리대금업자나 현지 하급 관리들의 기만과 압박을 제도적으로 방조하는 바람에 그런 결과가 왔다는 것이다. "우리의 민사법원은 인도 부자가 가난한 자들의 얼굴을 갈아버리는 제도로 인식되고 있다. 그리하여 많은 인도 빈민들이 현지 인도인 태수가 다스리는 지역으로 적극적으로 도망치고 있다"라고 데이비드 웨더번 경은 『19세기』라는 잡지(1878년 7월) 속의 "인도의 보호받는 군주들"이라는 기사에서 말하고 있다.

또한 H.M.하인드맨[24]은 인도의 기근에 대해 이렇게 말한다. "인도를 황폐하게 만드는 기근은 대체로 말해서 재정적 어려움에 의한 기근이다. 인도의 남자와 여자들은 음식을 살 수 있는 돈을 저축하지 못하기 때문에 음식을 얻지 못하는 것이다. 그런데 우리는 이런 사람들을 상대로 더 많은 세금을 거두는 쪽으로 나아가고 있다." 이어 하인드맨은 이런 지적을 한다. 심지어 기근이 들이닥친 지역들에서도 식량이 세금 지불 명목으로 수출된다. 그리하여 인도 전 지역이 지속적이고 악랄한 수탈로 고통을 당하고 있는데, 여기에 식민 정부의 행정 비용이 더해져서 인도인들은 해가 갈수록 더 가난해진다. 웨더번 경은 현지인이 통치하는 주에서는 세금이 비교적 가볍다고 하면서 인도의 가장 번창하는 사례로 들고 있다.

인도의 수출품은 거의 전부가 농산물이다. 하인드맨은 이 농산물 중 적어도 3분의 1이 아무런 대가도 받지 못한다고 지적한다. 그 농산물이 공물로 충당되는 것이다. 공물이라 함은 인도에 주재하는 영국인들이 본국으로 보내는 송금, 혹은 영국의 인도 식민 정부에 들어가는 비용 등이었다.[25]

그 나머지 대가가 나오는 부분은 대부분 국영 상점들이나 인도에 주재하는 영국인 상전들이 사용하는 편의품이나 사치품들이었다. 하인드맨은 또 대영제국의 식민 통치 아래, 현지 식민 정부의 운영비용이 엄청나게 증가되었다고 말한다. 대부분이 절반쯤 굶고 있는, 아주 비참할 정도로 가난한 인도 농민을 상대로 엄청난 세금이 부과되어, 심지어 토지를 경작하는데 필요한 최소한의 수단(씨앗)마저도 빼앗아간다. 황소(인도의 역축)의 숫자는 줄어들고 있고 경작에 필요한 얼마 안 되는 도구들은 고리 대금업자에게 넘어간다.

하인드맨은 다시 이렇게 말한다. "우리 사업가들은 대규모 공공사업의 건

24　『19세기』잡지 중 1878년 10월호, 1879년 3월호 참조.
25　포셋 교수는 인도에 제시된 차관을 다룬 최근의 논문에서 다음과 같은 비용에 주의를 환기시키고 있다. 인도 주재 영국 총독부 직원의 여행 장비와 운송비에 1,200파운드, 캘커타와 봄베이의 주교 여행 장비와 운송비에 2,450파운드.

설비와 이자를 부담하기 위하여 농민들에게 12, 24, 60%의 이율로 돈을 빌려 가도록 강요한다.[26] 공공사업 공사의 이자율은 실제로 5%밖에 안 되면서 말이다. 사실을 있는 그대로 말해 보자면, 인도 사회는 전반적으로 우리 영국의 통치 아래에서 무서울 정도로 가난해졌다. 그리고 그런 빈곤화는 현재 아주 빠른 속도로 진행되고 있다."

이러한 진술은 내가 언급한 여러 저술가들의 발언이나 인도 관리들 자신의 발언 등으로 미루어볼 때 의심의 여지가 없다. 기근을 완화하려는 정부의 노력은, 높은 세금의 부과 때문에 기근의 진짜 원인을 더욱 확대시키고 강화시킬 뿐이다. 최근 인도 남부에서 발생한 기근으로 6백만 명이 실제로 굶어 죽은 것으로 추산되고 있고, 살아남은 많은 사람들도 글자 그대로 알몸 상태나 다름없다. 그런데도 세금은 감경되지 않았고, 이미 가난에 시달리는 많은 사람들에게 터무니없이 고율인 소금세는 40%가 더 올랐다. 1770년의 무서운 벵골 대기근 때 기근에서 살아남은 사람들을 쥐어짜면서 그들의 생산량을 더욱 높여 잡고 세금을 부과하여 국가 수입을 늘리려 한 것과 비슷한 조치였다.

인도와 중국의 가난은 사회 불안정 탓

과거의 인도에서도 그렇지만 현재의 인도에서도 궁핍과 기아를 토지의 생산력에 압박을 가하는 인구 증가 탓으로 돌리는 것은 아주 피상적인 견해이다. 인도 농민들이 그들의 작은 자본을 그대로 유지할 수 있거나 그들에 대한 수탈이 중단될 수 있다면 얼마나 좋을 것인가. 수탈은 대다수 농민의 삶을 세포이(옛 영국군대의 인도 현지인 보병)의 생활수준 이하로 떨어뜨릴 뿐만 아니라 영국 당국이 감옥의 죄수들을 대하는 수준 이하로 추락시켰다. 이런 수탈

---

26 플로렌스 나이팅게일은 100%도 흔하다고 말했다. 그러고 나서도 경작자는 그녀가 구체적 사례를 든 방식으로 강탈을 당한다. 이러한 이자율은 전당포의 이자율과 마찬가지로 경제적 의미의 이자라고 할 수 없다.

이 없어진다면 산업이 되살아나고 생산력이 높아져서 지금보다 훨씬 더 많은 인구를 먹여 살릴 수 있었을 것이다.

인도에는 아직도 개발되지 않은 많은 지역들이 남아 있고 엄청난 천연 자원들도 아직 미개발 상태이다. 인도의 인구는 그 나라의 역사적 과거에서도 그러했듯이 현재에도 그 땅이 그 국민들의 식량을 제공하지 못하는 실질적인 한계에 도달하지 않을 것이다. 또 그 땅에 대한 이용도가 점점 높아져서 땅의 자연적 생산력이 저하하기 시작하는 시점도 도래하지 않을 것이다. 인도가 가난한 진짜 원인은 과거에도 그랬지만 지금도 인간(관리들)의 강탈 때문이지 자연의 게으름 때문은 아니다.

인도의 이야기는 중국에도 그대로 해당한다. 중국은 여러 지역에서 인구가 조밀하다. 또 하위 계급의 극심한 가난은 인도에서 발견되는 그런 원인들 탓으로 돌릴 수 있다. 그 가난은 결코 조밀한 인구 때문이 아닌데, 이것은 여러 사실들에 의해 증명된다. 사회의 불안정이 만연하고, 생산은 엄청나게 불리한 조건 아래에서 진행되고, 교환은 너무나 제약이 많다. 정부가 계속 농민들을 옥죄고, 자본의 안정을 어느 정도 얻으려면 정부 관리들을 매수해야 한다. 내륙에서 물자를 수송하려고 할 때에는 주로 사람의 어깨에 의존하여 수송한다. 정크선(船)은 먼 바다 운항은 불가능하게 건조될 수밖에 없다. 바다에서는 해적질이 정규 사업이나 다름없기 때문이다. 뭍에서는 도적 떼들이 대오를 이루어 몰려다닌다. 가난이 만연해 있고 흉년이 들어 기근이 발생한다. 어떤 지역의 인구가 아무리 적더라도 기근이 드는 것이다.[27]

중국이 지금보다 훨씬 많은 인구를 부양할 능력이 있다. 이것은 모든 여행자들이 증언하는 것처럼 엄청나게 많이 남아 있는 미개발 지역과, 또 중국에 부존한다고 알려진 엄청난 광물의 매장량에 의해 증명된다. 예를 들어, 중국은 지구상에서 발견된 그 어떤 탄광보다 더 크고 더 질이 좋은 석탄 광맥

---

27 중국에서 최근에 기근이 발생한 지역은 가장 인구가 조밀한 지역은 아니었다.

을 보유하고 있다. 이 석탄층을 개발하면 얼마나 많은 인구를 부양할 수 있겠는지 쉽게 상상해 볼 수 있다. 물론 석탄은 식량이 아니다. 하지만 석탄 생산은 식량 생산과 등가(等價)의 것이다. 모든 광업 지역에서 그러하듯이 석탄은 식량과 교환될 수 있을 뿐만 아니라, 석탄 소비에서 나오는 힘이 식량 생산에 활용될 수 있고 또 식량 생산을 위하여 노동을 자유롭게 풀어놓을 수도 있는 것이다.[28]

따라서 인도든 중국이든 가난과 기아를 식량을 압박하는 인구 증가 탓으로 돌릴 수가 없다. 수백만 인구를 가난 일보 직전으로 밀고 가고 또 때로는 가난 이하의 수준으로 추락시키는 것은 조밀한 인구가 아니다. 오히려 사회 조직의 자연스러운 성장을 방해하고, 노동의 온전한 대가를 억누르는 원인들 탓이다. 인도 노동자들이 한 줌의 쌀만 얻을 수 있으면 그 자신을 운 좋은 사람이라고 생각하고, 중국인들이 쥐와 강아지를 먹는 것은 결코 인구 압박 때문이 아니다. 그것은 디거(Digger) 인디언들이 메뚜기를 먹고 살고 오스트레일리아 원주민들이 썩은 나무 속에서 발견되는 벌레를 먹는 것이 인구 증가 탓이라고 말하는 것처럼 터무니없다.

여기서 내 입장을 분명히 밝혀두고자 한다. 나는 인도나 중국이 좀 더 고도로 조직된 문명을 갖추면 더 많은 인구를 유지할 수 있다고 말하는데 그치려는 게 아니다. 그런 주장이라면 맬서스주의자도 동의할 것이기 때문이다. 맬서스 이론은 생산 기술의 증가가 식량을 찾아내어 더 많은 인구를 지탱한다는 사실을 부정하지 않는다. 그보다 더 핵심적인 사안은, 맬서스 이론이 다음 사실을 확신한다는 것이다. 생산 능력이 어떻든 간에, 인구 증가의 자연적 경향은 그(식량을 증가시키는) 능력을 곧 따라잡고, 그 다음에는 그 능력을 능가하려고 들면서, 맬서스 식으로 표현해 보자면, 엄청난 죄악과 궁핍을 가져온다는 것이다. 그리고 인구 증가를 막으려면 이런 죄악과 궁핍이 어쩔 수 없

---

28 연료를 구해 와야 할 노동력을 석탄이 식량 생산에 전용시킬 수 있다는 뜻: 옮긴이

이 허용되어야 하는 필요악이라는 얘기이다. 따라서 생산력이 증가하면 인구도 따라서 증가하여 그 생산력을 상쇄해 버려, 곧 전과 같은 상태가 되어버린다는 것이다.

이에 대해 나는 전 세계 어디에도 이런 이론을 뒷받침하는 사례가 없다고 말하고 싶다. 전 세계 어디에서도 매 시대를 살아온 인간 지식의 범위 내에서, 식량의 증가를 억압하는 인구의 증가 때문에 궁핍이 발생한 사례가 없다. 어디에서나 인구 과잉 탓으로 돌려지는 죄악과 궁핍은 사실 전쟁, 독재, 억압 때문이었으며, 이런 것들이 지식의 활용을 가로막고 생산에 반드시 필요한 사회의 안정성을 해친 결정적 이유였다.

인구의 자연스러운 증가가 궁핍을 가져오지 않는 이유에 대해서는 뒤에서 자세히 다루게 될 것이다. 여기에서는 그게 사실이 아니라는 점에 집중하기로 하자. 이러한 사실(인구증가와 가난은 무관)은 인도와 중국의 사례에서 분명하게 드러났다. 언뜻 보기에는 과잉 인구 때문에 생겨난 것 같은 궁핍도 그 원인을 자세히 소급하여 파악해 보면, 실은 인구 과잉이 원인이 아니라는 게 분명하게 밝혀진다.

아일랜드 가난의 진정한 원인

모든 유럽 국가들 중에서 아일랜드는 인구과잉이 아주 두드러지게 나타나는 사례다. 아일랜드 농민들의 극심한 가난과 낮은 임금, 아일랜드의 기근, 아일랜드 인의 이민 등은 문명 세계의 눈 앞에서 맬서스 이론이 전개되고 있는 구체적 사례로 계속 언급되어 왔다. 기존에 받아들여진 이론의 힘이 인간을 눈멀게 하여 사실들의 진정한 관계를 보지 못하게 하는 사례로, 아일랜드보다 더 좋은 것이 있을까 하는 생각이 든다.

사실을 말해 보자면(그리고 사실은 표면에 분명하게 드러나 있는데) 이러하다. 아일랜드는 그 나라의 자연적인 생산력과 기존의 생산 기술로 국민을 안락하게 먹여 살릴 수 없을 정도로 인구가 과밀한 적이 없었다. 인구가 가장 조밀하던 시절인 1840-1845년 사이에 아일랜드 인구는 약 8백만 정도를 웃돌았으나 그 중 대다수가 겨우 목숨을 부지하는 상태였다. 형편없는 통나무집에 살았고, 비참한 넝마를 몸에 걸쳤으며, 주된 음식은 감자였다. 감자 전염병이 발생하자 식량 부족 사태가 발생하여 그들은 수천 명씩 죽어나갔다.

그러나 그토록 많은 사람들이 비참한 삶을 살아가도록 만들고 또 감자병이 발생하자 굶어죽게 된 것이 아일랜드의 토지가 많은 인구를 부양할 수 없기 때문이었는가? 그보다는 인도 농민이 당했던 것과 똑같은 무자비한 수탈이 가난의 진정한 원인이다. 인도에서는 분명 농산물이 풍부했는데 강도 같은 정부가 인도 농민의 생산물을 무자비하게 약탈하고 농민을 굶어죽도록 방치했던 것이다. 아일랜드에서 산적 같은 세금 징수 관리들이 그 나라를 돌아다니며 강탈하고 고문한 것은 아니지만, 아일랜드 노동자들은 무자비한 지주들에게 철저히 수탈당했다. 영국인 지주들은 아일랜드의 토지를 절대적 소유물로 나눠 가졌고, 그 땅에서 사는 사람들의 권리는 일체 인정하지 않았다.

여기서 감자병이 발생하기 전까지 이 8백만 인구가 어떤 생산 조건 아래에서 살아왔는지 살펴보기로 하자. 그 생활 조건은 테넌트 씨가 인도 상황을 묘사했을 때 쓴 말을 그대로 갖다 써도 될 법한 조건이다. "산업을 크게 촉진시키는 것은 사회의 안정이다." 농사는 임의 소작인이 대부분 맡아서 했는데, 높은 지대 때문에 아일랜드 농민은 토지의 개량을 감히 생각조차 할 수 없었다. 그런 개량을 한다는 것은 "어서 지대를 더 올리십시오" 하고 말하는 것이나 다름없었으니까 말이다. 이렇게 하여 노동은 아주 비효율적이고 낭비적인 방식으로 투입되었다. 생산물에 대한 안전이 보장되었더라면 근면하게 투입되었을 노동이 목적을 상실하자 게으름으로 낭비되고 말았다.

그러나 이런 상황 아래에서도 아일랜드의 식량 생산은 8백만 명을 부양하고도 남았다. 왜냐하면 그 나라의 인구가 최고점을 찍었을 때 아일랜드는 식량 수출국이었기 때문이다. 심지어 기근이 들이닥친 때에도, 수출용 곡식, 고기, 버터, 치즈 등이 수레에 실려서 굶어 죽어가는 자들이 즐비한 거리와 죽은 자들의 시체를 떠밀어 쌓아놓은 고랑을 따라서 이동해 갔다. 이러한 수출용 식량들 혹은 그 식량들 대부분에 대해서는 아무런 대가가 없었다. 아일랜드 사람들이 볼 때, 이렇게 수출된 식량은 불태워버리거나, 바다에 내던지거나, 아예 생산되지 않은 것이나 마찬가지였다. 그것은 교환용이 아니라 공물용으로, 그러니까 부재지주들에게 지대를 지불하기 위해 수출되었다. 그 생산물의 생산에 전혀 기여한 바가 없는 자들이 생산자들로부터 강제로 쥐어짠 세금인 것이다.

이 식량이 생산자 손에 그대로 남고, 토지의 경작자들이 그들의 노동이 생산한 자본을 그대로 간직하여 사용할 수 있고, 또 사회적 안정이 산업을 촉진하고 경제적 방법의 채택을 도와주었더라면, 아일랜드의 대규모 인구를 아주 안락하게 부양할 수 있었을 것이다. 감자병은 단 한 사람의 온전한 식사도 빼앗지 못한 채 그저 한 번 왔다가 곧 사라져 가는 근채류의 질병 중 하나에 불과했을 것이다. 감자를 그들의 주식으로 삼은 것은, 영국 경제학자들이 냉정하게 말한 것처럼, "아일랜드 농민들의" 신중하지 못함 때문이 아니었다. 아일랜드 이민자들은 다른 식량을 얻을 수 있는 곳에서는 감자를 먹고 살지 않았다. 특히 미국에 이민 온 아일랜드 사람들은 만약에 대비하여 저축을 해두는 성향 때문에 아주 신중한 사람들이라는 별명을 얻었다. 그들은 높은 지대가 그들로부터 거의 모든 것을 빼앗아갔기 때문에 할 수 없이 감자를 먹고 살았던 것이다. 사실을 말해 보자면, 아일랜드의 가난과 비참은 결코 인구 과잉 탓이 아니었다.

매컬로크는 1838년에 『국부론에 대한 주석』 IV에서 이렇게 썼다.

"아일랜드의 아주 과도한 인구 밀도는 극심한 가난의 직접적인 원인이며 그곳의 많은 사람들이 그로 인해 고통스러운 삶을 살게 되었다. 아일랜드의 현재 인구는 적정 인구의 두 배나 된다고 말해도 과언이 아니다. 그러니까 아일랜드의 현재 생산 수단으로, 그 나라 사람들을 모두 고용하거나 혹은 다소 안락한 상태로 살아갈 수 있게 하는 수준의 두 배인 것이다."

1841년 현재 아일랜드 인구는 8,175,124명인데 1838년에는 대략 8백만 정도였을 것이다. 따라서 매컬로크의 논리를 부정에서 긍정으로 바꾸어서 인구과잉 이론을 적용해 보면, 아일랜드는 인구가 4백만 정도면 그 나라 사람들을 모두 고용하거나 혹은 다소 안락한 상태로 살아갈 수 있다.

그런데 조너선 스위프트 주임 사제가 18세기 초반에 『하나의 온건한 제안』[29]이라는 논문을 썼을 때 아일랜드의 인구는 2백만이었다. 이 기간 동안에 생산 수단이나 기술이 눈에 띄게 진보한 것이 아니었다. 따라서 1838년에 아일랜드 사람들의 극심한 가난한 고통스러운 생활 조건이 과잉 인구 때문이었다면, 매컬로크 자신이 말한 바대로, 1727년 당시의 아일랜드에서는 그 2백만 인구가 모두 고용이 되었거나 혹은 다소 안락한 상태로 살아갈 수 있어야 했다.

그러나 실제 상황은 그렇지 못했다. 1727년 아일랜드 사람들의 극심한 가난과 고통스러운 생활 조건은 너무나 심각하여, 스위프트 주임 사제는 아주 신랄하고 가혹한 풍자 정신을 발휘하면서, 영국이 아일랜드에서 구운 어린아이 고기를 수입하여 잉여 인구를 해소하자고 제안했다. 부자들을 위한 특식으로 아주 제격이니 10만 명에 달하는 아일랜드 아이들을 도살장으로 보내자고 말했던 것이다!

---

29 『하나의 온건한 제안』은 아주 음산한 풍자를 담고 있는 글로서, 이 글 속에 등장하는 공익 정신이 강한 어떤 시민은, 아일랜드의 불쌍한 부모들이 약 10만 명에 달하는 한 살짜리 어린 아이들을 부자들의 먹잇감으로 내놓으면 어떻겠냐고 얘기한다. 아이들의 고기는 연하니 전골을 해 먹을 수도 있고, 튀겨먹을 수도 있고, 구워먹을 수도 있으며, 아니면 삶아서 수육으로 먹을 수도 있다는 것이다. 또 아이들의 피부를 벗긴 가죽은 숙녀의 장갑이나 신사의 여름 구두 소재로도 아주 적합하다고 말한다. 이렇게 하면 그 부모들은 아이들을 부양하지 않아서 좋고 또 아이들을 팔아먹어서 돈이 생기니 이중으로 좋아져서 아일랜드 경제가 크게 좋아질 것이라고 제안하는 내용이다. 이 논문은 "영국이 아일랜드를 현재 잡아먹고 있다"는 주장을 과장되게 진술하여 풍자의 효과를 높이고 있다: 옮긴이

높은 지대(소작료)가 아일랜드를 가난하게 만들었다

아일랜드의 비참함을 기술한 문헌을 살펴보는 사람이라면(가령 나처럼 이 글을 쓰기 위해 그 문헌을 살펴본 사람이라면), 그 나라의 궁핍과 고통을 인구과잉 탓으로 느긋하게 말하는 태도에 대해서는 예의바른 말로 응답하기가 어렵다. 그런 느긋한 태도는 심지어 J.S. 밀과 버클 같은 고결한 정신을 가진 저술가들의 책에서도 발견된다. 아일랜드 사람들이 당해온 저 지독하고 파괴적인 압제에 대하여 아주 냉정하게 기술한 글을 읽는 것처럼 사람의 피를 끓어오르게 만드는 것도 없다.

아일랜드의 토지가 그 인구를 부양하지 못해서 그들이 가난한 것이 아니라, 지주들의 압제 때문에 아일랜드의 가난과 기근이 발생한 것이다. 세계의 역사를 살펴보면 어디서나 극심한 가난이 결국 사람의 씩씩한 기상을 소진시킨다는 것을 알 수 있다. 내가 이런 사실을 잘 알기에 망정이지 그렇지 않았더라면, 지주들의 그런 극심한 압제 앞에서도 겨우 가끔씩 지주 한 명 정도를 살해했을 뿐인 아일랜드 종족에 대하여 심한 경멸감이 치밀어 올라오는 것을 물리치기 어려웠으리라.

과잉 인구가 언제 가난과 기아를 유발시킨 적이 있었는지 한 번 의문을 품어볼 수 있는 문제이다. 그러나 아일랜드의 가난과 기아가 인구 과잉과는 전혀 관계가 없다. 그것은 노예무역을 아프리카의 인구 과잉 탓으로 돌리거나, 인구 증가를 따라갈 식량이 없어서 예루살렘이 파괴되었다고 말하는 것만큼이나 터무니없는 주장이다.

아일랜드의 천연 조건이 지금과는 확 달라져서, 가령 바나나와 빵나무 숲으로 되거나, 그 해안이 페루에서 좀 떨어진 태평양 상의 섬들인 친차스 제도처럼 구아노 퇴적층(새들의 똥으로 쌓인 천연 비료 퇴적층)으로 뒤덮인 해안이 되거나, 낮은 위도의 햇빛이 아일랜드의 축축한 땅에 좀 더 풍성한 생명력을 불어넣어 준다고 하더라도, 아일랜드에서 만연하는 사회적 조건들이 개선되지 않는다면 그 나라는 여전히 가난과 기아로 허덕일 것이다.

높은 지대(소작료)가 그 토양의 경작자로부터 그의 노동이 만들어낸 생산물을 거의 다 빼앗아가 버려서 풍년에도 농부는 겨우 먹고 살 만한 양식 밖에 없는 나라에서, 어떻게 가난과 기아가 발생하지 않을 수 있겠는가? 소작 조건이 불안정하여 토지의 개량을 막아버리고 가장 낭비적이고 가난에 찌든 경작(영농)을 하게 만드는 곳, 소작인이 설사 자본을 얻을 수 있어도 지주가 그것을 지대로 요구할 것을 두려워하여 자본을 축적하지 않는 곳, 농부가 사실상 비참한 노예나 다름없어서, 똑같은 인간인 지주의 고갯짓 하나에 그의 비참한 흙 오두막집에서 쫓겨나 집도 절도 없이 굶주린 채 방황하면서도 땅에서 나는 과일을 따먹을 수도 없고, 배고픔을 덜기 위해 야생 토끼를 잡아먹을 수도 없는 곳, 이런 곳들에서 어떻게 가난과 기아가 발생하지 않을 수 있겠는가?

인구가 아무리 듬성하고 부존 천연자원이 어떻든 간에, 부의 생산자가 희망, 자존심, 정력, 근검절약을 할 수 없게 만드는 조건 아래에서 일을 해야 한다면 그런 곳에서는 가난과 기아가 불가피한 결과가 아니겠는가? 부재지주가 그 땅의 순 생산물의 4분의 1 정도를 수탈해 가는 곳, 그들 이외에 농민들이 굶어가면서 노동하여 현지에 주재하는 지주들, 그들의 말과 사냥개, 대리인, 중개인, 마름을 먹여 살리고, 현지의 종교적 편향을 모욕하는 낯선 국교, 불공정한 제도에 반발하는 사람들을 추적하여 진압하는 경찰과 군인들의 집단 등이 있는 곳, 이런 곳들에서는 가난과 기아가 불가피한 결과가 아니겠는가? 그런 원인들로 인해 생겨난 비참함을 자연법 탓으로 돌리는 것은 무신론보다 더 불경한 태도가 아닌가?

인도, 중국, 아일랜드의 세 사례에서 진실로 밝혀진 것은 자세히 검토해 보면 다른 모든 나라들에서도 진실로 판명될 것이다. 객관적 사실들에 관한 우리의 지식이 미치는 범위 내에서 살펴볼 때, 인구 증가가 식량을 압박하여 그 결과 죄악과 궁핍이 생겨난다거나, 인구의 증가가 식량의 상대적 생산을 감소시킨다는 이론은 헛소리에 지나지 않는다.

인도, 중국, 아일랜드의 기근은 인구가 듬성한 브라질의 기근만큼이나 인구과잉 탓으로 돌릴 수가 없다. 가난에서 오는 악행과 비참은 자연의 게으름 탓으로 돌릴 수가 없다. 그것은 칭기즈칸의 칼 아래 스러져간 6백만 명의 목숨, 티무르가 쌓아올린 해골의 탑[30], 고대 브리튼 족의 절멸, 서인도 제도 원주민들의 몰살 등이 모두 인구 과잉 탓이라고 말하는 것처럼 황당무계한 것이다.

---

30 티무르가 쌓아올린 해골의 탑: 티무르(혹은 태멀레인, 1336-1405)은 몽고의 영웅으로 아시아 서부를 정복하여 광대한 국가를 세웠다. 한자식 이름은 첩목아(帖木兒). 그는 티그리스 강 유역을 침공하여 타크리트 전투에서 대항하던 적들을 살해하고 그 해골을 가지고 2개의 피라미드 형 탑을 만들고, 티그리스 강에서 가져온 흙으로 그 탑을 더욱 단단하게 강화했다. 그는 탑의 기단 부분에다 이런 기명을 적어 넣게 했다. "법을 지키지 않고 악행을 저지르는 자들의 운명이 무엇인지 여기 와서 보도록 하라.": 옮긴이

제3장

비유에 의한 추론

맬서스 이론이 제시한 사례들을 잠시 제쳐두고, 그 이론을 지지하는 비유 쪽으로 시선을 돌려보면 그 또한 사례들 못지않게 부당하다는 것을 발견할 수 있다.

맬서스 이론은 동식물 왕국의 번식력에 대해 이렇게 말한다. 만약 단 두 마리의 연어가 몇 년 동안 천적으로부터 보호를 받는다면 그 새끼들이 바다를 가득 채울 것이다. 두 마리의 토끼도 동일한 상황이라면 곧 대륙을 가득 채울 것이다. 무수한 식물들은 수백 배로 씨앗을 퍼트릴 것이고, 곤충들은 수천 개의 알을 낳을 것이다. 동물의 왕국 어디에서나 각 종들은 천적들에 의해 제약을 받지 않는다면 계속 주변 환경에 압박을 가하여 곧 식량의 한계에 도달하게 될 것이다. 이러한 주장은 맬서스에서부터 시작하여 오늘날의 교과서에 이르기까지 줄기차게 인용되고 있다. 그러면서 인구의 증가도 그와 비슷하게 식량의 증가를 압박한다고 주장한다. 따라서 다른 수단들에 의하여 인구의 증가를 억제하지 않으면 그것은 반드시 낮은 임금과 궁핍을 가져올 것이다. 만약 그것으로도 충분하지 못해 인구 증가가 계속된다면 사실상의 기아가 발생하여 인구를 식량이 지탱해 줄 수 있는 범위 내에 머무르게 할 것이다.

인간과 동식물의 상호 비교는 타당하지 않다

하지만 이런 비유가 타당한가? 인간의 식량은 동식물 왕국에서 나온다. 따라서 동식물 왕국의 번식력이 인간의 그것보다 강하다는 사실은 곧 식량이 증가하는 속도가 사람의 그것보다 빠르다는 것을 증명한다. 인간에게 식량을 제공하는 것들이 몇 배나 더 빨리 번식하고, 그 중 어떤 것들은 몇 백 만 배혹은 몇 십억 배 빨리 번식하는 동안에 인간은 겨우 산술급수적으로 번식한다? 그렇다면 이 사실은 인간이 최대한의 능력을 발휘하여 인구를 증가시킨다고 해도 식량의 한계를 돌파하지 못한다는 뜻이 아닌가? 동식물 왕국에서각 종들은 그 번식력으로 인하여 그 종들의 추가 증가를 제약하는 생활 조건에 반드시 압박을 가하지만, 그런 조건들은 그 어디에서나 확정적이고 최종적인 것은 아니다. 그 어떤 종도 흙, 물, 공기, 햇빛의 한계에 도달하지 못한다. 이런 것들보다는 각 종이 대면하는 실제적 한계는 다른 종들, 그 경쟁자들, 그 적수들, 그 식량 등에 있다.

그런데 인간에게 식량을 제공하는 종들의 생존을 제약하는 조건에 대하여, 인간은 그 조건을 좋은 쪽으로 개선시킬 수 있다(어떤 경우에는 인간이 존재한다는 사실 자체가 그 조건을 개선시킨다). 이렇게 하여 인간의 먹이가 되는 종의 번식력은 예전의 한계에 직면하여 줄어드는 것이 아니라, 비약적인 속도로 증가하여 인간에게 도움을 주며 인구의 증가는 그 속도를 따라가지 못한다. 만약 인간이 매만 사냥한다면 먹잇감이 되는 새들이 증가할 것이다. 인간이 여우들만 덫을 놓아 잡는다면 산토끼가 늘어날 것이다. 벌은 개척자들을 따라 이동할 것이고, 사람들이 강 근처에 거주하면서 내놓는 유기 물질은 물고기의 식량이 될 것이다.

자연 세계의 천적 관계라는 최종 원인들을 고려하지 않더라도, 또 동식물 왕국의 일정한 높은 번식력이 인간의 용도에 봉사하도록 사전 조정되어 있어서, 하급 동물의 식량에 대한 압박이 반드시 "사물의 천장이며 왕관인" 인간에게 나타나는 것은 아니라 하더라도, 인간과 동식물 사이에는 뚜렷한 차이가 있어서 그 둘의 상호 비교는 타당하지 않다.

인구의 증가는 식량의 증가를 가져온다

모든 살아 있는 생물들 중에서, 인간은 유일하게 동식물의 번식력을 임의로 조절할 수 있다. 인간에게 먹잇감이 되는 동식물은 인간보다 훨씬 강력한 번식력을 갖고 있는데 바로 이 능력을 조절할 수 있는 것이다. 들짐승, 곤충, 새, 물고기는 그것들이 발견할 수 있는 것만 먹는다. 이런 동물이 증가하면 그것들이 먹는 식량은 줄어들게 된다. 그 동물의 개체수가 식량의 한계에 도달하게 되면, 먼저 식량이 늘어나야 그 동물의 개체수도 증가할 수 있다.

만약 백인이 아니라 곰이 유럽에서 북아메리카 대륙으로 보내졌다면, 오늘날 곰의 개체수는 콜럼버스가 미 대륙을 발견할 당시보다 그리 늘어나지 않고 오히려 숫자가 줄어들었을 것이다. 곰이 왔다고 해서 곰 식량이 증가했거나 곰의 생활 조건이 개선되었다고 보기 어렵기 때문이다. 오히려 사정은 그 반대였을 것이다. 그러나 인간의 경우는 다르다. 미국이라는 한 나라에만 국한시켜 말해 보더라도, 전에 수십만 인구밖에 없던 땅에 지금은 4천5백만이 살고 있다. 그렇지만 수십만이 살던 과거에 비하여, 미국 내에는 4천5백만이 1인당 소비할 수 있는 음식량이 더 많아졌다. 이처럼 미국 내 인구가 늘어난 것은 식량의 증가 때문이 아니다. 그와는 정반대로 인구의 증가가 식량의 증가를 가져온 것이다. 사람들이 더 많아졌기 때문에 식량이 더 많아진 것이다.

바로 여기에 동물과 인간의 차이가 있다. 매와 인간은 똑같이 닭을 먹지만, 더 많은 매가 존재하면 곧 닭의 숫자는 그만큼 줄어드는 반면에, 인간이 많아지면 닭의 숫자는 그에 따라 더 늘어난다. 물개와 인간은 연어를 먹기는 마찬가지이지만 물개가 많으면 연어는 줄어들고, 물개가 어느 정도 증가하면 그에 따라 연어의 개체 수는 반드시 줄어들게 되어 있다. 그러나 인간은 적당한 조건 아래에서 연어 알을 양식함으로써 인간이 먹을 수 있는 숫자보다도 훨씬 많은 연어의 개체수를 늘릴 수가 있다. 그리하여 인구가 아무리 증가하더라도 연어 공급량을 능가하지는 못한다.

간단히 말해서, 동식물 왕국 내에서 식량의 한계는 그 식량의 도움으로 살아가는 동식물이 마음대로 조절할 수 있는 것이 아니지만, 인간의 경우는 사정이 다르다. 인간은 식량의 한계를 마음대로 조절할 수 있으며, 굳이 한계를 지정하라고 한다면 지구의 흙, 공기, 물, 햇빛이 모두 다 사라져버리는 것이 그 한계이다. 사정이 이러하기 때문에 인간과 동식물의 상호 비교는 분명 잘못된 것이다. 동식물은 식량의 한계를 압박할 수 있지만, 인간은 지구의 한계가 곧 그의 한계이므로 식량의 한계를 압박하지 않는다.

이것은 지구 전체에 대해서만 타당한 것이 아니라 지구의 각 부분에 대해서도 여전히 타당하다. 우리는 어떤 조그마한 만이나 항구의 수위를 낮춘다면 그 만이나 항구가 이어진 바다의 수위만 낮추는 것이 아니라 온 세상 모든 바다와 대양의 수위를 낮추는 게 된다. 이와 마찬가지로 어떤 특정 지역에서의 식량의 한계는 그 지역의 물리적 한계가 아니라 지구 전체의 물리적 한계이다. 현재 상태의 생산 기술로, 50평방마일의 땅은 수천 명의 사람을 먹일 수 있는 식량만 생산한다. 그러나 런던 시가 포함되는 똑같은 50평방마일은 약 350만 명의 인구를 먹여 살리고, 또 인구가 증가함에 따라 식량도 더불어 증가한다. 식량의 한계에 관한 한, 런던은 인구 1억 명, 5억 명, 10억 명까지 늘어날 수 있다. 왜냐하면 그 도시는 식량에 관한 한 지구 전체에서 지원을 받기 때문이다. 따라서 식량이 런던 시의 성장에 부과할 수 있는 한계는 지구 전체가 세계 인구에 식량을 제공할 수 있는 한계이다.

토지 생산력 감소 이론에 대한 반박

그런데 여기에 맬서스 이론에 커다란 힘을 실어주는 또 다른 이론이 있다. 소위 토지 생산력 감소 이론이라는 것이다. 생산력 감소의 법칙을 증명하는 결정적 이론으로서 현행 경제학 논문들에 자주 등장하는 이 주장은 다음과 같은 내용이다. "토지는 어떤 일정한 상태에 도달하면 노동과 자본을 추가로 투입한다 해도 생산력이 점점 더 떨어진다. 만약 이것이 사실이 아니라면, 인구의 증가는 농지의 확대에 아무런 영향을 미치지 않을 것이고, 새로운 토지를 개발하지 않아도 기존 토지만으로 늘어난 공급량을 충분히 생산할 수 있었을 것이다." 이렇게 주장하는 이론에 동의한다면, 인구가 증가할수록 식량 증가의 어려움이 발생한다는 이론에 동의하는 게 된다.

그러나 그것은 겉보기에만 동의하는 것처럼 보일 뿐이다. 만약 이 명제를 분석한다면, 내포된 혹은 암시된 제한 조건에 의존해서만 그 타당성이 인정되는 그런 부류의 명제라는 게 밝혀진다. 다시 말해, 그 명제는 상대적인 진리일 뿐, 절대적 관점에서 보면 진리가 아니라는 것이다. 인간이 자연의 힘을 소진시키거나 감소시키지 못한다는 것은, 다르게 말해 보자면, 물질은 절대로 파괴되지 않고 자연의 힘은 일정하게 유지된다는 뜻이다. 절대적인 관점에서 보자면, 인간은 생산하지도 소비하지도 못한다. 인류는 종족이 소멸할 때까지 노동을 한다고 해도 이 자전하는 지구를 한 근 더 무겁게 하거나 한 근 더 가볍게 하지 못한다. 이 지구를 감싸 안고서 모든 움직임을 만들어내고 모든 생명을 지탱하는 힘의 합계에 1그램 더 무겁게 하거나 1그램 더 가볍게 하지 못한다.

우리가 대양에서 취해 오는 물은 다시 대양으로 돌아간다. 이와 마찬가지로 우리가 자연의 저수지에서 가져온 식량은, 우리가 그것을 섭취하는 그 순간부터 그 저수지로 되돌아가는 과정을 시작한다. 우리가 제한된 부분의 토지에서 가져온 것은 일시적으로 그 토지의 생산성을 감소시킨다. 그리하여 부족한 생산성은 다른 토지에서 취해 오거나 그 토지와 다른 토지 사이에서, 혹은 모든 토지 사이에서 분담해야 할 것이다. 그러나 이러한 토지 생산성의 감소 가능성은 토지가 증가하면서 줄어들고 지구 전체를 대상으로 한다면 아예 사라져버린다.

지구가 10억 인구 못지않게 1조 인구도 부양할 수 있다는 사실은 드러난 진실에 의해서 반드시 도출될 수 있는 결론이다. 적어도 우리 인간의 작용에 관한 한, 물질은 영원하고 자연의 힘은 영원히 발휘된다. 우리 인간은 아무것도 가져오지 않은 채 물질의 세상 속으로 태어난다. 떠나갈 때에도 아무것도 가져가지 못한다. 인간은 신체만 두고 본다면 잠시 머무르는 물질의 한 형태요, 계속 바뀌는 운동의 한 양식일 뿐이다. 물질은 남아 있고 힘은 지속한다. 아무것도 줄어들지 않고 아무것도 약해지지 않는다. 이러한 사실로부터, 지구상의 인구의 한계는 곧 공간의 한계라는 명제를 도출할 수 있다.

그러나 이러한 공간의 한계 - 인구수가 계속 증가하여 움직일 수 있는 공간이 사라지는 위험한 사태 - 는 너무나 아득하게 멀리 떨어져 있는 얘기라서, 빙하시대의 도래나 태양의 소멸처럼 별로 현실성이 없다. 그러나 이처럼 막연하고 그림자 같은 것일지라도, 이런 가능성이 맬서스 이론에게 그럴 듯한 진리의 외양을 입혀주고 있는 것이다. 그러나 우리가 그것을 쫓아가 보면 이 그림자마저도 사라져버린다. 그것 또한 잘못된 비유에서 나온 것이다. 동식물의 생명이 공간의 한계를 압박한다는 사실이, 인간의 생명에서도 동일한 현상이 벌어진다는 증명은 되지 못하는 것이다.

인간은 동식물의 왕국에서 유일하게 가장 발달한 동물의 종이다. 둥근 꼬리 원숭이는 인간의 먼 친척인데 서서히 곡예사적 경향을 발전시켜 왔다. 흑등 고래는 생명의 초창기 단계에 물고기였던 인간의 먼 친척이다. 이런 것들을 더 거슬러 올라가면 인간은 식물과 인척 관계이고, 식물, 물고기, 새, 들짐승과 마찬가지로 동일한 자연 법칙의 지배를 받는다. 이런 사실들을 다 인정한다고 하더라도 인간과 다른 동물들 사이에는 여전히 엄연한 차이점이 존재한다. 인간은 욕구가 충족될수록 그 욕구가 더욱 늘어나는 유일한 동물이다. 결코 만족하지 못하는 동물이다. 다른 생물들의 필요는 균일하고 또 고정되어 있다. 오늘날의 황소는 인간이 최초로 황소에게 굴레를 씌운 그 날보다 더 많은 것을 요구하지 않는다. 신속하게 항해하는 증기선 위에 내려앉는 오늘날의 영국 해협 바다갈매기는 처음으로 영국 해안에 접안한 카이사르의 갤리선 용골 주위를 선회하던 바다갈매기보다 더 좋은 식량이나 숙소를 원하지 않는다. 자연이 이런 동물들에게 제공하는 것이 아무리 풍성하더라도, 인간을 제외한 모든 생물들은 그들의 필요를 충당할 수 있는 것만 가져가고 그 이상은 신경 쓰지 않으며, 그 필요라는 것도 일정하게 고정되어 있다. 그들이 추가 공급이나 추가 기회를 바라는 유일한 경우는 번식을 할 때뿐이다.

그러나 인간은 그렇지 않다. 자신의 동물적 욕구가 충족되는 순간, 또 다른 새로운 욕구가 생겨난다. 들짐승들이 그러하듯이 인간은 먼저 식량을 원했다. 그 다음엔 주거가 필요했고, 그것이 충족되자 그의 번식 본능이 발휘되었다. 여기까지는 다른 들짐승과 똑같다. 그러나 여기서 인간과 짐승은 나아가는 길이 달라진다. 짐승은 그 이상 나아가지 않는다. 그러나 인간은 이제 무한한 발전의 도상 위에 한 걸음을 내디딘 것이다. 짐승은 이러한 발전 도상에 들어서지 않는다. 그러한 발전은 짐승들로부터 아득히 떨어져 있어서 그들로는 이해하지 못하는 것이다.

인간은 양이 충족되면 질을 찾는다.

인간은 일단 양에 대한 욕구가 충족되면 질을 찾는다. 인간이 짐승과 공유하는 욕망이 더 확대되고, 개선되고, 향상되는 것이다. 식량의 경우, 배고픔을 없애주는 것에 그치지 않고 맛을 추구하는 것이다. 옷은 몸을 따뜻하게 하는 것으로는 충분하지 않고 맵시가 나야 하는 것이다. 투박한 움막은 오두막집으로 발전한다. 무차별적인 성적 매력은 은밀한 영향력으로 변모하기 시작하고, 투박하고 공통적이던 동물적 삶이 봉오리를 맺고 꽃 피어나서 아름다운 형태를 갖추게 된다.

욕구를 충족시키는 능력이 향상되면서 욕구도 따라서 커지게 된다. 욕구의 낮은 수준에 대해서 고찰해 보자. 로마의 해군 사령관이며 최고 부자였던 루쿨루스는 혼자 식사를 하면서도 진수성찬을 차려놓고 먹었다. 로마 장군이었던 안토니우스는 겨우 한 입을 떼어먹을 뿐인데도 그 꼬챙이에는 열두 마리의 수퇘지가 매달려 있었다. 클레오파트라는 자기의 매력을 돋보이게 하려고 자연의 왕국을 샅샅이 뒤져 물자를 가져와 대리석 기둥을 세우고, 계단 모양의 공중 정원을 건설하고, 주변의 언덕과 경쟁하는 피라미드를 세웠다.

좀 더 높은 형태의 욕구를 고찰해 보면, 식물에게는 아예 잠들어 있고 동물에게는 가끔씩 꿈틀거리는 욕구가 인간의 내부에서 깨어난다. 마음의 두 눈이 떠져서 인간은 알기를 원한다. 그가 사막의 뜨거운 열기를 헤쳐 나가고 북극해의 얼음 같은 강풍도 이겨내는 것은 식량을 찾기 위해서가 아니다. 그가 날밤을 새우며 관찰하는 것은 영원한 별들의 운행을 추적하기 위해서이다. 그는 노력에 노력을 거듭하면서 다른 동물들은 느껴본 적이 없는 허기를 충족시키려 한다. 다른 짐승은 알지 못하는 목마름을 적셔주려 한다.

동물적 욕구가 충족되어 잠잠해져 있는 동안에 생겨난 좌불안석의 욕구가 밖으로는 자연을 향하여, 내부로는 인간 자신을 향하여, 과거를 가리는 안개를 뚫고, 미래에 드리운 어둠을 헤치고 멀리멀리 나아가려 하는 것이다. 인간은 사물의 표면 안으로 들어가 그 이면에 있는 법칙을 찾으려 한다. 그는 지구가 어떻게 형성되었는지 별들이 어떻게 하늘에 매달리게 되었는지 알고 싶어 하고, 생명의 기원을 그 시작까지 소급하여 찾아내려 한다. 그리고 인간이 좀 더 고상한 인품을 형성하게 됨에 따라 더 높은 욕구, 열정 중의 열정, 희망 중의 희망이 솟아오른다. 인생을 좀 더 좋고 밝은 것으로 만들고, 궁핍과 죄악, 슬픔과 수치를 없애버리고 싶은 욕구가 발동하는 것이다.

그리하여 인간은 동물들을 정복했을 뿐만 아니라 자신의 동물성마저도 극복하고 다스렸다. 그는 연회에 등을 돌리고 권력의 자리를 포기했다. 그는 다른 사람이 부를 축적하고, 좋은 미각을 충족시키고, 짧은 대낮의 따뜻한 햇볕을 쪼이더라도 개의치 않는다. 그는 자신이 보지 못한 사람들 혹은 앞으로도 보지 못할 사람들을 위해 일한다. 그의 관 뚜껑 위에 흙이 후드득 소리를 내며 떨어지고 나서 오랜 세월이 지나도 찾아올지 어쩔지 알 수 없는 명예 혹은 약간의 정의를 위해서 일한다. 그는 날씨가 차가운 곳에 진출하여 일한다. 사람들의 격려는 별로 없고, 바닥의 돌은 날카로우며 숲의 덤불은 울창하다. 주위 사람들의 경멸과 칼처럼 찔러대는 조롱에도 불구하고 그는 미래를 위해 건설한다. 그는 울창한 숲속에 작은 오솔길을 개척하면서 발전을 지향하는 인류가 그 길을 더욱 넓혀 대로로 만들어주기를 바란다. 그의 욕구는 더 높고, 더 웅대한 영역을 가리키며 올라가라고 촉구하고, 동쪽에서 떠오른 별은 그를 계속 인도한다. 그리고 보라! 인간의 맥박은 신(神)에 대한 동경으로 고동친다. 그는 태양의 진행을 도우려 하는 것이다!

인간과 동물의 차이는 이처럼 크기 때문에 그 둘을 연결시키려는 비유는 너무 황당하지 않은가? 더 많은 식량을 주고 더 넓은 생활공간을 마련해주면 동식물은 번식한다. 반면에 인간은 발전한다. 동식물의 경우에 확장력은 새로운 개체수를 확장하는데 그친다. 그러나 인간의 경우에는 좀 더 높은 형태,

좀 더 넓은 힘으로 확장시킨다. 인간은 동물이지만 동물 이상의 무엇이 있다. 그는 대지의 신비한 나무로서, 그 뿌리는 땅속 깊이 들어가 있지만 그 우듬지(꼭대기 줄기)는 하늘을 향해 꽃피어난다!

맬서스 이론은 매개 개념의 오류이다

어느 쪽으로 방향을 돌리든, 인구 증가가 식량 증가를 압박한다는 맬서스 이론은 근거 없는 가정이며, 논리학자들이 말하는 매개 개념의 오류[31]다.

객관적 사실은 맬서스 이론을 입증하지 못하고 비유도 그 이론을 포용하지 못한다. 그것은 공상이 만들어낸 황당한 괴물이며, 지동설(지구가 둥글며 태양 주위를 돌고 있다고 주장하는 학설)을 오랫동안 깨닫지 못하게 만든 공상과 비슷한 것이다. 우리 발밑에 있는 모든 사물은 지구에 딱 달라붙어 있기 때문에 추락하지 않는다고 주장하는 이론과 비슷하다. 움직이고 있는 배의 돛대에서 수직으로 떨어진 공이 배 위가 아니라 바다 위로 떨어진다고 주장하는 황당한 이론이다. 물이 가득 찬 배에 넣어진 물고기가 그 물을 넘치게 하지 못한다고 말하는 이론이다. 맬서스 이론은 다음과 같은 상상처럼 황당할 뿐만 아니라 더 나아가 기괴하기까지 한 주장이다.

아담은 수학적 마음가짐을 가지고 있는데 첫 애가 태어난 달부터 그 아이의 몸무게를 계산해 보았다. 그 아이가 태어날 때 10파운드였는데 그 후 여덟 달 만에 20파운드가 되었다. 아담은 일부 현자들이 상상하는 것처럼 수학적 지식을 가지고 있는 사람이었고 그래서 그 지식을 활용하여 맬서스 씨의

---

31 매개 개념의 오류는 두 개의 아이디어가 제3의 아이디어로 연결되지 못하는 것을 말한다. 이것은 3단 논법의 오류라고도 하는데 대개념과 소개념이 개별적으로는 매개 개념에 의해 연결이 되지만, 정작 대개념과 소개념은 서로 연결되지 못하는 경우를 가리킨다. 구체적인 사례는 이러하다. "모든 개는 포유류이다. 모든 고양이는 포유류이다. 따라서 모든 고양이는 개다." 헨리 조지는 식량 부족이 인구 증가와는 무관하다는 입장을 취한다는 점을 감안하면서, 맬서스 인구론의 매개 개념 오류를 쉽게 풀이하면 이러하다. "식량 부족은 인구 증가 때문이다. 사회의 죄악과 비참은 인구 증가 때문이다. 따라서 식량 부족은 죄악과 비참이다." 이 매개 개념의 오류는 『진보와 빈곤』의 3권 1장에서도 다시 언급되므로 유념할 필요가 있다: 옮긴이

계산처럼 놀라운 결과를 얻어냈다. 아이가 여덟 달 만에 20파운드가 되는 체중 증가 속도를 감안할 때, 열 살이 되면 황소만해지고, 열두 살이 되면 코끼리만하게 되고, 서른 살이 되면 무려 175,716,339,548톤이 된다는 계산이 나왔다.

사실을 말해 보자면, 아담이 첫 아이의 몸무게 증가를 걱정할 필요가 없듯이, 우리는 인구 증가가 식량 증가를 압박한다는 것을 고민할 필요가 없다. 객관적 추론은 사실에 의해 뒷받침되고 비유에 의해 암시된다. 이로 인해, 인구 법칙은 다른 자연법칙에서 이미 발견된 놀라운 적응력을 갖고 있다는 게 밝혀졌고, 따라서 우리는 번식 능력이 사회의 자연스러운 발전 과정에서 죄악과 궁핍을 가져온다는 얘기를 믿지 않아도 되고 받아들일 필요도 없다. 맬서스 이론은 중력의 힘이 달을 지구로 내던지고, 다시 지구를 태양 쪽으로 내던질 것이라고 주장하는 것처럼 황당무계한 것이다. 기온이 떨어져 물이 섭씨 0도에서 어는 것을 보고서, 서리가 내릴 때마다 모든 강과 호수가 밑바닥까지 얼어붙어, 지구의 온대 지역도 결국에는 사람이 못 사는 땅으로 변하고 말리라는 얘기처럼 믿지 않아도 되고 받아들일 필요도 없는 이론이다.

맬서스가 말한 적극적 억제와 소극적 억제 이외에도 생활수준의 향상과 지능의 발달로 인해 인구를 억누르는 제3의 억제책이 생겨났다. 이것은 여러 가지 잘 알려진 사실들이 지적하고 있는 바이다. 출산율은 신생 정착촌이나 오래된 국가들의 빈곤층에서 놀라울 정도로 높다. 전자는 자연을 상대로 투쟁을 하고 있으므로 지성적 생활을 할 겨를이 없고, 후자는 풍요한 국가 속에서 모든 생활의 이점을 박탈당하고 동물적 존재로 추락한 경우이다. 이 두 사례에 비하여 부의 증가로 인해 독립, 여가, 안락, 풍요롭고 다양한 생활 등을 누리는 계급들 사이에서는 출산율이 그리 높지 않다. 이러한 사실은 이미 오래전에 다음과 같은 격언에서 드러난 바 있다. "돈 많은 사람은 행운 부자, 가난한 사람은 자식 부자."

이런 사실은 애덤 스미스도 주목한 바 있는데 스미스는 스코틀랜드의 하일랜드(고지대)에는 가난하고 절반쯤 굶주리는 여인이 자식을 스물셋 혹은 스물넷을 둔 경우가 드물지 않다고 말했다. 이런 사실은 어디에서나 뚜렷한 현상이기에 지나가듯이 언급해도 충분할 것이다.

식량 부족은 결국 사회 불안정 탓이다

이런 식으로 인구의 진정한 법칙이 밝혀졌으므로, 인구 증가의 경향은 언제나 균일한 것이 아님을 명심해야 한다. 인구가 많아야 좀 더 편안한 생활을 누리게 될 것 같은 곳, 종족의 보존이 나쁜 조건에 따른 사망률에 의해 위협을 받는 곳에서는 인구 증가의 경향이 더 강해진다. 그러나 개인의 더 높은 발전이 가능해지고, 종족의 보존이 위협받지 않는 곳에서는 오히려 약해진다.

달리 말해서, 인구 법칙은 지적 발달의 법칙과 일치하거나 아니면 그 법칙에 종속된다. 인간이 식량이 충분하지 못한 곳에 태어나게 될 위험은 자연 법칙에 의해서 생겨나는 것이 아니라 부의 한가운데에서 인간을 궁핍 속으로 추락시키는 사회적 불안정 때문에 생겨난다.

우리는 이처럼 사전 정지 작업을 하고서 사회 성장의 진정한 법칙들을 추적해 나갈 것인데, 그 과정에서 이런 사실은 결정적으로 입증될 것이다. 그러나 그 진정한 법칙들을 지금 다루는 것은 논의의 전개상 순서에 혼란을 가져오는 일이다. 내가 맬서스 이론에 소극적인 입장 - 맬서스 이론은 타당한 논리로 뒷받침되지 않는다는 입장 - 을 취하는데 성공한 만큼, 현재로서는 이 정도면 충분하다고 생각한다. 다음 장에서 나는 적극적인 입장 - 맬서스 이론은 객관적 사실들에 의해 부정된다 - 을 취하게 된다.

제4장

맬서스 이론에 대한 반박

인구 증가가 임금을 낮추고 가난을 유발한다는 맬서스 이론은 현행 정치경제학의 논리에 깊게 뿌리를 내리고 또 아주 긴밀하게 연결되어 있다. 게다가 다른 많은 대중적 개념들과도 완벽하게 조화를 이루고 있어서 다른 형태로 다른 곳에서 다시 등장할 개연성도 높다. 따라서 이 이론을 뒷받침하는 논증들의 불충분함을 자세하게 보여줄 필요가 있다. 그런 다음에야 비로소 우리는 맬서스 이론을 사실에 비추어 검증해 볼 수 있을 것이다. 이 이론이 널리 받아들여지고 있는 사실은 사상(思想)의 역사에서 생겨난, 객관적 현실을 무시한 사례들에서 또 하나의 주목할 만한 사례이다. 우리 인간은 이미 받아들여지고 있는 통설에 의해 눈먼 상태가 되어버리면 쉽게 객관적 사실을 무시해 버리는 것이다.

우리는 객관적 사실에 비추어 맬서스 이론에 대하여 준엄하고도 최종적인 검증을 할 수가 있다. 인구 증가가 임금을 낮추고 가난을 유발한다는 얘기는, 곧 인구 증가가 숫자가 많아진 노동자들이 생산할 부의 양을 감소시킨다는 얘기이다.

이것이 현행 맬서스 이론이 주장하는 것이다. 기존의 통설은 이런 것이다. 우리가 자연에게 더 많은 것을 요구하면 자연은 더 적게 주는 것으로 반응한다. 따라서 노동을 두 배로 투입한다고 해서 생산이 두 배로 늘어나는 것은 아니다. 따라서 인구 증가는 임금을 낮추고 가난을 심화시키며, 맬서스의 표현을 빌려오자면, 죄악과 비참을 유발한다. 이와 관련하여 존 스튜어트 밀의 말을 인용하면 다음과 같다.

"과잉 인구에 부가되는 징벌의 원인은 사회의 불의가 아닌 자연에서 찾아야 한다. 부의 불공정한 분배는 그 악(가난)을 악화시키는 것이 아니라 기껏해야 그 악을 좀 더 빨리 느끼게 해줄 뿐이다. 인류가 증가시키는 모든 입들이 일을 할 두 손을 가지고 세상에 태어난다고 말하는 것은 헛소리다. 새로운 입은 오래된 입 못지않게 식량이 필요하고, 손은 그만큼의 식량을 생산하지 못한다. 만약 생산의 모든 수단이 모든 사람의 공유물이 되어서, 생산물이 그 사람들 사이에서 아주 공평하게 분배가 된다면, 그리고 그런 분배가 가능하도록 사회가 조직되어 있고 산업이 근면하고 생산이 오늘날과 같이 풍성하다면, 기존의 모든 인구가 아주 안락할 수 있을 정도로 충분한 식량이 있게 될 것이다.

그러나 현재의 습관과 제도가 그대로 유지된 채 그 인구가 두 배로 늘어난다면 - 20년이 조금 넘으면 두 배가 된다 - 그 인구의 생활 조건은 어떻게 될 것인가? 생산 기술이 그 기간 동안에 전과는 비교가 안 될 정도로 향상이 되지 않는다면, 추가로 열등한 땅들에 대한 농사와, 기존의 땅에 들어가게 되는, 전보다 더 힘들고 소출은 적은 농사 - 이 모든 농사는 늘어난 인구를 먹여 살리기 위한 것인데 - 는 필연적으로 그 사회의 모든 사람을 전보다 더 가난하게 만들 것이다. 만약 인구가 동일한 속도로 계속 늘어난다면, 사람들이 생필품 이상의 것은 마련하지 못하는 때가 올 것이고, 좀 더 지나면 그런 생필품도 부족하게 될 것이고, 그로부터 더 인구가 증가한다면 결국 죽음에 의하여 중단시킬 수밖에 없다."[32]

인구의 증가는 개인을 더 부자로 만든다

나는 맬서스나 밀의 이러한 주장을 부정한다. 나는 그와는 정반대되는 현상이 진실이라고 주장한다. 어떤 일정한 문명 수준에 도달한 사회에서 인구가 많을수록 인구가 적은 경우보다 더 잘 식량이 조달된다. 현행 인구 이론은 인구 증가가 빈곤과 비참의 원인이라고 주장하면서 그 원인을 자연 탓으로 돌

---

32 존 스튜어트 밀, 『정치경제학의 원리』 제1권 13장 2절.

리는데, 나는 자연의 인색이 아니라 사회의 불의(不義)가 빈곤과 비참의 원인이라고 생각한다. 나는 인구 증가로 생겨나는 새로운 입들이 예전의 입들보다 더 많은 식량이 필요하다고 보지 않으며, 그들이 갖고 태어나는 손이 세상의 이치로 보아 더 많은 것을 생산한다고 주장한다. 다른 조건들이 같다면, 인구가 많을수록 부의 공평한 분배가 각 개인에게 가져다줄 안락함은 더 커진다고 주장한다. 나는 사회에 부의 공평한 분배가 유지된다면 인구의 자연스러운 증가는 모든 개인을 더 가난하게 하는 것이 아니라 더 부유하게 만든다고 주장한다.

이렇게 하여 나는 이 문제의 논쟁에 뛰어들었고 이 문제를 객관적 사실의 검증에 부치고자 한다.

먼저 다음과 같은 사실을 주목할 필요가 있다. 나는 같은 말을 반복하는 위험에도 불구하고 독자들에게 심지어 아주 저명한 저술가에게서도 발견되는 생각의 혼란을 경계하라고 말하고 싶다. 이 문제가 다루어야 할 사실 관계의 질문은, 인구 증가의 어떤 단계에서 가장 많은 식량이 생산되는가 하는 것이 아니다. 그보다는 인구 증가의 어떤 단계에서 가장 커다란 부의 생산력이 발휘되는가 하는 것이다. 어떤 형태가 되었든 부의 생산력이 곧 식량을 생산하는 힘이기 때문이다. 또 어떤 형태가 되었든 부의 소비 혹은 부의 생산력의 소비는 곧 식량의 소비인 것이다.

예를 들어 내 호주머니에 돈이 좀 있다고 하자. 나는 그 돈을 가지고 음식, 담배, 보석, 극장표 등을 살 수 있다. 내가 그 돈을 소비하는 데 따라 음식, 담배, 보석, 연극 등의 생산에 들어갈 노동을 결정한다. 다이아몬드 한 세트는 여러 통의 밀가루와 맞먹는 가치를 갖고 있다. 다시 말해, 그 정도의 다이아몬드를 생산하는 데에는 그 정도의 밀가루를 생산하는데 필요한 노동이 들어가는 것이다. 만약 내가 아내에게 다이아몬드를 사주었다면 그것은 그만큼의 밀가루를 과시용으로 소비하여 식량 생산력을 사용하는 것과 같다. 만약 내가 하인을 하나 둔다면 그것은 농업에 들어갈 인력 한 사람을 데려온 것이 된다. 경주마 한 마리를 사육하고 유지하는 데에는 짐말 여러 마리를 사육하고 유지하는데 들어가는 관심과 노동이 필요하다. 도시의 전반적 조명이나 예포의 발사에 들어간 부는 그 액수에 해당하는 식량을 태워버린 것과 같다. 일개 연대 병력이나 군함과 그 선원들을 유지하는 것은 수천 명의 사람들을 먹일 수 있는 식량의 생산에 투입될 노동을 비생산적인 용도로 돌린 것이다. 이렇게 하여 어떤 인구의 생필품 생산력은 실제로 생산된 생필품에 의해 측정되는 것이 아니라 각종 형태로 다양하게 소비된 모든 생산력에 의해 측정되어야 한다.

이런 추상적 논리를 계속 펴나갈 필요는 없다. 문제는 아주 간단하다. 부를 생산하는 상대적 힘(능력)이 인구 증가에 맞추어 감소되는가?

인구가 많은 나라일수록 부강하다

관련 사실들은 너무나 뚜렷하여 그것들을 거명하는 것만으로 충분하다. 우리는 현대에 들어와 많은 나라의 인구가 증가하는 것을 목격해 왔다. 그 나라들은 인구가 증가하면서 그보다 더 빠르게 부가 증가하지 않았는가? 우리는 많은 사회들이 지금도 인구가 증가하고 있는 것을 목격한다. 그들 또한 인구 증가보다 더 빠르게 부를 증가시키고 있지 않은가? 영국은 연간 2%로 인구가 증가하고 부는 그보다 더 큰 비율로 증가하고 있는데, 이에 대하여 의문이 있는가? 미국의 인구가 매 25년마다 두 배로 증가하고 있는데[33] 미국의 국부는 그보다 훨씬 짧은 기간 내에 두 배로 늘어나지 않았는가? 유사한 조건 – 유사한 문명 발전 단계에 있는 유사한 사람들의 사회 – 아래에서는 가장 인구가 조밀한 사회가 가장 부자 사회가 아닌가? 인구가 조밀한 미국의 동부 주들은 서부 주나 남부 주에 비하여 더 부자가 아닌가? 미국의 동부 주들보다 더 인구가 조밀한 영국은 그에 비례하여 더 부자가 아닌가?

우리는 부가 비생산적 용도의 사치스러움 – 값비싼 건물, 고급 가구, 호화

---

33 1860년까지 인구 성장률은 십 년마다 35%였다.

로운 마차, 조각상, 그림, 놀이공원, 요트 등 - 에 가장 많이 소비되는 현상을 어디에서 발견할 것인가? 그곳은 인구가 듬성한 곳보다는 조밀한 곳이 아닌가? 자신이 직접 생산적 노동은 하지 않은 채 사회 전반의 생산으로 살아가는 사람들 - 우아한 여가생활을 즐기는 고소득자, 도둑, 경찰관, 하인들, 법률가, 문필가 등 - 을 어디에서 가장 많이 만날 수 있을 것인가? 그곳은 인구가 듬성한 곳보다는 조밀한 곳이 아니겠는가? 자본이 수익 높은 투자처를 찾아 흘러가는 곳은 어디이겠는가? 인구가 조밀한 나라에서 인구가 듬성한 나라로 흘러들어가지 않겠는가?

이런 사실들은 인구가 가장 조밀한 곳에 부가 가장 많다는 사실을 결정적으로 증명한다. 인구가 증가하면서 일정한 노동량의 투입에 따르는 부의 생산은 증가하는 것이다. 우리가 어디로 시선을 돌리든 간에 이런 것들은 분명하게 눈에 띈다. 같은 수준의 문명을 누리고, 생산 기술이 같은 단계에 도달해 있고, 국가의 행정 능력 또한 동일하다면, 가장 인구 많은 나라들이 언제나 가장 부유하다.

구체적인 사례를 하나 들어보자. 이것은 여러 인용 가능한 사례들 중에서 우리가 고려하고 있는 이론을 가장 잘 뒷받침해 줄 것으로 보이는 사례이다. 인구는 크게 증가했는데 임금은 크게 감소했고, 자연의 관대함이 감소한 것은 의심스러운 추론이 아니라 명확한 사실인 사회가 여기 있는데 바로 캘리포니아이다.

금이 처음 발견되어 최초의 이민자 물결이 캘리포니아로 흘러들어올 때, 그 사람들은 자연의 혜택이 아주 풍성한 고장을 발견했다. 강둑과 모래톱에서, 수천 년 동안 파묻혀 있던 반짝거리는 사금이 가장 원시적인 장비에 의해 채취되었다. 그 채취된 양에 따라 통상 임금은 하루 1온스(16달러)였다. 영양분 높은 풀들이 가득한 들판은 무수한 말과 소 떼들이 뒤덮었다. 이런 동물들이 아주 많아서 여행자는 쉽게 그의 안장을 새로운 말에다 옮겨놓을 수 있었고, 스테이크 요리가 필요하면 소를 도살해서 먹고 소의 유일하게 가치 있는 부분인 가죽만 그 주인에게 넘겨주면 되었다. 제일 먼저 농사가 시작된 비옥한 토양은, 쟁기질과 씨뿌리기만 하면 풍성한 곡식이 열매를 맺었다. 반면에 옛 나라들에서는 이런 곡식들을 비료와 경작을 통하여 힘들게 얻었다. 이런 풍성한 자연 혜택을 누린 초창기 캘리포니아에서, 임금과 이자는 전 세계 그 어느 곳보다 높았다.

점점 더 늘어나는 인구가 이 땅에 요구하는 사항이 점점 많아지자 이 풍성한 처녀지의 생산력은 조금씩 조금씩 감소해 왔다. 사금 채취는 점점 더 힘들어졌고, 마침내 이렇다 할 채취 작업이 이루어지지 않게 되었다. 사금 광업은 많은 자본, 높은 기술, 정교한 기계를 요구했고 작업의 위험도도 높았다. "말[馬]들은 너무 비용이 들어간다." 그래서 네바다의 평원에서 풀을 뜯고 자란 소들을 기차에 실어서 산간 지대를 통과하여 샌프란시스코의 도살장으로 데려와 도축했다. 농부들은 볏짚을 비축하고 비료를 찾아다녔다. 관개 작업을 해주지 않으면 4년 중 3년은 곡식을 생산하지 못하는 토지도 경작에 들어갔다. 동시에 임금과 이자는 꾸준히 내려갔다. 많은 사람들이 전에 하루 일당으로 받은 돈으로도 일주일을 일하려 했다. 전에는 한 달 이자라고 해도 그리 높지 않다고 생각되던 이율을 연간 이자에 적용했다.

감소된 자연의 생산력과 내려간 임금 사이의 관계는 원인과 결과의 관계인가? 노동이 부를 덜 생산하기 때문에 임금이 낮아진 게 사실인가? 아니, 그 반대이다! 캘리포니아에서 노동의 부 생산력은 1849년에 비해 1879년이 낮아진 게 아니라, 오히려 더 높아졌다고 나는 확신한다. 그리고 이 시기에 캘리포니아의 노동 효용성을 살펴본 사람은 사정이 크게 좋아졌다는 것을 의심하지 않을 것이다. 도로, 부두, 인공수로, 철도, 증기선, 전신, 각종 기계류 등은 크게 확충되었고, 전 세계 다른 지역들과 연결이 되었고, 대규모 인구에서 무수한 경제 활동이 벌어졌다. 이러한 사정을 살펴본 사람은, 노동이 캘리포니아 자연으로부터 받은 대가가 무궁무진한 사금광산과 처녀지가 존재하던 시절보다 전반적으로 더 커졌다는 것을 확신하게 된다. 인적 요소의 증가에서 나오는 생산력이 자연적 생산 요소의 쇠퇴를 보상하고도 남음이 있는 것이다.

이러한 결론이 정확하다는 사실은 다음과 같은 여러 사실들에 의하여 증명된다. 노동자 숫자에 대비해 볼 때, 부의 소비는 오늘날 과거보다 훨씬 더 커졌다. 초기에는 인구가 거의 대부분 전성기의 남자들로만 구성되었지만, 지금은 상당수의 여자와 아이들이 차지하고 부양을 받고 있다. 다른 비 생산자들도 인구 증가율에 비하여 훨씬 큰 비율로 증가했다. 임금이 떨어진 속도보다 사치가 늘어난 속도가 더 가파르다. 과거에 가장 좋은 집이라고 해봐야 천과 종이로 만든 판잣집이었으나, 현재의 대규모 저택은 유럽의 궁전과 어깨를 겨룰 정도이다. 샌프란시스코의 거리에는 제복을 입은 마부가 끄는 마차가 등장했고, 샌프란시스코 만에는 오락용 요트가 떠다닌다. 그들의 수입만으로 호화롭게 살 수 있는 계급이 증가했다. 오늘날의 부자들 옆에 선다면 과거의 최고 부자는 초라한 걸인처럼 보일 것이다.

간단히 말해서, 인구 증가의 속도보다는 부의 생산과 소비가 더 빠른 속도로 증가한다는 놀라우면서도 결정적인 증거들이 온 사방에 차고 넘친다. 만약 어떤 계급이 이런 풍요를 덜 누리고 있다면 그것은 분배의 불공평이 전보다 더 심각하기 때문이다.

가장 부유한 나라는 노동이 효율적인 나라다

이런 특별한 사례에서 구체적으로 드러나는 것은 조사 범위를 확대시켜 보면 더욱 분명하게 드러난다. 가장 부유한 나라는 천연 자원이 가장 많은 나라가 아니라, 노동이 가장 효율적인 나라다. 멕시코 대 매사추세츠, 브라질 대 영국이 대조되는 좋은 사례다. 인구가 조밀하여 자연의 능력을 강하게 압박하는 나라들이, 다른 조건들이 같다면, 가장 부유한 나라들이다. 이런 나라들에서는 생산의 가장 큰 부분이 사치와 비생산자들의 지원에 돌아가고 자본이 넘쳐흐르며, 전쟁 같은 비상사태를 당해서는 가장 큰 자본과 노동의 유출을 감당해 낼 수 있다.

부의 생산은 고용된 노동에 비례한다. 임금과 이자가 높은 신생 국가들보다는 영국 같은 인구 조밀한 나라에서 부의 생산이 훨씬 더 크게 이루어진다. 이것은 다음과 같은 사실에 의하여 분명하게 밝혀진다. 인구 조밀한 나라에서는 인구의 비교적 적은 부분이 생산 노동에 종사하지만, 인구의 신체적 필요를 충족시키는 것 이외에 다른 용도에 전용할 수 있는 잉여 생산물을 만들어낸다. 신생 국가에서는, 그 사회의 모든 노동력이 생산에 투입된다. 생산 노동을 하지 않는 부유한 남자도 없고, 가사 노동에서 면제된 부유한 여자도 없다. 가난한 사람도 거지도 없으며, 게으름을 부리는 부자도 없고, 부자의 변덕과 편의에만 봉사하는 노동을 하는 계급도 없으며, 순수하게 문학과 과학에 종사하는 계급도 없고, 사회에 기생하는 범죄자 계급도 없으며, 사회의 저항으로부터 그들 자신을 지키려 하는 대규모 계급도 없다.

그러나 신생 국가는 사회의 모든 노동력이 오로지 생산에만 매달리기 때문에, 오래된 나라와는 다르게, 전체 인구에 비례하는 부의 소비가 벌어지지 않고 또 감당이 되지도 않는다. 가장 낮은 계급의 생활 조건은 좋은 편이고 생계를 유지하지 못하는 사람은 없지만, 그보다 더 많은 것을 얻을 수 있는 사람은 없다. 또 오래된 나라의 기준에서 편의 혹은 사치라고 할 만한 것을 누리며 살아가는 사람은 극소수이거나 없다. 다시 말해, 오래된 나라에서는, 인구에 비례하여 부의 소비가 높은 편이지만 부의 생산에 종사하는 노동의 비율은 더 낮다. 혹은 더 적은 숫자의 노동자들이 더 많은 부를 생산하는 것이다. 부를 소비하려면 먼저 부를 생산해야 하니까.

더 오래된 나라들의 월등한 부는 월등한 생산력 때문이 아니라, 신생 국가들은 아직 그런 시간적 여유가 없는 부의 축적 때문이다.

그런데 여기서 잠시 축적된 부라는 개념을 생각해 볼 필요가 있다. 사실 부는 아주 적은 정도로만 축적될 수 있다. 대부분의 개인들이 그렇게 살아가듯이, 사회들도 그달 벌어 그달 먹는 식으로 살아간다. 부를 많이 축적할 수가 없는 것이다. 소수의 사소한 형태를 제외하고 부는 축적이 되지 않는다. 이 세상의 물질은 인간의 노동이 가미되어 바람직한 형태로 바뀌어 부를 형성하지만, 그 물질은 끊임없이 그 원래의 상태로 되돌아가려고 한다. 그리하여 어떤 형태의 부는 몇 시간 지속되고, 어떤 것은 며칠, 어떤 것은 몇 달, 그리고 어떤 것은 몇 년 지속된다. 한 세대에서 다음 세대로 전해줄 정도로 오래 지속되는 부의 형태는 아주 드물다.

가장 유용하고 항구적인 형태를 취하는 부, 가령 배, 집, 철도, 기계를 살펴보자. 이런 것들은 그 형태를 보존하고 갱신하기 위한 노동을 계속 투입하지 않는 한, 곧 쓸모없는 것이 되어버린다. 어떤 사회의 노동을 중단시키면, 물의 흐름이 중단된 분수(噴水)처럼 그 사회의 부는 사라져버릴 것이다. 노동을 다시 투입하면 부는 거의 즉각적으로 다시 살아난다. 이것은 전쟁이나 재난이 부를 휩쓸어갔지만 인구에게는 피해를 주지 않는 곳에서, 이미 오래전에 목격된 현상이었다. 1666년에 런던에 대화재가 벌어졌다고 해서 오늘날 그때 못지않은 부가 없는 것은 아니다. 시카고에서 1870년에 대화재가 발생했다고 해서 오늘날 시카고의 부가 그만큼 감소한 것도 아니다. 화재가 휩쓸고 간 이런 땅에는 노동의 손길로 더 멋진 건물들이 들어섰고 더 많은 물품들이 채워졌다. 시카고 도시의 역사를 모르는 낯선 사람이 이 장엄한 거리들을 걸어가면 몇 년 전에는 그곳이 불탄 잿더미로 가득 찬 황무지였다는 것을 상상하지 못하리라.

동일한 원칙 – 부는 항상 재창조된다는 원칙 – 은 모든 새로운 도시에서 분명하게 드러난다. 동일한 인구와 동일한 노동 효율성이 제공된다면, 어제 생긴 도시도 로마인들이 건설한 도시만큼 물자와 사치를 소유하고 즐길 것이다. 멜버른과 샌프란시스코를 관찰한 사람이라면 영국의 인구가 그들의 부를 뒤에다 남겨두고 그대로 뉴질랜드로 이민을 간다고 하면, 뉴질랜드는 곧 현재의 영국처럼 부유하게 되리라는 것을 의심하지 않을 것이다. 반대로 영국의 인구가 현재 뉴질랜드의 그것처럼 듬성듬성해진다면, 그동안 축적해 놓은 부에도 불구하고 곧 가난해지게 될 것이다.

인구 증가는 생산과 분배를 촉진한다

축적된 부와 사회 조직의 관계는 축적된 영양분이 신체 조직을 원활하게 하는 관계와 유사하다. 어떤 축적된 부는 정말로 필요하고 위급한 상황에서 꺼내 쓸 수도 있다. 그러나 과거 세대들이 생산한 부는 오늘날의 소비와는 무관하다. 그것은 작년에 먹었던 저녁 식사가 오늘 이 순간 어떤 사람에게 힘을 제공하지 못하는 것과 같다.

그러나 내가 어떤 특수한 관계보다는 일반적 관계를 지적하려고 말한 이런 고려사항들이 아니더라도, 월등한 부의 축적이 대규모로 소비되는 것은 곧 그 부가 줄어드는 것을 뜻한다. 따라서 축적된 부의 수준이 유지되는 데에도 더 많은 부의 소비가 이루어진다면 그것은 부가 전보다 더 많이 생산된다는 의미이다. 그런데 이제 우리가 서로 다른 사회들을 비교하거나 같은 사회라도 서로 다른 시대를 비교한다면, 인구가 늘어나는 발전하는 국가는 부의 축적과 소비 – 사회 전체의 것이든 개인의 것이든 – 도 따라서 증가하는 것이 분명해진다. 따라서 인구의 증가는 다른 여러 지역에서 발생한 사실을 살펴볼 때 부의 평균적 생산을 감소시키는 것이 아니라 증가시킨다.

이렇게 되는 이유는 명확하다. 설사 인구가 증가하여 부의 자연적 요소의 힘이 줄어들었다 하더라도 인적 요소의 힘이 크게 증가하여 그것을 보상하고도 남음이 있는 것이다. 자연이 척박한 곳이라 할지라도 스무 명의 사람이 그곳에서 함께 일하면 자연이 비옥한 곳에서 한 사람이 생산한 부의 20배 이상을 생산한다. 인구가 조밀하면 할수록 노동의 분업은 더욱 세분화되고, 생산과 분배의 경제는 더욱 커진다. 따라서 맬서스 이론과는 정반대되는 주장(인구가 늘어날수록 식량도 늘어난다)이 진실이다. 우리가 이성적으로 생각해 볼 수 있는 한계 내에서, 그 어떤 문명국가가 되었든 인구 증가는 계속되고 있다. 더 많은 인구는 더 적은 인구에 비하여, 더 높은 비율의 부를 생산하고 또 사람들의 욕구를 더 충실하게 충족시킬 것이다.

객관적 사실들을 냉정하게 살펴보라. 오늘날 문명의 중심지들에서 창궐하는 빈곤의 원인은 생산력의 약화 때문이 아니라는 것은 너무나 분명하지 않은가? 빈곤이 아주 극심한 나라들에서도, 생산력이 충분히 튼튼하여 온전하게 투입될 수만 있다면 가장 낮은 계급에게도 편의뿐만 아니라 사치품도 제공할 수 있지 않은가? 오늘날 문명 세계를 괴롭히는 산업 마비와 상업 불황은 생산력 부족에서 생겨난 게 아님이 분명하다. 그런 위기의 원인이 무엇이든, 부를 생산하는 능력이 부족해서 생겨난 게 아니다.

　문명 세계를 괴롭히는 수수께끼는 이런 것이다. 왜 생산력이 가장 높고 부의 생산이 가장 대규모인 곳에서 빈곤이 발생하는가? 우리는 이제 이 수수께끼를 풀려고 한다. 빈곤을 생산력 감소 탓으로 돌린 맬서스 이론은 이 현상을 설명하지 못한다. 그 이론은 모든 객관적 사실들과 일치하지 않는다. 지금껏 해온 검토만으로도 이런 빈곤은 인간 사회의 제도 불안정에서 나온 게 분명한데, 그것을 맬서스처럼 신의 섭리 탓으로 돌리는 것은 얼토당토아니한 주장이다. 우리는 이제 앞으로 나아가면서 우리의 추론을 계속 입증하게 될 것이다. 그 과정에서 부가 계속 축적되는 데도 왜 빈곤이 생겨나는지 그 이유가 자연스럽게 드러나게 될 것이다.

분배의 법칙

어떤 특정한 움직임을 수행하기 위해 최초로 발명된 기계들은 언제나 가장 복잡하다. 그리고 후배 기술자들은 당초 투입된 것보다 더 적은 바퀴, 더 적은 움직임의 원리를 가지고 동일한 효과를 얻을 수 있음을 발견한다. 마찬가지로 최초의 철학적 체계는 언제나 가장 복잡하고, 어떤 특정한 연결 원리가 두 개의 서로 동떨어진 듯한 특정 원리를 매번 서로 연결시켜 주는 것이 필요하다고 널리 생각된다. 그러나 종종 벌어지는 일이지만, 나중에 하나의 커다란 연결 원리만 있으면 충분하다는 것이 밝혀진다. 그 대원리는 사물들의 전체 종(種) 속에서 벌어지는 무수히 불일치하는 현상들을 서로 연결시켜 주는 것이다.　　　　　　　　　　　　　　　　　－애덤 스미스

『천문학의 역사에 의해 예증된, 철학적 탐구로 이끄는 원리들에 대한 에세이』

제1장

분배의 법칙들과 법칙 간의 필연적 관계

앞 권의 조사 분석에서, 우리가 해결하고자 애쓰는 문제에 대한 현행 정치경제학의 설명은 전혀 타당하지 못하다는 것을 밝혔다.

사회가 물질적으로 진보하는데도 임금은 올라가는 게 아니라 오히려 떨어진다. 이러한 현상은 노동자의 숫자가 늘어나서 임금을 지불하는 기금(자본)이 더욱 나눠지기 때문에 임금이 올라가지 못한다는 이론으로는 설명이 되지 않는다. 왜냐하면 우리가 이미 살펴본 바와 같이 임금은 자본에서 나오는 것이 아니라 노동의 직접 생산물에서 나오기 때문이다. 생산에 종사하는 노동자는 일을 하면서 그의 임금을 창조하고, 노동자가 추가로 증가될 때마다 진정한 임금 기금이 늘어나는 것이다. 그것은 부의 공동 재고에 추가가 되는 것이고, 그가 임금으로 가져가는 액수보다 훨씬 크다.

사회가 물질적으로 진보하는데도 임금이 떨어지는 현상은, 늘어나는 인구가 자연을 더 많이 활용함에 따라 자연의 생산 능력이 줄어든다는 이론으로도 설명되지 않는다. 왜냐하면 노동의 증가된 효율성 덕분에 발전하는 상태는 지속적으로 일인당 생산량을 높이는 상태가 되어나가기 때문이다. 게다가 다른 조건들이 같다면 인구가 조밀한 국가는 언제나 가장 큰 국부를 가진 나라이다.

지금까지 우리는 문제의 복잡성을 심화시켰을 뿐이다. 우리는 기존의 사실들을 나름대로 설명하려고 애쓴 현행 정치경제학 이론을 폐기시켰다. 하지만 그렇게 함으로써 우리는 기존의 사실들을 더욱 설명하기 어려운 것들로 만들어버린 느낌이 든다. 비유적으로 말해 보자면, 프톨레마이오스의 천문학 이론이 여전히 힘을 발휘하는 상태에서, 태양과 별들이 지구 주위를 도는 게 아니라는 사실이 밝혀진 것과 비슷하다. 낡은 이론을 대체하는 더 좋은 이론이 나오지 않는다면 낮과 밤의 현상과 천체의 운동 현상은 여전히 설명되지 않는 것이다. 우리는 논리적 추론에 의하여 생산 노동자가 그 자신의 임금을 생산하고, 노동자의 숫자 증가는 각 노동자의 임금을 상승시킨다는 결론을 내렸다. 그러나 현실은 어떤가? 수입 높은 일자리를 구하지 못한 노동자들이 많을 뿐만 아니라 노동자 숫자의 증가는 임금을 감소시키고 있다. 그러니 우리가 증명한 것이라고는, 임금이 가장 높게 올라가야 마땅한 곳에서 실은 임금이 가장 낮아졌다는 사실뿐이다.

그렇지만 우리는 이런 논리적 추론을 전개하면서 약간의 발전을 이루었다. 우리가 찾아내야 하는 것은 찾아내지 못했지만 차선의 결과로서, 찾아봐야 아무 소용도 없는 곳이 어디인지는 알아낸 것이다. 다시 말해, 논의의 범위를 좁힐 수 있었다. 적어도 다음 사실은 분명해졌다. 생산력이 크게 증가했음에도 불구하고 노동자들을 생산물의 최소 부분에다 묶어두게 된 원인은, 자본의 한계 때문도 아니고 노동에 반응하는 자연의 생산력 한계 때문도 아니다. 따라서 빈곤의 원인은 부의 생산을 지배하는 법칙에서는 찾을 수 없으므로, 분배를 지배하는 법칙 쪽으로 시선을 돌려야 한다. 그러면 이제 분배의 법칙들을 살펴보기로 하자.

빈곤의 원인은 부의 분배에서 찾아야 한다

이제 부의 분배라는 주제와 관련하여 그 주요 부분들을 살펴볼 필요가 있다. 인구가 증가하고 생산 기술이 진보하는 데도 최저계층의 빈곤이 심화되는 원인을 찾기 위하여, 우리는 생산물 중 일부를 노동에 대한 임금으로 분배하는 법칙을 살펴보아야 한다. 임금의 법칙을 발견하려고 하면, 또 우리가 제대로 된 법칙을 발견했음을 확인하려고 하면, 생산물 중 자본에게로 돌아가는 부분과, 지주에게 돌아가는 부분을 결정하는 법칙도 결정해야 한다. 토지, 노동, 자본이 합쳐서 생산물을 만들어냈으므로, 생산물은 이 셋 사이에서 분배되어야 한다. 어떤 사회의 생산물 혹은 생산은 그 사회가 생산해낸 부의 총합이다. 전에 존재한 재고가 줄어들지 않는 한, 이 전반적 기금에서 모든 소비를 충당하고 또 모든 수입을 인출한다.

내가 이미 설명한 바와 같이, 생산은 물건을 만들어내는 것뿐만 아니라 물건을 수송하고 교환하는데서 얻어지는 가치도 포함한다. 순수 농촌 사회나 공업 사회에서 만들어지는 생산이 있는가 하면, 순수 상업 사회에서 만들어지는 생산도 있다. 그 어느 사회가 되었든, 이 생산물의 일부는 자본으로, 또 다른 일부는 노동으로, 나머지 일부는 토지(그 토지가 가치가 있다면)에게로 돌아간다.

당연히 생산된 부의 일부분은 꾸준히 자본의 대체 자금으로 들어가게 되는데, 이렇게 하여 자본은 끊임없이 소비되고 또 끊임없이 대체되는 것이다. 하지만 이것을 고려의 대상으로 삼을 필요는 없다. 우리가 자본을 말하고 생각할 때 습관적으로 그렇게 하듯이 자본은 지속적인 것이라고 생각함으로써 그런 필요를 제거해 주기 때문이다. 따라서 우리가 생산물을 말할 때, 생산에서 소비된 자본을 대체하는 것 이상으로 생산된 부의 부분을 자본에게 돌아갈 것(대가)으로 생각하는 것이다. 또한 우리가 이자 혹은 자본에 대한 대가를 말할 때, 그것은 자본의 대체 혹은 유지에 들어가는 부분을 제외한, 자본에게 돌아가는 부분을 가리킨다.

가장 원시적 단계를 졸업한 모든 사회에서, 생산물의 일정 부분이 세금으로 들어가고 또 정부에 의해 소비된다. 그러나 분배의 법칙을 탐구하는데 있어서 이 부분 또한 감안할 필요가 없다. 우리는 세금을 존재하지 않는 것 혹은 존재해도 생산물을 아주 조금만 감소시키는 것으로 생각하면 된다. 특정한 형태의 독점으로서 생산물에서 일부 떼어가는 것 – 이 독점은 세금과 유사한 힘을 발휘한다 – 도 세금과 마찬가지 취급을 할 것인데, 이에 대해서는 이어지는 장(제4장)에서 다루어질 것이다. 우리는 분배의 법칙을 발견한 후에 세금이 그 법칙과 어떤 관계를 맺는지 살펴볼 수 있다.

우리는 우리의 힘으로 분배 법칙을 찾아내야 한다. 적어도 세 가지 법칙 중 두 가지(임금과 자본)의 법칙이 그러하다. 우리는 앞 권에서 세 법칙 중 하나(임금의 법칙)를 검토한 사실이 있으나, 그와 무관하게 현행 정치경제학은 분배의 세 법칙을 서로 연결시켜 입체적으로 이해지 않고 있다. 이것은 현행 표준 정치경제학 저서들에서 공통적으로 발견된다.

이것은 무엇보다도 사용된 용어의 혼용에서 분명하게 드러난다.

토지와 지대, 노동과 임금, 자본과 이자

현행 정치경제학 교과서들은 이렇게 말한다. 생산의 3요소는 토지, 노동, 자본이고, 생산물은 일차적으로 이 셋 사이에서 분배된다. 따라서 이 세 용어가 필요하고, 각 용어는 나머지 두 용어의 뜻을 배제한다. 지대는 이미 정의된 바와 같이 이 세 요소의 첫 번째 것을 명확하게 표현해 준다. 즉 토지의 소유자들에게 돌아가는 몫이다. 그러나 세 번째 용어, 즉 자본에게 돌아가는 몫에 대해서는 현행 표준 교과서들에서는 난처한 애매모호함과 혼동이 발견된다.

자본의 사용에 대한 대가라는 뜻을 표현하는데 널리 사용되는 어휘 중 이자라는 단어가 이 뜻에 가장 가깝다. 널리 사용되는 이 단어는 자본을 사용하고 관리하는 데 들어가는 노동이나 그 어떤 위험부담 등을 배제한 채, 오로지 '자본의 사용에 대한 대가'라는 뜻을 가지고 있다. 널리 사용되는 이윤이라는 단어는 수입이라는 단어와 거의 동의어로 쓰인다. 즉 소비된 액수를 상회하는 수입을 가리키며, 그 자체로는 지대인 수입을 왕왕 포함한다. 또 거의 언제나 성질상 임금으로 보아야 적정한 돈과, 자본의 다양한 사용에 따르는 위험부담의 보상금 등도 포함할 때가 있다. 따라서 이 단어의 의미를 크게 손보지 않는 한, 생산물 중에 노동이나 토지 소유자에게 돌아가는 부분과 구분해서 자본에 돌아가는 부분만을 의미하는 정치경제학 용어로 사용될 수 없다.

이 모든 것이 현행 정치경제학 교과서에서 발견된다. 애덤 스미스는 임금과 위험부담에 대한 보상이 어떻게 이윤에 포함되는지 설명했다. 그는 약국 주인과 소매상이 올린 커다란 이윤이 실제로는 그들의 노동에 대한 임금이지, 그들의 자본에 대한 이자가 아니라고 지적했다. 또 밀수업이나 목재업같이 위험이 큰 사업에서 만들어진 커다란 이윤은 실제로는 위험부담에 대한 보상이고, 이것은 결국 사용된 자본에 돌아가는 대가를 통상적 수준 혹은 그 이하 수준으로 떨어트릴 것이다. 이와 유사한 예증이 애덤 스미스 이후의 경제학 저서들에서 제시되고 있는데, 이 저서들은 이윤을 상식적인 의미로 정의하면서 지대를 제외시키고 있다. 또 이윤이 기업 관리를 위한 임금, 위험부담에 대한 보상, 이자(혹은 자본의 사용에 따른 대가) 등 3가지 요소로 구성된다고 주장한다.

이렇게 하여 그 상식적 의미에서든 현행 정치경제학 교과서가 부여한 전문적 의미에서든, 이윤은 생산의 3요소 사이에서 벌어지는 부의 분배에는 끼어들 자리가 없다. 아무튼 그 두 의미(상식적·전문적)에서, 부가 지대, 임금, 이윤으로 분배된다고 말하는 것은 인류를 남자, 여자, 인간으로 구분하는 것과 비슷하다.[1]

그러나 독자로서는 정말 놀랍게도 정치경제학 교과서들은 바로 이런 식으로 분류하고 있다. 이윤을 기업 관리를 위한 임금, 위험부담에 대한 보상, 이자-자본의 사용에 대한 순수 대가-로 분해한 다음에, 현행 교과서들은 부의 분배 문제로 들어가서 토지의 지대, 노동의 임금, 자본의 이윤으로 부를 분배해야 한다고 설명한다.

나는 수천 명의 독자들이 이런 용어 혼동에 크게 어리둥절했을 것이라고 의심치 않는다. 독자들은 위대한 사상가들이 실수를 할 리 없으니 잘못은 독자 자신의 어리석음 때문일 것이라고 절망하면서 그런 혼동을 바로잡으려는 노력을 포기했을 것이다. 이것이 그런 독자들에게 위안이 될지는 모르겠으나 버클의 『영국 문명사』를 한 번 펴볼 것을 권한다. 그러면 자신이 읽은 것을 명확하게 이해하고 또 애덤 스미스 이하 주요 경제학자들의 저서를 면밀

---

1   같은 것을 이름만 다르게 부르고 있다는 뜻: 옮긴이

히 읽은 버클도 이윤과 이자를 혼동하고 있음을 발견하게 된다. 버클은 일관되게 부가 지대, 임금, 이자, 이윤으로 분배된다고 말하고 있다(제1권 2장과 주석).

정치경제학 교과서의 용어 혼동

이것은 그리 놀라운 일도 아니다. 왜 이렇게 되었을까? 이윤을 기업 관리를 위한 임금, 위험부담에 대한 보상, 이자로 세분한 후에, 현행 정치경제학 학자들은 전반적인 이윤율을 고정시키는 원인들을 지적하면서, 그들이 말한 이윤의 3요소 중 이자에만 영향을 미치는 것들을 언급하고 있기 때문이다. 그런 다음에 이자율을 설명하면서 수요와 공급이라는 무의미한 공식을 제시하거나, 위험부담에 대한 보상에 영향을 미치는 원인들만 언급한다. 또 그들은 이윤이라는 단어를 경제적 의미가 아니라 상식적 의미로 사용하면서 거기에서 위험부담에 대한 보상은 제외해버린다. 만약 독자가 존 스튜어트 밀의 『정치경제학의 원리』라는 책을 펴들고 이윤을 다룬 장(제2권 15장)과 이자를 다룬 장(제3권 23장)을 서로 비교해 보면, 두 용어에 대한 혼동이, 가장 논리적이라는 영국 경제학자의 저서에서도 벌어지고 있음을 발견할 것이다. 내가 더 이상 설명할 필요도 없을 정도로 그 혼동은 분명하게 드러나 있다.

그런데 이런 경제학자들이 이렇게 생각의 혼동을 일으킨 것은 그 나름 이유가 있다. 그들은 선구자인 애덤 스미스를 따라서 마치 소년들이 "나의 지도자를 따르리"라는 놀이를 하는 것처럼 스미스가 점프한 곳에서는 점프를 했고, 그가 넘어진 곳에서는 따라서 넘어졌다. 왜 그렇게 되었을까? 스미스가 점프한 곳에는 울타리가 있었고, 넘어진 곳에는 구멍이 있었기 때문이다.

이런 혼동의 원천은 아예 통설로 미리 인정하고 들어간 임금 이론이다. 내가 앞 권에서 밝힌 여러 가지 이유들로 인해, 그들은 특정 계급의 노동자 임금은 자본과 노동자 수의 비율에 달려 있다는 이론을 자명한 진리로 받아들였다. 하지만 이 이론이 적용되지 않는 인적 노력에 대한 특정한 종류의 보상이 있었다. 그리하여 지금껏 사용된 임금이라는 용어는 그 의미가 축소되어 아주 평범한 협의(狹義)의 의미만 갖게 되었다. 사정이 이렇기 때문에, 이 자라는 용어가 정치경제학에서 부여하는 정의에 완벽하게 일치하는 방식으로, 생산물 배분의 세 번째 요소만을 의미하는 것이라면, 통상적으로 임금 노동자라고 하는 사람들의 인적 노력을 제외한, 개인적 노력에 대한 모든 보상은 아예 고려 대상에서 제외가 될 것이다. 그러나 정치경제학자들은 부의 분배를 지대, 임금, 이자 간의 분배가 아니라, 지대, 임금, 이윤 간의 분배라고 정의함으로써 이런 어려움(개인적 노력에 대한 보상이 고려 대상에서 제외되는 것)은 은폐가 되었고, 기존의 임금의 법칙으로 포섭되지 않는 모든 임금은 기업 관리의 임금이라는 명목으로 이윤 속에 포함시켰다.

경제학자들이 부의 분배에 대해서 하는 말을 면밀히 읽어보면, 그들이 분배를 올바르게 정의하기는 했지만, 이와 관련하여 사용하는 임금이라는 용어는 논리학자들이 말하는 매개 개념의 오류에 해당한다. 그들이 말하는 임금은 모든 임금을 포함하는 것이 아니라, 일부 임금들, 즉 사용자가 육체 노동에 지불하는 임금만을 가리킨다. 그래서 다른 임금들은 자본에 대한 대가와 함께 뭉뚱그려져 이윤이라는 용어 아래 포함되었다. 이렇게 하여 그들은 자본에 대한 대가와, 인적 노력에 대한 대가를 칼같이 구분하지 않았다. 그 결과 현행 정치경제학은 부의 분배에 대하여 명확하면서도 일관된 설명을 제시하지 못한다. 지대의 법칙은 분명하게 서술되어 있지만 다른 두 법칙(임금과 이자)과는 무관하게 저 혼자 뚝 떨어져 있을 뿐이다. 그리하여 나머지 두 법칙은 혼란과 불일치의 뒤범벅이 되었다.

기존 정치경제학 교과서들의 목차를 보면 이런 생각의 혼란과 우유부단함을 엿볼 수 있다. 내가 알고 있는 기존의 교과서들은 분배의 세 법칙을 서로 연결시키지 않으므로 독자는 첫눈에 그 셋의 상호 연결 관계를 알아보기 어렵다. 그리고 따로따로 설명된 분배의 법칙은 정치적·윤리적 고찰과 주장 등과 한 덩어리를 이루고 있다. 왜 이렇게 되었을까? 그 이유를 찾아내는 것은 어렵지 않다. 현재 가르치고 있는 분배의 세 법칙을 함께 모아 놓으면 첫눈에 그 셋이 상호 연결되지 않는다는 게 뚜렷이 드러나는 것이다.

분배의 세 법칙은 서로 연결되어야 한다

부의 분배 법칙은 분명 비율의 법칙이다. 셋이 서로 긴밀하게 연결되어 있으므로 둘이 먼저 제시되면 나머지 하나는 추론할 수 있다. 전체의 세 부분 중 어느 하나가 늘어나거나 줄어든다면 그것은 나머지 두 부분 중 어느 하나 혹은 둘이 줄어들거나 늘어난다는 뜻이다. 갑, 을, 병이 어떤 사업의 동업자라고 하자. 만약 어느 한 사람의 이윤 몫을 고정시킨다면 그것은 나머지 두 사람의 몫을 개별적으로 혹은 공동적으로 고정시킨다는 뜻이다. 갑의 몫을 40%로 하면 나머지 60%를 을과 병이 나눠가져야 한다. 을의 몫이 40%, 병이 35%라면 갑의 몫은 25%로 고정되는 것이다.

그러나 현행 정치경제학 교과서에서 설명하는 부의 분배 법칙은 이런 연결 관계가 없다. 우리가 그 세 법칙을 함께 모아놓고 살펴보면 이런 결과가 된다.

임금은 노동과 그(노동자의) 생계에 지불한 자본과, 일자리를 찾는 노동자의 숫자 사이에 존재하는 비율에 달려 있다.

지대는 경작의 한계에 의해 결정된다. 모든 토지는 노동과 자본을 최악의 토지에 투입했을 때 생겨나는 생산물을 초과하는 부분을 그 토지의 지대로 회수한다.

이자는 자본을 빌리는 사람의 수요와, 자본을 빌려주는 사람의 공급, 이 둘 사이의 방정식에 의해 결정된다. 혹은 이윤의 법칙에 의하면, 이자는 임금에 의해 결정되는데, 임금이 올라가면 이자는 떨어지고, 임금이 떨어지면 이자는 올라간다. 혹은 J.S. 밀의 표현을 그대로 가져다 쓴다면, 이자는 자본가의 노동 비용에 의해 결정된다.

이렇게 현행 정치경제학의 분배 세 법칙을 한데 모아놓고 보면, 한 눈에 그 법칙들이 서로 연결 관계가 결핍되어 있다는 것을 알 수 있다. 세 법칙은 따로따로 떨어져 있고 서로 협동하지도 않는다. 따라서 이 세 법칙 중 두 가지는 잘못 이해되었거나 아니면 잘못 진술되었다. 이것은 우리가 이미 살펴본 바에서 짐작할 수 있는 것인데, 현행 임금 법칙과 거기에서 추론되는 이자의 법칙은 세밀한 검증을 견뎌내지 못한다. 그러면 이제 노동의 생산물을 임금, 지대, 이자로 나누는 진정한 분배의 법칙을 살펴보기로 하자. 우리가 찾아낸 증거는 세 법칙이 서로 긴밀히 연결되어 있음을 보여준다. 세 법칙은 서로 만나서 연결 관계를 맺고 이어서 단단하게 서로를 구속한다.

우리의 탐구는 이윤과는 전혀 무관하다. 우리는 토지, 노동, 자본의 3자 합작인 생산물의 분배를 결정하는 것은 무엇인지 알아내려 한다. 이윤은 이 세 요소 중 그 어떤 것도 전적으로 가리키는 용어가 아니다. 정치경제학자들이 주장하는 이윤의 세 부분 – 즉 위험부담에 대한 보상, 기업 관리를 위한 임금, 자본의 사용에 대한 대가 – 중 맨 마지막 것이 이자라는 용어에 포함될 수 있으며, 그 나머지 것들은 포함되지 않는다. 기업 관리를 위한 임금은 임금이라는 용어에 포함되어야 하고, 임금은 모든 인적 노력에 대한 대가들을 포함하고 그 밖의 것은 포함하지 않는다. 위험부담에 대한 보상은 분배의 법칙에서 들어설 자리가 없다. 어떤 사회의 모든 거래들이 함께 다루어질 때 위험부담은 자연스럽게 제거된다. 따라서 나는 정치경제학자들의 정의를 일관되게 사용할 것이나, 이자라는 용어는 생산물 중 자본에 돌아가는 부분만을 가리키는 것으로 사용한다.

지금까지의 논의를 요약하면 이러하다.

생산의 3요소는 토지, 노동, 자본이다. 토지라는 용어는 모든 자연의 기회와 힘을 포함한다. 노동은 모든 인적 노력을 의미하며, 자본은 더 많은 부를 생산하기 위해 사용된 모든 부를 가리킨다. 이 세 요소에 대한 대가로 전체 생산물이 그 삼자 사이에서 분배된다. 자연의 기회들을 사용한 대가로 토지 소유주에게 돌아가는 부분은 지대라고 한다. 인적 노력에 대한 보상은 임금이다. 자본의 사용에 대한 대가는 이자이다. 이 용어들은 서로 상대방을 배척한다. 어떤 개인의 소득은 이 세 요소 중 어느 하나, 둘, 셋 모두에서 생겨날 수 있다. 그러나 분배의 법칙을 발견하려면 우리는 이 셋을 분리하여 살펴보아야 한다.

자본은 토지와 노동에 종속된 것

이제 착수하려는 탐구의 전제로서 이 말을 해두고자 한다. 내가 지금껏 충분히 증명해 보인 정치경제학의 오류는 잘못된 관점을 채택한 것이 결정적 원인이다. 자본가가 토지를 임차하고 그렇게 하여 생산의 제일 주체로 활동하는 것을 보아 왔기 때문에, 정치경제학의 아버지들은 자본을 생산의 제일 요인으로, 토지를 수단으로, 노동을 자본가의 대리인 혹은 도구로 여기게 되었다. 이러한 관점은 그들의 논리 전개, 그들이 제시하는 예증, 그리고 심지어 그들의 용어 선택에서도 아주 분명하게 드러난다. 그들의 저서 어디에서나 자본은 출발점이고, 자본가는 중심인물이다. 정치경제학에서 스미스와 리카도는 노동자들이 간신히 먹고 살 수 있는 최소한의 임금을 가리켜 "자연 임금"이라는 용어를 사용한다. 하지만 불의(不義)를 자연스러운 현상이라고 보지 않는 한, 노동자가 생산한 모든 것이 그의 자연 임금으로 인정되어야 마땅하다.

자본을 노동의 고용자로 보는 이러한 사고방식은 다음 두 가지 이론을 낳았다.

첫째, 임금은 자본의 상대적 풍성함에 따라 결정된다.

둘째, 이자는 임금에 반비례하여 변동한다.

그리하여 현행 정치경제학 학자들은 이런 사고방식만 아니었더라면 명백하게 볼 수 있었던 진리를 보지 못하게 되었다. 간단히 말해서, 분배의 세 법칙에 관한 한, 정치경제학은 산꼭대기가 아니라 정글 속으로 들어가는 엉뚱한 발걸음을 내디딘 것이었다. 이것은 언제부터 이렇게 되었을까? 애덤 스미스가 『국부론』 제1권에서 "노동의 생산물은 자연적 보상 혹은 노동의 임금으로 구성된다"라고 말한 관점으로부터 이탈하여, 자본이 노동을 고용하고 임금을 지불한다는 관점으로 전환한 그 순간부터 그렇게 되었다.

그러나 우리가 사물의 근원과 자연스러운 선후 관계를 살펴보면 이것(자본을 우선시하는 것)은 역전된 순서이다. 자본은 맨 먼저 오는 것이 아니라 맨 나중에 오는 것이다. 자본은 노동의 사용자가 아니라, 실제로는 노동에 의해 고용되는 것이다. 노동이 투입되려면 먼저 토지가 있어야 하고, 그런 식으로 노동이 투입된 이후에 비로소 자본이 생겨나는 것이다. 자본은 노동의 결과이고, 노동이 더 많은 생산을 하도록 돕는 데 사용되는 것이다. 노동은 활동적인 최초의 힘이고 따라서 자본의 사용자가 된다. 노동은 오로지 토지를 상대로 투입될 수 있고, 부로 변모시킬 수 있는 물질을 끄집어내는 것도 토지가 있어야 가능하다. 따라서 토지는 선행 조건이고 노동이 투입되는 들판이며 물질이다. 자연적인 순서는 토지, 노동, 자본이 되어야 한다. 우리는 자본을 논의의 출발점으로 삼는 것이 아니라 토지로부터 시작해야 한다.

관찰해야 할 또 한 가지 사항이 있다. 자본은 생산에 필수적 요소가 아니다. 토지에 투입된 노동은 자본의 도움이 없이도 부를 생산할 수 있다. 사물이 생겨나는 선후 관계를 살펴볼 때 자본이 존재하기 이전에 노동이 그런 식으로 부를 생산한다. 따라서 지대의 법칙과 임금의 법칙은 상호 연계되어야 하고, 자본의 법칙이 없어도 완벽한 전체를 구성할 수 있다. 그렇지 않다면 이들 법칙은 가까운 현실적 상황과 불일치하고 또 자본이 생산에 전혀 참여하지 않는 상황과도 일치하지 않게 된다.

자본은 종종 말해지듯이 축적된 노동으로서, 노동의 한 형태, 혹은 노동이라는 일반적 용어의 하위 형태다. 따라서 자본의 법칙은 임금의 법칙에 종속되기도 하고, 대등한 관계를 맺을 뿐이다. 이렇게 해야 전체 생산물이, 지대에 대한 공제 없이, 노동과 자본 사이에서 분배되는 상황과 부합한다. 앞에서 한 예증을 다시 사용해 보기로 하자. 토지, 노동, 자본 사이에서 생산물의 분배는 갑, 을, 병 사이의 분배이다. 단, 갑(토지)과 을(노동)은 원래의 동업자이고, 병(자본)은 나중에 조수로 들어온 사람으로서 을의 이윤을 공유하는 자이다.

제2장

지대와 지대의 법칙

지대라는 용어의 경제적 의미 – 지금 내가 사용하는 의미로서, 토지의 소유주에게 발생하는 생산물의 몫과, 그 토지를 소유함으로써 생기는 자연적 능력(활용도)을 뜻함 – 는 일반적으로 사용되는 지대의 의미와는 다르다. 경제적 의미의 지대는 보통 사용되는 의미보다 그 폭이 좁다. 그러나 다른 점들과 관련해서는 좀 더 넓은 의미를 갖고 있다.

폭이 좁다는 것은 이런 뜻이다. 일상용어에서 지대라는 용어는 건물, 기계, 고정 장치 등을 사용할 때 지불하는 돈과, 토지의 사용 혹은 토지의 기타 자연적 능력을 사용하는데 지불하는 돈을 모두 포함한다. 집이나 농장의 임차와 관련하여, 우리는 그 집이나 농장의 개량에 들어간 돈과 나대지(지상에 건축물이나 구축물이 없는 대지)를 사용하는데 들어간 돈을 서로 구분하지 않는다. 그러나 지대(렌트)의 경제적 의미에서 보면, 인적 노력의 생산물을 사용하는데 따른 지불금은 지대에서 제외된다. 그리고 주택이나 농가 등을 빌려서 일괄 임차료로 지불하는 돈 중에서 토지의 사용과 관련하여 지불된 돈만 지대이다. 건물이나 기타 개량 시설에 대하여 지불한 돈은 그 본성상 이자로 취급된다. 왜냐하면 그것은 자본을 사용한 대가이기 때문이다.

지대가 좀 더 넓은 의미에서 사용된다는 것은 이런 뜻이다. 일상용어에서 지대라는 말을 사용할 때, 소유주와 사용자는 뚜렷이 구분되는 사람이다. 그러나 경제적 의미에서는 소유주와 사용자가 같은 사람일 때에도 지대는 존재한다. 이처럼 소유자와 사용자가 동일인일 때에는, 그가 그 토지를 다른 사람에게 임대하여 얻은 수입은 지대가 된다. 반면에 그의 노동과 자본에 대한 대가는, 그가 토지 주인이 아니라 토지를 임차했을 때 그 노동과 자본이 올리는 소득이 된다. 지대는 판매 가격으로도 표현된다. 어떤 토지를 구매했을 때, 그 소유권이나 항구적 사용 권리에 대하여 지불한 돈은 형체를 바꾼 지대혹은 자본화된 지대이다. 만약 내가 낮은 가격으로 어떤 토지를 사서 한동안가지고 있다가 마침내 그보다 높은 가격으로 토지를 팔아서 부자가 되었다고 해보자. 그러면 나는 내 노동에 대한 임금이나 내 자본에 대한 이자로 인해 부자가 된 것이 아니라, 지대의 상승으로 부자가 된 것이다.

간단히 말해서, 지대는 그 소유주가 갖고 있는 토지의 자연적 능력에 대한 독점적 권리, 그것이 만들어내는 부이다. 그 어떤 땅이 되었든 교환 가치를 갖고 있다면 경제적 의미에서는 지대가 있는 것이다. 소유주든 임차인이든 가치를 가진 토지가 사용되고 있다면 실제적인 지대가 발생한 것이다. 반면에 토지가 사용은 되지 않지만 가치를 갖고 있다면 잠재적 지대를 갖고 있다. 토지에 가치를 부여하는 것은 바로 이 지대를 산출하는 능력이다. 토지의소유권이 어떤 이점을 부여하지 못한다면 토지는 아무런 가치도 없다.[2]

지대는 토지에 대한 개인적 독점권의 결과

이렇게 볼 때 지대 혹은 토지의 가치는 토지의 생산성이나 유용성에서 나오는 것이 아니다. 지대는 생산에 어떤 도움이나 이점을 제공한 바가 없고, 단지 생산의 결과물 중 일부를 확보하는 능력일 뿐이다. 토지의 능력이 무엇이든 간에, 토지 그 자체로는 지대를 생산하지 못하고 가치를 지니지도 못한다. 누군가가 그 토지에서 기꺼이 일할 의사가 있고 그 토지를 사용하는 특권에 대하여 노동의 결과물 중 일부를 떼어주겠다고 해야 비로소 지대가 발생하는 것이다. 그 사람이 지대로 내어놓을 돈은 그 토지의 능력에 달려 있는 것이 아니라, 공짜로 사용할 수 있는 토지의 능력과 비교할 때의 상대적 능력에

---

2 내가 토지의 가치를 말할 때, 나는 이 단어를 나대지의 가치를 가리키는 것으로 사용한다. 토지와 개량 시설에 대해서 이야기하고자 할 때에는 이 별도의 단어들(토지와 개량시설)을 사용할 것이다.

달려 있다. 나는 아주 비옥한 토지를 가지고 있다. 그러나 공짜로 활용할 수 있는 그에 못지않은 땅이 있다면 나의 토지는 아무런 가치가 없다. 그러나 이 다른 땅이 남의 차지가 되어버리고, 공짜로 활용할 수 있는 그 다음으로 좋은 땅이 비옥도, 위치, 다른 특징 등에 있어서 나의 땅만 못하다면 그때 비로소 내 땅은 가치를 가지면서 지대를 산출하기 시작한다.

그리고 내 땅의 생산성이 감소한다고 하더라도 공짜로 얻을 수 있는 땅의 생산성이 더 크게 감소해 버린다면, 나는 여전히 지대를 받을 수 있고 그 결과 내 땅의 가치는 꾸준히 상승할 것이다. 간단히 말해서, 지대는 독점의 가격이다. 인적 노력으로는 생산할 수도 없고 증가시킬 수도 없는 자연적 요소에 대하여 개인의 소유권을 인정해 줌으로써 생겨나는 가치이다.

만약 어떤 사람이 어떤 사회의 토지를 모두 소유하고 있다면 그는 자기 마음대로 토지 사용에 대한 가격과 조건을 요구할 것이다. 그의 소유권이 인정된다면 그 사회의 다른 구성원들은 그의 요구 조건을 받아들이거나 아니면 죽어버리거나 다른 사회로 이민을 떠나는 수밖에 없다. 이것은 많은 나라들에서의 실제 상황이다.

그러나 현대적 형태의 사회에서는 토지의 개인 소유권이 인정되기는 하지만 너무나 많은 다른 사람들에 의해 소유되어 있으므로, 소유주의 변덕이나 욕심에 따라 제멋대로 가격을 부를 수는 없다. 각 개인 소유주는 최대한 많은 지대를 받기 바랄 것이나, 그가 받을 수 있는 금액의 한도가 있는데 그것이 곧 시장 가격 혹은 토지의 시장 지대를 형성한다. 그 가격은 다른 나라, 다른 시대에 따라 서로 다르게 결정되었다. 모든 당사자들 사이에서 자유 경쟁이 벌어지는 상황(정치경제학의 원칙들을 수립하는 데에는 이런 자유경쟁이 언제나 전제 조건으로 상정되어 있다)에서 소유주가 어느 정도의 지대 혹은 가격을 받을 수 있는지 결정하는 법칙이 바로 지대의 법칙이다.

이 법칙을 이렇게 확실하게 고정시켜 놓았으므로, 우리는 임금과 이자를 지배하는 법칙을 추적하는 단단한 출발점을 얻게 되었다. 부의 분배는 곧 배분의 문제이므로, 생산물 중 지대로 지불되는 액수를 결정하는 것이 무엇인지 탐구하는 과정에서, 우리는 남아 있는 임금의 몫을 결정하는 것이 무엇인지도 탐구할 수 있다. 먼저 자본이 생산에 참여하지 않았을 경우의 임금 몫과, 자본이 참여한 경우에 임금과 이자 사이에 공유할 몫을 살펴보게 된다.

다행스럽게도 지대의 법칙과 관련해서는 논의를 전개할 필요가 없다. 이 문제에 대해서는 권위자들의 의견이 상식과 일치하고 있고,[3] 현행 정치경제학에서 받아들여지는 용어는 기하학의 공리와 같은 자명한 특성을 갖고 있다. 이 공인된 지대 법칙은 존 스튜어트 밀이 정치경제학의 당나귀의 다리[4]라고 증명한 바가 있는데, "리카도의 지대 법칙"이라고도 한다. 비록 리카도가 이 법칙을 언명한 최초의 인사는 아니지만 그것을 세상에 널리 알렸기 때문이다.[5] 그 법칙은 이러하다.

어떤 토지의 지대는, 노동과 자본을 현재 사용 중인 가장 생산력 떨어지는 땅에 투입했을 때보다 더 나오는 초과 생산물에 의해 결정된다.

이 법칙은 농업 이외의 다른 용도, 가령 광산이나 어장 등 모든 자연적 능력에도 적용되는 법칙인데, 리카도 이후의 모든 유수한 경제학자들이 충분히 설명하고 또 예증해 온 바 있다. 이 지대의 정의는 자명한 명제의 강력한 힘을 갖고 있다. 경쟁의 효과는 노동과 자본을 생산에다 가장 적게 투입하고서 가장 높은 보상을 얻어내도록 하는 것이기 때문이다. 따라서 다른 땅보다 생산적인 땅을 가진 소유주는 통상적 수준의 노동과 자본을 보상하고 난 다음에 생기는

---

3 공인된 지대의 법칙에 대하여 반박의 소지가 없다고 얘기하려는 것은 아니다. 논리가 서로 연결되지 않는 현행 정치경제학의 헛소리들 중에서, 반박의 대상이 아닌 것을 찾아보기 어렵다. 그러나 이 법칙은 권위자로 인정받고 있는 경제학자들의 승인을 받은 것이다. 존 스튜어트 밀은 이렇게 말했다 (『정치경제학의 원리』 제2권 16장). "이 법칙에 동의하지 않는 사람은 별로 없다. 이 문제를 완벽하게 이해하지 못한 사람을 제외하고 말이다. 이 법칙을 반박하는 사람들이 그것을 엉성하고 부정확하게 이해하는 방식은 특기할 만하다." 이러한 관측은 후대에 들어와서도 많은 사례에 적용된다.
4 pons asinorum: 『기하학』의 제5명제를 가리키는 것으로, 학생들이 이 명제를 잘 이해하지 못해, 당나귀[바보]가 물에 빠지는 다리라고 했는데, 후에 전용되어 무지하거나 경험이 없는 사람들에게 부과되는 능력의 시험대라는 뜻으로 사용됨: 옮긴이
5 매컬로크에 의하면 지대 법칙은 1777년에 에든버러의 닥터 제임스 앤더슨에 의해 처음 언명되었다. 그리고 19세기 초에는 에드워드 웨스트 경, 맬서스 씨, 리카도 씨 등이 동시에 언급했다.

초과분을 모두 지대로 차지하게 되는 것이다. 통상적 수준이라 함은 현재 사용 중인 가장 생산력이 떨어지는 땅 혹은 공짜로 사용할 수 있는 가장 생산력이 떨어지는 땅에 노동과 자본을 투입해서 얻어지는 생산량을 의미한다.

지대는 어떤 땅에 투입한 노동과 자본의 초과 생산분

지대 법칙을 이렇게 설명하면 좀 더 온전한 이해가 될 것 같다. 어떤 자연력의 소유주는 노동과 자본을 가장 생산력이 떨어지는 곳에다 투입했을 때 얻어지는 생산물에 비하여, 자기가 소유한 자연력에서 얻어진 생산물이 훨씬 그것을 초과한다면 그 초과 생산분을 지대로 차지할 수 있다.

위의 문장에서 자연력과 가장 생산력이 떨어지는 곳이라고 했으나 사실상 토지를 거기에 대체해 넣어도 무방할 것이다. 토지를 사용하지 않고 노동과 자본이 투입될 수 있는 일은 사실상 없기 때문이다. 게다가 토지의 경작이나 다른 용도의 토지 활용은 언제나 가장 낮은 수입점(收入点: point of remuneration) 수준에서 이행된다. 다른 모든 사정을 감안할 때 이것은 다른 직업에서도 선선히 인정되고 있다.

가령 어떤 사회에서 노동과 자본의 일부가 농업에 투자되고 또 다른 일부가 제조업에 투자된다고 해보자. 가장 질 낮은 경작지가 산출하는 평균 대가가 20이라고 해보자. 그러면 농업은 물론이고 제조업에서도 노동과 자본에 대한 평균 대가는 20이 될 것이다. 그런데 어떤 항구적(恒久的) 원인으로 인해 제조업의 대가가 현재 15로 줄어들었다고 해보자. 그렇다면 제조업에 들어가 있던 노동과 자본은 농업 쪽으로 돌아설 것이다. 이러한 흐름은 다음과 같은 상황이 벌어져야 겨우 중단될 것이다. 경작이 열등한 토지로 옮겨가거나 같은 토지더라도 열등한 수입점으로 떨어졌거나, 아니면 생산 감소로 인해 제조업 제품의 상대적 가치가 증가했거나, 아니면 이 두 가지 상황이 겹쳐져서, 두 생산 분야의 노동과 자본이 동일한 수준의 대가를 받게 되는 상황이다. 그리하여 제조업이 현재 진행되는 생산성의 최종 수입점이 얼마든 간에 - 18이든, 17이든, 16이든 - 경작 또한 그 수입점까지 확대될 것이다. 따라서 지대는 한계 생산량을 넘어서는 생산량의 초과분이라고 말하는 것은, 동일한 양의 노동과 자본이 가장 수입성이 떨어지는 직업에서 올리는 생산성의 초과분이라고 말하는 것과 같은 얘기이다.

사실상 지대의 법칙은 경쟁의 법칙에서 나오는 것이다. 지대의 법칙은 다음과 같은 수장으로 요약된다. 임금과 이자는 공동의 수준을 지향하는 경향이 있으므로, 어떤 토지(혹은 자연물)에 투입된 노동과 자본이 현재 다른 데서 사용 중인 가장 품질이 낮은 토지(혹은 자연물)에서 올린 생산량보다 더 많은 생산량을 올렸다면 그 초과분(부의 전반적 생산물 중 초과분)은 지대의 형태로 토지 소유주에게 돌아간다. 이 법칙은 결국 정치경제학의 근본 원리 ─ 물리학으로 따지자면 중력의 법칙 ─ 인 "인간은 가장 적은 노력으로 자신의 요구를 충족하려 한다는 원리"에 기반을 두고 있는 것이다.

바로 이것이 지대의 법칙이다. 많은 정치경제학 교과서들이 리카도의 정의를 너무 철저하게 따르고 있지만, 리카도는 지대를 주로 농업과 관련하여 생각했고, 여러 군데에서 제조업은 지대를 산출하지 않는다고 말했다. 그러나 실제로는 그렇지 않다. 제조업과 상업이 번성한 도시들의 높은 토지 가격이 보여주듯이, 제조와 교환이 가장 높은 지대를 산출하는 것이다. 리카도 시대 이후에 이러한 지대의 법칙은 분명하게 이해되고 또 널리 인식되었다. 하지만 그 법칙에서 나오는 논리적 결과는 그렇지 못했다. 그 결과는 너무나 분명한 것이었지만, 기존의 임금 이론에 가로막혀 그것을 명확하게 이해하지 못하게 되었다.

우리가 지금껏 살펴본 바와 같이 기존의 임금 이론은 여러 경제학자들로부터 널리 지지를 받았고, 또 여러 고려 사항들에 의해 강화되었는데 그 고려사항들의 중요성은 우리가 논리적 결론을 도출할 때 살펴보게 될 것이다.[6] 하지만 다음 사실은 가장 간단한 기하학적 증명처럼 분명하지 않은가? 생산

---

6 버클, 『영국 문명사』 제2장. 2장은 지대, 이자, 임금 간의 필연적 관계를 논하였지만, 그 후 분명하게 완성하지 않았다.

물이 지대와 임금 사이에서 분배되는 곳에서는 지대의 법칙이 곧 임금의 법칙이다. 그리고 생산물이 지대, 임금, 이자 사이에서 분배가 되는 곳에서는, 지대의 법칙이 곧 임금과 이자를 묶은 법칙이다.

지대의 법칙이 곧 임금과 이자를 묶은 법칙이라는 얘기를 다르게 설명하면 이러하다. 노동과 자본을 투입하여 어떤 생산물이 나왔든 간에, 이 두 요소는 지대 없는 공짜 땅(혹은 현재 사용 중인 가장 수입점이 떨어지는 땅)에서 생산한 생산물을 임금과 지대의 형태로 받아간다. 만약 노동과 자본이 어떤 땅에 투자되어 공짜 땅에서 생기는 생산량보다 많은 초과분을 지대로 토지 소유주에게 지불해야 한다면, 노동과 자본이 임금과 이자의 형태로 가져갈 수 있는 것은 결국 지대 없는 땅에서 올렸던 것과 동일한 수량뿐이다. 이것을 수식으로 정리하면 이렇다.

생산물 = 지대 + 임금 + 이자

생산물 - 지대 = 임금 + 이자

이렇게 볼 때 임금과 이자는 노동과 자본의 생산물에 따라 결정되는 것이 아니라, 지대를 제외하고 남은 부분에 의해 결정된다. 혹은 지대를 지불하지 않고 올린 생산량(혹은 가장 수입점이 떨어지는 땅에서 얻은 생산량)에 의해 결정된다. 따라서 생산력이 아무리 증가한다고 해도 지대의 증가가 그와 동일한 보조를 취한다면 임금이나 이자는 증가할 수가 없다.

지대가 초과 생산분을 가져가면 임금은 상승하지 않는다

이 간단한 관계를 명확하게 인식하는 순간, 예전에 설명이 잘 안 되고 서로 불일치하는 사실들이 하나의 법칙 아래에 있다는 현상의 본질을 파악하게 된다. 진보하는 국가들에서 계속 진행 중인 지대의 상승이, 생산력의 증가에도 불구하고 임금과 이자가 오르지 않는 핵심 이유임을 파악하는 것이다. 모든 사회에서 생산되는 부는 두 개의 부분으로 나누어지는데, 하나는 경작의 한계에 의해 고정되는 지대선(rent line)[7]이고, 다른 하나는 지대를 지불하지 않아도 되는 공짜 땅에서 노동과 자본이 얻을 수 있는 대가이다. 그리고 임금과 이자는 이 지대선 아래에서 지급이 되고, 그 선을 상회하는 부분은 모두 토지 소유주에게 지대로 돌아간다.

그리하여 토지의 가치가 낮아서 부의 생산 규모가 작더라도, 높은 비율의 임금과 이자가 노동과 자본에게 돌아간다. 이것은 우리가 신생 국가들에서 살펴본 바와 같다. 그러나 토지의 가치가 높아서 부가 크게 생산될 수 있는 곳, 가령 오래된 나라들에서는 임금과 이자의 비율이 낮아진다. 모든 선진국들이 그런 것처럼 생산력이 증가되는 곳에서, 임금과 이자는 생산력 증가에 의해 영향을 받는 것이 아니라, 지대가 영향을 받는 방식에 의해 영향을 받는다.

만약 토지의 가치가 생산력과 비례하여 증가한다면, 모든 생산 증가분은 지대로 흡수되어 버리고, 임금과 이자는 전과 마찬가지 상태로 머무르게 된다. 만약 토지의 가치가 생산력보다 더 큰 비율로 증가한다면 지대는 생산력 증가보다 더 많은 부분을 가져가게 될 것이다. 그리하여 노동과 자본의 생산물이 전보다 훨씬 커졌는데도, 임금과 이자는 오히려 떨어질 것이다. 생산력은 증가되는데 토지의 가치가 오르지 않을 때에만 임금과 이자는 생산력의 증가에 발맞추어 올라갈 것이다. 이 모든 것은 구체적 사실 속에서 확인된다.

---

7 지대가 시작되는 선인데 경작의 한계가 100이고 실제 생산량이 101, 102, 103 등일 경우 1,2,3은 모두 지대로 흡수된다: 옮긴이

제3장

이자와 이자의 원인

우리는 지대의 법칙을 확립하고 그 논리적 결과로 생산물이 지대와 임금 사이에서 분배될 경우의 임금 법칙과, 생산물이 지대, 임금, 이자 사이에 분배될 경우의 법칙, 즉 임금과 이자를 함께 묶는 법칙을 확립했다. 토지와 노동만이 관계된 문제라면, 지대로 지불되는 생산물의 비율을 정하면, 임금으로 남아 있는 부분을 결정할 수 있다. 만약 자본이 생산에 참여했다면 임금과 이자 사이에 나눠가질 몫을 알 수 있다.

그러나 이러한 논리적 결과를 따지지 않고, 이들 법칙을 따로따로 살펴보기로 하자. 만약 이런 식으로 얻은 법칙이 서로 관련이 있다면 우리의 결론은 가장 확실한 것이 될 것이다.

비록 임금의 법칙을 발견하는 것이 우리 탐구의 궁극적 목표이기는 하나, 그에 앞서 이자의 문제를 검토해 보기로 하자.

나는 앞에서 이자와 이윤이라는 용어는 서로 의미가 다름을 지적했다. 또한 부의 분배에서 추상적 개념으로 사용되는 이자는 사람들 사이에서 널리 사용되는 이자와는 다른 의미를 가지고 있음도 지적해두고자 한다. 그 차이는 이렇다. 경제학에서 말하는 이자는 돈을 빌린 사람이 빌려준 사람에게 갚는 돈뿐만 아니라 자본의 사용에서 나오는 모든 대가를 포함한다. 그 대신, 사업의 위험부담에 대한 보상은 이자 개념에 포함되지 않는다(그 보상은 일반적으로 사용되는 이자 개념에서 큰 부분을 차지한다). 위험부담에 대한 보상은 자본을 다양하게 투입했을 때 나오는 대가들을 균등화한 것일 뿐이다. 우리가 알아내고 싶은 것은, "무엇이 이자의 일반 요율을 결정하는가"라는 질문에 대한 답이다. 이 일반 이율에다가 위험부담 보상에 적용되는 서로 다른 요율을 추가하면, 상업 세계에서 현재 적용되는 이율이 나올 것이다.

이자가 커다랗게 차이가 나는 것은 위험부담의 차이가 다르기 때문이다. 그러나 다른 나라, 다른 시간대에서는 이율 자체가 상당한 차이가 있다. 캘리포니아에서는 과서 한때 담보를 제공할 경우 월 2%는 그리 높은 이율로 생각되지 않았다. 그러나 지금은 같은 담보를 제공하고서도 연 7~8%의 이율로 돈을 빌릴 수가 있다. 물론 이런 이율의 차이에는 일반적 안정도가 높아진 탓도 있겠지만 그 차이의 커다란 부분은 다른 일반적 이유 때문이다. 미국의 이율은 일반적으로 말해서 영국의 이율보다 높다. 그리고 같은 미국 내에서도 새로 생긴 주들이 오래된 주들보다 이자율이 높고, 사회의 발전이 장기간에 걸쳐 현저하게 드러난 곳일수록 이자율은 낮아지는 경향이 있다. 이런 다양한 차이를 모두 포섭하면서 그 원인을 드러내주는 이자의 법칙은 무엇일까?

진정한 이자의 법칙을 알아내기 위해서는 현행 정치경제학의 실패에 대하여 지금껏 생각해온 것 이상으로 깊이 생각해 볼 필요는 없다. 이 법칙에 대한 현행 정치경제학의 설명은 다른 이론의 한 축인 임금 이론처럼 일관성이나 확정성(비록 사실에 일치하지 않으면서도 이론으로 인정받아 왔지만)이 없으며, 임금 이론을 검토할 때처럼 깊이 들여다볼 것도 없다. 현행 정치경제학의 이자 이론이 현실과 배치된다는 것은 너무나 분명하다. 다시 한 번 말하지만, 이자는 노동과 자본의 생산성에 달려 있지 않다. 이것은 노동과 자본이 가장 생산적인 곳에서 이자가 가장 낮다는 사실에 의하여 뒷받침된다. 이자는 또한 임금(혹은 노동의 비용)에 반비례하지 않는다. 다시 말해, 임금이 올라가면 이자가 내려가고 반대로 임금이 내려가면 이자가 올라가지는 않는다. 이것은 임금이 높은 때와 장소에서 이자가 높고, 반대로 임금이 낮은 때와 장소에서 이자가 낮다는 일반적 사실에 의하여 뒷받침된다.

처음부터 다시 시작해 보자. 자본의 성격과 기능은 이미 충분히 설명되었다. 비록 이야기의 본래 줄기에서 이탈하는 한이 있더라도, 이자의 원인을 먼저 살펴보고, 이어 그 법칙을 살펴보기로 하자. 현재의 주제를 좀 더 분명하고 확실하게 이해함으로써 우리의 탐구는 몇 가지 결론에 도달할 것이고, 그 중요성은 앞으로 점점 더 분명하게 드러날 것이다.

이자의 이유와 근거

이자의 이유와 근거는 무엇인가? 왜 돈을 빌린 사람이 빌려준 사람에게 빌려온 금액보다 더 많은 돈을 내놓아야 하는가? 이 질문은 답변할 만한 가치가 있는데 그것이 관념적으로도 중요하지만 실제적으로도 중요한 의미를 갖고 있기 때문이다. 이자는 산업의 약탈이라는 느낌이 폭넓게 퍼져 있고 또 더욱 퍼져 나가고 있다. 이러한 감정이 대서양 양안[8]의 대중 문학과 대중 운동에서 점점 더 뚜렷하게 드러나고 있다. 현행 정치경제학의 대표 주자들은 노동과 자본 사이에는 아무런 갈등도 없다고 말한다. 그러면서 그들은 자본이 얻는 대가를 제약하는 모든 계획을 자본뿐만 아니라 노동에도 해롭다며 반대한다. 그러나 이들의 교과서에서는 임금과 이자가 서로 반비례한다고 설명되어 있다. 이자가 낮으면 임금이 높고, 반대로 임금이 낮으면 이자가 높다는 것이다.[9]

만약 이러한 이론(이자가 낮아지면 임금은 올라간다)이 옳은 것이라면, 노동자가 이자를 낮추려는 계획에 대하여 반대할 이유가 별로 없고, 그저 그런 계획은 성공하지 못할 거라고 한 마디 하고 말 것이다. 하지만 관련법을 제정하면 모든 것을 다 할 수 있다는 생각이 널리 퍼져 있는 곳에서 노동자의 그런 얘기는 별로 먹히지 않을 것이다. 설사 노동자의 그런 얘기로 이자를 낮추려는 어떤 계획이 취소되었다 할지라도 또 다른 계획이 나오는 걸 방지하지는 못할 것이다.[10]

---

8 영국과 미국: 옮긴이
9 이것은 실제로는 이윤에 대해서 한 말이나, 의미로 볼 때 자본의 대가를 가리킨 게 분명하다.
10 이자와 임금은 경제학적으로 동반상승하는 것이므로, 이자의 제한을 아무리 법률로 다스리려 한다 해도 결국 성공하지 못한다는 뜻: 옮긴이

이자는 왜 있어야 하는가? 모든 정치경제학 교과서에서는 이자를 절제에 대한 대가라고 설명한다. 그러나 이 설명은 충분하지 않다. 절제는 적극적인 행동이 아니라 소극적인 행동이다. 그것은 어떤 행위가 아니라 어떤 행위를 하지 않는 것에 불과하다. 절제는 그 자체로는 아무것도 생산하지 못한다. 그렇다면 왜 생산물의 일부를 절제의 몫으로 내놓아야 하는가? 만약 내가 일정한 금액의 돈을 일 년 동안 묶어 두었다면 나는 그 돈을 빌려준 것만큼이나 그 돈에 대하여 절제를 했다. 그러나 돈을 빌려준 경우에는 나는 일정 기간이 지나가면 원금 플러스 이자를 받을 것을 기대할 수 있지만, 돈을 묶어둔 경우에는 여전히 같은 액수의 돈을 갖고 있을 뿐 이자는 없다. 그렇지만 이 두 경우에 절제는 똑같이 이루어졌다.

돈을 빌려주면서 내가 빌려가는 사람에게 서비스를 해준 것이라고 말한다면, 빌려간 사람도 내게 그 돈을 안전하게 지켜줌으로써 서비스를 해주는 것이라고 똑같이 말할 수 있다. 어떤 조건 아래에서 그런 (금전의) 보관 서비스는 아주 가치 있는 것이고, 그래서 그런 서비스를 안 받으려 하기보다는 오히려 대가를 지불할 수 있겠다는 생각도 든다. 그런 서비스는 어떤 형태의 자본에게는 크게 쓸모가 있음이 더욱 분명하게 드러난다. 왜냐하면 그냥 묶어두면 안 되고 끊임없이 순환시켜야 하는 자본의 형태들이 많이 있기 때문이다. 다시 말해, 즉시 사용하지 않는다면 보관하기가 부담스러운 자본이 있는 것이다.

그래서 자본을 축적한 사람은 그 돈을 빌려주어 자본의 사용자를 도와주고, 빌려간 사람은 돈을 되돌려줄 때 이자를 포함하여 부채를 온전하게 갚는 것이다. 자본의 보존, 유지, 재창조는 곧 자본을 실제로 사용한 것이나 마찬가지다. 절제는 자본을 축적하는 것이 유일한 목표이다. 절제는 그 이상을 해내지 못하며 심지어 그것(축적)도 제대로 못한다.

만약 우리가 돈을 사용하지 않고 절제만 한다면, 1년 동안에 많은 부가 사라져버린다. 그리고 2년이 흘러간다면 남아 있는 부는 얼마 되지 않을 것이다. 따라서 절제만 하면서 자본의 안전한 회수만을 바란다면 노동에게 큰

피해를 입히는 것이 된다.[11]

정치경제학의 잘못된 절제 사상 때문에, 이자는 노동을 희생시키면서 발생하는 것이고, 실제로 노동의 착취이므로 정의로운 사회 조건에서는 폐지되어야 한다는 잘못된 얘기가 나온다.

이자와 대패의 비유

지금껏 이런 절제의 사상에 반박하려는 시도는 그리 성공을 거둔 것처럼 보이지 않는다. 기존의 통상적 논리를 잘 보여주는 것으로서, 프레데릭 바스티아(1801-1850, 프랑스의 경제학자)의 자주 인용되는 대패 비유가 있다. 이제 그것을 살펴보기로 하자.

제임스라는 목수가 열흘 간 노동하여 대패를 하나 만들었다. 이 대패는 연간 300일의 작업일 중 290일을 사용할 수 있는 것이다. 또 다른 목수인 윌리엄은 그 대패를 빌려가는 대신에 1년이 지나가서 그 대패가 닳아빠지면 빌려간 것과 똑같은 대패를 돌려주겠다고 제안했다. 제임스는 그런 조건으로는 대패를 빌려주지 못하겠다고 대답했다. 1년이 지나간 후에 그냥 대패만 돌려받는다면 그 대패를 1년 동안 사용했을 때의 이점을 전혀 누릴 수 없다는 것이었다. 윌리엄은 그 반론을 인정하면서 대패뿐만 아니라 거기에 널빤지를 한 장 얹어서 주겠다고 다시 제안했다.

이 합의는 상호 만족한 상태로 체결되었다.

대패는 1년 동안 사용되었으나, 1년이 지나간 후 제임스는 새 대패 이외에도 널빤지를 한 장 더 받았다. 그는 새 대패를 계속하여 빌려 주었고 마침내 그 대패는 제임스 아들의 손으로 넘어갔다. 그 아들 또한 매번 널빤지를 받으면서 그 대패를 "계속하여 빌려주고 있다." 이 널빤지는 곧 이자인데 자연스러우면서도 공정한 수입이다. 대패를 사용한 대가로 널빤지를 내놓음으

---

11 앞에서 자본의 적절한 투입은 노동의 생산성을 도와준다는 말이 나온다: 옮긴이

로써, 윌리엄은 "도구 속에 존재하는 노동 생산성을 높이는 힘"을 얻었고, 그 대패를 빌리지 않을 때에 비하여 사정이 더 나빠진 것도 없다. 또한 제임스도 그 대패를 빌려주지 않고 그 자신이 유지하고서 사용했을 때보다 더 얻은 것도 없다.

정말 그런가? 우선 제임스는 대패를 만들 수 있는데 윌리엄은 만들지 못한다는 사실이 불분명하다. 만약 이게 사실이라면 그것은 널빤지를 이자가 아니라, 우월한 기술의 대가로 받은 것으로 만든다. 이 경우 제임스는 노동의 결과물의 소비를 절제하다가 그 결과물을 대패의 형태로 축적한 것이다. 노동의 축적은 자본의 핵심 개념인 것이다.

둘 다 대패를 만들 능력이 있다고 보고, 만약 제임스가 대패를 빌려주지 않았다면 그는 그것을 290일 동안 사용했을 것이고 그 대패가 닳아빠져서 남아 있는 작업일 10일을 투입하여 새 대패를 만들어야 했을 것이다. 만약 윌리엄이 대패를 빌려오지 않고 그 자신이 열흘 걸려서 직접 만들었다면, 그것을 나머지 290일 동안에 사용했을 것이다. 여기서 대패를 사용하여 널빤지 하나를 만드는데 하루의 작업일이 필요하다고 해보자. 그러면 대패를 빌려주고 빌려 받는 일 없이 1년이 지나간 후에, 두 사람은 1년이 시작되던 때의 대패 보유 상황에 대하여 이러한 결과가 될 것이다.

제임스는 대패가 있고 윌리엄은 없다. 두 사람은 1년이 지나간 후에 290장의 널빤지를 생산할 것이다. 만약 대패를 빌려오는 조건이 윌리엄이 당초 제시한 대로였다면(대패를 빌려가서 새 대패로 돌려주는 것), 두 사람의 상대적 상황은 이와 똑같았을 것이다. 윌리엄은 290일 동안 빌려온 대패로 일을 하고서 남은 10일을 새 대패를 만들어 제임스에게 돌려주었을 것이다. 제임스는 1년의 첫 10일을 투입하여 또다른 대패를 만들어 290일을 일했을 것이고, 연말에 윌리엄으로부터 새 대패를 받았을 것이다. 이런 식으로 대패를 돌려주면 두 사람은 연말에 가면 대패를 빌려주고 빌려 받은 적이 없는 것과 똑같은 상황이 될 것이다. 제임스의 손실이 윌리엄의 이득이 되지 않고, 윌리엄의 이득이 제임스의 손실이 되지도 않는다. 각자 자신의 노동이 생산하는 대가, 즉 널빤지 290장을 확보했을 것이다. 그리고 제임스는 한 해를 시작할 때의 이점, 즉 새로운 대패를 가지고 있었을 것이다.

그러나 대패 이외에 널빤지 한 장을 얹어 주었으므로, 제임스는 연말에 가서 대패를 빌려주지 않았을 때보다 나은 입장이 된 반면에, 윌리엄은 나쁜 입장이 되었다. 제임스는 널빤지 291장에 새 대패가 있고, 윌리엄은 289장에 대패가 없다. 만약 윌리엄이 대패와 그 한 장의 널빤지를 전과 동일한 조건으로 다시 빌려간다면, 그는 연말에 제임스에게 대패 한 개, 널빤지 두 장, 그리고 일부분의 널빤지를 돌려주어야 할 것이다. 만약 이런 연말의 차이 나는 부분을 계속 빌려온다면 윌리엄의 수입은 계속 줄어들 것이고, 반면에 제임스의 수입은 계속 늘어나서, 마침내 최초에 대패를 빌려준 것 덕분에 제임스는 윌리엄의 노동의 결과를 모두 차지하게 되지 않겠는가? 다시 말해, 윌리엄은 사실상 제임스의 노예가 되지 않겠는가?

그렇다면 이자는 자연스럽고 공평한 것인가?

위에서 방금 살펴본 바로는 전혀 그렇지 않다. 따라서 바스티아(와 다른 많은 경제학자들)가 이자의 근거라고 한, "도구 속에 존재하는 노동 생산성을 높이는 힘"은 명실공히 이자의 근거가 되지 못한다. 바스티아의 설명을 깊이 분석해 보지 않고 그것을 결정적인 것으로 받아들인 사람들의 오류는 이런 것이다. 그들은 대패를 빌려주면, 대패가 노동에 부여하는 생산력의 증가도 따라서 이전되는 것으로 보았다. 그러나 그런 이전은 실제로 벌어지지 않았다. 제임스가 윌리엄에게 빌려준 것은, 노동이 대패를 사용하여 얻는 생산력 증가가 아니다. 이런 주장을 뒷받침하기 위해 대패의 제작과 사용이 업계 비밀 혹은 특허권이라고 가상해 보자. 그러면 대패의 사례는 자본이 아니라 독점의 사례가 된다. 제임스가 윌리엄에게 빌려준 것의 본질은 그의 노동력을 좀 더 효율적인 방식으로 사용하는 특혜를 준 게 아니라, 열흘 동안의 노동의 구체적 결과를 사용하게 해준 것이다. 만약 "도구 속에 존재하는 노동 생산성을 높이는 힘"이 이자의 원인이라면, 발명의 진전에 따라 이자율이 높아져야 한다. 하지만 사실은 그렇지 않다. 50달러짜리 재봉틀을 빌릴 때 50달러 어치

바늘을 빌릴 때보다 더 높은 이자를 지불해야 하는 것은 아니다. 이것은 똑같은 가치의 증기선과 벽돌 더미에 대해서도 동일하다. 자본은 부와 마찬가지로 교환이 가능하다. 그것은 어떤 한 가지 사물을 가리키는 것이 아니라 교환의 범위 내에 있는 동일한 가치의 모든 물건을 가리킨다. 도구의 품질개선은 자본의 생산력을 높이는 것이 아니라, 노농의 생산력을 높이는 것이다.

만약 모든 부가 대패 같은 물건들로 이루어져 있고 모든 생산이 목수의 생산물 같은 것이라면 – 다시 말해, 부가 이 세상의 생명 없는 물질로 이루어져 있고 생산은 그 물질을 다른 형태로 바꾸는 것이라면 – 이자는 노동의 착취가 될 것이고, 그런 제도(이자)는 그리 오래 존재하지 못할 것이라고 생각된다. 이렇게 말한다고 해서 부의 축적도 없을 것이라고 말하려는 건 아니다. 부를 자본으로 바꾸려는 동기는 부를 증가시키려는 것이지만, 축적이 주된 동기는 아니다. 어린아이들은 크리스마스에 대비하여 동전을 모은다. 해적들은 땅에 파묻은 보물을 더 늘리려 한다. 동양의 군주들은 금화를 더욱 축적하려 들 것이고, 스튜어트나 밴더빌트 같은 재벌가의 사람들은 아주 강력한 축적의 욕구를 갖고 있으므로 이미 수백만 달러를 갖고 있음에도 더욱 재산을 늘리려 한다.

이자가 없어질 것이라고 말한다고 해서 빌려주기와 빌려 받기가 없어질 것이라고 말하는 건 아니다. 왜냐하면 이런 행위는 대부분 상호 편의를 위해 촉진되기 때문이다. 만약 윌리엄이 지금 즉시 목수 일을 시작해야 하고 제임스는 열흘 뒤에 시작할 것이라면 대패를 빌려주는 행위에는 상호 혜택이 있다. 비록 널빤지를 이자로 내놓지 않는다고 할지라도.

그러나 모든 부가 대패, 널빤지, 혹은 화폐처럼 재생산이 안 되는 성질을 갖고 있는 것은 아니다. 또한 모든 생산이 이 세상의 생명 없는 물질을 다른 형태로 바꾸는 것은 아니다. 만약 내가 돈을 장롱 속에 처박아 둔다면 그것은 늘어나지 않는다. 그러나 와인을 지하실에다 처박아 둔다고 해보자. 1년 뒤, 와인의 가치는 높아질 것이다. 와인은 그동안 품질이 숙성되었을 테니까. 내가 양봉이 적절한 고장에서 벌을 키운다고 해보자. 일 년 뒤면 나는 더 많은 벌들과 그것들이 만들어낸 꿀을 갖게 될 것이다. 내가 목초지를 갖고 있어서 그곳에다 양, 돼지, 소를 방목한다면 나는 일 년 뒤에 평균적으로 지금보다 더 많은 가축을 갖고 있게 될 것이다.

이자: 노동 이외의 힘으로 부를 증가시키는 것

이처럼 사물을 증가시키는 현상은 뭔가 특별한 것이다. 거기에는 사물을 활용하려는 노동력이 필수적으로 있어야 하겠지만 그 특별한 것은 노동과는 분명 다른 어떤 것이다. 그것은 자연의 적극적인 힘이요 성장과 번식의 원리이다. 어디에서나 발견할 수 있는 신비한 사물 혹은 조건의 모든 형태를 가리키는 것으로서, 우리는 그것을 생명이라고 부른다. 내가 보기에 바로 이것이 이자(혹은 노동에게 돌아가야 할 것 이상으로 자본을 증가시키는 것)의 원인이다. 자연 내에는 영원한 흐름을 형성하는 어떤 움직임들이 있다. 우리가 그 움직임을 활용한다면 그것은 우리 자신의 노력과는 무관하게 물질을 우리가 원하는 형태(즉, 부)로 바꾸어 준다.

화폐, 대패, 널빤지, 엔진, 옷 등 많은 물건들은 타고난 번식의 능력이 없다. 그러나 부와 자본의 용어에 포함되는 사물로서, 가령 와인 같은 것은 어느 정도 시간이 지나면 스스로 품질을 향상시킨다. 벌이나 소는 스스로 품질을 향상시킨다. 다른 것들, 가령 씨앗은 성장의 조건이 갖추어지고 적절한 노동이 투입된다면 증가된 생산물을 산출하거나 노동의 작용으로 돌릴 수 있는 것 이상의 것을 대가로 가져다준다.

그런데 부의 상호 교환성은 특별한 장점을 가지고 있는 부의 모든 종(種)들을 평준화시킨다. 왜냐하면 어떤 형태의 부를 갖고 있는 사람은 그 부를 다른 형태로 바꾸어 더 많은 장점을 얻을 수 있다면 기존의 형태를 고집하지 않기 때문이다. 예를 들어, 어떤 사람이 밀을 제분하여 밀가루로 만들어서 그 밀가루를 다른 어떤 것과 교환하려고 하는 것은, 이런 교환을 통하여 그가 밀을 땅에 다시 심어서 얻게 되는 것보다 더 큰 수입의 증가를 기대하기 때문이다. 현재 양 떼를 소유하고 있는 사람은 일 년간 그 양 떼를 키울 능력이 있다면, 내년에는 지금의 양 떼뿐만 아니라 양털까지도 얻을 수 있으므로, 그 양 떼의 현재 가격으로 다른 어떤 것과 교환하려 들지 않을 것이다. 땅을 파서 고랑을 만드는 등 관개 사업을 하는 사람은 그 고랑 덕분에 자연의 생명력을 얻으려 한다. 고랑이 자연으로부터 받는 생명력이 그 사람의 자본 못지않게 생산을 늘려주기를 기대하는 것이다. 만약 그런 혜택을 기대할 수 없다면 그는 땅을 파지 않을 것이다.

이렇게 하여 어떤 교환의 범위 내에서, 자본을 증가시키는 힘은 모든 사물들 사이에서 평준화가 된다. 어떤 자본의 종들에게만 부여된 자연의 번식력 혹은 생명력이 모든 종의 자본에 확산되는 것이다. 화폐, 대패, 옷, 벽돌(그 자체로는 번식력 혹은 생명력이 없는 자본) 등을 교환 과정을 통해 빌려주거나 활용하는 사람은, 자본을 증가시키는 생명력을 간접적으로 확보하게 된다. 다시 말해, 증가가 가능한 형태(와인, 씨앗, 양 떼 등)로 그만한 가치의 부를 재생산 용도로 빌려주었거나 활용한 것과 마찬가지가 된다.[12]

교환의 기능은 자연과 인간의 여러 다양한 힘들을 활용할 수 있다. 그 결과로 나온 증가는 자연의 생명력이 생산해낸 것과 비슷하다. 예를 들어, 뉴욕에서 일정한 노동으로 식물성 식품은 200, 동물성 식품은 100을 얻을 수 있고, 샌프란시스코에서는 같은 노동으로 식물성 식품은 100, 동물성 식품은 200을 생산할 수 있다고 하자. 그러면 샌프란시스코에서는 야채와 고기의 상대적 가치가 2대1이고, 뉴욕에서의 상대적 가치는 1대2가 될 것이다. 소비자가 야채와 고기를 자신의 노동량에 상응하는 분량만 필요로 한다면 뉴욕에서든 샌프란시스코에서든 어느 한 도시에서 야채와 고기 두 가지는 150을 얻을 수 있다. 그러나 노동량을 뉴욕에서는 식물성 식품을 얻는 데에만 투입하고, 샌프란시스코에서는 동물성 식품을 얻는 데에만 투입한 다음에 필요

---

12 100에 해당하는 대패, 옷, 벽돌을 빌려준 사람은 100에 해당하는 와인, 씨앗, 양 떼를 빌려주거나 활용한 것과 똑같은 자본 증가의 효과를 거둔다는 것이며, 이것이 교환의 효과이고 또 모든 사물의 자본 증식력 평준화이다: 옮긴이

한 만큼만 교환을 한다면, 각 도시의 사람들은 동일한 노동량으로 야채든 고기든 200을 얻을 수 있다. 단지 교환에 따르는 손실과 비용만 부담하면 된다. 이렇게 하여 두 도시의 생산물이 자체 내에서 소비되지 않고 교환이 된다면 자연스럽게 증가의 효과를 갖게 된다. 고양이가 드물어서 쥐들이 창궐하는 고장에 보내진 위팅턴의 고양이[13]가 상품의 궤짝과 황금의 자루를 되돌려주는 것이다.

물론 노동은 자연의 재생산력 활용에 필요한 것처럼 교환에도 필요하다. 교환의 생산물은 농업의 생산물처럼 분명 노동의 생산물이다. 그러나 교환이든 농업이든 노동과 협력하는 뚜렷이 다른 힘이 있다. 그리하여 그 결과(생산물)를 오로지 투입된 노동의 양만으로는 측정하기가 어렵고, 그 생산에 들어간 자본과 시간의 양도 생산력의 총합에서 필수적인 한 부분을 차지하게 만든다. 자본은 생산의 여러 다른 방식에서 노동을 돕지만 생산 방식에 따라 둘(자본과 노동)의 관계 사이에는 뚜렷한 차이가 있다.

첫째, 나무판자를 대패로 미는 것이나 석탄 채광 같은, 물질의 형태나 장소를 바꾸는 생산 방식이 있다.

둘째, 자연의 재생산력을 이용하거나 자연의 힘과 인간의 힘의 서로 다른 분포에서 나오는 증가력을 이용하는 생산 방식이 있는데, 가령 곡식을 재배하거나 얼음과 설탕을 교환하는 것 등이다.

첫 번째 생산 방식에서는 노동만이 유효한 원인이고, 노동이 멈추면 생산

---

13 위팅턴의 고양이는 민담과 크리스마스 무언극에서 자주 등장하는 내용이다. 가난한 소년 딕 위팅턴이 런던의 거리에는 황금과 순은이 넘쳐난다는 소문을 듣고서 런던으로 가서 부유한 상인의 집에 하인으로 취직한다. 그 상인은 하인들에게 아프리카 서부 해안 지역인 바바리로 보내는 화물 발송 작업에 참가시킨다. 딕은 고양이를 보냈는데 그 후 하인 숙소에서의 학대를 이기지 못해 상인 집에서 달아나다가, 런던의 보우벨 종소리를 듣고서 그 소리가 "돌아가라 위팅턴, 너는 앞으로 런던 시장을 세 번 지내게 될 거야"라고 말하는 듯하여 다시 상인의 집으로 돌아간다. 그는 자신이 보낸 고양이가 바바리 왕에게 거액으로 팔려간 사실을 발견한다. 그 지역에서는 쥐와 생쥐들이 창궐했던 것이다. 딕 위팅턴은 마침내 상인의 딸 앨리스와 결혼하고 후에 런던 시장까지 오른다: 옮긴이

도 멈춘다. 해가 떨어지자 목수가 대패를 내던지면 그가 대패질로 생산하던 가치의 증가는 일단 멈추었다가 그 다음날 목수가 다시 대패를 잡아야만 가치가 나오기 시작한다. 공장 벨이 작업 종료 시간을 알리고 탄광 문이 닫히면 생산은 작업이 재개될 때까지 중단된다. 작업 중단에서 작업 개시 사이에 긴 시간은 생산에 관한 한 없는 것이나 마찬가지다. 투입된 노동량에만 의존하는 생산에서는, 날짜의 경과나 계절의 변화는 아무런 작용 요소가 아니다.

　그러나 두 번째 생산 방식에서, 노동이 담당하는 부분은 나무꾼의 작업과 비슷하다. 나무꾼은 통나무를 베어서 그것을 강물 위에다 던지고, 그러면 물결이 그것을 수송하여 여러 마일 아래 떨어져 있는 제재소의 유목(流木) 방책(防柵)까지 가져간다. 이 생산 방식에서는 시간이 생산의 한 요소이다. 땅속의 씨앗이 싹을 틔우고 자라는 동안에, 농부는 잠을 자거나 새로운 밭을 쟁기질한다. 그리고 바람과 바다의 물결은 미지의 나라에서 쥐들에 시달리는 통치자에게 위팅턴의 고양이를 실어다 준다.

이자: 시간의 요소와 자본의 증가

이제 바스티아의 설명으로 다시 돌아가 보자. 윌리엄이 연말에 새 대패에다 널빤지를 한 장 얹어서 갚아야 하는 것은 바스티아가 말한 것처럼 도구가 노동에 부여하는 증가력 때문이 아니다. 그것은 이미 내가 논증한 바와 같이 생산의 요소가 아니다. 이자의 생성 근거는 시간의 요소에서 나온다. 대패를 빌려주고 되돌려 받는 시간의 차이가 있는 것이다. 우리의 관점을 이 대패에만 한정시킨다면 이 시간의 요소가 어떻게 작용한다는 것인지 이해하기 어렵다. 연말의 대패는 연초의 대패에 비하여 더 큰 가치를 갖고 있지 않기 때문이다.

　그러나 우리가 대패 대신에 송아지를 구체적 사례로 들어본다면 얘기는 달라진다. 제임스가 송아지를 빌려주지 않았을 상태와 똑같은 상태로 반환을 해야 한다면, 윌리엄은 송아지가 아니라 어미 소를 돌려주어야 한다. 또 열흘간의 노동(새 대패를 만드는 시간)이 옥수수 씨앗을 심는데 투입되었다면, 제임스가 연말에 그 심어진 만큼의 옥수수 씨앗만 돌려받는다면 충분한 보상이 되지 못할 것이다. 1년 사이에 옥수수 씨앗은 싹이 터서 자라가지고 많은 옥수수를 생산한다. 마찬가지로 대패가 교환에 내돌려졌다면 일 년 동안 여러 번 교환 과정을 거치면서 각 교환 단계마다 제임스에게 부의 증가를 가져왔을 것이다.

따라서 제임스의 노동은 이런 여러 가지 방식 중 어느 하나에다 투입될 수 있었을 것이므로-또는 같은 얘기가 되겠지만, 대패 만들기에 투입된 노동이 이런 식으로 다른 곳에 이전될 수 있었으므로-제임스는 연말에 대패 이상의 것을 얻지 못한다면 윌리엄에게 빌려줄 대패를 만들지 않았을 것이다. 그리고 윌리엄도 대패 이상의 것을 돌려줄 여력이 있다. 다른 생산 방식에 투입된 노동의 장점이 갖고 있는, [노동들 사이의 생산력의] 일반적 평준화 덕분에 윌리엄은 그의 노동으로부터 시간의 요소가 가져다주는 혜택을 받았기 때문이다. 이런 일반적 평준화를 가리켜 장점들의 풀(pool: 공유화, 共有化) 현상이라고 한다. 사회의 긴급한 조건들이 서로 다른 생산 방식의 동시 다발적 수행을 필요로 하는 곳에서는, 이런 공유화 현상이 반드시 발생한다. 그리하여 그 자체로는 증가의 힘이 없는 부를 가진 사람도, 시간의 요소로부터 이득을 얻는 방식으로 부의 증가를 누릴 수 있다. 결국 시간의 경과에서 나오는 장점은 자연의 생산력과, 자연과 인간의 다양한 힘들로부터 나오는 것이다.

물질의 성질과 능력이 이 세상 어디에서나 균일하고 또 인간의 생산력도 어디서나 똑같다면 이자는 발생하지 않았을 것이다. 우월한 도구의 장점은 때때로 이자의 지불과 유사한 방식으로 이전이 된다. 그러나 이러한 거래는 불규칙하고 간헐적이다. 그것은 예외적 상황이지 일반적 규칙이 되지 못한다. 왜냐하면 이러한 대가를 얻는 힘은 자본의 소유에 들어 있지 않고, 시간의 장점도 특별한 상황에서만 작동하기 때문이다. 내가 1천 달러를 갖고 있어서 확실히 그것을 이자 받고 빌려줄 수 있다고 해보자. 이것은 달리 돈을 빌릴 길이 없어서 기꺼이 그 돈을 사용하고 이자를 지불하려는 사람들이 존재한다는 사실에서 나오는 것이 아니다. 그보다는 그 1천 달러가, 빌려간 사람이 누구이든(설사 백만장자일지라도) 자본을 증가시킬 힘이 있다는 사실에서 나오는 것이다.

예를 들어 사업에서 은퇴하려는 제조업자가 10만 달러 가치의 기계류를 가지고 있다고 해보자. 만약 그가 그 기계류를 팔아서 생긴 10만 달러를 투자하여 이자를 받기를 바라지 않는다면, 판매의 위험부담이 이미 제거되었으므로, 그가 판매 대금을 전액 즉시 받거나 아니면 할부로 받거나 그건 그리 중요한 문제가 아니다. 만약 매입자가 매입 대금을 갖고 있는데, 그 계약이 성실히 준수될 것으로 가정할 때, 대금을 일시불로 지금하든 한참 뒤에 지급하든 그건 그에게 그리 중요한 문제가 아니다. 만약 매입자가 대금을 전액 가지고 있지 않다면 지불이 뒤로 연기되는 것은 매입자에게 편의를 제공할 것이다. 그렇지만 이런 지불 지연과 관련하여 판매자가 프리미엄(웃돈)을 요구하고 구매자가 동의하는 것은 아주 예외적인 상황일 것이다. 게다가 그 프리미엄은 이자라고 할 수도 없다.

왜냐하면 이자는 그 본질상 자본의 사용에 대하여 지불하는 돈이 아니기 때문이다. 그것은 자본의 증가에서 나오는 대가인 것이다. 만약 자본이 증가분을 산출하지 못했다면 자본의 소유주가 프리미엄을 얻는 경우는 아주 희귀하고 예외적인 경우가 된다. 목수 윌리엄은 제임스의 대패에 대한 지불을 미루는 특혜의 대가로 널빤지 한 장을 얹어주는 것이 수지 맞는 것인지 곧 알아차리게 될 것이다.

생산의 3가지 방식

간단히 말해서 생산을 분석할 때 그것은 3가지 방식으로 분류해볼 수 있다.

첫째, **적응시키기**(adapting)다. 이것은 자연의 생산물의 형태나 장소를 변경해 인간의 욕구를 충족시키게 하는 것이다.

둘째, **성장시키기**(growing)다. 자연의 생명력을 활용하여 식물이나 동물을 기르는 것이다.

셋째, 교환하기(exchanging)다. 이것은 활용하기라고도 할 수 있는데 부의 총합을 증가시키는 것이다. 부의 총합은 장소마다 다른 자연력의 가장 높은 힘과, 위치, 직업, 특성에 따라 다른 인적 능력의 가장 높은 힘의 총합을 말한다.

이 세 가지 생산 방식 중, 자본은 노동을 도울 수 있다. 좀 더 구체적으로 말하면, 첫 번째 생산 방식에서 자본은 노동을 도울 수도 있으나 절대적으로 필요한 것은 아니다. 나머지 두 방법에서 자본은 노동을 반드시 도와주거나 반드시 필요하다.

우리는 자본을 적절한 형태로 적응시킴으로써 물질에 부의 특성을 각인시키는 노동력을 증가시킬 수 있다. 가령 나무와 쇠를 변형하여 대패라는 형태와 용도로 만든다. 또는 철, 석탄, 물, 기름을 증기선이라는 형태와 용도로 만든다. 돌, 흙, 목재, 철을 건물의 형태와 용도로 만든다. 그러나 이러한 자본 사용의 특징은 무엇인가 하면, 그 사용에 혜택이 들어 있다는 것이다. 그러나 두 번째 생산 방식으로 자본을 투입하면, 가령 땅에다 곡식 씨앗을 심거나, 동물을 목축장에 넣어 기르거나, 와인을 지하실에 넣어 시간의 경과로 숙성시킬 때, 혜택은 사용이 아니라 증가에서 나온다. 그리고 세 번째 생산 방식에서 자본을 투입할 때에는, 물건을 활용하는 것이 아니라 그것을 교환한다. 그리하여 혜택은 우리가 대가로 받은 물건의 가치가 더 커지거나 증가하는 데서 생겨난다.

일차적으로 물건을 사용하는 데서 오는 혜택은 노동에게 돌아가고, 증가에서 나오는 혜택은 자본에게 돌아간다. 그러나 노동의 분업과 부의 상호 교환성이 혜택의 평준화를 가져오므로 세 가지 생산 방식은 서로 관련이 된다. 한 생산 방식에서 나오는 혜택은 다른 두 가지 방식에서 나오는 혜택과 평준화되고, 그리하여 다른 생산 방식이 더 큰 대가를 가져오는 경우에, 노동과 자본이 어느 한 가지 생산 방식에만 매달리지 않는다. 달리 말하면, 첫 번째 생산 방식에 투입된 노동은 그 생산물 전체를 가져가는 것이 아니라, 자본이

다른 생산 방식에 투입되어 확보할 수 있는 증가분을 자본에게 돌려준 다음에, 그 나머지 생산물을 가져간다. 마찬가지로 두 번째, 세 번째 생산 방식에 투입된 자본은 그 증가분 전체를 가져가는 것이 아니라, 노동이 첫 번째 생산 방식에 투입되었을 경우에 노동이 올릴 수 있는 보상에 대하여 노동의 몫을 충분히 감안해준 다음에 그 나머지 증가분을 가져간다.

이렇게 하여 이자는 자연의 재생산 능력과, 그와 유사한 힘을 발휘하는 교환의 능력이 자본에게 부여한, 증가시키는 힘으로부터 나온다. 이자는 임의적인 것이 아니라 자연스러운 것이다. 그것은 어떤 특정한 사회 조직의 결과가 아니라, 사회를 지탱하는 세상의 법칙들 중 하나이다. 따라서 이자는 공정한 것이다.

이자를 폐지하자고 주장하는 사람은 임금은 자본에서 나온다는 그릇된 이론에 빠진 사람들과 유사한 오류를 저지르고 있다. 그들이 이런 식으로 이자를 생각하는 것은, 자본의 사용자가 자본의 소유주에게 지불하는 돈으로만 보기 때문이다. 그러나 분명 이것은 이자의 전부가 아니고 일부일 뿐이다. 자본을 사용하고 자본이 주는 증가분을 얻는 사람은 누구든 이자를 받은 것이다. 만약 내가 나무의 씨앗을 심고 돌보아서 크게 키웠다면 나는 그 나무의 열매로부터 내가 지금껏 축적한 자본의 이자를 받는 것이다.

만약 내가 암소를 키웠다면 그 암소가 아침저녁으로 내게 제공하는 우유는 내가 투입한 노동의 대가로만 그치는 것이 아니다. 암소를 키우느라고 나의 노동이 그 암소에게 축적한 자본의 이자를 받는 것이다. 그래서 내가 기계류를 사서 생산을 돕는 쪽으로 자본을 직접 사용했거나, 아니면 교환을 통하여 생산을 간접적으로 도왔다면, 나는 자본의 재생산 특징으로부터 특별하면서도 뚜렷한 혜택을 얻은 것이다. 이러한 혜택은 실제적인 것이다. 비록 내가 자본을 다른 사람에게 빌려주어 이자를 받은 것처럼 눈에 띄게 분명하게 드러나는 것은 아니지만 말이다.

제3권 — 분배의 법칙

제4장

가짜 자본과 종종 이자로 오해되는 이윤

이자가 산업의 강탈이라는 믿음은 대체로 말해서 진짜 자본과 가짜 자본을 구분하지 못하고, 실제로는 이자인 이윤과, 자본을 사용하지 않는 곳에서 나오는 이윤을 서로 구분하지 못하는 데서 발생한다. 일상생활의 용어와 문헌에서는, 노동 이외의 것으로 대가를 가져다주는 것을 소유한 사람을 모두 자본가라고 한다. 그리고 이런 식으로 받은 것을 소득 혹은 자본의 증가라고 한다. 또 우리는 어디에서나 자본과 노동이 갈등을 벌인다는 얘기를 듣는다. 실제로 노동과 자본 사이에 갈등이 있는지에 대하여, 나는 아직 독자에게 마음을 결정하라고 요구하지 않겠다. 하지만 여기서 판단을 흐리게 만드는 몇 가지 오해는 불식시키려고 한다.

소위 자본이라는 것에서 상당 부분을 차지하는 토지의 가치는 전혀 자본이 아니라는 것을 앞에서 충분히 언급했다. 보통 자본의 몫에 포함되고, 또 선진 사회의 생산물 중 점점 많은 부분을 차지하는 지대는 자본의 소득이 아니므로, 이자로부터 철저히 구분되어야 한다. 이제 이 점에 대해서는 더 이상 논할 필요가 없을 것이다.

마찬가지로 소위 자본이라고 하는 것의 상당 부분을 차지하는 증권과 채권 등도 전혀 자본이 아님을 지적한 바 있다. 그러나 이런 채권 문서의 몇몇 형태는 자본과 아주 유사하고, 또 몇몇 경우에는 자본의 기능을 실제로 수행하거나 수행하는 것처럼 보인다. 이런 증권들이 그 소유자에게 돌려주는 대가는 이자라고 말해질 뿐만 아니라 이자의 외양을 띠고 있다. 그래서 이자에 관한 여러 오해를 불식시키기 전에 이 문제를 먼저 자세히 밝힐 필요가 있다.

먼저 기억해 둘 것은 부가 아닌 것은 자본이 될 수 없다는 사실이다. 다시 말해, 자본은 구체적 유형물이다. 자연이 저절로 제공하는 것은 제외되고, 그 안에 직접적이든 간접적이든 인간의 욕구를 충족시킬 수 있는 힘을 가진 것, 이런 것들이 아닌 것은 자본이 아니다.

자본이 될 수 없는 것들

그리하여 정부 채권은 자본이 아니고 자본의 대리물도 되지 못한다. 정부가 채권을 내주고 받은 자본은 비생산적인 방식으로 소비된다. 대포의 구멍으로 들어가 날아가 버렸거나, 전함에 사용되었거나, 병사들을 행진시키고 훈련시키는데 들어갔거나, 죽이고 파괴하는 데 소비되었다. 채권은 없어진 자본을 대리하지 못한다. 그것은 전혀 자본을 대리하지 못한다. 그것은 정부가 앞으로 주민들로부터 세금을 거두어서 채권의 소유자에게 상환하겠다는 엄숙한 선언일 뿐이다. 또한 채권의 소유자가 채권을 사들이지 않고 자본을 그대로 소유하고 있을 경우에 올릴 수 있는 자본의 증가분도, 세금으로 재원을 조달하여 상환한다는 선언일 뿐이다. 공공 부채의 이자를 지불하기 위하여 현대 국가의 생산물에서 떼어져 나가는 막대한 금액은 자본의 소득이나 증가가 아니다. 또한 엄격한 의미에서 볼 때 이자도 아니다. 그 돈은 노동과 자본의 생산물 중 임금과 실질 이자를 제외한 부분에 대하여 세금으로 거두어들인 돈이다.

그러나 국채가 강바닥의 준설 사업, 등대의 건설, 공공 시장의 건설 등을 위해 발행되었다고 해보자. 또는 이와 비슷한 일을 하기 위해 주체만 바꾸어서 철도 회사가 발행했다고 해보자. 이 경우 채권은 생산적 용도를 위해 존재하고 또 투입된 자본이 된다. 그리고 배당을 지불하는 회사의 주식처럼 자본 소유의 증거로도 고려될 수 있다. 그러나 이 채권들은 실제 자본의 역할을 할 때에만 그렇게 고려될 수 있고, 사용된 자본을 초과하여 그 채권이 발행되었을 때에는 그렇게 고려될 수 없다.

우리 나라의 거의 모든 철도회사와 다른 기업들이 이처럼 채권을 과도하게 발행한다. 1달러 어치의 자본이 실제로 사용되는 곳에서, 2달러, 3달러, 4달러, 5달러, 심지어 10달러에 해당하는 채권이 발행되고 이런 가외의 금액에 대하여 거의 정기적으로 이자와 배당이 지급된다. 이렇게 하여 회사는 실제로 투입된 자본의 이자 명목으로 지불되는 돈 이외의 돈을 벌어들여 나누어 가지고, 또 회사 임원들에게도 막대한 금액을 나누어 주지만 회계 처리는 하지 않는다. 이러한 돈은 자본이 제공하는 서비스가 만들어낸 사회 총생산에서 지불되는 것이 아니므로 따라서 이자가 아니다. 만약 우리가 경제학자들이 이윤을 구분하는 세 가지 용어 ― 이자, 보험, 기업관리의 임금 ― 를 채택한다면 이런 돈은 기업관리의 임금에 해당할 것이다.

그러나 기업 관리의 임금은 기술, 전략, 진취적 모험, 조직 능력, 창의력, 타고난 인품 등 개인적 특성에서 나오는 소득을 포함하는 것이다. 따라서 우리가 말하는 이윤에는 또다른 기여 요소가 있는데 그것은 임의적으로 독점의 요소로 분류해 볼 수 있다.

독점 소득은 자본 소득이 아니다

영국왕 제임스 1세(재위 1603-1625)가 총신에게 금실과 은실을 만드는 독점적 특권을 부여하고서 이런 실을 만드는 다른 사람들을 엄격하게 처벌할 때, 총신 버킹엄이 그 결과로 얻는 소득은 제조업에 투입된 자본에서 나오는 이자도 아니고, 그 제조업 일을 하는 사람들의 기술에서 나온 이자도 아니다. 그 소득은 왕이 그에게 부여한 독점적 특권, 다시 말해, 그런 실을 사용하는 사람들에게 왕 자신의 목적을 위하여 세금을 부과할 수 있는 권리에서 나오는 것이다. 이와 유사한 원천에서 나오는 상당 부분의 이윤은 자본의 소득으로 종종 오해된다. 이러한 원천으로는, 발명을 촉진하기 위해 몇 년 동안 보장해 주는 발명 특허에서 생기는 수입, 자국 산업을 격려한다는 명목 아래 부과하는 보호 관세로 형성된 독점 수입 등이 있다.

그러나 이보다 더 음험하고 더 일반적인 독점의 또다른 형태가 있다. 거대한 자본이 집중되면 자본의 일반적 특성이자 이자의 원천이 되는 증가력과는 본질적으로 다른 새로운 힘이 생겨난다. 증가력을 가진 자본은 그 본질이 건설적인데 비하여, 자본의 집중화가 이루어지면서 생겨나는 힘은 파괴적이다. 그것은 제임스 1세가 버킹엄에게 부여한 것과 같은 종류의 힘이며, 그 힘은 개인들의 산업적 권리뿐만 아니라 개인적 권리를 무자비할 정도로 완전히 무시해 버린다.

여기서 구체적인 사례를 들어보겠다. 철도 회사는 노상강도가 피해자에게 다가가는 방식으로 작은 마을에 접근한다. 그 회사의 협박은 이러하다. "만약 당신네가 우리의 조건을 들어주지 않는다면 우리는 당신 마을에서 2~3마일 떨어진 곳에다 철도를 깔 거요." 이 협박은 노상강도가 피해자에게 권총을 겨누며 "꼼짝 말고 서서 가진 거 다 내놔" 하고 말하는 거나 마찬가지다. 철도 회사의 위협은 근처에 철도가 지나갈 때의 혜택을 마을로부터 빼앗아갈 뿐만 아니라, 아예 철도가 부설되지 않았을 때보다 더 나쁜 상태로 마을을 몰아넣겠다는 것이다. 혹은 강 위에 기존의 승객 수송용 배가 있는데 거기에 대항하는 배를 띄운다. 운임을 점점 낮추어서 기존의 배를 도태시킨다. 그런 다음 일반 대중은 그 대항 배가 마음대로 부르는 가격을 지불하도록 강요당한다. 로힐라 족은 이런 식으로 벵골 통치자 수라자 다울라에게 40락(lac)을 강탈당했는데, 다울라는 그 돈을 가지고 워렌 헤이스팅스(1732-1818, 인도에 주재한 영국의 초대 총독)로부터 영국 군대를 빌려서 로힐라 족의 고장을 초토화시키고 그 부족들을 학살했다.

노상강도들이 힘을 합쳐 약탈을 하고 나서 그 약탈품을 나누어가지듯이, 철도회사의 간선 철도들은 힘을 합쳐 철도 요금을 올리고서 그 이익을 공유한다. 혹은 퍼시픽 철도회사는 퍼시픽 증기선 회사와 연합하여 육상과 해상 운임에 일방적인 가격을 부과한다. 과거에 버킹엄의 부하들이 금실 특허의 권위를 믿고서 개인 집을 마구 뒤져 탐욕과 강탈의 목적으로 문서와 사람의 인신을 마구 압수했듯이, 대규모 전신 회사는 연합 자본의 힘을 믿고서 미국 시민들로부터 전신이라는 공동 발명품의 혜택을 빼앗아서, 사람들 사이의 통신을 방해하고 또 그 회사의 비위를 건드린 신문사들을 짓누르는 것이다.

부가 집중되면 권력도 집중된다

이런 것들은 여기서 지나가듯이 언급하면 충분하고, 자세히 다룰 필요는 없을 것이다. 대규모로 집중된 자본이 압제와 강탈을 일삼다가 부패하고, 또 남의 것을 강탈하고 파괴한다는 것은 누구나 잘 알고 있는 사실이니까. 내가 독자들의 주의를 환기시키고 싶은 것은, 이런 식으로 얻어진 이윤이 생산의 요인으로 투입된 자본의 정당한 대가와 혼동되어서는 안 된다는 것이다. 이런 이윤은 입법부의 세력 분포가 부적합하다든지, 법을 운영하는 사법부에서 법률이라는 비좁은 분야의 전문 사항에 미신적으로 매달리고 또 오래된 야만 행위를 맹목적으로 준수하기 때문에 발생한다. 발전하는 사회에서는 부가 집중되면 권력도 따라서 집중되는 경향이 있다. 이런 현상의 일반적 원인과 그 해결 방안을 우리는 찾으려고 하는데, 차차 이 책의 뒷부분에서 그것이 설명될 것이다.

우리가 면밀하게 분석해 보면, 일반인의 생각에서 이자로 오해되는 이윤은 실제로 자본의 힘에서 나오는 것이 아니라, 집중된 자본의 힘 혹은 잘못된 사회 제도에 기생한 집중된 자본의 힘에서 나오는 것이다. 또한 기업 관리의 임금이 종종 자본의 소득으로 오해되는 것도 밝혀지게 될 것이다.

그런데 원래 위험부담의 요인에서 발생하는 이윤도 종종 이자로 오해된다. 어떤 사람들은 대부분의 사람들이 반드시 손해를 볼 것이라고 생각하는 모험을 감행함으로써 부를 획득한다. 다양한 형태의 투기가 바로 이런 모험의 감행이고, 특히 주식 거래라고 알려진 도박의 방식이 대표적인 사례이다. 강심장, 판단력, 자본의 소유, 저급한 도박의 기술 등은 사기꾼과 협잡꾼의 기술로 알려져 있는데, 바로 이런 기술이 개인에게 장점을 준다. 그러나 도박 테이블의 경우와 마찬가지로, 누군가가 따면 다른 누군가는 반드시 잃어야 한다.

이제, 자본의 축적하는 힘을 대표하는 사례로 종종 인용되는 재벌들을 살펴보자. 가령 웨스트민스터 공작, 뷰트 후작, 로스차일드 가문, 애스터 가문, 스튜어트 가문, 밴더빌트 가문, 굴드 가문, 스탠포드 가문, 폴라드 가문 등을 면밀히 살펴보면, 그들의 부가 이자에 의해 축적된 것이 아니라, 우리가 바로 위에서 언급한 그런 요소들에 의해 축적되어 왔음을 알 수 있다.

지금껏 이윤과 이자를 뚜렷하게 구분하는 것이 우리의 논의에서 아주 중요하다는 것을 말해 왔다. 이 논의에서 관점을 어떻게 잡느냐에 따라서 방패의 겉과 안(사물의 표리)이 검게 혹은 하얗게 보일 수 있다. 방패의 한 쪽에는, 엄청난 부의 축적 바로 옆에 극심한 가난이 있고, 자본이 노동을 사정없이 억압한다는 논리가 있다. 다른 한 쪽에서는 자본이 노동을 돕는다는 점을 지적한다. 그리하여 우리는 극심한 빈부 격차가 불공정한 것도 부자연스러운 것이 아니라는 결론을 내리도록 강요당한다. 부는 근면, 총명, 절약의 보상인 반면에 가난은 게으름, 무지, 무절제에 대한 징벌이라는 것이다.

제5장

이자의 법칙

지금까지 살펴온 다음의 두 가지 사항을 염두에 두면서 이자의 법칙으로 시선을 돌려보기로 하자.

첫째, 노동을 고용하는 것은 자본이 아니며, 오히려 노동이 자본을 고용한다.

둘째, 자본은 고정된 수량이 아니라 다음 두 가지 사항에 의하여 증가되거나 감소할 수 있다. (1) 노동을 자본의 생산에 더 많이 혹은 더 적게 투입하는 경우. (2) 부를 자본으로 전환하거나, 자본을 부로 전환하는 것. 자본은 어떤 특정한 방식으로 투입된 부이고, 부는 자본보다 더 크고 포괄적인 개념이다.

자유로운 조건 아래에서, 자본의 사용에 주어질 수 있는 최대치는 그것(자본의 사용)이 가져오는 증가분이고, 최소치 혹은 영(제로)은 소모된 자본의 단순 대체이다. 그리하여 최대치 이상으로 자본을 빌려오는 것은 손실이 되고, 대가가 최소치 이하일 때에는 자본이 유지되지 않는다.

어떤 부주의한 저술가들은 이렇게 말한다. "대가의 최대치를 결정하는 것은 자본을 어떤 특정한 형태 혹은 용도로 적응시킴으로써, 그에 따라 높아지는 노동의 효율성이다." 하지만 이것은 사실이 아니다. 이자의 최대치를 결정하는 것은 일반적으로 자본에 있다고 믿어지는 평균 증가력이다. 유리한 형태로 자기 자신을 투입시키는 능력은 노동의 능력이며, 자본은 자본 그 자체로는 이런 능력을 요구하지도 공유하지도 못한다.

인디언 남자는 활과 화살이 있으면 매일 들소를 죽일 수 있다. 그러나 몽둥이와 돌을 가지고는 일주일에 한 마리를 죽이기도 힘들다. 그러나 인디언 부족의 무기 제작자는 활과 화살을 사용하는 대가로 일주일에 일곱 마리 나오는 들소 중에서 여섯 마리를 요구하지 못한다. 마찬가지로 양모 공장에 자본을 투입한 자본가는 공장이 기계로 생산하는 양과, 사람 손으로 물레와 베틀을 가지고 생산했을 때의 양, 이 두 생산량의 차이를 자기 몫으로 요구하지 못한다. 윌리엄은 제임스로부터 대패를 빌렸을 때, 그 빌려오는 행위로 인하여, 조개나 부싯돌로 나무를 밀 때보다 대패를 사용할 때 나오는 증가된 노동 효율성의 이점을 빌려온 것은 아니다. 지식의 발달로 인하여, 대패를 사용할 때의 이점은 노동의 공통적 재산이면서 동시에 힘이 되었다. 윌리엄이 제임스로부터 얻는 것은 1년 간의 시간 요소가 대패 가치만큼의 자본에 부여하는 이점을 얻어온 것이다.

만약 시간의 요소에 이점을 부여하는 자연의 생명력, 이것이 이자의 원인이라고 한다면 최대 이자율은 그 생명력의 강도와 그것(생명력)이 생산에 투입된 정도에 따라 결정된다. 그러나 자연의 재생산력은 천차만별이다. 가령 연어는 수천 개의 알을 낳을 수 있는 반면에 고래는 몇 년에 새끼 한 마리를 낳을 뿐이다. 토끼와 코끼리, 엉겅퀴와 거대한 적색 삼나무 사이에는 자연의 균형이 유지되는 방식을 감안할 때, 종들 사이에는 번식력과 파괴력의 평준화가 있는 듯하다. 이런 평준화는 사실상 증가의 원칙을 균일한 지점으로 유도한다. 인간은 아주 비좁은 한계 내에서 이 자연의 균형을 뒤흔드는 능력을 갖고 있다. 인간은 자연의 조건들을 일부 수정함으로써 자연의 다양한 번식력을 그 자신의 뜻대로 활용할 수 있다.

그러나 인간이 그렇게 자연을 일부 수정할 때 인간의 다양한 욕구의 범위로부터 또 하나의 원리(평준화 작용)가 생기는데, 그 원리는 자연 내에서 서로 다른 생명의 종들 사이에서 벌어지는 평준화 및 균형과 비슷한 형태로 부를 증가시킨다는 것이다. 이 평준화 작용은 가치를 통해 그 모습을 드러낸다. 두

제3권 —— 분배의 법칙

가지(자연과 인간의 평준화 원칙) 모두에 잘 적응된 나라에서, 나는 토끼를 키우고 당신은 말을 기른다고 해보자. 나의 토끼는 자연의 한계에 도달할 때까지 당신의 말보다 더 빠르게 번식할 것이다. 그러나 나의 자본은 그처럼 빠르게 늘어나지 않을 것이다. 다양한 증가율의 효과는 말과 대비할 때 토끼의 가치를 떨어뜨리고, 반대로 토끼와 대비할 때 말의 가치를 높이기 때문이다.

이렇게 하여 자연의 생명력의 다양한 힘들은 평준화를 이룬다. 그러나 사회 발전의 여러 단계에서는, 부의 총생산 중 이런 자연의 생명력이 동원되는 비율과 정도(程度)가 달라질 수 있다. 하지만 이 점에 대해서는 다음 두 가지 사항을 먼저 말해 두고 싶다.

첫째, 영국 같은 나라에서는 부의 총생산에서 제조업의 비중이 농업보다 훨씬 크다. 하지만 이것은 정치적·지리적으로 구분했을 때에만 그렇고, 산업 사회에 대해서는 그렇지 않다. 왜냐하면 산업 사회는 정치적 제약에도 제약을 받지 않고 산과 바다 같은 지리적 요인에도 구애되지 않기 때문이다. 산업 사회는 교환의 범위에 의해서만 제약을 받는다. 그래서 영국의 산업 경제에서 농업과 목축업이 제조업과 맺는 비율은 아이오와와 일리노이, 캐나다와 인도, (호주) 퀸즈랜드와 발트 해 연안 국가 등과 평준화된다. 간단히 말해서, 영국의 전 세계적인 교환망이 도달하는 모든 나라와 평준화된다는 것이다.

둘째, 문명이 발전되면서 농업보다는 제조업이 더 발달하고, 자연의 번식력에 의존하는 비율이 낮아진다. 하지만 이런 발달에는 그에 상응하는 교환망이 확대되어, 교환으로부터 나오는 증가력이 더 커지게 된다. 따라서 이러한 경향들은 이미 살펴본 바와 같이, 서로 균형을 이루며 평형에 도달한다. 그리고 이 평형이 자본의 평균 증가, 즉 정상적 이율을 결정하는 것이다.

그런데 이 정상적 이율은 투입된 자본에 돌아오는 대가의 최대치와 최소치 사이의 어디쯤에서 결정된다. 그 이율이 머무르는 지점이 어디이든지, 모든 사항(안정감, 축적에 대한 욕구 등)을 감안할 때, 자본에 대한 보상과 노동에 대한 보상은 평등하게 된다. 다시 말해, 투입된 노력 혹은 희생에 대하여 똑같이 매력적인 결과를 가져다준다. 그런데 임금은 통상적으로 수량으로 측정되고 이자는 비율로 결정되기 때문에 정상적 이율을 공식화하기는 어렵다. 그러나 어떤 특정한 수량의 노동이 생산해내는 부의 수량을 상상하고, 그것이 일정 기간 동안 특정한 수량의 자본과 협력했다고 가정하면, 생산물이 노동과 자본 사이에서 분배되는 비율을 어느 정도 비교할 수 있다. 따라서 이율이 정착되는 어떤 지점 혹은 근사한 지점이 반드시 존재한다. 만약 이런 평형에 도달하지 못한다면, 노동은 자본의 사용을 받아들이지 않을 것이고, 자본 또한 노동에 이용되지 않을 것이다.

노동과 자본은 같은 것(인적 노력)의 서로 다른 형태일 뿐이다. 자본은 노동에 의해 생산된다. 그것은 물질에 새겨진 노동이다. 물질 속에 저장된 노동은 필요에 따라서 방출되는데, 석탄 속에 저장된 태양열이 용광로 속에서 방출되는 것과 비슷하다. 따라서 노동에서의 자본 사용은 노동의 한 가지 방식이다. 자본은 소비될 때 비로소 사용되는 것이므로, 자본의 사용은 곧 노동의 소비이다. 그리고 자본을 유지하기 위해서는, 노동에 의한 자본의 생산이 노동을 돕는데 있어서 자본을 소비하는 행위와 연계되어야 한다. 따라서 자유경쟁을 허용하는 상황 아래에서, 임금을 공통의 수준으로 유지하고 이윤에 실질적인 평등을 부여하는 원리 – 인간은 최소한의 노력으로 욕구를 충족시키려 한다는 원리 – 는 임금과 이자 사이의 평형을 확립하고 또 유지한다.

이자와 임금 사이에 존재하는 이러한 자연스러운 관계 – 둘을 똑같이 투입했을 때 똑같은 대가가 나오는 형평 – 는 대립의 관계를 암시하는 듯한 형태로 진술될 수도 있다. 하지만 이런 대립은 겉보기만 그럴 뿐이다. 갑과 을의 동업 관계에서, 갑이 이윤의 일정 부분을 가져간다면, 을의 몫은 갑의 그것에 비례하여 크거나 작을 것이다. 그러나 이 경우 각자가 자신이 공동 기금에 보탠 부분에 비례하여 대가를 가져간다면 갑이 가져가는 부분의 증가는 곧 을이 가져갈 부분의 감소를 의미하지 않는다.

임금과 이자는 동반 등락한다

이러한 관계가 고정되었으므로, 이자와 임금이 동반 등락한다는 것은 분명하다. 임금이 올라가지 않으면 이자도 올라갈 수 없다. 임금이 내려가면 이자도 당연히 따라서 내려간다. 임금이 떨어지는데 이자도 그에 비례하여 떨어지지 않는다면, 노동을 직접 투입하는 것보다 노동을 자본으로 전환하는 것이 더 유리하고, 이자가 떨어지는데 임금도 같이 떨어지지 않는다면, 자본의 증가는 억제될 것이기 때문이다.

우리는 여기서 어떤 특정한 임금이나 이자를 말하고 있는 것이 아니라, 일반적 임금률과 일반적 이율을 말하고 있다. 이자라 함은 보험과 기업관리의 임금을 제외하고, 자본이 확보한 것으로부터 나오는 대가를 의미한다. 어떤 특수한 경우 혹은 특수한 직업에서, 평형을 이루려는 임금과 이자의 경향이 방해를 받을 수도 있다. 그러나 일반 임금률과 일반 이자율 사이에서는 평형이 즉시 작동한다. 생산의 어떤 특수한 분야에서는 노동자와 자본가 사이의 구분이 칼같이 그어지기도 할 것이다. 그러나 일반적 노동자 계급과 일반적 자본가 계급이 아주 명확하게 구분되는 사회에서도, 두 계급은 눈에 보이지 않는 점진적 변화에 의해 서로 침투해 들어가며, 동일한 사람이 두 계급(노동자와 자본가)에 동시에 소속되는 극단적 경우에도 평형을 회복시키고 또 평형의 동요를 예방하는 상호 작용이 방해를 받지 않고 계속된다. 두 계급이 칼같이 구분되는 곳에서 존재했던 방해가 무엇이든 간에 말이다.

앞에서 말한 것처럼 자본이 부의 한 부분임을 기억해야 한다. 자본은 부를 더욱 증가시키는 목적에 투입된다는 점에서 일반적인 부와는 구분된다. 따라서 전반적인 부가 자본과 노동의 관계에 미치는 작용은, 플라이휠(속도 조절 바퀴)이 기계의 움직임에 미치는 작용과 비슷하다. 부는 자본이 많이 풀렸을 때에는 거두어들이고, 부족할 때에는 자본을 공급한다. 이것은 보석상이 재고가 많을 때에는 아내에게 다이아몬드 목걸이를 주고, 재고가 부족할 때는 그 목걸이를 회수하여 진열장에 다시 진열하는 것과 비슷하다.

이렇게 하여 임금과 동반하여 평형점 이상으로 올라가려는 이자의 경향은 노동을 자본의 사용 쪽으로 밀어붙일 뿐만 아니라 부가 자본의 사용에 투입되도록 유도한다. 반면에 임금은 이자와 동반하여 평형점 이상으로 올라가려는 경향이 있다. 이러한 경향은 노동을 자본의 생산으로부터 이탈시킬 뿐만 아니라, 자본이 구성되는 부의 품목 중 몇몇을 생산적 사용에서 비생산적 사용으로 돌림으로써 자본의 비율을 낮추려고 한다.

지금까지 해온 이야기를 요약하면 다음과 같다.

임금과 이자 사이에는 여러 가지 원인에 의하여 고정되는, 어떤 특정한 관계 혹은 비율이 있다. 그것은 절대적으로 항구적인 것은 아니고 서서히 변화한다. 그 과정에서 충분한 노동이 자본으로 전환되어 자본을 제공한다. 자본은 지식의 정도, 기술의 상태, 인구밀도, 직업의 특성, 다양성, 교환의 정도와 속도 등에 따라 생산에 투입된다. 이러한 노동과 자본 사이의 관계 혹은 비율은 일정하게 유지된다. 따라서 이자는 임금과 동반하여 등락하게 된다.

구체적 사례를 들어보겠다.

밀가루 가격은 밀의 가격과 제분 비용에 따라 결정된다. 제분 비용은 천천히 아주 조금씩 바뀐다. 이러한 차이는 장기간에 걸쳐서도 아주 미미하다. 반면에 밀의 가격은 자주 크게 바뀐다. 따라서 우리는 밀가루의 가격이 밀의 가격에 의해 결정된다고 말해도 무방하다. 이것을 위에서 말한 임금과 이자의 관계에 빗대어 다시 말해 보면 이렇게 된다. 밀의 가치와 밀가루의 가치 사이에는, 제분(製粉) 비용에 의해 고정되는 특정한 관계 혹은 비율이 있다. 밀가루에 대한 수요와 밀의 공급이라는 상호 작용은 그 관계와 비율을 일정하게 유지한다. 밀가루 가격은 밀의 가격이 등락함에 따라 같이 등락한다.

혹은 연결고리인 밀의 가격을 잠시 제쳐 두고, 우리는 밀가루의 가격이 계절, 전쟁 등의 특성에 달려 있다고 해보자. 그러면 이자의 법칙은 이자의 일반 이율이 지대의 부담이 없는 공짜 땅에 자유롭게 투자된 자본의 대가에 의해 결정된다고 말할 수 있다. 우리는 이렇게 하여 이자의 법칙이 지대의 법칙의 필연적 결과라는 것을 알 수 있다.

이자의 법칙은 지대 법칙의 필연적 결과

우리는 이러한 결론을 다른 방식으로 입증할 수 있다. 지대가 증가하면 이 자가 줄어든다는 사실은, 우리가 임금을 제거해 버리면 아주 분명하게 드러 난다. 이것을 보여주기 위해, 전혀 다른 원리에 의해 조직된 세상을 한 번 상 상해 보자. 우리는 토머스 칼라일(Thomas Carlyle)이 말한 바보의 천국을 상상 해 보자. 그 천국에서 부는 노동의 도움 없이 생산되고, 순전히 자본의 재생 산 능력에 의해서만 만들어진다. 양은 그 등에서 완제품 옷을 만들어내고, 암 소는 버터와 치즈를 제공하고, 황소는 적당한 크기로 자라면 스스로 몸을 절 단하여 비프스테이크와 갈비 고기를 만들어낸다. 씨앗에서 주택이 자라나고, 땅에 꽂아놓는 잭나이프는 뿌리를 내려서 각종 식탁용 쇠붙이를 만들어낸다.

어떤 자본가들이 적절한 형태의 자본을 갖추고 이런 곳으로 갔다고 가정 해보자. 그들은 자본에 대한 대가로 그 자본이 생산한 모든 부를 거두게 될 것이다. 그 생산물 중 일부가 지대로 요구되지 않는다면 말이다. 그러나 지대 를 내야 하고 그 지대가 오른다면 그것은 자본의 생산물에서 나와야 할 것이 다. 지대가 올라가면서 자본의 소유주에게 돌아오는 몫은 그에 따라 줄어들 것이다.

자본이 노동의 도움 없이 부를 생산하는 능력이 어느 정도 제한되어 있는 곳, 가령 섬을 한 번 생각해 보자. 자본 투입이 그 섬이 감내할 수 있는 한계 까지 투입되면, 자본에 대한 대가는 단순 대체의 최소치보다 약간 웃도는 사 소한 수준으로 급락할 것이다. 그리고 토지 소유주는 거의 모든 생산물을 지 대로 가져가게 될 것이다. 이렇게 되면 자본가들이 할 수 있는 유일한 대안은 그들의 자본을 바다에다 내버리는 게 될 것이다. 만약 그 섬이 세상의 다른 지역과 소통을 한다면, 자본에 대한 대가는 다른 지역들의 이자율로 정착될 것이다. 그 섬의 이자는 다른 지역에 비하여 높지도 않고 또 낮지도 않을 것 이다. 지대는 우월한 이점을 전부 차지할 것이고, 이런 섬의 토지는 아주 높 은 가치를 갖게 된다.

요약하면 이자의 법칙은 다음과 같다.

임금과 이자의 관계는 재생산 방식으로 사용된 자본에서 나오는 평균적 증가력에 의해 결정된다. 지대가 올라가면 이자는 임금과 동반하여 떨어지거나 아니면 경작의 한계에 의해 결정될 것이다.

나는 기존 정치경제학의 흐리멍덩한 논의에 휘둘리지 않는 상태로 우리의 실제 탐구에 필요한 것을 제시한 것이 아니라, 기존에 통용되는 용어와 사고방식에 맞추어서 지금껏 다소 장황하게 이자의 법칙을 추적하고 설명해왔다. 사실 부의 일차적 분배는 2자 분배이지 3자 분배가 아니다. 자본은 노동의 한 형태일 뿐이고 자본을 노동과 구분하는 것은 다시 세분하여 구분한 것이다. 말하자면 노동을 숙련과 비숙련 노동으로 나눈 것과 비슷하다.

우리의 논의에서 우리는 자본을 노동의 한 형태로 취급했을 때 얻어지는 것과 동일한 지점에 도달했고, 거기에서 생산물을 지대와 임금, 둘 사이에서 나누는 법칙을 추구했다. 다시 말해, 자연적 물자(힘)와 인적 노력이라는 두 요소의 법칙을 논한 것이다. 그리고 이 두 요소가 결합하여 부를 생산한다는 결론에 도달했다.

제6장

임금과 임금의 법칙

우리는 이미 추론에 의하여 임금의 법칙을 얻었다. 그러나 그 결론을 검증하고 이 주제를 둘러싼 애매모호함을 걷어내기 위하여 하나의 독립적인 출발점으로부터 이 법칙을 추구해 보기로 하자.

물론 어디에서나 공통적인 임금 비율 같은 것은 없다. 이것은 어느 특정한 장소와 시간에 공통적인 이자율이 없는 것과 마찬가지 의미이다. 노동의 대가로 돌아오는 임금은 개인의 능력에 따라 달라질 뿐만 아니라, 사회 구조가 복잡해지면서 직업들 사이의 차이도 크다. 그렇지만 모든 임금 사이에는 어떤 특정한 일반적 관계가 있다. 그래서 우리는 임금이 어떤 시점과 장소에서 다른 시점과 장소보다 더 높다 혹은 낮다고 말할 때 어떤 분명하고 잘 이해된 생각을 표현하는 것이다. 임금의 등락폭은 어떤 공통적인 법칙에 따라 올라가기도 하고 내려가기도 한다. 그 법칙은 무엇일까?

경제학의 기본 원칙은 최소한의 노력에 의한 욕구 충족

인간 행동의 근본적인 원리 ─ 이것은 경제학의 기본 원칙이 되는데 물리학으로 따지자면 중력의 법칙에 해당한다 ─ 는 인간이 최소한의 노력으로 자신의 욕구를 충족하려 한다는 것이다. 이 원리는, 그것이 유도하는 경쟁에 의하여, 유사한 상황 아래에서 동등한 노력이 획득하는 보상을 평준화시킨다. 인간이 자기 자신을 위하여 일할 때 이 평준화는 가격의 동등화를 통하여 달성된다. 그리고 자기 자신을 위해 일하는 사람과 남을 위해 일하는 사람 사이에도 동일한 평준화의 경향이 작동한다.

자, 이러한 원리 아래에서, 어떤 사람이 자유로운 조건 속에서 남들을 고용하여 일을 시킬 수 있는 조건은 어떤 것일까? 물론 고용된 사람의 임금은 그가 자기 자신을 위하여 노동할 때의 대가에 의해 고정될 것이다. 임금의 원리는 이러한 대가 이상의 것(직업 변화에 필요한 관련비용은 예외로 하고)을 내놓지 말도록 유도할 것이고, 동시에 그 대가 이하의 것은 받지 말도록 유도할 것이다. 만약 노동자가 그 이상의 것을 요구한다면 다른 경쟁자들이 치고 들어와 그 일을 얻지 못할 것이다. 고용주가 필요한 대가 이하의 것을 제시한다면, 아무도 그런 조건을 받아들이지 않을 것이다. 노동자는 그 자신을 위해 자영업을 하면서도 그보다 많은 결과를 얻을 수 있기 때문이다. 고용주는 가능한 한 적게 주려 하고, 피고용자는 가능한 한 많이 받으려 하겠지만, 임금은 노동자 자신이 올릴 수 있는 생산물 혹은 가치에 의해 고정이 될 것이다. 만약 임금이 이러한 임금선 위로 올라가거나 아니면 밑으로 내려간다면, 그것을 이 임금선으로 복귀시키려는 경향이 즉시 작동할 것이다.

하지만 노동의 결과 혹은 소득은 노동 그 자체의 강도나 품질에만 달려 있지 않다. 이것은 노동이 직접 투입되는 일차적이면서 근본적인 직업에서는 즉각적으로 발견되는 것이다. 이런 사실은 심지어 노동이 여전히 생산의 기반이 되는 아주 복잡한 사회 구조 속에서도 확인될 수 있다. 부는 토지와 노동이라는 두 가지 요소가 생산하는 것이고, 일정량의 노동이 올릴 수 있는 생산량은 노동이 투입되는 자연의 기회가 갖고 있는 힘에 따라 달라진다. 사정이 이렇기 때문에 최소한의 노력에 의한 욕구 충족이라는 원리는 노동에 제공되는 자연의 가장 높은 생산점(the point of highest natural productiveness)에서, 노동의 생산물에 해당하는 임금을 결정한다.

그리고 동일한 원리의 작용에 의하여, 기존 조건 아래에서 노동에게 제공되는 자연의 가장 높은 생산점은, 결국 생산을 지속시키는 가장 낮은 생산점이 될 것이다. 왜냐하면 최소한의 노력에 의한 욕구 충족이라는 지고한 원리의 지배를 받는 인간 심리 때문에, 더 높은 생산성이 제공되는 생산점이 존재하는 상황에서 그보다 낮은 생산점에서 노동을 하려들지 않을 것이기 때문이다. 이렇게 하여 사용자가 지불해야 하는 임금은, 노동이 투입되는 자연의 가장 낮은 생산점이 기준이 된다. 그리고 임금은 이 생산점이 등락함에 따라 동반 등락할 것이다.

구체적인 사례를 들어보겠다.

가장 단순한 사회 조직에서, 구성원 각자는 원시적인 노동 방식이 그러하듯이 자기 자신을 위해서 일한다. 어떤 사람은 사냥, 어떤 사람은 낚시, 어떤 사람은 농사, 이런 식으로 일을 할 것이다. 그런데 이렇게 한 번 상상해 보자. 농사가 방금 막 시작되었다. 사용되는 토지는 모두 똑같은 품질이어서 유사한 노력에 유사한 대가를 산출한다. 그리하여 임금은 – 사용자도 피고용자도 없는 상황이지만 그래도 임금은 있다 – 노동이 산출한 생산량 전부가 될 것이다. 세 직업(사냥, 낚시, 농사) 사이의 호감도와 위험도 등을 감안하더라도, 세 직업의 임금은 평균적으로 동등할 것이다. 다시 말해, 동일한 노력은 동일한 결과를 산출할 것이다. 그런데 그 사회의 구성원 중 어떤 사람이 자신이 직접 그 일을 하는 것이 아니라 남을 시켜서 그 일을 하려 한다면, 이 평균적 노동 생산량에 의해 결정되는 임금을 지불해야 한다.

그리고 어느 정도 시간이 경과했다고 가정하자. 경작의 범위가 확대되었고 동일한 품질의 땅이 아니라 서로 다른 품질의 땅에도 경작을 하게 되었다. 이제 임금, 즉 노동의 평균 생산량은 전과 같지 않게 되었다. 이제 임금은 경작의 한계에서 나오는 노동의 평균 생산량, 혹은 대가의 최저점(the point of lowest return)이 되었다. 인간은 최소한의 노력으로 욕구를 충족시키려고 하므로, 경작의 대가 최저점은 사냥과 낚시의 평균 대가에 상응하는 대가를 노동(노동자)에게 내준다.[14]

노동은 더 이상 동등한 노력에 동등한 대가를 산출하지 않는다. 비옥한

---

14 이 평준화는 가격의 동등화에 의해 실현된다.

땅에 노동을 투입하는 사람은 척박한 땅에서 경작하는 사람보다 동일한 노력에 비해 더 많은 생산량을 산출한다. 그러나 임금은 여전히 동등할 것이다. 왜냐하면 비옥한 땅에서 경작하는 사람이 올리게 되는 초과 생산분은 실제로는 지대이기 때문이다. 만약 땅이 개인의 소유라면 그 땅은 가치를 획득하게 된다. 이런 변화된 환경 아래에서, 그 사회의 어떤 구성원이 남을 고용하고 대신 일을 시키려 한다면, 그는 경작의 최저점에서 노동이 생산하는 것을 임금으로 지불하면 된다. 만약 그 후에 생산의 한계가 더욱 낮은 생산점으로 떨어진다면, 임금도 그에 따라 떨어지게 될 것이다. 반대로 생산점이 올라간다면 임금도 올라가게 된다. 자유 낙하하는 물체가 지구의 중심으로 가는 가장 짧은 길을 선택하듯이, 인간은 욕구를 충족시키는 가장 쉬운 방식을 선택한다.

임금은 경작의 한계에 달려 있다

여기서 우리는 임금의 법칙을 얻게 되는데, 가장 분명하고 가장 보편적인 원리에서 나온 결론이다. 임금은 경작의 한계에 달려 있다는 것이다. 가장 높은 자연의 기회에서 노동이 올릴 수 있는 생산물이 크거나 혹은 작은데 따라서 임금 또한 크거나 작아진다. 이러한 사실은 인간이 최소한의 노력으로 자신의 욕구를 충족시키려 한다는 원리에서 나오는 것이다.

이제 우리가 아주 간단한 사회 조직으로부터 가장 문명된 사회로 시선을 돌린다고 해도, 임금은 여전히 이 법칙의 지배를 받는다.

복잡한 사회에서 임금의 차이는 크게 다르지만 그래도 그 다양한 임금들은 서로 뚜렷하면서도 분명한 관계를 맺는다. 그 관계는 일정한 것은 아닌데, 명성 높은 교수가 어떤 때는 가장 뛰어난 기계공의 임금보다 몇 배나 많은 돈을 버는가 하면, 어떤 때는 하인의 보수 정도도 받지 못하는 것과 비슷하다. 대도시에서는 비교적 높은 임금을 주는 반면에, 신개척지에서는 비교적 낮은 임금을 준다. 이러한 임금 변동은 관습과 법률 등에 의한 임의적인 다양성에도 불구하고, 모든 조건 아래에서 어떤 특정한 상황들로 소급될 수 있다. 애덤 스미스는 가장 흥미로운 장들 중 하나[15]에서 "어떤 직업에서는 금전 상의 이득이 적은 것을 보상하고, 다른 직업에서는 금전상의 이득이 큰 것을 상쇄해주는" 주요한 상황들을 열거했다. 첫째, 직업의 유쾌함과 불쾌함, 둘째, 직업을 습득하는 것의 쉽고 어려움과 비용의 많고 적음, 셋째, 취업이 항구적인가 일시적인가, 넷째, 취업자에 대한 신뢰가 큰가 작은가, 다섯째, 그 직업에서의 성공 가능성 여하다.[16]

각 직업 사이의 임금 차이를 설명하는 여러 원인들을 자세히 생각해 볼 필요는 없을 것이다. 그 원인들은 애덤 스미스와 그 후대의 경제학자들에 의하여 잘 설명되고 예시되었다. 그들은 이처럼 세부사항을 잘 마련해 놓았지만 임금의 주된 법칙은 이해하지 못했다.

직업 간의 임금 차이를 야기하는 모든 상황들의 효과는 수요와 공급으로 설명해 볼 수도 있다. 다른 직업들의 임금은 노동의 수요와 공급의 차이에 따라 상대적으로 달라질 수 있다. 여기서 수요라 함은 어떤 사회 전체가 어떤 특정한 종류의 서비스를 불러내는 것이고, 공급이라 함은 기존의 상황 아래에서 그 특정 서비스를 수행하기 위해 투입된 노동의 상대적 수량을 말한다. 수요와 공급은 임금의 상대적 차이에 대해서 말하는 것이라면 진실이 되지만, 흔히들 말하듯이 일반 임금률이 수요와 공급에 의해 결정된다고 하는 것은 무의미한 말이 되고 만다. 왜냐하면 수요와 공급은 상대적인 용어이기 때문이다. 노동의 공급은 노동이나 노동의 생산물과 교환하여 제공된 노동을 의미할 뿐이며, 노동에 대한 수요는 노동에 대한 교환으로 제공된 노동 혹은 노동의 생산물을 의미할 뿐이다.

이렇게 하여 공급은 수요가 되고 수요는 공급이 된다. 사회 전체로 보면 수요와 공급은 동일한 공간 위에 존재하는 것이다. 현행 정치경제학은 판매

---

15 『국부론』제1권 10장 1절: 옮긴이
16 마지막 다섯 번째 것은 이윤의 위험 요소와 유사하다. 이것은 성공한 법률가, 의사, 도급업자, 배우 등의 높은 임금을 설명해준다.

와 관련해서는 이런 사실을 명확하게 인식했다. 수요와 공급의 변화는 특정 물품의 가치에 등락을 일으키지만, 가치의 전반적 등락을 가져오지는 못한다는 리카도, 밀, 기타 정치경제학자들의 논리는 노동에도 똑같이 적용된다. 노동과 관련하여 수요와 공급을 말할 때, 이들 정치경제학자들이 저지르는 오류는 노농이 자본으로부터 나오고, 자본이 노동과는 뚜렷하게 다른 것이라고 생각하는 잘못된 버릇이다. 우리는 이러한 이론(임금 기금 이론)을 지금껏 분석하여 그것이 오류임을 증명했다. 이것은 다음과 같은 진술만으로도 분명하게 드러난다. 임금은 영구히 노동의 생산량을 초과하지 못한다. 따라서 노동이 꾸준하게 만들어낸 생산량 이외에는 임금을 지불할 기금은 없는 것이다.[17]

직업들 사이의 임금 차이를 야기하는 모든 상황들이 수요와 공급을 통하여 작동하는 것처럼 생각될 수도 있다. 그러나 어떤 때는 동일한 원인의 효과가 두 가지 방식으로 작동하여 두 가지 뚜렷이 다른 것으로 분류된다. 그 원인은 명목 임금을 올리는가 하면, 실질 임금을 올리는 것 – 동일한 노력에 대하여 평균적 보상을 올리는 것 – 이다. 어떤 직업의 높은 임금은 애덤 스미스가 말한 복권의 당첨금과 비슷하다. 다시 말해, 어떤 사람의 커다란 소득은 많은 다른 사람들의 손실로부터 나오는 것이다. 이것은 스미스가 그 임금 원칙을 구체적으로 예시한 직업들에 대해서만 타당한 얘기가 아니라, 상업적 회사의 기업관리 임금에 대해서도 똑같이 맞는 얘기이다. 사업을 시작한 상업적 회사의 90%가 망한다는 사실이 그것을 증명해준다. 특정한 날씨에만 수행할 수 있고 또 간헐적이면서 불확실한 직업의 높은 임금도 이런 부류에 해당한다. 힘들고 천하고 불결한 직업에서 발생하는 임금의 차이는 곧 희생의 차이를 나타내며, 그런 직업에 높은 보상을 함으로써 동일한 노력에 대하여 동일한 대가의 수준을 유지한다.

이러한 차이들은 실제로 평준화이며, 애덤 스미스의 말을 빌리면 "어떤

---

17 임금 기금설, 즉 자본이 먼저 있고 그 다음에 임금이 나온다는 학설은 오류라는 주장: 옮긴이

제3권 —— 분배의 법칙

직업에서는 금전상의 이득이 적은 것은 보상하고, 다른 직업에서는 금전상의 이득이 큰 것을 상쇄해주는" 주요한 상황들인 것이다. 그러나 이런 명목상의 차이 이외에도 직업들 사이에는 실질적 임금 차이가 있다. 이것은 직업에 필요한 노동의 질이 어느 정도 희소한가에 의해 생기는 것으로서, 예를 들면 뛰어난 선천적 내지 후천적 능력이나 기술이 있으면 평균적으로 임금은 더 높아지게 된다. 이러한 선천적 내지 후천적 능력이나 기술은 본질적으로 육체노동의 완력과 기민함의 차이와 비슷한 것이다. 육체노동에서 평균적인 노동량만 올리는 사람에 비하여 더 많은 노동량을 달성하는 사람에게 더 높은 임금이 지불되듯이, 월등한 능력과 기술을 요구하는 직업들의 임금은 통상적인 능력과 기술에 대하여 지불하는 통상적 임금에 따라 결정되는 것이다.

그리하여 다음의 사실은 이론적으로나 실제 관측에 의해서나 자명한 것이다. 다른 직업들 사이의 임금 차이를 야기하는 상황이 무엇이든 간에, 또 시간대 별·장소 별 생산량의 차이에 따라 임금들의 상호 관계가 빈번하게 달라지지만, 어떤 한 직업에서의 임금률은 다른 직업의 그것에 연결되어 있다. 이런 식으로 계속 밑으로 내려가면 마침내 임금의 맨 밑바닥 넓은 층에 도달하게 된다. 그런 임금을 제공하는 직업들에서는 수요가 거의 일정하고 또 노동에 참여할 수 있는 자유가 가장 크다.

직업별 투입 노동량은 일정하지 않다

이런저런 어려움이 존재하지만, 어떤 특정한 직업에 투입되는 노동량은 그 어디에서도 절대적으로 고정되어 있지 않다. 모든 기계공들이 노동자로 일할 수 있고, 많은 노동자들이 즉각 기계공으로 투입될 수 있다. 모든 가게 주인이 점원으로 일할 수 있고 많은 점원들이 쉽게 가게 주인이 될 수 있다. 많은 농부들이 권유를 받는다면 사냥꾼, 광부, 어부, 선원이 될 수 있고, 많은 사냥꾼, 광부, 어부, 선원은 농업을 상당히 알고 있어서 요구를 받는다면 농업에 손을 댈 수도 있다. 각각의 직업에서 그것을 다른 직업들과 연결시키거나 직업들 사이를 왕복하는 사람들이 있다. 젊은 사람들이 꾸준히 빈자리를 채우기 위해 보충되는 반면에, 노동은 권유가 강력하거나 저항이 가장 적은 방향으로 흘러간다.

그리고 이에 더하여 모든 임금의 단계들은, 명확하게 규정된 간격에 의해 구분되는 것이 아니라, 보이지 않는 정도 차이로 서로에게 침투해 들어간다. 형편없는 대우를 받는 기계공의 임금이 일반적으로 말해서 단순 노동자의 임금보다 높다. 하지만 단순 노동자보다도 수입이 적은 기계공은 언제든지 존재한다. 가장 좋은 대우를 받는 변호사는 가장 좋은 대우를 받는 서기보다 더 높은 임금을 받는다. 그러나 가장 좋은 대우를 받는 서기가 때로는 어떤 변호사보다 더 소득이 많고, 가장 신통치 않은 대접을 받는 서기는 가장 신통치 못한 변호사보다 더 많이 번다.

따라서 각 직업의 가장자리에는, 이 직업과 저 직업 사이의 매력이 아주 절묘한 균형을 이루고 있어서 약간만 변화가 주어져도 그 노동을 이 방향에서 저 방향으로 전환시킬 수 있다. 이렇게 볼 때, 특정 종류의 노동에 대한 수요의 증감은 해당 직업의 임금을 상대적 수준 이상으로 높이지 못하고, 또 그 수준 이하로 내리지도 못한다(단, 일시적인 증감은 가능하다). 상대적 수준이라 함은 다른 직업들의 임금에 대한 수준을 말하는 것으로서, 그 수준은 앞에서 말한 바와 같이 직업의 상대적 호감도나 지속 가능성 등에 의해 결정된다. 경험에 의하면, 인공적 장애물 – 가령 제한하는 법률, 길드(협회)의 규정, 신분 제도 확립 등 – 이 설치된 곳에서도, 그 장애물들은 이러한 형평의 유지를 방해할 수는 있어도 아예 예방하지는 못한다. 그런 장애물들은 일종의 댐처럼 유입되는 물을 일정한 수준으로 가둘 수는 있겠지만 물의 범람을 예방하지는 못한다.

임금 수준은 가장 낮은 직업 층의 임금에 따라 결정된다

임금들은 그것들(임금들)의 수준을 결정짓는 상황이 바뀜에 따라 때때로 서로의 관계가 바뀌기도 하겠지만, 궁극적으로 모든 직업 층의 임금은 가장 낮고 넓은 직업 층의 임금에 따라 결정된다. 이 직업 층의 임금이 등락함에 따라 일반 임금률도 따라서 올라가고 내려가는 것이다.

다른 모든 직업들의 바탕이 되는 일차적이고 근본적인 직업들은 분명 자연으로부터 직접 부를 얻는 직업들이다. 따라서 그 직업의 임금 법칙이 임금의 일반 법칙이 된다. 이런 직업에서의 임금은 자연의 최저 생산점에서 노동이 생산하는 생산량에 달려 있다. 따라서 임금은 일반적으로 말해서 경작의 한계에 달려 있다. 좀 더 정확하게 말해 보자면, 지대를 지불하지 않는 상태로 노동이 자유롭게 투입될 수 있는 자연의 최고 생산점에 달려 있는 것이다.

이 법칙은 너무나 분명하여 깊이 인식하지 못한 상태에서도 금방 이해가 된다. 캘리포니아와 네바다 같은 주들에 대하여, 값싼 노동이 그 고장의 발전을 도와준다고 말들 한다. 값싼 노동이 저품질의 광석의 채굴을 도와주기 때문이라는 것이다. 낮은 임금과 낮은 생산점 사이의 관계는 이런 식으로 말하는 사람들이 잘 인식하는 것이지만, 그들은 원인과 결과의 순서를 거꾸로 본 것이다. 저품질의 광석을 개발하도록 돕는 것은 낮은 임금이 아니다. 오히려 낮은 생산점으로 생산을 확대했기 때문에 임금이 낮아진 것이다.

전에 법령을 제정하여 강제로 그렇게 하려고 했던 것처럼, 임금이 임의적으로 낮추어진다면, 품질이 떨어지는 광산은 더 품질이 좋은 광산이 가동되는 한에는 노동이 투입되지 않을 것이다. 만약 생산의 한계가 임의적으로 낮추어진다면, 임금은 반드시 떨어지게 되어 있다. 우수한 자연의 기회(토지)를 가진 소유주들은 그 기회가 현재 사용되는 것을 거부하고 가치 상승이 기대되는 미래의 사용을 내다보며 기다릴 것이기 때문이다.

이렇게 하여 증명은 완료되었다. 우리가 얻어낸 임금의 법칙은 전에 지대의 법칙의 필연적 결과로 이끌어낸 것이었고, 이자의 법칙과 완벽하게 조화를 이룬다. 임금의 법칙은 이러하다.

임금은 생산의 한계에 달려 있다. 혹은 지대를 지불할 필요 없이, 자유롭게 노동을 투입할 수 있는 자연 생산력의 최고점에 의해 임금이 결정된다.

이 임금 법칙은 다른 보편적 사실들과 일치하며 그것들을 설명해 준다. 이 법칙을 이해하지 못하면 그 사실들은 서로 관련이 없고 모순되는 것처럼 보인다. 이 임금 법칙은 다음 사실을 보여준다.

- 토지가 공짜이고 노동이 자본의 도움을 받지 않는 곳에서, 전체 생산물은 임금으로 노동에게 돌아간다.
- 토지가 공짜이고 노동이 자본의 도움을 받는 곳에서, 임금은 전체 생산물로 구성되지만 노동을 자본으로 축적하기 위해 필요한 생산물의 부분은 제외해야 한다.
- 토지가 누군가에게 소유되고 지대가 오르는 곳에서, 임금은 지대를 지불하지 않는 상태에서 노동이 가장 높은 자연의 생산점에서 생산한 것으로 고정된다.
- 자연의 기회가 모두 독점된 곳에서, 임금은 노동자들 사이의 경쟁에 의하여 노동자가 간신히 노동을 재생산하는 최저 수준으로 떨어질 것이다.

이 최소한의 임금은 스미스와 리카도에 의하여 "자연 임금(natural wage)" 점으로 지명되었고, 밀은 이 임금점을 기준으로 임금의 등락이 결정된다고 보았는데, 노동자 계급이 노동 재생산에 연계하여 안락함의 수준을 높이거나 낮추는데 따라 임금이 올라가거나 내려간다고 보았다. 이 최소 임금은 앞에서 말한 것처럼 임금의 법칙에 포함된다. 생산의 한계는 노동을 유지하는데 필요한 만큼의 임금을 남겨두는 임금점 이하로는 떨어질 수가 없는 것이다.

리카도의 지대 법칙(임금법칙은 이것의 필연적 결과인데)과 마찬가지로, 이 임금 법칙은 그 안에 자체의 증명을 가지고 있으며 단지 그 법칙을 말하는 것만으로도 그 진리가 분명하게 드러난다. 경제적 논리의 기반은 바로 이 중심적 진리를 적용하는 것이다. 그 진리는 인간은 최소한의 노력으로 욕구를 충족시키려 한다는 것이다. 평균적인 사람은 자신이 손수 일해서 벌 수 있는 것보다 적은 임금으로는 사용자를 위해 일하려 하지 않을 것이다. 또 남을 위해서 일하는 것보다 돈이 적게 나온다면 그 자신을 위해 일하는 자영업을 하지 않을 것이다. 따라서 노동이 자유롭게 접근할 수 있는 자연의 기회에서 나오는 대가는, 노동이 세상 어디에서나 얻을 수 있는 임금을 결정한다.

지대선은 임금선의 필연적 기준이다

이렇게 말하는 것은, 지대선은 임금선의 필연적 기준이라고 말하는 것과 같다. 사실 현재 받아들여진 지대의 법칙이 인정을 받게 된 것은 그 전에 이 임금의 법칙을 받아들였기 때문이다(비록 무의식적으로 받아들인 것 같지만). 특정한 품질을 가진 토지는 가장 덜 생산적인 토지에서 나오는 생산량을 초과하는 부분을 지대로 가져갈 수 있다. 이것은 다음 사실에 의해서 분명하게 알 수 있다. 높은 등급의 토지를 소유한 사람은, 낮은 등급의 토지에 투입된 노동의 생산량을 임금으로 지불함으로써, 그의 땅에서 나온 생산 초과분을 획득할 수 있다.

이 임금 법칙은 아주 간단한 겉모습을 취하고 있을 때에는 정치경제학 따위는 전혀 모르는 사람들에 의해서도 인식되었다. 중력의 법칙을 전혀 생각해 보지 않은 사람도 무거운 물체가 땅으로 떨어진다는 것을 알고 있는 것처럼 말이다. 어떤 고장에서 자연의 기회 덕분에 노동자들이 지금 받는 가장 낮은 임금보다 더 높은 임금을 벌 수 있다면, 일반 임금률은 오르게 될 것이다. 이런 것은 철학자가 아니어도 누구나 금방 알 수 있는 것이다. 캘리포니아 초창기의 무식하고 우둔한 사금광산의 광부도, 광산의 매장량이 고갈되거나 독점되면, 임금이 떨어진다는 것을 알고 있었다. 토지가 아직 독점화되지 않은 신생 국가들에서, 임금이 생산에 비하여 상대적으로 높다는 것을 설명하기 위해 정교한 이론이 필요하지 않다. 그 원인은 표면에 드러나 있다.

한 농부는 자신의 노동이 생산할 수 있는 것보다 더 적은 임금으로 다른 농부를 위해서 일하지 않을 것이다. 그 농부는 옆 구역으로 가서 그 자신의 농장을 세울 수 있을 때에는 더더욱 남의 밑에서 일하지 않을 것이다. 토지가 독점화되고 자연의 기회가 노동으로부터 봉쇄될 때, 노동자들은 일자리를 두고서 서로 경쟁을 하게 된다. 이럴 때 농부는 일꾼을 고용할 수 있다. 그 농부는 일꾼들의 생산량과 그가 지불한 임금 사이의 차액을 가지고 농장을 운영하는 것이다.

애덤 스미스가 놓친 임금과 지대의 관계

애덤 스미스는 정착할 토지가 많은 곳에서 높은 임금의 원인이 무엇인지 알아보았으나 그 사실의 중요성과 연관성을 이해하지 못했다. 그는 신생 식민지에서의 번영의 원인을 다룬 장(『국부론』, 4권 7장)에서 이렇게 말한다.

> "식민지 개척자들은 자신이 경작할 수 있는 것보다 더 많은 토지를 획득한다. 그가 지불해야 할 지대도 없으며 세금도 거의 없다…그는 최고로 높은 임금을 주고서라도 다른 지역의 노동자들을 모으려고 애쓴다. 그러나 임금이 높아도, 토지는 풍부하고 저렴하기 때문에 노동자는 곧 고용주를 떠나 스스로 지주가 된다. 그리고 그도 마찬가지로 똑같이 높은 임금을 주고서 다른 노동자들을 고용하게 되는데, 그 노동자도 그가 첫 번째 고용주로부터 떠난 것과 똑같은 이유로 그 농부를 떠나가게 된다."

이 장의 여러 문장과, 노동의 임금을 다룬 장[18]은 애덤 스미스가 진정한 분배의 법칙을 놓쳐버렸다는 것을 보여준다. 이렇게 된 것은, 그는 가장 원시적 형태의 사회 조직으로부터 시선을 돌려서 복잡한 사회 현상 속에서 최초의 법칙을 찾으려 했기 때문이다. 그 과정에서 그는 자본의 기능을 설명하는 기존의 이론에 현혹되어 버렸다. 또한 내가 보기에 스미스는 죽기 2년 전에 맬서스가 정식화한 이론을 막연하게 받아들였다. 현행 정치경제학의 저작들을 읽으면 안타까운 느낌을 금할 수 없다. 스미스 이후의 경제학자들은 정치

---

18 『국부론』 제1권 8장: 옮긴이

경제학의 이론을 구축하고 해명하려고 하면서도, 자신들이 눈 뜬 장님처럼 임금의 법칙에 걸려 넘어지고 있다는 사실을 전혀 깨닫지 못했다. "만약 그것[19]이 개였다면 틀림없이 그들을 물었을 것이다!"

그들 중 몇몇은 이러한 임금의 법칙을 깨우치고 있었다는 인상을 지우기 어렵다. 하지만 그런 인식이 가져올 현실적 결론을 두려워하여 그것을 열쇠삼아 문제를 해결하려고 하기보다는 외면하고 은폐하는 것을 더 선호했던 것으로 보인다. 이 법칙을 적용하지 않으면 문제는 더욱 난처하게 꼬여버리는데도 말이다. 그것을 거부하고 짓밟아버린 시대에, 위대한 진리는 평화의 언어가 아니라 칼이 되는 것이다![20]

이 장을 마치기 전에 앞에서 얘기한 것을 다시 상기시키고 싶다. 나는 임금이라는 용어를 수량의 개념이 아니라 비율의 개념으로 사용하고 있다. 내가 지대가 오르면서 임금이 떨어졌다고 말할 때, 노동자들이 임금으로 받은 부의 수량이 반드시 감소되었다는 의미는 아니고, 임금이 전체 생산량에서 차지하는 비율이 반드시 감소된다는 뜻이다. 임금의 수량이 전과 그대로이거나 심지어 증가되더라도 비율은 떨어질 수 있다.

만약 경작의 한계가 25라는 생산점에서 20으로 떨어진다면 모든 토지의 지대는 이 차이만큼 상승할 것이다. 노동자에게 임금으로 돌아가는 총생산량의 비율도 그와 같은 정도로 감소될 것이다. 그러나 기술이 진보하고 대규모 인구의 경제가 노동의 생산력을 크게 증가시켜서, 생산점 20에서도 동일한 노동을 투입하여 전에 생산점 25에서 올렸던 부를 생산할 수 있다. 이렇게 되면 노동자는 전과 같은 수량의 임금을 받게 되고, 임금의 상대적 저하는 노

---

19 임금의 법칙: 옮긴이

20 애덤 스미스 등 고전경제학의 학자들은 지대가 임금을 압박한다는 것을 인식했으면서도 더 이상 그 문제를 탐구하지 않았다. 영국의 귀족은 대부분 지주들이었고 그들의 권력이 아주 강력했기 때문에 스미스와 그 후의 경제학자들은 그들을 의식하지 않을 수 없었고 그래서 지대 문제로 지주 계급을 공격하는 것은 그만두고 논의를 자본과 임금의 관계 쪽으로 돌려서 상인과 제조업자를 공격했다. 이상이 위 문장에 내포된 뜻이다: 옮긴이

동자의 생필품 혹은 편의품의 감소 등으로 나타나지 않을 것이다. 그러나 그것(임금의 상대적 저하)은 토지의 가치 상승, 지대를 받는 계급의 더 많은 소득과 더 사치스러운 소비 등에서 상대적으로 드러나게 될 것이다.

제7장

부의 분배 법칙의 상호 관련과 협동

부의 분배 법칙과 관련하여 우리가 도달한 결론들은 현행 정치경제학의 중요한 부분들을 재편할 것이고, 가장 정교하게 수립된 몇몇 이론들을 폐기하면서 경제학의 가장 중요한 몇몇 문제들에 대하여 새로운 빛을 던질 것이다. 우리가 이렇게 하는데 있어서 그 어떤 의심스러운 전제도 제시되지 않았다. 잘 증명되지 않은 근본 원리는 단 하나도 제안하지 않았다.

우리가 현행 정치경제학의 관련 이론들을 대체하고 내놓은 이자의 법칙과 임금의 법칙은 정치경제학의 근본이 되는 가장 중요한 법칙으로부터 필연적으로 나오게 되는 결론이다. 그 중요한 법칙은 물리학에서 중력의 법칙을 떼어놓을 수 없듯이 인간의 마음으로부터 분리할 수 없는 것이다. 이 법칙이 없다면 가장 사소한 것이든 혹은 가장 중요한 것이든 인간의 행동을 미리 알 수 없고 예측할 수 없다. 이 중요한 법칙은 인간은 최소한의 노력으로 욕구를 충족시키려 한다는 것인데, 생산의 3요소 중 하나인 토지에 적용될 때에는 지대의 법칙이 된다. 자본에 적용될 때에는 이자의 법칙이 되고, 노동에 적용되면 임금의 법칙이 된다.

리카도 이래 유수한 경제학자들이 수긍한 바 있는 지대의 법칙은 기하학의 공리처럼 이해를 하면 곧바로 동의할 수 있는 것이다. 그리고 내가 앞에서 설명한 이자의 법칙과 임금의 법칙은 추론에 의하여 그 다음 순서로 반드시 도출된다. 사실 순서라는 말은 상대적 의미에서 사용한 것일 뿐, 지대의 법칙을 이해하면 나머지 두 법칙도 저절로 이해되기 때문이다. 지대의 법칙을 이해하기 위해서는 무엇을 먼저 알아야 할까? 그것은 경쟁의 효과 때문에 노동과 자본은 최저등급의 땅에서 나오는 생산물을 초과하는 부분(초과 생산물)을 가져가지 못한다는 사실이다. 이것을 알면 우리는 어떤 땅의 소유주가 최저등급의 땅에 동일한 노동과 자본을 투입했을 때 나오는 생산량을 초과하는 부분을 그 땅(소유주의 땅)의 지대로 가져간다는 것을 알 수 있다.

기존 정치경제학의 분배 3법칙은 전혀 조화를 이루지 못하는데, 우리가 새로 정립한 분배 3법칙 사이의 명확한 연계와 뚜렷한 대조를 이룬다. 그 3법칙을 나란히 두고서 살펴보자.

현재 통용되는 명제	진정한 명제
지대는 경작의 한계에 달려 있으며 그 한계가 떨어지면 오르고, 올라가면 떨어진다.	왼쪽과 동일
임금은 노동자 수와 고용에 투입된 자본의 수량 사이의 비율에 달려 있다.	임금은 경작의 한계에 달려 있으며 그 한계가 떨어지면 떨어지고, 올라가면 올라간다.
이자는 자본의 수요와 공급 방정식에 달려 있다. 혹은 이윤은 임금(또는 노동의 비용)에 달려 있으며 임금이 떨어지면 올라가고, 임금이 올라가면 떨어진다.	이자(이자와 임금의 비율은 자본에 부착된 순 증가력에 의해 고정되어 있으므로)는 경작의 한계에 달려 있는데 한계가 떨어지면 떨어지고, 올라가면 올라간다.

현재 통용되는 명제대로라면, 분배의 법칙은 공통적인 중심이 없어서 서로 연계가 되지 않는다. 그것들은 일관된 전체의 상호 연계되는 부분이 아니고, 서로 다른 특질의 기준일 뿐이다. 우리가 제시한 명제들은 하나의 중심(경작의 한계)에서 나와서 서로 연결되고 협동하며 일관된 전체의 상호 연계되는 부분을 형성한다.

제8장

문제의 정태(靜態)적 측면

우리는 이제 단순명료하고 일관된 부의 분배법칙을 알았다. 이 법칙은 제일 원리들 및 기존 사실들과 부합하며, 그 의미를 이해하면 자명한 진실로 납득 이 된다.

이 이론을 정립하기 전에 나는 기존의 이론이 타당하지 않다는 것을 결정 적으로 증명할 필요가 있다고 생각했다. 대부분의 사람들은 행동은 물론이고 생각에 있어서도 지도자들을 그대로 따라가는 경향이 있다. 기존의 임금 이 론은 저명한 경제학자들의 지지를 받을 뿐만 아니라 일반 대중의 의견과 편 견 속에 깊숙이 뿌리를 내리고 있다. 그리하여 그 이론은 그 부당함이 확고하 게 증명되지 않는 한, 다른 이론이 제기되거나 수립되는 것을 방해한다. 이것 은 지구가 우주의 중심이라는 이론(천동설)이, 지동설 즉 지구가 그 축을 중 심으로 자전하면서 태양의 주위를 돌고 있다는 이론을 방해했던 것과 마찬 가지다. 그러다가 천동설은 지동설과는 서로 일치될 수 없는 것임을 증명해 보이자 비로소 기존의 입장에서 물러섰던 것이다.

실제로 현행 정치경제학과, 코페르니쿠스 이론을 받아들이기 전의 천문 학 사이에는 놀라울 정도로 유사성이 있다. 현행 정치경제학이 현재 문명 세 계의 주목을 받고 있는 사회 현상을 설명하기 위해 내놓은 장치들은 옛 천문 학자들이 구축한 원과 동심원의 정교한 체계와 유사하다. 과거의 천문학은 그런 체계를 가지고 천문 현상을 설명했는데 그것은 권위의 도그마, 수박 겉 핥기의 관찰, 못 배운 사람의 편견 등이 뒤섞인 부당한 체계였다. 그러나 후 대의 정밀한 관찰은 이런 원과 동심원의 이론이 천체현상을 타당하게 설명하지 못한다는 것을 밝혀서 그것을 대체하는 단순명료한 지동설을 만들어냈다. 이와 마찬가지로 현행 정치경제학의 이론들이 부당함을 인식하게 되면 코페르니쿠스 이론과 같은 간단명료한 이론을 정치경제학에 부여하는 길이 열리게 될 것이다.

그러나 이 지점에서 둘 사이의 유사성은 멈추게 된다. "고정되어 움직이지 않는 항구적인 지구"가 실은 우주 공간을 아주 빠른 속도로 돌고 있다는 사실은 모든 나라, 모든 계급의 사람들에게는 혐오스러운 사실이었다. 그러나 내가 분명하게 밝히고자 하는 진실은 그렇게 혐오스럽지도 않고 자연스럽게 이해가 되고 또 어린 시절부터 알고 있는 것이었는데, 복잡한 문명 사회, 이기적 이해관계의 왜곡, 학자들의 그릇된 사고방식 등에 의해 가려졌을 뿐이다. 그 진실을 알기 위해서 우리는 제일 원리들로 되돌아와서 간단한 사실을 유념하기만 하면 된다. 생산력이 오르는데도 임금이 올라가지 않는 것은 지대의 증가 때문이라는 건 아주 명약관화한 명제이다.

노동, 자본, 토지, 이렇게 셋이 합작하여 생산물을 만들어낸다.

그 생산물을 노동자, 자본가, 토지 소유주, 이렇게 셋이서 나눠 가진다.

생산량이 늘어나는데도 노동자와 자본가는 가져가는 게 늘어나지 않는다면, 그 증가된 부분을 지주가 가져간다는 것은 너무나 당연한 추론이다.

그리고 객관적 사실은 이런 추론과 부합한다. 물질적 진보가 계속 진행되어도 그 어디에서도 임금이나 이자가 상승하지 않으므로, 물질적 진보에 반드시 수반되는 특징은 지대의 상승, 즉 토지의 가치가 올라간다는 것이다.

지대는 임금과 이자의 상승을 억제한다

지대의 상승은 왜 임금과 이자가 올라가지 않는지를 설명해준다. 지주에게 득이 되는 원인은 곧 노동자와 자본가에게 실이 되는 원인이다. 오래된 나라보다 신생 국가에서 임금과 이자가 높은 것은 정치경제학자들이 말하는 것처럼 자연이 노동과 자본의 투입에 더 많은 대가를 돌려주기 때문이 아니다.

땅이 오래된 나라보다 더 싸기 때문에 비교적 작은 부분이 지대 몫으로 돌아가고, 노동과 자본은 자연이 대가로 돌려준 것의 상당 부분을 가져가기 때문이다. 임금과 이자 사이에서 나누어 가지는 부분을 결정하는 것은 총생산량이 아니라, 지대를 제외한 순생산량이다. 따라서 전 세계 어디서나 임금과 이자율은 노동의 생산성에 의해 결정된다기보다는 토지의 가치에 의해 결정된다. 토지의 가치가 상대적으로 낮은 곳에서, 임금과 이자는 상대적으로 높다. 토지가 상대적으로 높은 곳에서, 임금과 이자는 상대적으로 낮다.

만약 생산이 아주 초보적 단계, 가령 모든 노동이 직접 토지에 투입되고 임금은 그 생산물로 지불되는 단계에 머물러 있다면, 지주가 생산물의 많은 부분을 차지하고, 노동자는 그보다 훨씬 작은 부분을 차지한다는 사실이 분명하게 드러난다.

그러나 문명국가에서는 생산의 과정이 복잡하다. 생산의 많은 부분이 교환에 의해 이루어지고, 토지에서 캐낸 물질에 많은 노동이 투입되어, 깊은 생각이 없는 사람에게는 그 원래 모습이 크게 달라져 보인다. 하지만 모든 생산은 토지와 노동이라는 두 요소의 결합에서 나오고, 지대(지주의 몫)는 임금(노동자의 몫)과 이자(자본의 몫)를 희생시키지 않으면 증가하지 않는다는 사실을 바꾸어 놓지 못한다.

간단한 형태의 산업 조직에서, 농지의 소유주는 수확이 끝나면 곡식의 상당 부분을 지대로 거두어가서, 경작자에게 임금과 이자의 몫으로 남겨놓는 부분을 감소시킨다. 이와 마찬가지로 제조업 도시나 상업 도시가 세워진 토지의 지대는 그 도시에서 부의 생산 및 교환 과정에 참여한 노동과 자본이 나누어 가질 임금과 이자의 몫을 감소시킨다.

간단히 말해서, 토지의 가치는 노동에 의해 창출된 부를 나눠 가지는 소유의 권리에 전적으로 달려 있다. 따라서 토지 가치의 상승은 언제나 노동의 가치를 희생시킨다. 생산력의 증가가 임금을 상승시키지 못하는 것은 그것이 토지의 가치를 높여주기 때문이다. 지대가 이처럼 모든 소득을 흡수해버리기 때문에 사회가 진보하는 데도 빈곤이 생겨나는 것이다.

지대가 빈곤의 핵심 원인이다

여기서 관련 사실들을 언급할 필요조차 없을 것이다. 그 사실들은 독자들의 눈에 자주 띄었을 것이다. 어디에서나 토지 가치가 상승하면 부와 빈곤의 대조가 더욱 뚜렷해진다는 것은 잘 알려진 사실이고 또 쉽게 관찰된다. 토지 가치가 가장 높은 문명사회에서, 가장 화려한 사치와 가장 심각한 가난이 병존한다는 것은 보편적 사실이다. 인간이 가장 비참하고, 가장 도움을 받지 못하고 가장 희망 없는 상황에서 살고 있는 모습을 보고 싶다면, 울타리 쳐지지 않은 초원지역, 산간 오지의 새 개간지에 세워진 통나무 집, 인간이 혈혈단신으로 자연을 상대로 개척 사업을 벌이는 곳, 토지가 아무런 가치가 없는 곳 등에는 가지 말라. 오히려 약간의 땅뙈기만 소유하고 있어도 큰 재산을 가진 부자가 되는 대도시에 가보라.

제4권

물질적 진보가 부의 분배에 미치는 효과

지금까지 모든 기계적 발명품이 인간의 하루 노동을 조금이라도 덜어주는지는 의심
스럽다.

– 존 스튜어트 밀

어린 아이들이 우는 것을 들어보았는가, 오 나의 형제들이여,

세월의 경과와 함께 슬픔이 찾아오기 전에?

그들은 가녀린 머리를 어머니의 품에 기대어 보지만

그 눈물을 멈추지 못한다.

어린 양들은 초원에서 울어 젖히고

어린 새들은 둥지에서 지저귄다.

아기 사슴은 그림자와 함께 놀고

어린 꽃들은 서쪽을 향해 피어난다.

그러나 어린, 어린 아이들, 오 나의 형제들이여,

그들이 아주 비참하게 울고 있다!

그들은 다른 아이들이 놀고 있는 때에 울고 있다.

자유인의 땅에서.

– 브라우닝 부인

제1장

문제의 동태적 측면에 대한 탐구

우리는 물질적 진보가 가져오는 증가된 생산분을 가져가는 것이 지대이고 노동은 아니라는 것을 확인했다. 또 현행 정치경제학에서 말하듯이 갈등은 노동과 자본 사이에서 벌어지는 것이 아니라, 한쪽에 노동과 자본, 다른 한쪽에 토지 소유권, 이렇게 둘 사이에서 적대적 갈등이 벌어진다는 것도 확인했다. 그리하여 우리는 이 과정에서 하나의 중요한 결론에 도달했는데 그 결론은 아주 중요한 실제적 파급 효과를 가지고 있다. 그러나 우리는 지금 여기서 그 파급 효과를 거론하지는 않을 것이다. 우리가 당초에 제기했던 문제를 아직 충분하게 해결하지 못했기 때문이다.

지대가 올라가기 때문에 임금이 낮은 수준에 머무르고 있다고 말하는 것은 증기선의 바퀴가 돌아가기 때문에 증기선이 앞으로 나가는 것처럼 명약관화한 사실이다. 여기서 우리가 물어야 할 추가 질문은 이런 것이다. 무엇이 지대를 상승시키는가? 생산력이 증가하면서 점점 더 많은 생산물의 부분을 지대로 돌아가게 만드는 힘 혹은 필연적 논리는 무엇인가?

리카도: 지대 상승은 인구 증가 탓

리카도(David Ricardo)가 지대 상승의 유일한 원인으로 내놓은 것은 인구의 증가다. 인구가 늘어나면 식량을 더 많이 필요로 하게 되므로 경작을 열등한 다른 땅이나, 같은 땅이라도 열등한 지점으로까지 확대해야 된다는 것이다. 현행 정치경제학의 다른 저서들에서도 생산이 우등한 토지에서 열등한 토지로 확대되는 것을 전적으로 지대 상승의 이유로 꼽았다. 그리하여 캐리(Henry C.

Carey) – 페리 교수와 그 외의 다른 학자들 포함 – 는 농업의 진전은 우등한 땅에서 열등한 땅으로 이동한다는 사실을 부정함으로써 자신이 리카도 이론을 뒤집었다고 생각했다.[1]

인구 증가의 압력이 열등한 땅으로의 이동을 강요하여 지대를 높일 가능성이 있다는 것은 사실이고, 실제로 지대가 올라갔다. 하지만 이러한 지대 이론에서 도출된 모든 결론이 타당하다고는 생각하지 않으며, 물질적 진보에 따라 지대가 상승하는 현상을 완벽하게 설명해준다고 보지도 않는다. 지대를 올리는 다른 원인들도 분명 존재한다. 그 원인들은 자본의 기능과 임금의 기원을 다루는 현행 정치경제학의 잘못된 이론에 의하여 전적으로 혹은 부분적으로 가려졌다. 그 원인들이 무엇이고 어떻게 작동하는지 살피기 위하여 물질적 진보가 부의 분배에 미치는 효과를 추적해 보기로 하자.

물질적 진보의 3가지 원인

물질적 진보를 촉진하고 기여하는 변화는 다음 3가지다.

(1) 인구의 증가

(2) 생산과 교환 기술의 개선

(3) 부를 생산하는 힘을 증가시키는 지식, 교육, 행정, 치안, 풍습, 도덕 등의 개선.

---

1 이에 대하여 다음과 같은 세 가지 사항을 지적하는 것이 필요하리라 생각한다. (1) 미국의 신생 주들에서의 농업의 발전과, 오래된 주들에서 경작이 되지 않은 땅들 등에 의해 밝혀진 일반적 사실은, 경작의 방향이 더 좋은 땅에서 더 나쁜 땅으로 진행되어 갔다는 것이다. (2) 생산의 방향이 절대적으로 더 좋은 땅에서 절대적으로 더 나쁜 땅으로 진행된 것과는 무관하게[이 좋고 나쁨은 우리의 지식과 상관이 있는 문제일 뿐이며, 장래 기술이 발전하여 현재에는 불모인 땅에서도 그것을 보상해 주는 특성을 발견할지도 모른다], 인간의 심리 상태를 감안해 볼 때, 생산의 방향은 더 좋은 것으로 생각되는 땅에서 시작하여, 현재의 상황에서 더 나쁜 것으로 생각되는 땅으로 진행해 갔다. (3) 리카도의 지대 법칙은 경작의 확대되는 방향을 중시하지 않는다. 그보다는 어떤 특질을 가진 땅이 어느 정도 생산물을 산출했다면, 그보다 더 좋은 특질을 가진 땅은 그보다 더 많은 생산물을 산출한다는 명제에 바탕을 두고 있다.

흔히 알고 있는 물질적 진보는 이 세 가지 요소 혹은 진행 방향으로 구성된다. 선진 국가들은 비록 각자 발전의 단계는 다르지만 지난 세월 동안 이 세 가지 요소를 통하여 발전해 왔다. 물질적 힘 혹은 경제의 관점에 비추어볼 때, 지식의 증가와 행정의 개선 등은 기술의 개선과 마찬가지의 효과를 거두었으므로, 여기에서 그 둘을 따로 논의하는 것은 필요하지 않을 것이다. 정신적 혹은 도덕적 진보가 우리의 문제(빈곤)에 어떤 관계를 맺는지에 대해서는 뒷장에서 다루게 될 것이다. 현재로서는 이런 것들(생산 기술과 지식의 개선)이 부를 생산하는 힘에 기여하여 물질적 진보를 가져오는 과정을 다루고, 또 기술의 개선이 구체적 효과를 가져온 곳에서 그 효과가 어떤 것인지 살펴볼 것이다.

물질적 진보가 부의 분배에 미친 효과를 탐구하기 위하여, 우리는 인구 증가의 효과와 기술 개선의 효과를 따로 분리해서, 먼저 인구 증가를, 그리고 이어서 기술 개선을 살펴본다.

제2장

인구 증가가 부의 분배에 미치는 효과

현행 정치경제학 교과서에서 인구 증가가 지대를 높이는 현상을 설명하고 예증하는 방식은 다음과 같다.

식량에 대한 수요가 증가되어 생산은 열등한 땅 혹은 열등한 생산점으로 확대될 수밖에 없다. 그리하여 어떤 일정한 인구가 있다고 할 때, 경작 한계를 30이라고 하고, 이 30을 넘어가는 생산력을 가진 모든 땅은 지대를 산출하게 된다. 그런데 인구가 두 배로 늘어난다면 추가 식량을 공급해야 하고, 그것(추가식량)은 전에는 지대가 안 나오던 땅으로까지 경작을 확대하지 않으면 얻을 수가 없다. 만약 그러한 경작지 확대가 20으로까지 내려가면, 20과 30 사이에 있는 모든 땅은 지대를 산출하여 가치를 가지게 되고, 30이 넘어가는 모든 땅은 늘어난 지대를 산출하고 또 올라간 가치를 갖게 된다.

바로 여기에서 맬서스 이론은 현행 지대 이론으로부터 엄청난 성원을 받게 된다. 나는 앞에서 그렇게 성원을 하게 된 원인들을 열거했고, 또 그 덕분에 맬서스 이론이 현대의 사상계에서 요지부동의 영향력을 갖게 되었다는 점을 지적했다. 맬서스 이론에 따르면 인구가 늘어나면서 인구가 식량에 가하는 압박은 점점 더 심해진다. 사람은 태어날 때마다 두 개의 손과 하나의 입을 가지고 태어나나, 존 스튜어트 밀의 말을 빌리자면 새로운 두 손은 새로운 입들에게 식량을 제공하기가 점점 더 어려워진다.

리카도의 지대 이론에 의하면, 지대는 사용 중인 땅들의 생산성 차이에서 생겨난다. 리카도가 설명하고 그 후의 경제학자들이 받아들인 바에 의하면, 인구가 증가하면서 지대가 상승하는 것은, 커다란 비용을 치르지 않고서는 더 많은 식량을 얻을 수 없기 때문이다. 이것은 인구의 한계를 점점 더 낮은 생산점으로 내몰고, 그에 따라 지대는 상승한다.

이렇게 하여 내가 이미 앞에서 설명한 바와 같이 이 두 이론은 상호 조화롭게 보완한다. 지대의 법칙은 맬서스가 주장한 좀 더 포괄적인 법칙의 특별한 적용이고, 인구 증가에 따른 지대 상승은 맬서스 이론이 어김없이 작용한다는 증거가 되었다. 내가 이 얘기를 하는 것은 무엇 때문인가? 지대 이론이 맬서스 이론을 강화시켜 주는 것이 아닌 데도 마치 두 이론이 서로 관련 있는 것처럼 생각하는 현행 정치경제학의 오해를 혁파해야 하기 때문이다. 맬서스 이론은 이미 앞에서 타당성 없는 이론임이 증명되었다. 그리고 사람들이 인구 증가 탓으로 돌리는 식량 압박이라는 현상은, 설사 인구가 증가되지 않고 현재 그대로라고 할지라도 나타날 수 있는 현상이다. 이런 추가 반박을 내놓으면 앞으로 맬서스 이론이 혹시 맞는 얘기가 아닐까 하는 의심이 되살아나는 것을 완전 불식시킬 것으로 예상된다.

내가 방금 말한 현행 정치경제학의 오해는 ― 부의 분배에 대한 인구 증가의 효과를 제대로 이해하기 위해서는 불식시켜야 할 필요가 있는데 ― 이런 내용이다. 인구와 관련하여 지대를 논할 때 명시적이든 혹은 암시적이든 인정하고 들어가는 현행 정치경제학의 전제는 이러하다. 노동이 낮은 생산점으로 밀려나게 되면 투입된 노동에 비하여 총생산량은 적게 된다. 하지만 사정이 늘 이렇지는 않다는 사실은 농업 기술의 개선과 관련하여 분명하게 인식되었다. 스튜어트 밀의 표현을 인용해서 말해보자면, 그것은 "인구의 증가를 제약하는 굴레를 약간 풀어주는 것"으로 생각된다. 그러나 그것(낮은 생산점은 적은 총생산량)은 농업 기술의 진전이 없는 곳에서도 사실이 아니다. 노동이 낮은 생산점으로 확대되는 것은 늘어난 인구의 늘어난 요구의 결과일 뿐이다.

인구는 노동 생산성을 높인다
늘어난 인구는 설사 기술의 발전이 없는 곳에서도 그 자체로 노동의 생산력을 증가시킨다. 다른 사정이 동일하다고 할 때 100명의 노동은 1명의 노동량을 백 배 한 것보다 더 많은 생산량을 산출한다. 마찬가지로 천 명의 노동은 백 명의 노동량보다 10배 이상의 생산량을 산출한다. 그래서 인구 증가로 사람의 손이 늘어날 때마다 노동 생산력은 비례적으로 늘어나게 되어 있다. 그리하여 인구 증가에 따라 생산력이 낮은 자연으로 노동이 확대된다고 하더라도, 부의 평균 생산이 줄어들지도 않고 또 최저 생산점에서의 생산이 줄어들지도 않는다.

만약 인구가 두 배로 는다면 생산성 20의 땅은 전에 생산성 30의 땅에 투입된 노동이 산출한 것과 맞먹는 생산량을 올릴 수 있다. 여기서 반드시 기억해야 할 것은(종종 잊어버리는 사항이지만), 토지나 노동의 생산성은 어떤 한 가지 물건으로만 측정되는 것이 아니라, 모든 욕구의 대상이 되는 물건들에 의해 측정된다는 사실이다. 어떤 정착자와 그의 가족은 인근 민가에서 1백 마일 떨어진 땅에서, 인구 조밀한 지구의 중심부에 있는 땅에서와 같은 생산량의 옥수수를 재배할 수 있다. 그러나 만약 인구 조밀한 지구에 산다면 정착자 가족은 그보다 훨씬 못한 땅에다 동일한 노동을 투입해도 거기서 나온 생산량으로 높은 지대를 지불하고서도 훌륭하게 생계를 뽑아낼 수 있다. 왜냐하면 인구 조밀한 지역에서는 그들의 노동이 훨씬 효율적으로 변하기 때문이다. 여기서 그 가족이 생산하는 것은 반드시 옥수수여야 할 필요는 없고, 일반적으로 말하는 부의 생산을 말한다. 혹은 그 가족의 노동의 진정한 목표인 모든 상품과 서비스를 얻는 것을 의미한다.

그리고 최저 생산점에서 노동의 생산성이 줄어든다고 하더라도-부에 대한 점증하는 요구가 생산량을 낮은 생산점 이하로 밀어붙이고, 인구 증가에 의한 노동력 증가가 그런 생산량 저하를 충분히 보충해주지 못한다고 하더라도-총 노동 대비 총생산량이 반드시 줄어드는 것도 아니다.

점점 품질이 떨어지는 토지를 상상해 보자. 가장 좋은 품질을 가진 땅에 제일 먼저 정착될 것이고, 인구가 증가하면서 생산은 그 다음 좋은 땅으로 확대되어 나갈 것이다. 그러나 인구가 증가하여 더 큰 규모의 경제를 약속함으로써, 노동의 효율성을 높여준다. 이러한 원인은 각기 다른 품질을 가진 땅을 계속적으로 경작되게 유도할 것인데, 동일한 노동이 그 땅에서 생산하는 부의 수량을 증가시킨다. 하지만 인구 증가는 이것 이상의 역할을 한다. 그것은 기존에 경작 중인 모든 월등한 땅들에서 부의 생산력을 높여줄 것이다. 수량과 품질의 관계는 이렇게 정리해 볼 수 있다. 인구 증가로 노동의 효율성이 높아지는 속도가, 덜 생산적인 품질의 땅으로 경작이 확대되는 속도보다 빠르다면, 경작 한계가 떨어지고 지대가 올라간다고 해도, 노동에 돌아오는 최소한의 대가는 증가될 것이다. 다시 말해, 비율로서의 임금은 떨어지더라도 수량으로서의 임금은 증가할 것이다. 부의 평균 생산도 증가할 것이다.

노동의 증가된 효율성이 현재 사용 중인 땅의 줄어드는 생산성을 딱 그만큼만 보충해줄 정도의 상호 관계라면, 인구 증가의 효과는 다음 두 가지다.

첫째, 수량으로서의 임금을 낮추지 아니하고 경작의 한계를 낮춤으로써 지대를 상승시킨다.

둘째, 평균 생산량을 증가시킨다.

그런데 인구는 계속 증가하고, 가장 저급한 땅과 그 다음으로 저급한 땅의 품질 차이가 아주 커서, 인구 증가가 경작에 가져온 노동력 증가가 그 차이를 보충해주지 못할 정도라면, 노동에 돌아가는 최소한의 대가는 줄어들 것이다. 그리고 지대가 상승하면서 비율로서의 임금, 수량으로서의 임금이 둘 다 떨어질 것이다. 그러나 토지의 품질이 우리가 상상할 수 없을 정도로 혹은 전례 없을 정도로 떨어지지만 않는다면 평균 생산량은 증가할 것이다. 인구 증가(이것 때문에 열등한 품질의 땅으로 옮겨가게 되는데)에 따른 증가된 효율성이 모든 노동에 깃들어 있고, 우월한 품질의 땅에서 얻어지는 소득이 가장 나중에 경작된 낮은 품질의 땅의 줄어든 생산성을 보충하고도 남음이 있기 때문이다. 부의 총생산은 노동의 총 투입에 비교하여 더 클 것이나, 그 부의 분배는 전보다 더 불공평할 것이다.

인구 증가는 지대를 높이고 임금을 낮춘다

이렇게 하여 인구 증가는 생산을 저급 수준의 땅으로 확대시키는 한편, 지대는 높이고 비율로서의 임금은 낮춘다. 그것은 수량으로서의 임금을 낮출 수도 있고 낮추지 않을 수도 있다. 그것은 노동의 총 투입량과 비교해 볼 때 부의 총생산을 낮추는 일은 거의 없거나 아예 없고 오히려 그것(부의 총생산)을 높이거나 아주 빈번히 크게 높여준다.

인구 증가는 이처럼 경작의 한계를 낮춤으로써 지대를 높인다. 그러나 이것이 인구가 증가하면서 지대가 상승하는 유일한 방식이라고 생각하는 것은 오류이다. 인구 증가는 경작의 한계를 낮추지 아니하고 지대를 높인다. 똑같이 좋은 땅이 무제한으로 있다면 지대는 상승하지 않을 것이라는 매컬로크 같은 저술가들의 주장에도 불구하고, 인구증가는 토지의 자연적 품질과는 상관없이 지대를 상승시킨다. 왜냐하면 인구증가에 의한 협동과 교환 능력의 증가는 곧 땅의 능력을 증가시키는 것이나 마찬가지이기 때문이다. 혹은 좀 더 직설적으로 그것(인구증가)이 토지에 그런 힘의 상승을 부여한다고 말할 수 있다.

이렇게 말한다고 해서 생산 방법이나 도구의 개선처럼 인구증가의 힘이 동일한 노동에 증가된 결과(토지의 자연력의 증가에 맞먹는 것)를 가져다준다고 말하는 것은 아니다. 인구 증가는 노동의 우월한 힘을 이끌어내는데 그 힘은 토지에 따라 국지화(局地化)되어 있다. 그러니까 그 힘이 노동에 전반적으로 부착되어 있다는 것이 아니라, 어떤 특정한 땅에 투입된 노동에 부착되어 있다는 것이다. 이렇게 하여 그 힘은 토지의 다른 특질들, 가령 토질, 기후, 광물 매장량, 자연적 위치 등과 함께 그 땅에 깃들이게 되고 토지의 소유권과 함께 이동한다.

경작 방법이 개선되어 전에 일모작 하던 곳에서 같은 비용으로 이모작을 하게 된다. 도구와 기계가 개선되어 노동의 결과를 두 배로 늘인다. 이런 것들은 어떤 특정한 땅에서는 그 땅의 비옥도가 두 배나 높아진 것과 같은 생산 효과를 미친다. 그러나 다음과 같은 점에서 차이가 있다. 방법이나 도구의 개선은 다른 땅에서도 활용될 수 있다. 그러나 비옥도(경작 방법)의 개선은 그 방법이 적용된 땅에서만 활용될 수 있다. 대체로 말해서, 인구증가에 따른 노동 생산성 증가는 특정한 땅에서만 활용될 수 있는데, 그 특정한 땅에서도 활용되는 정도가 크게 다르다.

인구 증가의 구체적 효과

여기 경계 없는 사바나(열대 또는 아열대의 비가 적은 지방의 나무가 없거나 또는 드문 대초원) 지역이 있다. 똑같은 풀과 꽃, 나무와 시냇물이 무제한으로 뻗어 있어서 여행자는 얼마 지나지 않아 곧 그 풍경에 지루함을 느끼게 된다. 여기에 첫 이민자의 마차가 나타난다. 그는 어디에 정착할지 알지 못한다. 모든 땅이 다른 땅 못지않게 좋다. 나무, 물, 비옥도, 위치 등을 따져볼 때 어디를 골라야 할지 막막하다. 그는 모든 것이 너무 풍성하여 오히려 당황스러움을 느낀다. 다른 곳보다 더 좋은 곳을 찾는 일에 곧 싫증이 난 그는 어디에선가 멈추어서 그 자신의 집을 짓기 시작한다. 그 땅은 처녀지이고 비옥하며, 야생 동물이 풍부하고, 시냇물에는 멋진 송어가 반짝거린다.

자연은 최고의 모습을 자랑한다. 만약 그가 인구 조밀한 지역에 있었더라면 정착자는 그 자신을 부자로 만들어줄 환경을 갖고 있다. 그러나 그는 매우 가난하다. 그 어떤 낯선 사람이 찾아와도 환영할 법한 정신적 허기는 말할 것도 없고, 고독이라는 구체적 불이익 아래에서 일을 하고 있다. 그는 가족의 도움 이외에는 힘을 크게 합쳐서 해야 할 일은 일시적으로라도 도움을 얻지 못해 엄두도 내지 못한다.

또 옆에 두고서 지속적으로 얻을 수 있는 도움 따위도 없다. 그는 소 떼를 키우고 있지만 신선한 쇠고기를 얻지 못한다. 비프스테이크를 먹자면 그가 직접 소를 도살해야 한다. 그는 스스로 대장장이, 마차 제작자, 목수, 구두 수선공이 되어야 한다. 한 마디로 "모든 일을 해야 하되 그 어떤 일의 주인도 아니다."

그는 아이들에게 교육을 시켜줄 수도 없다. 그렇게 하자면 선생을 고용하여 봉급을 지불해야 한다. 그가 직접 만들지 못하는 물품은 대량으로 구입하여 두거나 아니면 없는 채로 지내야 한다. 그는 자주 일터를 떠나서 문명의 가장자리까지 장거리 여행을 하지는 못한다. 형편상 어쩔 수 없이 그렇게 해야 한다면, 가령 약을 구입해야 한다거나 부러진 나사송곳의 대체품을 사와야 한다면 그것은 그와 그의 말들이 며칠 동안 일을 하지 못하는 것을 의미한다. 이런 상황에서 자연 환경은 비옥하지만 그는 가난하다. 그는 먹을 것은 쉽게 구할 수 있다. 하지만 식품 이외의 것은, 그의 노동으로는 아주 조잡한 방식으로 가장 간단한 욕구만 충족시킬 수 있다.

곧 또다른 이민자가 등장한다. 광대한 평야의 모든 구역이 저마다 좋은 구역이지만 그는 어디에 정착할지 조금도 의문이 들지 않는다. 다 똑같은 땅이지만 다른 어떤 곳보다도 그에게 좋은 땅이 있다. 그곳은 이미 정착자가 살고 있어서 이웃으로 삼을 수 있는 땅이다. 그는 첫 번째 정착자 옆에 자리를 잡는다. 그로 인해 원래 있던 사람은 상황이 즉각 좋아졌다. 전에는 할 수 없었던 많은 것들이 이제 가능해졌다. 두 사람은 서로 도와서 혼자서는 할 수 없는 일을 해내게 되었다.

또다른 이민자가 등장하여, 동일한 매력 요인에 이끌려서 기존에 있던 두 세대 옆에 정착한다. 이렇게 한 명, 한 명 추가되어 최초의 정착자 주위에 스무 세대가 모이게 되었다. 노동은 이제 혼자 있을 때에는 엄두도 내지 못하던 일을 해내는 효율성을 갖추게 되었다. 힘든 일을 해야 되면, 정착자들은 통나무 굴리기를 해서 혼자서는 몇 년이 걸릴 일을 함께 힘을 합쳐 하루 만에 해낼 수 있다.

어떤 집에서 소를 한 마리 잡으면 다른 사람들은 그 고기를 얻고, 또 그들이 소를 잡으면 지난 번에 얻은 고기를 갚는다. 이렇게 해서 그들은 신선한 고기를 항시 먹을 수가 있다. 그들은 함께 교사를 고용하고, 최초의 정착자가 들었을 수도 있는 엄청 많은 돈의 작은 부분을 부담함으로써 그들의 자녀들을 교육시킬 수 있다.

가까운 마을로 사람을 보내는 일도 비교적 쉬워졌다. 누군가가 항상 외출을 하기 때문이다. 그러나 이런 여행을 기다릴 필요가 점점 없어졌다. 대장장이와 마차 제작자가 가게를 차렸고 정착자는 그가 전에 들였던 노동의 작은 부분만 들이면 도구를 수리할 수 있다. 잡화점이 문을 열어서 그가 원하는 물건을 언제든 사들일 수 있다. 곧 우체국도 들어서서 나머지 세계와 연락을 할 수 있게 되었다. 이어 구두 제작자, 목수, 마구 제작자, 의사가 왔다. 곧 자그마한 교회도 세워진다. 혼자 있는 상태에서는 불가능했던 여러 가지 욕구들을 충족시킬 수 있게 되었다. 사회적이고 정신적인 것 – 인간을 동물 이상의 존재로 만드는 것 – 의 만족도 추구할 수 있다.

공감의 힘, 동료애, 비교와 대조의 경쟁 등이 좀 더 넓고 원만하고 다양한 생활을 만들어주었다. 기뻐할 때에는 함께 기뻐할 사람이 있다. 슬플 때에는 슬픈 사람이 혼자서 그 슬픔을 감당하지 않는다. 함께 옥수수 껍질을 벗기는 작업, 사과 껍질을 벗기는 작업, 누비이불을 만드는 작업도 한다. 무도장의 사면 벽은 벽토를 칠하지 않았고 오케스트라는 바이올린 하나뿐이지만 그 가락에는 마술사의 곡조가 깃들어 있고, 그곳에서 춤추는 사람들 사이에는 사랑의 신 큐피드가 돌아다닌다. 결혼식에는 신랑 신부를 멋지다고 하면서 그 행사를 즐기는 사람들이 있다. 초상집에서는 같이 밤을 새워주는 사람이 있다. 무덤 옆에는 문상객들이 둘러서서 애도를 표시함으로써 상주를 정신적으로 도와준다.

가끔 순회 강연자가 정착촌을 찾아와 학문, 문학, 예술의 세계를 흘낏 엿보게 해준다. 선거 때에는 유세객이 찾아와서 시민들은 그 자신의 위엄과 주권의식을 새롭게 느끼게 된다. 후보 존 도(John Doe)와 리처드 로(Richard Roe)가 그의 한 표를 얻기 위해 유세 대결을 벌이는 동안에, 제국(帝國)의 대의(大義)가 그의 앞에서 심판을 받는다. 그리고 몇 달 전부터 사람들의 입에 오르내리던 서커스가 정착촌을 찾아와 초원이 곧 지평선인 아이들에게 상상의 영역을 펼쳐 보인다.

동화 속의 왕자와 공주들, 미늘 갑옷을 입은 십자군과 터번을 두른 무어인, 신데렐라의 아름다운 마차, 동화 속에 나오는 거인들 따위를 보여준다.

그 뿐인가, 다니엘 앞에 웅크리고 있는 사자[2], 하느님의 성도들을 물어뜯으려고 로마의 원형경기장 한 가운데 세워진 처형대 말뚝을 빙빙 도는 사자, 모래 펄펄 날리는 사막을 연상시키는 타조들, 사악한 형제들이 요셉을 물 없는 구덩이에서 꺼내 와서 노예로 팔아먹으려 할 때 마침 그 옆을 지나가던 낙타떼[3], 한니발과 함께 알프스 산을 넘은 코끼리[4], 마카베오 형제들이 휘둘렀던 칼[5], 쿠빌라이 칸의 궁전이 햇볕 속에 우뚝 솟아 있을 때[6] 마음의 한 구석에서 짜릿하게 울려 퍼지는 장엄한 음악 등을 들려주거나 보여주는 것이다.

인구 증가는 생산의 한계를 높인다

그런데 이 최초의 정착자를 찾아가서 이렇게 한 번 말해 보라. "당신은 지금껏 많은 과일 나무를 심어 왔습니다. 울타리도 많이 치고, 우물, 헛간, 집 등도 잘 마련했습니다. 간단히 말해서 당신의 노동은 이 농장에 많은 가치를 부가했습니다. 당신이 터를 잡은 땅은 그리 훌륭한 것은 아니었습니다. 당신은 이 땅에서 곡식을 많이 수확했고 앞으로 비료를 더 써야 할 것입니다. 만약 당신이 내게 이 땅을 넘긴다면 당신이 개선시킨 부분에 대해서는 충분히 값을 쳐 드리겠습니다. 당신은 가족을 이끌고 정착촌 너머로 다시 이동해가면 되지 않겠습니까?"

정착자는 이런 말을 들으면 웃음을 터트릴 것이다. 그의 땅은 전에 비해 더 많은 감자와 밀을 생산하는 것은 아니지만, 생필품과 편의품을 전보다 훨씬 많이 제공한다. 그 땅에 그가 노동을 투입한다고 해서 전보다 더 많은 곡식이 나오는 것은 아니지만, 인간이 일을 하는 목적인 다른 물건들을 훨씬 더 많이 가져다줄 것이다. 다른 정착자들의 존재 ─ 인구의 증가 ─ 는 이런 물건들

---

2 구약성경 다니엘서 6장 23절: 옮긴이
3 구약성경 창세기 37장 25절: 옮긴이
4 리비우스 『로마사』 21권 5장: 옮긴이
5 구약성경 마카베오 전서 2장 10절: 옮긴이
6 장락궁은 영국 낭만파 시인인 새뮤얼 콜리지[1772-1834]의 시 "쿠빌라이 칸"에 나온다: 옮긴이

을 제공함으로써 정착자가 그 땅에 투입하는 노동의 생산성을 높여 주었다. 이렇게 높아진 생산성 덕분에 그의 땅은 아예 정착자가 존재하지 않는, 다른 똑같은 토질의 땅보다 더 우월한 생산력을 갖게 된 것이다.

만약 우리의 정착자가 맨 처음 이곳에 등장했을 때와 같은, 주민들로부터 아주 멀리 떨어진 곳을 제외하고는, 더 이상 차지할 땅이 남아 있지 않다면, 그가 차지한 땅의 가치 혹은 지대는 이처럼 추가된 능력(높아진 생산성) 전체에 의하여 측정될 것이다. 만약 동일한 토질의 땅이 연속적으로 뻗어 있어서 인구가 그곳으로 계속 확대될 수 있다면, 새로 등장한 정착자는 최초의 정착자처럼 황무지로 들어가야 할 필요는 없을 것이다. 그는 기존 정착자들 바로 옆에 정착할 것이고 그들과 가까이 있는 이점을 누리게 될 것이다. 이렇게 하여 최초의 정착자가 소유한 땅의 가치 혹은 지대는, 인구(정착촌)의 중심부에 있어서 변두리에 있는 땅에 대한 우위에서 생겨날 것이다. 전자(최초 정착자의 땅)의 경우, 생산의 한계는 전과 그대로일 것이고, 후자(새로 온 정착자의 땅)의 경우는 생산의 한계가 높아질 것이다.

한편 인구는 계속 증가할 것이고 그런 인구 증가가 허용하는 경제의 규모도 증가할 것이다. 이것은 사실상 토지의 생산성을 추가로 높여준다. 최초 정착자의 땅은 인구의 중심에 있으므로 잡화점, 대장장이의 대장간, 마차 제작자의 가게 등은 그 옆에 세워지거나 아니면 그 변두리에 세워질 것이다. 그리하여 곧 마을이 형성되고 이것이 급속히 성장하여 읍이 되어 인근 지역의 모든 사람들이 모여드는 교환의 중심지가 된다. 최초 상태의 농업적 생산성이 더 커진 것도 아니지만, 이 땅은 좀 더 높은 종류의 생산성을 개발하기 시작한다. 옥수수, 밀, 감자 등을 재배하기 위해 투입된 노동은 최초 노동자가 혼자였을 때보다 더 큰 생산량을 산출하는 것은 아니다. 그러나 다른 생산자들이 가까이 있어야 되는 생산의 하위 분야에 투입된 노동, 특히 생산의 마지막 부분(특히 유통)에 투입된 노동은 훨씬 더 많은 대가를 산출할 것이다.

밀 경작자는 좀 더 떨어진 곳으로 나아가서 그의 노동이 전과 동일한 밀 혹은 전과 거의 비슷한 부를 생산하는 땅을 발견할 수 있을 것이다. 그러나 장인, 제조업자, 가게 주인, 전문직 종사자 등은 여기 교환의 중심지에서 투입된 노동이, 변두리 지역에서 투입된 노동보다 더 많은 생산량을 산출하는 것을 발견할 것이다. 토지 소유자는 밀 생산 능력의 초과분을 지대로 받아가듯이, 이런 농업 이외의 목적에서 발생한 초과 생산분도 지대로 거두어들일 수 있다.

그리하여 최초의 정착자는 그가 소유한 토지 중 일부를 떼어서 건물용 부지로 판매할 수 있다. 이 경우 그 토지의 땅값은 원래대로 밀 경작용으로 사용되어 비옥도가 몇 배나 늘어나더라도 농사용으로는 결코 받을 수 없는 높은 값에 팔려나갈 것이다. 그 판매 대금으로 최초의 정착자는 멋진 집을 짓고 내부 장식을 훌륭하게 치장할 수 있을 것이다. 이 토지 거래를 그 개요만 추려서 말해 본다면 이렇게 된다. 그 땅을 사들인 사람들은 최초의 정착자가 그 땅의 우수한 생산성(인구 증가가 그 땅에 부여한 것)을 이용할 수 있게 해주는 조건으로, 최초의 정착자에게 집을 지어주고 실내 장식을 해준 것이다.

인구는 계속하여 늘어나고 땅은 점점 더 활용도가 높아지고 땅 주인은 점점 더 많은 부를 누리게 된다. 그 읍은 세인트루이스, 시카고, 샌프란시스코 같은 도시로 성장하고 그 후에도 계속 성장한다. 이 도시에서 생산은 가장 좋은 기계와 가장 우수한 시설이 동원되어 대규모로 수행된다. 노동의 분업은 극단적으로 분화되어 놀라울 정도로 효율성을 높인다. 교환은 대규모에다 빠른 속도로 이루어져 마찰이나 손실이 최소화된다. 이 도시는 하나의 씨앗 같은 최초의 정착촌에서 성장하여 거대한 사회 조직의 심장 겸 두뇌가 된다. 여기에서는 인간 세계의 거대한 중추 도시가 발전한다. 모든 길이 이곳으로 통하고 인근의 광대한 지역들을 통과하여 이곳으로 모든 물류의 흐름이 집중된다.

무엇인가 팔 것이 있는 사람에게 이곳은 시장이 된다. 무엇인가 살 것이 있는 사람에게 이곳은 가장 크고 가장 품질 좋은 시장이 된다. 여기서 지적 활동은 하나의 초점을 향하여 모여들고, 여기서 마음과 마음이 접촉하여 자극이 생겨난다. 여기에 거대한 도서관, 지식의 창고, 박학한 교수들, 저명한 전문가들이 있다. 여기에 박물관, 미술관, 철학적 도구의 집합, 모든 진귀하고 가치 있는 것, 각 종류에서 최선의 것이 모여 있다. 여기에 전 세계로부터 위대한 배우들, 연설가들, 가수들 등이 찾아온다. 간단히 말해서 여기는 인간 생활의 중심지이고 그 생활의 다양한 양상들이 전개된다.

이 땅이 노동의 투입에 제공하는 이점은 너무나 막대하다. 그 때문에 단 한 명의 정착자가 한 쌍의 말을 끌면서 토지를 경작하던 시절은 아득히 사라졌고, 그 대신에 여러 곳에서 수천 명의 노동자들이 층층이 쌓아올린, 지상에서 5층, 6층, 7층, 8층을 올린 건물 속에서 열심히 노동을 하고 있다. 반면에 건물 지하에서는 수천 마력의 힘을 가진 엔진들이 힘차게 돌아가면서 맥박을 펄떡거린다.

토지: 인구의 중심이며 교환의 초점

이런 모든 이점들이 토지에 부착되어 있다. 그런 이점들을 활용할 수 있는 곳은 다름 아닌 그 토지이다. 그것은 인구의 중심이다. 교환의 초점이고, 시장이며, 가장 높은 형태의 근면이 이루어지는 작업장이다. 조밀한 인구가 이 땅에 부여하는 생산력은 원래의 비옥도를 수백 배, 수천 배 증가시킨 것과 맞먹는다. 그리하여 이러한 토지의 증가된 생산력과, 사용 중인 가장 비생산적인 땅의 생산력 사이의 차액을 가져가는 지대는 그에 따라 상승하게 된다. 최초의 정착자, 그리고 그의 땅 바로 옆에 자리 잡은 두 번째 정착자는 이제 백만장자가 되었다. 또 다른 립 밴 윙클[7]처럼 그는 땅에 쓰러져 잠이 들었는데 깨

---

7   워싱턴 어빙(1783-1859)의 단편소설집 『스케치북』에 들어 있는 단편 「립 밴 윙클」은 한 농부가 산속에 들어가 잠이 들었는데 세월이 20년이 훌쩍 흘러갔다는 얘기다. 이 소설의 무대는 18세기 후반 미국 독립전쟁이 시작되기 전의 뉴욕 주다. 립 밴 윙클은 캐츠킬 산맥 인근의 작은 마을에 사는, 선량하지만 게으른 네덜란드계 농부다. 그는 동네 아이들과 개들에게 인기가 높고, 또 언제나 이웃을 도와주는 사람이다. 그러나 립은 아무 목적 없이 숲을 돌아다니는 것을 좋아하고, 마을 여인숙에서 동네의 다른 한량들과 잡담하는 것을 좋아하며, 돈을 벌기 위해 일하는 것보다는

어보니 부자가 되어 있는 것이다. 그가 무엇인가 열심히 일해서 그렇게 된 것이 아니라, 인구가 증가하여 저절로 부자가 된 것이다.

어떤 땅은 거리에 면한 앞쪽 부분의 1피트 당 지대가 기계공의 평균 수입보다 더 많다. 어떤 땅은 그 지표면을 모두 금으로 덮는 데 드는 비용보다 더 비싼 값으로 판매된다. 주요 대로변에는 마천루 건물들이 우뚝 서 있다. 화강암, 대리석, 철, 통유리 등으로 지은 건물이고 가장 호화로운 방식으로 내장을 했으며 각종 편의 시설이 넘쳐난다. 그러나 이 건물들도 그 부지만큼 값이 나가지는 않는다. 최초의 정착자가 여기에 왔을 당시에 아무런 가치가 없었고, 그 토질이 전혀 바뀐 것이 없는데도 바로 그 땅이 이처럼 높은 가치를 갖게 된 것이다.

인구의 증가가 이처럼 엄청나게 지대를 높여 놓았다. 이 사실은 선진국에 살고 있는 사람이라면 누구나 자신의 주위를 둘러보면 금방 알 수 있는 것이다. 그 과정은 바로 그의 눈 앞에서 전개되고 있다. 사용 중인 토지의 생산성이 점점 증가하면서 이것이 지대를 계속 높여준다. 이러한 결과는 인구가 늘어나서 노동이 열등한 땅으로 내몰린 탓이 아니라, 인구 증가가 기존에 사용 중인 땅에 부여한 증가된 생산력에서 발생하는 것이다. 지구상에서 가장 가치 있는 땅, 가장 높은 지대를 산출하는 땅은 천연 비옥도가 높은 땅이 아니라, 인구 증가 덕분에 높은 활용도를 갖게 된 땅이다.

인구 증가가 특정 토지에 부여하는 생산성 혹은 활용도의 증가는, 이미

낚시를 더 좋아한다. 그 결과 그의 농장은 황폐해졌고, 그의 자녀들은 누추한 옷을 입고 다녔으며, 그의 사나운 아내는 계속 바가지를 긁어댔다. 립은 어느 날 자신의 개 울프를 데리고 평소처럼 숲을 돌아다니다가 소인들로 구성된 마법 음악대를 만난다. 구주희(볼링) 게임을 하던 그 자그마한 네덜란드 사람들은 립에게 마시라며 술을 준다. 술을 마신 립은 곧 잠에 빠져든다. 그가 깨어나 보니 울프는 사라졌고 엽총은 녹이 슬었으며 소인들 무리도 온데간데없었다. 마을로 돌아와 보니 그의 집은 비어 있었고 여인숙 자리에는 큰 호텔이 들어섰으며 마을 사람들은 바쁜 듯이 부산하게 돌아다니고 있었다. 그는 젊은 여자를 만났는데 알고 보니 딸 주디스였고, 자신과 똑같이 생긴 청년을 만났는데 아들 립 주니어였다. 립은 아내가 죽었다는 것을 알고서 그제야 자신이 지난 20년 동안 잠잤다는 것을 알게 되었다. 옮긴이

위에서 언급했지만, 활용도의 확대에 부착되어 있는 것이다. 인구의 중심이된 토지의 가치 있는 특징은 겉에 드러난 능력이 전부이다. 그 땅이 비옥한지, 필라델피아의 땅처럼 충적토인지, 뉴올리언스처럼 강가의 낮은 지대 땅인지, 상트페테르부르크처럼 습지를 메워서 조성한 땅인지, 샌프란시스코처럼 모래벌판의 땅인지 등은 전혀 중요하지 않다.

가치가 자연의 천혜 조건, 가령 깊은 물, 좋은 항만, 석탄이나 광석의 풍부한 매장량, 울창한 삼림 등에서 나오는 땅일지라도, 자세히 관찰해 보면 그런 우수한 특성이 인구에 의해 조성되고 또 가시적으로 드러난다는 것을 알수 있다. 오늘날 엄청난 가치를 지니게 된 펜실베이니아의 탄광과 철광은 50년 전만 해도 가치가 없는 땅이었다. 이런 차이를 만들어낸 유효한 원인은 무엇인가? 단지 인구의 차이일 뿐이다. 오늘날 아무 가치가 없는 와이오밍과몬태나의 탄광과 철광은 앞으로 50년 후면 수백만에 수백만을 더한 가치를 갖게 될 것이다. 그동안에 인구가 크게 늘어나서 그 가치를 불려줄 것이기 때문이다.

우리가 지금 승선하여 공간을 가르며 나아가고 있는 이 배는 식량이 잘 갖추어진 배이다. 만약 갑판에 빵과 쇠고기가 다 떨어질 것 같을 때, 우리는해치 문을 열면 저 아래에 우리가 전에는 생각하지 못했던 새로운 물량의 음식이 기다리고 있다. 해치 문이 열리는 순간, "이건 내 거야!"라고 소리칠 수있는 사람은 다른 사람들의 서비스를 마음대로 부릴 수 있는 커다란 명령권을 가지고 있다.

지금까지의 얘기를 요약하면 다음과 같다.

부의 분배에 미치는 인구 증가의 효과는 지대를 높인다. 그 결과 자본과노동에 돌아갈 생산물의 부분을 감소시키는데 이것은 두 가지 방식으로 이루어진다.

첫째, 생산의 한계를 낮춘다.

둘째, 전에는 잠복해 있던 토지의 특별한 능력을 개발하여, 그런 특정한 토지에 특별한 능력을 부여한다.

정치경제학은 위의 두 번째 방식에 대해서는 별로 신경을 쓰지 않았기 때문에, 나는 첫 번째 방식보다 더 중요한 이 방식을 곧바로 다루어보고 싶은 마음도 있다. 그러나 우리의 탐구에서 이 문제는 지금 당장 다루어야 할 사안은 아니므로 뒤로 미루기로 한다.

기술의 개선이 부의 분배에 미치는 효과

지금까지 기술 개선은 따로 제쳐두고 인구의 증가가 부의 분배에 미치는 영향을 검토해 왔다. 그러면 이제 인구 증가와 별개로, 생산 기술의 개선이 부의 분배에 어떤 효과를 가져오는지 살펴보기로 하자.

우리는 인구 증가가 노동의 생산성을 하락시키는 것이 아니라 향상시킴으로써 지대를 높이는 것을 발견했다. 이제 인구 증가와는 무관하게, 생산과 교환의 방법 개선도 또한 지대를 높인다는 것을 증명한다면, 맬서스 이론 및 그 이론으로부터 파생되거나 관련이 있는 모든 이론들의 부당함에 대한 반박은 완벽하고 철저하게 이루어지는 것이 된다. 왜냐하면 그 경우, 우리는 인구 증가가 식량 증가를 압박한다는 이론(맬서스 이론)의 도움 없이도, 물질적 진보가 임금을 낮추고 최저 계층의 생활 조건을 압박하는 현상을 철저히 해명할 것이기 때문이다.

그리고 이것이 실제 현실임은 조금만 생각을 해보아도 금방 알 수 있다.

생산 기술의 발명과 개선의 효과는 노동력을 절감시켜준다는 것이다. 다시 말해, 종전보다 덜 노동을 투입하고서도 같은 결과를 얻거나, 같은 노동으로 더 큰 결과를 얻는 것이다.

이제 기존의 노동력이 모든 물질적 욕구를 충족시켜서, 그 욕구를 충족시키는 기회가 새로운 욕구를 불러낼 가능성이 없는 사회 구조를 한 번 생각해보자. 이런 사회에서 노동을 절약하는 개선의 효과는 단지 투입된 노동량을 줄이는 것에 불과할 것이다. 그러나 이런 사회를 현실 속에서 발견할 수 있을지 아주 의심스러우며, 설사 있다 하더라도 인간이 동물과 아주 가까운 상태에 있을 때에나 가능한 이야기이다. 문명사회에서는, 그리고 우리가 탐구의 주된 대상으로 삼고 있는 사회에서는, 그 정반대(기술 개선은 더욱더 큰 욕구를 불러낸다)가 현실이다.

인간의 수요는 고정된 수량이 아니고 인구가 증가함에 따라 함께 증가한다. 각 개인은 자신이 요구하는 물건을 얻는 능력에 비례하여 그것(수요)이 더욱 늘어난다. 인간은 황소와는 다르다. 황소는 배불리 먹으면 땅에 엎드려 꼴을 천천히 되새김질할 뿐 더 이상의 것을 원하지 않는다. 그러나 인간은 거머리의 두 딸[8]과 같아서 언제나 더 달라고 한다. 에라스무스는 이런 말을 했다. "돈이 좀 생기면 먼저 그리스어 책을 좀 사고 그 다음에는 옷을 좀 사야겠다." 이 세상 어디에서도 실현된 부의 크기가 원하는 부의 크기와 일치되는 곳은 없다. 욕구 충족의 기회가 늘어날수록 욕구는 그에 따라 더 많아진다.

기술의 개선은 지대를 높인다

사정이 이렇기 때문에 노동을 절약하는 개선의 효과는 부의 생산을 증가시킨다. 그런데 부를 생산하기 위해서는 노동과 토지, 이렇게 두 가지가 필요하다. 따라서 노동 절약 개선의 효과는 토지에 대한 수요를 더욱 확대시킬 것이다. 그리하여 사용 중인 땅의 토질이 한계에 도달한 곳에서는 자연 생산력이 떨어지는 땅도 활용되게 하거나, 같은 땅에서라면 자연 생산력이 낮은 지점으로도 경작이 확대될 것이다. 이렇게 하여 노동 절약 개선의 일차적 효과는 노동력을 증가시키는 것이지만, 두 번째 효과는 경작을 확대하고 그리하여 이것이 생산의 한계를 낮추는 곳에서는, 지대를 상승시킨다. 그리하여 토지가 완전히 점유된 영국이나, 일부 땅은 이미 점유되어 있고 그렇지 않은 땅

---

8   거머리의 두 딸: 구약성경 잠언 30장 15-16절에 나오는 것으로 내용은 이러하다. 거머리에게는 딸이 둘 있는데 "더 주세요! 더 주세요!" 하고 보챈다. 다음 세 가지는 만족을 모른다. 지하의 저승, 아이를 배지 못하는 자궁, 물이 충분히 들어오지 않는 땅. 그리고 모든 것을 불태우는 불은 "충분하다!"라고 말하는 법이 없다: 옮긴이

은 필요에 따라 신속히 점유되고 있는 미국 같은 나라에서, 노동절약 기계나 개선품의 궁극적 효과는 임금이나 이자는 상승시키지 않은 채, 지대만 높여 줄 뿐이다.

이 사실은 중요하므로 충분히 유념해둘 필요가 있다. 왜냐하면 이것은(기술개선은 임금이나 이자는 올려주지 않고 지대만 올린다) 현행 정치경제학에서 인구증가의 탓으로 돌리는 효과(임금의 저하)가 실은 다른 데서 나오는 것임을 보여주기 때문이다. 그것은 인구 증가 탓이 아니라, 발명과 개선의 발전에서 생산성이 향상되지만 그 효과를 지대가 다 가져가는 바람에 그렇게 된 것이다. 그리하여 맬서스 이론 신봉자들이 곤란하게 여기는 사실, 즉 전 세계 어디에서나 노동을 절약하는 기계가 노동자에게 혜택을 주지 못하는 사실이 이것으로 충분히 해명된다.

그러나 이 진실을 충분히 파악하기 위해서는 내가 이미 여러 번 언급한 바 있는 부의 상호 교환성을 명심할 필요가 있다. 나는 이 상호 교환성을 다시 한 번 꺼내들고자 한다. 왜냐하면 농산물에 대해서 언급하는 저술가들이 이것을 지속적으로 잊어버리거나 무시해버리기 때문이다. 그들은 농산물이 다른 일반 물품들과 뚜렷이 구별되는 것처럼 생각하고, 또 음식 혹은 식량은 부의 개념에 포함되지 않는 것처럼 말하는 것이다.

앞에서 충분히 예증한 것이지만 독자는 다음 사실을 상기해 주기 바란다. 어떤 형태의 부를 소유 혹은 생산한 것은 사실상 교환을 통하여 그 밖의 다른 모든 형태의 부를 소유 혹은 생산한 것이나 마찬가지다. 그러므로 독자는 다음 사실을 분명하게 깨달을 것이다. 어떤 땅에 직접 투입된 노동을 절약시켜 주는 기술 개선만이 지대를 상승시키는 것이 아니라, 그 어떤 방식으로든 노동을 절약시키는 모든 기술 개선이 지대를 상승시킨다.

어떤 개인의 노동이 전적으로 한 형태의 부의 생산에만 투입되는 것은 오로지 분업의 결과일 뿐이다. 개인이 노동하는 목적은 그 특정한 형태의 부를 얻고자 하는 것이 아니라, 그의 욕구에 부합하는 모든 형태의 부를 얻고자 하는 것이다. 따라서 어떤 한 가지 물건을 생산하는데 필요한 노동을 절약해주는 기술 개선은 실제로는 다른 모든 물건들의 생산력을 높이는 것이다. 만약 어떤 사람의 노동이 음식을 얻는데 반날 걸리고 나머지 반날은 의복과 주거를 얻는데 투입된다고 할 때, 그의 음식 생산력이 증가되면 의복과 주거를 얻는 능력도 따라서 상승되는 것이다. 만약 더 많고 더 좋은 음식에 대한 그의 욕구가, 더 많고 더 좋은 의복과 주거에 대한 욕구와 동등한 것이라면, 노동의 어느 한 부문에서의 개선은 다른 부문에서의 개선과 정확하게 동등한 것이다. 만약 그 개선이 음식을 생산하는 노동력이 두 배로 늘어나게 한다면, 그는 음식을 생산하는 데에는 노동의 3분의 1을 덜 투입하고, 그 대신에 의복과 주거를 마련하는 데에는 3분의 1을 더 투입할 것이다. 만약 기술 개선이 의복과 주거를 생산하는 능력을 두 배로 늘려 주었다면, 그는 이 두 가지를 생산하는 데에는 노동력을 3분의 1 줄이고, 그 대신 음식의 생산에 3분의 1을 더 투입할 것이다. 어느 경우든 그 결과는 마찬가지다. 그는 동일한 노동을 가지고서 원하는 모든 물건의 수량 혹은 품질에서 3분의 1을 더 얻게 될 것이다.

그리하여 생산이 개인들 사이의 분업에 의해 이루어지는 경우에도 전체 생산 중 어느 한 가지 부의 생산력이 증가하면 다른 부를 획득하는 능력도 따라서 증가한다. 이때 다른 부의 생산력이 증가하는 정도는, 절약된 노동이 노동 전체에 차지하는 비율에 의해 정해지고 나아가 욕구의 상대적 강도에 의해서도 정해진다. 다른 물건들을 생산하는데 필요한 노동이 절약되면 그 어떤 형태의 물건이 되었든 그 절약에 의해 그 물건의 수요도 영향을 받게 된다. 가령 영구차와 관은 다른 물건들에 대한 노동 절약이 결과적으로 수요 증가를 가져오지 않을 법한 물품의 사례로 제시될 수 있을 것이다. 그러나 이 것은 수량을 따졌을 때에만 맞는 얘기이다. 늘어난 공급력은 더 값비싼 영구 차와 관에 대한 수요를 유도하는 것이다. 값비싼 장례식에 의하여 망자에 대한 예우를 표시하려는 욕망이 사람들 사이에 아주 강하다는 것은 누구나 알고 있는 바이다.

정치경제학에서는 흔히 잘못 전제하기를, 음식에 대한 수요가 제한적이라고 말하는데 이것 또한 사실이 아니다. 식량은 종종 고정된 수량인 것처럼 말해진다. 그러나 욕구를 충족시키는 최소한이 존재한다는 점에서만 고정되어 있을 뿐이다. 사람은 어떤 일정한 양 이하의 식량으로는 생존할 수가 없고, 어느 정도 이상의 식량은 섭취해야 건강을 유지할 수 있다. 그러나 이 최소한을 넘어서면 인간이 사용할 수 있는 식량은 거의 무제한적으로 증가한다. 애덤 스미스가 말하고 리카도가 추인한 바에 의하면, 사람의 음식에 대한 욕구는 위장의 제한적인 용량에 의해 제한을 받는다는 것이다. 그러나 이것은 사람의 배가 채워져서 허기가 사라진다는 의미에서만 진실이고, 이것저것 골라먹는 미각의 문제에서는 진실이 아니다.

넓게 보면 음식에 대한 요구는 한도가 없다. 루이 14세, 루이 15세, 루이 16세의 위장은 같은 키의 평범한 프랑스 농민의 위장보다 더 많은 음식을 수용하거나 소화할 수 없다. 그러나 약간의 땅만 있으면 농부의 식량인 검은 빵과 채소를 제공할 수 있지만, 왕의 요구를 충족시키기 위해서는 수십만 에이커의 땅이 필요하다. 왕은 그 자신이 아주 호화로운 음식을 낭비할 뿐만 아니라 그의 하인, 말, 개 등을 위해서도 엄청난 식량 공급이 필요한 것이다. 일상 생활의 평범한 사실이나, 개인 각자가 가지고 있는 무한한 잠재적 욕구를 감안해 볼 때, 모든 형태의 부의 생산력이 커지면 반드시 토지와 토지의 직접 생산물에 대한 수요는 늘어난다.

토지의 용도는 부와 함께 확대된다

일반적으로 말해서, 현재 거친 음식을 먹고 비좁은 집에 사는 사람도 수입이 늘어난다면 값비싼 음식을 먹고 더 큰 집으로 이사를 간다. 만약 그가 점점 더 부자가 된다면 말, 하인, 정원과 잔디밭 등을 얻는 등, 그의 증가하는 부와 함께 토지의 사용에 대한 요구도 늘어나게 된다. 내가 이 책을 쓰고 있는 도시에 어떤 사람이 살고 있는데, 그는 전 세계 어디에서나 발견할 수 있는 그런 유형의 사람이다. 그는 과거 한때 자신이 직접 콩을 삶고 베이컨을 튀겨서 먹던 사람이었다. 그러나 현재는 큰 부자가 되어 도시의 한 블록을 차지하는 시내 저택을 유지하고 있는데 그 규모는 일류 호텔의 크기이다. 그 외에 아주 땅이 넓은 시골 별장을 두세 채 가지고 있다. 또 여러 필의 경주마, 종마 목축장, 개인 승마장 등도 소유하고 있다. 이 사람이 가난했을 때와 비교해 볼 때, 현재 이 사람의 수요를 충족시키기 위해서는 과거보다 수천 배의 땅이 필요하다.

이와 마찬가지로, 그 구체적 내용이 무엇이 되었든, 더 많은 부를 생산하는 추가 노동력을 마련해주는 모든 개선 혹은 발명은 토지와 그 직접 생산물에 대한 수요를 증가시킨다. 그 결과 경작의 한계를 강제로 낮추는 경향이 있는데, 이는 인구증가에 의한 요구가 경작의 한계를 낮추는 것과 비슷하다. 사정이 이렇기 때문에 증기 경운기, 전신, 개선된 철광 제련 과정, 재봉틀 등 구체적 내용이 무엇이 되었든 노동을 절약하는 발명품은 지대를 높이는 경향이 있다.

이 진리를 간명하게 표현해 보면 이렇다.

모든 형태의 부는 토지 혹은 토지의 생산물에 노동이 투입되어 생긴 것이다. 부에 대한 욕구는 충족되는 법이 없으므로, 노동력의 증가는 더 많은 부를 획득하는데 활용되고, 그리하여 토지에 대한 요구를 높인다.

노동절약 기계류와 개선품의 효과를 좀 더 구체적으로 설명하기 위하여, 어떤 한 나라를 상상해 보자. 이 나라는 문명세계의 다른 선진국들과 마찬가지로 그 토지가 소수의 사람들에 의해 점유되어 있다. 그리고 이 나라의 인구가 더 이상 증가하지 않게 어떤 고정된 장벽이 설치되어 있다고 해보자. 가령 헤롯의 칙령[9]이 강제로 엄격하게 집행되었거나, 산아제한 운동가 애니 베선트(Annie Besant)의 팸플릿이 널리 유통되어 그 나라의 출산 문화가 아이를 안

---

9   신약성경 마태복음 2장 16절. 예루살렘과 그 일대에 두 살 이하 사내아이를 모조리 죽이라고 한 칙령: 옮긴이

낳는 쪽으로 정해졌다고 해보자.

이 나라에서 경작 혹은 생산의 한계를 20이라고 해보자. 따라서 토지나 다른 자연의 기회에 노동과 자본을 투입하면 20의 대가가 나와서 임금과 자본에 정상적인 요율이 적용되고, 지대는 산출되지 않을 것이다. 그러나 동일한 노동과 자본을 투입하여 20이 넘는 생산 초과분이 나온다면 그것은 지대 몫으로 돌아갈 것이다. 인구는 고정된 상태에서 동일한 수량의 부를 생산하는데 들어가는 노동과 자본을 10분의 1만큼 줄여주는 발명과 개선이 이루어졌다고 해보자. 그러면 노동과 자본의 10분이 1이 자유롭게 풀려나도 생산은 전과 똑같을 것이다. 만약 전과 똑같은 양의 노동과 자본이 그대로 투입되었다면 그에 상응하는 만큼 생산이 늘어날 것이다.

그러나 모든 문명국가들에서 그러하듯이 산업 조직의 형편 상, 노동과 자본(특히 노동)은 어떤 조건이 되었든 고용이 빡빡하다. 노동자들은 새로운 구조조정에서 그들의 공정한 몫을 요구할 입장이 되지 못한다. 생산에 대하여 노동력이 다소 절감되었다고 하더라도, 그것이 노동자들에게 동일한 양의 생산에 대하여 일을 덜하게 만드는 것이 아니라, 노동자들 일부를 해고하여 그들에게 아예 생산의 몫이 돌아가지 않게 하는 것이다.

이제 새로운 개선품에 의하여 확보된 노동의 증가된 효율성 덕분에 자연의 생산성이 18인 점에서 종전에 20이었던 때와 같은 생산의 대가가 산출된다. 이렇게 하여 부에 대한 충족되지 않는 욕구와, 고용을 노리는 노동과 자본의 경쟁이 작용하여 생산의 한계를 18로 확대시킨다. 그 결과 지대는 18과 20 사이의 차이만큼 증가한다. 반면에 임금과 이자는 수량의 측면에서 전과 다를 바 없으나, 전체 생산물의 비율이라는 관점에서 살펴보면 전보다 줄어든 것이다. 부의 생산량이 더 커졌으나, 뒤에서 다루어지게 될 일시적 공제[10]를 제외하고, 지주만 더 큰 혜택을 누리게 된다.

---

10 4권 4장에서 나오는, 지주가 더 큰 지대를 노리고 땅을 임대하지 않는 경우: 옮긴이

기술 개선은 노동의 한계를 낮춘다

발명과 개선이 계속되어 노동의 효율성은 제고되고, 그리하여 어떤 특정한 결과의 생산에 들어가는 노동과 자본의 양은 더욱 줄어든다. 이처럼 생산력을 증가시키는 요인들은 더 많은 부를 산출하도록 유도한다. 경작의 한계는 다시 확장될 것이고, 임금과 이자는 올라가지 않는 상태에서 지대는 비율과 수량, 이렇게 양쪽에서 상승한다. 따라서 발명과 개선이 계속 이루어져 노동의 효율성을 높이면 생산의 한계는 점점 더 낮아지고, 지대는 계속하여 상승한다. 인구가 증가하지 않고 그대로 있는데도 지대는 올라가는 것이다.

나는 생산의 한계를 낮추는 것이 반드시 생산력의 증가와 일치한다고 말하는 것이 아니다. 또 이 과정이 아주 뚜렷하게 가시적인 단계로 드러나는 과정이라고 말하는 것도 아니다. 생산 한계의 저하가 생산력 증가에 미치지 못하거나 초과하는 어떤 특정한 경우도 있다. 이렇게 되는 것은 경작 전에 활용되는 생산성 지역이 그 다음 낮은 생산점으로 강제로 낮추어진 경우이다. 예를 들어, 경작 한계가 20인데 기술 개선이 자본과 노동을 10분의 1만큼 절약시켜 주었는데도 한계가 18로 떨어지지 않는다. 그런데 19의 생산성을 가진 지역이 더 우수한 땅의 경작에서 밀려난 노동과 자본을 충분히 활용할 수 있다. 이 경우, 경작의 한계는 19여서 지대는 19와 20의 차이만큼 증가할 것이고, 임금과 이자는 18과 19의 차이만큼 증가할 것이다. 그러나 생산력이 동일하게 증가되더라도 20과 18 사이의 생산성 지역이 밀려난 노동과 자본을 충분히 고용하지 못한다면, 경작의 한계(동일한 양의 노동과 자본이 고용을 간절히 원한다면)는 18 이하로 떨어질 것이다. 이 경우 지대는 생산량의 증가 이상으로 올라가지만, 임금과 이자는 생산성을 높이는 기술 개선이 나오기 이전보다 더 낮아질 것이다.

기술 개선으로 자유롭게 풀려난 노동이 더 많은 부를 생산하는 일터 쪽으로 몰려갈 것이라는 예측도 정확하게 말하면 사실이 아니다. 새로운 기술 개선이 사회의 특정 부분에 부여하는 욕구 충족의 늘어난 힘은 더 많은 부를 추구하는데 활용될 뿐만 아니라 여가와 서비스를 추구하는데 활용될 것이다.

따라서 어떤 노동자들은 실업자가 되어 생산적 노동자에서 비생산적 노동자로 지위가 떨어질 것이다. 객관적 관측이 보여주듯이, 이처럼 실업자로 추락하는 비율은 사회가 발전할수록 높아지는 경향이 있다.

그러나 끊임없이 경작의 한계를 낮추는 원인, 지대의 상승을 안정화시킬 뿐만 아니라 경작의 한계 이상으로 지대를 상승시키는 원인을 곧 다루고자 하므로, 경작 한계의 하향과 지대의 상승은 더 이상 다룰 필요가 없다. 여기서는 다음과 같은 사실만 밝혀두는 것으로 충분하다고 본다. 인구가 증가하지 않더라도, 기술 개선은 생산물의 더 많은 부분을 토지 소유자에게 돌아가게 하는 반면, 노동과 자본에는 더 작은 부분만 돌아가게 한다.

그리고 우리가 발명의 발전에 아무런 한계를 부여하지 않는다면, 지대도 총생산량에 도달할 때까지 아무런 한계를 부여하지 않을 수 있다. 가령 노동 절약 발명품이 계속 나와서 마침내 완벽하게 되어, 부의 생산에 노동력이 전혀 필요 없게 되었다고 해보자. 그러면 땅이 생산하는 모든 것은 노동력 투입 없이 얻게 될 것이고 경작의 한계는 영(제로)으로 내려갈 것이다. 임금과 이자 또한 영이 되는 반면에 지대가 모든 것을 차지할 것이다. 토지 소유자는 노동의 투입 없이 자연에서 얻을 수 있는 부를 모두 획득하게 될 것이므로, 노동과 자본은 필요 없게 되고, 이 둘이 생산된 부의 일정 몫을 가져가지도 못할 것이다. 인구가 아무리 적다하더라도 지주 이외의 사람들도 존재할 것이므로, 그 사람들은 지주의 변덕 혹은 자비에 의지해야 할 것이다. 그들은 지주를 즐겁게 하는 자로 존재하거나 아니면 지주의 자선을 바라는 걸인이 되어야 할 것이다.

노동을 절약시키는 발명품이 완벽하게 기능을 발휘하는 이 지점은 비록 불가능한 것은 아닐지 몰라도, 아주 멀리 떨어진 미래처럼 보일 것이다. 그러나 바로 이 지점을 향하여 발명의 행진은 매일 힘차게 나아가고 있다. 영국은 작은 농장들이 큰 농장에 합병되면서 농업지구의 인구가 점점 줄어들고 있다. 캘리포니아와 다코타 주의 밀밭에서는 기계가 주로 농사일을 대행한다. 그곳은 말을 타고 수 마일을 달려도 바람에 나부끼는 밀밭만 보일 뿐 민가는 거의 보이지 않는다. 이런 곳들은 문명세계가 바삐 달려가고 있는 최종 목표 지점을 보여주고 있다. 증기 경운기와 수확기는 현대세계에 고대 로마의 라티푼디아(귀족 지주의 광대한 소유지) 같은 농장을 만들어놓았다. 고대 이탈리아에서는 외국과의 전쟁에서 잡아온 노예들을 대규모 농장에 투입하여 농사 일을 시켰다. 자신의 익숙한 일터에서 쫓겨나 다른 곳으로 옮겨가야 하는 가난한 사람들−농지를 떠나 로마의 프롤레타리아 세력에 합류한 고대 로마의 농부나, 군단의 병사로 들어가 빵을 얻기 위해 피를 파는 병사들 같은 사람들−이 볼 때, 노동을 절약하는 발명품은 저주받아 마땅한 물건이 되었고, 사람들은 이제 근육을 피로하게 만드는 일이 그 자체로 아주 바람직스러운 일인 것처럼 말하게 되었다.

내가 바로 위에서 말한 발명과 개선은 사회 전반에 널리 퍼진 경우에 관한 것이다. 소수의 사람들만 발명 혹은 개선을 활용하고 그리하여 그 기술 개선에서 나오는 특별한 장점이 일반적인 현상으로 퍼져 나가지 않는 한, 부의 전반적인 분배에는 영향을 미치지 못할 것이다. 특허법이 만들어내는 제한적인 독점 효과, 철도와 전신 사업에 동일한 특성을 부여하는 원인들 또한 그 영향이 제한적이다.

일반적으로 자본의 이윤으로 오해되고 있지만, 이런 사업들에서 나오는 특별 이윤은 앞 장에서 설명된 바와 같이 실제로는 독점의 대가이다. 이런 이윤이 개선의 혜택으로부터 나오는 것인 한도 내에서는, 일차적으로 전반적 분배에 영향을 미치지 않는다. 가령 철도사업이나 그와 유사한 기술 개선에서 나오는 수송비 절감의 혜택은 골고루 확산된 것일 수도 있고 아니면 독점된 것일 수도 있다. 운송 요금이 철도사업에 투자된 자본의 통상적 이자를 충당하는 수준으로 낮게 책정되어 있다면 혜택이 확산된 경우이고, 반면에 운송 요금이 엄청난 수입을 올리게 해주고 또 철도 건설업자나 철도 회사 임원들의 횡령 금액까지도 보충해줄 정도라면 혜택이 독점된 경우이다. 그리고 잘 알려져 있는 바와 같이, 운송 요금이 내려가면 그에 따라 지대 혹은 토지 가치는 상승한다.

앞에서 이미 언급한 것처럼, 지대를 상승시키는 개선에는 생산력을 직접 향상시키는 개선도 포함될 뿐만 아니라, 생산력을 간접적으로 상승시키는 행정, 예절, 풍습의 개선도 포함된다. 이런 것들의 효과도 물질적 힘으로 간주될 수 있으며 그리하여 생산력을 증가시킨다. 그리고 생산 기술의 향상과 마찬가지로, 그 혜택은 궁극적으로 토지 소유자에 의해 독점된다. 이에 대한 주목할 만한 사례가 영국에서 보호무역을 철폐했는데 가난은 전혀 줄어들지 않은 현상에서 찾아볼 수 있다. 그것은 단지 지대만 상승시켰을 뿐이다. 만약 미국 도시들의 부패한 시청(市廳)들이 청렴과 근검절약의 모범으로 다시 태어난다면, 그 효과는 임금이나 이자를 높여주는 게 아니라 토지의 가치를 상승시키는 게 될 것이다.

제4장

물질적 진보에 따른 기대감의 효과

우리는 인구 증가가 지대를 상승시키는 것을 살펴보았고, 또 모든 선진 사회에서 노동의 생산력을 높이는 모든 원인들이 임금이나 이자를 높여주는 것이 아니라, 지대를 높인다는 것도 파악했다. 늘어난 부의 생산은 결국 상승된 지대의 형태로 토지 소유자들에게 궁극적으로 돌아간다. 기술 개선이 계속되어 그 혜택이 토지 소유자가 아닌 일부 개인들에게 돌아가서 그들이 늘어난 생산물의 상당 부분을 차지할 수도 있겠지만, 기술 개선이 노동이나 자본에게 돌아가는 몫을 전반적으로 향상시켜 주는 일은 없다.

물질적 진보가 부의 분배에 미치는 영향을 충분히 설명하기 위해서는 또 다른 원인을 감안해야 하는데, 그것은 지금껏 언급되지 않은 것이다.

그 원인은 앞으로 토지 가치가 오를 것이라는 적극적인 기대감이다. 그것은 모든 선진 국가들에서 지대가 꾸준히 상승한 현상에서 나온 자신감인데, 궁극적으로 투기를 유도하고 현재 시세보다 더 높은 값을 받기를 바라며 토지를 임대하지 않고 보류하는 행위를 가져왔다.

지대 이론을 설명할 때에는 일반적으로 그러하듯이, 우리는 지금껏 경작의 실제 한계가 경작의 필요 한계와 언제나 일치한다고 전제해 왔던 것이다. 다시 말해, 우리는 자연의 기회가 좀 더 생산적인 지점들에서 충분히 활용된다는 사실로 인하여, 경작이 덜 생산적인 지점으로 확대된다고 가정한 것이다.

발전이 빠른 사회에서는 지대 상승의 기대가 높다

이것은 정체된 사회 혹은 아주 천천히 발전하는 사회에만 해당되는 이야기이다. 발전이 빨리 되는 사회에서는 지대가 빠르고 꾸준하게 올라가서 추가 상승의 기대에 자신감을 불어넣기 때문에 경작의 실제 한계와 경작의 필요 한계는 서로 일치하지 않는다. 이런 급성장 사회에서 가격 상승에 대한 기대 감이 지주들 사이에서 어느 정도 카르텔을 형성하게 유도하고, 그 결과 경작의 한계를 생산의 필요 지점 이하로 끌어내리는 경향이 있다.

이 원인은 모든 발전하는 사회에서 어느 정도 작동한다. 그러나 농업에서 소작 제도가 정착한 영국의 경우, 그것은 경작의 한계 혹은 실제 지대보다는 토지의 판매 가격에 더 잘 반영된다. 그러나 토지 사용자가 토지 소유를 원하고 또 확대되어 나갈 땅이 상당히 있는 미국 같은 나라에서, 그 원인(지가 상승에 대한 기대감)은 엄청난 힘을 발휘한다.

미국의 인구가 광대한 지역에 퍼져 있다는 것은 그런 사실을 잘 보여준다. 동부 주에서 살던 남자는 지대를 지불하지 않고서 땅을 얻을 수 있는 곳, 즉 경작의 한계를 찾아서 떠난다. 그는 물을 마시기 위해 강에서 헤엄치는 사람과 비슷하게도 절반쯤 경작된 농장을 통과하여 장거리 여행을 하고 광대한 처녀지 지역을 통과하여 마침내 지대가 없이 토지를 얻을 수 있는 어떤 지점에 도달한다. 그러니까 홈스테드와 선매권[11]으로 땅을 차지하는 것이다. 그가 이처럼 필요 이상으로 먼 지점까지 나아가고 따라서 경작의 한계가 이처럼 확대되어야 했던 것은, 장래에 토지 가격이 오를 것을 기대하고 잡아놓기만 하고 사용하지는 않는 땅들에 대한 투기 때문이었다.

이렇게 그가 공유지에 정착하면 그는 차례로 그가 사용할 수 있는 것보다 더 많은 땅을 점유한다. 그 땅의 가치가 나중에 오를 것을 기대하며 그렇게 하는 것이다. 그러면 그보다 뒤에 오는 사람들은 생산의 필요가 요구하는 것보다 훨씬 더 먼 지역으로 나아가서 경작의 한계를 더욱 떨어트리게 된다. 그

---

11 홈스테드와 선매권: 홈스테드는 농지로서 개간할 것을 조건으로 개척 입주 희망자에게 160에이커까지 공유지를 무상 교부하기로 규정한 1862년의 조치이고, 선매권은 공유지를 일단 점유하고 나서 나중에 그 땅에 대한 권리를 인정받는 것: 옮긴이

것은 더 멀리 떨어진 지점이므로 그만큼 생산성이 하락하기 때문이다.

이러한 현상은 급성장하는 모든 도시에서 목격된다. 만약 더 열등한 땅으로 옮겨가기 전에 위치가 우수한 땅이 언제나 완전 활용되어 도시가 성장하는 동안에 빈 땅이 남아 있지 않게 된다면, 우리는 호화로운 건물들 사이에 초라한 판자촌이 들어서 있는 광경을 보지 못할 것이다. 이런 빈 땅들(그 중 일부는 아주 값비싼 땅인데)은 현재 사용되지 않거나, 충분히 온전하게 사용될 수 있는데도 부분적으로만 활용되고 있다. 그 토지의 주인들은 그 땅을 개선하지 않거나 개선할 의지가 없다. 그들은 토지 가격의 상승을 기다리며 현재 그 땅을 사용하고 싶어 하는 사람들에게서 받을 수 있는 임대료보다 더 높은 임대료를 예상하며 땅의 사용을 억제하고 있다. 이처럼 땅의 사용을 아예 억제하거나 혹은 전면적인 활용이 아니라 부분적인 활용만 허용함으로써 도시의 한계는 도심으로부터 아주 먼 곳으로 밀려가게 된다.

지대 상승 기대감의 결과

그러나 우리가 성장하는 도시의 한계에 도달했을 때 – 농업의 경작 한계에 상응하는 건설의 실제 한계 – 우리는 농업용 목적에 부합하는 가격으로 그곳의 땅을 살 수 없다는 것을 발견한다. 현재의 필요에 따라 지대가 결정되는 조건 아래에서의 땅 가격이 형성되어 있는 것이 아니다. 그리하여 우리는 도시의 경계에서 아주 벗어난 지역까지도, 그 땅이 장래에 도시의 목적에 따라 활용될 것이라는 믿음 속에서, 그 땅에 투기적 가치가 붙어 있음을 발견한다. 그리하여 도시의 지대와는 무관한 가격으로 땅을 구입하려면 우리는 도시의 용도의 실제 한계보다 훨씬 멀리 떨어진 지역까지 나가야 한다.

종류가 다른 또다른 사례를 살펴보기로 하자. 하지만 거의 모든 지역에서 이와 유사한 사례가 발견되리라 생각한다. 샌프란시스코로 들어가기 용이한 지역인 마린 카운티는 미국삼나무가 울창한 지역이다. 일의 순서대로라면 당연히 샌프란시스코 목재 시장에 공급하기 위해서 이 지역의 나무가 제일 먼저 활용되었을 것이다. 그런 다음 이곳이 다 활용되면 이보다 더 떨어진 곳으로 시선을 돌렸을 것이다. 그러나 이곳의 나무는 아직도 벌목되지 않은 상태이다. 그래서 마린 카운티로부터 몇 마일 떨어진 곳에서 벌목된 목재가 매일 기차로 수송되고 있다. 마린 카운티 토지의 소유자가 장래에 그 땅의 가격이 더 오를 것을 기대하며 사용을 억제하고 있기 때문이다. 이처럼 이 지역의 삼림을 사용하지 못하게 함으로써, 미국삼나무의 생산 한계는 연안 산맥(북미 태평양 연안 알래스카에서 캘리포니아 남단까지 연속되는 산맥)의 위아래 지역을 따라서 확대되어 나갔다.

또한 이곳의 광산 지역도 개인의 소유권 주장으로 개발이 되지 않고 그래서 매장량이 시원치 않은 다른 지역에서 채광 작업이 벌어지고 있다. 미국의 새로 생긴 주들에서는 "랜드 푸어(land poor:땅은 많으나 가난한 사람)"라는 사람들이 흔히 발견된다. 그들은 자신들이 직접 사용할 수 없는 땅을 가지고 있으면서, 그 누구도 지불하지 않으려 하는 높은 임대료를 고집하면서 땅을 그저 소유하고만 있음으로 해서 랜드 푸어가 된 사람들이다.

자, 이제 앞 장에서 우리가 언급한 설명을 다시 상기해 보자. 경작 한계가 20이고 생산력 증가가 발생하여 노동을 10분의 1만큼 덜 들여도 동일한 생산 결과를 얻을 수 있다. 앞에서 언급한 이유들 때문에 생산 한계가 이제 내려가서 18이 되었으나 그래도 기술 개선 덕분에 노동과 자본의 대가는 예전(생산한계 20)과 같다. 생산 한계가 18이나 그 이하로 떨어질지 여부는 20과 18 사이에 끼어드는 생산성 지역이 있느냐 없느냐에 달려 있다.

만약 추가 지대 상승에 대한 기대감이 토지 소유주가 생산 한계 20인 땅에 지대 3을, 19인 땅에 2를, 18인 땅에 1을 요구하면서, 이 요구가 충족될 때까지 토지의 임대를 유보한다면, 생산성 지역은 너무나 내려가서 경작 한계는 17이나 그 이하로 떨어지게 될 것이다. 사정이 이렇게 돌아간다면, 노동 유효성의 증가 결과로 노동자는 전보다 덜 가져가게 되고 이자는 같은 비율로 떨어지게 되는 반면에, 지대는 노동력 향상보다 더 높은 비율로 올라가게 될 것이다.

투기가 지대에 미치는 영향

우리가 그것(투기의 영향)을 생산 한계의 확대로 규정하든 혹은 지대선을 생산의 한계 너머로 끌어올리는 것으로 규정하든, 지대 상승을 기대하는 토지 투기의 영향은 중대한 사안이다. 선진 사회에서 부의 분배를 온전하게 설명하려는 이론이 되려면 이것을 무시할 수가 없다. 그것(토지 투기)은 물질적 진보가 진행될수록 증가되는 생산력보다 더 높은 비율로 지대를 상승시키는 힘이다. 그 결과 물질적 진보가 계속되고 생산력이 높아질수록 지대는 임금을 상대적으로 또 절대적으로 감소시킨다. 이 점점 커지는 힘은 신생 국가들 내에서 엄청난 위력을 발휘하면서, 그 신생국들에게 도래 예상 시점보다 훨씬 앞당겨서 옛 나라들의 사회적 질병을 가져오는 원인이다. 처녀지 위에 "부랑자"를 생산하고, 절반쯤 경작된 땅에 거지들을 배출시키는 힘이다.

간단히 말해서, 선진 사회에서 토지 가치의 전반적이고 꾸준한 상승은 일반 상품에서 가격을 전반적으로 꾸준히 올리는 원인이 존재할 때와 유사한 상승의 경향을 보인다. 가령 남북전쟁 당시 남부 연맹의 말기에 화폐의 가치가 급속하게 평가 절하되던 시기에, 오늘 산 물건 값이 내일 되면 그보다 훨씬 높은 값에 팔렸기 때문에, 물가는 화폐의 평가절하보다 훨씬 빠른 속도로 올라갔다. 이와 마찬가지로 물질적 진보가 가져온 토지 가치의 꾸준한 상승은 더욱더 빠르게 지가를 상승시키는 것이다. 우리는 새로운 사회가 성장할 때의 특징인 토지 투기의 광풍 속에서 이런 2차적 원인이 아주 강력한 힘으로 작동하는 것을 본다. 비록 이것이 비정상적이고 산발적인 현상이라고 할지라도 이런 원인(토지 투기)이 모든 진보하는 사회에서 크고 작은 힘으로 꾸준히 작동한다는 것은 부정할 수가 없다.

일반 상품의 투기를 억제하는 원인, 즉 가격이 올라가면 추가 공급이 이루어지는 경향은 토지 가치의 투기적 상승을 제한하지 못한다. 토지는 고정된 수량으로서, 인간의 작용은 그 수량을 조금도 늘리거나 줄이지 못한다. 그렇지만 토지의 가격에도 한도가 있다. 노동과 자본이 생산에 참여하는데 필요한 최소한의 조건이 있기 때문이다. 임금을 영에 도달할 때까지 지속적으로 낮추는 것이 가능하다면, 지대를 지속적으로 높여서 전체 생산물을 다 가져가는 것도 가능할 것이다.

그러나 노동자가 노동에 동의하고 또 노동을 재생산하는데 필요한 최저점 이하로는 임금이 내려갈 수가 없고 이자도 자본이 생산에 투입될 수 있는 최저점 이하로는 내려가지 못하므로, 지대의 투기적 상승을 억제하는 한도가 존재한다. 따라서 임금과 이자가 이미 최소한에 근접한 나라들에서는, 아직 최소한에서 멀리 떨어진 나라들에 비하여 투기가 지대를 상승시킬 여력은 그리 많지 않다. 그렇지만 모든 진보하는 나라들에서, 생산이 멈추게 되는 한계를 초과하여 지대를 투기적으로 상승시키려는 꾸준한 경향이 발견된다. 나는 반복적으로 발생하는 산업 마비가 그런 경향을 증명한다고 생각한다. 이 문제는 다음 권에서 좀 더 자세하게 다루어질 것이다.

문제의 해결

"그 어느 때든 토지를 소유한 자에게 그 땅에서 난 과실이 돌아간다. 하얀 양산들과 뻐기듯이 걸어가는 코끼리들은 토지 소유권의 정수이다."

– 인도의 토지 소유 증서(탄나에서 발견됨)에 대한 윌리엄 존스 경의 번역

과부는 아이들의 저녁 식사를 위해 쐐기풀을 뜯어 모은다. 저택 맨 위층의 둥근 창 앞에 우아하게 앉아 있는, 몸에 향수를 뿌린 영주는 연금술을 부릴 줄 안다. 그는 그 기술을 발휘하여 과부의 세 번째 쐐기풀을 자신의 몫으로 가져가면서 그것을 지대 라고 부른다.

– 토머스 칼라일

제1장

반복적으로 발생하는 산업 불황의 근본 원인

우리의 오랜 탐구는 끝났다. 이제 그 결과를 정리해볼 수 있다.

먼저 산업 불황에 대해서 언급할 것인데, 이에 대해서는 너무나 많은 모순적이고 자기모순적인 이론들이 제시되어 있다.

토지 가치에 대한 투기의 상승은 노동과 자본의 소득을 감소시키고 생산을 억제한다. 이 사실을 깊이 생각하면 우리는 다음과 같은 결론에 도달하게 된다. 모든 국가가 점점 더 직면하게 되는 정기적인 산업 불황의 근본 원인은 바로 이 토지 투기인 것이다.

나는 다른 근사치 원인들이 있다는 것을 부정하지 않는다. 가령 생산 기계류가 점점 더 복잡해지고 상호 의존하게 되면서 산업 불황의 충격 혹은 작업 중지의 파급 범위를 점점 더 넓게 퍼져 나가게 한다. 화폐는 가장 필요한 때에 줄어드는 결점이 있다. 그 어떤 형태의 화폐보다, 교환의 매개 수단 혹은 유동성 수단으로 비중이 큰 단순한 형태의 상업 신용은 양적 변화가 심하다. 보호 무역적인 관세가 생산적 힘의 상호 작용에 인위적인 장벽을 제시한다. 이런 원인들이 소위 불경기를 만들어내고 지속시키는데 중요한 역할을 한다는 것을 인정하는 바이다. 그러나 원리를 생각하고 현상을 살펴볼 때, 가장 큰 최초의 원인은 토지 가치의 투기적 상승에서 찾아야 한다는 것은 의심할 나위가 없다.

지대 상승은 산업 불황의 일차적 원인

앞 장에서 나는 토지 가치에 대한 투기적 상승이 경작 혹은 생산의 한계를 정상적 한계 너머로 밀어붙인다는 것을 증명해 보였다. 그리하여 노동과 자

278

본은 생산을 중단하지 않기 위하여 더 작은 대가를 받아들일 수밖에 없다(노동과 자본은 투기의 경향에 맞서는 방법이 이것밖에 없다). 노동과 자본이 지대의 투기적 상승에 의한 임금과 이자의 감소에 이런 식으로 저항하는 것은 당연한 것이나, 사정을 살펴보면 실은 자기 방어를 위하여 이렇게 하도록 강요당하고 있는 것이다. 그러니까 노동이 존재할 수 있고 자본이 유지될 수 있는 최소한의 지점까지 계속 밀리는 것이다. 따라서 우리는 산업불황의 계절이 지속적으로 발생하는 것은 바로 이 토지 투기 때문이라고 진단할 수 있다.

인구가 증가하고 기술 개선이 계속 이루어지는 진보하는 사회에서, 토지는 가치가 꾸준히 상승하게 되어 있다. 이런 꾸준한 지가 상승은 미래의 수익 증가를 기대하는 투기로 이어지게 된다. 그 결과 토지의 가치는, 현재의 조건 아래에서 노동과 자본에 겨우 최소한의 대가만 돌려주는 지점을 돌파할 정도로 상승한다. 그리하여 생산은 중단되기 시작한다. 생산이 반드시 절대적으로 감소할 것이라고 말하는 건 아니다. 진보하는 사회에서 생산 감소는 정체된 사회에서의 절대적인 생산 감소와 맞먹는 것이 된다. 익숙해진 기존 요율로 고용을 찾아내려는 노동과 자본이 증가하지 않음에 따라, 그에 비례하여 생산의 증가가 이루어지지 않는 것이다.

어떤 지점들에서의 이러한 생산 중단은 산업 연결망의 다른 지점들에서 수요의 중단이라는 형태로 피해를 주게 되고, 이것이 다시 그곳의 생산을 억제한다. 이렇게 하여 산업과 상업의 모든 연결망을 통하여 마비 현상이 퍼져 나가게 된다. 그 결과 모든 지역에서 생산과 교환이 부분적으로 단절되어, 각 지점의 관점에 따라 과도 생산 혹은 과소비로 보이는 현상이 발생한다.

이렇게 발생한 불황의 시기는 다음 세 단계를 거쳐 간다.

(1) 지대에 대한 투기적 상승이 멈춘다.
(2) 인구 성장과 기술 개선의 발달로 노동의 효율성이 증가함으로써, 정상적인 지대선이 투기적인 지대선을 대체하게 된다.
(3) 노동과 자본은 타협하여 더 적은 대가에도 생산에 참여한다.

그러나 이보다 더 가능성이 높은 시나리오는 이 세 가지 요인이 합동하여 새로운 균형점을 만들어내고, 여기에 모든 생산의 세력이 참여하여 새로운 활황의 시기가 도래하는 것이다. 이렇게 되면 지대는 다시 오르게 되어 투기적 상승이 다시 고개를 쳐들고, 생산은 억제되며, 전과 동일한 절차의 또다른 라운드가 시작되는 것이다.

현대 문명은 정교한 복잡한 생산 체계를 그 특징으로 삼고 있다. 이 때문에 뚜렷이 독립된 산업 공동체라는 것은 있을 수가 없으며, 그 대신에 지리적으로나 정치적으로 분리된 공동체들이 다른 방식과 다양한 조치를 통하여 그들의 산업 조직을 서로 뒤섞고 연결시킨다. 사정이 이러하므로 간단한 산업 조직이나 뚜렷하게 독립된 산업 조직에서 발견되는 뚜렷한 인과 관계를 기대하기는 어렵다. 그렇지만 복잡한 산업 조직이라고 할지라도, 거기서 발견되는 불황기와 호황기의 순환은 토지의 투기적 상승에서 추론되는 경기의 순환과 분명한 호응 관계를 보여주고 있다.

이리하여 연역적 추론은 실제 현상들이 원리의 결과임을 보여준다. 우리가 이런 논리의 순서를 역전시킨다면, 여러 현상들을 추적함으로써 해당 원리로 손쉽게 귀납할 수 있다.

불황기 앞에는 언제나 호황기와 토지 투기가 선행한다. 그리고 모든 면에서 이 둘의 연결 관계는 인정된다. 불황은 투기의 후유증이다. 그것은 아침의 두통이 지난밤의 주취에서 오는 후유증과 똑같다. 그러나 투기에서 불황이 생겨나는 방식에 대하여 두 학파의 의견이 엇갈린다. 이것은 대서양 양안에서 현재의 산업 불황을 설명하는 견해들이 잘 보여준다.

산업 불황에 대한 두 학설

한 학파는 이렇게 설명한다.

투기는 과잉 생산을 일으켜 불황을 가져온다. 그러면서 그들은 이윤을 내는 가격에 판매하지 못하는 상품들로 가득 들어찬 창고, 가동을 멈추었거나 절반만 가동하는 공장, 폐쇄된 광산과 운행 중단된 증기선, 은행 금고에서 잠자고 있는 돈, 실업과 박탈에 내몰린 노동자 등을 가리킨다. 그들은 이런 사실들을 열거하면서 생산이 소비의 수요를 초과하여 이루어졌다고 지적한다. 그러면서 전쟁 중에 정부는 엄청난 소비자로 시장에 개입하여 활황기를 만들어냈다고 설명한다. 가령 남북 전쟁 중의 미국 정부나 나폴레옹 전쟁 중의 영국 정부 등을 좋은 사례로 제시한다.

다른 학파는 이렇게 설명한다.

투기는 과소비를 일으켜 불황을 가져온다. 그들은 가득 찬 창고, 녹슨 증기선, 폐쇄된 공장, 놀고 있는 노동자 등을 효율적 수요가 끊긴 증거로 제시한다. 그처럼 수요가 격감한 것은 사람들이 가짜 번영에 현혹되어 사치스럽게 살면서 수입 이상으로 지출을 했는데 이제 긴축을 강요당하여 전보다 적은 부를 소비하게 되었기 때문이라는 것이다. 그들은 사치스러운 행위의 구체적 사항으로서 전쟁에 의한 부의 소비, 이윤을 내지 못하는 철도의 부설, 돈이 없는 정부에 수혈하기 위한 긴급 차관 등을 들었다. 이런 사치스러운 낭비는, 방탕한 사람이 돈을 낭비하는 순간에는 재산이 축나는 것을 느끼지 못하듯이, 집행되는 순간에는 그 효과가 느껴지지 않는다. 하지만 청구서는 어김없이 발부되어 이제 소비 감소의 불황기로 감내해야 하는 것이다.

그러나 이 두 학설은 전반적 진리의 어느 한 면 혹은 어느 한 양상만 지적하고 있으므로 총체적인 진리를 파악하지 못하고 있다. 현상에 대한 충실한 설명으로서는, 이 두 이론이 똑같이 불합리한 것이다.

먼저 이 점을 생각해 보자. 많은 사람들이 그들이 얻을 수 있는 것보다 더 많은 부를 원하고, 또 그에 대한 대가로 그들이 노동(부의 기반이며 원 재료)을 제공할 의사가 있는데, 어떻게 과잉 생산이 발생할 수 있겠는가? 또 생산 기계가 놀고 있고 생산자들이 본의 아니게 실업 상태에 있는데, 어떻게 과소비가 발생할 수 있겠는가?

더 많이 소비할 욕구가 있고, 더 많이 생산할 능력과 의욕이 있는 상황에서, 과잉 생산 혹은 과소비 때문에 산업적·상업적 마비가 발생할 수는 없는 것이다. 그렇다면 문제는 생산과 소비가 서로 균형을 이루면서 욕구를 충족시켜 주지 못하는 데서 찾아야 한다.

어떻게 이런 무능력이 발생하는가? 그것이 투기의 결과라는 것은 너무나 분명하고 또 많은 사람들이 동의하는 바이다. 하지만 그 투기는 무엇에 대한 투기인가?

농산물, 광물, 제조품 등 노동의 생산물인 물건에 대한 투기가 아닌 건 분명하다. 이런 물품에 대한 투기의 효과는 현행 경제학 논문들에서 잘 증명되어 있는 바와 같이, 수요와 공급을 평준화시키기 때문이다. 수요와 공급의 법칙은 기계의 속도조절 바퀴처럼 생산과 소비의 상호 작용을 안정시키는 것이다.

토지 투기가 불황의 원인

따라서 투기가 산업 불황의 원인이 되려면 노동의 생산물인 물건이 아니라, 부의 생산에서 노동이 투입될 필요가 있는 것(고정된 수량을 가지고 있는 것)에 대한 투기가 되어야 한다. 다시 말해, 토지에 대한 투기가 되어야 하는 것이다.

토지 투기가 산업 불황의 원인이라는 사실은 미국에서 아주 분명하게 드러난다. 산업 활동의 각 시기에서, 토지 가치는 꾸준히 상승하여 결국 투기로 이어졌고, 이것이 다시 지가를 크게 폭등시켰다. 그러자 생산의 부분적 중단 현상이 발생했고 그에 대한 필연적 결과로 효율적 수요가 중단되었다(거래의 둔화). 이렇게 하여 비교적 정체된 시기가 이어지고, 이 기간 동안에 균형점이 서서히 도달되어, 그 뒤로 같은 과정의 라운드가 또다시 시작된다. 이러한 관계는 문명세계 전역에서 목격된다. 산업 활동의 여러 시기들은 언제나 토지 가치의 투기적 상승으로 정점에 도달했고, 생산 억제의 증상이 뒤따라 나왔는데 처음에는 신생 국가들(지가 상승이 가장 큰 곳)로부터의 수요 중단이라는 형태로 구체화되었다.

바로 이것이 산업 불황기의 주된 설명이 되는데, 객관적 사실을 분석해 보면 분명하게 드러난다.

먼저 기억해 두어야 할 점은 모든 거래가 상품 대 상품의 교환이라는 것

제5권 —— 문제의 해결

이다. 따라서 거래 불황의 시점이 되는 어떤 상품들에 대한 수요 중단은, 실제로는 다른 상품들의 공급 중단이 된다. 상인은 매출이 줄어들고 제조업자는 주문이 줄어드는 것을 발견하는데, 그들이 팔아야 하고 또 만들어낼 준비가 되어 있는 물품에 대하여 폭넓은 욕구가 있다면, 이것은 무엇을 말하는가? 그것은 거래 과정에서 그 상품들의 교환 품목이 되는 다른 상품들의 공급이 줄어들었다는 뜻이다. 일상적 표현으로는 이렇게 말할 수 있다. "구매자들이 돈이 없다." "돈이 귀해지고 있다."

하지만 이렇게 말하면서 우리는 돈이 교환의 수단이라는 점을 잊어버리고 있는 것이다. 구매 의욕이 있는 구매자가 실제로 부족한 것은 돈이 아니라, 그들이 돈으로 바꿀 수 있는 상품이 없는 것이다. 귀해지고 있는 것은 돈이 아니라 어떤 종류의 생산물인 것이다. 따라서 소비자의 효율적 수요의 감소는 곧 생산 감소의 결과이다.

이것은 공장이 문을 닫고 직공이 해고되는 제조업 도시의 상점 주인이 분명하게 목격하는 현상이다. 직공들에게서 원하는 물건을 사들일 수단을 빼앗는 것은 생산의 중단이다. 이렇게 하여 상점 주인은 수요가 줄어들어 넘치는 재고를 떠안게 되어 점원들을 일부 해고해야 하고, 상점 주인도 자신의 수요를 줄여야 한다. 수요의 중단도 사정은 마찬가지다. 수요 중단(나는 여기서 전반적 상황을 말하는 것이지, 유행의 변화 등 상대적 수요 변화를 말하는 게 아니다)은 제조업자들에게 초과 재고를 남기고, 그는 할 수 없이 일꾼들을 해고해야 한다. 어딘가에서, 그러니까 지구 한 쪽 끝에서 생산 억제가 발생하여 소비에 대한 수요를 억제한다. 요구가 충족되지 않았는데도 수요가 감소한다는 사실은 생산이 어딘가에서 억제되었음을 보여준다.

사람들은 전과 다름없이 제조업자들이 만드는 물품을 원하는데, 이는 직공들이 상점 주인이 판매하는 물품을 원하는 거나 마찬가지다. 하지만 그들은 그 물품을 대신하여 내놓을 것이 없다. 어딘가에서 생산이 억제되었고, 어떤 물품의 공급 감소는 다른 물품에 대한 수요 감소로 나타나는데, 이처럼 생산 억제는 산업의 교환의 전체 연결망을 통하여 파급되어 나간다. 그런데 이런 산업의 피라미드는 분명 토지에 바탕을 두고 있다. 다른 모든 직업에 대한 수요를 창조하는, 일차적이면서 근본적인 직업은 자연에서 부를 뽑아내는 직업이다. 따라서 우리가 구매력 감소를 가져오는 생산의 억제를 한 교환점에서 다른 교환점으로, 한 직업에서 다른 직업으로 추적해 나가면, 우리는 토지에 투입되는 노동을 억제하는 어떤 장애를 궁극적으로 발견하게 된다. 그 장애는 다름 아닌 지대 혹은 토지 가치의 투기적 상승이다. 이것이 지주에 의한 노동과 자본의 축출이라는 효과를 가져오는 것이다.

서로 연결된 산업의 기반에서 시작되는 이러한 생산 억제는 이 교환점에서 저 교환점을 통하여 계속 퍼져 나가고, 그리하여 공급의 중단은 수요의 실패로 이어진다. 그리하여 기계 전체가 고장이 나 버리고, 노동은 낭비되고 노동자는 가난으로 시달리는 광경이 어디에서나 목격된다.

일을 하려고 하는 많은 노동자들이 일터가 없는 이런 이상하고 부자연스러운 상황은, 사태의 선후를 깊이 생각하는 사람에게는 그 진정한 원인을 스스로 드러낸다. 하도 흔한 일이 되어서 우리의 감각이 무디어지기는 했지만, 욕구를 충족시키기 위해 노동을 하기를 원하는 사람들이 고용의 기회를 발견하지 못하는 것은 이상하면서도 부자연스러운 것이다. 다 알다시피 노동은 부를 생산하는 원동력이다. 그리하여 음식, 의복, 그 외의 다른 형태의 부를 얻기 위해 노동을 교환하려는 사람은 금화를 만들 지금(地金)을 내놓는 사람, 밀가루를 만들 밀을 내놓는 사람과 비슷하다.

우리는 노동의 공급과 노동에 대한 수요를 말하고 있다. 그러나 이것들은 분명 상대적인 용어일 뿐이다. 노동의 공급은 어디에서나 똑같다. 사람이 세상에 태어나면 한 입에 두 손을 갖고 태어난다. 남아 21명에 여아 20명 비율로 태어난다. 인간이 노동만이 획득할 수 있는 물품을 원하는 한, 노동에 대한 수요는 언제나 존재한다. 우리는 "일자리 부족"에 대하여 말하는데 인간의 욕구가 계속되는 한 부족한 것은 일자리가 아니다. 사람들이 노동이 생산하는 물품의 부족으로 고통을 받는다면, 노동의 공급이 너무 많거나 반대로 노동에 대한 수요가 너무 적어서가 아니다. 진정한 문제는, 공급이 어딘가에서 수요를 충족시키는 것을 방해받았고, 또 어딘가에서 노동자들이 원하는 것을 노동이 생산하지 못하게 하는 장애가 발생했기 때문이다.

수많은 실업자들 중에서 한 사람의 사례만 살펴보기로 하자. 그 실업자는 맬서스라는 이름은 들어본 적이 없지만, 오늘날 이 세상에는 사람들이 너무 많다고 생각할 것이다. 그 자신의 욕구, 그의 불안해하는 아내의 욕구, 제대로 잘 보살피지 못해 배가 고프고 추위에 떠는 그 자식들의 욕구, 이 모든 것에는 정말이지 노동에 대한 충분한 수요가 있다! 일을 하려는 의욕이 있는 그 자신의 손에는 공급이 있다. 그를 무인도에다 놓아두어 보라. 문명사회의 협동, 분업, 기계류 등이 인간의 생산력에 부여하는 엄청난 이점들로부터 단절되어 있기는 하지만, 그의 두 손은 입에다 먹을 것을 넣어줄 수 있고 등을 따뜻하게 할 수 있다. 무인도에서도 이런데, 정작 생산력이 최고로 발달되어 있는 곳에서는 그의 두 손이 입을 먹여주지 못한다. 이것은 왜 그런가? 그가 어떤 경우에는 자연의 물질과 힘에 접근할 수가 없고, 또 다른 경우에는 그 접근이 거부되었기 때문이다.

노동이 이처럼 자연으로부터 축출되었기 때문에 노동으로 자신의 욕구를 기꺼이 채우려 하는 사람들이 놀고 있는 것이다. 어떤 집단의 사람들이 실업자가 된 근사치 원인은, 다른 집단의 사람들에게는 그들이 생산하는 특정한 물품에 대한 수요가 중단되었기 때문이다. 이 점을 이 교환점에서 저 교환점으로, 그리고 이 직업에서 저 직업으로 추적해 들어가면 한 직업에서의 강요된 실업은 다른 직업에서의 강요된 실업 때문임을 발견한다. 모든 거래를 둔화시키는 경제의 마비는 노동을 너무 많이 제공하거나 노동에 대한 수요가 너무 적어서가 아니라, 소비자의 욕구를 충족시키고 노동의 목적이기도 한 물품을 생산하는 공급이 수요를 맞추지 못하기 때문에 생기는 것이다.

토지는 모든 부의 원천

노동으로 하여금 이런 물품들을 생산하게 만들려면 토지가 반드시 있어야 한다. 우리는 노동이 부를 창조한다고 말하는데 그것은 비유적인 어법이다.

인간은 아무것도 창조하지 못한다. 인류가 영원히 노동을 한다고 해도 그들은 햇빛 속에 떠도는 티끌 하나도 만들어내지 못한다. 이 자전하는 지구를 원자 하나 무게만큼 더 무겁게 할 수도 없고 또 더 가볍게 할 수도 없다. 부를 생산하는데 있어서 노동은 물질적 힘의 도움을 받아가며 기존에 있던 물질을 원하는 형태로 변모시킨다. 따라서 부를 생산하려면 노동은 이 물질과 이 힘에 접근할 수 있어야 하는데, 다시 말해, 토지가 있어야 하는 것이다.

토지는 모든 부의 원천이다. 그것은 노동이 가공하는 광석을 캐내는 광산이다. 그것은 노동이 형체를 부여하는 실물이다. 따라서 노동이 그 욕구를 충족시킬 수 없다면, 그것은 다름이 아니라 노동이 토지에 대한 접근을 거부당했기 때문이라고 자신 있게 추론할 수 있지 않을까? 모든 직업에서 고용이 희귀해질 때, 어디에서나 욕구는 충족되지 않는데 노동이 놀고 있을 때, 노동의 부 생산을 가로막는 장애가 산업 구조의 바탕에 끼어들었다고 보아야 하지 않을까?

또 산업구조의 바탕은 토지이다. 여성용 모자 장사, 안경 제작자, 귀금속 업자 등은 새로운 정착촌의 개척자들이 아니다. 광부들이 캘리포니아 혹은 오스트레일리아로 간 것은 그곳에 구두 제작자, 재단사, 기계공, 인쇄업자가 있기 때문이 아니었다. 오히려 이러한 직업에 종사하는 사람들이 광부를 따라서 그곳에 갔다. 오늘날 이런 직업 종사자들이 금광 광부를 따라서 블랙 힐스로 가고, 다이아몬드 광부를 따라서 남아프리카로 가듯이 말이다. 농부를 만들어낸 것은 상점 주인이 아니라 그 반대로 농부가 상점 주인을 따라오게 했다. 도시의 성장이 농촌을 발전하게 하는 것이 아니라, 농촌이 발전하면서 도시가 성장했다.

따라서 모든 직업의 종사자들이 일을 하고 싶은데도 그런 기회를 잡지 못한다면, 난점은 다른 모든 고용의 수요를 창조하는 고용(토지)에 문제가 있는 것이다. 다시 말해, 노동이 토지로부터 축출되었기 때문이다.

샌프란시스코의 산업 불황

리즈와 로웰, 필라델피아와 맨체스터, 런던과 뉴욕 등의 도시에서, 이러한 현상을 꿰뚫어보기 위해서는 제일 원리들에 대한 이해가 필요하다. 그러나 산업 발전이 그리 복잡하지 않고 교환의 연결망 중 맨 끝부분에 있는 연결고리가 그리 멀리 떨어지지 않은 곳이라면, 우리는 그저 명백한 사실들만 살펴보면 된다. 비록 세워진 지 30년밖에 안 되었지만 샌프란시스코 시는 인구와 상업적 중요도에서 세계적 대도시 축에 들어가며, 미국 내에서는 뉴욕 다음가는 대도시이다. 건립 30년에 불과한 데도 이 도시는 지난 몇 년 동안 실업자 수가 증가해 왔다.

농촌 지역에서 직업을 잡기가 어렵기 때문에 도시에 그처럼 많은 실업자가 있다. 수확 시기가 되면 그들은 떼를 지어 농촌으로 일을 하러 나가고, 그 기간이 끝나면 떼를 지어 다시 도시로 몰려든다. 만약 이 실업자들이 토지로부터 부를 생산한다면, 그들은 자기 자신을 고용할 뿐만 아니라 도시의 모든 기계공을 고용하고, 모든 상점 주인들에게 주문을 하고, 상인들에게 거래를 하고, 극장에는 관객을 제공하고, 신문사에는 정기구독자와 광고주를 제공했을 것이다. 이렇게 하여 뉴잉글랜드와 영국에까지 전파되는 효율적인 수요를 창출하고, 나아가 그들이 소비할 수 있고 또 지불할 수 있는 물품들을 만드는 곳이라면 전 세계 어디라도 그들의 수요 효과가 전파되게 했을 것이다.

그런데 왜 이들 실업 노동력이 토지를 바탕으로 그들 자신을 고용하지 못하는가? 모든 토지가 현재 활용되고 있어서인가? 그것은 아니다. 오래된 나라들에서 인구 과잉 탓으로 여겨지는 증상들이 샌프란시스코에서도 나타나기 시작했지만, 프랑스보다 천연자원이 많고 아직 인구가 1백만도 안 되는 캘리포니아 주에 대하여 인구 과잉을 말한다는 것은 어불성설이다. 샌프란시스코에서 사방 몇 마일 범위 이내에 고용을 원하는 모든 사람에게 충분히 고용을 제공할 수 있는 유휴토지가 있다. 나는 모든 실업자가 땅만 있으면 농부가 되거나 스스로 자신의 집을 지을 수 있다고 말하는 건 아니다. 농부가 될 수 있거나 그렇게 할 의욕이 있는 나머지 사람들에게는 고용을 제공할 수 있을 정도로 충분하다는 얘기이다. 그런데 노동이 이 토지 위에서 스스로 고용되는 것을 가로막는 것은 무엇인가? 간단히 말해서, 토지가 독점되어 있고, 투기적 가격에 묶여 있기 때문이다. 토지 가격이 현재의 가치가 아니라 나중에 인구가 증가하면서 발생하게 될 상승된 가치를 반영하고 있는 것이다.

날카로운 관찰자가 샌프란시스코에서 발견하는 사항은 다른 도시들에서도 분명하게 목격될 수 있다는 것을 나는 의심하지 않는다.

현재의 상업적·산업적 불황은 1872년 미국에서 처음 뚜렷하게 모습을 드러내더니, 지역에 따라 강도의 차이가 있기는 하지만 전 문명세계로 퍼져 나갔다. 이 불황은 대체로 말해서 철도 노선의 부당한 확장 탓인데, 많은 것들이 이 철도 노선과 관련되어 있다. 나는 실제 필요가 발생하기도 전에 철도를 건설하는 것이 자본과 노동을 좀 더 생산적인 고용에서 좀 덜 생산적인 고용으로 전환시킬 것이고, 우리 사회를 전보다 더 부유하게 만드는 것이 아니라 더 가난하게 만들 것임을 알고 있었다. 나는 캘리포니아 주민을 상대로 한 정치 논문에서 이 점을 지적한 바 있다.[1]

그러나 광범위한 산업 불황을 이런 자본의 낭비 탓으로 돌리는 것은, 바다에서 양동이로 물을 몇 번 퍼냈다고 해서 이례적일 정도로 낮은 수위의 조수가 만들어졌다고 말하는 것과 같다. 남북전쟁 동안의 자본 및 노동의 낭비는 불필요한 철도 건설이 가져올 수 있는 비용의 낭비보다 훨씬 더 큰 것이었지만, 이렇다 할 결과는 생산해내지 못했다. 게다가 철도 공사에서 낭비된 자본과 노동이 이런 산업 불황을 가져왔다고 말하는 것은 불합리하다. 왜냐하면 고용을 추구하는 자본과 노동의 초 과잉상태가 불황의 주된 특징이기 때문이다.

그러나 급속한 철도 건설과 산업 불황은 서로 연관이 있다는 것은 누구나 쉽게 납득하는 사실이다. 상승된 토지 가치가 무엇을 의미하는지 또 철도의 건설이 토지 투기에 영향을 미쳤다는 것을 아는 사람이라면 이 점은 순순히 수긍하는 바이다. 철도가 건설되거나 계획된 곳에서는 투기 탓으로 땅값이 상승했다. 수억 달러가 토지의 명목 가치에 추가되었고, 자본과 노동은 일을 하면서 부를 생산하고 싶다면 그 대가로 이 올라간 땅값을 즉시 지불하거

---

1 『보조금 문제와 민주당(The Subsidy Question and the Democratic Party)』 1871.

나 아니면 할부로 지불해야 되었다. 그에 따른 불가피한 결과로 생산이 억제되었고, 그 억제는 다른 곳으로 전파되어 수요의 중단으로 나타났다. 이러한 수요의 중단은 넓은 교환망의 맨 끝 가장자리까지 생산을 억제하게 되었다. 이렇게 하여 문명 세계의 모든 상업들이 연결되어 있는 거대한 산업 국가의 중심부들에서는 엄청난 힘으로 작용하게 되었다.

이러한 원인의 일차적 작동은 그 어디보다도 캘리포니아에서 뚜렷하게 추적될 수 있다. 이 주는 비교적 다른 지역과 떨어져 있는 위치 때문에 아주 잘 그 성격이 규정되는 산업 사회이기 때문이다.

전쟁에 의하여 교환이 중단되고 산업에 혼란이 왔으며 남부 항구들의 봉쇄를 감안한다면, 지난 10년^2 동안 캘리포니아는 북부 주들에 나타났던 것과 똑같은 활황을 보였다. 이러한 현상은 문명세계 전역에서 목격되었다. 이러한 활황은 화폐의 인플레나 주 정부의 과도한 지출 탓으로 돌릴 수 있는 것이 아니었다. 그러나 동부 주들에서는 같은 시기의 그러한 활황이 정부의 개입 덕분이었다.

그러나 지폐발행법에도 불구하고, 태평양 연안 지대는 주화를 고수했고, 연방정부의 과세는 연방 지출에 의해 돌아온 것보다 훨씬 많은 것을 가져갔다. 따라서 활황은 정상적인 원인들에 의한 것이었다. 사금 노천광은 쇠퇴하고 있었지만 네바다 은광이 개발되고 있었고, 밀과 양모가 수출품목에서 금을 대신했고, 늘어나는 인구와, 생산과 교환의 방법 개선이 꾸준히 노동의 효율성을 높이고 있었기 때문이다.

토지 가치의 상승과 산업 불황

이러한 물질적 진전과 함께 토지의 가치는 꾸준히 상승했고 그에 따른 결과 (투기)가 나타났다. 이런 꾸준한 상승은 투기의 상승을 부추겼고, 철도 시대

---

2   1860년대: 옮긴이

가 개막되자 온 사방에서 토지의 가격이 올라갔다. 운항하는 길이 멀리 돌고, 값비싸고, 열병에 걸리기 쉬운 파나마 운하 항로가 대서양 연안 주들과의 주요 연결 수단이던 시절에도 인구는 꾸준히 증가했다. 그런 사정이었으므로 뉴욕 항과 샌프란시스코 만을 7일만에 연결시켜주는 철도가 운행되고, 캘리포니아 주 자체에서도 기관차가 승객용 마차와 운송 마차를 대신하게 된다면, 인구가 폭발적으로 증가할 것이라고 예상되었다.

이에 따라 예상되는 토지 가격의 상승은 미리 반영이 되었다. 샌프란시스코 교외의 땅들은 수백 퍼센트 혹은 수천 퍼센트 가격이 상승했고, 이민자가 농사지을 땅을 찾아 어디를 둘러보아도 농지는 이미 매입되어 높은 가격을 기다리며 사용이 유보된 상태였다.

그러나 예상되었던 이민자들의 급격한 유입은 이루어지지 않았다. 노동과 자본은 땅에 대하여 높은 지불을 할 수 없었고 따라서 두둑한 대가를 생산하지 못했다. 생산은 절대적으로 억제된 것이 아니라면 적어도 상대적으로 억제되었다.

대륙횡단 철도의 준공 시점이 가까이 다가오면서 활황이 더욱 불붙은 것이 아니라 불황의 징조가 드러나기 시작했다. 철도가 완공되자 호황기에 뒤이어 불황기가 찾아왔고 그때 이후 현재까지 경기는 회복되지 않고 있다. 이 기간 동안에 임금과 이자는 꾸준히 떨어졌다.

이렇게 하여(또한 투기가 없었을 때에 비하여 느린 속도이기는 하지만 기술 개선과 인구 증가에 의하여), 내가 언급한 소위 실제 지대선 혹은 경작의 한계는 투기적 지대선에 접근하게 되었다. 그렇지만 선진 사회에서 토지에 대한 투기적 상승의 경향은 끈덕지게 유지되었다.[3]

---

3 높은 기대치가 있는 새로운 고장에서 토지의 투기적 가치가 그대로 유지되는 것은 정말 놀라운 일이다. "부동산 시장이 형성되지 않았어. 그 어떤 값에도 토지를 팔 수가 없어." 이런 말은 흔히 듣는 것이다. 그러나 실제로 땅을 사러 가보면 사정은 영 다르다. 급히 땅을 팔려고 하는 사람을 만나지 않는 한, 투기가 기승을 부릴 때의 가격을 지불해야 땅을 살 수가 있다. 토지 소유주는 토지 가격이 결국에는 오를 것이라고 생각하기에 가능한 한 오래 토지를 가지고 있으려 한다.

그런데 캘리포니아에서 진행되는 이러한 사태가 미국 내의 모든 발전하는 지역에서 벌어졌다. 철도가 건설되거나 계획된 모든 곳에서, 토지는 가격 상승 기대감 속에서 독점되었고, 이러한 지가 상승으로 인해 기술 개선의 혜택은 상쇄되었다. 이렇게 하여 지대의 투기적 상승은 정상적인 상승을 크게 앞질렀고 생산은 억제되었고 수요는 감소했으며, 노동과 자본은 토지와 직접 관련이 있는 직업들에 등을 돌리고서, 토지의 가치가 그리 큰 요소가 아닌 직업들 쪽으로 집중되었다. 이렇게 하여 철도의 급격한 확장은 이어지는 불황기와 관련이 된다.

미국에서 벌어진 일은 정도의 차이는 있지만 전 세계 선진 사회에서 발생했다. 어디에서나 물질적 진보와 함께 토지 가치가 꾸준히 상승했고, 이런 상승은 투기적 상승을 야기했다. 일차적 원인의 힘은 미국의 신생 주에서 오래된 주로 옮겨갔을 뿐만 아니라 미국에서 유럽으로 건너갔다. 전 세계 어디서나 일차적 원인이 작동했다. 이렇게 하여 전 세계적인 물질적 진보로부터 산업과 상업의 전 세계적인 불황이 생겨났다.

갑작스러운 산업의 마비와 무기력

이처럼 지대 혹은 토지 가치의 투기적 상승을 산업 불황의 근본적이고도 일차적인 원인으로 지목하면서, 나는 한 가지 사실을 빼놓았다. 그것은 이러한 원인의 작용이 급격한 것이기는 하지만 점진적이라는 점이다. 그것은 강력한 타격이라기보다는 은근한 압박이라고 하는 것이 더 적절하다.

이런 산업 불황은 갑자기 오는 것처럼 보인다. 처음에는 발작의 특성을 보이다가 곧이어 탈진한 것 같은 무기력의 상태에 도달한다. 모든 것이 정상적으로 돌아가고 상업과 산업이 활기차게 확장해 나가다가 갑자기 마른 하늘의 벼락처럼 충격이 온다. 은행이 도산하고, 큰 제조업체와 상인이 부도가 나고, 충격이 전 산업에 퍼져 나가는 것처럼 실패에 실패가 뒤따르고, 온 사방에서 노동자들은 해고가 되고, 자본은 이윤 없는 유가 증권으로 전락한다.

내가 생각하는 이러한 현상의 원인에 대하여 간단히 설명해 보고자 한다.

그렇게 하기 위해서 우리는 교환이 이루어지는 방식을 염두에 두어야 한다. 모든 다양한 형태의 산업이 하나의 거대한 상호 연계적이고 의존적인 조직으로 연결되는 것은 바로 이 교환을 통해서이기 때문이다. 공간이나 시간상으로 멀리 떨어져 있는 생산자들 사이에 교환이 이루어지려면 대규모 재고가 상점에 들어와 있거나 수송 중이어야 한다. 내가 이미 설명한 바 있듯이, 이런 것들을 해주는 것이 자본의 기능이다. 자본은 도구와 씨앗을 제공하는 것 이외에도 이런 재고 비축과 물품 수송을 도와주는 것이다. 이러한 교환은 반드시 신용(외상)에 대규모로 이루어져야 한다. 다시 말해, 한 쪽이 물품의 대가를 받기도 전에 그 물품을 미리 내주어야 하는 것이다.

그 원인을 따져볼 필요도 없이, 이런 미리 내주기는 대체로 말해서 좀 더 고도로 조직되고 나중에 발달한 산업으로부터 출발하여 좀 더 근본적인 산업 쪽으로 이동한다. 예를 들어, 야자유와 코코넛을 화려한 옥양목과 버밍엄 신상(神像: 버밍엄에서 강철로 만든 아프리카인들이 숭배하는 우상)과 교환하고자 하는 서부 해안 아프리카인은 즉각 그의 대가를 얻는다. 반면에 영국 상인은 그의 물건을 먼저 보내고 나서 한참 뒤에야 대가를 수령한다. 농부는 곡식을 수확하자마자 현금으로 그 대가를 얻는다. 대규모 제조업자는 대규모 재고를 유지해야 하고, 그의 물품을 대리인에게 장거리 배송해야 하며, 일반적으로 분할 지불로 판매해야 한다.

이렇게 볼 때 미리 내주기와 외상은 일반적으로 말해서 2차 산업에서 시작하여 1차 산업으로 흘러들어가기 때문에, 1차 산업에서 벌어지는 생산의 억제는 2차 산업에 즉각적으로 파급 효과를 미치지 않는다. 말하자면 미리 내주기와 외상 제도는 일종의 완충망을 형성하여 상당히 버텨주다가 부러지는 것이다. 그러나 일단 부러지면 아주 크게 부러진다.

또다른 사례로 내가 말하고자 하는 것을 예증해 보기로 하자.

기자(Giza)의 대(大) 피라미드는 여러 개의 석층(石層)으로 구성되어 있고, 맨 밑바닥의 석층이 나머지 윗부분의 석층들을 지탱하고 있다. 우리가 어떤 수단을 동원하여 이 맨 밑바닥 층의 돌을 조금씩 꺼내간다 하더라도 피라미드의 윗부분은 상당 시간 그 형체를 유지할 것이다. 그러다가 중력의 힘이 떠받치는 돌들의 접착성을 마침내 극복해 버린다면 피라미드의 상층부는 서서히 일정하게 줄어드는 것이 아니라 갑자기 대규모로 붕괴해 버릴 것이다.

산업 조직은 이 기자의 피라미드에 비유될 수 있다. 사회 발전의 특정한 단계에서 다양한 산업들이 서로 떠받치는 비율이 어느 정도인지 말하기는 어렵거나 불가능할 것이다. 그러나 거기에는 어떤 일정한 비율이 있다. 식자공이 사용하는 활자들에 일정한 자간 간격이 있듯이 말이다. 분업에 의해 발전되는 각 형태의 산업은 다른 산업들로부터 생겨나거나 발전하게 되는데, 모든 산업이 궁극적으로 토지에 그 기반을 두고 있다. 토지가 없으면 노동은 무중력 공간에 놓인 사람처럼 무능해져 버린다.

예시를 좀 더 선진 사회의 조건에 가까이 가져가기 위하여, 각각의 층 위에 계속 쌓아올려서 조성된 피라미드를 상상해 보라. 각 층이 이루는 전체 건물은 계속 성장하고 확장한다. 바닥층의 성장이 억제되었다고 상상해보라. 다른 층들은 한동안 계속 확장할 것이다. 사실 당분간은 그 확장 경향이 더욱 강력해질 것이다. 지층에서 거부된 확장하려는 생명의 힘이 그 위의 층들에서 배출구를 찾으려 할 것이기 때문이다. 그러다가 마침내 결정적인 불균형이 발생하고 피라미드는 갑자기 붕괴하는 것이다.

산업 불황이 반복적으로 발작하듯 벌어지는 주된 원인과 일반적 방향은 현대 생활의 너무나 분명한 특징이므로, 이런 식으로 명확하게 설명할 수 있다. 독자는 우리가 추적하려고 하는 것이 이 현상의 주된 원인과 일반적 방향일 뿐이고 그것들은 아주 정확하게 추적할 수 있다는 것을 기억해 주기 바란다. 정치 경제학은 전반적 경향만 다룰 수 있고 또 그렇게 해야 할 필요가 있다. 파생적인 힘들은 너무나 다면적이고, 작용과 반작용은 너무나 다양하므로, 현상들의 정확한 특성은 미리 예측하기가 어려운 까닭이다.

나무의 밑동을 끝까지 찍어나가면 나무가 땅으로 쓰러지리라는 것을 알 수 있다. 그러나 정확하게 어느 방향으로 쓰러질 것인지는 나무줄기의 기울기, 가지들의 퍼진 상태, 도끼가 가하는 힘, 바람의 방향과 세기 등에 의해 결정된다. 심지어 작은 가지 위에 내려앉은 새, 이 가지에서 저 가지로 건너뛰는 겁먹은 다람쥐 등도 영향력이 전혀 없다고 할 수는 없으리라. 우리는 상대방에게 모욕을 가하면 그의 가슴에서 적개심이 솟아오른다는 것을 안다. 그러나 그것이 어느 정도의 강도로 어떤 방식으로 표출될 것인지는 상대방의 인격과 기질, 그리고 현재와 과거의 환경을 모두 종합적으로 감안해야 짐작할 수 있을 것이다.

내가 지금껏 산업 불황의 주된 특징을 추적하면서 그 원인을 진단하는 방식은, 현행 정치경제학이 부의 분배이론으로 설명하는 상호 모순적이고 자기 모순적인 진단 방식과는 극명한 대조를 이룬다. 산업 불황기에 앞서서 지대 혹은 토지 가치의 투기적 상승은 모든 곳에서 분명하게 발견된다. 투기적 상승과 산업 불황이 서로 인과관계를 이룬다는 사실은 토지와 노동의 필연적 관계를 깊이 생각하는 사람이라면 분명하게 파악할 수 있을 것이다.

정상적 지대선과 투기적 지대선

현재의 불황이 그 수명을 다했고, 위에서 이미 설명한 방식에 따라 새로운 균형이 이루어지고 있으며, 그리하여 비교적 활황의 계절이 다시 시작된다. 이러한 현상은 이미 미국에서 목격되고 있다. 정상적 지대선과 투기적 지대선이 서로 만나게 되는 것은 다음 세 과정을 통해서다.

(1) 투기적 지대 가치가 하락한다. 이것은 주요 도시들에서 지대가 감소되고 부동산의 실제 가치가 하락되는 결과를 가져온다.

(2) 노동의 효율성이 상승한다. 이것은 인구가 증가하고 새로운 발명과 발견이 이루어진 덕분이다. 기술 개선들 중 일부는 우리가 지금 그 의미를 거의 파악하고 있는 증기기관의 사용과 맞먹을 정도로 중요하다.

(3) 통상적인 이자와 임금의 수준이 낮아진다. 이자에 대해서는 정부 융자금의 이율이 4%라는 것에서 알 수 있고, 임금 저하는 너무 분명하여 구체적 근거를 제시할 필요가 없을 정도이다.

이런 식으로 평형이 다시 이루어지면 새로운 호경기가 시작되고[4] 또다시 토지 가치의 투기적 상승으로 꼭짓점을 찍게 될 것이다. 그러나 하락한 임금과 이자는 회복되지 못할 것이다. 이러한 동요와 파동의 순수한 결과는 임금과 이자가 최소치를 향하여 점진적으로 내려간다는 것이다. 이러한 일시적이고 반복적인 불황은, 서론에서 지적한 바와 같이, 물질적 진보에 수반되는 일반적 움직임의 강화일 뿐이다.

---

4 이 글은 1년 전에 집필되었다. 현재(1879년 7월) 새로운 호경기가 시작되었다는 것은 분명하다. 뉴욕과 시카고에서는 부동산 가격이 이미 회복되기 시작했다.

제2장

부가 증가하는 데도 빈곤이 지속되는 현상

반복적 산업 불황은 우리가 해결하고자 하는 커다란 문제의 구체적 현상이다. 그렇지만 그 문제는 이제 충분히 분석되었다. 문명세계에서 자선가들을 겁먹게 하고 정치가들을 난처하게 만드는 사회 현상들은 선진 인류의 장래에 먹구름을 드리우고 있을 뿐만 아니라, 현실에 대하여 의심을 품게 만들고 또 소위 진보라는 현상의 궁극적 목표에 회의감을 품게 만들었다. 우리는 그런 사회 현상들을 이렇게 설명했다.

생산력이 증가하는 데도 불구하고 임금은 최저 생계 수준으로 꾸준히 하락해 왔다. 이렇게 된 이유는 생산력이 증가하면서 지대가 전보다 더 큰 폭으로 올라갔고 그 결과 꾸준히 임금을 인하시켜 왔기 때문이다.

온 세상에서 발전하는 문명의 직접적 경향은 인간의 욕구를 충족시키는 노동력을 향상시키고, 가난을 퇴치하고, 가난과 가난에 대한 공포를 물리치는 것이다. 진보가 지향하는 것, 진보하는 사회가 획득하고자 노력하는 조건은, 그런 노력의 직접적이고도 자연스러운 결과로서, 그들의 영향력 아래에 있는 모든 것의 물질적 조건(더 나아가 정신적·도덕적 조건)을 향상시키는 것이다. 인구의 성장, 교환의 증가와 확대, 과학의 발견, 발명의 진전, 교육의 보급, 행정의 개선, 풍습의 개선 등은 노동의 생산력을 향상시키는 직접적 경향을 보인다. 여기서 말하는 노동은 일부를 말하는 것이 아니라 노동력 전부를 말하는 것이다. 산업의 어떤 부문만 가리키는 것이 아니라 모든 산업을 망라

하는 것이다. 왜냐하면 사회 내의 부의 생산 법칙은 "부분은 전체를, 전체는 부분을" 지향하는 법칙이기 때문이다.

노동 생산성 향상이 오히려 노동자를 억압한다

그러나 노동은 발전하는 문명이 가져다주는 혜택을 누리지 못한다. 그 혜택이 중간에서 가로채이기 때문이다. 노동에 반드시 필요한 토지는 개인 소유로 되어 있기 때문에 노동 생산성의 향상은 지대만 높여줄 뿐이다. 노동은 토지의 힘을 활용하는 기회에 대하여 대가를 지불해야 하는 것이다. 따라서 진보의 행진이 가져다준 모든 이점은 토지의 소유자에게 돌아가고 임금은 오르지 않는다. 이처럼 임금이 상승하지 않는 이유는 노동의 소득이 클수록 노동이 그 소득을 올릴 수 있도록 해준 기회(토지)에 대하여 지불해야 하는 대가가 더 커지기 때문이다.

이렇게 하여 단순 노동자는 생산력의 전반적 향상에 대하여 아무런 이해관계가 없게 되는데, 그것은 쿠바의 노예가 설탕 가격의 인상에 무관심한 것과 똑같다. 설탕 가격이 오르면 노예 주인은 노예를 더욱 가혹하게 혹사하여 생산을 올리려 하기 때문에 가격 상승은 노예의 생활 조건을 더욱 열악하게 만든다. 이와 마찬가지로 자유노동자의 생활 조건도 노동 생산성의 증가로 인해 더 열악하게 변한다. 지대가 지속적으로 상승하면 투기의 경향이 발생한다. 이 투기는 지대를 더욱 상승시킴으로써 앞으로 이룩될 기술 개선의 효과를 상쇄해 버린다. 그 결과 노동자의 임금을 최저 생계 수준으로 끌어내린다. 이것은 정상적인 지대가 적용되었더라면 벌어지지 않았을 일이다.

이런 식으로 생산성 향상의 혜택을 모두 도둑맞은 노동은 진보하는 문명의 특정한 효과에 그대로 노출된다. 만약 그런 효과에 자연스럽게 수반되는 이점들이 없다고 하면, 그 효과는 적극적인 사회악이 되어버리며, 그 자체의 힘만으로도 자유노동자를 무기력하고 타락한 노예의 조건으로 추락시킨다.

문명의 생산력을 증가시키는 모든 기술 개선은 필연적으로 노동의 분업을 더욱 세분화시키는데 노동자 전체의 효율성은 노동자 개개인의 독립성을 희생시키면서 증가하는 것이다. 노동자는 심지어 가장 흔한 욕구에 공급하는 다양한 노동 과정들 중에서 아주 미세한 부분의 지식과 기술만 획득한다. 야만인 부족의 노동이 만들어내는 총생산은 소량이지만 각 야만인은 독립적인 생활을 운영할 수 있다. 그는 자신의 집을 지을 수 있고, 나무를 베어 카누를 만들 수 있고, 자신의 옷을 만들어 입으며, 자신의 무기, 올가미, 도구, 장식품 등을 직접 만든다. 그는 소속 부족이 갖고 있는 자연에 대한 지식을 모두 갖고 있다. 어떤 채소가 음식으로 적합한지, 어디 가면 그 채소를 얻을 수 있는지 안다. 들짐승, 새, 물고기, 곤충의 습성과 서식지를 안다. 태양과 밤하늘의 별들을 관찰하면서, 꽃망울의 색깔이나 나무의 이끼를 보면서 시간과 계절의 변화를 감지한다. 간단히 말해서, 야만인은 자신의 욕구를 스스로 알아서 충족시킬 수 있다. 그는 동료 야만인들로부터 소외되어도 여전히 잘 살아갈 수 있다. 이처럼 독립적인 힘을 갖고 있기에 그는 소속 공동체와의 관계에서 자유로운 계약 당사자 자격으로 참여할 수 있다.

야만인과 최저 계급 노동자

이 야만인을 문명사회의 최저 계급 노동자와 비교해 보자. 이 노동자는 오로지 한 가지 물건만 만들면서 평생을 보내고, 때때로 그 한 가지 물건의 어떤 미소한 부분의 생산에만 매달린다. 그 물건은 사회의 부를 형성하고, 가장 기본적인 욕구를 충족시키는 여러 가지 물건들 중 하나일 뿐이다. 이 노동자는 자신의 일에 필요한 도구를 만들지도 못하고, 종종 그가 소유하지도 않을 뿐만 아니라 소유의 희망이 아예 없는 도구를 가지고 일을 한다. 이 노동자는 야만인보다 더 지속적이고 고된 노동을 강요당하지만, 그렇다고 해서 그 노동으로 야만인보다 더 많은 것을 얻는 것도 아니며 겨우 생필품을 얻어갈 뿐이다. 그는 야만인이 누렸던 독립된 생활은 하지 못한다.

이 노동자에게는 자신의 욕구를 직접 충족시킬 수 있는 힘이 없으며, 많은 다른 힘들의 협조가 없다면 그 자신의 욕구를 간접적으로나마 충족시킬 수도 없다. 그는 생산자와 소비자 사이에 존재하는 거대한 연결망에서 작은 하나의 연결고리에 불과하다. 너무 무기력하여 생산자와 소비자로부터 독립적으로 떨어져 나올 수도 없고, 그들이 움직이는 대로 움직일 뿐 스스로 움직이지는 못한다. 사회 내의 그의 위치가 악화될수록 그는 사회에 더 의존하게 된다. 그리하여 스스로 어떤 것을 하겠다는 생각은 거의 하지 못하게 된다.

그 자신의 욕구를 충족시키기 위하여 노동을 투입하는 능력은 그의 통제 범위 밖에 있으며, 다른 사람들의 행동에 의해 박탈되거나 회복된다. 아니면 태양계의 움직임을 그가 어떻게 할 수 없듯이, 그가 전혀 영향력을 행사하지 못하는 일반 원인들에 의해 그의 노동력이 통제된다. 원초적 저주[5]가 이제 하나의 축복으로 간주되기에 이르렀다. 단조로운 단순 노동 그 자체가 악이 아니라 선인 것처럼 사람들은 생각하고, 말하고, 소리치고, 규정을 정한다. 이런 상황에서, 이 노동자는 인간성의 본질적 특성 – 주위의 생활조건을 수정하고 통제하는 하느님 같은 능력 – 을 잃어버린다. 그는 노예, 기계, 상품이 되었다. 어떻게 보면 사람이 아니라, 동물보다 못한 사물이 되었다.

나는 야만적 상태를 경탄하는 감상주의자가 아니다. 나는 루소, 샤토브리앙(르네 샤토브리앙 자작, 1768-1868, 프랑스의 저술가로 프랑스 혁명의 사상을 논박한 보수파 인사), 쿠퍼(토머스 쿠퍼, 1759-1840, 미국의 교육자 겸 정치철학자) 등에게서 자연의 교육받지 않은 순수한 아이라는 개념을 배워오지 않았다. 나는 그런 아이의 물질적·정신적 빈곤을 잘 알고 있으며, 그 저급하고 비좁은 인식의 범위도 잘 파악하고 있다. 문명은 인간의 자연스러운 운명일 뿐만 아니라 인간의 힘을 결집, 앙양, 세련시키는 힘이라고 생각한다. 문명의 이점을 자유롭게 누릴 수 있는 사람이 야만적 상태를 아쉬워하며 되돌아보는 태도는, 꼴을 되새김질 하는 소를 바라보며 평온한 자연의 분위기에 젖어 있을 때에만 취할 수 있는 태도이다. 그렇지만 객관적인 사실을 냉철하게 파악하는 사람이라면 다음과 같은 결론을 부정하지 못할 것이다. 우리의 문명 한가운

---

5   자율적 통제권의 상실: 옮긴이

데에는 대규모 빈민 계급이 있는데, 원시 상태의 야만인들은 그런 계급을 부러워하면서 서로 생활조건을 바꾸자고 하지는 않을 것이다.

나는 이런 생각을 해본다.

어떤 사람이 이 세상에 들어오는 존재의 문턱에 서서, 티에라 델 푸에고 사람, 오스트레일리아의 흑인 원주민, 북극의 에스키모, 영국 같은 고도로 문명화된 나라의 최저 계급 노동자 중 어느 하나를 자신의 신분으로 선택할 수 있다고 해 보자.[6] 이 경우 그 사람이 세 야만인의 운명 중 어느 하나를 고른다면 맨 뒤의 것을 선택한 것보다는 훨씬 나은 선택을 한 것이라고 볼 수 있다. 왜냐하면 이 최저 계급 노동자는 부의 한가운데에서 가난으로 고통 받고, 야만인의 모든 박탈을 그대로 겪으면서도, 정작 야만인의 개인적 자유는 누리지 못하는 것이다. 최저 계급 노동자는 야만인보다 더 협소하고 빈곤한 생활을 하면서도 그의 소박한 미덕을 발전시킬 기회는 없는 것이다. 이 노동자의 지평이 넓게 펼쳐져 있다고 할지라도, 그건 그 노동자가 누리지 못하는 축복들만 보여줄 뿐이다.

이런 얘기를 과장이 심하다고 생각하는 사람들도 있을 것이다. 하지만 그들은 현대 문명의 쇠 발굽이 있는 힘을 다해 짓누르는 최저 계급 노동자의 생활 조건을 잘 알지 못해 그렇게 생각하는 것이다. 프랑스의 정치학자 드 토크빌(1805-1859, 『미국의 민주주의』라는 책으로 유명)은 스웨친 부인에게 보낸 편지에서 이렇게 말했다.

"우리는 곧 가난의 개념에 익숙해져 버려서 다음 사실을 느끼지 못하게 됩니다. 오래 지속되면서 고통 받는 사람에게 더 큰 고통을 주는 악이, 바로 그렇게 오래 지속되었다는 사실 때문에, 관찰자에게는 잘 보이지 않게 되는 것입니다."

---

6   넷 중 앞의 셋은 야만인: 옮긴이

드 토크빌의 말은 옳은 말이고 그에 대한 가장 좋은 증거는 다음 사실에서 찾아볼 수 있다. 거지 계급과 범죄자 계급이 존재하는 도시, 어린 소녀들이 빵을 벌기 위해 바느질을 하면서 추위에 떠는 도시, 남루한 옷에 맨발인 아이들이 길거리를 그들의 집으로 삼는 도시. 그런데 이런 도시들에서, 정기적으로 돈을 모아서 이교도들에게 선교사를 보내고 있는 것이다! 자기 도시의 빈민을 구제할 생각은 하지 않고 이교도들에게 선교사를 보내다니! 이것은 서글프다 못해 헛웃음이 나오는 일이다. 바알[7]은 더 이상 혐오스러운 굽은 팔을 앞으로 내밀지 않는다. 그러나 기독교인의 땅에서 어머니들이 장례식 비용을 벌기 위해 그들의 어린아이를 죽이고 있다![8]

고도로 문명된 국가들의 공식 문서들 – 가령 위생 검사관의 보고서나 노동하는 빈민들의 생활 조건을 조사한 보고서 등 – 에서 발견되는 이런 타락한 현상이, 과연 야만인들의 생활을 묘사한 문헌에서 발견된 일이 있는지, 그런 문헌이 있다면 한 번 내놓아보라고 도전하고 싶은 심정이다.

지대 이론이 설명해주는 것들

내가 지금껏 설명해온 간단한 이론 – 객관적 사실들의 연결 관계를 서술한 것을 이론이라고 부를 수 있겠는지는 다소 의문이 들지만 – 은 다음의 여러 가지 사항들을 설명해준다.

그것은 부와 빈곤, 낮은 임금과 높은 생산성, 타락과 계몽, 정치적 자유와 사실상의 노예 상태 같은 어울리지 않는 한 쌍이 공존하는 현상을 설명한다.

그것은 일반적이고 엄정한 법칙에서 흘러나온 결과로서, 지대 이론이 없었더라면 난처하게 보였을 사실들을 조화시키고, 그 이론이 없었더라면 너무

7　바알은 이교도의 신을 가리키는 것으로서 여기서는 이교도가 더 이상 기독교 문명권을 넘보는 일은 없다는 뜻: 옮긴이
8　너무나 가난하여 아이를 죽이고 장례를 치르려 하면 사람들이 부조를 해줄 것이니 그 돈으로 먹고 살려 한다는 뜻: 옮긴이

나 다양하고 모순적인 현상의 순서와 관계를 정연하게 보여준다.

그것은 왜 오래된 나라보다 신생 국가들에서 이자와 임금이 높은지 설명한다. 신생국가의 평균 총생산이 오래된 나라들보다 적은 데도 말이다.

그것은 노동과 자본의 생산성을 높이는 기술 개선이 그 둘의 대가를 높여주지 못하는지 설명한다.

그것은 노동과 자본 사이의 갈등을 설명하는 한편 그 둘 사이의 진정한 이해관계를 증명한다.

그것은 보호무역의 오류를 낱낱이 파헤치며 왜 자유무역이 항구적으로 노동계급에게 혜택을 주지 못하는지 설명한다.

그것은 왜 풍요 속에 빈곤이 늘어나고 부가 점점 더 어느 한 쪽으로 편중되는지를 설명한다.

그것은 "과잉 생산" 혹은 "과 소비" 같은 비합리적인 이유를 전혀 제시하지 않으면서도 반복적이고도 정기적으로 발생하는 산업 불황의 이유를 설명한다.

그것은 일거리가 너무 없다거나 일을 하려고 하는 사람이 너무 많다는 따위의 비합리적인 전제 조건을 달지 않으면서도, 일을 하고자 하는 많은 노동자들의 강요된 실업을 설명한다. 실업은 선진 사회의 생산력을 낭비하는 것이므로 반드시 바로잡아야 할 사항이다.

그것은 기계류 사용의 자연스러운 이점을 부정하지 않으면서도 기계류의 도입이 종종 노동자 계급에 역효과를 미치는 이유를 설명한다.

그것은 인구 조밀한 사회에서 나타나는 죄악과 비참을 설명한다. 그렇지만 죄악과 비참을 전능한 지혜와 전능한 자비의 법칙에 나타나는 결점 탓으로 돌리는 것[9]이 아니라, 그런 사회악이 인간의 근시안적이고 이기적인 행동 탓이라고 날카롭게 지적한다.

---

9   빈곤을 인구 증가 탓이라고 하면서 곧 빈곤을 신의 법칙에 결점이 있기 때문이라고 주장한 맬서스의 인구론을 암시: 옮긴이

이 설명은 모든 객관적 사실들과 부합한다.

오늘날의 세상을 한 번 돌아보라. 성격이 아주 다른 국가들 – 현재의 조건 아래에서 행정, 산업, 관세, 화폐 등이 차이가 많은 나라들 – 사이에서도 노동자 계급은 고통을 당하고 있음을 발견할 것이다. 그리고 풍요로운 부의 한 가운데에서 고통과 가난을 발견하는 곳이라면 어디에서나 토지가 독점되어 있음을 발견할 것이다. 토지가 전 민족의 공동 재산으로 취급되는 것이 아니라 개인의 사유 재산으로 되어 있는 것이다. 노동이 그 토지를 사용할 경우에, 노동의 소득으로부터 엄청난 대가를 뽑아가는 것이다.

오늘날의 세상을 한 번 돌아다보면서 성격이 다른 국가들을 서로 비교해 보라. 임금의 높낮이를 결정하는 것은 자본의 풍부함이나 노동의 생산성이 아니다. 오히려 토지의 독점자들이 지대 명목으로 노동의 소득에서 얼마나 가져가느냐에 달려 있다. 다음은 무지한 사람들에게도 잘 알려진 악명 높은 사실이다: 부의 총액은 적지만 토지가 값싼 신생 국가들에서는, 토지가 비싼 부자 나라들에 비하여 노동자 계급이 더 좋은 대우를 받고 있다. 사실 우리는 토지 가격이 상대적으로 낮은 곳에서, 임금이 상대적으로 높다는 사실을 발견하지 않는가? 반대로 땅값이 높은 곳에서는 임금이 낮아지는 것을 발견하지 않는가?

토지 가격이 상승하면서 빈곤이 심화하고 극심한 빈민이 등장한다. 땅값이 싼 새로운 정착촌에서는 거지들도 없고 생활조건의 불평등도 거의 눈에 띄지 않는다. 땅값이 너무 높아서 $1m^2$ 당 지가가 평가되는 대도시에서는 부와 빈곤의 양극단이 존재한다. 사회적 계급의 양 극단에서 이처럼 엄청난 생활조건의 차이가 벌어지는 현상은 토지의 가격에 의해 측정될 수 있다. 뉴욕의 토지는 샌프란시스코의 토지보다 더 값이 나간다. 샌프란시스코 사람은 뉴욕을 방문하면 그 도시에서 지저분함과 비참함을 보고서 역겨움을 느끼게 될 것이다. 런던의 땅값은 뉴욕보다 더 나간다. 그리고 런던에는 뉴욕보다 더 심각한 지저분함과 비참이 존재한다.

지대가 상승해온 역사적 사례들

같은 나라의 다른 시대들을 서로 비교해 보아도 동일한 관계가 분명하게 드러난다. 많은 조사 연구 끝에 영국 역사학자 핼럼(Henry Hallam, 1777-1859)은 육체노동의 임금은 현재(핼럼의 시대)보다 중세 영국에서 더 높았음을 확신하게 되었다고 말한다. 이것이 사실인지 여부는 제쳐두더라도 임금이 지금보다 높으면 높았지 낮지는 않았을 것이다. 노동 효율성이 농업 분야에서만 700~800% 상승했고, 산업의 다른 많은 분야에서의 노동 생산성 향상은 이루 헤아리기 어려울 정도인데 이런 엄청난 상승이 결국 지대만 높여주었을 뿐이다.

로저스 교수에 의하면, 영국 농지의 현재 지대는 500년 전에 비하여 화폐 기준으로는 120배가 상승했고, 밀의 가격을 기준으로는 14배가 상승했다. 건물용 토지와 광산 토지는 지대 상승이 그보다 훨씬 가팔랐다. 포세트 교수의 측정에 의하면, 영국 토지의 지대 가치는 45억 파운드 혹은 218억 7천만 달러에 해당한다. 달리 말하면 수천 명 정도의 영국인들이 나머지 모든 영국인들의 노동에 대하여 재산권을 주장하고 있는 것이다. 영국의 지대 가치 45억 파운드는 영국 국민 전원을 노예라고 가정하고서 – 1860년 현재 미국 남부의 흑인 노예의 평균 가격을 적용할 때 – 나오는 총금액의 두 배를 초과하는 어마어마한 액수이다.

벨기에와 플랑드르, 프랑스와 독일에서 지대와 농지의 매매가는 지난 30년 동안 두 배나 올랐다.[10] 간단히 말해서, 노동생산성 향상은 어디에서나 토지의 가치를 상승시켰다. 하지만 그것이 노동의 가치를 상승시킨 곳은 전혀 없었다. 일부 지역들에서 실질 임금이 다소 오르기도 했겠지만 그것은 분명 다른 원인들 때문이었다. 대부분의 지역에서 임금은 떨어졌다(임금의 추가 인하가 가능한 곳에서는 말이다). 이렇게 말하는 것은 노동자가 그 숫자를 유지하

---

10 『토지소유제도(Systems of Land Tenure)』 published by the Cobden Club.

려면 더 이상 내려갈 수 없는 최소한의 생존점이 분명 존재하기 때문이다. 어디에서나 임금은 생산량의 비율로 볼 때 떨어졌다.

흑사병은 14세기에 영국 내에서 임금을 크게 상승시켰다. 이것은 영국 지주들이 법령을 통하여 임금을 규제하려 했던 사실에서 분명하게 드러난다. 흑사병으로 인해 인구가 크게 감소되어 노동의 효율성을 높인 게 아니라 크게 감소시켰다. 토지를 차지하기 위한 경쟁이 둔화되어 지대를 크게 감소시켰고, 그 결과 임금이 너무 급격히 상승하는 바람에 그것을 억제하기 위하여 무력과 형법이 동원되었다.

그러나 헨리 8세 시대에 들어와 토지의 독점화가 시행되면서 정반대의 현상이 벌어졌다. 공유지에 담벼락을 둘러서 일반인의 접근을 막고, 교회 토지를 왕의 추종자와 아첨꾼들에게 나누어주면서 그런 독점화가 시작되었고, 또 이 땅을 근거로 귀족 가문들이 생겨났다. 그리하여 토기의 투기적 상승이 가져온 것과 똑같은 결과(임금의 하락)가 발생했다.

맬서스에 의하면(그는 자신의 저서 『정치경제학의 원리』에서 이 사실을 토지 독점과 무관한 것으로 언급했다), 헨리 7세의 시대에 반 부셸(bushel)의 밀은 노동자의 하루 노동량 정도를 살 수가 있었으나, 엘리자베스 여왕 통치 후기에는 같은 양의 밀이 노동자의 사흘 치 노동량을 살 수가 있었다. 나는 임금의 하락이 이 비교가 보여주는 것처럼 그렇게 급격하게 떨어졌다는 것을 거의 믿을 수 없다. 그러나 보통 임금이 감소되었고 노동자 계급이 큰 고통을 겪었다는 사실은 "튼튼한 부랑자들"의 불평과, 그 부랑자들을 진압하기 위한 법령에서 분명하게 드러난다. 토지의 급격한 독점이 정상적 지대선 너머로 투기적 지대선을 밀어올림으로써, 부랑자와 거지들을 양산했다. 이것은 최근에 미국에서 유사한 원인이 유사한 결과를 빚어낸 것에 의해서도 뒷받침된다.

영국의 주교였던 휴 래티머(Hugh Latimer, 1485-1555)는 이런 회상을 했다.

"그때까지 연간 임차료가 20 내지 40파운드였던 땅이 50 내지 100파운드에 임대로 나왔다. 나의 아버지는 자유농민이었고 직접 소유한 땅은 없었다. 아버지는 연간 3~4파운드의 지대를 내고 농장을 운영했고 열심히 경작을 하여 여섯 명 정도의 일꾼을 두었다. 아버지는 양을 1백 마리 정도 키웠고 어머니는 암소 30마리 정도에서 젖을 짰다. 아버지는 유능했고 왕이 행차하면 자신의 말과 마구를 가지고 가서 무상으로 모셨으며, 왕이 만약 임금을 하사한다면 그 돈을 받을 만했다. 아버지가 블랙히스 들판으로 갔을 때 내가 아버지의 마구를 채워준 것을 기억한다. 아버지는 나를 학교에 보냈다. 나의 누이 두 명을 각각 5파운드씩 주어 출가시켰다. 또 두 딸을 선량하면서도 하느님을 두려워하는 여성으로 키웠다. 그는 이웃들을 환대했고 가난한 자에게는 동냥을 주었다. 이 모든 것을 아버지는 농장에서 나오는 수입을 가지고 꾸려 나갔다. 그런데 이제 아버지는 연간 임차료를 16파운드 이상 지불해야 한다. 그래서 아버지는 왕을 모실 수도 없고, 아버지 자신과 자녀들에게는 아무것도 해줄 수가 없고, 가난한 사람들에게 물 한 컵도 줄 수 없게 되었다."

같은 시대 사람인 토머스 모어 경(Sir Thomas More, 1478-1535)은 지대가 올라가서 소농들이 농지에서 쫓겨나는 현상을 언급하면서 이렇게 말했다.

"이런 식으로 해서, 이 불쌍한 사람들, 남자들, 여자들, 남편들, 고아들, 과부들, 어린아이를 둔 부모들, 재산보다는 숫자가 더 많은 집안 식구들 등은 어디로 갈 것인지 알지 못한 채 그들의 고향 땅에서 떠나가야 했다."

래티머와 모어는 강인한 정신력의 소유자였다. 모어가 자신의 신앙을 지키기 위해 헨리 8세의 권유와 종용에도 불구하고 자신의 목을 내어놓았던 것처럼, 래티머도 옥스퍼드 화형대의 불길 속에서 "사내대장부의 기상을 보여줍시다, 리들리 씨!"[11] 하고 말했던 것이다. 번영도 감히 더럽히지 못하고 망나니의 처형 도끼도 겁을 주지 못하는 그런 외유내강의 기상이 진화하여 만

---

11 리들리: 니콜러스 리들리(1503-1555)를 말하며 휴 래티머와 함께 영국 종교개혁의 지도자였다. 그러나 가톨릭 신자인 메리 튜더가 영국 여왕 자리에 오르자 두 사람은 개신교 신앙을 포기하라고 종용당했다. 그들은 거부함으로서 함께 화형대에서 화형당했다. 위의 말은 이 때 래티머가 리들리에게 한 말인데, "유쾌한 기분으로 이것을 받아들입시다. 그리고 사내대장부의 기상을 보여줍시다, 리들리 씨!"라고 말했다. 그러나 그 다음 말이 더 유명하다. "오늘 우리는 하느님의 은총으로 이 땅 영국에다 영원히 꺼지지 않는 촛불을 켜고 있습니다.": 옮긴이

들어낸 것이 도둑과 방랑자, 수많은 범죄자와 거지들이다.

이런 가난한 자들은 아직도 영국이라는 장미의 내밀한 잎사귀를 메마르게 하고, 장미의 뿌리를 갉아먹는 벌레가 되어 있다.[12]

또한 중력의 원칙에 대한 역사적 사례를 인용하는 것도 적절할 것이다. 그 원칙은 보편적이면서 명확한 것이다. 지대가 임금을 낮춘다는 것은 나눗수가 크면 남는 몫이 얼마 되지 않는다는 것처럼 분명하다. 지대가 임금을 낮춘다는 사실은 이 세상 어디에 사는 사람이든 주위를 돌아다보면 금방 알 수 있는 것이다.

1849년 캘리포니아와 1852년 오스트레일리아에서 임금이 대폭 급격하게 상승한 원인에 대해서는 아무런 의아한 점도 없다. 노동이 자유롭게 들어갈 수 있는 주인 없는 땅에서 사금 노천광이 발견되었던 것이다. 이 때문에 샌프란시스코 식당의 요리사 임금이 월 500달러까지 뛰었다. 배들은 선장과 선원을 구할 수 없어서 항구에서 발이 묶였는데, 선주들은 세계의 다른 지역에서는 황당하기 짝이 없는 임금을 지불하겠다고 약속하고서 비로소 사람을 구할 수 있었다. 만약 이 노천광이 임자 있는 땅이거나 즉각 독점화되어 지대를 올릴 수 있는 상황이었다면, 급격히 상승한 것은 임금이 아니라 토지 가치였을 것이다.

콤스톡 광맥은 노천광보다 더 매장량이 풍부했으나 이 광맥은 즉각 독점화되었다. 그나마 노동조합의 강력한 조직력과 그 힘이 미칠 손해 때문에, 광부들은 지하 2만 피트 - 이곳은 공기가 너무 희박하여 지상에서 공기를 주입해 주어야 했다 - 에서 땀을 뻘뻘 흘리며 채광하는 대가로 하루 4달러를 벌 수 있었다. 콤스톡 광맥의 부는 지대를 상승시켰다. 이 광산의 가격은 수억 달러로 뛰어올랐고, 개인들에게 엄청난 재산을 벌어주었다. 그들의 월 수입

12　장미와 벌레: 영국 낭만파 시인 윌리엄 블레이크(1757-1827)의 병든 장미를 암시하는 것으로 이런 내용이다. "오 병든 장미여, 보이지 않는 벌레가 주홍색 즐거움의 네 침실을 발견했구나. 그 검고 은밀한 사랑이 네 생명을 파괴하는구나.": 옮긴이

은 수십만 달러 내지는 수백만 달러는 너끈히 되었다. 캘리포니아의 임금을 초창기의 최대치에서 오늘날 동부 주들의 임금과 거의 비슷한 수준으로 인하시킨 원인에 대해서도 의아할 것이 전혀 없다. 그 원인은 오늘날까지도 계속 작동하면서 임금을 낮추고 있다.

이미 앞에서 언급한 것처럼, 노동 생산성은 줄어든 것이 아니라 높아졌다. 그러나 노동자는 자신이 생산한 것 중에서 이제 지대를 지불해야 한다. 노천광의 매장량은 고갈이 되었으므로, 노동자는 더 깊은 광맥으로 들어가거나 아니면 농지로 돌아가야 한다. 그러나 이런 땅들은 독점이 허용되어 있다. 그래서 노동자들은 이제 샌프란시스코 거리를 어슬렁거리면서 적은 임금에도 일을 할 준비가 되어 있다. 노동자는 이제 더 이상 자연의 기회에 공짜로 접근할 수 없기 때문이다.

상식적인 문답 두 가지

진리는 자명하다. 선후 관계를 따지면서 생각할 줄 아는 사람에게 이런 질문을 해보라.

"영국 해협이나 북해에 무인도가 불쑥 솟아올랐다고 가정해보자. 이 섬에서 노동이 무제한으로 투입되어 하루 10실링을 벌 수 있고, 이 섬이 한때 영국의 많은 토지를 차지했던 공유지처럼 임자가 없고 또 자유롭게 접근할 수 있다고 해보자. 이 섬이 영국의 임금에 어떤 영향을 미칠 것이라고 보는가?"

그는 즉각, 영국 내의 보통 임금이 하루 10실링으로 곧 뛰어오를 것이라고 대답하리라.

만약 이런 또다른 질문을 했다면 어떻게 될까? "지대에 미치는 영향은 어떨까?" 그는 잠시 생각했다가 지대도 반드시 떨어질 것이라고 대답하리라. 그는 또 다음 단계를 생각하고서 이런 대답을 할 것이다. 이런 변화는 영국의 노동자가 새 섬으로 대량 이동하지 않더라도 생기고, 영국 산업의 형태나 방향에 큰 변화가 없어도 생길 것이며, 임금과 지대를 다 합쳐도 새 섬의 노동 소득에 미치지 못하는 종류의 산업은 사라질 것이다. 임금이 그토록 큰 폭으로 상승하는 것은 지대가 없기 때문에 가능한 것이다.

이제 똑같은 사람 혹은 이론은 모르지만 돈 버는 방법은 아는 냉정한 사업가에게 이런 질문을 해보자. "여기에 작은 마을이 있는데 앞으로 10년 안에 큰 도시가 될 것이다. 10년 사이에 철도가 역마차를 대신하고, 전기가 촛불을 대신할 것이다. 그 도시에는 노동의 효율성을 엄청나게 높여주는 기계류와 기술 개량품들이 넘쳐날 것이다. 앞으로 10년 사이에 이자가 지금보다 더 높아질까?"

그는 대답할 것이다. "아닙니다!"

"보통 노동의 임금이 더 높아질까? 자신의 노동력밖에 없는 사람이 독립적인 생활을 할 수 있을까?"

그는 대답할 것이다. "아닙니다. 보통 노동의 임금은 지금보다 더 높아지지 않을 것입니다. 오히려 더 낮아질 가능성이 많습니다. 단순 노동자가 독립적 생활을 하는 것은 쉽지 않을 겁니다. 노동자의 삶은 더 어려워질 가능성이 있습니다."

"그러면 무엇이 더 올라갈까?"

"지대 혹은 땅의 가치이지요. 지금이라도 당장 가서 그 땅을 사들이고 오래 붙들고 계십시오."

이런 상황에서 이 사업가의 조언을 받아들인 사람은 그 다음에는 더 이상 할 일이 없다. 그는 가만히 앉아서 담배를 피울 수도 있다. 나폴리의 거지나 멕시코의 천민처럼 빈둥거릴 수도 있다. 풍선을 타고 하늘로 올라갈 수 있고, 갱도 차를 타고 지하로 내려갈 수도 있다. 단 하나의 일도 하지 않고, 공동체에 단 한 점의 부도 보태주지 않고 앞으로 10년 후면 그는 부자가 된다! 새로운 도시에서 그는 호화로운 저택을 장만할 것이다. 그러나 그 도시의 공공건물들 사이에는 구빈원이 들어설 것이다.

지금까지 우리의 긴 탐구는 이 간단한 진리를 향해 접근해 왔다. 즉, 부를 생산하기 위해 노동을 투입하려면 토지가 필요하므로, 그 토지를 지배하는 자는 연명에 필요한 몫만 노동자에게 남기고 노동의 과실을 모두 지배한다.

우리는 적의 영토를 통과하는 것처럼 여기까지 접근해 왔다. 그동안 모든 발걸음을 조심스럽게 내디뎌야 했고, 모든 진지를 강화해야 되었으며, 모든 우회로를 탐색해야 되었다. 이 간단한 진리는 사회적·정치적 문제들에 적용될 때 많은 사람들의 시선으로부터 은폐되었다. 그 이유는, 너무나 간단한 진리라는 점을 먼저 들 수 있으나, 그보다 더 중대한 이유는 널리 퍼진 오류와 잘못된 사고방식 때문이었다. 그래서 사람들은 문명 세계를 억압하고 위협하는 사회악을 설명하는데 있어서 올바른 방향을 제외하고 엉뚱한 방향만 쳐다보았던 것이다. 이런 정교한 오류와 잘못된 이론의 배후에는 적극적이고 정력적인 힘이 작용한다. 그 정치적 형태가 무엇이든 간에 모든 나라에서 작동하는 그 힘은 법률을 제정하고 생각을 형성한다. 그 세력은 광범위하고 지배적인 금전적 이해관계를 갖고 있는 집단이다.

토지의 독점은 사회악

그러나 이 진리는 너무나 간단하고 분명하기 때문에 일단 깨우치고 나면 언제나 뚜렷이 볼 수가 있다. 보면 볼수록 혼란스러운 선과 붓질의 미로(迷路)처럼 보이는 그림들이 있다. 그것은 풍경일 수도 있고, 나무일 수도 있고, 그 비슷한 어떤 것일 수도 있다. 그러다가 주의가 집중되어 그런 것들이 어떤 얼굴, 어떤 모습을 표상한다는 사실을 파악할 수 있다. 이런 관계가 일단 인식되면 그 다음부터 그 진리는 아주 뚜렷하게 보인다.

토지 소유의 경우도 마찬가지다. 진리의 관점에서 보면, 모든 사회적 사실들이 하나의 중심을 축으로 재편되어 질서정연한 관계를 수립하고, 아주 다양한 현상들도 하나의 커다란 원리에서 생겨져 나옴을 볼 수 있다. 우리 문명의 불평등한 발전의 원인을 찾으려면 자본과 노동의 관계, 혹은 식량에 대한 인구의 압박 등을 쳐다보아서는 안 된다. 부가 불평등하게 분배되는 가장 큰 원인은 토지 소유권이 불평등하다는 사실에 있다. 토지 소유권은 궁극적으로 사람들의 사회적·정치적, 그리고 더 나아가 지적·도덕적 조건을 결정하는 가장 커다란 근본적 사항이다.

이는 그렇게 될 수밖에 없다. 인간은 토지에서 거주하고, 토지는 인간이 자신의 모든 욕구를 위해 물품을 얻을 수 있는 창고이며, 모든 욕구를 충족시키기 위해 노동을 투입해야 하는 물질이기 때문이다. 토지와 그 생산물을 사용하지 않는다면, 심지어 바다의 생산물도 취할 수가 없고, 태양의 빛도 즐길 수가 없으며, 자연의 그 어떤 힘도 활용할 수 없다.

우리는 땅에서 태어나고, 그 땅에서 난 것으로 살아가며, 그 땅으로 다시 돌아간다. 들판의 풀이나 꽃과 마찬가지로 우리는 진정 땅의 자식이다. 인간에게서 땅에 속한 것을 모두 빼앗아버린다면 그는 단지 육체가 떨어져나간 정신에 불과하다. 물질적 진보는 우리가 토지에 의존하여 살아가야 한다는 사실을 변경시키지 못한다. 물질적 진보는 땅에서 부를 생산하는 능력을 향상시킬 뿐이다.

따라서 토지가 독점되면 그것은 임금을 높여주지 않고, 노동력밖에 없는 사람의 생활조건을 개선시켜주지도 않고 그런 독점이 한없이 계속될 것이다. 그것은 토지의 가치를 계속 상승시키고 토지를 소유한 사람의 힘을 더욱 강하게 만들어줄 것이다. 모든 시대, 모든 사람, 모든 곳에서 토지 소유는 귀족제의 기반, 거대한 재산의 바탕, 권력의 원천이었다. 아주 오래전에 브라만 (인도의 최상 계층)들은 이미 이렇게 말했다.

"그 어느 때든 토지를 소유한 자에게 그 땅에서 난 과실이 돌아간다. 하얀 양산들과 뻐기듯이 걸어가는 코끼리들은 토지 소유권의 정수이다."

제6권

해결책

이 세상의 물건과 권리를 새롭고 공정하게 분배하는 것이 인간사를 주관하는 사람들의 주된 목적이 되어야 한다.   — 드 토크빌

사람들의 항구적인 생활 조건을 향상시키는 것이 목표일 때, 작은 수단은 작은 효과를 내는 것이 아니라 아예 효과를 거두지 못한다.   — 존 스튜어트 밀

제1장

현재 지지를 받고 있는 해결책들은 미흡하다

점점 늘어나는 부의 한가운데에서 빈곤이 점점 심화하는 원인을 추적하는 과정에서 우리는 해결책을 발견했다. 그러나 우리의 주제 중 그 부분에 접근해 들어가기 전에 현재 적용하고 있거나 지지를 받고 있는 경향 혹은 해결책을 미리 검토해 보는 것이 좋을 듯하다. 우리의 결론이 이끌어낸 해결책은 과격하면서도 간단하다. 이 과격한 해결책은 공정한 고려의 대상이 되지 못할 것이다. 그보다 덜 과격한 조치에 대한 믿음이 아직도 남아 있는 상황 아래에서는 더욱 그러하다. 또한 이 간단한 해결책은 아주 효율적이고 포괄적이라는 이유 때문에 간과되기가 쉽다. 그러므로 우리는 이것보다 더 복잡하게 보이는 조치들을 철저히 검토해볼 필요가 있다.

가난을 구제하고 일반 대중의 고통을 덜어주기 하여 현행 경제학 문헌이나 논의가 제시하는 경향 혹은 조치들은 6개 정도로 분류해볼 수 있다. 나는 여섯 개의 뚜렷한 경제사상 학파가 존재한다고 얘기하는 것은 아니다. 그러나 우리의 연구 목적을 위하여 현행 의견과 제시된 조치를 검토해 보기 위해 그런 식으로 분류할 수 있다. 논의의 편의를 위해 우리가 별개의 것으로 분류한 이 조치들은 종종 사람의 생각 속에서 하나로 뭉뚱그려진다.

아직도 많은 사람들이 물질적 진보가 결국 빈곤을 퇴치해 줄 것이라고 느긋하게 생각하고 있는가 하면, 인구 증가의 억제가 빈곤 퇴치의 주요 수단이라고 철석같이 믿고 있다. 그러나 이러한 견해의 오류는 앞에서 충분히 입증된 바 있다. 이런 것들 이외에도 다음 여섯 가지 조치들이 있다.

1. 정부 비용의 절감.

2. 노동자 계급의 교육 강화와 근검절약 습관의 촉진.

3. 임금 상승을 위한 노동자들의 단결(노동조합).

4. 노동과 자본의 협동.

5. 정부의 지시와 간섭.

6. 좀 더 광범위한 토지의 분배.

이상이 내가 앞으로 제안하게 될, 간단하면서 포괄적인 제안을 제외한, 사회적 고통의 구제 수단으로 제시된 여섯 가지 조치들이다. 그러면 이것들을 각각 살펴보기로 하자.

1. 정부 비용의 절감

몇 년 전까지만 해도 미국인들은 다음 사실을 신앙의 한 조문처럼 믿고 있었다(이런 믿음은 유럽의 자유주의자들도 널리 공감하는 것이었다). 즉, 구세계의 짓밟힌 대중들 사이에서 발견되는 가난은 귀족제와 군주제라는 사회적 제도 탓이라는 것이었다. 그러나 공화정을 채택한 미국에서도 현재 유럽에 만연하는 것과 똑같은 사회적 고통(비록 고통의 강도는 다소 떨어지지만)이 생겨나면서, 그런 믿음은 급속히 사라져버렸다. 그러자 기존 정부들이 부과하는 엄청난 재정적 부담이 사회적 고통의 원인이라는 견해가 등장했다. 정부의 대규모 부채, 육군과 해군의 유지, 군주제든 공화정이든 과도하게 집행되는 정부 예산, 특히 대도시 시청들의 특징인 방만한 지출 등이 사회적 고통의 원인이라는 얘기이다.

여기에다 미국의 경우는 보호 관세로 걷어가는 돈도 감안해야 한다. 미국 정부가 관세 1달러 당 25센트를 실제로 국고에 넣는다면, 소비자 주머니에서는 4~5달러가 나와야 하는 것이다. 국민들에게서 이런 엄청난 돈을 부담시키는 것과, 최저 계급의 박탈 사이에는 분명한 연결 관계가 있는 것처럼 보인다. 그래서 피상적으로 관찰을 하는 사람이라면, 이런 쓸데없이 부과되는 엄청난 비용을 줄여준다면 가난한 사람들의 생계유지가 한결 쉬워질 것이라고 자연스럽게 생각하게 된다.

그러나 우리가 지금껏 추적해온 경제적 원칙들에 비추어 이 문제들을 살펴본다면, 그런 효과가 나지 않을 것임을 알 수 있다. 어떤 사회의 총생산에서 세금으로 나가는 금액이 감소되었다는 것은 곧 순 생산력의 증가를 의미한다. 그것은 인구 증가나 기술 개선과 마찬가지로 노동 생산력을 실제로 상승시킨다. 그러나 인구 증가나 기술 개선의 혜택이 지대의 상승이라는 형태로 지주에게 돌아가는 것처럼, 조세 감면 역시 그 혜택이 지주에게 돌아갈 뿐이다.

영국의 경우, 노동과 자본의 생산물은 엄청난 국가 부채, 국교회, 비용이 많이 들어가는 왕실, 다수의 한직, 대규모 육군과 해군 등의 유지 부담을 떠안고 있다. 가령 국가 부채를 청산하고, 교회를 해체하고, 왕실 사람들이 독립적으로 생계를 유지하게 하고, 한직들을 없애고, 육군을 해산하고, 해군의 장교와 병사들을 제대시키고 군함들을 모두 팔아치웠다고 해보자. 이렇게 된다면 엄청난 세금 감면이 가능해질 것이다. 따라서 생산에 참여하는 사람들 사이에 분배될 순 생산도 크게 증가할 것이다.

그러나 그 증가량은 과거 장기간에 걸쳐 기술 개선을 달성한 정도의 증가량은 되겠지만, 지난 20~30년 동안에 증기기관과 기계류가 올린 것 정도의 증가량은 되지 못할 것이다. 그리고 이런 증가량이 빈곤을 구제하지는 못하고 지대만 상승시켰던 것처럼, 이것(조세 감면) 또한 마찬가지 결과가 될 것이다. 결국에는 영국의 지주들이 세금 감면의 혜택을 전부 가져가게 될 것이다. 이런 개선 조치들이 혁명에 따르는 파괴나 손해 없이 갑자기 일거에 실시된다면 최저 계급의 생활 조건이 일시적으로 향상될 것이다. 나는 이런 사실까지 부정하지는 않겠다. 그러나 이런 갑작스러우면서도 평화로운 개혁은 분명 불가능하다. 설사 가능하여 일시적인 개선이 이루어진다고 하더라도, 그 개선은 현재 미국에서 진행 중인 과정을 감안할 때 궁극적으로 토지 가치의 상승으로 상쇄되어버릴 것이다.

또 미국의 경우, 우리가 공공 비용을 최저점으로 낮추고 인하된 세금으로 그 비용을 충당한다고 하더라도 그 혜택은 철도가 가져온 것보다 더 크지 않을 것이다. 철도가 전체 국민의 손에 더 많은 부를 남겨놓았던 것처럼, 이것도 전체 국민의 손에는 더 많은 부를 남겨놓게 될 것이다. 그러나 부의 분배와 관련해서는 예전과 같은 무자비한 법칙이 작동하게 된다. 자신의 노동만으로 살아가는 사람들의 생활 조건은 궁극적으로 나아지지 않을 것이다.

이런 사실에 대한 희미한 지각이 일반 대중들의 의식 속으로 파고들기 시작했고, 미국의 공화 정부를 옥죄어 오는 심각한 정치적 문제들 중 하나가 되었다. 자기 노동밖에 없는 사람들, 특히 도시의 프롤레타리아들(점점 규모가 커지고 있는 계급)은 정부 예산의 방만한 규모 따위는 신경 쓰지 않으며, 많은 경우에 그것을 좋은 것이라고 생각한다. "일자리를 제공해주는 것" 혹은 "돈을 돌게 하는 것"이라고 생각한다.

마치 게릴라 대장이 함락된 도시에서 세금을 거두는 것처럼 뉴욕 시청의 돈을 훔쳐간 윌리엄 트위드[1]는 미국 내 모든 도시들의 시청을 장악한 새로운 비적 떼의 전형적인 인물이다. 그의 도둑질은 악명이 높았고, 그가 나누어주는 약탈품은 거대한 다이아몬드로 묘사될 정도로 거액이었고 개인적 사치가 하늘을 찌를 지경이었으나, 돈을 마구 뿌려댔기 때문에 대부분의 유권자들에게는 인기가 높았다. 그는 기소된 후에도 방면되어 보란 듯이 주 상원 의원으로 선출되었다. 쿠바로 도망쳤다가 다시 미국으로 잡혀왔을 때에도, 법정에서 감옥으로 가는 길에 자주 격려를 받았다. 그는 뉴욕 시청의 예산을 수억 달러 횡령했으나 프롤레타리아들은 그가 그들의 돈을 횡령한 것은 아니라고 생각했다. 그런데 정치경제학의 판결도 이런 사람들의 판결과 비슷하다.

여기서 내 입장을 분명하게 밝히고자 한다. 나는 정부의 비용 절감이 바

---

1 윌리엄 트위드 1823-1878. 트위드 파당의 우두머리로 뉴욕 시의 관직과 관급 공사를 마음대로 주무르고 3천만 달러에서 2억 달러 정도의 거액을 횡령했으나, 유죄 판결을 받아 감옥에서 사망: 옮긴이

람직하지 않다고 얘기하는 것은 아니다. 단지, 토지가 독점되어 있는 한, 정부 비용을 절감한다고 해서 빈곤이 퇴치되고 임금이 올라가는 것은 아니라는 얘기를 하고 싶다.

사정은 이렇지만, 최저 계급의 이해관계를 좋은 쪽으로 개선한다는 목적만으로도, 쓸데없는 비용 지출을 낮추기 위해서 모든 노력을 아끼지 말아야 한다. 정부가 복잡하고 사치스러울수록 정부는 시민들과 괴리되어 스스로 존재하는 권력이 되어버린다. 그러면 진정한 공공 정책을 대중의 눈높이에 맞추어서 결정하는 것이 더욱 어려워진다. 미국의 선거 제도를 한 번 살펴보라. 그 제도는 무엇을 중심으로 운영되고 있는가? 가장 중요한 문제들이 온 사방에서 우리를 압박하고 있다. 그렇지만 정치에 들어가는 돈이 대규모이고 개인의 이해관계가 너무나 크기 때문에, 정부의 가장 중요한 문제들은 거의 고려되지 않는다. 미국의 보통 유권자는 나름대로 편견, 당파심, 특정한 종류의 일반적 견해 등을 가지고 있으나 길거리에서 노선 마차를 끄는 말이 그 노선의 이윤은 전혀 생각하지 않는 것처럼 정부의 근본적인 문제들에 대해서는 전혀 신경 쓰지 않는다.

이것이 사실이 아니라면 그토록 오래된 권력 남용이 그대로 존속할 수 없고 그토록 많은 새로운 권력 남용이 추가되지 못했을 것이다. 정부의 행정을 간단하게 만들고 또 저비용으로 운영되게 만드는 정책은 시민들이 통제할 수 있는 것이어야 하고, 정말로 중요한 문제들을 전면에 부각시키는 것이 되어야 한다. 그러나 정부 비용의 절감, 그것만으로는 불평등한 부의 분배에서 생겨나는 사회악을 치료하거나 완화할 수가 없다.

2. 노동자 계급의 교육 강화와 근검절약 습관의 촉진

좀 더 안락하고 여유 있는 계급들 사이에는 대중의 가난과 고통이 근면, 검소, 총명 등이 부족하여 생겨난 것이라는 믿음이 널리 퍼져 있다. 이러한 믿음은 책임감의 부담을 덜어주고 그들 자신이 우월한 계급임을 암시하여 우쭐한 느낌마저 안겨준다. 이 믿음은 계급 간의 구분선이 오랫동안 명확하게 그어져 있는 구세계보다는, 미국 같은 신생 국가들에서 더 널리 퍼져 있다. 왜냐하면 미국은 모든 사람이 정치적으로 평등하다고 생각하고, 국가가 생긴 지 얼마 되지 않았기에 계급 구분도 가문들 중심이 아니라 개인들 중심으로 이루어지기 때문이다. 남들보다 뛰어난 근면과 검소로 한 발 앞서 나가서 오늘날의 부유한 가정환경을 이룬 사람들, 모든 주어진 기회²를 잘 활용할 수 있을 정도로 머리가 좋은 사람들은 다음과 같이 생각할 만하다: 가난한 사람들은 그런 자질들이 부족해서 가난한 것이다.

그러나 앞의 여러 장들에서 추적한 바와 같이, 부의 분배 법칙을 잘 파악한 사람이라면 이런 믿음이 상당히 잘못된 것임을 꿰뚫어볼 것이다. 이런 믿음의 오류는, 경쟁에 참가한 모든 사람이 1등을 할 수 있다고 주장하는 오류와 비슷하다. 물론 어떤 한 사람은 1등을 할 수 있겠지만 모든 사람이 그렇게 되는 건 불가능한 것이다.

왜냐하면, 토지가 가치를 취득하자마자, 앞서 살펴본 바와 같이 임금은 노동의 실질 소득이나 생산성에 의해 결정되는 것이 아니라, 지대를 지불하고 난 다음에 남아 있는 것에서 결정되기 때문이다. 신생 국가들을 제외한 모든 나라에서 토지가 독점되어 있을 때, 지대는 임금을 최저생계선, 그러니까 간신히 먹고 살면서 노동을 재생산할 수 있는 선까지 밀어내린다. 이렇게 하여 임금은 소위 안락의 기준에 의해 고정된 최소치로 밀려 내려간다. 안락의 기준은 노동자들이 그들의 숫자를 현행 그대로 유지하기 위해 동의할 수 있는 최소한의 생필품과 안락을 말한다.

사정이 이러하기 때문에 근면, 기술, 검소, 총명 등이 개인에게 도움이 되려면 이런 자질의 수준이 일반적 수준보다 높아야 한다. 달리기 경주에 비유해서 말하자면, 속도가 어떤 선수에게 도움이 되는 것은 다른 경쟁 선수들의 속도보다 높아야 하는 것과 마찬가지다. 만약 어떤 노동자가 더 열심히 일하

---

2   그러나 남들보다 눈에 띄는, 양심 불량이라는 자질에 대해서는 얘기하지 말기로 하자. 전에 가난했던 사람이 오늘날 백만장자가 되기까지에는 이런 양심 불량의 자질이 결정적인 요소로 작용했다.

고 보통 노동자들보다 더 우월한 기술과 총명을 발휘한다면 그는 앞서나갈 것이다. 그러나 근면, 기술, 혹은 총명의 평균 수준이 더 높아진다면, 노동력의 증가된 강도는 예전의 임금률을 확보할 뿐이다. 그리하여 남들보다 앞서 가려는 노동자는 전보다 더 열심히 일을 해야 한다.

근검절약은 임금을 높이지 못한다

어떤 개인은 벤저민 프랭클린이 도제 시절과 직공 초창기 시절에 했던 것, 즉 채식주의를 실천함으로써 돈을 저축할 수도 있을 것이다. 많은 가난한 가정이 프랭클린이 실천했던 값싼 음식을 먹으면서도 편안하게 지낼 수 있는 방식을 배울 수도 있을 것이다. 프랭클린은 자신을 인쇄공으로 채용한 고용주이며 대식가 키머에게 채식주의를 가르치려 했다. 키머는 채식을 받아들이는 조건으로, 프랭클린이 키머가 지지하는 새로운 종교에 반대하는 사람들을 맞상대로 논박자의 역할을 담당해 주기를 바라서 프랭클린은 그렇게 해주기로 했다.[3]

---

3 프랭클린은 키머가 채식의 결심을 깨트린 계기를 아주 유머러스하게 설명했다. 그는 두 명의 여자 친구를 초대하여 그들을 접대하기 위해 돼지고기를 주문했는데, 여자 친구들이 도착하기 전에 그 음식이 배달되는 바람에 그만 유혹을 이기지 못하고 그것을 혼자서 다 먹어치웠다는 것이다. (이것은 프랭클린의 『자서전』 제1부 초반부에 나오는 얘기로 이런 내용이다. "키머는 나의 논박 능력을 아주 높이 평가했다. 그리하여 그가 새로운 종파를 설립하고자 하는데 그의 동료가 되어 달라고 진지하게 제안했다. 그는 교리를 설교할 예정인데 내가 반대자들을 논증으로 제압해 달라는 것이었다. 키머는 턱수염을 자라는 대로 길게 길렀다. 모세의 율법에 그렇게 써져 있기 때문이라는 것이다. "너희는 턱수염의 가장자리를 상하게 해서는 안 된다." 그는 또 제7일을 안식일로 지켰다. 이 두 가지 사항은 그가 믿는 교리의 핵심이었다. 나는 그 두 가지 사항을 싫어했으나 그가 동물 고기를 먹지 않는 원칙을 받아들여 주는 조건으로 그 두 가지에 동의했다. 그는 이렇게 말했다. "내 체력이 그런 조건을 견디지 못할 것 같은데." 나는 그가 견딜 수 있을 뿐만 아니라 그렇게 하면 건강이 더 좋아질 것이라고 안심시켰다. 키머는 원래 대식가였으나 내가 그의 동무 노릇을 계속 해준다면 그런 채식주의를 실천해 보겠다고 동의했다. 우리는 채식주의를 세 달 동안 실천했다. 나는 아무 어려움 없이 채식을 해나갔으나 불쌍한 키머는 엄청나게 고통을 받았다. 그는 곧 채식이 지겨워졌고 튀긴 돼지고기를 주문했다. 그는 나와 두 여자 친구를 함께 식사하자고 초대했다. 하지만 식사가 너무 일찍 식탁 위에 대령되었고 그는 유혹을 이기지 못한 나머지 우리가 오기도 전에 돼지고기를 다 먹어치웠다: 옮긴이)

그러나 노동 계급이 전반적으로 이런 채식 위주의 생활을 한다면 임금은 궁극적으로 그에 비례하여 떨어질 것이고, 근검절약을 실천하여 남보다 앞서 나가려고 하거나 근검절약을 가르치면서 가난을 완화시키려 하는 사람은 영혼과 신체를 유지하는 좀 더 값싼 방법을 찾아내도록 강요당할 것이다. 만약 현재의 조건 아래에서, 미국인 기계공이 중국인의 생활수준으로 내려가게 된다면, 그들은 결국 중국인의 임금 기준을 받아들여야 할 것이다. 만약 영국의 노동자들이 쌀밥을 먹고 값싼 옷으로 생활하는데 만족한다면, 영국의 노동자들은 곧 벵골처럼 열악한 임금을 받게 될 것이다. 아일랜드에 처음 감자가 도입되었을 때 그것이 임금과 생활비의 차이를 좁혀줌으로써 아일랜드의 가난한 계급의 생활 형편을 개선시켜줄 것으로 기대되었다. 하지만 결과는 정반대로 나타나서 지대는 올라가고 임금은 떨어졌다. 그리고 감자 전염병이 닥쳐오자, 이미 생활수준이 낮아진 아일랜드 주민들 사이의 기근 피해는 막심하여 그 다음 단계는 굶어 죽는 것밖에 없었다.

만약 어떤 개인이 평균보다 더 많은 시간을 일한다면 그의 임금은 늘어날 것이다. 그러나 모든 노동자의 임금은 그런 식으로는 증가될 수가 없다. 노동 시간이 긴 직업이 노동시간이 짧은 직업에 비하여 임금이 그리 높지 않다는 건 잘 알려져 있다. 그리고 일하는 시간이 길어질수록 노동자는 무기력해지게 된다. 그의 주위를 돌아다보면서 그의 노동에 필요한 것 이외의 다른 힘을 찾아볼 시간이 그만큼 줄어들기 때문이다. 따라서 직업을 바꾸거나 환경을 이용하는 능력이 그만큼 줄어든다.

마찬가지로 아내와 아이의 도움을 얻을 수 있는 개인 노동자도 그의 소득을 높일 수 있을 것이다. 그러나 아내와 아이들이 도움을 주는 노동자는 집안의 가장이 혼자서 일하는 노동자에 비하여 평균적으로 임금이 그리 많지 않다는 것도 잘 알려져 있다. 시계 제조업의 경우, 스위스의 가족 노동 임금은 미국의 제조업 노동자만큼 낮다. 셋방에서 살면서, 아내와 아이들의 도움을 받는 뉴욕의 보헤미아 담배 제조업자는 샌프란시스코에서 일하는 중국인들보다 수입이 적다.

이런 일반적인 사실들은 이미 잘 알려져 있다. 이 사실들은 표준 정치경제학 저서에서 잘 인식되고 있으나, 인구 증가가 식량의 한계를 압박한다는 맬서스 이론에 입각하여 설명되고 있다. 그러나 내가 이미 앞에서 설명한 바와 같이, 임금 저하에 대한 진정한 설명은 지대가 임금을 낮추는 경향이 있다는 것이다.

교육의 효과

교육의 효과에 대해서도 몇 마디 언급하는 것이 중요하다고 생각한다. 마치 교육에 무슨 마법적인 힘이나 들어 있는 것처럼 사람들이 말하고 있기 때문이다. 교육은 사람마다 그의 타고난 재능을 발휘할 수 있도록 도와주는 한도 내에서 교육적 가치가 있다. 그러나 미국 내 많은 지역에서 교육은 이러한 역할을 수행하지 못하고 있다. 나는 어떤 어린 소녀를 기억하고 있다. 그 소녀는 학교에서 배우는 지리와 천문학에 대해서는 잘 알고 있으나, 막상 어머니의 집 뒷마당이 지구의 표면에 해당한다는 사실을 알고서는 깜짝 놀랐다. 대학을 졸업한 사람들과 대화를 나누어보면 그들 중 상당수가 이 어린 소녀와 상당히 비슷하다는 것을 알 수 있다. 그들은 저 혼자서 생각하는 힘이 부족하며 때때로 대학을 아예 안 다닌 사람만큼도 생각을 하지 못한다.

블리스데일 목사는 오스트레일리아에서 여러 해를 보내면서 원주민들의 습관을 아주 잘 알게 되었다. 목사는 그들이 무기를 다루는 법, 바람과 날씨의 변화를 미리 예측하는 법, 올가미로 가장 경계심 많은 새들을 사로잡는 법 등에 대하여 구체적 사례들을 제시한 다음, 나에게 이런 말을 했다.

"이 흑인 원주민들을 무식한 사람이라고 여기는 것은 큰 실수라고 생각합니다. 그들의 지식은 우리의 그것과는 다르지만, 그들이 알고 있는 지식에 대해서만큼은 잘 교육을 받습니다. 그들은 아장아장 기어다닐 무렵이면 작은 부메랑과 다른 무기들을 다루는 방법과, 주변 상황을 관찰하고 판단하는 방법을 배웁니다. 그리고 나이 들어 자기 자신을 스스로 돌보아야 할 상황이 되면 충분히 그 일을 잘 해냅니다. 그들이 갖고 있는 그런 지식을 감안해 볼 때,

그들은 잘 교육받은 신사라고 할 수 있습니다. 그들은 우리나라의 많은 젊은 신사들보다 훨씬 더 훌륭한 자질을 갖추고 있습니다. 우리나라의 청년들은 소위 가장 좋은 혜택을 받으며 자라났지만, 막상 성인이 되어서는 그들 자신이나 남들을 위해서 할 줄 아는 게 별로 없습니다."

지성은 교육의 목적이고 또 그렇게 되어야 마땅하다. 교육은 대중을 교화시켜 부의 불공평한 분배를 가져오는 원인을 파악하여 그것을 제거하게 만드는 배경이 되어야 한다. 하지만 오늘날 교육은 그런 효과를 가져오지 못한다. 사정이 이렇기는 하지만 지적 능력은 노동의 효율성을 높여서 임금에 영향을 미칠 수 있다. 그것은 기술 개선이나 근면과 똑같은 효과를 갖고 있다. 그것은 어떤 개인을 남들보다 우월하게 만든다는 한도 내에서만 그 개인의 임금을 높여줄 수 있다. 읽고 쓰는 것이 성취하기 힘든 능력이었던 시절에 이런 능력을 갖춘 서기는 존경을 받았고 높은 임금을 받았다. 그러나 이제 읽고 쓰는 능력은 아주 보편적인 것이 되어버려서 아무런 장점이 되지 못한다. 중국인들 사이에서는 읽고 쓰는 능력이 아주 널리 보급되어 있으나 중국의 임금은 최저점을 찍고 있다.

지성이 널리 확산되어 사람들은, 생산자는 고통의 삶에서 허덕이는 반면에 비생산자는 사치스러운 생활을 하는 현 상태를 아주 못마땅하게 여기게 되었다. 그러나 이러한 인식이 임금의 전반적인 수준을 높여주지는 못하고 최저 계급의 생활 조건도 개선시키지 못한다. 한 남부의 상원 의원은 그들을 가리켜 최하층 빈민(mudsill; 땅에 토대를 두고 있는 사람)이라고 했는데 이들은 사회의 상부구조가 어떻게 생겼든 간에 땅에 발붙이고 살아야 한다.

노동의 효율성이 아무리 높아져도 일반 임금은 올라가지 않는다. 이것은 단지 원리들로부터 연역해낸 결론에 그치는 것이 아니다. 경험에 의해 증명된 사실이기도 하다. 지식의 증가와 발명의 발전은 노동의 효율적 생산력을 몇 배나 높여 주었지만 임금을 올리지는 못했다. 영국에는 백만 명 이상의 거지들이 있다. 미국에서 구빈원들은 증가하고 임금은 떨어지고 있다.

근면과 기술, 절약, 높은 지적 능력 등은 일반적으로 말해서 노동자 계급의 물질적 조건을 더 좋게 만든다. 그러나 이런 자질들은 생활 조건 향상의 원인이 아니라 결과라는 사실은 관련 사실들의 상호 관계에 의해서 증명된다. 노동자 계급의 물질적 조건이 향상된 곳이면, 그들의 개인적 자질이 향상되는 결과가 뒤따라 왔다. 반대로 물질적 조건이 나빠진 곳에서는 이런 자질들이 악화되었다. 그러나 힘들게 벌어야 겨우 최저생활을 하는 계층의 근면, 기술, 절약, 지성이 늘어났다고 해서 이들의 물질적 생활이 개선된 곳은 어디에도 없다. 그러나 이런 자질이 일단 개발되면 – 혹은 그와 병행하는 생활 조건의 개선이 일단 이루어지면 – 그 자체로 물질적 조건의 악화를 저지하는 강력하고 충분한 힘이 되어준다.

결핍이 없어야 근면이 뒤따른다

사실 인간을 동물 이상의 존재로 들어올리는 자질들은 동물적 성질 위에 중층 구조로 겹쳐 있다. 따라서 인간은 동물적 성질로부터 해방되어야만 비로소 지적·도덕적 자질을 발전시킬 수 있다. 어떤 인간에게 동물처럼 근근이 살아가는 생활의 필수품을 얻기 위해 힘든 노동을 강요한다면, 그는 근면 – 기술의 어머니 – 의 동기를 상실하고 남들이 시키는 것만 죽지 못해 하게 된다. 그의 생활 조건을 더 이상 나빠질 수 없는 상태로 만들어서 그가 무슨 일을 하든 아무런 희망도 없다는 느낌을 갖게 한다면, 그는 하루하루 살아가기만 급급하고 그 이상을 내다보지 못하게 된다. 그에게서 여가를 빼앗아 보라. 여기서 여가는 일거리가 없는 상태를 말하는 게 아니고, 하기 싫은 일을 억지로 해야 하는 필요가 없음을 말한다. 그러면 아이를 초등학교에 보내고 또 어른에게 신문을 제공한다고 해도 그를 지적인(총명한) 사람으로 만들지 못한다.

어떤 사람들 혹은 계급의 물질적 조건 개선은 즉각적으로 그들의 정신적·도덕적 개선으로 나타난다. 임금이 올라가도 게으름을 부리거나 일을 열심히 안 하는 현상도 벌어질 것이다. 그러나 결국에는 임금 인상이 근면, 기술, 지성, 절약을 향상시킨다. 서로 다른 나라들, 같은 나라의 서로 다른 계급들,

서로 다른 시대의 같은 사람들, 이민에 의해 생활환경이 달라진 같은 사람들 등을 서로 비교해 보라. 그러면 우리가 지금껏 말한 개인적 자질이 물질적 조건의 향상에 따라 향상되고, 물질적 조건이 악화되면 따라서 저하된다는 것을 발견할 것이다.

존 버니언(John Bunyan, 1628-1688, 『천로역정』의 저자)이 꿈속에서 보았듯이 가난은 절망의 수렁이다. 그 수렁 속으로 좋은 책들을 많이 넣어준다고 해도 아무런 결과가 없을 것이다. 사람들을 근면하고, 절약하고, 기술 좋고, 총명하게 만들려면 먼저 결핍으로부터 해방시켜야 한다. 만약 노예에게 자유인의 미덕을 기대한다면, 먼저 그를 자유인으로 만들어야 한다.

3. 임금 상승을 위한 노동자들의 단결(노동조합)

이미 앞에서 추적한 바와 같이 분배의 법칙으로 볼 때, 노동자들의 단결은 임금을 상승시킬 수 있다. 이것은 몇몇 사람들이 생각하는 것처럼 다른 노동자들을 희생시키지 않고 또 일반적으로 널리 믿어지는 것처럼 자본을 희생시키지도 않는다. 그러나 단결에 의해서는 임금의 전반적인 상승은 확보할 수가 없다. 이렇게 확보된 특정한 임금의 상승이 다른 임금들과 나아가 자본의 이윤을 감소시키고 또 둘 다 감소시킨다는 생각은, 임금이 자본에서 나온다는 잘못된 개념에서 생겨난 것이다. 이 개념의 오류는 우리가 살펴본 분배의 법칙뿐만 아니라, 지금껏 드러난 경험에 의해서도 증명되었다.

특정한 직업에서 노동자가 단결하여 임금을 상승시킨 사례는 많이 있다. 이러한 임금 상승은 다른 직업들의 임금을 낮추지 않을 뿐만 아니라 이윤의 비율을 낮추지도 않는다. 임금의 하락 또는 상승이 고정자본이나 현재 진행 중인 작업에 영향을 미치지 않는다면, 고용주에게 이로운 결과를 낸다거나 또는 해로운 결과를 낸다거나 하는 것은 다른 고용주와 비교한 상대적인 유리와 불리의 문제일 뿐이다. 자기가 부리는 일꾼들의 임금을 먼저 인하하거나 반대로 올려준 고용주는 다른 경쟁 고용주들에 비하여 유리한 입장 혹은 불리한 입장이 될 수 있다. 그러나 다른 고용주들도 그런 인하 혹은 상승을 실천한다면 그런 유리와 불리는 사라져버린다. 그러나 임금의 변화로 인해 현재의 계약이나 재고에 영향을 줄 경우에, 고용주에게 실질적인 이득 혹은 손실이 될 수 있다. 그러나 이득 혹은 손실은 순전히 상대적인 것으로서, 사회 전체를 두고 보면 사라져버린다.

만약 임금의 변화가 상대적 수요에 변화를 가져온다면, 그것은 기계류와 건물 등에 고정되어 있는 자본에게 더 높은 이윤을 가져다줄 것이다. 그러나 여기에서도 곧 새로운 균형에 도달된다. 왜냐하면 선진 사회일수록 고정자본은 유동자본보다 덜 유동적이기 때문이다. 가령 어떤 형태의 자본이 너무 부족하면 그 자본이 곧 증가하여 적정량에 이르게 되고, 너무 많으면 증가가 정지되어 균형의 수준을 회복하게 된다.

어떤 특정 직업의 임금률 변화가 노동에 대한 상대적 요구에 변화를 가져올 수는 있으나, 총 수요의 변화가 발생하는 것은 아니다. 예를 들어, 갑이라는 나라의 특정한 제조업에 종사하는 노동자들의 노동조합이 임금을 올린 반면에, 을이라는 다른 나라의 같은 제조업 노동조합이 임금을 낮추었다고 해보자. 만약 임금의 차이가 크다면 갑의 수요는 을의 노동력을 수입해와서 채우게 될 것이다. 그러나 이런 특정한 종류의 수입은 다른 종류의 수입을 그에 맞추어 줄이거나, 수출을 그에 맞추어 늘리는 결과를 가져올 것이다. 왜냐하면 갑이라는 나라가 을이라는 나라의 노동과 자본의 생산물을, 교환을 통하여 요구 혹은 획득할 수 있는 것은 갑의 노동과 자본의 생산물뿐이기 때문이다.

임금의 하락 혹은 상승이 한 나라의 무역을 증감시킬 수 있다고 하는 생각은, 한 나라의 번영이 수입품에 대한 관세 혹은 무역 규제의 철폐로, 억제되거나 촉진될 수 있다는 생각처럼 근거가 없는 것이다. 어떤 특정한 나라의 모든 직업의 임금이 두 배로 늘어난다고 하더라도, 그 나라는 같은 품목들을 같은 비율로 계속하여 수입하거나 수출할 것이다. 왜냐하면 교환은 생산의 절대 비용이 아니라 상대적 비용에 의해 결정되기 때문이다. 그러나 어떤 특정 직업의 임금은 오르고 다른 분야의 임금은 오르지 않거나 오르더라도 크게 오르지 않는다면, 수입되는 다양한 물품들의 비율에는 변화가 있을 테지만, 수출과 수입의 비율은 변화가 없을 것이다.

그리하여 임금 상승을 시도하는 노동조합에 대한 반론은 근거가 없음이 밝혀졌다. 이런 노동조합의 성공은 다른 임금들을 낮출 수는 없고, 자본의 이윤을 인하할 수도 없고, 더 나아가 국가의 번영에 피해를 입히지도 않는다. 그렇지만 노동조합이 효율적으로 움직이는 데에는 어려움이 많기 때문에, 노동조합이 거둘 수 있는 이점은 극히 제한되어 있다. 또 노동조합의 진행 과정에도 내재된 불리한 점들이 있다.

노동조합의 비효율성

노동조합이 시도하는 것은 어떤 특정한 직업에서의 임금 상승이다. 그런데 이런 소기의 목적을 달성하는데 따르는 어려움이 점점 더 증가되고 있다. 왜냐하면 어떤 특정 직업의 임금이 다른 임금들과의 평균 수준에 비하여 높아지면 질수록, 그 임금을 원래의 수준으로 낮추려는 경향이 더욱 강해지기 때문이다. 가령 인쇄공 노조가 성공적이거나 위협적인 파업을 통하여 식자공의 임금을 다른 임금들과의 평균 수준에 비하여 10% 올렸다고 하면, 상대적 수요와 공급은 즉시 영향을 받는다. 한편으로는 식자 일감이 줄어드는 경향을 보일 것이다. 다른 한편으로는 그 높은 임금은 식자공들의 숫자를 증가시킬 것이고, 그런 늘어나는 방식을 아무리 강력한 노조라도 미리 막지 못할 것이다. 만약 임금 상승률이 20%라고 한다면 이런 경향은 더욱 강해질 것이다. 50%가 된다면 그 경향은 더욱더 강해질 것이다.

미국과 다르게 직업 구분선이 명확하게 규정되어 있어서 건너뛰기가 어려운 영국 같은 나라들에서, 직종별 노조들이 서로 도와준다고 해도 그들이 임금 상승과 관련하여 할 수 있는 일은 비교적 적은 편이다. 그 적은 것도 그들의 직종에만 국한되어 있고 노조가 없는 최저 계층에는 영향을 미치지 못한다. 사실 이 최저계층의 생활조건을 완화시켜 주어야 할 필요가 있다. 그들의 조건이 궁극적으로 차상위 모든 계층의 임금에 영향을 미치기 때문이다.

이 방식으로 임금이 어느 정도 항구적인 수준으로 인상될 수 있는 유일한 길은 국제노동자동맹처럼 모든 노동자들이 총체적으로 단결하는 것이다. 그러나 조직하기의 어려움 때문에 이런 노동자 총연맹은 사실상 조직하기가 거의 불가능하다. 대부분의 고임금 직종이나 소규모 업종에서는 노조 결성이 어려운 일이며, 산업 규모에서 아래쪽에 분포하는 산업일수록 노동자 간 단결이 점점 더 어려워지기 때문이다.

노조는 일정 임금 이하로는 일을 하지 않겠다고 버티는 것이 유일한 투쟁 수단이다. 이런 버티기 게임에서 누가 누구를 상대로 싸우고 있는지 잊어서는 안 된다. 싸움의 당사자는 노동과 자본이 아니다. 그것은 한 쪽에 노동자가 있고, 다른 한 쪽에 토지 소유자가 있는데, 실은 이들 둘 사이의 싸움인 것이다. 만약 싸움이 노동과 자본 사이에 벌어지는 것이라면 그건 좀 더 공평한 조건 위에서 벌어지는 싸움이 되었을 것이다. 왜냐하면 자본이 버틸 수 있는 힘은 노동에 비하여 약간 더 클 뿐이기 때문이다. 자본은 사용되지 않으면 아무런 소득도 올리지 못할 뿐만 아니라 낭비가 되어 버린다. 자본의 거의 모든 형태는 꾸준한 재생산에 의해서만 유지될 수 있다.

그러나 토지는 노동자처럼 굶거나 자본처럼 낭비가 되는 일이 없다. 토지 소유주는 얼마든지 기다릴 수 있다. 물론 그들은 약간 불편할 것이다. 하지만 지주가 불편함을 겪는 곳에서 자본은 파괴되고 노동은 굶어 죽는 것이다.

영국의 일부 지역들에서 영국의 농업 노동자들은 그들의 비참할 정도로 낮은 임금을 올리기 위하여 단체 행동에 나서고 있다. 이 노동자들의 실질 생산물과 낮은 임금 사이의 격차가 자본의 이익으로 돌아간다면 효율적인 단체 행동으로 소기의 효과를 거둘 수 있을 것이다. 그들의 직접 고용주인 농부들도 노동자들의 도움이 없으면 견디기 힘들기 때문이다. 그것은 노동자들이 임금 없이 버티기가 어려운 것과 비슷하다.

그러나 농부는 지대의 인하가 없는 한 노동자들에게 많이 내줄 수가 없다. 따라서 실질적인 투쟁은 지주와 노동자 사이에서 벌어져야 하는 것이다. 단결이 철저하여 모든 농업 노동자가 참가하고 이 노동자들의 일자리를 대신 차지하고자 하는 사람들을 완전 차단했다고 해보자. 노동자들은 상당한 임금 인상이 없다면 일하기를 거부한다. 그러나 농부는 지대가 그만큼 인하해야만 그 요구를 들어줄 수 있다. 농부도 노동자들처럼 생산 거부 이외에는 자신의 지대 인하를 뒷받침할 수 있는 수단이 없다.

이렇게 해서 농사가 중단이 된다면 지주는 지대를 잃을 뿐이다. 하지만 토지는 그처럼 경작하지 않고 묵혀 둠으로써 토질이 상승한다. 반면에 일거리를 잃은 농업 노동자들은 굶게 될 것이다. 만약 영국의 모든 직종의 노동자들이 단 하나의 총연맹 아래 단결하여 전반적인 임금 상승을 요구한다면, 그때에도 싸움은 똑같은 조건 아래에서 벌어지는 똑같은 싸움이 될 것이다. 왜냐하면 임금은 지대가 줄어들지 않는 한 올라갈 길이 없기 때문이다. 설사 총파업이 벌어진다고 하더라도 지주는 계속 살아나갈 수 있지만 모든 직종의 노동자들은 굶거나 이민을 가야 한다.

영국의 지주들은 그런 토지의 소유권을 갖고 있다는 사실로 인해 영국의 주인들이 되었다. "그 어느 때든 토지를 소유한 자에게 그 땅에서 난 과실이 돌아간다"라는 말은 정말 맞는 말이다. 하얀 일산(해날 때 쓰는 양산)들과 뻐기듯이 걸어가는 코끼리들은 영국의 토지 소유권과 함께 따라오고, 일반 대중은 그런 토지 소유권을 갖기 전까지는 그들의 힘을 결코 회복하지 못한다. 영국에서 진리로 통하는 것은 세계 어디에서나 보편적으로 통한다.

노동조합은 임금을 올리지 못한다

그런 생산의 중단은 결코 벌어지지 않는다고 사람들은 말할지 모른다. 그건 사실이다. 하지만 그런 결과를 가져올 정도로 완벽한 단체 행동이 조직되지 못했기 때문에 그런 것이다. 토지는 고정되어 있고 구체적 특성을 갖고 있기 때문에 지주들은 노동자나 자본가에 비하여 한결 쉽고 효과적으로 단결할 수 있다. 이에 대해서는 많은 역사적 사례들이 있다. 생산을 하려면 토지를 사용해야 된다는 사실, 시간이 갈수록 토지 가격은 상승하게 되어 있다는 선진 사회 내의 확실한 믿음 등이 뒷받침되어서 지주들은 공식적인 단체 조직이 없더라도 노동자 혹은 자본가의 가장 단단한 단체가 이룩할 수 있는 것보다 더 큰 효과를 거둘 수가 있다.

노동자에게서 고용의 기회를 빼앗아버리면 그는 어떤 조건에서도 일을 하려고 안달이 나게 된다. 그러나 투기의 물결이 빠져나가 명목 토지 가치가 실질 가치를 웃돌고 있을 때에도, 성장하는 사회의 땅주인들은 자신이 갖고 있는 땅을 꼭 붙들고 내놓지 않는다.

버티기 게임으로 임금을 인상시키려는 계획에 내재되어 있는 이런 실제적 어려움 이외에도, 이런 방법에는 노동자들이 무시해서는 안 되는 불리한 점이 도사리고 있다. 나는 아무런 편견 없이 이런 말을 하고 있다. 나는 아직도 내가 몸담았던 직종(식자공) 노조의 명예 회원이다. 나는 그 직종에서 일을 할 때 노조를 충실하게 지지했다.

그러나 보라.

노동조합이 단독으로 취할 수 있는 방법들은 필연적으로 파괴적인 것이다. 그 조직도 독재적인 것이다. 노조가 요구 사항을 관철시키는 유일한 수단인 파업은 파괴적인 경쟁이다. 그 경쟁은 샌프란시스코 초창기에 "돈의 왕(The Money King)"이라고 불렸던 괴짜가 자신을 인색한 구두쇠라고 모욕한 어떤 사람을 상대로 벌인 경쟁을 연상시킨다. "돈의 왕"은 함께 샌프란시스코 부두로 가서, 교대로 20달러를 바다에 던져 넣으면서 어느 한 편이 패배를 시인할 때까지 경쟁을 벌이자고 도전했다.

파업에서 벌어지는 버티기 싸움은 종종 전쟁에 비유되었다. 모든 전쟁이 그러하듯이 그것은 부를 감소시킨다. 그리고 전쟁의 조직이 그러하듯이 파업의 조직은 독재적이다. 자유를 위해 싸우는 사람도 군대에 들어가면 개인적 자유를 포기하고 커다란 기계의 일부가 되어야 하듯이, 파업을 조직하는 노동자들도 그렇게 되어야 한다. 따라서 노조는 노동자들이 노조를 통해서 얻고자 하는 바로 그것 ─ 부와 자유 ─ 을 파괴한다.

당연히 받아야 할 빚을 받아내게 해주는 오래된 인도 방식이 있다. 이것은 헨리 메인 경(Henry Maine, 1822-1888, 영국의 법학자 겸 역사가로서 『고대의 법률』의 저자)이 아일랜드의 브리혼 법에서 발견한 것과 비슷한 방식이다. 그것은 '다르나를 앉다(sitting dharna)'라는 것이다. 채권자는 채무자의 집을 찾아가서 그 집 앞에 앉아서 빚을 갚으라고 재촉한다. 채권자는 빚을 갚을 때까지 먹지도 마시지도 않고 기다려서 마침내 빚을 받아낸다.

노조의 방식은 이 다르나와 비슷하다. 파업을 벌이는 노조는 다르나를 앉는 것이다. 그러나 인도의 경우와는 다르게, 노조는 그들을 뒷받침해줄 미신의 힘이 없다.

4. 노동과 자본의 협동

노동자들의 고충을 치유하는 최고의 해결책으로 협동을 설교하는 것이 한동안 유행이 되어 왔다. 그러나 안타깝게도 노동과 자본의 협동이 치료책으로 제시된 사회악은 노동과 자본의 갈등으로부터 생겨난 것이 아니다. 설사 협동이 보편적으로 실시된다고 하더라도 그것은 임금을 올리지도 못하고 가난을 구제하지도 못한다.

협동은 공급의 협동과 생산의 협동, 이렇게 두 가지이다. 공급의 협동이 중간상을 배제할 정도로 대대적으로 실시되었다 할지라도, 그것은 교환의 비용만 줄일 뿐이다. 그것은 노동을 절약하고 위험을 없애는 장치이고, 그것이 분배에 미치는 효과는 개선과 발명의 효과뿐이다. 현대에 들어와 그런 개선은 교환을 값싸게 하고 또 촉진시켰으나 결과적으로 지대만 상승시켰다. 생산의 협동은 아직도 포경업에서 통용되는, "레이(lay: 수입의 배분)"라고 하는 임금의 형태로 되돌아가는 것이다. 그것은 고정 임금을 비율 임금으로 대체한 것으로서, 거의 모든 직종에서 가끔씩 발생하는 고용 형태이다.

만약 경영을 노동자에게 맡기고 자본가는 순생산 중 그의 비율(몫)만 가져간다면, 그것은 로마 제국 시대 이래에 존속해온 것으로서, 현재 유럽에서 널리 채택되어 있는 반타작 제도와 같다. 생산의 협동에서 가장 중요한 점은 그것이 노동자를 더욱 적극적이고 근면하게 만든다는 것이다. 달리 말해서 노동의 효율성을 높이는 것이다. 따라서 그 효과는 증기기관, 목화 가공기,

수확기 등과 같은 방향을 지향하고 있다. 간단히 말해서, 물질적 발전이 이루어낸 모든 것은 단지 똑같은 결과, 즉 지대의 상승을 만들어낼 뿐이다.

현행 경제학 문헌이나 기타 유사한 문헌에서 임금을 높이고 가난을 구제하는 수단으로 협동을 엄청나게 중요하게 여긴다는 것은, 사회문제를 다루는 데 있어서 제일 원리들을 얼마나 무시하고 있는지 잘 보여주는 강력한 증거이다. 이 조치가 그런 전반적인 효과를 거두지 못하리라는 것은 너무나 분명하다.

현재 상황에서 공급이나 생산 등 협동을 둘러싼 모든 문제들은 잠시 제쳐두기로 하자. 그리하여 협동이 널리 확대되어 현재의 방법들을 대체한다고 해보자. 협동조합 가게들이 최소한의 비용으로 생산자와 소비자를 서로 연결시켜 주고, 협동조합 작업장, 공장, 농장, 광산 등이 고정급을 지불하는 자본가 고용주를 폐지하고 노동의 효율성을 크게 높였다고 해보자.

그 결과는 어떤 것이 될까?

그것은 노동을 덜 투입하고도 같은 양의 부를 생산할 것이다. 그렇게 되면 모든 부의 원천인 토지를 소유한 사람들은 그들의 토지를 사용한 대가를 요구하면서 더 많은 양의 부를 차지하게 될 것이다.

이것은 단지 이론의 문제가 아니고, 경험과 객관적 사실들에 의해 증명되었다. 개선된 방법과 개선된 기계류는 협동조합이 노리는 것과 똑같은 효과를 발휘한다. 즉, 물품을 소비자에게 가져오는 비용을 낮추고 노동의 효율성을 높인다. 바로 이런 측면들에서 오래된 나라들은 신생 국가들보다 이점을 갖고 있다. 그러나 경험치가 잘 보여주고 있듯이, 방법의 개선, 생산 기계류의 개선, 교환 방식의 개선 등은 최저 계급의 생활조건을 향상시키지 않는다. 교환이 최소한의 비용으로 이루어지고 생산이 최고 기계류의 지원을 받는 곳에서 임금은 더 낮아지고 빈곤은 더 심화되었다. 이러한 이점은 오로지 지대만 높여주었다.

만약 생산자와 지주 사이에 협동이 이루어진다면? 그것은 지대를 현물로 지불하는 방식과 똑같은 게 될 것이다. 그것은 캘리포니아와 남부 주들에서 많은 토지들이 임대되는 것과 동일한 제도인데, 지주는 생산물의 일정량을 지대로 가져가는 것이다. 이것은 계산 방식만 달라진 것일 뿐, 영국에서 실시 되는 돈으로 지불되는 고정 지대 방식과 다르지 않다. 이런 방식을 협동이라 고 부른다고 해서 달라질 것은 없다. 협동의 조건은 여전히 지대를 결정하는 법칙에 의해 고정될 것이기 때문이다. 그리고 토지가 독점되어 있는 곳이라 면 어디든, 생산력의 증가는 지주에게 더 많은 생산의 몫을 요구하는 권리를 부여할 것이다.

많은 사람들이 협동을 "노동 문제"의 해결안으로 믿고 있는 것은 다음과 같은 사실 때문이다. 협동이 실천된 곳에서, 많은 경우에 협동에 참가한 사람 들의 생활조건을 눈에 띄게 향상시켰다는 것이다. 그러나 이런 결과가 나오 는 것은 그런 사례들이 고립된 것들이기 때문이다. 근면, 절약, 기술 등은 그 런 자질을 많이 가진 노동자들의 조건을 향상시키지만 그것(자질)들이 노동 자들에게 전반적으로 퍼져 나가면 그런 효과가 사라져버린다. 마찬가지로 어 떤 공급 물자를 확보하는 특별한 이점이나 어떤 노동에게 부여된 특별한 효 율성은 이점을 누릴 수 있으나, 그런 것들이 일반적인 것이 되어버려 분배의 일반적 관계에 영향을 주게 되면 그 이점은 사라져버린다.

사실을 털어놓고 말해 보자면, 협동은 교육적 효과를 제외하고, 경쟁이 가져오는 것과 다른 전반적인 결과를 만들어내지 못한다. 가격 할인 상점이 협동조합의 공급망과 마찬가지로 가격에 영향을 미치는 것처럼, 생산의 경쟁 또한 협동적 생산 못지않게 생산력의 배분이나 수입의 분배를 가져올 수 있 다. 생산력 증가가 노동에 대한 보상으로 돌아가지 않는 것은 경쟁 때문이 아 니라 경쟁이 일방적이기 때문에 그런 것이다.

노동은 토지가 있어야 생산이 가능하다. 그런 토지가 독점화되어 있으면, 그 사용을 두고서 생산자들 사이에서 경쟁이 벌어지고 이것이 임금을 최소 한으로 낮추고, 토지 소유자들에게 생산력 증가의 혜택 – 높은 지대와 상승된 토지 가치 – 을 모두 돌아가게 하는 것이다. 이런 토지의 독점을 철폐하면 경 쟁은 협동의 당초 목표를 수행하는 데 이바지한다. 각각의 노동자에게 그가 정당하게 번 것을 돌려준다. 이 독점을 폐지하면 산업은 동등한 사람들 사이의 협동이 될 것이다.

5. 정부의 지시와 간섭

이 책의 논의 범위를 생각해 볼 때, 정부가 산업과 자본의 축적을 규제함으로써 빈곤을 완화하거나 근절하려는 방식을 자세히 논의하는 것은 다소 어려운 일이다. 정부가 이처럼 철저하게 단속하는 형태를 사회주의적 정부라고 한다. 또한 정부의 그런 방법들 역시 결점이 있어서 자세히 다루어야 할 필요가 없다. 이 방법은 개인의 적극적 활동 대신에 정부가 지시를 내리는 것이고, 자유에 의해 확보되는 것이 더 나은 결과를 규제에 의하여 얻으려고 하는 방법이다.

사회주의 사상에 들어 있는 진리에 대하여 나는 뒤에서 몇 마디 언급할 기회가 있을 것이다. 그러나 규제나 제약의 냄새를 풍기는 것은 그 자체로 나쁜 것이기 때문에 동일한 결과를 얻을 수 있는 다른 실천 방안이 있다면 규제나 제약은 부과하지 않는 것이 좋다. 예를 들어 가장 간단한 온건한 조치들 중 하나인 소득 누진세의 예를 들어보자. 이 세법의 목적은 좋은 것으로서, 엄청난 부가 소수에게 집중되는 것을 줄이거나 막아보자는 것이다. 하지만 이 세법은 조사권을 가진 다수의 세무서 관리를 고용해야 한다. 뇌물, 위증, 기타 회피 수단들에 대한 유혹을 느낄 수 있고 그것은 여론을 악화시킨다. 또 무자비한 집행을 해야 소기의 목적을 거둘 수 있고 양심에 큰 부담을 주게 된다. 세금이 그 효과를 거두는 정도에 비례하여, 부를 축적하려는 의욕 - 산업 발전의 주요 원동력 중 하나 - 이 그만큼 저감된다.

만약 모든 것을 규제하고 모든 사람에게 적당할 일자리를 찾아주는 정교한 계획이 실천될 수 있다면, 우리 미국 사회는 고대 페루의 원시공동체적 사회 혹은 예수회 선교사들이 파라과이에서 오랫동안 유지해온 명성 높은 종교 공동체 비슷한 사회가 될 것이다.

나는 이런 원시공동체적 사회가 우리 미국이 현재 지향하는 사회보다 더 나은 것이 아닌가 하고 말하지는 않겠다. 고대 페루는 쇠를 사용하지 않고 가축도 없었으므로 아주 불리한 조건에서 생산을 해야 되었다. 그렇지만 그 사회에서 가난은 없었고 사람들은 노래를 부르며 일터에 나갔다. 여기서 이런 원시공동체에 대해서 더 논의하는 것은 불필요한 일이다. 현대 사회는 이런 원시공동체를 닮은 사회주의를 성공적으로 시도할 수 없기 때문이다. 사회주의를 지탱해주는 유일한 힘 – 강력하고 뚜렷한 종교적 신앙 – 이 결핍되어 있고, 또 그 힘은 날마다 줄어들고 있는 것이다.

우리는 부족 국가의 사회주의를 벗어난 지 이미 오래 되었고, 그 사회로 다시 돌아가지 못한다. 만약 그렇게 퇴행하고자 한다면 무정부주의나, 더 나아가 야만적 폭력이 발생하게 될 것이다. 이미 분명하게 드러난 바이지만, 우리의 정부들은 그런 시도를 하는 과정에서 붕괴되고 말 것이다. 우리는 의무와 소득에 대해서 합리적으로 보상해 주는 것이 아니라, 로마의 민중 선동가를 왕으로 떠받들게 될 것이다. 시칠리아에서 곡물을 수입하여 무상으로 민중에게 나누어주면서 그 자신은 왕 자리에 오르려 했던 그런 선동가 말이다.[4]

사회주의의 이상은 장엄하고 고상하다. 나는 그런 사회가 실현될 가능성이 있다고 확신한다. 그러나 그런 사회는 강제로 만들어낼 수 있는 것이 아니고 자연스럽게 성장해야 한다. 사회는 기계가 아니라 생물이다. 사회는 각 구성원들의 개별적 삶에 의해서만 살아나갈 수 있다. 각 부분들의 자유롭고 자연스러운 발달에 의하여 사회 전체의 조화가 이루어질 것이다. 사회적 갱생에 필요한 모든 사항들은 니힐리스트[5]라고 부르는 러시아 애국자들의 모토에 잘 깃들어 있다. "토지와 자유!"

4　고대 로마에서 식량 기근으로 정부가 무정부 상태나 다름없는 대혼란이 발생하면 시칠리아에서 곡식을 수입해와 무상으로 나누어주고 그 자신이 왕 자리에 오르려 했던 자들이 있었다. 리비우스 저 『로마사』 4권 13장: 옮긴이

5　니힐리스트는 19세기 후반부터 20세기 초의 러시아 혁명당의 사상을 따르는 사람으로서 일체의 제도를 파괴해야 새로운 사회와 자유가 온다고 믿었다: 옮긴이

6. 좀 더 광범위한 토지의 분배

토지의 소유는 대부분의 선진 사회에서 분명하게 드러나고 있는 사회적 고통과 관련이 되어 있다는 느낌이 급속히 퍼져 나가고 있다. 그러나 이런 느낌은 토지를 좀 더 광범위하게 분배해야 한다는 주장에 국한되어 있다. 가령 영국에서는 토지의 자유로운 거래, 부동산 보유자의 권리, 상속자들 사이에서 평등한 토지 분배 등으로 나타났고, 미국에서는 개인의 토지 보유 한도 제한 등으로 나타났다. 영국에서는 국가가 지주들의 땅을 사들여야 한다는 주장이 나왔고, 미국에서는 공유지에 경작자들의 정착을 돕기 위해 지원금을 주어야 한다는 얘기도 나왔다. 영국의 사례는 여기서 건너뛰기로 하자. 미국의 사례는 그 특징적 측면만 놓고 볼 때 위의 5에서 언급한 조치들의 범주에 들어가는 것이다. 공금을 공여하거나 대출을 해주었을 때 그것이 어떤 오용과 여론 악화를 가져왔는지에 대해서는 자세히 논할 필요도 없을 것이다.

영국의 저술가들이 말하는 "토지의 자유로운 거래"—토지 양도에 따른 세금과 제약의 철폐—가 어떻게 농지의 소유권 배분을 촉진시킨다는 것인지 나는 잘 이해가 되지 않는다. 하지만 그런 조치가 도시의 토지를 사고파는 데에는 어느 정도 효과가 있을 것이다. 그러나 토지 판매에 대한 제약을 철폐하는 것은 현재 토지 소유권이 진화되어가고 있는 형태를 더욱 굳혀줄 것이다.

현재 영국에서는 토지가 소수의 손에 집중되고 있다. 이것은 토지 이전 비용이 만만치 않은 데도 영국의 토지 집중이 꾸준히 강화되고 있다는 사실로 입증된다. 이러한 경향이 전 세계적이라는 것은 미국에서도 그런 집중의 경향이 목격되고 있다는 사실로 뒷받침된다. 비록 인용되는 통계표는 다른 경향을 보여주고 있지만, 나는 미국과 관련해서는 이런 집중을 자신 있게 말할 수 있다. 미국과 같은 나라에서 인구조사표는 토지 보유의 평균 면적이 줄어들고 있음을 보여주나, 토지 소유는 실제로 집중되고 있고, 이것은 금방 확인될 수 있다. 조그마한 방목장이 대규모 농장이 되고, 조그마한 농가가 과수원, 포도원, 육묘장(育苗場), 야채 마당, 그 외의 땅 등을 갖춘 큰 농가가 되고, 그 땅은 농가의 용도로는 작은 땅일지 모르나 도시로 가면 아주 큰 땅이 되는 것이다.

이렇게 하여 인구의 성장은 땅을 좀 더 집중적으로 다양하게 활용하도록 유도한다. 이것은 자연스럽게 각 개인의 토지 보유 규모를 낮추는데, 신생 국가들에서 아주 두드러지게 나타나는 과정이다. 그러나 이와 함께 토지의 소유권 집중이 진행된다. 이것은 토지의 평균 보유 면적을 보여주는 통계표에는 나타나지 않으나, 금방 육안으로 확인될 수 있다. 도시의 평균 소유 면적 1에이커는 새로 들어선 정착촌의 평균 보유 640에이커보다 더 소유권이 집중된 것일 수 있다. 나는 통계표에서 나온 결론이 오류임을 보여주기 위해 이 사실을 제시했다. 어떤 사람들은 이 통계표를 흔들면서 토지 독점은 얼마든지 치유될 수 있는 사회악이라고 주장한다. 그러나 전체 인구 대비 토지 소유자의 비율은 꾸준히 줄어들고 있으므로, 이것은 역으로 소수에게 토지가 집중되고 있음을 보여준다.

영국도 그렇지만 미국에서도 농지의 소유권 집중은 분명하게 확인된다. 영국과 아일랜드에서는 소규모 농장은 대규모 농장에 편입되고 있다. 매사추세츠 주 노동 통계국의 보고에 의하면 뉴잉글랜드에서도 농장의 규모가 커지고 있다. 이러한 경향은 새로운 주들이나 준주에서 더욱 분명하게 눈에 띈다. 몇 년 전만 해도 320에이커의 농장은 당시 미국 북부에서 통용되는 농업 제도 아래에서는 큰 농장이었고 또 한 농부가 유리하게 농사를 지을 수 있는 한도였다.

그러나 현재 캘리포니아에서는 5천 에이커, 1만 에이커, 2만 에이커, 4만 에이커, 6만 에이커의 농장(소 떼 방목장이 아님)이 수두룩하다. 다코타 주의 모범 농장은 10만 에이커 규모의 농지를 갖고 있다. 이렇게 된 이유는 분명하다. 농사를 기계류로 짓고, 대규모로 생산하는 것이 전반적인 경향이기 때문이다. 개별적으로 수직기를 사용하던 많은 직물업자 대신에 수많은 직공들이 일하는 공장이 들어서는 현상이 농업 분야에서도 나타나기 시작한 것이다.

이러한 현상은 다음 두 가지 사실을 보여준다.

첫째, 단지 토지를 더 잘게 세분하는 조치들은 별로 효력이 없다.

둘째, 토지의 세분을 강요하는 조치는 생산을 억제하는 경향이 있다.

만약 대규모 토지에서의 농업이 소규모 농업보다 더 값싸게 더 많이 생산할 수 있다면, 토지 소유권을 소규모 토지에만 국한시키는 것은 부의 총생산량을 감소시킬 것이다. 이런 규제가 부과되어 효력을 발휘한다면 그것은 노동과 자본의 총 생산성을 감소시킬 것이다.

따라서 이러한 토지 소유권 제약에 의하여 부를 좀 더 평등하게 분배하려는 시도는 나누어야 할 몫을 줄어들게 하는 단점이 있다. 이 조치는 고양이들과 치즈를 나누던 원숭이가 가장 큰 치즈에서 한 입 베어 먹은 다음에 나머지를 가지고 평등하게 나누려는 시도와 비슷하다.

토지 소유를 제약하려는 시도에 대한 반론은 여기에서 그치지 않고, 그 시도의 효율성이 높아질수록 더욱 강력해진다. 토지 소유 제한이 그 당초 목적 – 생산물의 공정한 분배 – 을 성취하지 못할 것이라는 더욱 강력하고 결정적인 반론이 나온다. 토지 소유 제한은 지대를 낮추는 효과도 없고, 임금을 높이는 효과도 없다. 그것은 안락한 계급을 더욱 안락하게 만들지만, 최저 계급의 생활조건은 향상시키지 못할 것이다.

가령 얼스터 소작권을 영국 전역에 확대 시행한다고 해도, 지주들의 재산을 일부 떼어내어 소작인에게 넘겨주는 것일 뿐이다. 노동자의 생활조건은 조금도 좋아지지 않는다. 지주들이 지대를 인상하지 못하고, 지대를 내는 한 소작인을 바꿀 수 없게 해도, 상당수의 생산자들은 아무것도 얻지 못할 것이다. 경제적 지대는 계속 상승할 것이고 노동과 자본에 돌아가는 생산물의 비율을 꾸준히 낮출 것이다. 단지 차이가 있다면, 최초 지주의 소작인들이 차례로 지주의 자리에 올라서 그 상승분을 챙길 것이라는 점이다.

토지의 유증이나 상속을 규제하거나 누진세의 적용 등으로 개인의 토지 보유 한도를 부과한다면, 수천 명에 달하는 영국의 지주들은 2백만이나 3백만으로 늘어날 것이고, 이들이 결국 소득을 올리는 자가 될 것이다. 하지만 그 나머지 인구들은 아무런 소득도 올리지 못한다. 그들은 전과 마찬가지로 토지 소유권의 혜택을 전혀 누리지 못한다.

이건 거의 불가능한 이야기이지만, 전 인구 사이에 토지가 공평하게 분배되어 각자 동등한 몫을 소유하고, 개인이 소유할 수 있는 토지 한도를 법으로 정하여 토지의 집중에 강력한 방어벽을 세운다고 해보자. 이 경우 인구의 증가는 어떻게 처리할 것인가?

토지 세분(소규모 분할)의 성과는 그런 세분이 현재도 적용 중인 프랑스와 벨기에의 일부 지역에서 살펴볼 수 있다. 이런 세분이 전반적으로 좋은 것이고, 또 영국의 현재 국가 상태에 비하여 그 지역들의 사회 구조에 더 안정성을 부여한다는 것은 의심의 여지가 없다. 그러나 그것(토지의 세분)이 임금을 높여주거나 가진 건 노동력밖에 없는 계급의 생활조건을 향상시키지 못한다는 사실 또한 분명하다.

이 프랑스와 벨기에의 농민들은 영어권 사람들은 생각도 하지 못하는 엄격한 절약을 실천하고 있다. 이처럼 영국의 맞은편 지역에 사는 최저 계급의 가난이나 고통이 눈에 띄게 드러나지 않는 것은 이런 절약 정신뿐만 아니라, 토지의 세분을 지속시켜 주는 다른 사실 때문인데, 즉 물질적 진보가 그리 급속하지 않다는 것이다.

인구도 급속하게 증가하지 않았을 뿐만 아니라(오히려 거의 정체된 상태이다), 생산 방법의 개선도 그리 뚜렷하지 않다. 벨기에 경제학자 M. 드 라블레이(M. de Laveleye, 1822-1892)는 소규모 토지 소유를 깊이 연구했는데, 이 사람의 발언은 자국(영국)의 제도를 선호할 가능성이 있는 영국 학자보다 더 무게가 있다. 그는 콥든 클럽이 발간한 『벨기에와 네덜란드의 토지 제도』라는 논문에서 이런 발언을 했다. 이 토지 세분 제도 하의 노동자의 생활조건은 영국 노동자의 그것에 비해 열악하다. 소작 농부들은 ─ 소작제는 토지 세분이 광범위하게 이루어진 곳에서 더 크게 실시되고 있으므로 ─ 영국이나 심지어 아일랜드에서는 상상도 할 수 없을 정도로 높은 지대에 고통을 당하고 있다. 그 소작 제도는 "그들에게 사회적 지위를 높여주는 것이 아니라, 수치와 모욕의 느낌을 안겨주는 원천이다. 그들은 그들 자신의 성향이나 신념에 따라 투표하는 것이 아니라 지주의 명령에 따라서 투표하도록 강요당한다."

이처럼 토지 세분은 토지 독점의 사회악을 치료하지 못하고, 임금을 높이지도 못하며 최저 계급의 생활조건도 향상시키지 못한다. 이 제도는 좀 더 철저한 조치를 지지하거나 채택하는 것을 가로막고 있으며, 그 제도의 유지에 많은 사람을 끌어들임으로써 기존의 불공정한 제도를 강화시킨다. 드 라블레이는 위에서 인용한 논문의 결론에서, 토지 세분을 좀 더 잘게 하는 것은 영국의 지주들에게 좀 더 과격한 조치를 취하지 않도록 하는 가장 확실한 수단이라고 말한다. 비록 토지가 잘게 세분되어 있는 지역들에서 노동자들의 생활조건은 유럽 최악이고, 지대를 납부하는 농부들은 아일랜드 소작인보다 더욱 고통스럽게 지주들로부터 시련을 당하고 있지만 - 드라블레이는 이어서 말한다 - "사회 질서에 적대적인 감정은 드러나지 않았다."

"왜냐하면 소작인은 꾸준히 상승하는 지대로 심한 압박을 받지만 그래도 그 자신과 같은 동료 농부들 사이에서 살고 있다. 그 농부는 그의 대규모 토지가 그를 소작인으로 부리듯이, 그 또한 소작인들을 밑에 두고 있다. 그의 아버지, 그의 형제, 그 자신도 한 에이커의 땅을 소유하고 있다. 그는 그 땅을 가능한 한 높은 지대를 받고서 세를 놓는다. 술집에서 농부 지주들은 그들의 땅에서 나오는 높은 지대를 자랑한다. 그들이 돼지나 감자를 아주 비싼 값에 판 것을 자랑하듯이. 그리하여 높은 지대로 토지를 세놓는 것은 그들에게 아주 당연한 일로 여겨진다. 따라서 그는 대규모 지주 계급이나 토지 사유제를 비난하는 것은 꿈에도 생각하지 못한다. 그는 일을 전혀 하지 않으면서, 소작인을 압박하는 지주 계급이나, 가난한 소작인들을 짓눌러서 자기 배를 불리는 '피에 굶주린 소작인들'에 대해서는 아무런 반감도 없다. 이렇게 하여 다수의 소규모 토지가 농민들 사이에 분배되어 있는 사실은 대규모 영지 소유자들을 위한 보루 혹은 안전판 역할을 한다. 솔직히 말해서, 농민들이 보유한 토지는 사회의 위험을 피하게 해주는 일종의 피뢰침이다. 이것이 없었더라면 사회의 위험은 폭력적인 대재앙으로 이어졌을 것이다.

소수의 가문에 대규모 영지가 집중되어 있는 것은 평준화 입법을 촉구하는 도발적 현상이다. 내가 볼 때, 여러 면에서 부러운 영국의 입장은 이 점에 있어서 장래 큰 위험의 신호가 아닐 수 없다.”

그러나 내가 보기에 M. 드 라블레이가 말한 바로 그 이유 때문에 영국의 입장이 희망이 넘치는 듯하다.

이제 토지 소유를 제한함으로써 토지 독점의 사회악을 제거하려는 노력은 그만두기로 하자. 토지의 평등한 분배는 불가능하고, 이런 평등 분배 이외에는 증상을 치료하는 것이 아니라 완화시키는 것밖에 안 된다. 그런 완화는 결국 완치약의 채택을 가로막을 뿐이다.

사회 발전의 자연스러운 방향과 보조를 맞추지 않고 또 시대의 흐름과 나란히 헤엄치지 않는 해결책은 고려해볼 가치가 없다. 집중이 사회 발전의 필연적 순서라는 것은 의심의 여지가 없다. 대도시에는 인구가 집중하고, 수공업이 대규모 공장에 집중하고, 철도와 증기선 운항으로 운송 업무가 집중하고, 농업도 대규모 농지로 집중된다. 가장 사소한 사업들조차도 같은 방식으로 집중되고 있다. 심부름이나 카펫 운반도 회사가 대행해 주고 있다. 시대의 모든 흐름은 집중으로 나아가고 있다. 그 흐름에 한 번 거역해 보겠다고 나서는 것은 인간의 사업에서 증기를 제거하고 전기를 제거하겠다고 하는 거나 마찬가지다.

제2장

진정한 해결책

현대 문명의 저주 같은 위협인 부의 불평등한 분배가 토지 사유 제도 때문이라는 것을 보았다. 이 제도가 존속하는 한 생산력이 아무리 향상되더라도 일반 대중에게 항구적인 혜택을 부여할 수가 없고, 오히려 그들의 생활조건을 더욱 악화시킬 뿐이다. 우리는 토지 사유제의 철폐 이외에, 가난 구제와 부의 공평한 분배를 위해 제시된 여러 해결책들을 앞에서 검토했는데, 그 모두가 비효율적이거나 비현실적이라는 것을 발견했다.

빈곤 퇴치의 근본 대책은 토지 공유제

이 사회악을 제거하는 데에는 단 한 가지 방법밖에 없는데 그것은 원인을 원천적으로 제거하는 것이다. 부가 증가하는데 빈곤이 심화하고, 생산력은 높아지는데 임금은 줄어든다. 그 이유는 모든 부의 원천이며 모든 노동의 터전인 토지가 독점되어 있기 때문이다. 빈곤을 퇴치하고 임금을 정당한 기준에 부합하는 것으로 만들고, 노동자가 자신의 소득을 온전히 가져가게 하려면 토지 사유제를 철폐하고 그 자리에 토지 공유제를 확립해야 한다. 사회악(빈곤)의 원인을 제거하려면 이 방법밖에 없으며 그 외에 다른 방법은 희망이 없다.

이것이야말로 현대 문명에서 노골적으로 드러나는 불공정하고 불평등한 부의 분배를 다스리는 해결책이다. 왜냐하면 모든 사회악이 이 불공정한 부의 분배에서 나오기 때문이다.

토지를 공동의 재산으로 만들어야 한다.

우리는 매 단계마다 검증되고 확증된 점검 절차에 의하여 이런 결론에 도달했다. 우리의 논리 사슬에서는 빠진 연결고리가 하나도 없고, 또 그 어떤 연결고리도 허약하지 않다. 연역과 귀납은 우리를 동일한 진리로 인도했다. 즉, 토지의 불평등한 소유권은 반드시 부의 불평등한 분배를 가져오게 되어 있다. 사물의 이치상, 불평등한 토지 소유권은 토지의 개인 소유권 인정과 불가분의 관계이므로, 부의 불공정한 분배를 해결하는 유일한 방법은 토지를 공동 재산으로 만드는 것이 되어야 한다는 결론이 나온다.

그러나 현재의 사회 구조상 이것은 엄청난 반발을 불러일으킬 진리이므로, 우리 사회에 정착되기까지 아주 힘들게 한 걸음 한 걸음 싸워 나가야 한다. 또한 이 진리를 인정하면서도 실제 상황에서는 적용하기가 어려울 것이라고 주장하는 사람들의 반론을 물리치는 것도 필요하다.

이렇게 하기 위하여 우리는 앞에서 전개했던 논리를 새롭고 중요한 검증에 부치려 한다. 뺄셈으로 덧셈을 검증하고 나눗셈으로 곱셈을 검증하듯이, 우리는 이 해결책(토지공유제)의 타당성을 검증함으로써, 사회악의 원인에 대한 우리의 결론이 옳다는 것을 증명할 것이다.

우주의 법칙은 조화로운 것이다. 우리가 도달한 해결책이 진정한 방법이라면, 먼저 그것은 정의에 부합되어야 한다. 동시에 현실에 적용할 수 있어야 하고, 사회 발전의 경향과 부합하면서 다른 개혁안들과도 조화를 이루어야 한다.

나는 이 모든 것을 증명해 보일 생각이다. 나는 제기될 수 있는 모든 현실적 반론에 응답하면서, 이 간단한 조치가 적용하기 쉬울 뿐만 아니라 모든 사회악에 대한 충분한 해결책이 된다는 것을 보여줄 것이다. 현대 사회의 발전이 계속되면서, 점점 더 심해지는 부의 불공평한 분배로부터 온갖 사회악이 생겨나왔다. 이 해결책을 적용하면 불공평을 공평으로, 가난을 풍요로, 불의를 정의로, 사회적 약점을 사회적 강점으로 대체할 수 있을 것이고, 좀 더 장엄하고 고상한 문명의 진전을 이룩할 수 있을 것이다.

나는 우주의 법칙이 인간의 마음에서 우러나오는 자연스러운 열망을 거부하지 않는다는 것을 증명할 생각이다. 앞으로 사회의 진보가 계속 된다면 불평등이 아니라 평등을 향한 것이 되어야 하고, 경제적 조화는 스토아학파 황제[6]가 감지했던 진리를 증명한다는 것도 보여줄 것이다.

"우리는 양 발, 양 손, 두 눈꺼풀, 윗니와 아랫니처럼 서로 협동하기로 되어 있는 존재이다."

---

6   황제는 로마 황제 마르쿠스 아우렐리우스를 가리키며 아래의 인용문과 유사한 내용이 그의 『명상록』 5-16, 5-30 등에 나온다: 옮긴이

해결책의 정당성

정의는 두 사물 사이에 실제로 존재하는 일치의 관계이다. 하느님이든 천사든 인간이든, 누가 보더라도 이 관계는 언제나 동일하다.   - 몽테스키외

제1장

토지 사유제는 정의롭지 못하다

토지 사유제를 철폐해야 한다는 주장이 나올 때 제일 먼저 제기되는 질문은 과연 그것이 정의로운 주장이냐는 것이다. 습관, 미신, 이기심 등으로 인하여 정의감은 아주 뒤틀린 형태로 왜곡되어 있기는 하지만 그것은 언제나 인간의 마음속에서 가장 근본적인 이념으로 남아 있다. 어떤 논쟁이 인간의 열정을 건드려서 갈등이 불거질 때, 가장 중요한 질문은 "그것은 현명한가?"가 아니라 "그것은 옳은가?"이다.

일반 대중의 논쟁이 이런 윤리적 형태를 취하는 데에는 나름대로 원인이 있다. 그것은 인간 마음의 법칙에서 나오는 것이다. 그것은 우리가 막연하지만 본능적으로 인식하는 가장 심오한 진리에 바탕을 두고 있다. 오로지 정의로운 것만이 현명하다. 옳은 것만이 오래 지속된다. 개인 행동과 개인 생활의 비좁은 범위 내에서는 이 진리가 종종 흐릿해지지만 국가적 생활이라는 좀더 넓은 들판으로 나가면, 어디에서나 정의감이 뚜렷하게 드러나는 것이다.

나는 정의의 중재에 고개를 숙이고 그 검증을 받아들인다. 물질적 진보에 따른 저임금과 빈곤의 원인을 파헤치려는 우리의 탐구가 우리를 올바른 결론으로 인도했다면, 그것은 정치경제학의 관점에서 윤리의 관점으로 전환이 될 것이고, 모든 사회악의 근원인 토지 사유제가 잘못된 것임을 보여줄 것이다. 만약 우리의 결론이 이것을 해내지 못한다면 그 결론은 타당하지 않은 것으로 논박될 것이다. 만약 이것을 해낸다면 최종 결정에 의해 증명될 것이다.

다시 말해, 토지 사유제가 정의로운 것이라면 내가 제안하는 해결책은 잘못된 것이 된다. 반대로 토지 사유제가 정의롭지 못한 것이라면 나의 해결책은 진실한 것이 된다.

노동 이외에는 소유권의 근거가 없다

재산의 정당한 근거는 무엇인가? 어떤 사람이 어떤 물건을 가리켜 "이것은 내 거야!"라고 말할 수 있는 근거는 무엇인가? 온 세상을 상대로 그의 독점적 권리를 주장하는 감정은 어디에서 나오는 것인가? 원래 인간의 권리라는 것은 인간 그 자신, 그가 가진 힘의 사용, 그의 노동에서 나온 과실을 즐기는 것 등에 대한 권리가 아닌가? 이 개인의 권리라는 것은 개인의 신체 조직이라는 자연스러운 사실들로부터 나오고 또 증명되는 것이 아닌가? 가령 두 손은 머리의 지령에 복종하고, 위장과 관련이 있다는 사실, 각 개인은 구체적이고, 일관되고, 독립적인 전체라는 사실 – 바로 이런 사실들이 개인의 소유권을 정당화하는 것이 아닌가? 인간의 몸이 그 자신에게 소속되어 있듯이, 구체적 형태로 투입된 노동은 그 개인 자신의 것이다.

이러한 이유에 입각하여, 인간이 만들거나 생산한 것은, 온 세상을 상대로 그 자신의 것이라고 주장할 수 있다. 그는 그것을 즐길 수 있고, 없애버릴 수 있고, 사용할 수 있고, 교환할 수 있으며, 남에게 주어버릴 수 있다. 다른 사람은 그것에 대하여 권리 주장을 할 수가 없고, 그것에 대한 그의 독점적 권리는 다른 사람에게 피해를 주지 않는다. 이렇게 하여 인간의 노력으로 만들어진 모든 것에는, 독점적인 소유와 향유를 누릴 수 있는 분명하면서도 의문의 여지 없는 소유권이 존재한다. 자연법이 부여한 바에 따라 소유권을 갖게 된 최초의 생산자에게서 내려온 권리는 정의와 완벽하게 부합한다.

내가 지금 글을 쓰고 있는 펜은 온전히 나의 것이다. 다른 사람은 이 펜에 대하여 소유권을 주장할 수 없다. 왜냐하면 이 펜을 생산한 사람의 소유권이 내게 있기 때문이다. 이것이 나의 소유가 된 경위는 이러하다. 먼저 문구상이 그것을 내게 양도했고, 문구상은 제조업자의 양도로 인해 권리를 취득한 수입상으로부터 그것을 얻어냈다. 제조업자는 그와 동일한 과정에 의해 땅에서 취득한 원료로 펜을 만든 사람에게 있는 권리를 양도한 것이다. 이렇게 하여 이 펜에 대한 나의 독점적 소유권은 그의 노동력을 투입하여 이 펜을 만들어 낸 개인의 자연적 권리에서 나온 것이다.

이것은 독점적 소유권의 개념이 생겨나는 최초의 원천일 뿐만 아니라 유일한 원천이기도 하다. 이것은 독점적 소유권의 개념에 의문이 제기될 때 사람들이 갖게 되는 자연스러운 심리적 경향이나, 사회적 관계가 발전하는 방식 등을 감안할 때 자명한 사실이다. 어떤 사물에 대한 정당한 소유권은 원생산자의 소유권에서 나온 것이고, 한 인간이 그 자신에 대하여 갖고 있는 자연스러운 권리에 바탕을 두고 있다. 이것 이외에 다른 정당한 소유권이란 있을 수 없다. 그 이유는 다음 두 가지이다.

(1) 이것(원 생산자의 권리) 이외에 다른 자연스러운 권리는 존재하지 않는다.

(2) 다른 권리를 인정하는 것은 이것과 일치하지 않을 뿐만 아니라 이것을 파괴하는 것이다.

먼저 (1)에 대하여 알아보자.

인간이 그 자신에 대하여 갖고 있는 권리 이외에, 어떤 사물에 대한 독점적 소유권을 파생시키는 다른 권리는 어디에서 생겨나오는가? 인간은 자신의 신체 노동력을 투입하는 것 이외에 자연으로부터 어떤 다른 힘을 부여받았는가? 그는 그것(자신의 노동 투입) 이외에 다른 방식으로 물질적 사물이나 다른 사람들에 대하여 행동을 가하거나 영향을 미칠 수 있는가? 운동신경을 마비시키면 그 사람은 통나무나 돌덩어리와 마찬가지로 아무런 외부적 영향력이나 힘을 갖지 못한다.

그렇다면 사물을 소유하고 통제하는 권리는 다른 어떤 것에서는 나오지 못한다. 만약 그런 권리가 그 사람 자신에게서 나온다면 그 사람의 어떤 것에서 그것이 나오는가? 자연은 노동 투입의 결과 이외에 사람에게 그 어떤 소유권이나 통제권도 인정하지 않는다. 그것 이외에 다른 방식으로, 자연으로부터 보물을 캐내거나, 자연의 힘에 방향을 부여하거나, 자연의 힘을 활용 혹은 통제하지 못한다. 자연은 사람들을 차별하지 않으며 모든 사람에게 공평무사하게 대한다. 자연은 주인과 노예, 왕과 신하, 성인과 죄인을 구분할 줄 모른다. 모든 인간은 자연 앞에서 평등하며 평등한 권리를 가지고 있다. 자연은 노동 이외의 권리는 인정하지 않으며, 요구하는 사람이 누구인지는 따지지 않고 노동의 권리를 인정한다.

만약 해적이 배의 돛을 편다고 해도 바람은 평화로운 상선이나 선교사의 배에 불듯이 해적의 배에도 불어 준다. 만약 왕이나 평민이 똑같이 뱃전 너머 바다로 떨어졌다면 두 사람은 헤엄을 쳐야만 물 위에 뜰 수가 있다. 땅 주인이 쏘는 총이든 밀렵꾼이 쏘는 총이든 일단 새의 몸에 맞기만 하면 그 새를 떨어트린다. 주일학교에 다니는 선량한 소년이 던진 것이든 학교를 빼먹은 불량 학생이 던진 것이든 물고기는 똑같이 낚싯바늘에 반응한다. 어떤 땅이든 땅을 잘 갈아 엎고 씨앗을 뿌려놓으면 그 땅에서는 곡식이 자란다. 광산에서 광석을 캐낼 수 있는 것은 노동이 투입되었기 때문이다. 정의로운 사람에게든 불의한 사람에게든 해는 똑같이 빛나고 비는 똑같이 내린다.

자연의 법칙은 창조주의 법령이다. 그 법령 안에는 노동의 권리 이외에 아무런 권리도 인정하지 않는다고 쓰여 있다. 모든 사람이 자연을 활용하고 향유할 수 있는 동등한 권리가 아주 분명하게 큼지막하게 쓰여 있다. 인간은 자연에 그의 노동력을 투입하여 그 보상을 받아서 소유할 수 있다. 따라서 자연이 노동에게만 권리를 인정하므로, 생산에 투입된 노동이야말로 독점적 소유권의 유일한 근거이다.

다음 (2)에 대하여 알아보자.

노동에서 나오는 소유권은 다른 형태의 소유권이 있을 법한 가능성을 부정한다. 만약 인간이 자신의 노동에서 나온 생산물에 대하여 정당한 소유권을 갖고 있다면, 아무도 자신의 노동력의 생산물이 아닌 것, 혹은 타인 노동의 생산물로서 남에게 정당하게 양도된 것 등에 대해서는 소유권을 주장하지 못한다. 만약 생산이 생산자에게 그 생산물을 독점적으로 소유하고 향수할 권리를 부여하는 것이라면, 자기의 노동 결과물이 아닌 것에 대해서는 독점적 소유나 향수를 주장할 수 없다. 이렇게 볼 때 토지 사유제는 잘못된 것이다. 인간은 자연이 제공하는 기회를 자유롭게 사용하는 권리가 없다면 노동 생산물에 대한 권리를 누릴 수 없기 때문이다. 또 자연의 기회의 사적 소유를 인정한다면 노동 생산물에 대한 권리를 부정하는 것이 된다. 비 생산자가 생산자들에 의해 창조된 부의 일정 부분을 지대로 가져갈 수 있다면, 노동의 과실에 대한 생산자의 권리는 그만큼 침해받는 것이 된다.

이 점에 대해서는 다른 빠져나갈 구멍이 없다. 인간이 물질적 사물로 구체화된 자기 노동에 대하여 독점적 소유권을 온전히 주장할 수 있다고 말하는 것은, 곧 다른 사람이 토지에 대하여 독점적 소유권을 주장해서는 안 된다는 뜻이 된다. 토지 재산권이 정당하다고 주장하는 것은, 자연에서 근거를 찾아볼 수 없는 주장을 하는 것이다. 인간 신체의 조직과 물질적 우주의 법칙에 바탕을 둔 주장과 완전 배치되는 것이다.

부와 토지는 다른 것이다

토지 사유제가 정의롭지 못하다는 사실을 깨닫지 못하게 하는 것은 무엇인가? 그것은 소유권의 대상이 되는 모든 사물들을 하나의 범주(즉, 재산)에다 모두 포함시키는 습관 때문에 그러하다. 설사 구분을 한다고 하더라도 법률가들의 비 철학적 구분으로서, 동산과 부동산을 구분하는 정도이다. 그러나 참되고 자연스러운 구분은 노동의 생산물로 생겨난 사물과, 자연이 무상으로 제공하는 사물을 구분하는 것이다. 다시 정치경제학의 용어로 말해 본다면 부와 토지를 구분하는 것이다.

이 두 가지 부류의 사물은 그 본질이나 관계에 있어서 아주 다른 것이기 때문에 이것을 재산이라는 범주 아래 하나로 뭉뚱그린다는 것은 생각의 혼란을 불러일으킨다. 특히 재산의 정의 혹은 불의, 재산의 옳음과 그름을 따질 때에는 더욱 그러하다.

어떤 토지나 그 위에 서 있는 주택은 소유권의 대상이라는 점에서 다 같이 재산으로 취급되고, 또 법률가들은 부동산으로 분류한다. 그러나 그 본질과 관계에 있어서 둘은 아주 다르다. 건물은 인간의 노동으로 생산되어 정치경제학의 개념상 부에 속하는 것이고, 그 대지는 토지에 속하는 것이다.

부에 속하는 사물의 본질적 특징은 노동을 구체화한 것이라는 점이다. 부는 인간의 노력에 의해 존재하고, 부의 존재와 부재, 부의 증감은 모두 인간에게 달려 있다. 토지에 속하는 사물의 본질적 특징은, 노동을 구체화하지 않으며 인간의 노력이나 인간 그 자신과는 무관하게 존재한다는 것이다. 토지는 인간이 거주하게 되는 들판 혹은 환경이다. 인간의 욕구를 충족시키는 물건이 나오는 창고이며, 인간의 노동이 작용하는 원자재이며, 인간의 노동이 상대해야 하는 힘이다.

이러한 구분을 명확히 깨닫는 순간, 자연의 정의가 재산의 한 종(노동의 생산물)에게 부여하는 승인이 다른 종(토지의 소유)에게는 거부된다는 것을 알 수 있다. 노동의 생산물에 대한 개인의 재산권을 정당한 것이라고 인정하는 것은 곧 토지의 사유제가 잘못되었다는 것을 의미한다. 노동의 생산물을 인정해주는 것은 모든 사람을 동등한 지위에 올려놓으면서 그의 노동에 대하여 합당한 보상을 돌려주는 것이지만, 토지의 소유를 인정하는 것은 모든 사람의 동등한 권리를 부정하면서, 노동하는 사람의 자연적 보상을 노동하지 않는 사람이 가져가도록 하는 것이다.

토지 사유제에 대하여 무슨 변명의 말을 하더라도 정의의 관점에서 보자면 그 제도가 옹호될 수 없다는 게 분명해진다.

모든 사람이 평등한 토지 사용권을 가져야 한다는 것은 모든 사람이 똑같이 공기를 숨쉴 권리를 가져야 하는 것처럼 명확하다. 그것은 그 사람들이 존재한다는 사실 그 자체로 선언된 권리인 것이다. 우리가, 어떤 사람들은 이 세상에 존재할 권리가 있는데, 다른 사람들은 권리가 없다고 말하는 건 말이 안 되는 얘기인 까닭이다.

우리 모두가 창조주의 공평한 허가에 의해 여기에 오게 된 것이라면, 우리 모두는 하느님의 선물을 공평하게 즐길 수 있고, 또 자연이 그처럼 공평무사하게 제공한 모든 것[1]을 공평하게 사용할 권리가 있다. 이것은 자연스러우면서도 빼앗을 수 없는 권리이다. 이 세상에 태어나는 순간 모든 사람에게 부여된 권리이고, 그가 이 세상에 존재하는 한 누릴 수 있는 권리이며, 단지 다른 사람들의 동등한 권리에 의해서만 제한을 받는다. 자연에는 상속 무제한 토지소유권(fee simple: 권리자가 양도, 상속의 자유를 가진 부동산)이라는 건 없다. 이 지상에는 토지에 대한 독점적 소유권을 정당하게 부여할 수 있는 힘을 가진 자는 없다. 설사 지상에 현재 존재하는 모든 사람들이 일치단결하여 그들의 평등한 권리를 양도하기로 했다 하더라도, 그들 뒤에 태어날 후손들의 권리마저 양도할 수는 없는 것이다.

자연의 정의는 사유제를 거부한다

사실을 털어놓고 말해 보자면 우리는 하루 동안의 임차인에 불과한 존재이다. 우리가 우리 손으로 지구를 만들어서, 우리 뒤에 오는 사람들이 그것을 임차할 수 있게 해놓은 것은 아니지 않은가? 인간을 위하여 지구를 만들고, 지구를 위하여 인간을 만든 전능한 창조주가 모든 사물의 본성 위에 새겨진 법령을 통하여 모든 인간의 후손에게 그것(토지의 공유)을 명하신 것이다. 그

1　토지 사유제는 결국 어떤 사람은 다른 사람들보다 이 지상의 삶에서 더 나은 권리를 가지고 있다는 주장이 된다. 내가 이렇게 말하는 것은 기존 제도를 지지하는 사람들의 입장을 그대로 전하기 위해서이다. 맬서스가 통치계급 사이에서 높은 인기를 누리고, 그의 비논리적인 책이 새로운 계시인 양 받아들여지고, 각국 군주들이 그에게 훈장을 보내고, 영국의 야비한 부자가 그에게 편안한 생활을 보장하겠다고 제안하고 나선 것은 무엇 때문일까? 그것은 그가, 어떤 사람은 다른 사람들보다 이 지상의 삶에서 더 나은 권리를 가지고 있다는 주장에 그럴 듯한 근거를 제시하기 때문이다. 그 주장은 토지 사유제를 정당화하는데 필요한 근거이다. 이것을 맬서스는 다음과 같은 선언에서 분명하게 밝혔다. 인구 증가의 경향은 자연이 충분히 부양할 수 없는 인간을 이 세상에 꾸준히 태어나게 한다는 것이다. 따라서 그 불필요하게 태어난 사람들은 "기존의 생필품 재고를 공유할 권리가 전혀 없다." 자연은 그런 사람들이 방해꾼이므로 빨리 물러갈 것을 명령했고 "자연의 명령에 복종하도록 힘으로 그들에게 강제하는 것을 두려워하지 않는다." 그런 목적을 위해 자연은 "기아와 전염병, 전쟁과 범죄, 높은 치사율과 영아사망, 매춘과 매독"을 사용한다. 그리고 오늘날 맬서스 이론은 토지 사유제를 정당화하는 사람들의 궁극적 방어 논리가 되었다. 토지 사유제는 맬서스 이론 이외의 것으로는 논리적으로 방어가 되지 않는다.

어떤 인간의 행동도 이 법령을 가로막지 못하며 그 어떤 시효에 의한 권리도 이 법령을 우선하지 못한다.

양피지(토지 권리증)가 아무리 많고 소유 기간이 아무리 오래되었다고 할지라도, 자연의 정의는 어떤 한 사람이 토지 – 그의 모든 동료들에게 평등한 권리가 인정되지 않는 토지 – 를 소유하거나 향수할 권리를 인정하지 않는다. 웨스트민스터 공작의 영지에 대한 소유권이 대를 이어 내려져 왔다고 할지라도, 오늘 런던에서 태어난 가장 가난한 아이도 공작의 맏아들만큼이나 그 땅에 대하여 권리를 가지고 있다.[2]

뉴욕 주의 신분 높은 사람들은 재벌 애스터 가문의 토지 소유에 동의하지만, 가장 비참한 셋집의 가장 누추한 방에서 이 세상을 향해 슬픔의 소리를 내지르며 태어난 자그마한 아이도 탄생 바로 그 순간에 백만장자 가문의 사람들 못지않게 평등한 권리를 갖고 태어난 것이다. 만약 그 권리를 부정한다면 그것은 빼앗아가는 것이나 다름없다.

그 자체로 거역할 수 없는 것인 바, 우리가 앞에서 내린 결론은 이렇게 하여 최고의 최종 검증에 의하여 승인이 되었다. 정치경제학에서 윤리학의 용어로 바꾸어 보자면, 우리의 결론은 그 잘못(토지 사유제)이 물질적 진보가 가속되는 데에도 생겨나는 사회악의 원천임을 보여주었다.

일반 대중은 풍요 속에서 가난으로 고통 받고 있다. 정치적 자유는 얻었다고 하나 노예제나 다름없는 임금 제도 때문에 허덕이고 있다. 노동을 절약

---

2 토지의 평등한 사용과 향유에 관한 양도 불가능한 자연적 권리는 너무나 명백한 것이어서 무력이나 관습이 첫 번째 인식을 둔화시키지 않은 곳에서는 널리 인정되어 왔다. 여기서 한 가지 사례만 들어보겠다. 뉴질랜드의 백인 정착자들은 마오리 족으로부터 토지의 완벽한 권리를 인정받을 수가 없었다. 마오리 족은 이런 논리를 폈다. 설사 부족민 전체가 토지의 판매에 동의했다고 하더라도 그들 사이에서 앞으로 태어날 새로운 아이들은 여전히 토지에 대해서 추가적인 권리를 주장할 수 있다는 것이었다. 현재의 마오리 부족이 양도하는 것은 그들 자신의 토지 사용권일 뿐, 태어나지 않은 아이들의 토지 사용권을 판매할 수는 없다는 논리였다. 이때 뉴질랜드 정부가 개입하여 부족 연금을 제시하는 것으로 땅을 사들이는 문제를 마무리지었다. 그 연금은 앞으로 태어나는 모든 아이가 일정한 몫을 공유하는 것이었다.

해주는 발명품들은 그의 노동에 아무런 도움을 주지 못하고 노동자로부터 특혜를 빼앗아가는 것처럼 보인다. 그리하여 일반 대중은 "뭔가 잘못되었다"라고 본능적으로 느낀다. 그 느낌은 옳은 것이다.

문명이 진보하는 가운데에서도 어디에서나 대중을 억압하는 널리 퍼진 사회악들은 커다란 일차적 잘못으로부터 생겨났다. 모든 사람이 함께 먹고 살아야 할 터전인 토지가 어떤 사람들의 독점적 재산으로 점유되어 있는 것이다. 이런 근본적인 불의로부터 현대의 발전을 왜곡하고 위태롭게 만드는 모든 불의가 파생되어 나왔다. 그것은 부의 생산자들을 가난으로 타락시키고, 비 생산자를 사치스럽게 살도록 도와주며, 왕궁이 건설되는 곳에 셋집이 함께 들어서게 하며, 교회 뒤에 창녀촌이 생겨나게 하고, 새로운 학교들을 개교하면서 동시에 교도소를 짓게 만든다.

현재 세상을 당황하게 만드는 현상들은 이상한 것도 설명하기 어려운 것도 아니다. 물론 물질적 진보가 그 자체로 나쁜 것은 아니다. 자연이 부양하지 못할 아이들을 이 세상에 태어나게 한 것도 아니다. 창조주가 자연 법칙 위에 불의의 오점을 남겨놓아 인간의 마음이 그 오점에 거역하고 그리하여 물질적 진보가 이런 씁쓸한 과일을 가져온 것도 아니다.

가장 발달한 문명사회에서 인간이 가난 때문에 쓰러지고 죽어가는 현상은 자연의 게으름 때문이 아니라 인간의 불의 때문이다. 죄악과 비참, 빈곤과 궁핍은 인구 증가와 산업 발전의 필연적 결과가 아니다. 토지가 개인 재산으로 취급되기 때문에 빈곤과 비참이 인구 증가와 산업 발전의 뒤를 이어 생겨난 것이다. 그것은 정의의 최고 법을 위반하면서까지, 일부 사람들에게 자연이 모든 사람에게 제공한 것(토지)의 독점적 소유권을 건네준 데 따른, 직접적이고 필연적인 결과이다.

토지 사유제의 인정은 다른 개인들의 자연권을 거부하는 것이다. 그 잘못은 부의 불평등한 분배라는 현상 속에서 잘 드러난다. 노동은 토지의 사용 없이는 생산을 하지 못하므로, 토지 사용의 동등한 권리를 부정하는 것은 곧 노동의 생산물에 대한 노동의 권리를 부정하는 게 된다. 만약 어떤 한 사람이

다른 사람들이 노동하는 토지를 통제할 수 있다면, 그는 노동할 수 있는 허가를 내준 대가로 노동의 생산물을 차지할 수 있다. 이렇게 하여 인간이 노동을 투입하여 자연의 혜택을 누린다는 자연의 근본 법칙이 위반되었다.

땅주인은 생산을 하지도 않고 생산물을 받는 반면에 노동자들은 생산물을 받지도 못하면서 생산을 한다. 땅주인은 부당하게 부자가 되고 노동자는 수탈을 당한다. 우리는 이런 근본적인 잘못의 원인이 부의 불공정한 분배 때문임을 알아냈는데 이것이 현대 사회를 아주 부자인 사람과 아주 가난한 사람으로 양분하고 있다. 문제의 근본적 원인은 지대의 꾸준한 상승이다. 노동은 토지를 사용하는 대가(지대)를 지불해야 하고 이것이 많은 노동자들로부터 그들이 정당하게 번 것을 빼앗아가며, 결국에는 생산물을 얻기 위해 아무것도 한 게 없는 소수의 사람들 손에 부가 집중되게 된다.

왜 이런 불의로부터 고통 받는 사람들이 그것을 일소하겠다며 잠시 멈춰서서 생각에 잠기지 않는가? 자기가 씨 뿌리지도 않은 곳에서 이처럼 수확을 거두어들이는 땅주인은 어떤 사람인가?

토지 소유권은 무력으로 빼앗은 것

우리는 다른 모든 사람들을 지배할 수 있는 독점적 토지 소유권이 갑에서 을에게로 넘어가는 소유권 이전이 얼마나 어리석은 개념인지 생각해 보기로 하자. 캘리포니아에서 토지 소유권은 멕시코의 최고 정부로 소급된다. 그 정부는 스페인 왕으로부터 소유권을 넘겨받았고, 스페인 왕은 교황에게서 건네받았다. 교황은 펜을 한 번 휘둘러서 앞으로 발견될 – 혹은 정복될 – 땅을 스페인과 포르투갈이 나눠가지도록 했다.

미국 동부 주들의 경우는 토지 소유권이 인디언들과의 조약과, 영국 왕들의 토지 하사증으로 거슬러 올라간다. 루이지애나는 프랑스 정부가, 플로리다는 스페인 정부가 최초의 토지 소유권 보유자였다. 한편 영국 땅의 소유권은 노르만인 정복자들의 시절까지 소급된다. 어디에서나 토지 소유권은 합의된 권리가 아니라 무력으로 빼앗은 것임을 알 수 있다. 토지 소유권의 근거가 무력이라면 무력이 그 권리를 취소할 경우에 아무런 불평도 제기할 수 없다. 권력을 가진 사람들이 이 소유권을 취소하기로 결정을 내리면 정의의 이름으로 반론을 제기하지 못한다. 과거에 토지의 독점 소유권을 보류하거나 부여할 수 있는 권력을 가진 사람들이 존재했다. 그러나 그것은 권력에 의한 강제였을 뿐, 자연스럽게 토지 소유권을 부여하거나 보류할 수 있는 권리를 가진 개인이 언제 어디에 존재했는가?

인간의 생산물에 대한 독점적 소유권은 아주 분명하다. 그 생산물이 아무리 많은 손을 거쳐갔다고 하더라도 그 교환의 선(線)이 시작되는 곳에는 인간의 노동이 있었다. 누군가가 자신의 노력으로 그것을 획득했거나 생산했고, 다른 모든 사람들에 맞서서 그 자신의 소유를 명확하게 주장할 수 있었다. 그 생산물은 판매나 선물의 방식에 의하여 다른 사람에게 정당하게 넘어갔다.

그러나 일련의 양도 증서나 토지 수여 증서 뒤에, 이 물질 세상에 대하여 그(노동의 생산)와 유사한 근거를 제시할 만한 권리가 있는가? 토지의 개선을 그런 최초 소유권의 근거로 제시할지도 모른다. 하지만 그것은 개선분에 대한 소유권이지 토지 그 자체에 대한 소유권이 아니다. 내가 삼림을 개간하고, 늪지를 준설하고, 습지를 메웠다면 내가 소유를 주장할 수 있는 것이라고는 이런 투입된 노동의 가치뿐이다. 하지만 이런 노력이 토지 그 자체에 대한 권리를 부여해 주는 것은 아니며, 나는 사회의 성장에 따라 증가된 토지 가치를 다른 구성원들과 평등하게 나눠 사용할 권리 이외에는 아무런 권리도 주장할 수 없다.

토지 공유의 근거

혹자는 이렇게 반론을 펼지 모른다. 시간이 흘러서 개선분이 토지 자체와 구분을 할 수 없게 되는 경우도 있지 않은가? 좋다. 그렇다면 그 개선분에 대한 소유권은 토지 소유권과 합쳐진 것이다. 개인의 권리가 공동의 권리 속에 녹아들어간 것이다. 대개 큰 것이 작은 것을 삼키지, 그 반대가 통용되는 경우는 별로 없다. 자연이 인간에게서 나온 것이 아니라 인간이 자연에게서 나왔다. 따라서 인간과 그의 모든 업적은 자연의 가슴 속으로 되돌아가야 하는 것이다.

혹자는 또 이렇게 말할지 모른다. 모든 사람이 자연을 활용하고 향수할 권리를 갖고 있으므로, 현재 토지를 사용하고 있는 사람에게 독점적 권리를 부여하여 그가 그의 노동으로부터 최대한의 혜택을 얻도록 하는 것이 좋지 않을까? 하지만 개인의 권리가 어디에서 끝나고 공유의 권리가 어디에서 시작되는지 구분하는 데에는 별 어려움이 없다. 가치는 아주 미묘하면서도 정확한 검증을 제공한다. 이 가치의 도움을 받는다면, 인구가 아무리 조밀해졌다고 하더라도 각 개인의 정확한 권리와, 모든 사람의 평등한 권리를 구분하여 확보하는데 아무런 어려움이 없다.

우리가 이미 살펴본 바와 같이 토지의 가치는 곧 독점의 대가이다. 토지의 가치를 결정하는 것은 절대적 능력이 아니라 상대적 능력이다. 그 본질적 특징이 무엇이든 간에, 무상으로 활용 가능한 땅보다 더 나은 게 없는 땅은 아무런 가치도 없다. 토지의 가치는, 그 토지와 무상으로 활용할 수 있는 가장 좋은 토지 사이의 생산량 차이에 의해서 결정된다. 이처럼 토지의 가치는 개인이 보유한 토지에 대한 사회의 권리를 정확하고 구체적으로 표시해 준다. 그리고 지대는 사회의 모든 구성원이 가진 평등한 권리를 충족시키기 위해 개인이 사회에 지불해야 하는 금액을 정확하게 표시한다.

이렇게 하여 우리가 토지 소유의 우선권을 인정하면서 사회의 혜택을 위하여 그 토지에서 나오는 지대를 환수한다면, 토지 개선을 위해 필요한 토지 사용권을 보장해 주면서도 모든 사람의 평등한 토지 사용권도 온전하게 인정하는 타협을 이루게 된다.

토지를 선점했으니 그 토지에 대한 개인의 완전하고도 배타적인 권리를 인정해야 한다는 얘기도 있다. 하지만 이것은 토지 소유권을 방어하기에는 가장 부적절한 주장이다. 자연의 이치상, 무수하게 많은 세대들이 앞으로도 사용해야 할 땅에 대하여, 토지의 선점을 독점적이고 항구적인 소유권의 근거로 내세우다니! 지난 세대의 사람들이 현 세대의 우리들보다 이 세상의 활용과 관련하여 더 우월한 권리를 갖고 있는가? 아니면 백 년 전의 사람들이 더 우월한 권리를 갖고 있는가? 아니면 천 년 전의 사람들이? 흙더미를 건설한 사람들, 동굴 속에 살던 사람들, 마스토돈과 발가락 세 개인 말들이 살던 시대의 사람들, 혹은 너무나 아득하게 오래전의 시대여서 지질학적 연대로만 생각해 볼 수 있는 시대의 사람들이 이 땅에 먼저 살았다고 해서, 우리가 이제 우리의 짧은 생애를 위하여 이 땅을 소유하지는 못하고 임차해야 하는가?

잔치에 제일 먼저 온 사람이 의자들을 죄다 돌려놓고서 나중에 온 손님들은 그와 흥정을 하지 않으면 제공된 음식을 먹을 수 없다고 주장할 권리가 있을까? 극장 개표소에서 입장권을 제일 먼저 내밀고 그 안에 들어간 사람이 그 선점 권리를 내세우면서 극장 문들을 죄다 닫아버리고 그 혼자서 공연을 볼 권리가 있을까? 기차 안으로 제일 먼저 들어간 승객이 그의 짐들을 모든 좌석에다 올려놓은 후, 나중에 온 승객들은 서서 가라고 요구할 권리가 있을까?

토지 사유제의 폐해

이상의 사례들은 토지 선점권 주장과 아주 유사하다. 우리는 도착했다가 떠난다. 잔치에 찾아온 손님들은 꾸준히 퍼져 나간다. 찾아오는 사람을 충분히 앉힐 수 있는 오락행사에 찾아오는 구경꾼이나 참여자들도 마찬가지다. 기차가 일정한 궤도를 내달리는 동안에, 승객들은 역에서 올라타고 또 내린다.

그 무엇이 되었든 우리가 어떤 것을 취하여 소유하는 것은 독점적이 될 수가 없다. 그것은 다른 사람의 평등한 권리에 의하여 어디에서나 제약을 받게 된다. 기차의 승객이 자기 마음대로 많은 좌석에다 그의 짐을 올려놓을 수 있겠지만 그것은 다른 승객들이 기차에 오를 때까지만 가능한 얘기이다. 마찬가지로 어떤 개척지의 정착자는 그가 원하는 만큼 많은 땅을 차지하고 소유할 수 있을 것이다. 단 다른 정착자들이 그 땅의 사용을 원할 때에는 얘기가 달라진다. 이것은 토지가 가치를 획득하는 과정에 의해서 증명이 된다. 이렇게 되면 최초의 정착자는 다른 사람들의 평등한 권리에 의해 자신의 권리가 제약되는 것을 받아들여야 한다. 아무리 선점 권리를 주장한다고 하더라도 다른 사람들의 평등한 권리를 가로막을 수는 없는 것이다.

만약 이것이 사실이 아니라면, 최초의 정착자는 선점의 권리를 활용하여 더 많은 땅을 획득하여 그것을 자기 마음대로 남들에게 이전할 수 있을 것이다. 그렇게 되면 그는 160에이커에 대한 독점적 권리가 아니라, 640에이커 혹은 마을 전체, 혹은 국가 전체, 아니 대륙 전체를 자기 것으로 주장하고 나설 것이다.

개인의 토지 소유권을 인정하고 그것을 궁극까지 밀어붙이면 결국 다음과 같은 우스꽝스러운 결과가 발생할 것이다. 어떤 한 개인이 어떤 나라의 토지에 대한 개인의 권리를 그 자신에게 집중시킬 수 있다면 그는 그 나라로부터 모든 주민들을 추방시킬 수 있다. 만약 그가 지구상의 모든 토지에 대한 개인의 권리를 그 자신에게 집중시킬 수 있다면, 지구상의 수많은 사람들 중에서 오로지 그만이 생존할 권리가 있다고 주장하고 나설 것이다.

비록 소규모이기는 하지만, 이러한 상상 속 사건이 실제 사건으로 나타난 사례가 있다. 영국의 지방 귀족들은 토지 하사증을 받아서 "하얀 양산들과 뼈기듯이 걸어가는 코끼리들"을 소유한 자들인데, 대규모 지역[3]에서 원주민들을 지속적으로 쫓아냈다. 그 조상들이 태곳적부터 살아온 그 땅에서 말이다. 그들은 쫓겨나서 이민을 가거나 거지가 되거나 굶어죽어야 했다.

신생 주인 캘리포니아의 여러 땅에서는 정착자들이, 자연법을 무시하는 실정법의 힘에 의해 쫓겨나는 바람에 그들의 집 굴뚝이 시꺼멓게 폐허가 되어버린 광경을 자주 볼 수 있다. 그리하여 인구가 조밀해야 할 그 방대한 땅이 황량하게 되어버렸다. 토지의 독점적 소유권을 인정해주는 법의 힘을 믿고서, 한 개인(지주)이 수많은 동료들이 그 땅을 활용하는 것을 가로막았기 때문이다.

영국 제도(諸島)의 땅을 소유한 비교적 소수의 지주들은 영국법이 그들에

---

3   아일랜드를 가리킴: 옮긴이

게 부여한 권리를 최대한 행사하려 들 것이다. 그리고 그들 중 많은 사람들이 이미 소규모로 저지른 일이 더 넓게 확대된다면, 그들은 수백만 영국 사람들을 그들의 고향 섬들로부터 축출시키는 일도 마다하지 않을 것이다. 이런 식으로 수십만 정도의 지주가 그들 마음대로 3천만 명의 주민들을 그들의 고향으로부터 쫓아낼 수 있다. 그리고 엄청나게 많은 영국 국민들이 자랑스럽게 그들의 것이라고 부르는 땅에서 살고 또 그 땅을 활용하는 대가로 소수에 불과한 지주들에게 엄청난 지대를 지불해야 한다.

이러한 사실은 현재 벌어지는 광경(원주민들을 고향 땅에서 축출하는 것)보다 자연권에는 덜 혐오스러운 것이라 할지라도, 역시 놀라운 일이 아닐 수 없다. 그들이 소중하고 영광스러운 추억을 간직하고 있는 그 땅, 일단 유사시에 그들의 피를 흘리고 목숨을 내어놓으면서까지 지켜야 할 의무가 있는 그 땅에 대하여 그처럼 높은 지대를 지불해야 하다니.

나는 영국 제도에 대해서만 언급했다. 토지 소유권이 그곳에 집중되어 있어서 토지 사유제의 폐해를 가장 잘 보여주는 사례이기 때문이다. "그 어느 때든 토지를 소유한 자에게 그 땅에서 난 과실이 돌아간다." 이 말은 인구가 조밀해지고 기술 개선과 발명품이 생산성을 증가시키는 상황에서 더욱 분명한 진실이 되었다. 아니 이 말은 이 세상 어디에서나 진실이다. 우리 미국도 그렇고 영국도 그렇고 인더스 강의 강둑 지역도 그렇다.

제2장

토지 사유제는 노동자를 노예로 만든다

가재(家財) 노예제가 불의한 것이라면 토지 사유제 또한 정의롭지 못한 제도다.

구체적 상황이 어떤 것이든 간에 토지를 소유하는 것은 곧 인간을 소유하는 것이 되어버리는데, 그 소유의 강도는 토지를 사용해야 하는 필요(실질적인 것이든 인위적인 것이든)에 의해 달라진다. 이것은 지대의 법칙을 다른 형태로 선언한 것이기도 하다.

그 필요가 절대적인 것일 때, 가령 토지를 사용하지 못해 굶어죽을 수밖에 없다면 토지의 소유는 곧 절대적인 강도로 인간을 소유하는 것이 되어버린다.

탈출구가 전혀 없는 섬에다 100명을 파견했다고 해보자. 그리고 그 중 한 사람을 나머지 99명의 소유주로 만들거나, 아니면 그 섬의 모든 토지를 차지하는 절대적 소유주로 만들었다고 해보자. 그러면 그것은 결과적으로 그게 그거인 똑같은 개념이 된다.

두 경우 모두 그 한 사람은 나머지 99명의 절대적인 주인이 된다. 그의 힘은 생사여탈권으로 확대된다. 나머지 사람들에게 그 토지에서 살 권리를 허가하지 않는다면 결국 그들은 바다에 빠져 죽는 수밖에 없다.

토지의 범위를 확대하고 좀 더 복잡한 인간관계에 이런 상황을 적용한다면 똑같은 원인이 동일한 방식과 동일한 목적 아래 작동하게 된다. 남이 독점적 소유권을 갖고 있는 땅에서 살아야 하고 또 그 땅에서 생산을 올려야 하는 노동자들을 짓누르는 힘이 커질수록, 궁극적 결과(노동자의 노예화)는 점점 더 분명하게 된다.

토지가 한 사람이 아니라 여러 명의 지주들에게 분배되어 있고, 현대적 생산과 마찬가지로 자본가들이 노동자들로부터 특화되어 있고, 제조와 교환이 여러 다양한 분야에서 농업으로부터 분리되어 있는 국가를 한 번 생각해 보자. 비록 덜 직접적이고 덜 분명하게 드러나겠지만 토지 소유자와 노동자의 관계는, 인구가 증가하고 기술이 개선함에 따라, 땅주인 쪽에 절대적 우위를 부여하고 반면에 노동자에게는 섬에 갇힌 99명처럼 비참한 무기력을 안겨줄 것이다.

지대는 상승하는 반면에 임금은 떨어질 것이다. 총생산량 중에서 지주는 점점 더 많은 것을 가져가고 노동자는 꾸준히 자신의 몫이 적어지는 것을 목격하게 된다. 더 값싼 땅으로 이동하는 것이 어렵거나 불가능할 것이므로, 노동자는 아무리 많이 생산하더라도 결국 최저 생계 수준으로 추락한다. 토지가 독점되어 있는 곳에서, 노동자들 사이의 경쟁은 그들을 더욱 비참한 생활 조건으로 내몰 것이다. 그리하여 노동자들은 겉만 번드레한 자유의 직함과 휘장을 둘렀을 뿐 사실상 노예나 다름없는 생활을 해야 한다.

19세기에 들어와 생산력이 크게 증가했고 지금도 증가하고 있으나, 더 낮고 넓은 산업 계층의 노동 임금은 어디에서나 노예 임금의 수준 - 노동자가 근근이 생활을 이어가면서 겨우 노동을 재생산할 수 있는 수준 - 으로 떨어지는 경향을 보인다. 이것은 조금도 이상할 것이 없다. 왜냐하면 인간이 살아가는 터전인 토지의 소유권이 사실상 어떤 특정한 개인의 소유로 인정되고 있기 때문이다. 어떤 사람에게 토지를 독점적으로 사용하고 향유하는 권리를 인정해 줌으로써 우리는 다른 많은 사람들을 노예의 신분으로 추락시킨 것이다. 사실 이들은 예전에 가재(집안의 재산) 취급을 받았던 노예나 다름없는 생활을 하고 있다.

가재 노예제의 기원
생산 형태가 노동을 토지에 직접 투입하여 생산물을 얻는 것인 단순한 형태의 사회에서, 토지의 독점적 소유권의 필연적 결과는 노예제였다. 이것은 고대 스파르타의 헬롯(helot), 중세의 빌런(villein), 러시아의 농노(serf) 제도 등이 구체적인 사례이다.

가재 노예제는 전쟁 포로를 잡아오면서 시작되었다. 이것은 지구상의 모든 지역에서 어느 정도 존재했으나, 토지를 점유하면서 생겨난 노예제의 형태와 비교해 볼 때, 적용되는 지역도 제한적이었고 그 효과도 사소했다. 어떤 부족이 통째로 같은 종족의 사람들에게 가재 노예로 팔려간 일도 없었고, 또 정복에 의해서 어떤 부족의 모든 주민이 노예로 전락한 경우도 없었다.

사회가 어느 정도 발전한 상황에서, 많은 사람이 소수의 사람에게 대규모적으로 예속된 현상은, 토지가 개인의 재산으로 점유되면서 시작되었다. 토지를 부쳐 먹고 사는 사람들을 노예로 만든 것은 어디에서나 그 토지의 사유화였다. 이집트의 거대한 피라미드와 기념물은 이런 종류의 노예제를 증언하고 있으며, 성경에도 나오듯이 이집트의 파라오가 백성의 땅을 사들일 당시에 기근이 심했다고 하는 이야기에서도 이런 종류의 노예제 전통을 짐작할 수 있다. 역사의 여명기에 그리스의 정복자들이 그리스 반도의 정복된 지역에 사는 원주민들을 헬롯으로 만들어서 그들의 땅에 대하여 지대를 바치게 했던 것도 이런 종류의 노예제 탓이었다.

고대 이탈리아의 강건한 농민 종족 – 그 강인한 미덕으로 세상을 정복했던 주민들 – 을 크게 위축된 농노의 종족으로 만들어 버린 것은 라티푼디아(대규모 개인 농원)의 성장 때문이었다. 갈리아 족, 튜턴 족, 훈 족의 전사 후예들을 서서히 농민 혹은 농노로 전락시킨 것은 족장들이 토지를 그들의 개인 재산으로 사유화하면서부터였다. 슬라브족 마을 공동체의 독립적인 주민들을 러시아의 농노, 폴란드의 농노로 전락시킨 것 또한 토지 사유제였다. 유럽은 물론이고, 중국과 일본의 봉건제를 성립시킨 것도 토지 사유제였고, 남태평양 폴리네시아의 족장들이 부족민에 대하여 절대적인 주인 행세를 할 수 있었던 것도 역시 토지 사유제 덕분이었다.

비교 언어학이 보여주듯이, 원래 인도-게르만 종족인 아리안 족의 목동과 전사가 어떻게 하여 인도의 저지대로 흘러 들어가 겁 잘 먹고 가련한 인도인으로 전락하게 되었을까? 이에 대해서는 내가 앞에서 인용한 산스크리트 서사시가 하나의 힌트를 제공한다. 하얀 양산들과 뻐기듯이 걸어가는 코끼리들은 인도의 태수들이 자랑스럽게 여기는 바인데 그것은 곧 토지 소유권의 정수이다. 만약 우리가 유카탄과 과테말라의 거대한 폐허에 파묻혀 있는 오래된 문명의 기록들(지배계급의 자부심과 일반 대중의 비참한 노동을 틀림없이 말해 줄 법한 기록들)을 찾아낼 수 있다면, 우리는 거기에서 소수의 사람들에게 토지 소유가 집중되면서 일반 대중이 노예로 전락했다는 사실을 읽어낼 수 있을 것이다. 그것은 토지를 소유한 자가 그 토지에 사는 사람마저도 소유한다는 보편적 진리를 확인해주는 또다른 사례가 될 것이다.

이처럼 노동과 토지 사이에는 필연적 관계가 성립하고 토지 소유주는 그 토지를 부쳐 먹고 사는 사람들에 대하여 절대적인 권한을 행사한다. 이것은 달리 설명할 길이 없는 저 혐오스러운 현상을 설명해준다. 자유와 평등이라는 자연의 감정에 거스르는 온갖 제도, 풍습, 사상이 바로 이것(토지 사유제)으로부터 생겨져 나와 굳건하게 뿌리를 내리고 있는 것이다.

토지 사유제는 자유와 평등을 침해한다

인간이 생산한 물건에 당연하면서도 자연스럽게 부착되는 개인 소유라는 개념이 토지에까지 확대되면서, 그 나머지 것들이 발전하는 것은 시간의 문제가 되었다. 가장 힘세고 가장 교활한 자가 이러한 종류의 재산에 대하여 가장 좋은 몫을 손쉽게 차지한다. 그것은 생산에 의해서가 아니라 점유에 의해서 차지한 재산인데, 그들은 토지의 주인이 됨으로써 필연적으로 동료들의 주인이 되었다.

토지 소유권은 귀족제도의 밑바탕이다. 귀족들은 고상하여 토지를 부여받은 것이 아니라 토지를 갖고 있기 때문에 고상한 신분이 된 것이다. 중세 귀족의 엄청난 특권은 그들이 지주라는 입장에서 흘러나오는 것이다. 토지 소유라는 간단한 원칙이 한쪽에는 영주를, 다른 한쪽에는 봉신이 있게 했다. 영주는 모든 권리를 갖고 있지만 봉신은 아무것도 없었다. 토지의 권리가 인정되고 유지되는 한, 그 토지에 사는 사람들은 영주의 조건들에 복종할 수밖에 없었다. 각 시대의 풍습과 조건에 따라서, 영주의 조건에 포함되는 노력 봉사와 부역, 생산물 혹은 금전 형태의 지대 납부 등은 그 내용이 달라졌다. 하지만 그런 조건을 강요하는 본질적 힘은 토지의 소유였다.

이러한 권력은 토지 소유권이 존재하는 곳에서는 어디에서나 존재한다. 토지 사용에 대한 경쟁이 치열하여 지주가 그 자신의 조건을 제시할 수 있는 곳에서는 언제나 그 권력이 등장한다. 오늘날의 영국 지주는 토지 소유권을 인정하는 법률 덕분에 중세 시대의 봉건 영주가 갖고 있던 것과 똑같은 권력을 행사한다. 그는 노력 봉사나 부역의 형태로 지대를 요구할 수 있다. 소작인들에게 특정한 방식으로 옷을 입도록 강요할 수 있고, 특정 종교를 믿으라고 요구할 수 있고, 그들의 자녀를 특정 학교에 보내라고 주문하고, 소작인들 사이의 분쟁 해결을 지주에게 맡기라고 요구하고, 지주가 그들에게 말을 걸 때에는 무릎을 꿇으라고 할 수 있고, 하인의 복장을 하고 그를 수행하라고 요구할 수도 있고, 여자의 명예를 그에게 희생하라고 강요할 수도 있다. 소작인들이 땅에서 쫓겨나는 것보다는 이런 것들을 들어주는 것이 더 낫다고 생각한다면 말이다.

간단히 말해서, 지주는 소작인들이 그의 땅에 눌러 붙어 살기를 바라는 한도 내에서는 무슨 조건이든 요구할 수 있다. 현대의 법률은 지주의 소유권 범위를 구체적으로 제약하지 않는 한, 지주의 이러한 요구들을 금지할 수 없다. 왜냐하면 그의 요구 조건들은 소작인의 자유로운 계약 혹은 자발적 행동이라는 형태를 취할 것이기 때문이다. 그리고 영국의 지주들은 시대의 풍습에 맞추어 그들이 원하는 대로 이러한 권리를 행사한다. 지주들은 국가 방위의 의무를 지지 않기 때문에 소작인들에게 병역 의무를 요구하지 않는다. 또 부와 권력의 소유를 예전처럼 수행원을 많이 데리고 다니는 것으로 과시하지 않기 때문에 소작인의 개인 서비스를 요구하지도 않는다.

그러나 지주들은 상습적으로 소작인들의 투표를 통제하고 많은 사소한 방식으로 그들에게 명령을 내린다. "하느님에게 봉사하는 정의롭고 존경받는 신부"인 플렁켓 주교는 다수의 가련한 아일랜드인 소작인들이 그들의 자녀를 성공회 주일학교에 보내지 않는다는 이유로 그들을 주교의 땅으로부터 축출했다. 리트림 백작은 이보다 훨씬 흉악한 범죄를 저질렀는데 – 복수의 여신 네메시스는 한참을 꾸물거리다가 마침내 암살자의 총탄을 허가했다 – 탐욕의 냉혹한 속셈에 입각하여, 오두막이란 오두막은 다 철거하고 불쌍한 소작인 가족들을 거리로 내쫓았다.

이런 현상이 벌어지도록 허용하는 원리는, 과거 전통 시대의 단순한 사회 조직 내에서 무수한 보통 사람들을 노예로 만들어서 귀족과 농민 사이에 커다란 심연을 파놓은 바로 그 원칙인 것이다. 어떤 지역에서 농민은 왜 농노가 되는가? 그 농민이 자신이 태어난 곳을 떠나지 못하도록 금지하기 때문이다. 이렇게 하여 그는 우리가 위에서 상상했던, 인구 100명의 무인도에 떨어져 주인 1명을 제외한 99명 중의 하나가 되는 것이다. 인구가 듬성한 나라들에서 이것은 필연적으로 절대적 노예제를 만들어낸다. 그러나 토지가 모두 차지된 곳에서도, 사람들 사이의 경쟁이 실질적으로 동일한 조건을 만들어낸다. 높은 지대에 시달리는 아일랜드 농민과 러시아의 농노를 상호 비교해 보면 많은 면에서 오히려 농노가 더 유리한 점이 많다. 적어도 농노는 굶지는 않는 것이다.

현재의 임금 제도는 노예 제도와 비슷하다

내가 이미 확실하게 증명했듯이, 모든 시대에 노동하는 대중을 타락시키고 노예로 만든 그 원인이 지금 여기 문명된 세계에서도 그대로 작동하고 있다. 개인적 자유, 즉 마음대로 이동할 자유는 어디에서나 부여되어 있다. 미국에서는 정치적·법적 불평등의 흔적은 보이지 않으며, 가장 낙후된 문명국들에서도 그런 흔적은 별로 많이 남아 있지 않다. 그러나 불평의 아주 큰 원인이 그대로 남아 있는데 바로 부의 불평등한 분배이다. 노예제의 본질은 노예가 생산한 것 중에서 최저 생계를 제외하고는 주인이 모두 빼앗아간다는 것이다. 오늘날의 생활 조건 아래에서 자유노동의 임금은 점점 더 이 최저 생계를 향하여 내려가고 있다. 생산성이 아무리 늘어나도 임금에게 돌아가는 것은 없고, 생산 증가에 별로 기여한 바가 없는 지대가 그 증가분을 다 가져가 버린다.

이렇게 하여 모든 문명국의 일반대중의 생활조건은 자유의 외양 아래 사실상 노예제를 향해 나아가고 있다. 그리고 모든 종류의 노예제 중에서 현대의 것이 가장 잔인하고 무자비한 것이 아닐까 생각된다. 왜냐하면 노동자는 그의 생산물을 빼앗기고 최저 생계 수준으로 살아가기를 강요당할 뿐만 아니라, 그의 상급자는 일을 시키는 데 있어서 인간이라기보다는 아무 감정 없는 필요한 목표의 형태를 취하기 때문이다. 노동자에게 일을 시키고 그에게 임금을 지불하는 사람들 역시 그런 식으로 기계적인 행동을 하도록 강요당한다. 노동자와 최종 소비자 사이의 접촉은 끊어지고 이렇게 하여 개성은 상실된다.

노예와 주인 사이의 직접적인 책임 의식, 많은 노동자들에게 온정적인 태도를 취하도록 만드는 책임 의식은 생겨나지 않는다. 한 인간이 다른 인간에게 무자비하고 보람 없는 노동을 강요하는 것이 아니라, "불가피한 공급과 수요의 법칙"이 그렇게 강요하는 것인데, 이 법칙에 대하여 아무도 책임 의식을 느끼지 않는 것이다.

감찰관 카토의 격언 - 잔인함이 횡행하고 노예 소유가 보편적이던 시절에도 혐오스럽게 여겨졌던 격언 - 은 이런 것이었다. "노예를 가능한 한 많이 부려 먹은 다음에, 그자를 집에서 내쫓아서 죽게 하라." 오늘날 카토의 격언이 공통의 법칙이 되었다. 노예의 안락과 복지를 보살펴서 더 오래 부려 먹으려 했던 주인의 이기적 관심 같은 것도 오늘날 찾아볼 수 없다. 노동은 상품이 되었고 노동자는 기계가 되었다. 주인도 노예도, 소유주도 피소유자도 없고 단지 사는 사람과 파는 사람만 있다. 시장의 가격 흥정이 다른 모든 인간적 감정을 사라지게 했다.

미국 남부의 노예 소유주들이 대부분의 선진국들에서 자유 노동하는 사람들의 빈곤한 생활조건을 목격하고서 오히려 노예제도가 더 신성하다고 생각했다는 것은 그리 놀라운 일이 아니다. 미국 남부에서 밭일을 하는 흑인 노예들은 더 잘 먹고, 더 좋은 옷을 입고, 더 좋은 주거에서 산다. 그들이 영국의 농업 노동자들에 비하여 근심걱정을 덜하고 오락과 유흥을 더 많이 즐긴다는 사실은 의심의 여지가 없다. 심지어 미국 북부 도시들에서도, 그 도시를 방문한 노예 소유주들은 남부의 노동 조직에서는 생각해 볼 수도 없는 열악하고 비참한 노동자의 생활상을 목격한다.

노예제가 시행되었던 과거 남부 주들에서, 노예 소유주들이 만약 자유 국가들에서 백인 남녀 노동자들이 강요당한 노동 조건을 그들의 흑인 노예에게 강요했다면 그는 악독한 농장주라는 소리를 들었을 것이다. 당연히 그곳의 여론이 그를 압박하여 그런 노동 조건을 거두어들이게 했거나, 아니면 그 자신의 이기심이 발동하여 가재인 흑인 노예의 건강과 체력을 유지하려고 애썼을 것이다.

그러나 런던, 뉴욕, 보스턴은 노예를 해방시키기 위해 그들의 돈과 피를 내놓은 사람들이 사는 곳이 아닌가. 이 도시의 시민들은 동물을 학대하면 체포되어 처벌을 받는다. 그런데도 이 도시의 거리에서는 남루한 옷을 입은 맨발의 어린아이들이 거리를 돌아다니고 있고 심지어 겨울철에도 그러하다. 지저분한 다락방과 시끄러운 지하실에서는 여인들이, 적절한 온기와 양분을 유지하는 데도 턱없이 부족한 임금을 벌기 위해 노동을 하면서 그들의 생명을 단축시키고 있다. 그러니 이런 상황을 목격한 남부의 노예 소유주들이 노예제 철폐 주장은 위선의 헛소리에 불과하다고 말하는 것이 그리 무리도 아니다.

이제 노예제가 폐지되었지만, 남부의 농장주들은 그로 인해 별로 손실을 보지 않았음을 발견한다. 자유인들이 살아가고 있는 그들의 땅에 대한 소유권 덕분에 농장주들은 전과 마찬가지로 노동에 대하여 막강한 장악력을 가지고 있다. 그와 동시에 농장주들은 때때로 아주 많은 비용이 들어가는 책임(노예의 건강 유지 책임)을 완전히 면제받는 것이다. 흑인들은 이제 다른 곳으로 이동할 수 있고 또 그런 대이동이 이제 막 시작되려는 듯하다. 그러나 인구가 증가하고 토지가 귀해지면서 농장주들은 가재 노예제 시절보다 그들이 생산량에 대하여 비율적으로 더 큰 몫을 가져가고, 노동자들은 덜 가져가게 될 것이다. 가재 노예제 아래에서 노예들은 신체 건강을 훌륭하게 유지할 정도로 생산량의 몫을 받아갔으나, 영국 같은 나라들에서는 그 정도의 몫도 받지 못하는 대규모 노동자 계층이 있는 것이다.[4]

주인과 노예 사이의 개인적 관계가 정립되어 있는 곳에서는 인정의 영향력이 작용하여 가재 노예제의 상황을 완화시켜 주었고, 주인이 노예에 대한 권리를 악랄하게 주장하지 못하도록 만들었다. 이러한 온정주의가 유럽 발전의 초창기에 존재했던 농노제에도 스며들어 있었다. 이렇게 된 데에는 종교의 영향도 있었을 것이나, 가재 노예제의 경우와 마찬가지로, 지주의 온정적인 혹은 이기적인 관심도 작용을 했을 것이다. 이러한 온정주의는 하나의 관습이 되었고, 지주가 농민 혹은 농노에게서 뽑아낼 수 있는 생산량에 한도를 부여했다. 그 결과 생존 수단이 없는 사람들이 그 수단을 얻기 위해 서로 무자비하게 경쟁하는 현상이 그리 본격적으로 벌어지지 않았고, 그 결과 노동자를 약탈하고 타락시키려는 힘이 최대한 발휘되지도 않았다.

그리스의 헬롯, 이탈리아의 반타작 농민, 러시아와 폴란드의 농노, 중세 봉건 유럽의 농노 등은 지주에게 그들의 생산물 혹은 노동의 일부 고정된 비율을 떼어주었고, 그 수준 이상으로 수탈을 당하지는 않았다. 오늘날 영국의 영지에서 지주와 그 가족들은 아프거나 허약한 사람들에게 의약품과 간호 장비를 보내주는 등 소작인들의 복지를 보살피는 것을 그들의 의무라고 생각한다. 이것은 과거 남부의 농장주들이 흑인 노예의 건강을 돌보았던 것과 비슷하다.

그러나 지주의 수탈 권리를 완화시켜 주었던 이러한 온정주의는, 농노제

---

4 노예제 폐지를 외치는 운동가인 J.A. 콜린스 대령은 영국을 방문한 길에 스코틀랜드의 제조업 도시를 방문하여 대규모 청중 앞에서 연설을 했다. 그는 미국에서 그렇게 하듯이 미국의 여러 주들에서 노예에게 주어야 할 최소한의 식량을 언급한 법규를 말하는 것으로 연설을 마무리지으려 했다. 그는 그 최소한의 식량 얘기가 많은 청중들에게 하나의 안티클라이맥스(노예가 그리 나쁜 대접을 받는 게 아니라는 느낌)가 되었음을 그 즉시 발견했다.

가 복잡한 현대 생산의 과정에서 취하게 된 더욱 세련되고 덜 분명한 노동 형태에서는 사라져버렸다. 현대의 노동 과정은 다양한 중간 단계에 의하여 노동을 제공하는 자와 그 노동을 사용하는 자로 서로 멀리 떼어놓았다. 그리하여 이 두 계급의 관계는 직접적이고 구체적인 것이 아니라, 간접적이고 일반적인 것이 되었다.

현대 사회의 경쟁은 노동자를 압박한다

현대 사회에서는 경쟁이 엄청난 영향력을 발휘하여 노동자로부터 그가 내놓을 수 있는 것을 최대한 뽑아내려 한다. 이러한 경쟁이 어떤 역할을 하는지는, 부와 산업의 중심부에서 최저 계급의 생활조건을 살펴보면 금방 파악할 수 있다. 이러한 최저 계급의 열악한 생활조건이 아직 전반적으로 널리 퍼지지 않은 것은, 미국 대륙에 아직 개발되지 않은 비옥한 땅이 많이 있기 때문이다. 이것은 미국의 오래된 지역들의 인구 증가로부터 탈출구를 제공할 뿐만 아니라 유럽에서의 인구 압박도 크게 완화시켜 주었다. 특히 아일랜드의 경우, 미국으로 이민 오는 이민자 숫자가 너무나 많아서 그 나라의 인구를 감소시켰을 정도이다. 그러나 이런 탈출의 통로는 영원히 지속될 수 없다. 그 통로는 이미 빠르게 닫히고 있으며, 그런 식으로 폐쇄가 진행되면 압박은 점점 더 심해질 것이다.

고대 인도의 서사시 『라마야나』에 나오는 현명한 까마귀 부산다는 "이 세상의 모든 지역에 살아 보았으며 모든 사건들을 시간의 시작부터 알고 있다." 하지만 부산다는, 지극한 행복을 얻으려면 세속의 혜택을 경멸하는 것이 반드시 필요하기는 하지만, 극도의 빈곤은 사람에게 아주 날카로운 고통을 준다고 말한다.

문명국들에서 일반 대중이 겪고 있는 빈곤은, 현자들이 추구했고 철학자들이 칭송한 혼란과 유혹으로부터의 자유를 주는 것이 아니다. 그것은 사람을 타락시키고 짐승으로 만드는 노예제이다. 고상한 본성을 옥죄고, 세련된 감정을 둔화시키고, 그 심각한 고통으로 사람을 몰아붙여 짐승도 차마 하지 못하는 일을 하게 만든다. 선남선녀의 사기를 꺾어놓고, 어린아이로부터 그 순진함과 즐거움을 빼앗아가고, 무시무시하고 무자비한 기계처럼 노동자들을 몰아붙이며 일하게 만드는 것이, 바로 이 처참하고 희망 없는 빈곤이다.

여공들에게 시급 2센트를 지불하는 보스턴 목 칼라 제조업자는 그들의 생활조건을 불쌍하게 여길 것이다. 그러나 그 제조업자도 여공들과 마찬가지로 경쟁의 법칙으로부터 압박을 받고 있으며 그보다 시급을 더 주어서는 사업을 운영할 수가 없다. 물품의 교환은 감정의 지배를 받지 않기 때문이다. 그리하여 모든 중간 단계를 통하여, 아무런 기여 없이 지대의 형태로 노동의 생산물을 받아가는 사람들에 이르기까지, 공급과 수요의 무자비한 법칙이 작용한다. 개인은 바람이나 조수를 상대로 시비를 걸 수 없는 것처럼 이 법칙을 상대로 싸울 수가 없다. 그리고 이 법칙이 최저 계급을 가난의 노예제로 내몰고 있는 것이다.

그러나 실제에 있어서 노동자를 노예 신분으로 몰아넣는 원인은 과거나 지금이나 단 한 가지, 자연이 모든 사람에게 사용하라고 내려준 토지를 일부 사람들이 독점하고 있는 것이다.

우리가 토지 사유제를 인정해 주는 한, 우리가 널리 자랑하는 자유는 반드시 그 안에 예속을 내포하게 된다. 이 제도를 철폐하지 않는다면 독립 선언서나 노예 해방령은 헛것에 지나지 않는다. 한 사람이 다른 사람들의 생활 터전인 토지를 독점적으로 소유한다면, 노예제는 그대로 존재한다. 그리고 물질적 진보가 계속될수록 그 제도는 더욱 가지를 크게 펼치고 뿌리를 깊게 내릴 것이다.

이것 ─ 우리는 이 책의 앞 여러 장들에서 그 과정을 차근차근 검토해 왔는데 ─ 이 오늘날 문명 세계에서 벌어지고 있는 일이다. 토지 사유제는 아래쪽 맷돌이다. 물질적 진보는 위쪽 맷돌이다. 점점 압력이 높아지는 이 두 맷돌 사이에서 노동 계급은 계속 으깨어지고 있는 중이다.

제3장

토지 소유자의 보상 요구

피해갈 수 없는 진실은, 토지의 독점적 소유는 결코 정당한 권리가 아니며, 토지 사유제는 가재 노예제와 마찬가지로 후안무치하고 노골적이고 엄청난 잘못이라는 것이다.

문명사회의 주민들 대부분은 이러한 사실을 인식하지 못한다. 왜 이렇게 되었을까? 단지 그들이 생각을 하지 않기 때문이다. 그들은 존재하는 것은 뭐든지 옳다고 생각한다. 그러다가 어떤 사안이 잘못되었다는 것을 반복적으로 지적해 주어야 겨우 눈뜰까 말까 한다. 그리고 일반적으로 말해서 그들은 그런 지적을 최초로 하는 사람이 누구든 그를 십자가에 못 박을 준비가 되어 있다.

현재 미비한 상태로 가르쳐지고 있지만 그래도 정치경제학을 공부한 사람, 부의 생산과 분배에 대해서 깊이 생각해본 사람이라면 토지 재산권은 인간의 노력으로 생산한 물건의 재산권과는 본질적으로 다르다는 것을 발견할 것이다. 토지의 재산권은 심오한 정의의 측면에서 보자면 전혀 근거가 없다.

이 점은 정치경제학의 모든 교과서에서 명시적으로 혹은 묵시적으로 인정되고 있으나, 전반적으로 볼 때에는 막연하게 인정하거나 아니면 그냥 얼버무리고 있다. 노예제도가 시행되는 사회에서 도덕 철학을 강연하는 연사가 인간의 자연권을 너무 세밀하게 따지는 것을 일부러 회피하듯이, 토지 사유제가 잘못되었다는 사실을 애써 외면하려는 것이다. 그리하여 이 제도는 하나의 기정사실로서 아무런 논평 없이 받아들여지거나 아니면 토지의 적절한 사용과 문명국가의 원활한 운영에 필요한 제도인 것처럼 추정되고 있다.

우리가 지금껏 여러 단계를 거치면서 검토하여 도달한 결론에 의하면 토지 사유제는 유용성(편의성)의 근거 위에서도 정당화될 수 없는 것이다. 오히려 선진 문명사회에서 위협적으로 드러나고 있는 빈곤, 비참, 타락, 사회악, 정치적 약점 등의 원인으로 밝혀졌다.

이처럼 편의성과 정의(正義)의 두 관점은 모두 시청의 규정보다 폭넓은 근거나 강력한 기반을 갖고 있지 못한 이 제도를 철폐할 것을 요구하고 있다. 그런데 우리가 제도의 철폐를 망설이는 이유는 무엇인가?

토지는 원래 공동 재산이 되어야 마땅하다는 것을 분명하게 알고 있는 사람들도 제도의 철폐를 망설이는 이유는 이러하다. 지난 오랜 세월 동안 토지를 사유 재산으로 취급하는 것을 허용해 왔는데, 만약 그 제도를 철폐한다면 우리는 그 제도의 영속성을 믿고서 토지를 사들인 사람들에게 잘못을 저지르는 것이라는 얘기이다. 정당한 재산으로 지금껏 인정해 왔으므로 토지에 대한 공동권리를 주장하면, 정당한 대가를 지불하고 그 땅을 사들인 사람들에게 부당한 행위를 하는 게 된다는 것이다. 따라서 토지 사유제를 폐지하려고 한다면 현재의 토지 소유주에게 토지의 값을 충분히 보상해 주는 것이 반드시 필요하다. 가령 영국 정부가 장교 임명서의 매입과 판매를 철폐함으로써, 그 증서를 되팔 수 있을 것으로 믿고서 그것을 사들인 사람들에게 보상의 의무를 느낀 사례, 혹은 영국령 서인도 제도의 노예 제도를 철폐하면서 노예 소유주들에게 1억 달러를 변상해 주었던 사례를 들이댄다.

심지어 허버트 스펜서도 그의 저서 『사회정역학(*Social Statics*)』에서 토지의 독점적 소유가 부당하다는 것을 명확하게 증명하고 나서, 이 보상의 주장을 받아들이며(내가 볼 때는 별로 일관성 없게) 이런 말을 했다. "그들 자신의 행위나 조상들의 행위에 의하여 토지를 소유하게 된 지주들의 주장을 정확하게 감정하여 정직하게 획득한 부에 상응하는 보상금을 지불해야 한다. 이것은 장래 언젠가 문명사회가 해결해야 할 가장 복잡한 문제들 중 하나이다."

바로 이런 사상에 입각하여 영국 내에서는 정부가 개인의 토지를 시장 가격으로 모두 사들여야 한다는 주장이 힘을 얻고 있다. 또 이런 사상 때문에 존 스튜어트 밀은 토지 사유제의 본질적인 부당함을 깊이 인식하고 있었으면서도 토지의 전면 몰수가 아니라 향후 토지에서 발생하는 이득분에 대해서만 환수를 해야 한다고 주장한 것이다. 밀의 계획은 이런 것이다. 먼저 영국 내의 모든 토지의 시장 가격에 대하여 공정하면서도 관대한 측정을 한다. 그 다음에 그 시장 가치 이상의 가치가 장래 발생한다면 그 부분은 지주에게 돌아가는 것이 아니라 국가의 소유가 되어야 한다는 것이다.

지주에 대한 보상은 불필요하다

이런 번거로운 계획이 가져올 복잡한 현실적 문제들 - 가령 정부의 기능이 확대되어야 하고 그 과정에서 부정부패가 발생할 수 있다 - 을 제쳐놓더라도, 그 계획 안에 내재된 본질적 결함은 이러한 것이다. 무엇보다도 옳은 것과 그른 것 사이에 존재하는 근본적 차이를 미봉하려는 일은 결코 성공하지 못한다. 지주의 이해관계가 그대로 유지되는 데 비례하여 일반 대중의 이해관계와 일반적인 권리는 침해를 받게 된다. 만약 지주들이 그들의 특별한 혜택을 전혀 내려놓지 않는다면 일반 대중은 아무것도 얻지 못한다. 개인의 재산권을 되사들인다는 것은, 기존 지주들이 토지를 소유하면서 얻었던 것과 똑같은 종류와 수량의 혜택을 단지 다른 형태로 되돌려주는 것이다. 그들이 현재 노동과 자본의 생산량 중 지대 명목으로 가져가는 것을 세금을 거두어서 돌려주는 것일 뿐이다.

지주들의 부당한 이익은 그대로 유지되는 것이고 비(非) 토지 소유주의 부당한 손해는 계속되는 것이다. 만약 현재와 같은 제도 아래에서 지주가 취득할 지대가 토지 매수 가격의 이자보다 더 높은 금액이라면, 일반 대중이 혜택을 볼 수도 있다. 그러나 이것은 미래의 소득일 뿐이다. 현재에는 아무런 혜택이 없을 뿐만 아니라, 현재 지주의 혜택을 위하여 노동과 자본에 가해지는 부담은 더욱 가중될 것이다. 현재의 토지 시가를 구성하는 여러 요소들 중 하나는 지가 상승의 기대감이다. 따라서 현재 시가대로 토지를 매입하고 매입가에 대하여 이자를 지불하는 것은, 생산자들로 하여금 실제 지대를 지불하게 하고, 나아가 투기적 지대에 대해서도 지불을 하게 만드는 것이다.

이것을 다르게 설명하자면 이러하다.

토지는 통상적인 이율보다 낮은 이율로 계산되는 가격에 매입된다(왜냐 하면 지가의 상승 전망은 언제나 토지의 시가를, 같은 수익을 내는 다른 상품보다 높게 평가하게 만들기 때문이다). 그러나 매입가에 대한 이자는 정상적인 이율이 적용된다. 이렇게 하여 지주는 토지에서 현재 발생하는 소득을 기준으로 보상받는 것이 아니라, 실제보다 더 큰 보상을 받게 된다. 실제로 정부는 땅주인이 현재 받는 지대 수준에 비해 훨씬 높은 수준의 전세금을 미리 내고 토지를 영구 임차하는 셈이 된다. 당분간 국가는 지주를 대신하여 그들의 지대를 걷어주는 대리인이 될 뿐만 아니라, 지주들에게 실제 지대를 지불하는 것은 물론이요 그보다 훨씬 더 많은 금액을 이자의 차액으로 지불하는 것이다.

존 스튜어트 밀의 계획 – 현재의 모든 토지 시가를 고정시키고 그 후에 발생하는 지가 상승분을 국가에 돌려서 "토지 가격 상승에 의한 불로소득"을 국유화하는 것 – 은 현재의 정의롭지 못한 부의 분배를 더욱 악화시키는 것은 아니지만, 그것을 해결하지는 못한다. 이 계획을 실천한다면 투기적 지대 상승이 추가로 벌어지는 일은 없을 것이다. 일반 대중은 실제 지대의 상승분과, 현재의 토지 가격 – 이 가격에는 현재의 가치는 물론이고 향후의 상승 기대분도 반영되어 있다 – 을 고정시키면서 증가할 것으로 예상되었던 지대의 상승분 사이의 차익을 가져갈 수 있을 것이다. 그러나 이 계획은 앞으로 다가올 모든 미래에, 어떤 한 계급(지주)이 다른 계급들에 대하여 갖고 있는 현재의 이점을 아주 더 크게 만들 뿐이다. 이 계획에 대해서 해줄 수 있는 말이라고는 없는 것보다는 낫다는 정도이다.

이러한 불충분하고 비현실적인 계획들은, 이보다 더 좋은 제안들이 아예 나오지 않는 곳에서는 토론의 화제로는 적당할 것이다. 또 그런 토론이 벌어진다는 것은 희망적인 전조이다. 진리라는 쐐기의 가느다란 끝이 사태의 핵심을 향해 파고든다는 뜻이니까 말이다. 아주 오랫동안 지속되어온 잘못을 상대로 정의가 발언을 하고 나설 때, 그것(정의)은 사람들의 입에서 아주 자그마한 웅얼거림 정도로 그친다. 우리 영어권 국가들의 사람들은 색슨 족의 노예 목걸이를 아직도 목에 걸고 있어서, 지주들의 "기득권"에 대해서는 고대의 미신적인 이집트인들이 악어를 바라보듯이 경건한 마음으로 바라보아야 한다는 가르침을 받아 왔다. 그러나 적당한 때가 되면 정의로운 사상은 무럭무럭 성장한다. 비록 그 사상이 처음 출현했을 때에는 보잘것없는 것이었을지라도.

그리하여 어느 날 제3계급(평민)은 왕이 모자를 쓸 때(왕이 등장할 때)에 예전의 전통처럼 그들의 맨 머리를 드러내는 것이 아니라 함께 모자를 쓸 수 있게 되었다. 그리고 세월이 좀 더 흘러서 성 루이 왕[5]의 후예 한 사람[6]은 단두대에서 목이 굴러 떨어졌다. 미국 내에서 벌어진 노예제 철폐 운동은 처음에는 노예 소유주들에게 보상을 거론하는 것으로 시작되었다. 그러나 4백만 명의 노예가 해방되었을 때 소유주들은 보상을 받지 못했고 보상을 요구하지도 않았다. 영국과 미국 같은 나라의 국민들이 토지 사유제의 부당함과 잔인함을 충분히 인식하여 토지의 국유화 운동에 나선다면, 그들은 토지 매입보다는 좀 더 직접적이고 수월한 방식으로 국유화를 추진하게 될 것이다. 그들은 토지의 소유주들에게 보상하는 문제 따위는 전혀 신경 쓰지 않을 것이다.

보상 제안은 맬서스 이론과 관련이 있다

토지의 소유주들에 대하여 배려를 해야 한다는 얘기는 올바른 것이 아니다. 존 스튜어트 밀 같은 사람이 지주의 보상을 중시하여 미래의 지대 상승분만 환수해야 한다고 주장하게 되는 배경은 무엇일까? 그것은 그가 임금은 자본에서 나오고 인구 증가는 식량 증가를 압박한다는 현행 정치경제학의 이론을 신봉했기 때문이다. 이 이론 때문에 눈이 멀어 존 스튜어트 밀은 토지 사유제의 전면적인 악영향을 제대로 통찰하지 못했다. 그는 "토지 소유주들의

---

5   프랑스의 성인(聖人) 왕 루이 9세. 미국의 도시 세인트루이스는 이 왕의 이름에서 유래: 옮긴이
6   프랑스 혁명 때 처형된 루이 16세: 옮긴이

주장은 국가의 전반적 정책에 복종해야 한다"라고 하고서 "토지 사유제가 편의성이 없다면 그것은 불의한 것이다"라고 말했다.[7]

그러나 맬서스 이론의 올가미에 걸려들어 내가 앞에서 인용한 바 있는 J.S.밀의 문장에서, 밀이 주위에서 목격하는 가난과 고통은 "인간의 불의 때문이 아니라 자연의 게으름 때문이다"라고 말했다. 이렇게 하여 밀은 토지 사유제를 비교적 사소한 문제로 보았고, 빈곤의 박멸과 결핍의 일소에 대해서는 아무런 기여도 하지 못했다. 그러면서 이런 문제들을 해결하려면 인간을 충분히 교육시켜 자연적인 본능(성욕)의 억압을 유도해야 한다고 생각했다.

밀은 위대하면서도 순수한 학자이고 따뜻하고 고상한 마음을 가진 사람이었으나 경제적 법칙들의 진정한 조화를 꿰뚫어 보지 못했고 이 엄청난 단 하나의 잘못(토지 사유)으로부터 가난과 비참, 죄악과 수치가 흘러나온다는 것을 인식하지 못했다. 안 그랬더라면 그는 다음과 같은 문장을 써내지 않았을 것이다. "아일랜드의 토지, 모든 나라의 토지는 그 나라 국민들의 것이다. 지주라고 하는 개인들은 도덕과 정의의 관점에서 볼 때 그 땅의 지대 혹은 그 땅의 판매가에 대한 보상 이외에는 아무런 권리도 가지고 있지 않다."

예언자의 이름으로 말하노니, 이 무슨 헛소리인가! 만약 어떤 나라의 토지가 그 나라 국민에게 속한 것이라면, 도덕과 정의의 관점에서 볼 때, 지주라는 개인들이 무슨 권리로 지대를 내놓으라고 할 수 있는가? 만약 어떤 나라의 토지가 그 나라 국민에게 속한 것이라면, 도덕과 정의의 관점에서 볼 때, 왜 국민들이 자신의 물건에 대하여 판매가를 지불해야 하는가?

허버트 스펜서는 이렇게 말한다.[8]

---

7 『정치경제학의 원리(Principles of Political Economy)』, 제1권 2장 6절.
8 『사회정역학』 p. 142(『진보와 빈곤』의 재쇄(1897)에서 이런 점을 언급해둘 필요가 있다고 생각한다. 여기서 인용한 것도 그렇고 나머지 스펜서의 『사회정역학』 인용문들은 뉴욕의 애플턴 출판사가 1864년에서 1892년까지 스펜서의 동의 아래 발간한 『사회정역학』에서 가져온 것이다. 그 당시 『사회정역학』은 반박이 되었고, 그리하여 『축약되고 수정된 사회정역학』이라는 제목으로 신판이 나왔다. 이 신판에서는 『사회정역학』 초판에서 나온, 토지 사유제를 부정하는 언급들은 모두

"우리가 최초로 인류에게서 그 유산을 빼앗은 자들을 상대하는 것이라면, 이 문제를 간단히 처치할 수 있을 것이다."

왜 지금이라도 그 문제를 간단히 처치하지 못하는가? 왜냐하면 이 강탈 행위는 남의 말[馬]을 강탈하거나 남의 돈을 빼앗은 행위처럼 일회성으로 그치지 않기 때문이다. 그것은 매일 매시간 새롭게 벌어지는 연속적인 강탈 행위이다. 지대는 과거의 생산물을 일부 가져가는 것이 아니다. 그것은 지금 현재의 생산물로부터 지대를 챙겨간다. 그것은 노동을 상대로 꾸준하면서도 연속적으로 부과되는 세금이다. 망치질, 곡괭이질, 베틀의 북을 밀어내기, 증기기관의 펄떡거림, 이런 행위들을 한 번 할 때마다 지대에 세금을 내야 하는 것이다. 그것은 지하 깊은 곳에서 목숨을 걸고 작업하는 사람들의 소득, 하얀 파도 위에서 비틀거리는 돛대에 매달려 일하는 사람들의 소득에도 세금을 부과한다. 그것은 자본가의 보상과 발명가의 근면한 노력의 결과물에도 일부 몫을 떼어달라고 요구한다. 그것은 어린아이들을 학교와 놀이터에서 떼어내어 아직 뼈가 굳지도 않고 근육이 단단하지도 않은 상태에서 노동을 하도록 강요한다. 그것은 떨고 있는 사람에게서 온기를 빼앗아가고, 굶주린 사람에게서 음식을 강탈해가며, 병든 자에게서 의약품을, 근심하는 사람에게서 평온을 빼앗아간다. 그것은 사람을 타락시키고, 짐승으로 만들며, 적개심을 느끼게 한다.

그것은 8~10명이나 되는 식구들이 지저분한 단칸방에 모여 살게 한다. 그것은 농사일을 하는 소년과 소녀들을 돼지들처럼 무리지어 움직이게 한다.

삭제되었다. 따라서 이 신판에는 『진보와 빈곤』이 인용한 문장들이 전혀 들어 있지 않다. 스펜서 씨는 영국 단일세 지지자들로부터 『사회정역학』 초판본으로부터 입장이 달라진 이유를 설명해달라는 요구를 계속 받자, 『토지 문제에 대한 허버트 스펜서의 견해』라는 소규모 책자를 내놓았다. 이 책에는 『사회정역학』 제9장과, 『정의』(1891)에서 제시한, 그 자신이 보기에 타당하다고 생각되는 답변이 나란히 제시되어 있다. 이 소규모 책자 또한 애플턴 출판사에 의해 다시 발행되었다. 하지만 나는 그 답변이 스스로를 철학자라고 생각하는 사람이 내놓은 답변치고는 아주 우스꽝스러운 것이라고 생각한다.

그것은 집 안에서 안락함을 얻을 수 없는 사람들을 선술집과 목로주점에 모여들게 한다. 그것은 유망한 청년으로 성장할 법한 소년들을 교도소의 수인으로 만든다. 그것은 모정의 순수한 즐거움을 느끼며 살아갔을 법한 소녀들을 창녀촌으로 보낸다. 그것은 추운 겨울이 늑대들을 인간의 주거로 몰아붙이는 것처럼, 온갖 탐욕과 모든 사악한 열정이 사회에 횡행하도록 만든다. 그것은 인간 영혼에 깃든 신앙에 먹칠을 하고, 정의롭고 자비로운 창조주의 초상 위에다 냉정하고, 맹목적이고, 잔인한 운명의 베일을 덮어버린다!

지금 당장 토지 사유제를 철폐하라

그것은 단지 과거의 강탈 행위로 그치는 것이 아니다. 그것은 현재에도 벌어지고 있는 강탈 행위이다. 이제 막 세상에 태어난 갓난아이들로부터 그들의 생득권(生得權)을 빼앗아가고 있는 강탈 행위인 것이다! 왜 이런 제도를 간단하게 처치해 버리는 것을 망설이고 있는가? 내가 어제, 그제, 엊그제 강탈당했기 때문에 오늘도 내일도 똑같이 강탈당해야 한다는 이유가 도대체 어떻게 성립이 되는가? 저 강탈해가는 자가 나에게서 강탈할 수 있는 기득권을 획득했다고 내가 인정해야 할 무슨 이유라도 있는가?

만약 토지가 국민의 것이라면, 왜 지주가 계속 지대를 받는 것을 허용하며, 또 그의 지대 손실에 대하여 이런저런 방식으로 보상해야 한단 말인가? 지대가 무엇인지 한 번 생각해 보라. 그것은 토지에서 자연적으로 생겨나는 것이 아니다. 그것은 온 사회가 함께 창조한 가치이다. 어떤 사회에 살고 있는 주민들이 모두 사라진 상태에서, 토지의 소유가 지주들에게 가져다주는 것이 있다면, 지주는 그것을 다 가져도 좋다. 그러나 지대는 온 사회가 참여하여 창조한 것이므로 당연히 온 사회에 돌아가야 하는 것이 옳다.

인간의 권리와 인간의 정체를 결정지어 주는 보통법의 격언에 따라 지주의 사례를 검증해 보자. 보통법은 이성(理性)이 완성된 형태라고 말들 한다. 보통법은 지주들을 위해 지주들이 구축한 것이므로, 지주들은 이 법의 결정에 불평을 하지 못한다. 자, 어떤 사람이 자기 돈을 주고 정당하게 사들인 어떤 땅이 실은 다른 사람의 소유라는 것이 적법하게 밝혀졌을 때, 보통법은 그 선량한 토지 취득자에게 어떤 혜택을 주는가? 아무런 혜택도 주지 않는다. 그가 선의로 그 땅을 사들였다고 해도 그는 그 땅에 대하여 아무런 권리도 없고 주장도 할 수 없다. 보통법은 선량한 토지 구매자에게 "보상이라는 복잡한 문제"는 전혀 신경 쓰지 않는다. 그 법은 존 스튜어트 밀의 다음과 같은 말을 전혀 하지 않는다. "그 토지는 A의 소유이므로, 그 자신을 그 땅의 주인이라고 생각하는 B는 지대와 그 판매가의 보상 이외에는 아무런 권리가 없다."

토지의 소유는 훔쳐온 물건의 취득이다

보통법은 저 유명한 도망 노예 사건의 판결에서 그 모습을 드러냈다. 법원은 미국 북부에 그 법을 주었고 남부에는 흑인 노예를 돌려주었다. 그 법의 정신은 간단히 설명하면 이러하다. "토지는 A의 것이다. 보안관은 A가 그것을 소유하게 하라!" 보통법은 잘못된 상품(도망 노예)을 선의로 사들인 자에게 아무런 권리도 인정하지 않았고, 그 구매자에게 보상도 할 필요 없다고 선언했다. 그 뿐만 아니다. 보통법은 선량한 구매자에게 그가 선의로 토지를 개량시킨 개선분에 대해서도 아무런 권리를 인정하지 않았다.

선의의 구매자는 그 토지에 높은 가격을 지불하고 사들여서 그 소유권을 온전한 것으로 만들기 위해 모든 노력을 했을 수도 있다. 그 구매자는 적대적 권리 주장자 따위는 전혀 생각하지 않고 여러 해 동안 그 땅을 별 문제 없이 소유했을 수도 있다. 구매자는 그 땅에다 온갖 정성을 쏟아서 가치 있는 것으로 만들었고 토지 그 자체보다 더 값나가는 호화로운 건물을 세웠을 수도 있다. 혹은 그 땅에다 무화과나무를 심고 집 벽에는 담쟁이를 심어서 그의 노년을 편안하게 보낼 멋진 집으로 만들었을 수도 있다.

그러나 어느 법률회사가 그 구매자의 토지 등기 권리증에서 전문적인 결점을 찾아내거나, 자신의 권리는 전혀 생각하지 않는 잊힌지 오래된 어떤 상속자를 찾아낸다면, 그 구매자의 토지뿐만 아니라 그가 그 땅을 좋게 개량한 시설들도 모두 그에게서 몰수된다. 그 뿐만이 아니다. 보통법에 의하면, 설사 그 구매자가 그 토지와 개량 시설을 모두 포기한다고 해도, 그는 토지를 점유하고 있던 동안에 그 땅으로부터 얻어낸 이윤도 함께 내놓으라는 요구를 받을 수 있다.

자, 이제 우리가 지금껏 설명해온 보통법의 정신을 국민 대 지주 소송 사건에다 적용하면 어떻게 될까? 이 소송 건에 정의의 원리 - 지주들이 법으로 구체화시켰고, 영미권의 법정에서 당사자 간의 분쟁을 해결하기 위해 매일 적용되고 있는 원리 - 를 적용한다면? 그러면 우리 국민은 지주들에게 그 토지에 대한 보상을 해줄 필요가 없는 것은 물론이고, 그 개량 시설과 지주들이 그동안 챙긴 이윤도 모두 내놓으라고 할 수 있는 것이다.

하지만 나는 이렇게까지 주장할 생각은 없고, 또 다른 사람들도 이런 극단적인 조치를 원하지는 않을 것이라고 생각한다. 국민이 그 토지의 소유권을 되찾아오기만 하면 충분한 것이다. 그리고 지주들에게는 그 개량 시설과 개인 재산은 안전하게 소유하도록 하는 것이다.

이런 정의로운 조치를 취한다면 거기에는 억압도 없고, 또 그 어떤 계급에도 손해를 입히지 않는다. 이렇게 한다면, 현재의 불평등한 부의 분배와 그에 따른 고통, 타락, 낭비 등은 깨끗하게 일소될 것이다. 심지어 지주들조차도 이런 전반적인 소득에 동참하게 될 것이다. 대규모 토지 소유주의 소득은 실질적인 소득이 될 것이다. 소규모 지주들의 소득은 엄청날 것이다. '정의'를 환영하면서 인간들은 '사랑'이라는 시녀 또한 환영하게 될 것이다. 평화와 풍요가 그녀의 뒤를 따라 오면서 일부 사람들이 아니라 모든 사람에게 좋은 선물을 가져올 것이다.

이것이 얼마나 진실한 이야기인지, 우리는 뒤이어서 살펴보게 될 것이다.

이 장에서 나는 정의와 편의성이 마치 별개의 것인 양 얘기해 왔는데 그것은 단지 그런 식으로 말하는 사람들의 반론을 상대하기 위해서였다. 실은 정의야말로 최고, 최선의 편의성인 것이다.

제4장

토지 사유제의 역사적 사례

토지 사유제의 본질적 불의를 잘 깨닫지 못하게 하고 또 그 제도의 철폐를 진지하게 고려하는 것을 가장 강력하게 방해하는 힘은 무엇일까? 그것은, 오랫동안 존재해온 것은 자연스럽고 필요한 것이라고 여기는 사고 습관이다.

우리는 토지를 개인 재산으로 취급하는 데 아주 익숙해져 있다. 우리의 법률, 풍습, 관습 등에 아주 깊숙이 뿌리를 내리고 있어서 대부분의 사람들은 그 제도를 아예 깊이 생각해 보지도 않는다. 오히려 토지의 유익한 사용에 그 제도가 필요하다고 생각하기까지 한다. 이 사회가 토지를 개인 소유로 돌리지 않아도 충분히 존재할 수 있고, 또 얼마든지 그런 사회를 만드는 게 가능하다는 생각은 아예 하지 않으며, 그런 생각이 그들의 머릿속으로 우연찮게 들어오는 일조차도 없다. 그들은 토지를 경작하거나 개량하는 첫 번째 단계는, 누군가가 그 토지를 자기의 소유로 하는 것이라고 생각한다. 그리고 어떤 개인의 토지는 온전히 그의 것으로서, 그의 집, 소, 물건, 가구 등과 마찬가지로 얼마든지 팔거나, 임대하거나, 증여하거나, 상속할 수 있다고 본다.

볼테르가 법률가들을 가리켜 말한 바 "오래된 야만주의의 보존자들"은 "재산의 신성함"을 꾸준하면서도 효율적으로 설교해 와서 대부분의 사람들은 토지 사유제를 현대문명의 기초라고 여기게 되었다. 그리하여 누군가가 토지를 공동 재산으로 환수해야 한다고 주장하면 당장 그것을 터무니없는 공상으로 치부해 버린다. 그런 황당무계한 공상은 현실에서는 실현된 바도 없고 실현될 수도 없는 것이며, 사회의 기반을 뿌리째 뒤흔들어 이 사회를 야만 상태로 퇴행시키려는 불순한 주장이라고 매도한다.

토지 사유제는 노예제와 군주제처럼 과거의 유물

설사 토지가 지금껏 사유 재산으로 취급되어온 것이 사실일지라도 그것이 이 제도의 존속이 필요하거나 정당함을 증명해 주는 것은 아니다. 과거에 노예제가 온 세상에 널리 퍼져서 아주 안전하게 제도의 정당성을 확인받았다고 해서, 그것이 인간의 신체를 재산으로 만들어야 할 필요나 정당성을 입증해 주지 못하는 것과 마찬가지다.

얼마 전만 해도 군주제는 보편적 제도인 것처럼 보였다. 그리하여 왕들뿐만 아니라 그들의 신하 대부분도 왕이 없이는 그 어떤 나라도 굴러가지 못할 것이라고 생각했다. 그러나 미국은 말할 것도 없고 프랑스도 이제 국왕 없이 국정이 운영되고 있다. 영국 여왕 겸 인도의 여황제는 국정 운영과 관련하여 뱃머리에 세워져 있는 조각상만큼이나 방향 결정에는 영향을 미치지 못한다. 그리고 다른 유럽의 왕관 쓴 왕들은, 비유적으로 말해서, 폭탄의 통 위에 앉아 있는 것이나 다름없다.

약 백 수십 년 전에 영국의 주교 조지프 버틀러(1692-1752)는 『종교의 유비(*Analogy of Religion*)』(1736)라는 책에서 이렇게 선언했다. "종교적 제도가 없는 민간 정부의 구성은 공상적 계획에 지나지 않으며 그런 정부는 지금껏 존재한 적이 없다." 일찍이 전례가 없었다는 주교의 말은 옳다. 그 당시에는 그런 정부가 없었고, 기성 종교의 도움 없이 존재한 정부의 사례를 열거하기가 용이하지 않았다. 그러나 미국의 경우, 지난 백 년 동안 민간 정부가 국교의 도움 없이도 존재할 수 있음을 훌륭하게 증명해 왔다.

따라서 토지가 지금껏 세상 모든 곳에서 개인 재산으로 취급되어 왔으니 앞으로도 그렇게 해주어야 하는 게 진리가 아닌가, 라는 얘기에 대해서는 진리라고 말할 수 없다. 오히려 토지의 공유권은 전 세계 어디에서나 먼저 인정이 되었던 것으로서, 무자비한 강탈에 의하지 아니하고서 개인 소유가 인정된 곳은 어디에서도 찾아볼 수 없다. 인류의 일차적이고 한결 같은 인식은 모든 사람이 토지에 대하여 평등한 권리를 갖고 있다는 것이었다. 토지 사유제가 사회에 필요하다는 의견은, 가까운 주변 환경 너머를 바라보지 못하는 무지의 소치일 뿐이다. 토지 사유제는 비교적 최근에 생겨난 것으로서 왕권신수설(王權神授說: 왕의 권리는 하느님에게서 받은 신성하고 절대적인 권리이므로 백성은 반드시 따라야 한다는 이론)만큼이나 인위적이고 근거 없는 사상이다.

여행가들의 관찰, 인류의 사라진 기록들을 최근에 재구성한 비판적 역사가들의 연구 조사, 헨리 메인 경, 에밀 드 라블레이, 독일 본의 에르빈 나세 교수 등 여러 학자들의 인간사회 제도 탐구 등에 의하면, 인간 사회가 형성된 곳에서는 토지 공유제가 인정되었고, 구성원들의 자유의사에 의하여 무제한적인 토지 사유제가 채택된 곳은 어디에서도 없었다. 역사적으로나 윤리적으로 볼 때, 개인의 소유로 둔갑한 토지는 일종의 장물이다. 그것은 계약에 의해 생겨난 것이 아니다. 결코 정의나 편의성에 입각하여 수립된 제도가 아니다. 전 세계 어디에서나 전쟁과 정복의 결과물이며, 교활한 인간들이 미신과 법률을 교묘하게 이용하여 자신의 사복(私腹)을 채운 것이다.

아시아, 유럽, 아프리카, 미국, 폴리네시아 등 사회의 초창기 역사를 추적해 보면 토지는 공동재산으로 취급되었으며 ─ 인간의 삶이 토지와 맺는 불가피한 관계는 그런 태도를 갖도록 유도했다 ─ 자신의 권리를 주장하는 사람은 토지에 대하여 평등한 권리를 갖고 있었다. 다시 말해, 그 사회의 모든 구성원, 모든 시민이 그 사회의 토지를 사용하고 향유하는 평등한 권리를 갖고 있었다. 이런 토지 공동재산의 인식이 있었다고 해서, 노동의 결과물인 사물들에 대하여 특정하고 독점적인 권리를 인정하지 않는 것은 아니었다. 농업의 발전으로 인해 토지 경작에 투입된 노동의 결과물을 독점적으로 향유하기 위해, 토지의 독점적 소유를 어느 정도 인정해 주어야 할 필요가 생겼을 때에도, 토지 공유제의 대의는 포기되지 않았다. 가족, 가족 연합, 개인 등 생산단위 별로 토지를 분할하는 작업은 생산의 목적에 따라 알맞게 진행이 되었으나, 목초지와 삼림지는 공유지로 놔두었고, 농지에 대한 평등한 권리도 그대로 유지되었다. 가령 튜턴 족은 농지를 정기적으로 재배분했고, 모세의 율법은 농지의 양도를 금지했다.

이러한 원초적 재배치는 인도, 러시아, 최근까지 터키의 통치를 받았던

제7권 ── 해결책의 정당성

슬라브 국가들의 농촌 공동체에서 비교적 온전한 상태로 남아 있다. 또 스위스의 산간 지방, 아프리카 북부의 카빌레 족과 남부의 카피르 족, 자바의 원주민 공동체, 뉴질랜드의 원주민 사회 등 외부 세력이 원초적 사회 구성에 영향을 미치지 못한 지역들에서 여전히 토지 공유제의 개념이 남아 있다. 근년까지도 그 제도가 전 세계 어디에서나 남아 있었다는 사실은 많은 독립적인 연구자와 관찰자의 연구조사에 의하여 폭넓게 증명이 되었다. 내가 아는 한, 이 사실은 콥든 클럽의 주도 아래 발간된 『여러 국가들의 토지 소유제도』와 M. 에밀 드 라블레이의 『원시 재산권』 등에 잘 요약되어 있다. 이 사실에 대하여 좀 더 자세히 알고자 하는 독자들은 이 두 책자를 참고하기 바란다.

전 세계 모든 지역을 샅샅이 탐구한 결과에 대하여 에밀 드 라블레이는 이렇게 말한다.

"모든 원시 사회에서 토지는 부족의 공동 재산이었고 모든 가족들 사이에 정기적으로 배분되었다. 그리하여 모든 구성원은 자연이 명령한 대로 자신의 노동에 따라 살아갈 수 있었다. 따라서 구성원 각자의 안락함은 그 자신의 정력과 지력(머리)에 의해 결정되었다. 그 누구도 생계 수단이 결핍되어 고통받지 않았고, 세대에서 세대로 이어지면서 점점 늘어날 수 있는 불평등에 대하여 사전 대비가 되었다."

이러한 결론을 내린 M. 에밀 드 라블레이의 말이 맞고 또 거기에 대하여 의심의 여지가 없다고 한다면, 당연히 이런 질문이 제기될 것이다: "그런데 어떻게 토지 사유제가 그처럼 광범위하게 자리 잡을 수 있었는가?"

당초의 토지 공유제가, 독점적이고 불평등한 토지 사유제로 대체된 원인들에 대해서는 어디에서나 확실하게 추적이 가능하다. 평등한 개인의 권리를 부정하고 그 대신에 특권 계급의 등장을 밀어붙인 원인들은 전 세계 어디에서나 동일하다.

그 원인을 간단히 요약하면 이러하다. 전쟁 상태가 지속됨에 따라 족장과 군인 계급의 손에 권력이 집중되어, 그걸 기화로 그들은 공유지를 독점해 버린 것이다. 전쟁에서 패배하여 정복된 국가는 농지 노예제의 국가로 전락했다. 정복자들은 그들의 땅을 나눠가졌고, 족장들은 엄청나게 많은 몫을 가져 갔다. 사제 계급과 전문 법률가 계급이 다른 계급들로부터 분화되어 영향력을 발휘했고, 특히 법률가 계급은 토지 공유제 대신에 토지 사유제로 바꾸는 과정에서 그들 계급의 이익을 극대화했다.[9] 이렇게 하여 불평등이 자리 잡게 되자, 욕심의 법칙에 의하여 더 큰 불평등으로 이어지게 되었다.

토지 사유제 때문에 멸망한 그리스와 로마

그리스와 로마 사회의 내부 갈등을 유발한 원인은 바로 이 토지 공유제와 토지 사유제 사이의 투쟁이었다. 토지 사유제가 확대되는 경향에 맞서서, 그리스에서는 리쿠르고스와 솔론이 제도적으로 방지하려 했고, 로마에서는 리키니우스 법과 그 후의 토지 분할이 그런 역할을 했다. 이처럼 토지 사유제를 억제했던 시절에 두 나라는 국력과 영광이 드높았으나, 결국에는 토지 사유제가 득세하면서 두 나라는 멸망하고 말았다.

대규모 영지가 그리스를 망쳐놓았고 후대에 들어와 "대규모 사유지가 이탈리아를 멸망시켰다."[10] 위대한 법률가와 정치가들의 경고에도 불구하고 토지는 마침내 소수의 손에 들어가고 말았고, 인구는 줄어들었으며, 예술은 쇠퇴했다. 지성은 허약해졌고 인류에게 가장 찬란한 문명의 발전을 가져왔던 종족은 사람들 사이에서 조롱의 대상이 되었다.

현대 문명이 로마에서 가져온 토지 사유제의 사상은 역사적으로 살펴볼 때 로마 제국에서 그 완성된 형태에 도달했다. 미래에 온 세상의 주인으로 등극하게 되는 로마 시가 처음 이탈리아 땅에 등장했을 때, 로마 시민은 각자 양도 불가능한, 자신의 집이 들어서는 자그마한 땅을 갖고 있었고, 공유지 -"공공의 권리에 속하는 곡창 지대"- 는 평등을 보장하는 관습의 규정

---

9   법률가의 영향은 유럽 대륙과 영국에서 특히 두드러졌다. 그들은 고대의 토지 공유제의 흔적들을 모두 파괴해 버리고 그 대신에 독점적 소유권을 인정하는 로마법의 개념을 강제 도입했다.

10 "라티푼디아가 이탈리아를 멸망시켰다(Latifundia perdidere Italiam)."-플리니우스.

에 따라 공동으로 사용할 수 있는 것이었다. 이런 관습은 게르만 족의 마르크(mark)나 스위스의 알레만트(allemand) 공유지에서 그대로 살아남았다.

그러나 계속되는 정복에 의하여 이 공유지가 확대됨에 따라 로마의 귀족 가문들은 그 공유지의 일부를 떼어내어 자신들의 거대한 개인 영지로 만들었다. 이 대규모 영지들은 큰 것이 작은 것을 잡아당기는 인력의 법칙에 의해 – 법적 제한과 정기적인 토지 배분에도 불구하고 – 소규모 토지 소유자들을 모두 짓눌러서 그들의 땅을 엄청난 부자들의 라티푼디아에 편입시켰다. 소규모 농민들은 부채에 내몰려 노예로 전락하거나, 높은 지대를 지불하는 소작농이 되거나, 군단의 제대 군인들에게 무상으로 땅을 나누어 주었던 해외의 새로 정복된 지역으로 이사를 가야 했다. 혹은 수도인 로마로 몰려들어, 팔아먹을 것이라고는 투표권밖에 없는 프롤레타리아(무산계급)로 떠돌아야 했다.

황제 제도가 변질되어 곧 동방 국가의 무제한적인 독재를 휘두르는 군주정으로 바뀐 것은 부패한 정치 제도의 필연적 결과였다. 로마 제국은 비록 겉으로는 온 세상을 그 판도 내에 편입시켰으나, 실제로는 빈껍데기나 다름없었고, 변경 지대의 건전한 생활 제도 덕분에 간신히 붕괴를 피하고 있었다. 변경 지대에서는 군인 정착자들 사이에서 토지가 분배되었거나, 아니면 고대의 좋은 관습이 그대로 유지되고 있었던 것이다.

그러나 이탈리아의 국력을 소진시킨 라티푼디아가 은밀하게 나라 밖으로 마수를 뻗쳐서 시칠리아, 스페인, 갈리아 등의 토지를 병합하여 노예나 소작농들로 하여금 경작하게 했다. 로마인들의 개인적 독립심에서 생겨나온 강건한 미덕은 쇠퇴했고, 과도한 경작은 농지를 피폐하게 했고, 예전의 농지에는 들짐승이 창궐했다. 그러다가 마침내 평등 정신으로 다져진 강건한 국력을 바탕으로 야만인들이 로마 제국의 국경을 넘어 침략해 왔고 마침내 제국은 붕괴되었다. 한때 그토록 영화를 자랑하던 로마의 문명은 폐허만 남게 되었다.

이렇게 하여 세계 제국 로마가 야만족에 의해 정복당하는 놀라운 일이 벌어졌다. 로마의 국력이 하늘을 찌르던 시절에는 상상조차 할 수 없었던 일이 발생한 것이다. 비근한 예를 들자면, 코만치 족이나 플랫헤드 족 같은 인디언 부족이 미국을 점령하고, 라플란드(스칸디나비아 반도의 북부 지역) 사람들이 유럽을 복속시키는 것이나 마찬가지였다. 이런 멸망의 근본적인 이유는 토지 소유 제도에서 찾아볼 수 있다. 요약해서 말해 보자면, 토지 공유제에 대한 거부는 멸망을 가져왔고, 토지의 평등한 분배는 국력을 강화시킨 것이다.

드 라블레이는 『원시 재산권(*Primitive Property*)』(p.116)에서 이렇게 말했다.

"자유, 그리고 그 결과에 따른, 공동 재산에 대한 평등한 소유 – 씨족의 각 가정의 가부장이 누린 소유권 – 는 독일의 마을에서 가장 필수적인 권리였다. 이런 절대 적 평등을 보장한 제도는 그 사회의 각 개인에게 엄청난 강건함을 부여했다. 바 로 이것 때문에 소규모 야만인[11] 군부대가 로마 제국의 주인으로 올라설 수 있었 다. 로마 제국의 효율적인 행정제도, 완벽한 중앙집권, 인간 이성의 문자화라고 일컬어지는 민법 등에도 불구하고 제국의 목숨을 지키지 못했던 것이다."

또한 로마 제국은 그 심장부터 파먹히고 있었던 것이다. 영국의 역사가 로버트 실리(Robert Seely, 1834-1895)는 이렇게 말했다. "로마는 사람 농사를 잘 못 지어서 망하고 말았다."

『유럽의 문명사』와 『프랑스의 문명사』라는 책에서 프랑스 역사가 프랑수 아 기조(1787-1874)는 로마 제국의 멸망 이후에 유럽에서 연속적으로 발생한 혼란에 대하여 묘사한다. "그 혼란은 그 가슴속에 모든 것을 품고 있었다." 그 리고 현대 사회의 구조는 그 혼란으로부터 서서히 진화되어 왔다. 그 진화 과 정은 몇 줄로 요약할 수는 없는 것이지만 이렇게 말하면 충분할 것으로 생각 한다. 로마 사회에 이런 투박하면서도 활기 넘치는 생명이 들어온 결과, 로마

---

11 로마 제국 당시 게르만 족은 훈 족이라고 하여 야만인 취급을 당했다: 옮긴이

의 사회 구조뿐만 아니라 게르만의 사회 구조도 해체되었다. 토지 공유제와 토지 사유제가 서로 뒤섞이게 되었고, 이런 현상은 동로마 제국의 여러 속주들에서 눈에 띄게 진행되었다. 그리고 동로마 제국은 곧 투르크 제국에 의해 멸망되었다.

봉건제의 등장과 유일한 지주인 국왕

중세 유럽에서 즉각적으로 받아들여지고 또 널리 확산된 봉건제는 이러한 혼합의 결과물이었다. 그러나 봉건제와 나란히 혹은 그 이면에서는 토지 공유제에 바탕을 둔 좀 더 원시적인 조직이 뿌리를 내리거나 되살아나서 유럽 전역에 그 흔적을 남겼다. 토지를 평등하게 분배하고 경작되지 않은 토지를 공동으로 사용하게 하는 이 원시적 조직은 색슨 족의 잉글랜드와 고대 이탈리아에 존재했던 제도였다. 이 제도는 러시아의 절대주의와 농노제 아래에서, 그리고 세르비아의 회교도의 압박 아래에서도 존속했다. 또한 인도는 여러 차례 정복의 파도를 겪으며 압박의 여러 세기를 견디어오는 동안에 이 제도가 피해를 입었으나 완전히 철폐되지는 않았다.

봉건제는 유럽에만 있었던 현상은 아니었으나, 평등과 개성을 중시하는 종족, 토지가 개인이 아니라 사회의 것이라는 믿음(적어도 이론적으로는)을 가진 종족이 정복한 나라에서 자연스럽게 생겨난 제도였다. 중세는 무력이 곧 정의라고 믿던 시대였다. 그리고 정의라는 사상은 인간의 본성에 굳건히 뿌리 내린 것이므로, 심지어 해적과 강도의 패거리에서도 이 사상이 등장할 정도였다. 이런 시대에 투박한 형태로 등장한 봉건제는 그 누구에게도 토지에 대하여 자유로운 독점적 권리를 인정하지 않았다. 봉토로 내려진 토지는 사실상 신탁 재산이었으므로 그 토지를 향유하는 데에는 의무 사항이 따랐다.

이론적으로 모든 신민들의 집단적 힘과 권리의 표상인 국왕은, 봉건적 관점에서 볼 때, 토지의 유일한 절대 소유주였다. 비록 토지가 개인 소유로 하사되기는 했지만 그 소유에는 의무사항이 부수되어 있었다. 봉토를 수여받은 자는 그 땅의 소출을 차지하는 대신에 공동 재산을 하사받은 혜택에 상응하는 대가를 지불해야 되었다.

봉건제 아래에서, 국왕 소유의 토지는 오늘날 영국 왕실 비용에 들어가는 공공 지출을 부담했다. 교회 토지는 예배와 교육, 병자와 빈자의 구호 등을 부담했고, 공동선의 목적을 위해 평생을 살아가는 사람들의 생계를 책임졌다. 군대 토지는 국방을 책임졌다. 그 토지를 경작하는 데 따르는 의무사항으로, 그 토지의 소작농들은 필요가 있을 때마다 전장에 필요한 규모의 병력을 동원해야 되었다. 또 군주의 맏아들이 작위를 받을 때나 군주의 딸이 시집갈 때 그리고 군주가 전쟁 포로로 잡혔을 때 물질적 지원을 해야 되었다. 이런 사실들은 중세 사람의 토지에 대한 인식을 투박하지만 아주 명확하게 보여주고 있다. 그것은 토지가 개인 재산이 아니라 공동 재산이라는 것이다.

또 토지 소유자의 소유 권리는 그의 당대로만 국한되었다. 권력이 집중되는 곳에서는 언제나 그러하듯이 상속의 원칙이 곧 선택의 원칙을 대체했지만, 그래도 봉건법은 봉토에 대해서 반드시 대표가 있어야 한다고 요구했다. 그 대표는 봉토의 혜택을 누리는 대신에 그 대가로 소정의 의무사항을 이행해야 되었다. 봉토의 대표가 누가 될 것인지에 대해서는 개인의 변덕에 내맡겨진 것이 아니라 사전에 엄격한 절차를 걸쳐서 승인되었다. 그렇게 하여 후견 의무와 다른 부대(附帶) 의무가 세세히 규정되었다. 장자 상속제나 그로부터 생겨난 한사(限嗣)상속제는 처음에는 엄격하게 실시되었으나 중세 후대에 들어와서는 형식적이거나 우스꽝스러운 제도가 되고 말았다.

봉건제의 기반은 토지의 절대적 소유권이다. 야만인들은 그들이 정복한 땅에서 이 사상을 배우게 되었는데 피정복 지역의 주민들은 이미 그런 사상에 익숙해져 있는 상태였다. 하지만 이 기반 위에다 봉건제는 더 우월한 권리를 부여했다. 봉건화 과정은 개인의 지배를 더 우월한 지배, 가령 더 큰 사회나 국가 등에 복속시키는 과정이었다. 봉건제의 기본 단위는 지주들인데, 그들은 그 소유권 덕분에 그들의 땅에서 절대적 영주가 되었다. 지주들은 자신의 영지에서 보호의 의무를 수행했다. 프랑스 역사가 이폴리트 텐느(1828-1893)는 그의 저서 『앙시앵 레짐』에서 다소 과장된 어조로 지주의 의무를 생생하게 묘사했다. 봉건제의 역할은 이 기본단위(지주들)를 결속하여 국가로 만들어내는 것이고, 개인 영주들의 힘과 권리를 국왕으로 대표되는 집단 사회의 힘과 권리에 복속시키는 것이다.

봉건제의 바탕은 토지 공유제

이렇게 하여 봉건제는 그 발생과 발전에 있어서 토지 공유제 사상의 승리였다. 그 제도는 절대 토지 소유를 조건부 소유로 바꾸었고, 지대를 받는 특혜의 대가로서 특정한 의무를 수행할 것을 요구했다. 봉건제가 존속하던 기간 동안에, 토지 소유권의 위력은 밑으로부터 올라와 더욱 굳건하게 되었고, 토지 경작과 관련하여 임의 소작제는 전반적으로 고정 소작제로 굳어졌다. 그리하여 영주가 농민들에게서 받아내는 지대는 정액으로 고정되었다.

봉건제 내에서, 토지를 공동 재산으로 삼아 경작하면서 봉건 납부금을 내야 하는 경작자의 공동체들이 생겨났다. 영주들은 힘을 가지고 있으므로 영주들이 합당하게 요구할 수 있다고 생각하는 것을 강력하게 요구할 수 있었지만, 토지 공동 재산의 사상은 관습적으로 상당히 많은 지역에 뿌리 내리고 있었다. 중세 시대에, 대부분의 유럽 국가들에서 공유지가 토지 중 아주 큰 부분을 차지했다. 프랑스의 경우, 프랑스 혁명 이전에 귀족들이 공유지를 야금야금 잠식하고 칙령에 의해 견제되고 또 취소되기도 했고, 또 혁명 시대와 제1제국 시대에 토지가 대규모로 분배되고 판매되기도 했지만, 그래도 프랑스 공유지는 드 라블레이의 주장에 의하면 4백만 헥타르(혹은 9,884,400에이커)였다.

중세 시대에 잉글랜드의 공유지가 어느 정도의 규모였는지는 다음과 같은 사실에서 추론해 볼 수 있다. 잉글랜드의 인클로저 운동은 헨리 7세 시대에 귀족들에 의해 시작되었다. 1710년과 1843년 사이에 통과된 법령에 의하여, 최소한 7,660,413에이커의 공유지에 담장이 둘러쳐졌다. 이 중 60만 에이커는 1845년 이후에 인클로저(담장 두르기) 된 것이다. 그리하여 잉글랜드에는 아직도 2백만 에이커의 공유지가 남아 있는 것으로 추산되나 대부분 가치가 없는 땅이다.

　이러한 공유지에 더하여 프랑스(프랑스 혁명 때까지)와 스페인 일부 지역(오늘날까지)에는 법률이나 다름없는 토지에 대한 관습이 남아 있다. 즉, 수확이 끝난 뒤의 경작된 토지는 목초지와 여행의 목적을 위한 공용지로 전환되는 것이다. 그 기간은 다음 번 그 땅을 다시 사용할 때까지이다. 어떤 곳들에서는 주인이 경작을 하지 않는 땅에는 아무나 들어가서 씨를 뿌리고 안전하게 수확을 할 수 있다. 만약 그가 첫 해 농사에 거름을 주었다면, 다음 해에는 토지를 임차하지 않아도 주인으로부터 아무런 제지나 방해를 받지 않고 그렇게 할 수 있다.

　스위스의 알레만트(allemand) 공유지, 독일의 디트마르쉬 공유지(Ditmarsh mark), 세르비아와 러시아의 마을 공동체 등도 다 이렇게 한다. 잉글랜드의 넓은 산간 지방의 땅은 현재 개인 소유이나, 고고학자들은 과거에 삼모작을 했던 이 커다란 땅을 샅샅이 뒤지며 연구하는 것을 자유롭게 할 수가 있다. 또 이곳에 사는 마을 사람들은 해마다 평등하게 경작할 땅을 부여받는다. 근년에 근면한 연구자들은 오래된 기록들로부터 이에 관한 문서상의 증거들을 찾아냈다. 또한 현대 문명을 발전시켜온 여러 제도들은 토지 사용의 공동 권리라는 인식이 보편적으로 널리 퍼져 있고 또 오랫동안 지속해 왔다는 것을 증명한다.

　비록 의미는 상실되었으나, 우리의 사법 제도에 남아 있는 여러 흔적들은, 여전히 남아 있는 잉글랜드의 공유지와 마찬가지로, 그런 사실(토지 공유)을 증명한다. 이슬람 법률에도 존재하는 절대 영지의 이론은 이론상 군주를 토지의 절대 유일의 지주로 만드는 것인데, 군주를 인민의 집단적 권리의 표상으로 보는 사상에서 나온 것이다. 영국에는 아직도 존재하고 미국에서는 일부 주들에서 백 년 전까지 존재했던 장자상속(primogeniture: 맏아들에게 재산을 물려주는 것)과 한사상속(entail: 직계비속의 특정인에게만 상속할 수 있는 부동산 소유권)은 과거에 토지를 공동재산으로 여기던 사상에서 유래한 변형된 형태의 제도일 뿐이다.

법률에서 개인 재산과 부동산을 구분하는 것은 과거에 공동 재산과 그 성격상 개인 재산을 구분하여 분류하던 오래된 관습의 잔재물이다. 현재는 무의미하고 소용없는 것이 되고 말았지만, 토지를 타인에게 양도할 때 특별한 주의를 기울이고 또 까다로운 절차를 거치게 하는 것은, 과거에 어떤 개인이 아니라 가족 혹은 부족에게 속하는 것으로 간주되었던 권리를 남에게 양도할 때 까다롭고 의례적인 동의를 요구했던 관습의 잔재물이다.

토지 공유제를 파괴해 온 현대 문명

봉건 시대 이후에 현대 문명이 발전해온 전반적 과정은, 토지의 집단 소유라는 자연스럽고 근본적인 사상을 파괴해온 과정이었다. 역설적으로 보일지 모르지만, 중세의 구속으로부터 해방되어 자유가 등장하자, 토지를 개인 소유로 여기는 경향이 부쩍 강하게 나타났다. 토지 사유는 노동 계급을 노예로 만들고, 그런 노예화 과정이 현재 문명 세계 전역에서 목격되고 있다. 그 쇠 굴레 같은 압박은 정치적 권력이나 개인적 자유의 확대로는 도저히 구제가 되지 않는데, 그런 압박을 정치경제학자들은 자연 법칙으로 오해하고 있고, 노동자들은 자본의 압박이라고 잘못 알고 있다.

　　그러나 이것 한 가지는 분명하다. 오늘날 영국에서, 국가의 전 토지에 대한 국민의 권리가 중세 시대보다는 훨씬 덜 인정되고 있다. 중세 때보다 훨씬 소수의 사람들이 토지를 소유하고 있고 그들의 토지 장악은 거의 절대적이다. 하위 계급의 독립과 지원에 큰 힘이 되었던 넓은 공유지는 소규모 쓸모 없는 땅만 남았을 뿐인데 그나마 개인 소유권으로 돌아가서 인클로저가 되었다. 공공 목적을 위해 사용된 실질적 공동재산이었던 교회 토지는 국왕에 의해 몰수되어 부유한 개인 귀족들에게로 소유권이 넘어갔다. 군대 토지에서 나오던 납부금은 철폐되었고, 군대를 유지하고 엄청난 전쟁비용의 이자를 지불하는 부담은 생필품과 편의품에 지불하는 간접세 형태로 국민들에게로 넘어갔다.

　　왕실 토지도 대부분 개인 소유로 넘어갔다. 왕실 유지비용과 왕실로 결혼해 들어오는 온갖 소왕자(小王子)들의 생계에 대해서는, 영국 노동자들이 맥주 한 잔과 담배 한 대에 지불하는 돈으로 그 비용을 충당한다. 영국의 자유농민들－크레시 전투, 푸아티에 전투, 아쟁쿠르 전투의 승리를 일궈낸 강인한 사람들－은 마스토돈(코끼리와 유사한 고대의 대형동물)처럼 멸종해 버렸다. 과거에 자신의 고향 땅에 대한 권리가 족장의 그것과 동일했던 스코틀랜드의 부족민들은 그 족장 후손들이 소유한 양 목장이나 사슴 방목지에 자리를 내주기 위해 쫓겨났다. 아일랜드 사람들의 부족민 권리는 임의 소작제로 변모되었다. 불과 3만 명의 지주가 영국 국토의 6분의 5에 해당하는 땅에서 모든 주민들을 쫓아낼 법적 권리를 가지고 있다. 대다수의 영국 국민들은 거리를 걸어가거나 비포장도로를 터벅터벅 걸어가는 것 이외에 그들의 고국 땅에 대하여 아무런 권리도 가지고 있지 않다. 그들에게 로마 호민관 티베리우스 그라쿠스[12]의 말이 딱 어울린다. "로마의 남자들이여, 당신들은 명칭만 세상의 주인일 뿐, 당신들의 것이라고 할 수 있는 땅뙈기 하나도 없습니다. 이

---

12 그라쿠스 형제(The Gracchi): 로마의 개혁적인 형제 정치가. 형 티베리우스 그라쿠스(기원전 164-133)와 동생 가이우스 그라쿠스(기원전 153-121)를 지칭. 그라쿠스 형제는 로마의 저명한 상류 계급 가문의 출신이었다. 어머니 코르넬리아는 스키피오 아프리카누스의 딸이었다. 티베리우스는 기원전 133년에 평민 호민관의 직위에 선출되었고, 트리부스 평민회를 움직여서 원로원의 승인 없이 공전을 땅 없는 로마인들에게 재분배하려 했다. 땅 없는 농부들을 도우려는 티베리우스의 개혁은 평민을 위한 것이었지만 동시에 정치적 의도가 있는 것이었다. 티베리우스를 견제하기 위해 스키피오 나시카라는 전 집정관이 테러단을 조직하여 티베리우스에게 기습전을 감행하라고 사주했다. 이 상류 계급 테러단은 기원전 133년 후반에 카피톨리움 언덕에서 티베리우스와 그의 일부 동료들을 몽둥이로 구타하여 죽였다.
　　동생 가이우스 그라쿠스는 기원전 123년에 그리고 다음 해인 122년에 연속하여 호민관으로 선출되었다. 그도 또한 로마 엘리트들을 위협하는 개혁안을 주도했다. 가이우스는 그의 형이 내놓았던 농지 개혁안을 되살렸고 로마의 시민들에게 보조된 가격으로 곡식을 배급하는 법안을 도입했다. 그러나 기존 귀족 세력의 반발을 샀고, 집정관 오피미우스의 비상조치로 체포되어 사형에 처할 위기에 내몰렸다. 이에 가이우스는 그의 노예에게 부탁하여 자신의 목을 치게 했다. 그라쿠스 형제의 사건을 계기로, 상류 계급의 구성원들은 보통 인민(populus)의 이해관계를 추진하여 정치적 권력을 추구하는 평민파(populares)와, 전통적인 상류계급인 귀족들의 입장을 주장하는 귀족파(optimates: 옵티마테스는 훌륭한 사람들이란 뜻)로 분열되었다. 이 분열은 후기 공화정 시대에 정치적 불안과 살인적 폭력의 원천이 되었다: 옮긴이

탈리아를 돌아다니는 맹수들도 보금자리가 있습니다. 그러나 이탈리아를 위해 싸우고 죽은 사람들은 물과 공기 이외에는 아무것도 없습니다."

토지 사유제의 결과는 다른 어느 나라보다 영국에서 더 눈에 띄게 드러난다. 하지만 그런 경향은 전 세계 어디에서나 관찰된다. 단지 영국에서는 그 나라를 둘러싼 상황이 다른 나라들보다 더 급박하게 전개되었던 것이다.

개인적 자유의 사상이 확대됨에 따라 토지 사유제의 사상도 확대된 것에 대하여 나는 그 이유를 이렇게 생각한다. 문명이 발전함에 따라 토지 소유와 관련된 지배권의 노골적인 형태들이 사라지거나 철폐되거나 덜 분명하게 눈에 띄게 되어,[13] 좀 더 은밀하면서도 실은 더 강력한 힘을 가진 소유권의 형태에 대하여 잘 주목하지 못하게 되었다. 이것을 틈타서 지주들은 토지 재산을 다른 재산과 같은 수준 위에 올려놓게 되었다.

왕권의 형태든 대의 정부의 형태든 국가 권력의 성장은 거대 귀족들의 개인적 힘과 중요성을 감소시켰고 영주들이 영지 내의 주민들에 대하여 갖고 있던 사법권이나 일반 권력도 빼앗아버렸다. 이것은 로마 제국주의의 성장이 가장 악랄한 노예제를 어느 정도 억압했던 것과 비슷하다. 거대한 봉건 토지의 해체는 지주의 숫자를 늘리는 쪽으로 작용했다. 그러다가 생산의 대규모화라는 현대적 추세가 뚜렷이 나타나기 시작하면서, 인구가 듬성한 시절에 지주가 노동자를 자기 영지에 붙잡아 둘 수 있었던 각종 제한도 철폐되었다. 이러한 사태 발전은 토지 사유제의 본질적인 부당함으로부터 주의를 분산시키는 효과를 가져왔다.

현대 법체계의 원천이며 창고인 로마법에서 나온 법적 사상이 현대 여러 나라의 법체계에 꾸준히 도입되면서, 일반 동산과 부동산 사이의 자연스러운 구분도 철폐되었다. 이런 식으로 개인의 자유가 확대되면서 토지 사유제도 확대되기에 이르렀다.

---

13 봉토를 중심으로 하는 봉건제의 수직적 지배 구조가 사라진 것을 의미함: 옮긴이

영국과 프랑스의 토지 사유제 확산

귀족들의 권력은 토지 사유제의 부당함을 명확하게 인식하는 사람들의 반란에도 불구하고 꺾이지 않았다. 그런 반란은 거듭 발생했으나 그때마다 엄청나게 잔인한 대응으로 진압되었다. 귀족의 권력을 꺾어놓은 것은 장인과 상인 계급의 성장이었다. 이들 계급의 경우에, 임금과 지대 사이에는 분명한 관계가 없었다. 이들 계급 또한 긴밀한 길드(직인조합)와 결사(結社: 여러 사람이 공동의 목적을 위해 만든 단체)의 제도 아래 발전했다. 내가 노동조합과 독점을 다루면서 앞에서 이미 설명한 바와 같이, 이들 계급은 그런 조직들 덕분에 일반적인 임금의 법칙으로부터 그들 자신을 보호할 수 있었다. 그런 조직들은, 교통이 발달하고 초등교육이 확대되고 뉴스가 잘 전파되고 또 인구 이동이 빈번한 오늘날에 비하여, 그 당시에 더욱 용이하게 유지할 수 있었다.

그러나 이들 계급은 토지의 개인 소유가 산업적·사회적·정치적 생활조건을 궁극적으로 파괴하는 근본적 위협이라는 사실을 당시에도 깨닫지 못했고 오늘날에도 인식하지 못한다. 그리하여 토지의 개인 소유 개념을 일반 물품의 소유 개념과 점점 동일시하는 경향이 나타났고, 이러한 사상적 퇴보를 오히려 사상적 진보라고 찬양하는 일까지 벌어졌다. 1789년의 프랑스 제헌의회는 십일조(교회의 유지를 위해 교구 주민이 수입의 10분의 1을 교회에 물품 혹은 현금으로 바친 일종의 세금)를 철폐하고 사제 계급의 비용을 일반 세금으로 부담하게 하면서 그들이 전제 정치의 유물을 완전히 털어냈다고 생각했다.

이때 시에예스 수도원장만이 이러한 제헌의회의 조치에 반대했다. 그것은 기존에 지주들이 토지 소유의 조건으로 교회에 바치던 십일조를 면제해주는 대신에, 그 돈을 나라의 노동자들에게서 거두어 충당하는 것이라고 지적했다. 하지만 수도원장의 항의는 아무 소용이 없었다. 수도원장 시에예스는 사제이므로 사제 계급의 이익을 옹호한다고 오해받았다. 실제로는 그가 보통 사람들의 권리를 옹호한 것이었는데도 말이다. 십일조가 그대로 유지되었더라면, 프랑스 국민들은 노동의 임금이나 자본의 소득으로부터 단 한 푼도 떼어내지 않는, 대규모 공공 재원을 확보할 수 있었을 것이다.

영국의 장기의회(Long Parliament)[14]가 찰스 2세의 등극 이후에 비준하여 철폐한 군대 토지 제도 또한 마찬가지였다. 이것은 간단히 말하면, 공공 수입을 봉건제 하의 지주들이 차지해 버린 것에 불과했다. 이렇게 하여 귀족 지주들은 국가의 공공 재산(토지)을 차지한 데 따르는 대가를 지불하지 않게 되었고, 공공 비용은 소비자들에 대한 소비세의 형태로 일반 국민이 부담해야 되었다. 사정이 이런 데도 군대 토지의 철폐는 법률 교과서에서 자유정신의 승리라고 칭송되었으며, 심지어 오늘날에도 그런 칭송을 받고 있다.

만약 이런 봉건 납부금의 형태가 변화된 시대에 맞추어 더 좋게 개선이 되었더라면, 영국의 전쟁 비용은 단 1파운드의 부채도 지지 않았을 것이고, 군대의 유지를 위해 한 푼의 세금도 부과할 필요가 없었을 것이다. 이 모든 비용이 공유지의 지대로부터 충분히 나왔을 것이다. 하지만 그 땅은 귀족들의 개인 소유로 돌아갔고 그때 이후 그들은 그 지대를 혼자 차지했다. 지주들은 노동과 자본의 소득에 대하여 지대 명목으로 세금을 거두어들여 그들 자신이 챙긴 것이다.

영국의 지주들은 인구가 듬성하던 노르만 정복 시절에도 봉토를 지급받는 대신에, 요청이 있을 경우에 6만 명의 완전 군장한 기사들을 야전에 제공할 의무가 있었고,[15] 추가로 지대의 상당 부분을 차지하는 다양한 납부금을 제출하고 부수 의무를 수행해야 되었다. 이런 다양한 부역과 납부금의 금전적 가치를 봉토의 지대 수익 중 절반 정도로 보는 것은 너무 낮게 잡은 것이다. 만약 지주들이 이런 납부 의무 계약을 그대로 지키고, 토지의 인클로저는 이와 유사한 계약 조건을 이행할 때에만 허용되었더라면, 오늘날 영국 토지

---

14 영국의 찰스 1세가 단기 의회를 소집한 후 해산하고 1640년 11월에 다시 소집한 의회. 찰스 2세는 찰스 1세의 아들: 옮긴이

15 앤드류 비셋, 『국가의 힘』 런던, 1859. 이 책에서 비셋은 영국 국민들에게 이러한 조치에 주의를 환기시켰다. 영국 지주들은 국가에 납부해야 할 지대를 회피했다. 비셋은 또한 기사의 연간 복무 기일은 40일이었다는 블랙스톤의 주장을 반박하면서 필요한 기간 동안 그 복무를 요구했다고 말했다.

전체에서 나오는 수입은 영연방의 전체 공공 수입보다 수백만 파운드가 더 많았을 것이고, 영국은 오늘날 완전한 자유 무역을 누릴 수 있었을 것이다. 관세, 물품세, 면허세, 소득세를 전혀 부과하지 않더라도 현재의 모든 국가 지출을 충당할 수 있었을 것이다. 뿐만 아니라 그렇게 지출하고서도 남는 돈을 전 국민의 복지와 안락에 도움이 되는 다른 용도에 돌려 쓸 수 있었을 것이다.

과거를 회고해 보면, 우리를 인도해 주는 빛이 있었던 곳에서는 어디에서나, 모든 사람이 토지 공유제의 가치를 인식했고, 토지 사유제는 폭력과 사기로 만들어낸 강탈 행위라는 것을 깨달았음을 발견할 수 있다.

드 스타엘 부인(1766-1817, 프랑스의 여류저술가 겸 사회지도자)은 말했다. "자유는 아주 오래된 것이다." 우리가 가장 오래된 기록들을 들추어 보면, 정의는 자유만큼 오래된 것이었을 뿐만이 아니라 그보다 더 오래된 관행에 의해 공인된 권리였다는 것을 알 수 있다.

제5장

미국의 토지 사유제

우리는 문명의 초창기 단계에서 토지가 전 세계 어디에서나 공동 재산으로 취급되었음을 살펴보았다. 아주 오래전의 시대로부터 시선을 우리의 현재 시대로 돌려보면, 이런 자연스러운 인식은 고금을 막론하고 여전히 똑같다는 것을 알 수 있다. 교육과 습관의 힘이 약화되는 상황에 들어가게 되면, 사람들은 본능적으로 자신들이 자연의 선물에 대하여 등등한 권리를 갖고 있음을 깨닫는다.

캘리포니아의 노천금광 발견

캘리포니아에서 금이 발견되면서 이 새로운 주에 많은 사람들이 몰려들었다. 그들은 토지를 정당한 개인 재산으로 여기는데 익숙해져 있고, 그래서 그들 중 1천 명에 1명꼴로도 토지 재산과 기타 물품 재산은 서로 구분해야 한다고 생각하는 사람을 찾아보기 어려울 것이다. 그러나 앵글로-색슨 종족의 역사상 최초로, 이 사람들은 토지와 직접 접촉하게 되었고, 사금이 들어 있는 흙덩어리를 물에 잘 씻어내기만 하면 금을 얻을 수 있다는 사실을 깨달았다.

만약 사람들이 몰려든 이 캘리포니아 토지가 특정 자원이 풍부한 농지, 목초지, 삼림지였더라면? 그 위치상 상업적 목적에 알맞고 또 수력을 제공한다는 사실로 인해 특별한 가치가 있는 땅이라면? 석탄, 광석, 납 등이 풍부하게 매장되어 있는 땅이었더라면? 그랬더라면 그런 땅들이 사용되었던 토지 제도가 그대로 적용되었을 것이고, 곧 대규모 필지로 분할되어 개인 소유로 넘어갔을 것이다. 캘리포니아 주에서 가장 가치 있는 땅인 샌프란시스코의 푸에블로 지역 – 스페인의 법률에 의하여 이 도시에 장차 살게 될 주민들을 위해 따로 떼어놓은 땅 – 처럼, 그 토지들은 이렇다 할 항의 한 마디 하지 못한 채 개인 소유로 넘어갔을 것이다.

그러나 이 신기한 사건은 습관적 사고방식을 타파하고 사람들을 제일 원리로 되돌아가게 했다. 사람들 사이의 일반 합의에 의하여 금이 나오는 그 땅을 공동 재산으로 한다고 선언되었다. 그 토지에 대해서 누구도 자신이 합리적으로 사용할 만큼의 땅 이상을 요구하지 못하고, 또 사용 기간을 넘어서서 계속 보유하는 것이 허용되지 않았다.

캘리포니아 주정부와 법원들도 이런 자연적 정의를 승인했다. 노천 금광에서의 채광 작업이 중요한 사업으로 남아 있는 한, 그 누구도 이런 원시적 사상으로의 복귀를 방해하지 않았다.

토지의 소유권은 주정부에 있었고 그 어떤 개인도 작업하겠다고 주장한 것 이상으로 땅을 사용할 수 없었다. 각 지구의 광부들은 개인이 가져갈 수 있는 땅의 크기와, 그 땅을 계속 사용하기 위해 일해야 하는 작업량을 고정시켰다. 만약 정해진 작업량을 해내지 않으면 다른 사람이 그 땅을 차지할 수 있었다. 이렇게 하여 그 누구도 천연자원을 매점하거나 자기 것으로 고정시킬 수 없었다.

노동은 부의 창조자로 인정되었고, 공짜 작업장을 부여받았으며, 그 땅에서 나는 보상도 노동자가 확실히 가질 수 있었다. 이러한 조치는 대부분의 나라들에서 통용되는 조건 아래에서는 완벽하게 평등한 권리를 보장하지 못했을 것이다. 그러나 그 당시 캘리포니아에 존재했던 조건 – 듬성한 인구, 개척되지 않은 땅, 그 특성상 복권 추첨이나 다름없는 직업 등 – 아래에서 그 조치는 실질적인 정의를 확보했다.

어떤 광부는 엄청나게 매장량이 풍부한 노천금광을 발견할 수도 있고, 다른 사람들은 몇 달, 몇 년을 땅을 파도 아무런 소득이 없을 수도 있었지만, 모든 광부가 똑같은 기회를 부여받았다. 창조주의 선물을 상대로, 그 누구도 구유에서 음식을 독차지 하려는 힘센 개[16] 노릇이 허용되지 않았다. 광업 규정의 핵심적 사상은 매점과 독점을 예방하는 것이었다. 멕시코의 광업법도 이와 동일한 원칙을 바탕으로 하고 있다. 오스트레일리아, 브리티시 컬럼비아, 남아프리카의 다이아몬드 광산 등에서도 동일한 원칙이 채택되었다. 그것은 자연스러운 정의감과 부합하는 것이었다.

캘리포니아에서 노천금광이 쇠퇴하면서, 광산의 특허를 허용하는 법률에 사유재산이라는 익숙한 사상이 스며들게 되었다. 이 법의 유일한 효과는 천연의 기회를 어느 특정인에게 고정시켜 주는 것이었다. 광산의 소유주는 그 자신이 사용하지 않기로 결정한 땅은 아무도 들어올 수 없다고 말하는 권리를 갖게 되었다. 이처럼 광산이 투기적 목적 때문에 사용 불허되는 사례들이 많이 있었다. 이처럼 광산의 사용을 막으면서 광산 부지에 사유제가 확대되는 가운데, 다른 토지들의 특징인 시설 개선도 광산 부지에서는 잘 이루어지지 않았다. 광산을 굴착하고 개발하려면 엄청난 자본 - 몇몇 경우에는 수백만 달러에 이르는 지출 - 을 광산 소유권 획득 명목으로 지불해야 되었다.

광대한 토지에 가려진 사유제의 폐해

만약 북아메리카에 최초로 도착한 영국인 정착자들이 직면한 상황이 토지 소유권의 문제를 새롭게 인식하도록 만드는 것이었더라면, 그들은 국가 행정의 문제에서 제일 원리로 되돌아갔던 것처럼 토지 문제에서도 그렇게 했을 것이다. 신대륙에서 귀족제와 군주제가 거부되었던 것처럼, 개인의 토지 소유도 거부되었을 것이다.

그들이 떠나온 나라에서도 토지 사유제가 완벽하게 개발된 것은 아니었고 그 효과도 온전하게 느껴지지 않는 상태였다. 게다가 신대륙에서는 엄청난 토지가 정착자들 앞에 미개발 상태로 펼쳐져 있었으므로 토지 사유제 정

---

16 이솝 우화에 나오는 것으로, 자기도 이용하지 못하지만 남도 이용하지 못하게 하는 심술쟁이: 옮긴이

책과 그 정의로움에 대해서는 아무런 의문도 제기되지 않았다. 새 나라에서는 어떤 사람들이 다른 사람들을 제치고 모든 땅을 차지하지 않는 한, 토지 권리의 평등성이 충분하게 보장되는 것처럼 보였다. 처음에 그 땅을 개인 재산으로 취급해도 아무런 피해가 없다고 생각되었다. 땅을 갖고 싶은 사람들 앞에는 광대한 땅이 펼쳐져 있었고, 토지 사유제의 발전 후기 단계에서 반드시 나오게 되는 노동의 노예화는 느껴지지 않았다.

버지니아에서 남부 지역에 이르기까지, 이 지역의 정착촌들은 귀족제의 특징을 지니게 되었다. 이 지역의 땅들은 대규모 농장으로 조성되었고 흑인 노예들을 수입해와 자연스럽게 농장의 노동력으로 보충했다. 그러나 뉴잉글랜드의 정착자들은 12세기 전에 그들의 조상이 영국에서 그렇게 했던 것처럼, 그 지역의 땅을 분할하여 각 가정의 가장에게 주택 부지와 농경 부지를 나누어주고, 그 이외의 지역은 자유로운 공유지로 남겨놓았다.

영국 왕들이 특허장을 하사하여 만들어낸 대규모 지주들에 대해서 말해보자면, 정착자들은 그런 특허 지주들이 토지를 독점하는 것이 불의라는 것을 명백하게 알아보았고, 그리하여 그들에게 납부해야 할 지대를 제대로 내지 않았다. 이 때문에 특허 지주들은 하사받은 땅에서 큰 소득을 올리지 못했다. 그러나 땅이 워낙 풍부하게 많다 보니, 마침내 땅이 부족하게 되었을 때 토지 사유제가 가져올 폐해에 대해서는 다들 주의를 기울이지 못했다.

그리하여 현대 세계의 가장 위대한 공화국이 건국의 초창기에, 고대의 공화국들을 멸망시킨 그 제도(토지 사유제)를 채택했다. 생명, 자유, 행복의 추구를 양도할 수 없는 개인의 권리로 선언한 사람들이 아무런 의문도 제기하지 않고 토지 사유제를 받아들인 것이었다. 토지에 대하여 평등하고 양도할 수 없는 권리를 부정함으로써, 결국에는 생명과 자유의 평등한 권리를 부정하게 되는데도 말이다. 유혈 낭자한 전쟁의 대가를 치르고 가재 노예제를 철폐시킨 사람들이, 또다른 노예제가 그보다 더 광범위하고 위험스러운 형태로 뿌리를 내리는 것을 허용해 버린 것이다.

미 대륙이 너무나 넓게 보이고, 인구가 이동할 수 있는 지역이 너무나 광대하여 우리는 토지 사유제의 사상에 습관적으로 익숙해지고 말았다. 그리하여 그 제도의 본질적 불의를 깨닫지 못했다. 정착되지 않은 땅이 중서부에 많이 남아 있어서 사유 재산제의 폐해가 기존에 정착이 끝난 구 지역에서도 잘 느껴지지 않은 것 이외에도, 어떤 정착자가 어떤 지역의 땅을 먼저 선점하고 나중에 오는 정착자들에게 지대를 내라고 강요해도 그게 그리 부당한 것처럼 보이지 않았다. 왜냐하면 다른 정착자들은 그 사람보다 더 서부로 나아가면 그와 똑같은 방식으로 정착하여 뒤에 온 사람들로부터 지대를 받아낼 수 있었기 때문이다. 더욱이, 토지의 점유로 조성된 재산은 실제로는 노동의 임금에 대하여 세금(지대)으로 짜내어 만든 것인데도, 노동자에 대한 포상금인 것처럼 널리 선전되었다.

미국의 거의 모든 새로운 주들에서 해당되고, 오래된 주들에서는 어느 정도 해당되는데, 미국의 토지 귀족들은 아직도 1세대들이다. 토지 가격이 상승하여 이득을 올린 사람들은 대체로 말해서 땡전 한 푼 없이 인생을 시작한 사람들이다. 그들의 엄청난 재산 – 그들 중 많은 사람이 재산 규모가 수백만 달러에 달하는데 – 은 그들 자신은 물론이고 다른 많은 사람들에게 현행 사회 제도의 정의로움을 증명하는 가장 좋은 증거처럼 보일 것이다. 그들의 근검, 예지, 근면, 절약 등이 마침내 보상을 받은 것이라고 여길 것이다.

그러나 진실은 그렇지 않다.

그들의 재산은 독점에 의한 소득이고, 반드시 노동을 희생시켜 얻은 것이다. 그러나 이처럼 백만장자가 된 사람들이 노동자로 시작했다는 사실이 이러한 진실을 감추고 있다. 복권을 산 사람들이 자신이 장차 당첨될지도 모르는 거대한 당첨금을 상상할 때 느끼는 것과 똑같은 느낌이 작용하여, 가난한 사람들이 여러 가난한 사람들을 부자로 만든 그 제도를 상대로 싸움을 걸지 못하게 하는 것이다.

요약해서 말하면, 미국 국민들은 토지 사유제의 본질적 불의를 아직 깨닫지 못했다. 그 제도의 완전한 파급 효과를 아직 덜 느끼고 있기 때문이다. 미국의 대서양 연안에 첫 정착자가 도착한 이래, 사유지로 전환되지 않고 또 정력적인 사람들이 언제나 호시탐탐 노리는 방대한 공유지가 있었다는 사실, 이것은 우리의 국민성을 형성하고 우리의 사상에 영향력을 행사했다.

우리는 귀족제를 채택하지 않고 장자상속제를 철폐했다. 우리는 학교교장에서 대통령에 이르기까지 모든 관직을 직접 선출한다. 우리의 법률은 군주의 이름이 아니라 국민의 이름으로 운영된다. 우리는 국교가 없고 우리의 판사는 가발을 쓰지 않는다. 우리는 독립선언문을 낭독한 국부들이 지적한 구세계의 유약한 전제주의의 특징으로 지적한 사회악들로부터 면제를 받았는데, 이런 것들만이 그런 면제의 구체적 사례는 아니다. 우리 미국 국민의 특징인 폭넓은 지성, 보편적 안락함, 적극적 발명, 독립정신, 활기찬 정력과 희망 등은 원인이 아니라 결과이다. 그것들은 울타리 두르지 않은 토지에서 나온 것이다. 이 공유지가 낭비적이고 무기력한 유럽 농부를 자립적이고 진취적인 미국 서부의 농부로 변모시켰다. 그것은 혼잡한 도시에 사는 사람들에게도 자유의 느낌을 안겨주었다. 심지어 그 땅에 피신하려는 생각을 하지 않는 사람들에게도 희망을 안겨주었다.

유럽에서 태어난 어린 아이는 어른으로 성장하면서 인생의 잔치에서 좋은 자리들은 이미 "예약"이라는 팻말이 세워져 있는 것을 발견한다. 그들은 동료들과 함께 그 잔칫상에서 떨어지는 빵 부스러기를 놓고 싸워야 하며, 그 예약석을 꿰차고 앉을 가능성은 천분의 1도 되지 않는다. 미국에서는 그의 생활 형편이 어떠하든 그의 뒤에는 공유지가 있다는 생각이 큰 힘이 되어 주었다.

이러한 인식이 작용과 반작용을 일으키면서 우리의 국가 생활에 스며들어 와서 그 생활에 관대함, 독립심, 유연성, 야망 등을 부여했다. 우리가 미국인의 특성으로 자랑스럽게 여기는 것, 우리의 생활 조건과 제도를 다른 나라들의 그것보다 더 좋은 것으로 만들어주는 것, 이 모든 것은 미국에서는 땅값이 싸고, 그래서 이민자들 앞에 새로운 땅이 늘 열려 있었다는 사실에서 나오는 것이라 할 수 있다.

토지 독점의 폐해가 나타나는 미국

그러나 우리의 서부 진출은 태평양에 도달했다. 우리는 더 이상 서부로 나아갈 수 없고 늘어나는 인구는 남과 북으로 퍼져 나가 과거에 그냥 지나친 땅을 채울 것이다. 북부는 이미 레드 리버 계곡 지대를 채우고서 서스캐처원과 워싱턴 준주로 밀고 들어가고 있다. 남부는 서부 텍사스 지역을 채우고, 뉴멕시코와 애리조나의 경작 가능한 계곡 지역으로 흘러들어가고 있다.

미국은 토지 독점의 폐해가 급속도로 느껴지게 될 새로운 시대로 접어들었다. 나의 배후에는 공유지가 있다는 그 든든한 버팀목은 더 이상 존재하지 않는다. 공유지는 거의 사라졌다. 앞으로 몇 년만 더 지나면 공유지는 영향력을 행사하지 못할 것이고, 그 힘이 급속히 떨어지고 있다. 나는 앞으로 공유지가 아예 없다고 얘기하는 것은 아니다. 앞으로 오랫동안 국토부의 토지 대장에는 수백만 에이커에 달하는 공유지가 남아 있을 것이다.

그러나 미 대륙의 농지 중 가장 좋은 부분은 이미 다 차지되었고, 남아 있는 것은 지질이 가장 떨어지는 땅뿐이다. 남아 있는 공유지는 거대한 산맥, 메마른 사막, 방목에만 알맞은 고원 지대 등이다. 토지 대장에 개발 가능하다고 나오는 땅은 대부분 측량이 되지 않은 땅으로서, 누군가 점유권을 주장했거나, 토지 측량 보고서가 나올 때까지는 위치가 드러나지 않은 땅이다.

국토부의 토지 대장에는 캘리포니아가 미국에서 가장 땅덩어리가 큰 주로 올라 있다. 이 주에는 근 1억 에이커의 공유지가 있는데, 미국 전체 공유지의 12분의 1 정도에 해당한다. 그러나 이 땅 중 상당 부분이 철도 부지로 들어갔거나, 위에서 방금 말한 것처럼 점유주가 있거나 위치가 측량되지 않은 것들이다. 공유지의 상당 부분이 경작하기 어려운 산간 지역이나 고원 지역으로 관개 작업이 반드시 필요하다. 또한 상당 부분이 하천 부지이다. 따라서 캘리포니아 주의 이런 공유지의 일정 지역을 가리키면서 이민자들에게 가서 정착하고 가정을 꾸리라고 말하기가 곤란하다. 그래서 이민자들은 땅을 매입하여 농사를 짓거나, 땅을 임차하여 수확을 지주와 반타작해야 한다.

캘리포니아 자체가 땅이 부족한 것은 아니다. 그 자체로 하나의 국가인 캘리포니아는 향후 언젠가 프랑스 정도의 인구를 자랑하게 될 것이다. 그런데 이 주에서는 토지 점유가 정착자들보다 앞질러 진행되고 있고, 언제나 그런 선두를 유지할 것으로 보인다.

약 12년 전에 오하이오 주의 상원의원이었던 고(故) 벤 웨이드는 상원 연설 중에, 금세기 말엽에 이르면 미국 내 평범한 농지의 가격이 에이커 당 50달러에 이를 것이라고 말했다. 그의 연설에서 잘못된 것이 있다면 그 시기를 너무 늦게 잡았다는 것뿐이다. 19세기는 이제 21년이 남아 있는데 정부 수립 이래(단 남북전쟁이 있던 1860년대의 10년은 제외) 인구가 증가된 속도가 그대로 유지된다면 미국의 인구는 현재 인구에 4천5백만 명이 증가될 것으로 보인다. 이것은 1870년의 미국 인구 조사에서 나타난 총인구보다 7백만 명이 더 많은 것이다. 4천5백만 명은 영국의 현재 인구의 1배 반에 해당하는 수치이다.

미국은 이런 인구뿐만 아니라 수억 명으로 늘어난다고 해도 그 인구를 감당할 능력이 충분히 되며, 적절한 사회 조정 조치를 취한다면 그 인구를 더욱 안락한 상태로 부양할 수 있다. 하지만 이런 인구 증가를 감안할 때 아직 점유되지 않은 공유지는 어떻게 될 것인가? 사실상 공유지는 더 이상 존재하지 않게 될 것이다. 모든 공유지가 활용될 때까지는 오랜 시간이 걸릴 것이다. 그러나 지금 토지 점유가 진행되는 속도로 볼 때, 사람들이 사용을 위해 시선을 돌리는 모든 땅은 앞으로 훨씬 짧은 시간 내에 모두 소유주를 갖게 될 것이다.

그러나 전 국민의 토지를 일부 소수의 독점적 재산으로 만들어주는 제도의 사회적 폐해는, 공유지가 모두 점유될 때까지 기다렸다가 나타나지는 않는 것이다. 그 폐해의 미래 모습을 생각하는 것은 불필요하다. 이미 현재에도 그 폐해를 볼 수 있기 때문이다. 그 폐해는 우리의 물질적 성장과 함께 성장했고 여전히 커지고 있는 중이다.

우리는 새로운 들판을 경작하고, 새로운 광산을 굴착하고, 새로운 도시들을 건설한다. 우리는 인디언들을 쫓아내고 버팔로(들소)를 멸종시킨다. 우리는 땅에다 철도를 부설하고 공중에다 전신줄을 간다. 우리는 지식에 지식을 더하고, 발명 위에 발명을 가하여 활용한다. 우리는 학교를 짓고 대학을 설립한다. 그렇지만 일반 대중이 생계를 유지하는 것은 이런 문명의 발전에 비례하여 더 쉬워지지는 않는다.

오히려 일반 대중의 생활은 더 어려워진다. 부유한 계급은 점점 더 부유해진다. 그러나 가난한 계급은 더 가난해지고 더 의존적이 된다. 고용자와 피고용자의 격차는 점점 더 크게 벌어진다. 사회적 빈부격차는 점점 더 뚜렷해진다. 제복 입은 마부가 모는 마차가 등장하면, 그에 따라 맨발인 아이들이 거리를 돌아다닌다. 우리는 노동 계급과 유산 계급에 대하여 말하는 것에 익숙해진다. 동네에는 거지들이 너무나 많다. 그래서 전에는 밥을 구걸하는 사람에게 그것을 거부하는 것은 노상강도에 준하는 범죄라고 보았던 동네에서, 대문을 닫아걸고 사나운 불독을 풀어놓는다. 부랑자를 단속하는 법률이 통과되었는데 헨리 8세 시대의 유사한 법을 연상시킬 정도이다.

우리는 우리를 스스로 지상에서 가장 진보한 민족이라고 말한다. 만약 이런 것들이 그 진보의 부산물이라면, 그 진보의 목적은 도대체 무엇인가?

이것들은 토지 사유제의 결과물이다. 시간이 갈수록 점점 더 강한 힘으로 압박할 게 틀림없는 원리의 효과이다. 그렇게 된 건 노동자들이 자본보다 더 빨리 증가해서가 아니다. 인구의 증가가 식량의 증가를 압박해서도 아니다. 기계가 "일을 귀하게 만들어서도" 아니다. 자본과 노동 사이에는 아무런 실질적 적대감이 없다. 이렇게 비참한 결과가 나온 것은 단지 토지 가치가 점점 더 높아지기 때문이다. 노동이 자연의 기회에 접근하여 생산할 수 있는 조건이 점점 더 까다로워지기 때문이다. 공유지는 사라지거나 없어지는 중이다. 토지 사유제는 점점 집중되고 있다. 일반 대중이 살고 있는 터전인 토지에 대한 법적 권리가 없는 사람의 비율이 점점 더 커지고 있다.

『뉴욕 월드』지(紙)는 이렇게 말한다.

"아일랜드의 부재지주 같은 땅주인들이 뉴잉글랜드의 대규모 농업 지역의 특징이다. 그들은 해마다 임대한 농지의 명목 가치를 높이고, 해마다 인상된 지대를 요구하며, 꾸준히 임차인의 지위를 떨어트린다."

『네이션』지는 같은 경제란에서 이렇게 말한다.

"높아진 토지의 명목 가치, 높아진 지대, 부재 지주의 증가, 낮아지는 생산성, 낮아지는 임금, 더 많아지는 무지한 인구, 힘든 야외 노동에 종사하는 여성의 증가(쇠퇴하는 문명의 확실한 증거), 영농방법의 꾸준한 악화, 이런 것들이 반박할 수 없는 축적된 증거들이 증언하는 생활조건들이다."

토지 사유제 철폐로 진정한 공화국의 수립을

새로 생긴 주들에서도 이와 유사한 경향이 관찰된다. 그런 주들의 대규모 영농 방식은 고대 이탈리아를 멸망시킨 라티푼디아를 연상시킨다. 캘리포니아에서는 상당히 높은 비율의 농지들이 해마다 임대가 되는데, 임대료는 수확의 4분의 1에서 2분의 1까지 다양하다.

우리가 미국에서 현재 목격하는 살기 어려운 시절, 더 낮아진 임금, 점점 늘어나는 빈곤 등은 우리가 지금껏 살펴본 경제 법칙의 자연스러운 결과이다. 그 법칙은 중력의 법칙만큼이나 보편적이고 거역하기 어려운 법칙이다.

우리는 여러 군주국과 국가들을 상대로 인간의 양도할 수 없는 권리를 주장하면서 공화국의 수립을 선언했지만, 우리가 우리들 중 가장 가난한 어린 아이에게 그가 태어난 땅에 대한 동등한 권리를 되찾아 주기 전에는 결코 공화국을 수립한 것이 아니다.

우리는 미국 헌법 수정 14조[17]를 비준했을 때 노예제를 진정으로 철폐한 것이 아니었다. 노예제를 철폐하려면 우리는 토지 사유제를 철폐해야 한다! 우리가 제일 원리로 돌아가지 않는다면, 모든 인간은 평등하다는 자연의 원

---

17 수정 13조의 오타인 듯하다. 노예제의 폐지를 규정한 수정 13조는 1865년 12월 18일에 비준되었다. 수정 14조는 미국 국민의 공민권을 규정한 조항으로 1868년 7월 28일에 비준됨: 옮긴이

리를 깨닫지 못한다면, 토지에 대한 평등권을 인정하지 않는다면, 우리의 자유로운 제도들은 모두 소용없게 될 것이다! 우리의 학교 무료 교육도 소용없게 될 것이다! 우리의 발견과 발명은 일반 대중을 찍어 누르는 힘을 도와주는 꼴이 되고 말 것이다!

제8권

해결책의 적용

왜 망설이는가? 그대들은 수염이 다 자란 대장부,

하느님이 심어주신 의지가 있고, 그리고 마음만 먹는다면

보여줄 용기가 있다. 어떻게 하든 의지는 그것을 실현할

수단을 찾아낸다. 용감하게 나서는 사람들에게 운명의 신은

얼굴을 찡그리는 법이 없다. 우리는 이 통탄스러운 잘못

앞에서, 이 중대한 순간에, 겁먹으며 떨고 서 있을 텐가?

한 번의 과감한 조치로 신음하는 수백만이 자유롭게 될 텐데.

그 과감한 조치는 너무나 정의롭고, 너무나 선량하고,

인간의 행복과 완벽하게 일치하는 것이다. 그리하여

모든 천사들이 그 행위에 찬양을 보낼 것이다.

— E.R.테일러

제1장

토지 사유제는 토지의 선용을 방해한다

망상은 본질적인 것과 부수적인 것을 혼동함으로써 생겨나는 경향이 있다. 법률가들은 이런 망상을 폭로하기보다는 널리 퍼트리려고 애를 써 왔고 정치경제학자들은 일반적으로 그런 태도에 묵종해 왔다. 그 망상은 이런 것이다. 토지 사유제는 토지의 선용에 반드시 필요하며, 토지를 공동 재산으로 만들자는 주장은 문명을 파괴하여 야만 사회로 되돌아가는 것이다.

돼지 구이와 토지 사유제 폐지

이 망상은 찰스 램[1]의 수필 "돼지 구이를 논함"에 나오는 얘기와 비슷하다. 중국인들 사이에서는 호티의 오두막을 불태우면서 구운 돼지고기 맛을 우연히 발견하게 된 이후에 이런 망상이 널리 유포되었다. 즉 돼지 구이를 요리하기 위해서는 오두막을 불태워야 한다는 것이었다. 찰스 램의 매력적인 수필에서 한 현인이 나타나 집을 불태우지 않고서도 돼지고기를 구워먹을 수 있다는

---

1 찰스 램(1775-1834)은 영국 수필가로서 『엘리아 수필』이라는 책을 펴냈는데 여기에 "돼지구이를 논함"이라는 수필이 들어 있다. 중국인 돼지치기 호티가 돼지에게 먹일 사료를 주기 위해 숲속으로 들어가면서 아들 보보에게 돼지를 돌보라고 했다. 보보는 짚단으로 불장난을 하다가 불이 그만 오두막으로 옮겨 붙었고 그 바람에 아홉 마리나 되는 갓 태어난 돼지새끼들이 불에 타 죽었다. 그러나 보보는 이 새끼 돼지들에서 나오는 고소한 냄새에 매혹되어 그 고기를 먹어보았는데 너무 맛있었다. 이윽고 숲에서 돌아온 아버지 호티도 아들을 욕하다가 그 돼지고기 맛에 반해 버렸다. 그 후 호티의 오두막은 전보다 더 잘 불이 났다. 이렇게 하여 그 동네에서는 돼지고기를 굽기 위해 오두막을 태우는 풍습이 번져나갔는데 결국 현인이 나타나서 돼지고기나 그 밖의 짐승 고기를 요리하기 위해 집을 불태우지 않고서도 구워먹을 수 있는 법을 가르쳐주었다: 옮긴이

것을 가르쳐줌으로써 그 망상은 사라졌다. 마찬가지로 토지의 개선을 위해서는 반드시 토지를 개인이 소유할 필요는 없고 그런 개선된 시설에 대해서만 사용을 보장해주면 충분한 것이다. 이런 간단한 원리를 깨우치기 위해서는 현인이 등장해야 할 필요도 없다.

이러한 사실은 주위를 찬찬히 돌아본 사람이라면 금방 깨달을 수 있을 것이다. 돼지를 요리하기 위해 집을 불태워야 할 필요가 없듯이, 사람들에게 토지를 개선시키기 위해 소유권을 부여해야 할 필요는 없는 것이다. 집을 불태우는 것이 돼지를 구워먹는 데 부적절하고, 낭비적이고 불확실한 방법인 것처럼, 토지 사유제는 토지를 개선하는데 있어서 부적절하고, 낭비적이고 불확실한 방법일 뿐이다. 우리는 찰스 램의 중국인 돼지치기가 고집했던 방법을, 토지 문제에서도 고집해야 할 이유가 없다. 찰스 램의 말에 의하면, 현인이 나타나서 불고기용 쇠꼬챙이와 조잡한 석쇠의 사용법을 가르쳐주기 전에는, 돼지고기를 굽는 방법이 오두막을 불태우는 것 이외에는 없다고 생각했다.

그러나 우리들은 그렇지 않다. 토지가 비소유주에 의해 개발되는 사례를 우리는 주위에서 흔히 보기 때문이다. 영국 토지의 대부분이 소작인에 의해 개발되었고, 런던 건물들의 상당수가 임차된 땅 위에 세워진 것이다. 심지어 미국에서도 이와 유사한 제도가 정도의 차이는 있을지언정 전국적으로 시행되고 있다. 이처럼 토지의 소유와 사용이 분리된 것은 아주 흔한 일이다.

지대가 지금처럼 개인 소유주에게 돌아가는 것이 아니라, 정부나 시청에 돌아간다고 해도 토지는 전과 마찬가지로 잘 경작되고 개발되지 않을까? 토지 사유제가 인정되지 않고 모든 토지가 이런 식으로(점유자 혹은 사용자가 국가에 지대를 납부하는 방식으로) 소유된다고 하더라도, 토지는 지금과 똑같이 잘 활용되고 개선되지 않을까? 이런 질문에는 딱 한 가지 답변밖에 없는데 당연히 잘 활용되고 또 개선된다는 것이다. 따라서 모든 토지를 공동 재산으로 수용한다고 해도, 토지의 선용과 개선은 전혀 방해를 받지 않는다는 결론이 나온다.

토지의 선용을 위해서 필요한 것은 토지 사유제가 아니라 개선된 시설에 대한 안전 보장이다. 어떤 사람에게 토지를 경작하거나 개발하도록 유도하기 위해 "이 땅은 네 것이다"라고 말할 필요가 없다. 그에게 단지 이렇게 말해주기만 하면 된다. "이 땅에서 당신의 노동 혹은 자본이 생산해낸 것은 당신 것이다." 사람에게 그가 수확한 것을 가질 수 있다고 보장해 주면 그는 씨앗을 뿌릴 것이다. 그가 짓고자 하는 집의 소유를 보장해 준다면 그는 집을 지을 것이다. 토지 소유는 이런 행위와는 아무런 상관이 없다.

봉건 시대 초창기에 이런 안전 보장을 얻기 위하여 많은 소규모 지주들이 토지 소유권을 군령권(軍令權)을 가진 영주에게 자진 헌납하고 그 대신에 봉토나 위탁토지의 형태로 되돌려 받았다. 그리고 지주들은 모자를 벗고 영주 앞에서 무릎을 꿇고 그들의 두 손을 영주의 손에 올려놓고서 목숨, 신체, 세속적 영예 등을 걸고 충성하겠다고 맹세했다. 토지 사용의 안전 보장을 위하여 소유권을 포기하는 유사한 사례는 터키에서도 발견된다. 터키에서는 바쿠프(이슬람 사원의 토지)는 특별한 세금 면제와 부역 면제 조치를 부여받았다. 그리하여 터키의 지주는 그의 땅을 모스크에 명목 가격으로 팔아버리고서 그 대신에 일정한 지대를 납부하는 조건으로 그 땅을 계속 사용하는 소작인의 신분을 보장받았다.

토지 공유제는 개발을 방해하지 않는다

영국의 농학자 아서 영(1741-1820)이 지적한 것처럼 플랑드르의 모래땅을 비옥한 농지로 바꾸어 놓은 것은 개인 재산의 마법 때문이 아니었다. 그것은 노동의 투입을 안전하게 보장해준 마법 때문이었다. 이런 결과는 토지 사유제가 아닌 다른 방법으로도 확보할 수 있다. 굳이 오두막을 태우지 않아도 돼지고기를 굽는 열을 얻을 수 있듯이 말이다. 한 아일랜드 지주가 경작에서 나온 수확에 대하여 20년간 지대를 받아가지 않겠다고 맹세하자, 아일랜드 농부들은 척박한 산간 지역을 비옥한 곡창 지역으로 바꾸어 놓았다. 몇 해 동안 고정된 지대만 받아가겠다는 안전 보장만으로도, 런던이나 뉴욕 같은 도시의 가장 값비싼 빌딩들이 임차된 땅 위에서 세워지고 있다. 만약 우리가 토지 개발자에게 이런 안전 보장을 해준다면, 우리는 안전하게 토지 사유제를 폐지할 수 있다.

토지가 공동 재산이라는 사상은 토지 개발 혹은 생산에 따른 개인의 권리 보장을 방해하지 않는다. 두 사람의 선주는 배를 절반씩 가르지 않고서도 그 배를 소유할 수 있다. 철도의 소유권은 수십만 주의 주식으로 나누어져 있지만, 열차는 주인이 단 한 사람인 것처럼 체계적이면서도 효율적으로 운영되고 있다. 런던에서는 부동산을 보유하고 관리할 목적으로 주식회사들이 설립되고 있다.

모든 것이 지금과 같은 방식으로 운영되면서도, 공동의 혜택을 위하여 지대를 국가가 가져감으로써 토지 공유권이 완벽하게 인정될 수 있다. 샌프란시스코의 도심 한가운데에는 시민의 토지 공유권이 법적으로 인정되는 땅이 있다. 이 땅은 여러 필지로 잘게 나누어져 개인 소유가 된 것도 아니고, 사용되지 않는 황무지로 방치된 것도 아니다. 이 땅에는 개인들의 재산인 멋진 빌딩들이 완벽한 안전 보장 속에서 우뚝 서 있다. 이 땅과 그 주위 다른 땅의 유일한 차이는 전자의 지대는 공동 학교 기금으로 귀속되는 반면, 후자의 지대는 개인의 호주머니로 들어간다는 것뿐이다. 전 국토가 전 국민에 의하여 이런 식(공동 학교 기금)으로 운영될 수도 있는데, 무엇이 그것을 가로막고 있는가?

알래스카의 물개 사냥과 토지 공유제

미국이 러시아로부터 알래스카를 사들이면서 함께 넘어온 땅 중에는 알류샨 열도에 들어가는 성 베드로 섬과 성 바울 섬이 있다. 미국의 전역을 둘러보아도 이 두 작은 섬처럼 토지 사유제의 여러 조건들에 들어맞을 법한 땅은 달리 없을 것이다. 그러나 실제 사정은 그렇게 돌아가지 않았다.

이 두 섬은 모피용 물개의 서식지이다. 물개는 아주 겁이 많아 경계심이 높은 동물인데 약간만 겁을 집어먹어도 평소의 서식지를 외면하고서 다시는 그곳으로 돌아오지 않는다. 물개가 없으면 그 어장은 인간에게 아무 쓸모도 없는 땅이 되어버리므로, 그런 어장 파괴를 막기 위하여 물개 암컷이나 어린 새끼들을 죽이지 않는 것은 물론이고 총 소리나 개 짖는 소리도 들리게 해서는 안 되었다. 물개 수컷을 잡으려고 하는 사냥꾼은 결코 서둘러서는 안 된다. 그는 험준한 암벽 해변가에 줄지어 도열한 물개들 뒤에서 정숙을 유지하며 잠복하면서 경계심 많은 물개들이 공포를 내던지고 어기적거리며 내륙 쪽으로 들어오기를 기다려야 한다. 물개들은 물속에서는 민첩하기 짝이 없지만 땅 위에서는 잘 걷지 못하기 때문이다. 그런 다음 물개의 번식에 영향을 주지 않는 범위 내에서 도살할 물개들을 조심스럽게 선택한 후에 그 놈들을 내륙 안쪽으로 천천히 몰고 간다. 그리하여 그 놈들이 동료 물개들이 보지도 듣지도 못하는 곳에 이르렀을 때, 몽둥이로 때려서 죽인다.

이런 어장을 누구나 들어가서 물개를 잡도록 내버려 둔다면 – 미래는 생각하지 않고 최대한 많은 물개를 잡아가도록 내버려 둔다면 – 몇 시즌이 지나지 않아 그 어장은 완전 파괴될 것이다. 다른 바다의 유사한 어장들이 파괴되었던 것처럼 말이다. 따라서 이 두 섬을 개인 토지로 만들면 안 되는 것이었다.

그러나 이보다 훨씬 설득력이 떨어지는 이유로 인해 미국 국민들의 대규모 공유지가, 요구하는 사람들이 나타날 때마다 신속하게 불하되는 바람에 개인 소유 토지로 전환되었다. 그렇지만 이 두 섬은 여전히 국유지로 남아 있고 연간 317,500달러의 임대료로 임대가 되었다.[2]

이 임대료는 미국이 알래스카를 매입하면서 이 두 섬을 사들일 때 지불한 돈에 약간 미달하는 금액이다. 두 섬은 이미 국고에 250만 달러를 벌어주었고, 오늘날에도 가치가 전혀 훼손되지 않은 채로(알래스카 모피 회사의 조심스러운 관리 아래 물개의 개체 수는 줄어든 게 아니라 늘어났다), 미국 국민의 공동 재

---

2 알래스카 모피 회사에 대한 1차적인 고정 임대료는 연간 5만 5천 달러이고, 2차적인 임대료는 물개 날가죽 한 장 당 2달러62.5센트이고, 최대 포획량은 10만 장으로 이 한도를 다 채웠을 경우 263,500달러가 된다. 1차와 2차 임대료를 합치면 총 317,500달러이다.

산으로 남아 있다.

토지 사유제가 토지의 선용에 반드시 필요하기는커녕 오히려 그 반대가 진실이다. 토지를 개인 재산 취급하는 것이 토지의 선용을 가로막는다. 토지가 공공 재산으로 취급되었더라면 관련 기회가 생기는 즉시 토지 활용이나 개발이 이루어졌을 것이다. 그러나 개인 재산으로 취급되기 때문에 땅 주인은 자기 자신이 활용하지도 개발하지도 않는 땅을 남들도 활용과 개발을 하지 못하도록 막는 것이다. 토지 소유권이 분쟁의 대상이 되면 가장 가치 있는 땅도 몇 년 씩이나 개발되지 않고 방치된다. 영국의 많은 지역들에서, 토지 개발이 중단된 이유는 관련 토지가 한사상속(entail)에 걸려서 분쟁 중이어서 토지 개발자에게 안전 보장을 해주지 못하기 때문이다. 공공 재산이었더라면 건물이 들어섰거나 많은 수확을 올렸을 대규모 토지가 땅주인의 변덕에 따라 유휴지로 남아 있는 것이다.

미국의 인구 조밀한 지역들에서는, 현재 인구의 3~4배를 유지할 수 있는 땅이 유휴지로 방치되어 있다. 그 이유는 땅 주인이 가격 상승을 기대하면서 그냥 놔두고 있기 때문이다. 그리하여 이민자들은 이런 사용되지 않는 땅을 지나쳐서 똑같은 노동을 투입해도 생산량이 덜 나오는 땅에다 집을 지을 수밖에 없다. 만약 토지의 선용을 검증 기준으로 삼는다면 이 기준 하나만으로도 토지 사유제는 비난받아 마땅하다. 물론 그 제도는 다른 각도에서도 많은 비난을 받고 있지만 말이다. 이 제도는 돼지고기를 굽기 위해 오두막을 불태우는 방법과 마찬가지로, 토지 선용의 목적을 달성하는 방법으로는 낭비적일 뿐만 아니라 불확실한 방법이다.

제2장

토지 평등권의 주장과 확보

앞서 모든 사람이 함께 살아야 할 토지가 일부 소수의 독점 재산으로 귀속되었기 때문에 다음과 같은 현상들이 벌어진 것을 살펴보았다. 어디에서나 노동자 계급은 가난과 고통을 겪고 있다. 산업 불황이 주기적으로 발생하여 경제 상황을 마비시킨다. 자본이 돌지 않아 정체되고, 임금은 기아(飢餓)점을 향해 내려가고 있다. 이런 현상들은 물질적 진보가 이루어질수록 더욱 뚜렷하게 나타나고 있다.

우리는 이런 사회악들을 해결하기 위해서는 그 원인을 제거해야 한다는 것도 알게 되었다. 토지 사유제는 정의에 기반을 둔 것이 아니고 자연권을 부정하는 것이다. 그 제도는 자연법을 파괴하는 것으로서, 사회가 발전하는 가운데 일반 대중을 가장 힘들고 가장 비참한 노예제로 추락시키는 제도이므로 비난받아 마땅하다.

우리는 모든 반론을 검토했다. 그리하여 평등이나 편의성의 관점에서도, 지대를 환수하여 토지를 공동 재산으로 만드는 조치를 방해하는 것은 아무것도 없음을 알게 되었다.

원칙은 이렇게 정해졌지만 그것을 실천하는 방법의 문제가 남아 있다. 우리는 어떻게 실천해야 하는가?

일거에 모든 토지의 개인 재산권을 폐지하여 공동 재산으로 선언하고, 이어서 기존의 토지 개발에 따른 개인의 권리는 충분히 지켜주는 조건 아래에서 그 토지를 가장 잘 활용할 사람에게 내주기로 한다. 이렇게 하는 과정에서 우리는 정의의 법칙을 충족시켜야 하고 모든 경제적 요구 조건에 부응해야 한다.

이렇게 하여 우리는 좀 더 복잡한 사회 조건 아래에서, 예전 원시 상태에서 토지의 평등한 분배에 의하여 확보했던 것과 똑같은 평등한 권리를 확보하게 될 것이다. 또 그 토지를 가장 잘 활용할 사람에게 사용하게 함으로써 우리는 가장 큰 생산량을 확보하게 될 것이다.

허버트 스펜서가 제시한 방안

이러한 방안은 황당무계하고 비현실적인 공상으로 일축될 것이 아니라, 저명한 사상가인 허버트 스펜서 자신이 제안한 것이기도 하다. 그러나 스펜서가 말한 현재의 땅 주인들에게 보상을 해주자는 제안은 그리 합리적인 것으로 보이지 않는다. 이것은 부주의한 양보로서 스펜서가 다시 깊이 생각해 보았더라면 철회할 수도 있는 방안이라고 생각된다. 스펜서는 그의 저서 『사회 정역학』 제9장 8절에서 이렇게 말한다.

"이러한 이론은 문명의 최고조 상태와 일치하는 것이다. 이 이론은 상품의 공동체를 개입시키지 않고서도 이행될 수 있고, 기존 제도에 아주 심각한 혁명을 일으키지도 않는다. 필요한 변화는 단지 지주의 변화일 뿐이다. 별도의 소유권은 일반 대중의 공동 소유권으로 전환될 것이다. 토지는 개인들의 손에 있는 것이 아니라, 커다란 단체, 즉 사회에 의해 소유될 것이다. 농부는 개별 지주로부터 임차를 하는 것이 아니라, 국가로부터 임차를 하게 될 것이다. 임차료를 존(John) 경이나 그의 대리인에게 지불하는 것이 아니라, 공동체의 대리인이나 대표에게 지불하게 될 것이다. 농장의 담당자는 개인이 부리는 사람이 아니라 국가 공무원이 될 것이다. 국가로부터의 임차가 유일한 토지 사용 방식이 될 것이다. 이렇게 정리된 토지 문제는 도덕법과도 완벽한 조화를 이룬다. 이 법 아래에서 모든 사람은 동등하게 지주가 될 것이고, 모든 사람은 똑같이 자유롭게 토지 임차인이 될 수 있다 … 따라서 이런 제도 아래에서는 모든 토지가 동등한 자유의 법칙에 의거하여 구획되고, 점유되고, 경작될 것이다."

하지만 이런 방안은 아주 그럴 듯하지만 내가 보기에 최선의 방안은 아니다. 나는 그와 똑같은 결과를 노리되, 좀 더 간단하고 쉽고, 조용한 방식으로 성취할 것을 제안한다. 모든 토지를 공식적으로 몰수한 다음에 그것을 가장 높은 사용료를 내는 사람에게 공식적으로 내주자는 방안은 다음과 같은 난점이 있으므로 피해야 한다.

첫째, 현재의 관습과 사고방식에 불필요한 충격을 줄 수 있다.
둘째, 정부 기구를 불필요하게 확대해야 하는 문제가 있다.

커다란 변화는 예전의 형식 아래에서 가장 잘 성취된다는 것은 국가 통치의 원리였다. 심지어 독재정치를 성공적으로 수립한 독재자들조차도 이 원리를 이해하고 실천했다. 인간을 자유롭게 해방하고자 하는 우리도 이와 동일한 원리를 따라가야 한다. 그것은 자연의 방식이기도 하다. 자연은 좀 더 높은 유형을 만들려고 하면 그보다 낮은 유형을 먼저 만들어 그것을 발전시킨다. 이것은 사회 성장의 법칙이기도 하다. 우리는 이 법칙에 따라서 움직이도록 하자. 우리는 사회의 흐름을 타고 가면 빠르게 멀리 나아갈 수 있다. 그러나 흐름을 거스르면 올라가기도 어렵고 진전하는 속도도 느리다.

나는 개인 소유의 토지를 매입하거나, 몰수하자고 제안하지 않는다. 첫 번째 것은 부당하고, 두 번째 것은 불필요하다. 현재 토지를 소유하고 있는 사람들은 원한다면 그들이 자기 것이라고 부르는 그 땅을 소유할 수 있다. 또 앞으로도 계속 자기 땅이라고 부를 수 있다. 그 땅을 사고 팔 수도 있고 상속하거나 유증할 수도 있다. 우리는 땅 주인에게는 껍데기를 갖게 하고 우리 자신은 속 알맹이를 가지면 된다. **토지를 몰수하는 것은 불필요하다. 단지 지대만 환수하면 충분하다.**

공공 용도를 위하여 지대를 가져가는 데 있어서 국가는 토지의 임대에 관여할 필요가 없고, 그리하여 임대와 관련된 정실주의, 담합, 부정부패 등에 개입될 우려도 없다. 지대를 관리하기 위해 새롭게 정부 기구를 만들어야 할 필요도 없다. 그런 기구는 이미 존재한다. 그 기구를 확대하는 것이 아니라 오히려 단순화하고 감축시키기만 하면 된다. 땅 주인에게 지대의 적은 부분만 남겨두고 - 이 금액은 정부 기관이 토지를 임대하는데 드는 비용과 손실보다 훨씬 적을 것이다 - 기존의 정부 기구만 활용함으로써, 우리는 마찰이나 충격 없이 토지 공유권을 주장하고, 또 공공 용도를 위한 지대를 가져갈 수 있을 것이다.

우리는 이미 조세를 통하여 지대의 일부를 가져가고 있다. 지대를 모두 가져가기 위해 조세의 방법을 약간 바꾸기만 하면 충분하다.

국가가 세금으로 지대 전액을 가져가야 한다

따라서 내가 제안하는 간단하면서도 위력적인 방법은 조세를 통하여 지대를 흡수하자는 것이다. 이렇게 하면 임금을 높일 수 있고, 자본의 소득을 증가시킬 수 있으며, 걸인을 구제하고, 가난을 근절하고, 원하는 사람 누구에게나 수입 높은 일자리를 줄 수 있고, 인간의 능력 범위를 한껏 넓힐 수 있으며, 범죄를 감소시키고, 도덕, 취향, 지성을 드높이며, 정부를 정화하고, 문명을 좀 더 높은 곳으로 승화시킬 수 있다.

이런 방식으로 국가는 그런 명칭을 쓰지 않고, 단 하나의 새로운 기능도 떠맡지 않으면서도 보편적 지주가 될 수 있다. 형식상 토지 소유권은 현재 그대로 유지될 것이다. 땅 주인으로부터 소유권을 빼앗는 일도 없고, 사람들이 소유할 수 있는 땅의 한도에 제약을 가하는 일도 없을 것이다. 국가가 세금의 명목으로 지대를 가져가기 때문에, 토지는 누구 명의로 되어 있든 어떤 방식으로 분할되어 있든 실제로는 공동 재산이 될 것이고, 사회의 모든 구성원이 그 소유권의 혜택을 누릴 수 있을 것이다.

우리가 다른 모든 세금을 폐지함으로써, 지대 혹은 토지의 가치에 대한 세금은 반드시 증가할 것이므로, 우리는 다음과 같은 현실적인 형식의 주장을 내놓는다.

토지 가치에 대한 세금 이외에 모든 세금을 폐지하자.

이미 살펴본 바와 같이, 사회 초창기에 토지의 가치는 영(제로)이었다. 그러나 인구가 증가하고 기술이 개선되어 사회가 발달하면서 토지의 가치는 점점 높아졌다. 모든 문명국가들에서, 그리고 심지어 가장 최근에 생긴 신생 국가에서도 전 국토의 가치는 정부의 모든 비용을 감당할 정도로 충분하다. 좀 더 잘 발달된 국가들에서 그 가치는 충분함을 넘어설 정도로 높다. 따라서 토지의 가치에 모든 세금을 매기는 것만으로는 충분하지 않을 것이다. 지대의 액수가 현재의 정부 수입을 초과하는 국가에서는 거기에 맞추어 세금도 늘려야 하고, 사회가 발전하고 지대가 상승하면 세금의 액수를 계속 늘려야 한다.

이것은 너무나 자연스럽고 쉬운 문제여서, 토지 가치에만 세금을 매기자는 주장 안에 포함된 것으로 간주되거나 적어도 이해될 것이다. 그것이 실제적 투쟁을 벌여야 하는 첫 번째 단계이다. 산토끼를 잡아서 죽였다면 그 다음 절차는 당연히 요리하는 것이 된다. 토지 공유권이 널리 인정되어 지대 이외에 모든 세금이 철폐된다면, 땅 주인들이 지금껏 차지해온 지대를 모두 징수해도 다른 위험은 없을 것이다.

세금은 토지 가치세 하나로 충분하다

나는 벌써 몇 년 간 이 주장을 널리 알리려고 애써왔으므로 경험에 의하여 이런 사실을 알게 되었다. 모든 세금을 토지 가치에 집중시키자는 아이디어가 그런 대로 받아들여지는 곳에서 그 사상이 훨씬 널리 퍼져나갔다. 그러나 이 제도로 가장 큰 혜택을 보게 되는 몇몇 계급들은 그 충분한 의미와 위력을 처음에는 잘 깨닫지 못했고, 설사 깨달았다고 하더라도 완전히 이해하는 데에는 시간이 많이 걸렸다.

노동자들은 자본과 노동 사이에 진정한 적대감이 있다는 생각을 극복하는 것이 어려웠다. 소규모 농부와 자영 농민들은 모든 세금을 토지 가치에만 매긴다면 그들이 부당하게 큰 부담을 떠안게 될 것이라는 생각을 극복하기가 어려웠다. 두 계급 모두 자본을 조세에서 면제시킨다면 부자만 더 부자가 될 것이라는 생각을 극복하기가 어려웠다.

그러나 이런 생각들은 사고의 혼란에서 나오는 것이다. 무지와 편견 뒤에는 강력한 이해관계가 있는데 그것이 지금껏, 문학, 교육, 의견을 지배해 왔다. 커다란 잘못은 언제나 필사적으로 저항하다가 죽는데, 모든 문명국가에서 일반 대중을 빈곤과 결핍으로 추락시키는 커다란 사회악이 처절한 싸움 없이 저절로 죽어버리지는 않을 것이다.

나의 아이디어가 지금껏 내 책을 읽어온 독자들에 의해 즉각적으로 수용될 것이라고 보지 않는다. 대중을 상대로 하는 논의는 추상적인 것보다는 구체적인 것을 다루어야 마땅한데, 나는 독자들에게 조금만 더 나를 따라와 달라고 요구하고 싶다. 나는 이제 기존 조세의 방안으로 내가 주장한 해결책을 검증하고자 한다. 그렇게 하는 과정에서, 전에는 주목하지 못했던 많은 부수 사항들이 알려지게 될 것이다.

제3장

조세 정의의 기준으로 검증해본 토지 가치세

공공 수입의 원천인 세금이 가장 좋은 것이 되려면 다음의 조건들에 부응해야 한다.

1. 세금은 가능한 한 생산에 부담을 덜 주어야 한다. 그리하여 세금 납부의 원천이며 사회를 유지하는데 들어가는 일반 기금의 증가를 억제할 수 있어야 한다.
2. 세금은 수월하게 또 저비용으로 징수될 수 있어야 한다. 가능한 한 궁극적 납세자에게 직접 부과되어야 한다. 정부에 직접 납부하는 것(직접세) 이외에 국민으로부터 거두는 것(간접세)이 가능한 한 적어야 한다.
3. 세금은 징수가 확실해야 한다. 그래야 정부 관리들의 억압이나 부정부패를 최소화할 수 있고, 납세자들의 법규 위반이나 조세 회피 유혹을 최소화할 수 있다.
4. 세금은 공평하게 부과되어야 한다. 그래야 어떤 시민이 다른 시민들에 비하여 부당한 혜택을 누리는 것을 막을 수 있다.

그러면 어떤 형태의 조세가 이런 기준에 가장 잘 부합하는지 살펴보기로 하자. 가장 좋은 형태가 무엇이 되었든 간에 그것은 공공 수입을 올리는 가장 좋은 방법이 될 것이다.

1. 세금이 생산에 미치는 효과

인간의 노력과 자연의 물질 및 힘이 결부하여 부가 생산되는 것이므로, 모든 세금은 노동과 자본의 생산에서 나와야 한다. 그러나 동일한 액수의 세금을 매기는 방식은 부의 생산에 아주 다르게 영향을 미칠 수 있다. 생산자의 보상을 감소시키는 세금은 반드시 생산 의욕을 감소시킨다. 생산의 행위 혹은 생산의 3요소 중 어느 하나를 사용하는데 바탕을 두고 있는 세금은 반드시 생산을 억제한다. 그리하여 노동자의 소득과 자본가의 수입을 감소시키는 세금은 양자 모두에게 나쁜 영향을 미친다. 노동자는 전보다 덜 근면하거나 덜 똑똑해지게 되고, 자본가는 전보다 저축이나 투자의 의욕이 줄어들게 된다.

생산 과정에 부과되는 세금은 부의 생산에 인위적인 장애물을 설치하는 것이다. 가령 현재 일을 하고 있는 노동, 자본으로 사용되고 있는 부, 경작되고 있는 토지에 세금을 부과한다고 해보자. 그러면 그 세금은 노동자(일을 하든 말든 무관하게), 부(생산적으로 혹은 비생산적으로 사용되든 말든), 토지(경작되든 놀리든 무관하게)에 부과된 동일한 액수의 세금보다 훨씬 더 강력하게 생산을 저해할 것이다.

실제로 세금을 부과하는 방식은 세금의 액수만큼이나 중요하다. 균형이 잘 안 잡힌 작은 짐은, 그보다 훨씬 크지만 균형 잡힌 짐보다 짐말에게 큰 부담을 줄 수 있다. 이와 마찬가지로 이런 방식으로 부과되었더라면 쉽게 부담할 수 있는 세금도, 저런 방식으로 부과되면 사람들을 가난하게 만들고 부의 생산 능력을 꺾어놓을 수 있다. 이집트 총독 무하마드 알리(1769-1848)[3]가 야자나무에 세금을 매기자, 이집트의 농부들은 그들의 야자나무를 다 베어버렸다. 그러나 그보다 두 배나 액수가 많은 세금을 토지에 부과하자 아무런 반발도 없었다. 네덜란드 총독으로 파견된 스페인의 알바 공작(1508-1582)은 모든 판매 건수에 10%의 세금을 부과했는데, 만약 그 세금이 그대로 유지되었더

---

3   이집트의 말루크 과두제를 폐지하고 이집트의 실질적 통치자로 올라선 오토만 제국의 이집트 총독으로, 현대 이집트의 기틀을 세운 사람: 옮긴이

라면 국가 수입은 별로 가져다주지 못한 채 거의 모든 교환이 중단되었을 것이다.

그러나 우리는 굳이 해외에서 사례를 가져올 필요가 없다. 미국의 부 생산은 생산 과정에 부과된 세금 때문에 크게 감소되었다. 조선업은 우리 미국이 뛰어난 분야였으나, 해외 무역에 관한 한, 거의 다 파괴된 것이나 마찬가지이고, 그 외의 많은 생산 분야들이 심각한 타격을 입었다. 이렇게 된 것은 산업을 좀 더 생산적인 형태에서 전환시켜 좀 덜 생산적인 형태로 바꾸어 놓은 세금 때문이었다.

나라마다 정도 차이는 있지만, 이런 생산의 억제가 현대 국가의 수입원인 조세의 주된 특징이다. 제조업에 부과되는 모든 세금, 상업에 부과되는 모든 세금, 자본에 부과되는 모든 세금, 토지 개선분에 부과되는 모든 세금이 이런 종류의 것이다. 비록 이런 세금이 미치는 영향이 그렇게 뚜렷하게 드러나지는 않지만 그 전반적 경향은 야자나무에 과세한 무하마드 알리의 세금과 비슷한 것이다.

이런 세금들은 부의 생산을 억제하는 경향이 있으므로, 생산을 억제하지 않으면서도 세금을 거둘 수 있는 방법이 있다면 이런 식으로 과세해야 한다. 사회가 발전하고 부가 축적되면서 생산에 부담 안 주는 과세가 가능해졌다. 사치품에 세금을 매기면 남들에게 보여주기 위해 낭비될 수도 있는 돈이 국고로 들어가게 된다. 부자들의 유산에 과세해도 그들의 자본 축적 의욕에는 별 영향을 미치지 않을 것이다. 축적 의욕은 일단 사람을 사로잡으면 맹목적인 열정으로 변하는 경향이 있으니까 말이다.

그러나 생산에 개입하지 않으면서도 가장 큰 수입을 올릴 수 있는 중요한 부류의 조세는 독점에 대한 세금이다. 왜냐하면 독점의 이윤은 그 자체로 생산에 부과된 것이므로, 독점에 과세하는 것은 생산이 어차피 지불해야 할 돈을 국고로 돌리는 것이 된다.

우리 사회에는 여러 종류의 독점이 있다. 예를 들어 특허권이나 저작권 등 일시적인 독점이 있다. 이런 권리들은 보이지 않는 생산에 대한 노동권의 인정이고, 또 발명과 저작의 집필에 부여된 일종의 포상이므로,[4] 이런 것들에 세금을 매기는 것은 아주 부당하고 또 현명하지 못하다.

또한 이 책의 3권 4장에서 언급한 부담스러운 독점도 있는데, 이것은 독점의 성격을 가진 회사들에 자본이 집중되어 생겨난 것이다. 일반 법률을 통하여 이런 독점의 소득에만 전적으로 세금을 부과하고 생산이나 교환에는 세금을 매기지 않는 것은 완전 불가능한 일은 아닐지라도 실제로는 아주 어려운 일이다. 그러므로 이런 종류의 독점은 폐지하는 것이 훨씬 좋다. 대체로 보아 이런 독점은 법률적 작위 혹은 부작위에 의해서 생겨난다. 가령 뉴욕에서 샌프란시스코까지 파나마 운하를 거쳐서 직접 수송하는 비용이, 뉴욕에

---

4   특허에 의해 주어지는 독점적 권리와 무형 생산물에 대한 권리 인정으로 주어지는 저작권, 이 둘을 같은 것으로 혼동한 나머지, 나는 오류를 저지르게 되었다. 이 점에 대해서는 1888년 6월 23일자 『스탠더드』지에다 오류를 인정하고 바로잡았다. 이 두 가지는 서로 유사하지 않고 본질적으로 다르다.

저작권은 사실, 사상, 혹은 그 둘의 조합에 대한 독점적 사용의 권리가 아니다. 그런 것들은 재산의 자연법 상 모두가 자유롭게 사용할 수 있는 것이다. 단지 그런 것들에 투입된 노동에 대하여 권리를 인정하는 것이다. 그것(저작권)은 사실, 지식, 유사한 생산물을 위한 법칙 혹은 조합을 사용하지 못하게 하는 것이 아니라, 특정한 도서 혹은 다른 생산물을 똑같은 형태로 사용하지 못하게 하는 것이다. 그러니까 그 책을 생산하는데 들어간 실제 노동을 그대로 흉내 내서는 안 된다는 것이다. 따라서 개인은 자신의 노력이 만들어낸 생산물을 향유할 수 있는 자연적·도덕적 권리를 누릴 수 있고, 다른 사람들도 그와 유사하게 행동할 수 있는 권리를 침해해서는 안 된다고 규정한다.

반면에 특허권은 남들이 그와 유사한 것을 하지 못하게 금지한다. 그리고 특정 기간 동안에 소유권의 밑바탕이 되는 동등한 자유를 침해한다. 따라서 저작권은 도덕법에 일치한다. 그것은 어떤 책을 써내거나 어떤 그림을 그리는 등 이런 일에 무형의 노동을 투입한 사람에게, 그와 똑같은 책 혹은 똑같은 그림을 복사하지 못하도록 금지한다. 그러나 특허권은 이런 자연적 권리를 침해한다. 그것은 다른 사람들이 이미 시도된 것을 하지 못하도록 금지한다. 누구나 자신이 생각하는 것을 생각하고, 자신이 인식하는 것을 인식하고, 자신이 하는 것을 할 수 있는 도덕적 권리를 가지고 있다. 그 사람이 나로부터 그에 대한 암시를 얻었거나 나와 무관하게 그런 암시를 얻었는지 여부는 상관이 없다. 어떤 것을 발견했다고 해서 그 발견자가 그 어떤 것에 대하여 소유권을 주장하지 못한다. 어떤 것이 발견되었든 간에, 그것은 이미 발견되기 위하여 지상에 존재하고 있었기 때문이다. 만약 어떤 사람이 외바퀴 수레, 책, 그림 등을 만들었다면 그는 그 특정한 외바퀴 수레, 책, 그림에 대해서는 도덕적 권리를 갖고 있지만, 다른 사람들이 유사한 외바퀴 수레, 책, 그림을 제작하는 것을 금지시켜 달라고 요구할 권리는 없다. 이런 금지가 설사 발견과 발명을 촉진시키기 위해 시행된다고 하더라도, 장기적으로는 발견과 발명을 억제하는 요소로 작용한다.

서 영국의 리버풀이나 사우샘프턴을 거쳐 샌프란시스코로 수송하는 비용보다 더 많이 든다. 이렇게 된 것은 미국 증기선을 건조하는 비용을 아주 높게 만들어 놓고 또 외국 배들이 미국 내 항구들 사이를 오가며 화물을 수송하는 것을 금지시킨 "보호주의적" 법률 때문이다.

네바다 주의 주민들은 동부에서 오는 화물에 대하여 마치 그 화물이 샌프란시스코에 갔다가 다시 네바다 주로 오는 것처럼 계산하는 운송비용을 부담해야 한다. 그 이유는 역마차의 운송 비용에 대해서는 바가지요금을 금지하는 당국이 철도 회사에 대해서는 그런 단속을 하지 않기 때문이다. 일반적으로 말해서, 독점의 성격을 가지고 있는 회사들은 국가의 기능 일부를 수행하고 있는 것이므로, 국가가 인수해야 한다. 같은 이유로 정부가 우편 업무를 수행하듯이 전신 업무 또한 정부가 맡아서 해야 한다. 또한 일반 도로가 일반 대중의 소유이듯이, 철도 또한 그렇게 되어야 한다.

토지의 독점이 가장 해롭다

그러나 이런 모든 독점은 토지의 독점에 비해 보면 그 폐해가 사소하다고 할 것이다. 순수한 독점인 토지의 가치는 모든 면에서 과세의 대상이 되어야 마땅하다. 다시 말해, 철도나 전신의 가치, 휘발유나 특허 의약품의 가격 등은 독점의 가격을 표시하지만, 노동과 자본의 투입도 동시에 표시한다. 그러나 토지의 가치 혹은 경제적 지대는 우리가 이미 살펴본 바와 같이 이런 요소들에 의해 만들어지는 것이 아니며 점유의 혜택만 표시할 뿐이다.

토지 가치에 부과된 세금은, 지대 혹은 연간 토지 가치를 초과할 때까지는 조금도 생산을 억제하지 않는다. 왜냐하면 상품, 교환, 자본, 혹은 기타 생산의 도구나 과정 등에 부과된 세금들과는 다르게, 토지 세금은 생산에 영향을 미치지 않기 때문이다. 곡식, 가축, 건물, 혹은 개인의 재산이나 개선의 가치가 생산의 보상을 표시하는 것이라면, 토지의 가치는 그런 보상을 전혀 표시하지 않는다. 그것은 독점의 교환 가치만 표시한다. 그것은 어떤 경우에도 토지를 소유하고 있는 개인이 창조한 것이 아니다. 그것은 공동체의 성장으로 창조된 것이다.

따라서 공동체(사회)는 개선의 이욕을 조금도 저해하지 않고 또 부의 생산에 조금도 영향을 미치지 않으면서 그것(토지의 가치 혹은 지대)을 모두 가져갈 수 있다. 모든 지대를 국가가 가져갈 때까지 토지 가치에 대하여 세금을 부과할 수 있으며, 이렇게 해도 노동의 임금이나 자본의 보상에 대해서는 전혀 피해를 입히지 않는다. 또 단 하나의 상품도 가격이 올라가지 않으며, 그 어떤 방식으로든 생산을 전보다 더 어렵게 만들지도 않는다.

효과는 이것뿐만이 아니다. 토지 가치에 대한 세금은 다른 세금들과는 다르게 생산을 억제하지도 않고, 오히려 투기적 지대를 제거함으로써 생산을 증가시키는 경향이 있다. 투기적 지대는 어떻게 생산을 억제하는가? 그것은 사용을 보류당한 가치 높은 토지에서도 볼 수 있으며, 당초 투기적 토지 가치의 상승으로 시작된 산업 불황의 마비 현상이 전 세계로 퍼져 나가는 데에서도 볼 수 있다. 이러한 산업 불황은 어디에서나 산업을 마비시키며, 전면적인 전쟁보다 더 큰 낭비와 고통을 야기한다.

그런데 지대를 공공 용도로 모두 흡수하는 과세 방식은 이 모든 부작용을 예방할 수 있다. 만약 모든 토지에 대하여 지대 가치에 근접하는 세금이 부과된다면 그 자신이 직접 사용하지 않는 토지를 보유할 능력이 있는 사람은 없을 것이다. 따라서 사용되지 않는 토지는 그것을 사용하려는 사람들에게 개방될 것이다. 사람들은 좀 더 가까운 지역에 정착할 것이고, 따라서 노동과 자본은 동일한 노력을 투입하고서도 더 높은 생산을 올릴 수 있을 것이다. 특히 미국의 경우, 생산력을 많이 낭비시켰던 구유 속의 개(심술쟁이 즉 땅 주인)는 자연 축출될 것이다.

이보다 더 중요한 것은 부의 분배에 미치는 효과이다. 조세에 의하여 지대를 공공 용도로 전환하는 것은 부의 생산을 촉진시킬 것이다. 하지만 이 점에 대해서 자세히 언급하는 것은 뒤로 미루기로 한다.[5] 단지 생산과 관련하여

---

5   이 책의 9권 2장에서 다루어짐: 옮긴이

부과될 수 있는 세금 중에, 토지 가치에 대한 세금이 가장 좋은 것이라고 미리 말해두면 충분할 것이다.

제조업에 세금을 매기면 제조업을 억제하는 효과가 나타난다. 토지 개선에 세금을 매기면 토지 개선을 억제하는 효과가 나타난다. 상업에 세금을 매기면 상업을 억제하는 효과가 나타난다. 자본에 세금을 매기면 자본을 쫓아버리는 효과가 나타난다. 그러나 모든 토지 가치를 세금으로 흡수한다면 그 효과는 산업을 촉진하고, 자본에 새로운 기회를 제공하고, 부의 생산을 증가시킬 것이다.

2. 세금 징수의 용이함과 저비용

저절로 거두어지지만 소규모 액수에 그치는 특정 면허세와 관세를 제외하고, 토지 가치세는 모든 세금 중에서 가장 쉽게 또 저비용으로 징수될 수 있다. 토지는 숨기거나 어디에다 옮겨놓을 수 없기 때문이다. 토지 가치는 즉각 평가될 수 있고, 일단 평가가 끝나면, 세금을 징수하는 데에는 한 사람의 징수원만 있으면 충분하다.

모든 재무 제도 아래에서는 공공 수입의 일부가 토지 관련 세금으로 징수되고 있고, 징수 목적의 기구는 이미 존재하고 있으므로 이 기구를 통하여 전체 토지 가치세를 징수할 수 있다. 또한 다른 모든 세금 대신에 토지 가치세만을 징수할 경우에는, 다른 세금들을 거두는데 들어가는 비용이 절약된다. 이렇게 하는 데서 얼마나 많은 비용이 절감될 것인지는, 지금 세금 징수에 종사하는 공무원들의 숫자만 헤아려도 충분히 짐작할 수 있을 것이다.

이러한 절약은 국민에게 부과된 세액과 실제 징수된 세액의 차이를 크게 줄여줄 것이다. 그러나 토지 가치세를 전면적으로 시행한다면 이것만으로도 아주 중요한 방식으로 그 차이를 더욱 감소시킬 것이다.

토지 가치세는 물가를 인상시키지 않으며 그 세금을 납부해야 할 의무가 있는 사람이 직접 국가에 납부한다. 반면에 수량이 정해져 있지 않은 물품에 대한 세금은 물가를 상승시키며, 교환이 이루어지는 과정에 판매자로부터 구매자로 전가되어, 교환 과정이 길어질수록 더욱 물가를 올린다.

만약 우리가 빌려간 돈에 세금을 매긴다면, 빌려주는 사람은 빌려가는 사람에게 세금을 전가한다. 따라서 빌려가는 사람은 세금을 내거나 아니면 대부를 받지 못한다. 만약 빌려간 사람이 그 돈을 자신의 사업에 활용한다면 그는 차례로 그 세금을 소비자에게서 받아내며, 그렇게 하지 않을 경우 그의 사업은 이윤을 내지 못한다. 만약 우리가 건물에 세금을 부과한다면 건물의 사용자가 결국 그 세금을 납부해야 한다. 빌딩의 임대료가 충분히 높아서 이윤과 세금을 충당할 수 있으니까 그 건물이 세워진 것이다. 우리가 제품과 수입품에 세금을 부과한다면 제조업자와 수입업자는 그것을 더 높은 값에 중간도매상에 넘길 것이고, 중간도매상은 다시 소매상에게, 그리고 소매상은 다시 소비자에게 그 세금을 전가할 것이다.

이렇게 하여 세금을 최종적으로 떠안게 된 소비자는 세금을 부담하는 것은 물론이고 그 제품을 소비자에게까지 전달되도록 중간에 유통을 담당한 자들의 이윤도 다 부담해야 한다. 왜냐하면 중간 유통업자는 세금을 납부하기 위해 들어간 자본에 대한 이자는 물론이요, 물품 대가를 지불하기 위해 들어간 자본의 이윤도 취해야 하기 때문이다.

가령 마닐라 시가(담배)는 샌프란시스코의 수입업자에게서 사들였을 때에는 1천개 당 70달러의 비용이 들어간다. 이중 14달러는 이 항구에 내려진 물품의 원가이고, 56달러는 관세이다. 그러나 판매하기 위하여 이 시가를 사들인 업자는 시가의 원가인 14달러뿐만 아니라 시가 원가에 관세를 더한 70달러에 대해서 이윤을 얻기를 원한다. 이런 식으로 가격에 더해진 모든 세금은 이 손에서 저 손으로 넘어갈 때마다 증가되고, 그것이 마침내 소비자에 의해 모두 부담된다. 이렇게 하여 소비자는 정부가 거두는 세금보다 훨씬 많은 금액을 지불한다. 이렇게 볼 때, 세금이 가격을 인상시키는 방식은 곧 생산비를 높여서 공급을 억제하는 방식이 된다.

그러나 토지는 인간이 생산한 물건이 아니고 지대에 대한 세금은 공급을 억제하지 않는다. 따라서 지대에 대한 세금이 땅 주인에게 더 많은 세금을 내도록 강요하지만, 동시에 땅 주인이 토지의 사용에 대하여 더 많은 돈을 받아내는 힘을 빼앗아버린다. 또한 이 세금은 투기적 목적으로 땅을 보유한 사람이 땅을 팔거나 세를 놓도록 사람들을 압박하여, 땅 주인들 사이의 경쟁을 촉발시킴으로써 땅값을 낮추게 된다.

이렇게 볼 때, 모든 면에서 토지 가치세는 대규모 국가 수입을 올리게 해주면서도 가장 저비용으로 징수할 수 있게 해주는 세금이다. 정부가 국민에게서 거두어들이는 세액의 비율로 볼 때 가장 큰 순수입을 올리게 해주는 세금이다.

3. 징수가 확실한 세금

세금 징수의 확실성은 조세 행정에서 중요한 요소이다. 먼저 세무서 직원이 확실히 세금을 징수하겠다는 의지가 있어야 한다. 세금의 징수는 징세관의 근면과 성실, 그리고 납세자의 공공 정신과 정직성에 달려 있다. 그러나 다른 한편으로는 세무서 직원의 억압과 부정부패가 벌어질 수 있고, 그에 따라 납세자의 탈세와 기만이 기승을 부리게 된다.

국가 세입의 대부분이 징수되는 방식은 바로 이 부정부패의 측면에서 비난을 받고 있다. 미국 내에서 위스키세와 담배세 분야에서 저질러진 엄청난 부정부패와 기만은 잘 알려져 있다. 세관이 물품의 가격을 끊임없이 낮게 평가하고, 소득세 신고서를 우스꽝스럽게 낮은 금액으로 제출하고, 개인 재산에 대하여 공정한 평가를 하는 것이 거의 불가능한 사실 등은 악명 높은 사안이다. 이런 세금들이 당하는 구체적 피해 – 이런 불확실성으로 인해 국민이 실제로 내는 세금과 국가가 징수하는 세금 사이의 차액에서 발생하는 비용 항목 – 는 아주 크다.

영국에서 보호무역 제도가 시행되던 시절에, 영국 해안에는 밀수를 방지하려는 단속원들이 커다란 대오를 형성했고, 다른 한쪽에서는 그들을 피하려는 사람들의 대오가 형성되었다. 이런 두 대오를 유지하는 비용은 노동과 자본의 생산물에서 나와야 했다. 밀수업자의 비용과 이윤, 세관 관리의 봉급과 뇌물 등은 정부가 정식으로 거두어들이는 세금 이외에, 조세나 마찬가지의 비용 항목이 되었다. 이 뿐만 아니다. 물품 평가사에게 주는 사례비, 세관 관리에게 주는 뇌물, 고분고분한 관리를 뽑는데 들어가는 비용과 조세 포탈을 도와주는 제반 비용, 관세를 내지 않고 물품을 들여오는 값비싼 수입 방식과 수입세를 회피하는 제조 방식, 탐정과 정보원을 유지하는 비용과 수고비, 정부와 소송 제기자 상대의 법적 절차와 징벌에 관련된 비용 등은 부의 일반기금에서 빠져나가는 비용인데 국가 수입에는 전혀 기여를 하지 않는다.

그러나 이것은 비용의 가장 작은 부분이다. 확실성의 요소가 빠진 조세는 관련된 사람들의 사기에 아주 나쁜 영향을 미친다. 우리의 조세 관련 법규는 하나로 묶어서 이렇게 제목을 붙일 수 있을 것이다. "공무원의 부정부패를 촉진하고, 정직을 억압하고 기만을 장려하며, 위증과 위증의 매수에 높은 가치를 부여하며, 법의 이상과 정의의 이상을 서로 분리시키는 법." 이것이 조세 관련법들의 진정한 특징이며 그것(특징)에 부합하는 일에 아주 멋지게 성공하고 있다. 세관의 맹세는 조롱거리에 지나지 않는다. 우리의 감정 평가사는 모든 재산의 진정한 현금 가치를 충실하게 평가하겠다고 정기적으로 맹세하면서도 습관적으로 그런 일을 아예 하지 않는다. 자신의 개인적·상업적 명예를 자랑스럽게 여기는 사람들이 공무원에게 뇌물을 주고 엉터리 소득신고서를 제출한다. 또한 법정은 어느 날에는 살인자를 심리하다가, 또 어느 날에는 인지 없는 성냥을 판매한 업자를 재판하는 광경이 지속적으로 벌어져서 사람들의 사기를 꺾어놓는다!

이러한 조세 징수 방식은 너무나 불확실하고 사기를 떨어트리는 것이다. 그리하여 데이비드 A. 웰스, 에드윈 다지, 조지 W. 커일러 등으로 구성된 뉴욕 위원회는 뉴욕 주의 조세 징수 상황을 조사하고 나서, 현재 부과하고 있는 세금들 중 부동산 세금을 제외한 모든 세금을 철폐하고, 그 대신에 각 개인이 사용하고 있는 건물의 지대 가치를 바탕으로 조정자 재량의 세금을 부과하자고 제안했다.

그러나 그 어떤 조정자 재량의 평가에 의존할 필요가 없다. 모든 세금 중에서 재량의 여지가 가장 적은 토지 가치세는 확실성의 요소를 가장 높은 정도로 보유하고 있다. 토지는 감출 수도 없고 이동시킬 수도 없으므로, 이 세금을 부과하면 아주 확실하게 평가할 수 있고 또 징수할 수 있다. 토지에 부과된 세금은 마지막 한 푼까지도 징수할 수 있다. 토지의 감정 평가가 종종 불공평하지만, 개인 재산의 감정 평가는 이보다 훨씬 더 불공평하다. 토지 감정이 이처럼 불공평하게 이루어지는 것은 토지 개선분에 대한 세금 때문이다. 또한 위에서 언급한 사기를 겪어놓는 요인들이 조세 제도 전반에 영향을 미치고 있다.

개선 시설 따위는 무관하게 토지 가치에만 모든 세금이 부과된다면 조세 제도는 간단명료하게 정비가 될 것이고, 일반 대중의 관심도 그런 간명한 제도에 집중될 것이다. 그리하여 조세 평가는 부동산 중개사가 원매자가 내놓은 땅에 값을 매기는 것만큼의 확실성 아래 이루어지게 될 것이다.

4. 공평하게 부과되는 세금

애덤 스미스는 조세에 대하여 이렇게 말했다. "국가의 백성은 정부를 지탱하기 위하여 각자의 담세 능력에 가능한 한 정확하게 비례하여 조세를 부담해야 한다. 즉 국가의 보호 아래에서 얻은 소득에 따라 납세해야 한다." 이어서 스미스는 이런 말도 한다. 오로지 지대, 오로지 임금, 오로지 이자에만 부과되는 모든 세금은 반드시 불공평하게 된다. 이런 가르침에 따라서 하나의 공통된 조세 사상이 나오게 되었고, 모든 것에 과세하려는 우리의 조세 제도는 이 사상―각자의 담세 능력에 가능한 한 정확하게 비례하여 조세를 부담―을 실현하기 위해 노력했으나 헛수고에 그쳤다.

모든 사람을 담세 능력에 따라 과세하는 방식의 극복 불가능한 현실적 어려움은 잠시 접어두더라도, 이런 방식으로는 조세 정의가 달성될 수 없다는 것은 너무나 분명하다.

가령 여기에 똑같은 세금 부담 능력 혹은 수입을 가진 두 남자가 있다고 해보자. 그런데 한 남자는 대가족을 거느리고 있고, 다른 남자는 자기 자신 이외에는 부양가족이 없다. 간접세는 이 두 남자에게 아주 불공평하게 부과된다. 한 남자는 가족 전원이 소비하는 음식과 의복 등에 대한 세금을 피할 길이 없지만 다른 남자는 자신이 소비하는 생필품에 대해서만 지불하면 되기 때문이다. 그래서 세금이 직접세로 부과되어 두 사람에게 같은 액수의 세금을 내게 한다고 해보자. 이 경우에도 여전히 불공정이 남아 있다. 한 남자는 자신의 수입으로 여섯 명, 여덟 명 혹은 열 명의 생계를 책임져야 한다. 반면에 다른 남자는 그 수입으로 단 한 명의 생계만 유지하면 된다. 맬서스 이론이 아동 양육의 문제에까지 확대 적용되어 그런 양육이 국가에 피해를 입히는 것이라고 보지 않는 한, 이런 조세에는 엄청난 불공정이 존재한다.

그래서 이런 어려움은 극복 불가능하다는 얘기가 나올 수도 있다. 인간을 무기력한 상태로 이 세상에 태어나게 하여 그 부모에게 양육 부담을 안기고, 그에 대한 보상으로 자연의 달콤하고 커다란 보상을 내려준다는 말도 나올 수 있다. 좋다. 그렇다면 자연에 시선을 돌려서 자연의 법칙 속에서 정의의 명령을 찾아보기로 하자.

자연은 노동에게, 오로지 노동에게만 베푼다. 심지어 에덴 동산에서도 인간은 자신의 노력을 투입하지 않으면 굶어죽을 수밖에 없다. 그런데 여기에 동일한 수입을 가진 두 남자가 있다. 한 남자의 소득은 그 자신의 노동을 투입해서 번 것이다. 반면에 다른 남자의 소득은 토지의 지대에서 나왔다. 이 두 남자가 국가의 비용을 위해 똑같은 액수의 세금을 내는 것이 정의로운 일인가? 분명 정의롭지 않다. 한 사람의 소득은 그가 창조한 부이고 국가의 전체적 부에 기여하는 것이다. 다른 남자의 소득은 전체 재고에서 꺼내온 부이고, 생산에 기여한 것은 전혀 없다.

앞의 남자가 자신의 소득을 향유할 수 있는 권리는 노동에 부를 돌려주는 자연의 보장에 근거한 것이다. 뒤의 남자의 권리는 단지 인위적인 것으로서 시청 규정이 만들어낸 권리일 뿐이고, 자연 중에서는 알려져 있지도 않고 인정되지도 않는다. 자신의 노동으로 자식들을 먹여 살려야 한다는 명령을 받은 아버지는 거기에 따른다. 그것이 자연의 명령인 까닭이다. 그러나 그는 자신의 노동으로 벌어들인 수입에서 단 한 푼도 남이 가져가서는 안 된다(세금)는 정당한 요구를 할 것이다. 자연이 모든 사람에게 공평하게 나누어준 자연의 기회의 독점으로부터 얻은 수입 중 단 한 푼이라도 남아 있는 경우에는 말이다. 그리고 그런 자연의 기회는 그의 자녀들이 하나의 생득권으로서 공평하게 그들의 몫을 가져갈 수 있는 것이 되어야 한다.

애덤 스미스는 소득을 가리켜 "국가의 보호 아래에서 얻은 것"이라고 말했다. 이것은 모든 종류의 재산에 대하여 공평한 과세가 이루어져야 하는 근거를 제공한다. 다시 말해, 국가에 의해 공평하게 보호되어야 하는 것이다. 이러한 사상의 근거는, 재산의 향유는 국가에 의해 비로소 가능해진다는 것이다. 국가에 의해 가치가 창조되고 유지되는 만큼, 국가의 비용을 납부해 달라고 요구하는 것은 정당하다.

그런데 이 말은 어떤 가치에 대하여 적용될 수 있는 것인가?

그것은 오로지 토지의 가치에 대해서만 적용될 수 있다. 이것은 사회가 형성되기 전에는 존재하지 않았던 가치이고, 다른 가치들과는 다르게 사회의 성장과 함께 토지의 가치는 성장한다. 그것은 사회가 존재해야만 존재할 수 있는 것이다. 대규모 사회의 구성원들을 뿔뿔이 흩어지게 해보라. 그러면 현재 그처럼 가치 높은 토지도 전혀 가치가 없게 될 것이다. 인구가 증가할 때마다 토지 가치는 높아진다. 인구가 줄어들면 따라서 내려간다. 이것은 토지의 소유권처럼 그 성격이 독점인 물건에만 해당하는 얘기이다.

따라서 토지 가치에 대한 세금은 모든 세금 중에서 가장 정의롭고 공평한 세금이다. 이것은 사회로부터 독특하고 가치 있는 혜택을 받은 사람에게만 부과되는 세금이다. 사회가 그 자신의 용도를 위하여 사회가 창조한 가치를 가져가는 것이다. 이것은 공동 재산을 공동 목적에 사용하는 것이다. 사회의 필요를 위해 모든 지대를 세금으로 흡수할 때, 자연이 부과한 공평함이 성취될 것이다. 한 시민은 다른 시민들에 대하여 자신의 노력, 기술, 지적 능력 등으로 얻은 것을 제외하고는 우위를 점해서는 안 된다. 각 시민은 자신이 공정하게 벌어들인 것만 갖게 될 것이다. 이것이 전면적으로 실시될 때, 비로소 노동은 그 충분한 보상을 얻고, 자본은 그 자연적 소득을 얻게 될 것이다.

제4장

토지 가치세에 대한 찬반

우리는 토지 가치 혹은 지대에 대한 세금이 국가 수입을 올리는 가장 좋은 방법이라는 결론에 도달했다. 이러한 결론이 도출된 근거는, 지대의 성격과 법칙이 결정된 이래 여러 명의 유수한 경제학자들이 명시적으로 혹은 묵시적으로 인정했다.

리카도는 『정치경제학 및 조세의 원리』 제10장에서 이렇게 말했다.

"지대에 대한 세금은 … 전적으로 지주의 부담이 되어야 하며 이를 그 어떤 소비자 계급에게도 전가해서는 안 된다. 지주는 경작되고 있는 생산성이 가장 적은 토지로부터 얻어지는 생산물과, 다른 각 품질의 토지로부터 얻어지는 생산물의 차이는 변함이 없기 때문이다. … 지대에 대한 세금은 새로운 토지의 경작을 방해하는 것은 아니다. 왜냐하면 그러한 토지는 전혀 지대를 지불하지 않고 또 과세되지 않기 때문이다."

매컬로크는 『국부론에 대한 주석』 24장에서 이렇게 말한다.

"실용의 관점에서 볼 때, 지대에 대한 세금은 상상해 볼 수 있는 세금들 중에서 가장 부당하고 어리석은 것이다."

하지만 매컬로크가 이러한 주장을 한 것은 오로지 다음과 같은 근거에 의한 것이다. 즉, 세금을 매기는 과정에서 토지의 사용을 위해 지불된 금액과,

토지에 들어간 자본을 위해 지불된 금액을 명확하게 구분하기가 불가능하다. 그러나 그는 이러한 구분이 실제로 가능하다고 상정하면서 다음 사실을 인정한다. 토지의 자연력을 사용하는 대가로 땅 주인에게 지불되는 금액을 완전히 세금으로 거두어들여도 땅 주인은 그런 세금 부담을 다른 사람에게 전가시키지 못하고 또 생산물의 가격에 영향을 미치지도 못한다.

존 스튜어트 밀은 이런 사실을 모두 인정할 뿐만 아니라 지대에 대한 세금의 편의성과 정당성을 명시적으로 선언한다. 그는 땅 주인들이 아무런 일, 모험, 절약 등을 하지 않고서도 사회의 전반적 발전에 따라 그들에게 발생하는 부의 증가에 대하여 무슨 권리가 있느냐고 묻는다. 밀은, 토지의 현재 가치에 대하여 지주가 권리가 있다는 주장을 무시하는 태도는 명시적으로 비난하지만, 향후 발생하는 토지의 가치는 자연권의 바탕에 의거하여 사회에 귀속되어야 한다고 제안한다.

포셋 부인은 남편(헨리 포셋)이 쓴『초보자를 위한 정치경제학』의 개요서에서 이렇게 말한다.

"액수가 작든 크든 토지세는 땅 주인이 국가에 납부하는 지대의 성격을 갖고 있다. 인도의 많은 지역에서 토지는 정부가 소유하고 있고, 그래서 토지세는 국가에 직접 납부하는 지대가 된다. 이러한 토지 제도가 경제적으로 완전하다는 점은 즉각 인식될 수 있다."

편의성과 정당함의 관점에서 볼 때, 지대가 과세의 대상이 되어야 한다는 사실은 기존에 받아들여진 지대 이론에 다 포함되어 있고, 또 리카도의 법칙을 받아들인 모든 경제학자들의 저서에서 그 싹이 발견된다. 나는 지금껏 지대에 관한 원리를 적극적으로 밀어붙여 왔으나, 다른 경제학자들은 이 원리를 끝까지 밀어붙이지 않았다. 왜 그랬을까? 그들은 토지 사유제에 관련되어 있는 거대한 이해 집단의 비위를 건드리거나 그들을 위태롭게 만들고 싶은 의사가 없었고, 또 경제 사상을 지배해온 임금의 원천과 가난의 원인에 대하여 잘못된 이론을 신봉해 왔기 때문이다.

프랑스의 중농주의 경제학자들

고정된 사고방식에 영향을 받지 않는 사람이라면 자연스럽게 알아볼 수 있
는 사실이 하나 있다. 그것은 공동 재산인 토지에서 나오는 수입은 당연히 공
공 서비스에 사용되어야 한다는 것이다. 그런데 이런 사실을 명확하게 꿰뚫
어 본 경제학파가 있었다. 케네(F. Quesnay)와 튀르고(A. R. J. Turgot)가 이끄는
지난 세기(18세기)의 프랑스 경제학자들이다. 이들은 내가 주장한 것과 똑같
은 주장을 했다. 즉, 토지의 가치에 대한 세금을 제외하고 모든 세금을 철폐
해야 한다는 것이다.

　나는 케네와 그 제자들의 이론을 영국 저술가들의 저작을 통해 간접적으
로 알게 되었으므로, 농업만이 유일한 부의 생산 기반이라는 케네 이론이 어
느 정도 잘못된 사상인지 혹은 용어의 독특한 사용에 지나지 않는 것인지 판
별하지 못한다. 그러나 케네 이론의 핵심적 주장에 대해서만은 확신할 수 있
다. 즉, 그는 토지와 노동의 근본적 관계 - 안타깝게도 이 관계는 그 후에 간과
되어 왔다 - 를 꿰뚫어 보았고, 불완전하게 표현된 추론을 보이기는 했지만,[6]
그래도 실용적 진실에 도달했다.

　땅 주인들에게 "순 생산"이 돌아가게 되는 원인들에 대하여 중농주의 경
제학자들은 적절한 설명을 하지 못했다. 비유적으로 말하자면, 펌프가 공기
를 빨아들이는 것은, 자연이 진공을 싫어하기 때문이라고 추상적으로 설명하
는 것이나 별반 다를 바가 없었다. 그래도 지대가 사회 경제에 미치는 실질적
관계는 제대로 인식하여, 노동의 투입을 방해하고 왜곡하는 제약을 철폐하기
위하여 모든 세금을 철폐하고 그 대신에 지대 세를 부과하자고 주장한 것은
나의 주장과 궤를 같이한다. 프랑스 혁명에 대하여 가장 아쉬운 것들 중 하나

6　케네는 농업만이 부의 생산 근거이고 산업과 상업은 농업에 기생할 뿐 생산에는 기여하지 못한
　다는 주장을 했는데 헨리 조지는 이것을 불완전한 추론이라고 한 것이다: 옮긴이

는 혁명이 중농주의 경제학자의 사상을 받아들이지 않았다는 것이다. 그 사상이 프랑스 지식인들 사이에서 힘을 얻고 또 재무 관련 법규에 영향을 미치기 직전까지 와 있었는데 말이다.

나는 케네라는 사람과 그의 사상을 전혀 알지 못한 채, 나 나름의 독자적인 경로를 통하여 거의 같은 결론에 도달했다. 그리고 나의 결론은 기존의 정치경제학에 의하여 의문이 제기될 수 없는 근거에 바탕을 두고 있다.

현행 정치경제학 교과서에서 지대 혹은 토지가치에 대한 세금에 대하여 반대하는 이유는 이러하다. 토지와 토지 개선을 서로 칼같이 구분하기 어렵기 때문에, 토지 가치세는 엉뚱한 것에다 세금을 매길 수도 있다는 것이다. 하지만 이런 주장은 토지 가치세의 장점을 오히려 인정하는 꼴이다. 가령 매컬로크는 지대에 대한 세금은 부당하고 어리석은 것이라고 선언한다. 토지의 자연력을 사용하여 올린 소득과, 토지를 개선 혹은 개량하여 올린 소득은 서로 분명하게 구분하기가 어려운데, 토지 가치세를 부과하면 이러한 개선 혹은 개량 작업을 억제하게 된다는 것이다.

영국 역사가 매콜리(Thomas B. Macaulay)는 어디에선가 이런 말을 했다. 중력의 법칙을 인정하는 것이 어떤 상당한 금전적 이해관계에 손해를 가져오는 일이라면, 중력의 법칙이 잘못되었다고 주장하고 나서는 사람들이 반드시 있을 것이다. 토지 가치세에 반대하는 주장이 바로 그런 경우이다. 토지 가치와 토지 개선의 가치를 서로 구분하는 것이 불가능하다고 할지라도, 이런 일부 개선 가치에 대하여 과세가 불가피하다고 해서 곧 모든 개선 가치에 대하여 과세해야 하는 충분한 이유가 될까? 노동과 자본이 토지의 가치와 합작하여 만들어내는 가치(토지의 개량물)에 대한 과세가 생산을 저해한다면, 이런 과세뿐만 아니라, 노동과 자본이 창조한, 분명하게 구분되는 모든 것에 대해서 과세한다고 하면, 얼마나 더 큰 피해를 입히게 될 것인가?

토지와 토지 개선은 구분이 가능하다

그러나 당연한 일이지만, 토지와 토지 개선(개량물)은 즉각적으로 서로 구분이 가능하다. 미국과 같은 나라들에서, 개량이 전혀 되지 않은 아주 가치 있는 땅이 있다. 미국이 많은 지역에서 토지의 가치와 개선의 가치는 토지 감정사에 의해 정기적으로 평가가 되고 있고, 나중에 부동산이라는 용어 아래 통합된다. 아주 오래전부터 땅이 점유되어 왔던 곳에서도, 나대지의 가치를 평가하는 데에는 어려움이 없다. 왜냐하면 땅은 갑이 차지하고 건물은 을이 차지하는 경우가 빈번하기 때문이다. 그리고 화재가 발생하여 토지의 개량물이 파괴되어 버리면 토지의 분명하고 명확한 가치는 그대로 드러난다. 이 세상의 가장 오래된 국가에서도 그 둘을 서로 구분하는 데에는 그 어떤 어려움도 없다. 특히 어떤 일정한 기간 내에 존속했던 토지 개량물을 토지 가치(가령 토지에 불이 난 경우)로부터 구분하는 데에는 더욱 그러하다.

이것은 분명 정의 혹은 정책이 필수적으로 요구하는 것이다. 그 어떤 제도에서도 백퍼센트의 정확성은 불가능하다. 인류가 지금껏 해온 것과, 토지의 원래 그 상태로 있던 것을 완벽하게 구분하려는 것은 어리석은 일일 뿐만 아니라 비현실적인 것이다. 로마인들이 준설한 습지나 축대를 만든 언덕 등은 그 일이 마치 지진이나 빙하에 의해서 이루어진 것처럼 영국 제도의 자연적 특징이 되어버렸다. 시간이 어느 정도 경과하면 이런 영구 개량물의 가치는 토지 가격 그 자체에 편입되어 그런 형태로 과세가 된다. 이렇게 해도 그런 개량물에 아무런 해로운 효과를 미치지 않는 것은, 이런 일들이 종종 수년간에 걸친 임대에 의해 이루어진 것이기 때문이다.

사실을 털어놓고 말해 보자면, 각각의 세대는 그 자신을 위해 개선을 하고 건설을 하는 것이지 먼 미래를 위해 그렇게 하는 것이 아니다. 그리고 각 세대는 토지의 자연력을 상속받을 뿐만 아니라 지난 세대가 해놓은 일들도 모두 상속받는다.

또다른 종류의 반론도 제기될 수 있다. 정치권력이 확산되어 있는 곳에서는, 지주 계급 같은 어느 한 계급에만 과세하는 것보다는 모든 계급에 과세하는 것이 아주 바람직하다는 반론이 그것이다. 그렇게 해야 정치권력을 행사하는 모든 사람이 경제적 정부에 적절한 관심을 갖게 된다는 것이다. 조세와 대표성은 분리되어서는 안 된다는 얘기이다.

그러나 정치권력을 공적 부담의 의식과 결합시키는 것이 바람직하다고 할지라도, 현재의 제도는 분명 그런 결합을 확보하고 있지 않다. 간접세는 자신이 세금을 부담하고 있다는 사실을 거의 혹은 전혀 의식하지 않는 사람들로부터 징수되고 있다. 미국에서는 세금에 관심이 없을 뿐만 아니라 좋은 행정에 대해서도 무관심한 계급이 급속히 늘어나고 있다. 미국의 대도시들에서, 선거는 대체로 말해서 공공 이해에 대한 관심에 의해 결정되지 않는다. 그보다는 일반 대중이 빵과 서커스에 대해서만 관심이 있었던 로마의 선거와 아주 비슷하다.

기존의 모든 세금을 폐지하고 그 대신 토지 가치에 바탕을 둔 단일세를 부과한다고 해서, 정신 똑바로 박혀 있는 납세자의 숫자가 줄어들지 않을 것이다. 왜냐하면 현재 투기로 묶여 있는 토지를 널리 분할하면 토지 점유자들의 숫자가 늘어날 것이기 때문이다. 또한 그것은 부의 분배를 평준화시켜서, 심지어 제일 가난한 사람들조차도 공공 관심사에 무관심해지는 처참한 빈곤의 상태로부터 해방시킬 것이다. 동시에 그것(단일세)은, 너무 돈이 많아 정부에 관심이 없는 사람들의 과도한 재산도 축소시킬 것이다. 정치적으로 가장 위험한 계급들은 대재산가와 가장 가난한 사람들이다.

어떤 사람으로 하여금 국가에 애착을 느끼고 국가 행정에 관심을 갖게 만드는 것은, 그가 납부 사실을 의식하는 세금이 아니다. 오히려 자신이 공동체의 한 구성원이라는 의식이 그런 공공의식을 만들어내는 것이다. 사회의 번영이 자신의 번영이고 사회의 수치가 자신의 치욕이라고 느끼는 것이다. 시민에게 이런 의식을 갖게 하라. 안락한 가정에서 흘러나오고 또 그 가정을 중심으로 하는 영향력으로 그 시민을 둘러싸라. 그러면 공동체는 그 시민을 믿을 수 있고, 심지어 그가 공동체를 위해 신체와 목숨마저도 내놓을 것을 기대할 수 있다. 사람들이 세금을 납부했기 때문에 애국심에 입각하여 투표를 하는 것은 아니고 또 애국적으로 싸우는 것도 아니다. 일반 대중의 안락하고 독립적인 물질적 조건에 기여하는 것이야말로 공공 정신을 가장 잘 함양하며,

궁극적으로 행정 권력을 더 지적이고 더 덕성스러운 존재로 만든다.

토지 가치세는 왜 지금껏 시행되지 않았나?

그러나 이런 질문이 제기될 것이다. "만약 토지 가치세가 그처럼 세수를 확보하는 아주 좋은 방식이라면 모든 정부들이 그 세금을 제쳐놓고 다른 많은 세금들에 의존한 것은 어떻게 된 일인가?"

그 대답은 분명하다. 토지 가치세는 중요도가 높은 세금들 중에서 다른 사람에게 그 책임을 전가시키지 않는 유일한 세금이기 때문이다. 그것은 땅주인들에게만 부과되고 그들은 그 부담을 다른 사람들에게 전가시키지 못한다. 따라서 권력을 가진 막강한 계급은 세수의 원천으로 토지 가치세를 거부하고 그 대신에 다른 것들에게 매기는 과세 방법을 고집하여 관철시켰다. 가령 2백 년 전에 영국의 지주 계급은, 봉건제의 토지 소유 상황 아래에서는 그들이 납부해야 할 세금을, 모든 소비자들이 부담하는 소비세로 대체시켜서 남들이 부담하게 했다.

이렇게 볼 때, 토지 가치세에 반대하는 분명하고 강력한 이해 집단이 존재한다. 그러나 현대의 정부들이 대체로 의존하는 다른 세금들에 대해서는 그런 특별한 저항이 없다. 정치가들의 교묘한 기술이 발휘되어 노동의 임금과 자본의 소득으로부터 돈을 빼내가는 조세제도가 수립되었다. 그것은 흡혈박쥐가 희생 동물의 혈관을 빨아먹는 것과 비슷하다. 거의 모든 세금이 불특정 다수인 소비자에 궁극적으로 부담된다. 그 소비자는 자신이 세금을 내고 있다는 사실을 의식하지 못한 채 세금을 내고 있다. 아주 작은 액수에다가 아주 은밀한 방식으로 납부하기 때문에 소비자는 그것을 의식하지 못하고 따라서 효과적으로 그 세금에 저항할 생각도 하지 못한다. 세금을 세무서에 직접 납부하는 사람들도 남들에게 부담을 떠넘길 수 있는 세금에 대해서 저항을 하지 않을 뿐만 아니라, 그렇게 떠넘긴 세금의 부과와 유지에 관심이 많다. 더구나 이런 떠넘긴 세금들이 야기하는 가격 상승으로부터 이익을 보거나, 이익을 볼 것으로 예상될 때 그러하다.

이해 집단의 조직적 반발

미국 국민들이 현재 부담하고 있는 다양한 세금들이 세수 조달을 위한 목적이라기보다는 개인의 이익의 관점에서 부과되었다. 그래서 조세의 간소화에 가장 큰 장애는 바로 이 개인 이해 집단들이다. 그들의 대표는 조세의 감면이 제안될 때마다 적극 로비에 나서서 그들에게 이익을 안겨주는 세금들이 감소되지 않도록 압력을 넣는다. 미국이 보호주의적 관세를 더욱 강화하는 것은 이런 이해 집단의 영향력 때문일 뿐, 국가에 이익이 되기 때문에 그런 어리석은 이론을 받아들이는 것은 아니다.

미국은 남북전쟁이 벌어지면서 대규모 국고 수입이 필요해졌다. 이 특별한 이해 집단들은 이런 황금의 기회를 적극 활용했다. 그리하여 거의 모든 것에 세금이 부과되었는데 그것은 국가 수입을 올리려는 목적이라기보다는 특정 계급으로 하여금 세금 징수와 세금 착복의 혜택을 누리게 하려는 것이었다. 그리고 전쟁이 끝난 이래, 이 이해 집단들은 세금의 감축에 커다란 장애가 되었다. 그들이 반대한다는 바로 이 이유 때문에, 사람들에게 별 고통을 주지 않는 세금들이, 그 반대인 사람들에게 큰 고통을 주는 세금보다 훨씬 쉽게 폐지되었다. 그리하여 최대 다수의 최대 행복을 행정 원칙으로 내세운 국민의 정부들조차도, 가장 중요한 한 가지 기능(조세 정책)에서, 많은 사람들에게 커다란 사회적 고통을 안겨주면서 소수의 사람들에게만 좋은 의심스러운 혜택을 계속 보장해 주고 있다.

면허세는 일반적으로 말해서 그 세금이 부과되는 사람들로부터 선호되고 있다. 그 세금이 다른 사람들의 해당 사업 진출을 막아주기 때문이다. 제조업자에게 부과되는 세금은 동일한 이유로 인해 대규모 제조업체들이 고맙게 여기고 있다. 이러한 태도는 위스키세를 낮추는데 반대하는 양조업자들에게서도 발견할 수 있다. 수입품에 대한 관세는 특정 생산업자에게 특별한 혜택을 줄 뿐만 아니라, 대규모 재고를 가지고 있는 수입업자와 중간상에게도 혜택이 돌아가게 한다. 그래서 이 모든 세금의 경우, 즉각적인 조직력과 단결된 행동을 할 수 있는 이해 집단들이 존재한다. 그러나 토지 가치세에 대해서 이들은 민감하고 격렬하게 반응하면서 그 제도의 시행을 꾸준하면서도 치열하게 반발하는 것이다.

내가 지금 분명하게 알리려고 하는 이 진실을 일반 대중이 일단 이해하기만 한다면, 그것(토지 가치세)을 실천하라고 강력하게 밀어붙이는 정치적 세력의 연합이 결성될 것이다.

제9권

해결책의 효과

나는 줄 달린 현악기는 연주하지 못한다. 그러나 작은 마을이 발달하여 거대하고 영광스러운 도시로 성장하는 방식에 대해서는 당신에게 말해줄 수 있다.

— 테미스토클레스

잣나무는 가시나무를 대신하여 나며, 화석류는 찔레를 대신하여 날 것이라.

그들이 가옥을 건축하여 그 안에 살겠고, 포도나무를 심고 열매를 먹을 것이며, 그들이 건축한 데에 타인이 살지 아니할 것이며, 그들이 심은 것을 타인이 먹지 아니하리라.

— 이사야 서

제1장

해결책이 부의 생산에 미치는 효과

중농주의 경제학자인 빅토르 미라보 후작(1715-1789)은, 다른 모든 세금을 폐지하고 농지를 기준으로 단일세(impôt unique)를 부과하자는 케네의 주장이 그 유용성에 있어서 문자의 발명 혹은 물물교환 대신에 화폐의 사용 등에 비견될 수 있는 위대한 발견이라고 말했다.

이 문제를 깊이 생각하는 사람이라면 누구나 이러한 발언이 과장이라기보다는 깊은 통찰의 결과임을 깨달을 것이다. 세원 조달의 창구인 여러 가지 세금을 철폐하고 그 대신에 토지 가치세 하나만 단일세로 부과할 때의 장점은 깊이 생각할수록 더욱 분명하고 또 중요한 장점으로 드러나게 될 것이다. 이것은 작은 마을을 거대한 도시로 변모시키는 비결이다. 산업을 억누르고 교환을 방해하는 모든 부담을 제거해 버리면, 부의 생산은 지금으로서는 상상조차 할 수 없는 속도로 빠르게 진행될 것이다.

이것은 차례로 토지의 가치를 상승시킬 것이다. 이러한 새로운 잉여분은 사회가 일반 대중을 위한 목적으로 사용할 수 있다. 부정부패를 가져오고 법률을 특정 이해집단의 도구로 만들어버리는 세금 징수의 난점에서 해방되면, 사회는 복잡한 생활 방식이 만들어낸 여러 가지 기능을 떠맡을 수 있다. 그러나 현재의 제도 아래에서는 정치적인 도덕적 해이의 전망 때문에 사려 깊은 사람들은 그런 기능을 수행하지 않으려 하고 있다.

먼저 부의 생산에 미치는 효과를 생각해 보자.

기존 세제의 부작용

작용과 반작용을 통하여 교환의 모든 바퀴에 제동을 걸고 또 모든 형태의 산업을 압박하는 현재의 세금들을 철폐하는 것은, 강력한 용수철을 억누르고 있는 거대한 중량물을 제거하는 것과 같다. 각종 세금을 제거해 버리면 생산은 새로운 에너지를 부여받아 새로운 활기 속에서 힘차게 시작될 것이고, 상거래는 저 멀리 떨어진 실핏줄에까지 느껴지는 자극을 받을 것이다. 현재의 과세 방식은 인공 사막이나 산맥처럼 교환에 작용한다. 그것은 물품을 전 세계로 유통시키는 것보다 세관을 통과하는 걸 더 어렵게 만든다. 그것은 활기, 근면, 기술, 근검절약 등에 벌금을 부과하는 방식처럼 작동한다.

만약 내가 열심히 일을 해서 더 좋은 집을 짓고서 오두막에 살 때보다 더 만족감을 느낀다고 해보자. 그러면 세무서 직원이 찾아와서 전보다 더 많은 세금을 내게 매기면서 나의 활력과 근면에 대하여 해마다 벌금을 내게 만든다. 나는 저축을 하고 당신은 낭비를 해버렸다면 나는 벌금을 내는데 당신은 면제를 받는다. 만약 어떤 사람이 배를 건조한다면 우리는 그런 대담한 사업을 벌인 것에 대하여 세금을 내게 만든다. 마치 국가에 피해라도 입힌 것처럼 말이다. 철도를 개설하면 마치 그것이 공적 방해라도 되는 것처럼 세무서 직원이 찾아온다. 만약 제조업 공장이 세워지면 우리는 그 공장에 해마다 일정한 금액을 세금으로 부과한다. 이렇게 하여 더 많은 이윤을 올리는데 들어가야 할 돈이 빠져나간다.

우리는 자본이 필요하다고 말한다. 그런데 누가 그 자본을 축적하여 우리에게 가져오려고 한다면, 우리는 그에게 무슨 특혜라도 주는 것처럼 그 자본에 대하여 세금을 매긴다. 우리는 척박한 들판을 개간하여 곡식이 열리는 비옥한 땅으로 만든 농부에게 세금을 물린다. 기계류를 설치한 사람, 습지를 준설한 사람에게도 세금으로 징벌을 가한다.

이러한 세금들이 생산을 얼마나 저해하는지는, 우리의 조세 체계가 미치는 파급 효과를 추적해본 사람만이 알 수 있다. 내가 앞에서도 말한 것처럼, 조세의 부담은 유통의 각 단계에서 가격이 올라가면서 무거워지고, 가장 무거운 부분은 결국 최종 소비자 가격에 반영된다. 그러나 이런 세금들은 그 성격상 이집트 파샤[1]가 야자나무에 매긴 세금과 비슷하다. 세금은 야자나무를 아예 베어버리게 만들거나 아니면 최소한 그 나무를 심지 않게 만든다.

이런 세금들을 철폐하는 것은 생산적 산업으로부터 과세의 엄청난 무게를 덜어주는 것이다. 침모(針母)의 바늘과 거대한 제조 공장, 짐말과 증기 기관차, 낚싯배와 증기선, 농부의 쟁기와 상인의 재고 등도 모두 세금을 면제받게 될 것이다. 이 모든 것이 세금이라는 벌금을 부과 받지 않고, 세무서 직원으로부터 시달림을 받지 않는 가운데, 자유롭게 만들거나 저축할 수 있고 사거나 팔 수 있다. 지금처럼 생산자에게 이렇게 말하지 않아도 된다. "당신이 일반 부에 추가하면 할수록 당신은 더 많이 세금을 내게 된다!" 대신에 국가는 이렇게 말하게 될 것이다. "당신 마음껏 근면하고, 절약하고, 진취적으로 행동하십시오. 당신은 그에 대한 보상을 백 퍼센트 다 받을 것입니다! 풀잎이 하나 자라던 곳에서 두 개를 자라게 했다고 해서 벌금을 내는 일은 없을 겁니다. 부의 총량을 증가시켰다고 해서 과세되는 일도 없을 겁니다."

이처럼 황금 알을 낳는 거위를 죽이지 않음으로써, 곡식을 심은 밭의 길을 밟아 다져주는 황소의 입에 재갈을 물리지 않음으로써, 근면, 절약, 기술에 그에 대한 보상을 백 퍼센트 내려줌으로써, 사회는 이득을 보지 않을까? 왜냐하면 그런 사회에는 자연적인 보상이 따르기 때문이다. 개인은 전체를 위하고 전체는 개인을 위하는 것이 사회의 법칙이다. 그 누구도 무엇을 하든 좋은 점을 자기 혼자서 간직할 수 없으며, 또 나쁜 것도 자기 혼자 간직하지 못한다. 모든 생산적 사업은 그 일에 참여한 사람에게 소득을 돌려주고 다른 사람들에게 간접적 혜택을 안겨준다.

어떤 사람이 과일 나무를 심었다면 그의 소득은 때가 되고 계절이 되어 그 과일을 수확하는 것이다. 그러나 그의 이런 소득 이외에 공동체 전체에 돌

---

1 이집트에 나와 있는 오토만 제국의 총독을 가리키는 말로서, 앞에서 나온 무하마드 알리: 옮긴이

아가는 소득도 있다. 과수원의 주인 이외에 다른 사람들은 과일의 공급이 증가되어 혜택을 얻는다. 그 과수원에 둥지를 튼 새들도 멀리 높게 날아간다. 나무가 강우를 돕지만 비는 그의 과수원에만 떨어지는 게 아니다. 멀리서 바라보는 사람들에게도 비 내리는 과수원은 아름다운 풍경을 제공하는 것이다.

다른 모든 것도 이와 마찬가지다. 가옥, 공장, 배, 철도 등은 그로부터 직접적 혜택을 얻는 사람들 이외에 다른 사람들에게 혜택을 준다. 자연은 인색한 사람을 비웃는다. 그는 도토리를 땅속에다 파묻고서 다시는 꺼내보지 않는 다람쥐와 비슷하다. 그러나 보라! 도토리는 싹을 틔우고서 커다란 나무로 자라난다. 값비싼 향료에 함빡 젖은 고급 린넨 천에 미라가 감싸여 있다. 그리고 수천 년이 지나간 후에 사막의 유랑민인 베두인 족이 그 미라가 담긴 관을 땅에서 파내어 그 관을 가지고 모닥불을 피워 그들이 먹을 음식을 만든다. 그 모닥불은 무럭무럭 연기를 피워 올려 여행자가 그것을 보면서 길을 찾아간다.[2] 혹은 미라가 저 먼 나라로 흘러들어가 다른 종족의 호기심을 충족시킨다. 벌들이 빈 나무에 꿀을 채우면 곧 곰이나 사람이 그 꿀을 찾아서 나타난다.

노동과 자본은 충분히 보상을 받아야 한다

공동체는 개인 생산자에게 그의 노동 투입을 촉진시키는 모든 것을 그대로 놔두는 것이 마땅하다. 그리하여 노동자는 노동에 대하여 충분한 보상을 받고, 자본가는 투입된 자본에 대하여 충분한 소득을 올리도록 하는 것이 더 좋다. 왜냐하면 노동과 자본이 많이 생산할수록 모두가 나누어가질 수 있는 공동의 부가 더 커지기 때문이다. 그리고 토지의 가치와 지대에서 일반 소득이 좀 더 명확하고 구체적인 형태로 표현된다. 국가는 노동과 자본에게는 그들

---

2   이 책의 제4권 2장에 나온 장면으로, 사악한 형제들이 요셉을 물 없는 구덩이에서 꺼내 와서 노예로 팔아먹으려 할 때 마침 그 옆을 지나가던 낙타 떼와 그 대상들이 들어간 이집트 땅을 연상시킨다. 구약성경 창세기 37장 25절: 옮긴이

의 보상을 백 퍼센트 가져가도록 놔두고, 바로 이 지대를 가져가야 마땅하다. 생산 활동이 증가할수록 국가가 가져갈 지대는 그에 따라 커지게 될 것이다.

과세 대상을 생산과 교환에서 지대로 전환시키는 것은 부의 생산에 새로운 촉진제 역할을 하는 것으로 그치지 않는다. 그것은 새로운 기회의 문을 열 것이다. 토지 가치세의 제도 아래에서, 그 누구도 직접 사용하지 않을 거라면 토지를 소유하려 들지 않을 것이다. 이제 투기 목적으로 사용을 억제당했던 땅들이 도처에서 자유롭게 풀려나와 토지 개선의 대상이 될 것이다.

토지의 판매 가격은 떨어질 것이다. 토지 투기는 치명타를 맞을 것이다. 토지 독점은 더 이상 수지가 맞지 않는다. 높은 가격 때문에 정착자들이 들어갈 수 없었던 수백만 에이커가 현재의 지주들에 의해 방치되거나, 아니면 명목상 가격으로 정착자들에게 판매될 것이다. 이것은 변경 지역에만 해당하는 얘기가 아니라 비교적 잘 정착되어 있는 지역에서도 벌어지는 현상일 것이다. 샌프란시스코에서 사방 1백 마일(160㎞) 이내의 땅들이 풀려져 나와, 현재의 경작 방식을 그대로 사용한다고 해도 엄청난 숫자의 농민들을 먹여 살릴 수 있을 것이다. 그 숫자는 현재 오리건 주 경계지에서 멕시코 경계지에 이르는 800마일(1,280㎞) 거리의 방대한 지역에 흩어져 있는 농민들과 맞먹는 숫자가 될 것이다.

이와 같은 정도로, 대부분의 서부 주 지역들에서 농민들을 지원할 수 있을 것이고, 정착이 좀 더 오래된 동부 주들에서도 더 큰 정도로 농민들을 부양할 수 있을 것이다. 왜냐하면 심지어 뉴욕 주와 펜실베이니아 주도 그 토지의 수용 능력에 비하여 인구가 듬성한 상태이기 때문이다. 심지어 인구 조밀한 영국에서도 이 정책은 현재 개인 공원, 사슴 보호지역, 사냥터 등으로 묶여 있는 땅을 경작용으로 풀려나오게 할 수 있을 것이다.

모든 세금을 철폐하고 토지 가치에 대하여 단일세를 부과하는 것은 사실상 최고가의 지대를 지불하려는 사람에게 토지 경매를 부치는 것과 마찬가지다. 토지에 대한 수요가 그 가치를 결정한다. 따라서 세금이 그 가치에 육박할 정도로 아주 근접하게 매겨진다면, 어떤 토지를 놀리면서 계속 보유하려는 사람은 그 토지를 사용하려는 사람이 내놓으려는 돈(지대)에 거의 육박하는 지대를 내놓아야 한다.

그리고 한 가지 유념해 두어야 할 사항은 이 세금이 농지뿐만 아니라 모든 토지에 적용된다는 것이다. 따라서 광산도 농지와 마찬가지로 사용을 신청하는 사람에게 개방될 것이다. 도시의 중심부에서, 그 누구도 토지의 가장 유익한 활용을 가로막지 못할 것이다. 또 도시의 외곽에서도 토지에 대하여 실제 사용했을 때 나오는 돈 이상으로 지대를 요구하지 못할 것이다. 토지가 가치를 갖고 있는 모든 곳에서, 세금은 지금처럼 토지 개선에 대한 벌금으로 작용하는 것이 아니라, 토지 개선을 강요하는 힘으로 작용할 것이다.

과수원에 과수를 심은 사람, 들판에 씨앗을 뿌린 사람, 집을 지은 사람, 제조 공장을 건립한 사람 등은 그 일에 아무리 많은 돈을 들였다 하더라도, 그가 그 땅을 사용하지 않을 때에 비하여 더 많은 세금을 내지는 않을 것이다. 농지를 독점한 사람은, 그의 땅에 가옥과 헛간이 들어서 있고 헛간에는 곡식과 재고 물품이 들어있는 것처럼, 세금을 부과 받게 될 것이다. 도시의 공지를 소유한 사람은 다른 사람들이 그 땅을 사용하지 못하게 하는 특혜에 대하여, 마치 그의 이웃이 그 공지에 멋진 집을 지은 것처럼 세금을 부과 받다가 결국에는 그 자신이 직접 그 땅을 사용해야겠다는 생각을 하게 될 것이다. 가치 높은 토지에 남루한 판잣집 여러 채가 들어서 있더라도, 마치 거기에 거대한 호텔 혹은 값비싼 물건들이 가득 들어찬 거대한 창고가 세워져 있는 것처럼 세금을 맞게 될 것이다.

단일세는 노동과 자본을 촉진시켜 생산을 활성화한다.

이렇게 하여 노동이 가장 생산적인 땅에서 노동의 투입 이전에 지불되어야 하는 보너스(높은 지대)는 사라지게 된다. 농부는 경작할 땅을 얻기 위해 수입의 절반을 지불하거나 그의 노동을 수년 간 저당잡히지 않아도 된다. 도시의 주택 건설자는 집 지을 땅을 얻기 위해 그 집에 들어가는 건축비만큼을 땅값으로 지불하지 않아도 된다. 회사가 제조 공장을 짓기로 했다면 공장 부지에 상당한 자본을 투입해야 할 일도 없다. 해마다 국가에 내야 할 지대는 현재 토지 개선(개량물), 기계류, 재고 등에 부과되는 세금 정도의 액수면 충분히 충당될 것이다.

이런 변화가 노동 시장에 미칠 효과를 한 번 생각해 보자.

경쟁은 더 이상 지금처럼 일방적인 것이 되지 않을 것이다. 노동자들이 일자리를 얻기 위해 서로 경쟁하고 그리하여 그들의 임금을 최저 생계비로 축소시키는 것이 아니라, 사용자들이 어디에서나 노동자를 얻기 위해 경쟁할 것이고, 따라서 임금은 노동의 적정 수준까지 올라가게 될 것이다. 노동 시장에 노동자를 얻기 위한 경쟁이 펼쳐질 것이므로, 노동자를 얻으려는 사용자는 노동자의 요구를 충분히 충족시키지 않는다면 그의 요구(노동자의 고용)를 달성하지 못할 것이기 때문이다. 노동의 고용자들은, 더 커진 거래 규모와 늘어난 이익 때문에 다른 고용자들을 상대로 경쟁해야 할 뿐만 아니라, 노동자 자신이 스스로 고용자로 변모하는 상황도 대비해야 한다. 왜냐하면 단일세에 의해 자유롭게 풀려난 자연의 기회들이 독점을 예방해주고, 그리하여 노동자가 전보다 훨씬 쉽게 땅을 얻어서 자기 사업을 할 수 있기 때문이다.

자연의 기회가 이처럼 노동자에게 자유롭게 열려 있고, 자본과 토지 개량물이 세금으로부터 면제되어 있고, 교환이 제약으로부터 자유롭게 놓여난 상황에서, 의욕적인 노동자가 자신의 노동으로 필요한 물건을 구하지 못한다는 것은 상상하기 어려운 광경이다. 단일세가 시행되면 산업에 반복적으로 발생하는 불황은 멈추게 될 것이다. 생산의 모든 바퀴는 원활하게 작동될 것이다. 수요는 공급과, 공급은 수요와 보조를 맞출 것이다. 온 사방에서 거래가 늘어날 것이고 모든 사람의 손에서 부가 증가할 것이다.

제2장

분배와 생산에 미치는 효과

모든 공공 부담을 토지 가치세로 일원화하는 정책의 장점이 아무리 크다고 할지라도, 그것이 부의 분배에 미치는 효과를 검토하기 전에는 그 장점을 충분히 파악했다고 할 수 없다.

문명국가에서 부의 불평등한 분배가 계속 나타나고, 물질적 진보가 계속될수록 불평등이 점점 심화되는 현상은 왜 그런 것인가? 그것은 소수의 개인들이 토지 소유권을 그들의 손에 집중시키고서 노동과 자본이 생산한 부를 가져가는 힘을 더욱 집중시키기 때문에 그러하다.

따라서 노동과 자본을 모든 직접세와 간접세로부터 해방시키고, 공공의 부담을 지대에다 전가시키는 것은 이런 불평등의 경향을 억제할 것이고, 더 나아가 모든 지대를 세금으로 국가가 흡수해 버린다면 불평등의 원인은 완전 사라질 것이다. 그렇게 되면 지대는 지금처럼 불평등의 원인이 되는 것이 아니라 평등을 촉진하게 될 것이다. 노동과 자본은 국가가 토지 가치를 세금으로 걷어가는 부분을 제외하고는 생산물 전체를 차지하게 된다. 또한 국가는 그런 식으로 조성된 세금을 공공 목적에 사용할 것이므로 공공 혜택은 고루 분배가 될 것이다.

다시 말해서, 모든 공동체에서 생산된 부는 두 부분으로 나누어지게 될 것이다. 한 부분은 각 생산자가 생산에 기여한 부분에 따라, 개인 생산자들 사이에서 임금과 이자로 분배될 것이다. 다른 한 부분은 전체 공동체가 가져가서 공공의 목적을 위해 분배되어 모든 구성원에게 혜택이 돌아가도록 할 것이다. 이 혜택은 모든 사람이 공평하게 나누어가질 것이다. 약한 사람과 힘센 사람, 어린이와 병약한 노인, 건강한 사람이나 장애인 할 것 없이 모두 누리게 된다. 이와 같이 부의 한 부분은 부 생산에 기여한 개인적 노력의 결과이고, 다른 한 부분은 각각의 구성원을 돕는 공동체 전체의 힘이 된다.

토지 가치세는 사회 내 구성원들 간의 평등성을 높여준다

이렇게 하여 물질적 진보가 지대를 높여주는 한편, 공동체가 공동의 목적을 위해 지대(현재 모든 불공평을 야기하는 원인)를 모두 가져가게 된다면, 그때에는 사회 내 구성원들 간의 평등성은 점점 더 높아질 것이다. 이 효과를 온전하게 이해하기 위하여 앞에서 검토한 원칙들로 다시 돌아가 보자.

우리는 임금과 이자가 모든 곳에서 지대선 혹은 경작의 한계에 의해 고정된다는 것을 살펴보았다. 다시 말해, 지대는 공짜 땅(지대를 지불하지 않아도 되는 땅)에서 노동과 자본이 올릴 수 있는 보상에 의해 결정된다.[3] 노동에 투입된 노동과 자본의 총량이 받게 되는 부의 총량은, 지대로 내주어야 하는 것을 제외한 생산된 부의 양이다(우리가 여기에서 세금을 감안한다면, 부의 순 생산량이 된다).

현재와 같은 상태로 물질적 진보가 계속 이루어진다면 지대의 상승에는 두 가지 경향이 있음도 살펴보았다. 두 경향은 지대로 내주는 생산된 부의 비율이 점점 높아지는 반면에, 임금과 이자로 돌아가는 부의 비율은 점점 낮아진다는 것이다. 그런데 첫 번째 경향(혹은 자연스러운 경향)은 사회 발전의 법칙에서 나오는 것으로, 수량으로서의 지대가 높아진다는 것이다. 이 경우 임금과 이자의 수량은 줄어들지 않고, 심지어 이 둘의 수량이 늘어나기도 한다. 두 번째 경향은 토지가 부자연스럽게 소수 개인들의 손에 집중되는 현상에서 나오는 것으로, 지대의 수량을 높여주는 반면에, 임금과 이자의 수량은 줄어든다.

---

3   이 책의 제3권 2장 참조: 옮긴이

지대를 공공의 목적으로 세금 형태로 모두 흡수해 버리면 사실상 토지 사유제는 폐지된다. 토지 가치세는 토지의 투기적 독점과 지대의 투기적 상승을 막아버림으로써 임금과 이자의 절대적 감소 경향을 제거한다. 이 세금은 현재 독점되어 있는 자연의 기회를 개방하고 토지의 가격을 낮춤으로써 임금과 이자를 상승시킨다. 이렇게 하여 노동과 자본은 현재 그 둘로부터 세금으로 나가는 부분을 그대로 지킬 수 있을 뿐만 아니라, 투기적 토지 가치의 인하로 인한 지대의 적극적 감소로부터도 소득을 올릴 수 있다. 이렇게 하여 새로운 균형이 확립될 것이며, 그 상태에서 임금과 이자의 공동 비율은 지금보다 훨씬 높을 것이다.

새로운 균형이 확립되면 생산력이 더 높아지고 이러한 방향의 변화가 크게 촉진될 것이다. 그러면 지대는 계속 상승하지만 임금과 이자의 희생 위에서 그렇게 되는 것이 아니라, 새로운 생산 증가에 의해서 높아지는 것이다. 사회가 지대를 토지 가치세 형태로 징수하여 공공의 용도로 사용하면 지대 상승분은 사회 내의 모든 구성원의 이익으로 돌아간다.

이렇게 하여 물질적 진보가 계속되면서 일반 대중의 생활 조건은 꾸준히 개선된다. 어느 한 계급만 더 부자가 되는 것이 아니라 모든 계급이 더 부자가 된다. 어느 한 계급만이 생활의 필수품, 편의품, 기호품을 더 많이 가지게 되는 것이 아니라, 모든 계급이 더 많이 가지게 된다. 왜냐하면 인구의 증가, 생산 기술의 새로운 발견, 노동을 절약하는 발명품, 교환의 확대와 용이함 등에 따른 생산력의 증가는 어느 누구에 의해서도 독점될 수 없기 때문이다. 노동과 자본에 대한 직접적 보상으로 돌아가는 혜택 이외의 나머지 부분은 국고에 귀속될 것이다. 다시 말해, 공동체 전체가 그 혜택을 나누어가질 것이다. 조밀한 인구에서 나오는 엄청난 물질적·정신적 장점들과, 현재 인구 듬성한 지역에서만 발견되는 자유와 평등이 서로 결합되는 결과가 나올 것이다.

그리고 부의 평등한 분배가 모든 지역에서 생산에 미칠 영향을 생각해 보라. 그것은 낭비를 막아주고 생산력을 높여줄 것이다.

대규모 하위 계급을 가난과 악덕에 떨어지게 만드는 미비한 사회 제도 때문에 사회가 겪는 금전적 손실을 수치로 표현할 수 있다면 그것은 아마 공포를 안겨줄 정도로 큰 수치가 될 것이다. 영국은 공식적 자선기금으로 백만 명의 거지를 보살피고 있다. 뉴욕시도 그와 유사한 방식으로 7백만 달러 이상을 지출한다. 그러나 공공 기금에서 지불한 것, 자선 단체에서 지불한 것, 개인의 자선 행위로 나간 것 등을 모두 합친다 해도 그 금액은 금전적 손실의 계정에서 처음 등장하는, 가장 작은 금액에 지나지 않을 것이다.

거지가 되어 전혀 노동을 하지 않는 사람들의 노동이 벌어들일 소득을 한번 생각해 보라. 그들의 무모하고 준비 없고 게으른 생활 습관이 일으키는 비용상의 손실을 생각해 보라. 높은 사망률, 그리고 가장 가난한 계급의 유아 사망률이 암시하는 금전적 손실을 생각해 보라. 가난이 악화되면서 계속 늘어나는 선술집의 낭비를 생각해 보라. 빈곤에서 생겨나는 사회의 해로운 존재들—도둑, 창녀, 거지, 부랑자—이 저지르는 피해를 생각해 보라. 이런 존재들로부터 사회를 지켜내야 하는 비용을 생각해 보라. 이 모든 비용이, 현재의 부당하고 불공평한 부의 분배 상황 아래에서 총생산액으로부터 떨어져 나간다. 현재의 생산 수단으로 사회가 충분히 즐길 수도 있었던 금액이 그런 낭비적 요소에 충당되는 것이다.

하지만 우리는 아직도 금전적 손실의 계정을 완벽하게 계산한 것이 아니다. 부의 불공평한 분배가 야기하는 무지와 악덕, 무모함과 부도덕 등은 정부의 어리석음과 부정부패로 고스란히 되살아난다. 공공 수입의 낭비, 공권력과 기능이 무지하고 부패한 방식으로 남용됨으로 인해 생겨나는 더 큰 낭비는 불공평한 분배의 필연적 결과인 것이다.

높은 임금은 높은 효율성을 달성한다

지대를 공공 목적으로 전용하는 조치로 생겨나는 임금 인상과 새로운 일자리는, 이런 낭비를 막고 사회의 엄청난 금전적 손실을 구제하는 것으로만 그치지 않는다. 임금이 높아지면서 노동은 새로운 활력을 얻게 될 것이다. 노동은 임금이 가장 많은 곳에서 가장 생산적이라는 건 자명한 이치이다. 전 세계적으로 임금을 잘 받지 못하는 노동은 비효율적인 노동이다.

영국의 농촌 지역들에서 서로 다른 임금을 지불할 때 노동 효율성도 서로 달랐다. 영국의 해군장관 브래시 백작(Earl Brassey, 1836-1918)는 높은 임금을 받는 영국 노동자들이 해 놓은 일과, 낮은 임금을 받는 유럽 대륙의 노동자들이 해놓은 일에는 현격한 차이가 있다고 보고했다. 미국에서도 노예 노동과 자유 노동은 현격한 결과물의 차이를 보였다. 인도와 중국에서는 무슨 일을 하려면 많은 숫자의 기술자나 하인들을 동원해야 한다. 높은 임금이 높은 효율성을 달성한다는 것은 전 세계 어디서나 보편적으로 통용되는 진리이다.

노동의 효율성은 언제나 노동의 임금 상승과 함께 올라간다. 왜냐하면 높은 임금은 높은 자부심, 지적 능력, 희망, 활력을 의미하기 때문이다. 사람은 일정 한도까지 일을 하면 더 이상 일을 하지 못하는 기계가 아니다. 그는 체력이 어느 한도에 도달하면 그 이상은 나아가지 못하는 동물이 아니다. 생산의 가장 큰 동인은 근육이 아니라 정신이다. 인간의 신체에 깃든 체력은 자연의 힘들 중에서 가장 약한 힘이다. 그러나 인간이 지적 능력을 발휘하면 자연의 거침없는 흐름이 함께 흐르고, 물질은 인간의 의지에 반응하여 유연하게 모습을 바꾼다. 일반 대중의 안락함, 여가, 독립심 등을 높이는 것은 그들의 지적 능력을 높이는 것이다. 두뇌를 동원하여 두 손을 도와주는 것이다. 미생물을 측정하는 능력과 별들의 궤도를 추적하는 능력을 일상생활 속의 평범한 일에다 동원하는 것이다!

부를 생산하는 노동의 무한한 능력은 사회 제도의 조정으로 더욱 확대될 수 있다. 사회 제도가 부의 생산자에게 부의 혜택과 향유를 공평하게 누릴 수 있도록 보장만 해줄 수 있다면 말이다! 그러한 과정이 도입된다면 그 소득은 계산할 수 없는 것이 되리라. 그리고 임금이 높아지면서, 개선된 과정과 기계류의 발명과 활용도 더욱 원활하고 더욱 신속하게 진행된다.

남부 러시아의 밀농사가 지금도 낫으로 수확되고 도리깨로 탈곡을 하는 것은 그곳의 임금이 너무 낮기 때문이다. 반면에 미국에서 미국제 발명품, 노동 절약 과정과 기계류의 설치 등이 이루어질 수 있었던 것은 미국 내에서 비교적 높은 임금이 지불되었기 때문에 그런 것이다. 만약 미국의 생산자들이 이집트의 농민이나 중국 노동자의 낮은 임금 수준으로 전락한다면 우리 또한 손으로 물을 길어오고 사람의 어깨를 이용하여 물품을 나를 것이다.

노동과 자본의 보상이 높아지면 발명이 더욱 촉진되고 개선된 생산 과정의 채택이 촉진된다. 이런 것들은 다시 - 사실 이것이 그런 개선의 본질인데 - 피해가 전혀 없는 좋은 결과를 이끌어낸다. 가령 노동을 절약하는 기계가 노동자 계급에 피해를 준다는 논리가 널리 퍼져 있고, 그리하여 사람들은 기계가 축복이 아니라 사회악이라고 간주한다. 이런 잘못된 피해 의식은 노동과 자본의 보상이 높아지면 저절로 사라진다. 사람들에게 봉사하는 새로운 힘은 결국 모든 사람의 생활조건을 향상시킨다. 이런 전반적인 생활 조건의 향상으로부터 일반적인 지성과 정신 활동이 생겨나게 되고, 그리하여 우리가 일찍이 꿈꾸지 못했던 새로운 힘이 개발된다.

빈곤이 없는 사회는 부의 집중이 완화된다

그렇지만 다음의 사실을 부정하거나 간과하지는 않겠다. 이런 식으로 낭비를 예방하고, 노동의 효율성을 높이는 동안, 토지 가치세가 가져오는 부의 평등한 분배는 사람들이 부를 추구하려는 심리적 강도를 완화시킨다. 내 생각에, 아무도 빈곤을 두려워하지 않는 사회 조건에서는 아무도 커다란 부를 원하지 않을 것이다. 적어도 사람들은 지금처럼 부를 얻기 위해 아등바등하지는 않을 것이다.

살 날이 앞으로 몇 년밖에 없는 데도 노예처럼 돈 버는 일에만 몰두하다가 그 돈 써보지도 못하고 부자인 상태로 죽는 사람들의 광경은 그 자체로 부자연스럽고 어리석은 것이다. 가난의 공포가 사라져서 오늘날의 일반 대중이 큰 부자를 쳐다보며 부러워하는 존경심이 사라졌다고 해보자. 그렇다면 자신이 사용할 수 있는 것보다 더 많이 획득하려고 애면글면하는 사람은, 머리에 모자를 여섯 개나 쓰고 걸어가는 사람, 혹은 무더운 여름날에 외투를 입고 걸어가는 사람 취급을 당할 것이다. 모든 사람이 필요한 것을 충분히 얻을 수 있다고 확신한다면 아무도 그 자신을 짐말 같은 존재로 만들려 하지 않을 것이다.

그런데 이처럼 생산에 대한 동기가 철회된다면 과연 우리는 필요할 경우 그런 동기를 그대로 유지할 수 있을까? 발달 초창기 단계에 그런 동기의 역할이 무엇이었든 간에 지금은 그런 것이 필요하지 않다. 우리 문명이 처하고 있는 위험은 생산의 원천이 약화된 데서 오는 것이 아니다. 현재 우리 문명이 고통을 당하고 있고, 적시에 치료를 하지 않으면 죽어버릴지도 모르는 원인은 부의 불공평한 분배이다!

오로지 생산의 관점에서 살펴본다고 해도 그런 동기의 제거가 순수한 상실이라고 할 수도 없다. 왜냐하면 총생산량이 부를 추구하는 탐욕에 의해 크게 줄어든다는 사실은, 현대 사회의 가장 눈에 띄는 사실 중 하나이기 때문이다. 무슨 수를 써서라도 부자가 되어야겠다는 이 비정상적인 욕구가 감소된다면, 부를 긁어모으는 데 바쳐졌던 정신 활동은 더 높은 유용성의 영역으로 전환될 수 있을 것이다.

제3장

개인과 계급에 미치는 효과

모든 세금을 토지 가치세 하나로 단일화하여 지대를 환수하자는 제안이 나왔을 때, 모든 땅 주인들은 경악했을 것이다. 또한 소규모 농지와 자가 토지를 가지고 있는 사람들도 힘들게 번 자신들의 재산을 강탈해가겠다는 것이 아니냐는 공포를 느꼈을 법하다. 그러나 조금만 생각해 보면 이 제안은 땅 주인으로서의 이해관계가 노동자와 자본가(혹은 둘을 겸한 사람)로서의 이해관계보다 아주 크지 않은 모든 지주들에게 이익이 된다는 것을 알 수 있다. 그리고 좀 더 깊이 생각해 보면, 대규모 지주들은 상대적으로 손실을 보겠지만, 그들의 경우조차도 결국에는 절대적 이득이 된다는 것을 알 수 있다. 생산력이 크게 증가함에 따라 노동과 자본은 토지 사유제로부터 입는 손실보다 더 큰 이익을 얻게 된다. 또 이러한 이익 이외에도 사회적 조건들이 더 건전해짐으로써 지주들을 포함하여 모든 공동체 구성원들이 그 이익을 공유하게 된다.

앞 장에서 나는 현재의 지주들에게 보상을 해주어야 하는 문제를 검토하면서 그들은 보상을 받을 권리가 없다는 것을 보여주었다. 그러나 우리가 보상이라는 아이디어를 아예 일축해 버려야 할 또다른 근거가 있다. 그것은 지주들이 실제로는 손해를 입지 않는다는 것이다.

내가 제안하는 변화는 머리든 손이든 노동 – 가령 노동자, 직공, 기계공, 서기, 각종 전문가들 – 에서 나오는 임금으로 먹고 사는 사람들에게 큰 혜택을 준다. 또한 이 변화는 부분적으로는 임금, 부분적으로는 자본의 소득을 가지고 살아가는 사람들, 가령 가게 주인, 상인, 제조업자, 모든 형태의 생산과 교환에 직접 종사하거나 사람을 써서 하는 사업자들 - 가령 행상이나 짐마차 꾼에서 철도나 증기선 소유자에게 이르는 사업자들 - 에게도 혜택을 준다. 또 자본의 소득이나, 토지 이외의 것들에 투자하여 올린 소득을 가지고 살아가는 사람들의 소득도 증가시킬 것이다. 그러나 이자율이 고정되어 있는 정부 채권이나 증권을 가진 사람들은 그런 증권에서 나오는 소득은 동일하지만, 전반적 이율의 상승으로 인해 증권의 매매가격이 떨어질 것이다.

자가 토지 소유자의 경우

이제 자가 토지 소유자의 경우를 살펴보자. 이런 사람들로는 기계공, 가게 주인, 전문 직업인 등이 있는데 그들은 집과 부지를 확보하여 그곳에 살면서, 그 땅을 아주 흐뭇하게 바라본다. 설사 그가 사망한다고 하더라도 그의 가족이 그 땅에서 쫓겨날 일은 없기 때문이다. 이런 사람은 피해를 보지 않고 오히려 이득을 보게 될 것이다. 그가 가진 땅의 매매가는 떨어질 것이다. 이론적으로는 그 가치가 완전히 사라질 것이다.

그러나 그가 볼 때 그 땅의 유익한 활용도는 사라지지 않을 것이다. 오히려 전과 마찬가지로 그의 목적에 부응할 것이다. 다른 모든 땅들의 가치가 동일한 비율로 감소하거나 사라져버리지만, 그래도 그는 전에 누렸던 그 땅에 대한 안전보장을 여전히 누릴 수 있을 것이다. 좀 더 부연해서 설명해 보자면, 그가 손해를 본다는 측면은, 구두를 한 켤레 산 사람이 그 구두의 가격이 결과적으로 떨어진다는 의미의 손해인 것이다. 하지만 그 구두는 여전히 그에게 유용할 것이고, 만약 다음 번 구두를 한 켤레 사야 한다면 그는 그것을 전보다 더 싼 값에 구입할 수 있을 것이다.

그리하여 자가 지주에게 그의 부지는 전과 마찬가지로 유용할 것이고, 만약 그가 더 큰 자가 주택을 필요로 하거나 자녀들이 성장하여 그들에게 자가 주택을 얻어주어야 한다면, 그는 토지의 문제만큼은 이득을 보는 사람이 될 것이다. 그리고 지금 당장도, 다른 모든 것을 감안한다면 그는 훨씬 큰 이득을 보게 된다. 그는 소유하고 있는 토지에 대해서는 전보다 더 많은 세금을 내야 하겠지만, 그의 집과 개량물, 그의 가구와 개인 재산, 그와 그의 가족이 먹는 것, 마시는 것, 입는 것 등에 대한 세금은 면제받을 것이다. 동시에 임금의 상승, 꾸준한 취업, 더욱 활성화된 거래 등으로 인하여 그의 소득은 크게 증가될 것이다. 그가 입을 수 있는 유일한 손실은 다른 부지를 취득하지 않는 상태에서 현재의 부지를 판매하고자 할 때뿐이다. 하지만 이 손실은 그가 누리게 될 다른 커다란 이득에 비하면 사소하다고 할 수 있다.

농부의 경우

농부의 경우도 마찬가지다. 나는 지금 남북 전쟁 이전의 남부 농장주들을 얘기하고 있는 것이 아니다. 그들은 쟁기를 단 한 번도 잡아본 적이 없지만 수천 에이커를 경작하여 그로부터 나오는 소출을 다 가져갔다. 내가 여기서 생각하는 농부는 미국에서 커다란 계급을 형성하고 있는 손수 일하는 농부이다. 자식들의 도움을 받아가며 때로는 외부 사람들의 손을 빌려가며 자신의 작은 농토를 직접 경작하는 농부들 말이다. 이들은 유럽에서는 농민 지주(peasant proprietor)라고 불린다.

토지 가치세 주장을 충분히 이해하기 전까지는 이런 농부들에게는 나의 주장이 역설적으로 들릴지 모르지만, 단순 노동자 이상의 모든 계급들 중에서 그들은 토지 가치세 덕을 가장 많이 보게 되는 계급이다. 이들은 일반적으로 이런 느낌을 갖고 있다. 지금 이렇게 열심히 일을 하는데도 그들이 마땅히 누려야 한다고 생각하는 그런 좋은 생활을 누리고 있지 못하다는 것이다. 그렇지만 그들은 왜 그런지 그 원인을 추적하지 못한다.

사실을 말해 보자면, 현재 부과되고 있는 세금은 이 농부들에게 아주 과도한 부담을 안겨주고 있다. 그들은 모든 개량물 - 주택, 헛간, 울타리, 곡식, 재고 - 에 대하여 세금을 맞는다. 농부의 개인 물건들은 - 도시에 집중되어 있는, 더 가치 높지만, 쉽게 은폐되거나 저평가되는 물건들과는 다르게 - 은폐되거나 저평가되지도 않는다. 그들은 개인 재산과 개량물에 대해서 세금을 맞을 뿐만 아니라, 그들의 토지는 투기에 묶여 사용되지 않는 땅에 비해서,

개량이 되었다는 이유 때문에 더 높은 세금을 맞는다.

그러나 이에 더하여 모든 상품에 부과되는 세금, 특히 상품의 가격을 높이려는 목적으로 부과되는 보호 관세 등은 농부들에게 아무런 경감 없이 매겨진다. 왜냐하면 미국처럼 농산물을 수출하는 나라에서, 농부는 보호받을 수 없기 때문이다. 누군가가 이득을 올리면 농부는 그만큼 손해를 본다. 몇 년 전 뉴욕의 〈자유 무역 연맹〉은 관세가 부과되는 여러 생필품의 가격을 인하하라고 주장하는 인쇄물을 발간했는데, 거기에 이런 글이 나온다.

> "농부는 아침에 일어나서 세금이 40% 부과된 바지를 입고 또 세금이 30% 매겨진 구두를 신는다. 그가 불을 붙이는 성냥에는 200%의 세금이 매겨져 있다." 이런 식으로 해서 세금은 하루 종일, 아니 평생 동안 따라다니면서 그를 서서히 죽인다. 마침내 그가 세금에 지쳐서 죽으면 그는 세금이 45% 매겨진 밧줄의 도움으로 무덤 속으로 들어간다. 이것은 이런 세금들이 궁극적으로 누구 부담으로 돌아가는지 아주 분명하게 보여주는 사례이다.

모든 세금을 폐지하고 토지 가치세 하나로 단일화되면 농부는 큰 이득을 보게 될 것이다. 왜냐하면 단일세의 부담은 지가가 비교적 낮은 농촌 지역이 아니라 지가가 높은 도시나 대도시에 더욱 무겁게 떨어질 것이기 때문이다. 그러나 개인 재산과 개량물에 대한 세금은 농촌이나 도시나 마찬가지로 무겁게 부과된다. 그리고 인구가 듬성한 정착촌의 경우, 농부가 납부해야 할 세금은 거의 없을 것이다. 왜냐하면 세금은 나대지의 가치에만 부과되는 것이므로, 개량된 토지나 개량되지 않은 토지를 구분하지 않고 똑같이 부과될 것이기 때문이다.

건물, 울타리, 과수원, 곡식, 재고 등을 갖춘 수천 에이커의 개량된 혹은 경작되는 땅은 동일한 품질을 가진 나대지 이상의 세금을 맞지 않을 것이다. 그 결과 투기적 가치는 내려갈 것이고, 경작되거나 개량된 농장들은 그들 주위의 땅이 다 정착될 때까지 내야 할 세금이 없을 것이다. 사실 처음에는 농부들에게 역설적으로 보일지 모르지만, 단일한 토지 가치세의 효과는 열심히 일하는 농부들에게서 모든 세금을 경감시켜 주게 될 것이다.

토지 투기를 없애면 인구가 분산된다

일하는 농부에게 돌아가는 커다란 이득은 인구 분산의 효과를 감안하면 더욱 실감이 될 것이다. 투기적 토지 가치를 제거하면, 인구가 너무 조밀한 곳에서는 인구를 분산시키고, 반대로 너무 듬성한 곳에서는 집중시키는 효과를 가져온다. 셋집에 사는 것이 아니라 정원 딸린 자기 집에서 살게 된다. 사람들이 땅을 찾아 이웃들로부터 멀리 떨어진 곳으로 나가야 되는 것이 아니라, 농업 지역에서 마을을 형성하게 된다. 이렇게 하여 도시의 사람들은 농촌의 신선한 공기와 햇볕을 누리게 되고, 농촌 사람들은 도시의 경제성과 사회생활을 더 많이 누리게 된다. 틀림없이 그렇게 될 것인데, 기계류를 대규모 농지에 투입한다면 농촌 인구는 소박한 형태의 마을을 이루어 살게 될 것이다.

현재 보통 농부의 생활은 불필요할 정도로 황량하다. 그는 아침 일찍 일어나 밤늦게까지 일해야 할 뿐만 아니라, 듬성한 인구 분포 때문에 인구 조밀한 상태에서 얻어질 수 있는 편의, 오락, 교육시설, 사회적·정신적 기회 등을 누리지 못한다. 만약 그와 그 주위의 사람들이 실제로 사용하는 것 이외의 땅을 더 이상 소유하지 않는다면,[4] 그는 이 모든 미비한 점들에서 더 나아질 것이고, 그의 노동은 더 생산적으로 될 것이다. 그의 자녀들은 성장하면 도시의 흥분을 찾아 나설 필요도 없고 또 그들 자신의 농장을 얻기 위해 고향에서 멀리 떨어진 곳까지 나아가야 할 필요도 없을 것이다.

---

4   인구가 원활하게 분포되어 있으면 노동의 생산력이 엄청나게 증가된다. 이것 이외에도 토지의 생산력에도 그와 비슷한 경제 효과가 발생한다. 도시로 집중된 인구를 먹이기 위해, 인구가 듬성한 지역에서 토지가 피폐하게 될 정도로 경작을 하게 되면, 이것은 다산성의 요소를 바다로 그냥 흘려보내는 꼴이 되고 만다. 이 낭비가 얼마나 심각한 것인지는, 미국 내 도시들의 하수도 관련 통계에서 살펴볼 수 있다. 또한 그 실제적 결과는 대규모 지역들의 농업 생산성이 감소하는 데서도 목격된다. 미국의 많은 부분에서 우리는 토지가 꾸준하게 피폐하는 현상을 관측할 수 있다.

요약하면, 일하는 농부는 지주일 뿐만 아니라 노동자 겸 자본가다. 그는 그의 노동과 자본에 의해 생계를 유지한다. 단일세에 따른 그의 피해는 명목적인 것이지만, 그의 이득은 실질적이면서 엄청난 게 될 것이다.

모든 땅 주인이 혜택을 본다

정도의 차이는 있지만 이는 모든 땅 주인에게 해당되는 얘기이다. 많은 지주들이 이런저런 종류의 노동자들이다. 노동자도 아니고 자본가도 아닌 땅 주인을 발견하기는 어려울 것이다. 반면에 일반적 원칙은 대규모 지주일수록 대규모 자본가라는 것이다. 이것이 보통 사람들의 생각에 너무나 뿌리 깊이 박혀 있어서 두 사람(대지주와 대자본가)이 서로 같게 여겨질 지경이다.

따라서 세금을 토지 가치세 하나로 일원화한다면 엄청난 재산상의 손실이 불가피하겠지만, 그래도 부자가 땡전 한 푼 없는 상태는 결코 발생하지 않는다. 런던 시내에 엄청나게 많은 땅을 가지고 있는 웨스트민스터 공작은 아마도 세상에서 가장 부유한 지주일 것이다. 만약 그의 지대를 모두 세금으로 흡수해 버린다면 그의 엄청난 소득은 크게 줄어들 것이다. 그렇지만 그에게는 건물과 거기서 나오는 소득이 있고, 또 다양한 형태의 개인 재산들이 여전히 남아 있다. 그는 여전히 전에 즐기던 것을 즐길 수 있을 것이고, 전보다 훨씬 더 좋아진 사회 환경에서 그렇게 할 수 있을 것이다.

뉴욕의 재벌 애스터 가문 또한 단일세 부과 이후에 여전히 아주 큰 부자로 남아 있을 것이다. 이러한 사정은 전국에서 목격될 것이다. 단일세 조치는 그 누구도 전보다 더 가난하게 만들지 않는다. 단지 토지를 많이 가진 백만장자들은 소득이 전보다 크게 줄어들 것이나 그로부터 큰 고통을 당하지는 않을 것이다.

부는 크게 증가될 뿐만 아니라 평등하게 분배될 것이다. 각 개인이 똑같은 액수의 부를 분배받을 것이라는 얘기는 아니다. 그것은 평등한 분배가 되지 못할 것이다. 각 개인마다 능력이 다르고 욕구가 다르기 때문이다. 내가 말하는 공평한 분배는, 각 개인이 공동 재고에 기여한 근면, 기술, 지식, 근검

절약 등의 정도에 따라서 부가 분배되는 것이다. 단일세를 부과하면, 생산에 참여하지도 않은 사람의 손에 부가 집중되어, 생산에 참여하는 사람의 몫을 빼앗아가는 원인(토지 사유제)이 제거될 것이다. 그 이후에도 계속 존재하는 불평등은 자연법에 따른 불평등이지, 자연법을 거부하여 만들어지는 인위적 불평등은 아닐 것이다. 생산자는 겨우 살아갈 만큼의 최저 생계를 가져가는 상황에서 생산을 하지 않는 자가 사치스럽게 흥청망청 살아가는 일은 더 이상 없을 것이다.

토지의 독점이 사라지면, 대규모 재산을 가진 부자들을 두려워할 필요가 없어진다. 왜냐하면 그 때에, 어느 개인의 부는 그의 노동으로 생산한 결과물로 이루어진 부일 것이고, 이러한 부는 계속 소모되어 사라지는 경향이 있기 때문이다. 또 국가 부채는 토지 사유제가 만들어낸 결과물이므로, 그 원천이 사라지면 더 이상 존재하지 않게 될 것이다. 큰 부자에 대한 공포는 결국 사라질 것이다. 왜냐하면 모든 사람이 자기가 정당하게 번 것만 가져갈 수 있다면, 그 누구도 정당하게 번 것 이상을 소유하지 못하기 때문이다. 오늘날 정당하게 번 것만으로 백만장자가 된 사람이 과연 몇 명이나 될까?

제4장

사회 조직과 사회생활에 벌어질 변화

우리는 오로지 일반 원칙들만 다룬다. 이 원칙들이 적용되면 발생할 수 있는 세부사항들, 가령 지방 정부와 중앙 정부 사이의 세입 분배 같은 문제들이 있다. 하지만 여기서는 그런 문제를 다루는 것이 불필요하다. 일단 원칙들이 확정되면 세부사항은 즉시 조정될 수 있다.

또한 아주 정교한 작업을 하지 않는 한, 사회의 기반을 재조정하게 되는 변화로 인해 발생하거나 발생 가능한 모든 변화들을 일일이 다 살펴보는 것도 불가능하다. 그래서 여기서는 몇 가지 중요한 특징들만 살펴보기로 한다.

국가의 행정 업무가 간소화된다

가장 주목할 만한 변화는 정부 내의 행정 업무가 아주 간소화된다는 것이다. 치안 유지, 군대의 운영, 사법 업무 등을 제외하면, 현재 세금 징수, 조세 포탈 예방과 처벌, 서로 다른 많은 세원에서 나오는 세입의 점검과 교차 점검 등은 현재 국가 행정 업무의 4분의 3 혹은 8분의 7 정도를 차지한다. 단일세를 실시하면 정부 기구의 엄청나게 복잡한 네트워크가 없어도 될 것이다.

사법 업무와 관련하여 현재의 부담이 크게 줄어들 것이다. 법정의 민사 소송은 대부분 토지 소유권과 관련된 분쟁이다. 국가가 사실상 모든 토지의 유일한 소유주로 인정이 된다면, 토지 점용자는 실제로 지대를 지불하는 세입자가 될 것이다. 물질적 가난이 사라지면 사람들의 도덕성이 높아지는데 이것은 법원의 민사 업무를 크게 감소시킬 것이다. 이러한 업무 간소화는 부채 변제와 개인 계약의 이행을 위한 모든 법률을 폐지하자는 제러미 벤담

(Jeremy Bentham, 1748-1833)[5]의 상식적 주장을 채택한다면 더욱 촉진될 것이다.

임금의 상승과, 모든 사람에게 쉽고 편안한 삶을 영위하게 해주는 기회의 제공 등은, 부의 불공평한 분배 탓에 생겨나는 도둑, 사기꾼, 기타 각종 범죄자들을 즉각 감소시킬 것이고 결국에는 사라지게 할 것이다. 이렇게 하여 경찰, 형사, 교도소 등을 거느린 형법의 제도는 민법의 경우와 마찬가지로 사회의 활력과 주의력을 고갈시키는 것을 중단하게 될 것이다. 우리는 많은 판사, 법정 관리, 법원 서기, 교도소 간수를 줄일 수 있을 것이고, 생산자의 희생으로 유지되는 수많은 변호사들도 없앨 수 있을 것이다. 현재 법률 업무에서 낭비되는 재능은 더 높은 목적의 추구에 전용될 수 있다.

이렇게 하여 정부의 입법, 사법, 행정 기능은 크게 간소화된다. 역사적으로 보아 봉건제에서 절대 토지 소유제로 이행하면서 생겨난 국가 부채와 상비군은, 국가의 토지가 국민의 공동 재산이라는 오래된 사상으로 되돌아가게 되면 오래 유지되지 못할 것으로 보인다. 국가 부채는 노동의 임금을 줄이지도 않고 생산도 억제하지 않는 단일세에 의하여 즉각 지불이 될 것이다. 상비군은 일반 대중의 지능과 독립심이 높아지고 또 각종 발명이 발달하여 군대의 기술을 혁명화한다면 곧 폐지될 것이다.

이리하여 사회는 제퍼슨 민주주의의 이상이고, 허버트 스펜서의 약속의 땅인 정부의 폐지 쪽으로 나아가게 될 것이다. 여기서 말하는 정부는 일방적으로 지시를 내리고 시민을 억압하는 정부이다. 그러면 정부는 일방적 지시를 피하고 시민을 억압하지 않는 정도에 따라 사회주의의 꿈을 어느 정도 실현하는 것이 가능해진다. 정부의 기능을 이처럼 간소화하고 또 폐지하면, 현재 정부가 급히 인정하라는 압박을 받고 있는 다른 기능들을 수행하게 될 것이다. 가령 정부는 우편 업무를 담당하고 있는 것처럼 전신 업무도 직접 맡을 수 있다. 철도를 건설하고 운영할 수 있다. 공공 도로를 개설하고 운영할 수

5　영국의 공리주의 철학자. 최대다수의 최대 행복이 그가 주장하는 도덕적 선량함의 기준임: 옮긴이

있다. 현재의 기능이 간소화되어 축소된다면 바로 위에서 말한 기능들을 아무런 위험이나 부담 없이 맡을 수 있고, 현재 여러 군데로 분산되어 있는 공공의 관심을 한 곳에다 집중시킬 수 있다.

토지 가치에 부과하는 단일세로부터 점점 증가하는 엄청나게 큰 잉여 세수가 들어올 것이다. 왜냐하면 점점 가속도가 붙어 더욱 빠르게 진행되는 물질적 진보로 인해, 지대가 꾸준히 늘어날 것이기 때문이다. 공동 재산에서 나오는 이 세수는, 고대 스파르타의 세수가 그러했듯이, 공동의 혜택을 위해 집행될 수 있다.

우리가 공동 식탁을 마련하지는 않아도 될 것이다. 그런 것은 불필요하니까. 그러나 공동 목욕탕, 박물관, 도서관, 정원, 강의실, 음악실과 댄스홀, 극장, 대학, 기술학교, 사격장, 놀이터, 체육관 등은 설립할 필요가 있다. 공공의 비용으로, 난방, 조명, 전기, 수도 등이 우리의 거리에 들어와야 한다. 우리의 도로에는 과일 나무들을 심어야 한다. 발견자와 발명자는 포상을 받고 과학적 탐구는 지원을 해주어야 한다. 그리고 이 밖에 수천 가지 방식으로 공공세입을 활용하여 공공의 혜택을 늘리려는 시도를 도와주어야 한다.

우리는 사회주의자의 이상에 도달해야 하지만 정부의 억압을 통하여 그런 결과를 얻으려 해서는 안 된다. 지금의 정부는 그 성격을 바꿀 수 있고, 위대한 협력적 사회를 달성하려는 행정을 펴야 한다. 그것은 공동 재산을 공동의 목적을 위해 집행하는 대행 기관 정도에 그쳐야 한다.

이러한 예상이 비현실적으로 보이는가? 그렇다면 단일세가 사회생활에 가져올 엄청난 변화를 한 번 생각해 보라. 그것은 노동에 백 퍼센트 보상을 약속한다. 그것은 가난과, 가난에 대한 공포를 추방시킨다. 그것은 아주 미천한 자에게도 자유를 제공하여 자연스러운 균형 속에서 발전할 수 있게 한다.

사회 제도의 여러 가능성을 생각하면서 우리는 다음과 같은 추정을 하기가 쉽다. 탐욕은 인간 동기의 가장 강력한 힘이고, 행정 제도는 징벌의 가능성이 인간을 정직하게 만든다는 전제 위에서만 안전하게 구축될 수 있다. 다시 말해, 사익이 공익보다 언제나 더 강한 힘을 발휘한다고 보는 것이다. 이러한 추정처럼 진실로부터 멀리 동떨어진 것은 또다시 없을 것이다.

이런 이득에 대한 탐욕은 어디에서 오는가? 인간은 그 탐욕을 충족시키기 위해 순수하고 고상한 것을 마구 짓밟아 버린다. 그 탐욕 때문에 삶의 더 높은 가능성을 모두 희생시킨다. 그 탐욕은 예의바름을 공허한 구실로, 애국심을 가짜 명분으로, 종교를 위선으로 만들어버린다. 탐욕은 문명적 생활의 많은 부분을, 교활함과 기만을 주 무기로 삼은 이스마엘[6] 식 싸움터로 만들어버린다.

인간의 탐욕은 빈곤에서 생긴다

이러한 탐욕은 빈곤에서 나오는 것이라고 보아야 하지 않겠는가? 토머스 칼라일은 빈곤은 현대 영국인들이 가장 두려워하는 지옥이라고 말했다. 그의 말이 맞다. 빈곤은 문명사회의 발밑에서 입을 짝 벌리고 있는 무서운 지옥이다. 그것은 지옥 그 자체이다. 베다 경전은 아주 진실한 말을 하고 있다. 현명한 까마귀 부산다는 최고의 신 비슈누를 태우고 다니는 독수리에게, 가장 큰 고통은 빈곤이라고 말했다. 빈곤은 박탈일 뿐만 아니라 수치요 타락이다. 우리의 도덕과 정신 중 가장 민감한 부분을 빨갛게 달군 쇠로 지져대는 것이다. 가장 강력한 본능과 가장 달콤한 애정을 거부한다. 가장 활력 있는 신경을 비틀어대어 무기력하게 만든다.

우리는 아내와 자식을 사랑한다. 그런 처자식들에게, 고도로 발달된 문명사회의 많은 계급이 겪는 가난의 고통을 느끼게 하는 것보다는, 차라리 그들의 죽음을 지켜 보는 것이 더 쉽지 않을까? 우리의 동물적 열정 중에서 가장 강력한 것은 살고 싶다는 욕구이다. 그러나 문명사회에서는 사람들이 빈곤에

---

6   이스마엘: 구약성경 창세기 16장 12절에 나오는 인물로 아브라함과 하갈의 아들. 이스마엘과 하갈은 아이를 못 낳는 아브라함의 본처 사라의 시기를 받아서 사막으로 쫓겨나 방황한다. 소년은 이런 생활환경 때문에 나중에 성인이 되어 예언의 말대로 "사나운 전사"가 된다. "그는 들나귀 같은 사람이 되리라. 그는 모든 이를 치려고 손을 들고, 모든 이는 그를 치려고 손을 들리라. 그는 자기의 모든 형제들에게 맞서 혼자 살아가리라": 옮긴이

대한 공포 때문에 자기 입에 독약을 털어 넣고 자기 머리에 권총을 들이대는 일이 날마다 벌어진다. 이렇게 실행하는 사람이 한 명이라면 그런 욕구를 가진 사람은 백 명이 될 것이다. 하지만 본능적 위축, 종교적 거리낌, 가족 관계 등으로 막상 행동에 나서지는 못하는 것이다.

인간이 이 빈곤의 지옥으로부터 달아나려고 하는 것은 너무나 당연하다. 자기보존과 자기만족의 충동에 고상한 감정이 결합되고, 또 공포뿐만 아니라 사랑도 작용하여 생의 갈등을 계속 해 나가라고 재촉하는 것이다. 많은 사람들이 어머니, 아내, 자식들을 가난 혹은 가난의 공포로부터 벗어나게 하기 위해 야비한 일, 부정직한 일, 탐욕스럽고 약탈적이고 불공정한 일을 한다.

이런 사회조건으로부터 다음과 같은 여론이 생겨난다. 재물을 탈취하고 지키려는 투쟁의 추진력으로서, 인간 행위의 강력한 원천 중의 하나 – 어쩌면 많은 사람들에게 최고로 강력한 원천 – 를 동원한다. 그 원천은 남의 승인을 받고자 하는 욕구인데, 동료들의 존경, 감탄, 공감을 얻고자 하는 욕구는 어디에서나 보편적으로 발견되는 보편적 감정이다. 때때로 가장 괴상한 형태로 왜곡되어 나타나기도 하지만 어디에서나 감지된다. 그것은 아주 원시적인 야만인이나 가장 세련된 사회의 아주 교양 높은 사람에게나 똑같이 강력한 힘을 발휘한다. 그것은 인간의 지능이 빛을 발하는 때부터 시작하여 인간이 마지막 숨을 거둘 때까지 계속된다. 그것은 편안함을 좋아하는 감정, 고통을 피하려는 감정, 죽음에 대한 두려움보다 더 강력한 힘이다. 그것은 가장 사소한 행위에서 가장 중대한 행위에 이르기까지 힘이 미치지 않는 곳이 없다.

아장아장 걷거나 겨우 말을 하기 시작하는 아이도 자신의 귀엽고 자그마한 행동이 사람들의 시선과 웃음을 끈다는 걸 알고 나서는 끊임없이 그런 결과를 얻으려고 새로운 시도를 한다. 세상의 주인도 죽어갈 때에는 그의 몸에 옷단장을 하면서 왕답게 죽어가려고 애쓴다. 중국인 어머니들은 고통스러운 차꼬를 사용하여 딸들의 발을 전족으로 만든다. 유럽의 어머니들도 그와 비슷한 유행을 따르기 위하여 자신의 편안함과 가족의 편안함을 희생시킨다. 자신의 아름다운 문신으로 다른 사람들의 존경을 얻고 싶은 폴리네시아 남자는 상어의 이빨이 그의 살을 뜯어가는 데에도 그의 몸을 전혀 움직이지 않는다. 형틀에 묶인 북아메리카의 인디언은 아주 악랄한 고문도 신음소리 한 번 내지르지 않고 참으면서, 위대한 용사로 존경받고 찬양받고 싶은 마음에 더 지독한 고문을 가하라고 고문자를 조롱한다. 이런 공명심이 헛된 희망을 부추긴다. 인간을 애쓰고, 분투하고, 고생하고 그리고 죽게 만드는 것은 바로 이것이다. 이것 때문에 얼굴이 창백한 학생이 한밤중에 램프의 심지를 다듬으며 면학에 열중한다. 이것 때문에 인간은 피라미드를 건설했고 에페수스 신전[7]에다 불을 질렀다.

탐욕과 부귀영화는 사촌지간

그런데 인간은 자기가 욕망하는 것을 존경한다. 바다에서 풍랑에 시달리는 사람에게는 안전한 항구가 아주 아름답게 보인다. 배고픈 사람에게는 음식, 목마른 자에게는 물, 추위로 떨고 있는 자에게는 온기, 피곤한 자에게는 휴식, 힘없는 자에게는 힘, 영혼에서 지적 동경을 느끼는 자에게는 지식 등도 역시 멋지게 보인다. 이렇게 하여 가난의 고통과 가난의 공포는 사람들로 하여금 무엇보다도 부의 소유를 동경하게 만든다. 부자가 되는 것은 존경을 받고, 찬양의 대상이 되고, 영향력 있는 사람이 되는 것이다. 그러니 할 수 있다면 정직한 방법으로 돈을 벌어라. 그러나 그게 안 된다면 무슨 수를 써서라도 돈을 벌어라! 이것이 우리 사회가 날마다 시간마다 사람들의 귀에다 읊어대는 교훈이다. 사람은 본능적으로 미덕과 진실을 존경하지만, 가난의 고통과 가난의 공포는 부자를 더 동경하게 만들고 돈 많은 사람에게 더 동조하게 만든다.

---

7 에페수스 신전: 서기 1세기의 로마인 발레리우스 막시무스의 저서 『기억할 만한 소행과 언행』 제8권 15절에 나오는 에피소드. 에페수스에 있었던 아르테미스 신전은 기원전 356년에 헤로스트라투스가 불을 질렀다. 이 방화범은 산 채로 잡혀서 고문을 당했는데, 고문 끝에 아름다운 신전에 불을 지르는 대역죄를 통하여 영원한 명성을 얻는 것이 목적이었다고 자백했다: 옮긴이

정직하고 공정한 것은 좋은 것이고 사람들은 그런 태도를 추천한다. 그러나 기만과 불의로 백만 달러를 벌어들인 사람은 더 많은 존경과 찬양을 받고 또 더 많은 영향력을 발휘한다. 그 부자는 마음의 서비스까지는 아니더라도, 더 많은 눈의 서비스와 입의 서비스를 받는다. 그런 방식으로 돈 벌기를 거부한 사람에 비하여 말이다. 그처럼 거부한 사람은 저승에서 보상을 받을 것이다. 그의 이름이 〈생명책〉에 적혀 있고, 그에게는 하얀 옷과 유혹을 이긴 승자의 올리브 가지가 주어질 것이다. 그러나 부자는 이승에서 보상을 받는다. 그의 이름은 "사회 저명인사"의 명부에 올라가고, 남자들로부터는 정중한 대우를 받고 여자들로부터는 아첨을 받는다. 교회에 가서는 가장 좋은 신자 석을 배정받는다. 그리스도의 이름으로 부자의 복음[8]을 설교하는 목사도 그 부자를 개인적으로 배려하고, 낙타와 바늘귀의 준엄한 비유[9]를 동방에서 온 무의미한 수사법 정도로 격하시킨다. 부자는 예술의 후원자, 문인들의 마이케나스(Gaius Maecenas)[10]가 될 것이다. 지적인 사람들과 대화를 나누어서 혜택을 얻고, 수준 높은 사람들과 접촉하여 더욱 세련된 사람이 될 것이다.

그의 동냥은 가난한 사람을 먹여 살릴 것이고, 고통 받는 사람을 도와줄 것이며, 음습한 곳에 햇볕을 보내줄 것이다. 그가 사망한 후에는 고상한 공공기관에서 그의 이름과 명성을 기념해줄 것이다. 사탄은 인간의 자녀를 유혹할 때 뿔과 꼬리가 달린 기괴한 악마의 모습으로 나타나는 것이 아니라, 빛의 천사 같은 모습으로 나타난다. 그는 이 세상의 왕국뿐만 아니라 정신적·도덕적 국가와 권력도 약속한다. 사탄은 인간의 동물적 욕망에만 호소하는 것이 아니라, 동물 이상의 존재가 되고 싶어 하는 인간의 동경에도 호소한다.

저 불쌍한 "거름갈퀴를 든 사람"[11]을 보라. 존 번연이 그의 환상 속에서 이

---

8 누가복음 16장 19절: 옮긴이
9 마태복음 19장 24절: 옮긴이
10 기원전 68-8. 로마 시대의 예술의 후원가로서 호라티우스와 베르길리우스의 친구였음: 옮긴이
11 거름갈퀴를 든 사람: 존 번연의 『천로역정』에 나오는 캐릭터로서, 천국을 생각하지 않고 돈벌이에 열중하는 사람 혹은 남의 추문 따위를 폭로하는 데 열을 올리는 사람: 옮긴이

런 유형의 사람을 이미 보았듯이, 모든 사회에서는 이런 사람들이 존재한다. 이 사람은 모든 욕망을 충족시킬 정도로 충분히 돈을 번 이후에도 오랫동안, 기존의 부에 더 많은 부를 보태기 위하여 계속 일하고, 계획을 세우고, 분투 노력한다.

이런 사람들을 더 많은 돈벌이로 내모는 것은 "뭔가 유명한 인사"가 되고 싶다는 욕망이다. 그러나 많은 경우에는 고상하고 관대한 행동을 하고 싶다는 욕망이 그들을 돈벌이 길에 나서게 한다. 그러나 그들은 모든 가능한 욕구가 충족된 이후에도 전보다 더 미흡함을 느끼면서 지독한 탐욕을 부리며 돈벌이에 집착한다. 그들을 이렇게 만드는 것은 압제적인 습관의 힘만은 아니다. 부의 소유에서 오는 더 깊은 만족을 얻기 위해 그토록 돈벌이에 몰두하는 것이다. 가령 권력과 영향력을 갖고 있다는 느낌, 사람들이 우러러보고 존경한다는 느낌, 자신의 부가 가난을 물리칠 뿐만 아니라 지역 사회에서 자신을 저명인사로 만들어준다는 느낌 등에서 그런 만족을 얻는 것이다. 바로 이 느낌 때문에 부자는 돈에 집착하고 더 많은 돈을 벌려고 노심초사한다.

인간성의 가장 강력한 충동에 호소하는 이런 유혹에 맞서서, 법률의 제재와 종교의 가르침은 별 효과를 발휘하지 못한다. 그러니 놀라운 일은, 인간이 그처럼 이기적으로 행동하는 것이 아니라, 그보다 더 이기적이 되지 않는다는 것이다. 현재의 상황 아래에서 인간이 더 약탈적이고, 더 불신앙적이고 더 이기적으로 되지 않는다는 사실은 인간성의 선량함과 좋은 의도를 증명하는 것이다. 이런 인간성의 측면에서 선량함의 흐름이 계속 흘러나와 인간의 도덕적 품성을 함양시킨다. 우리는 모두 어머니를 모시고 있고 또 대부분 자녀를 두고 있다. 그래서 아무리 사회 제도가 미비하다고 하더라도 신앙, 순수함, 이타심 등은 인간 세계로부터 완전히 사라지지 않을 것이다.

악에 봉사하는 힘은 동시에 선에 봉사하는 힘으로 전환될 수 있다. 내가 제안하는 변화는 선량한 충동을 왜곡시키는 사회조건을 제거할 뿐만 아니라, 현재 사회를 붕괴시키는 힘을 변모시켜 사회를 통합하고 순화하는 힘으로 바꾸어 놓을 것이다.

노동에 자유로운 일터를 주고 그 온전한 소득을 주어 보라. 공동체가 성장하면서 만들어낸 기금을 공동체 전체의 혜택으로 돌려보라. 그러면 가난과, 가난의 고통은 사라질 것이다. 생산의 원천은 자유롭게 풀려날 것이고, 부의 엄청난 증가는 가장 가난한 사람들에게도 충분한 안락을 제공할 것이다. 사람들은 숨쉴 공기가 언제나 있는 것을 확신하는 것처럼 일자리 부족을 걱정하지 않을 것이다. 그들은 들판의 백합꽃처럼 생필품을 더 이상 걱정하지 않을 것이다. 과학의 발달, 발명의 진보, 지식의 확산 등에서 나오는 혜택은 모든 사람에게 골고루 돌아갈 것이다.

이처럼 가난과, 가난에 대한 공포가 사라지면서, 부에 대한 존경심은 쇠퇴할 것이다. 사람들은 부의 획득과 과시가 아닌 다른 방법으로 이웃들의 존경과 인정을 얻으려고 노력할 것이다. 이런 방식으로 현재는 개인들의 혜택을 위해서만 확보되는 기술, 주의력 집중, 신실함, 성실성 등이 공공 사무의 관리와 공동 기금의 집행에서도 발휘될 것이다. 철도와 가스 공장은 공공 비용으로 운영되어 지금의 주식회사 운영 방식보다 더 경제적이고 효율적으로 운영될 것이고, 더 나아가 마치 한 사람의 소유주가 운영하는 것처럼 경제적이면서도 효율적인 관리를 하게 될 것이다. 모든 그리스 사람들이 참가하여 혼신의 힘을 다하여 경쟁하는 올림피아드 게임의 상은 올리브 가지로 만든 화관에 불과했다. 그리고 한 조각의 리본(훈장)을 얻기 위하여 인간은 거듭하여 돈으로는 살 수 없는 봉사를 해왔던 것이다.

이기심은 인간 행위의 주된 동기가 아니다

이기심을 인간 행위의 주된 동기로 파악하는 철학은 근시안적인 것이다. 그것은 세상에서 얼마든지 발견할 수 있는 사실을 보지 못한 것이다. 그것은 현재만 제대로 보지 못한 것이 아니라 과거도 옳게 읽지 못한 것이다. 우리가 어떤 사람을 행동에 나서게 만들고 싶다면 그 사람의 무엇에 제일 먼저 호소하겠는가? 그 사람의 호주머니도 애국심도 이기심도 아니고 그의 동정심에 호소한다. 이기심은 말하자면 기계적인 힘이다. 물론 강력한 힘이고 크고 넓은 결과를 가져올 수 있다. 그러나 인간성에는 화학적 힘에 비교될 만한 무엇인가가 있다. 그 힘은 주위의 것들을 녹이고 융합하고 압도하며 그 어떤 것도 불가능하다고 생각하지 않는다. "인간은 자신의 목숨을 위해서라면 그가 가진 것을 모두 다 내놓는다." 이것은 이기심이다. 그러나 인간은 아주 높은 이상에 충성을 바치려고 할 때에는 그의 목숨마저도 내놓는다.

모든 국가의 연대기에 등장하는 영웅과 성인들은 이기심 때문에 행동에 나선 것이 아니다. 세계사의 모든 페이지에서 갑작스럽게 등장하여 고상한 행동의 빛을 던지는 사람, 훌륭한 삶의 부드러운 빛을 뿌리는 사람은 이기심 때문에 그렇게 된 것이 아니다. 싯다르타가 왕궁에서 홀연히 떠난 것이나, 오를레앙의 성처녀(잔 다르크)가 제단에서 칼을 뽑아든 것은 이기심 때문이 아니다. 스파르타의 용사 3백인이 테르모필레 고개에서 페르시아 군에 맞서서 결사 항전한 것이나, 14세기 스위스의 애국자 빙켈리트가 홀로 적진에 뛰어들어가 자신의 가슴으로 적의 창을 다 받아내고 쓰러진 것이나, 17세기 프랑스 선교사 뱅상 드 폴이 선교에 나섰다가 해적들에게 붙잡혀 해적선에 다리가 사슬로 묶인 채 노를 젓게 된 것이나, 인도의 기근 사태 때 굶어서 죽어가던 어린 아이가 자기보다 더 어린 아이를 양팔에 안고 구호소를 찾아온 것 등은 이기심 때문에 그렇게 한 것이 아니다.

이것을 종교, 애국심, 동정, 인류에 대한 열정, 하느님의 사랑, 그 무엇이라고 불러도 상관없다. 독자가 부르고 싶은 대로 불러라. 그러나 이 세상에는 이기심을 극복하고 나아가 몰아내는 힘이 분명 존재한다. 그것은 도덕적 우주에 흐르고 있는 전기 같은 힘이다. 사람이 살고 있는 곳이라면 어디든 그 힘은 모습을 드러내며, 오늘날에도 여전히 이 세상을 가득 채우고 있다. 그 힘을 보지 못했거나 느끼지 못한 사람은 가련한 사람이다.

주위를 돌아보라! 보통 남자와 여자들 사이에서, 일상생활 속의 우려와 갈등 속에서, 소란스러운 거리의 삐걱거리는 소리 속에서, 가난이 스며드는 지저분한 곳에서, 아니 온 세상의 이곳저곳은 부드럽게 흔들리는 밝은 빛으로 어둠이 밝혀지고 있다. 그 빛을 보지 못한 사람은 두 눈을 감고 걷는 사람이다. 볼 수 있는 눈을 가진 사람은 플루타르코스의 다음과 같은 말을 꿰뚫어 보게 될 것이다. "인간의 영혼은 그 안에 자비의 원리를 가지고 있다. 영혼은 지각하고, 생각하고, 기억하는 것 이외에도 사랑을 하기 위해 태어났다."[12]

이 힘 중의 힘 - 그러나 현재는 낭비되거나 왜곡된 형태를 취하고 있는 힘 - 은 사회를 강화하고, 건설하고, 고상하게 만드는데 활용될 수 있다. 만약 우리가 의지가 있다면 얼마든지 그렇게 할 수 있는 것이다. 우리가 과거에는 오로지 파괴적인 힘으로만 보았던 것(자연)을 이제 유용한 건설적 힘으로 활용하는 것처럼 말이다. 우리가 해야 할 일은 그 힘에 자유와 활동 범위를 부여하는 것이다. 불평등을 만들어내는 잘못, 풍요로움의 한가운데에서 인간을 가난으로 고문하고 가난의 공포로 괴롭히는 잘못, 인간의 신체적 성장을 저해하고, 인간을 정신적으로 타락시키고, 인간을 도덕적으로 왜곡시키는 잘못, 이런 것들이야말로 조화로운 사회 발전을 가로막고 있는 잘못들이다. 왜냐고? 왜냐하면 "신들에게서 나온 모든 것은 신의 섭리로 가득하기 때문이다. 우리는 양발, 양손, 두 눈꺼풀, 윗니와 아랫니처럼 서로 협동하기로 되어 있는 존재이다."[13]

현재 존재하는 사회의 상태보다 더 좋은 상태가 있을 수 있다는 생각은 전혀 하지 못하는 사람들이 있다. 이 사람들은 다음과 같은 생각에 대하여 꿈꾸는 사람의 비현실적인 꿈일 뿐이라고 말한다. 인간의 탐욕이 추방되고, 감옥이 텅텅 비고, 개인의 이익은 전체의 이익에 종속되고, 아무도 이웃을 강탈하거나 압박하지 않는 사회가 있을 수 있다는 생각 말이다. 현실성과 냉정함을 강조하는 이 실용적인 사람들은 자신이 현실을 있는 그대로 직시하는 사람이라고 자부심을 느끼면서 지금보다 더 좋은 사회를 만들 수 있다는 생각을 경멸해 마지않는다. 이런 사람들 중에는 책을 쓴 사람도 있고 대학의 교수

---

12 플루타르코스의 저서 『윤리(Moralia)』 중, 사후의 운명을 논한 "소크라테스의 천재"라는 글에서 나오는 문장: 옮긴이
13 앞의 6권 2장에서 나온 마르쿠스 아우렐리우스 황제의 문장: 옮긴이

자리에 앉아 있는 사람도 있고 또 설교단에 올라가 설교하는 사람도 있으나, 그들은 결국 아무런 생각도 하지 않는 사람들이다.

만약 이런 사람들이 런던이나 파리의 빈민가에 있는 식당에 들어가 나이프와 포크가 식탁에 쇠줄로 매달려 있는 광경을 자주 보게 되면 어떤 생각을 할까? 그들은 사람이 막 사용한 나이프와 포크를 슬쩍 훔쳐가는 게 사람의 자연스럽고 물리칠 수 없는 기질이라고 생각할 것이다.

함께 식사하는 교양 있는 남자와 여자 일행을 생각해 보라. 우선 음식을 더 많이 차지하겠다고 싸우지 않으며, 아무도 이웃보다 더 많은 음식을 가져가려고 하지 않는다. 아귀아귀 많이 먹거나 음식을 가져가려고 하지도 않는다. 오히려 그들은 상대방이 먼저 음식을 가져가도록 돕지 못해 안달이다. 자기가 가장 좋은 것을 먹으려 하기보다는 상대방에게 권한다. 만약 어떤 사람이 다른 사람들의 식욕보다 자신의 식욕을 더 먼저 채우려는 태도를 조금이라도 보이거나, 또는 탐욕스럽거나 좀도둑 같은 행동을 보인다면, 사회적 경멸과 추방이라는 신속하고도 무거운 징벌이 내려져서, 사람들이 그런 행동을 얼마나 못마땅하게 여기는지 즉각 보여준다.

이 모든 것은 너무나 평범하여 특기할 만한 것이 없고, 그래서 자연스러운 사태인 것처럼 보인다. 그러므로 사람들이 부를 계속 탐하는 것은 음식을 계속 먹겠다는 것만큼이나 자연스럽지가 않다. 사람들이 음식에 욕심을 내게 되는 것은 각자에게 공정하고 평등한 분배의 몫이 돌아갈 것이라고 확신하지 못하기 때문이다.

탐욕은 부의 불공정한 분배 탓

그것은 현재의 사회 상태에서도 마찬가지다. 사람들이 부에 대해서 그처럼 탐욕스럽게 된 것은 분배의 조건이 너무나 불공정하기 때문이다. 그래서 자신에게 충분한 몫이 돌아오리라는 것을 확신하지 못할 뿐만 아니라 많은 사람들이 가난으로 고통을 당할 것이라고 확신하는 것이다. 현재의 사회는 "악마(가난)는 맨 뒤에 처진 자를 잡아간다"라는 구조를 취하고 있다. 이 때문에 악마에게 잡히지 않으려고 부를 얻기 위한 쟁탈과 투쟁이 벌어지고 그 진흙밭 싸움에서 정의, 자비, 종교, 인간적 감정 등은 발아래 짓밟힌다. 이런 쟁탈전에서 사람들은 그들 자신의 영혼을 잊어버리고 무덤 일보 직전에 이르기까지 저승에 가지고 갈 수도 없는 것을 더 많이 차지하기 위해 용을 쓴다. 그러나 부를 공평하게 분배하면 모든 사람이 가난의 공포에서 벗어날 것이고, 부에 대한 탐욕은 자연스럽게 소멸할 것이다. 예의 바른 사회에서 음식에 대한 욕심이 사라져버리듯이.

초창기 캘리포니아 해안을 오가는 비좁은 증기선에서는 보통실과 특실 손님들 사이에는 현격한 차이점이 있었는데, 그것은 인간성의 이러한 원칙을 잘 보여준다. 특실이나 보통실이나 음식이 풍성하게 차려져 있기는 마찬가지였다. 그러나 보통실에서는 효율적인 서비스를 보장하는 규정이 없었기 때문에 식사 때마다 대 혼잡이 벌어졌다. 반면에 특실에서는 각 손님마다 지정석이 있었으므로 음식이 골고루 돌아가지 않으리라는 공포가 없었다. 그래서 여기에서는 보통실 같은 혼란과 낭비가 벌어지지 않았다. 두 선실의 차이는 인간성에서 오는 것이 아니라, 관련 규정의 실시 여부에서 나오는 것이었다. 만약 특실 손님이 보통실로 옮겨갔더라면 그 또한 탐욕스러운 음식 쟁탈전에 끼어들었을 것이다. 보통실 승객도 특실로 옮겨가면 즉시 예의바르고 공손한 사람이 될 것이다. 만약 현재의 불공정한 부의 분배가 공정한 분배로 대체된다면 우리 사회 내에서도 즉각 이러한 차이가 발생하게 될 것이다.

이처럼 인간의 모든 조잡한 욕망이 무력이나 법률에 의해서가 아니라 일반 여론과 상호 양보에 의해서 견제되는, 교양 높고 세련된 사회가 존재한다는 사실을 한 번 생각해 보라. 공동체의 어느 한 부분에서 이것이 가능하다면 공동체 전체에서도 가능하다고 보아야 한다. 모든 사람이 무장을 해야 하는 사회 상태도 있었다. 이런 사회에서는 모든 구성원이 무력으로 그의 인신과 재산을 보호해야만 한다. 우리가 그런 사회 상태를 넘어서 발전해 왔다면 그보다 더 멀리 나아갈 수 있다.

그러나 이런 얘기도 나올 수 있을 것이다. "가난과 가난에 대한 공포를 추방한다면 분투노력의 자극을 없애는 것이나 마찬가지다. 사람들은 게으름을 피울 것이고 전반적으로 안락과 만족을 누리는 그런 상태는 발전이 정지될 것이다." 이것은 옛 노예 소유주의 주장으로서, 사람은 채찍으로 때려야만 일을 한다는 논리이다. 이것처럼 진실에서 멀리 떨어진 주장도 없을 것이다.

가난이 추방되더라도 욕구는 그대로 남는다. 인간은 만족을 모르는 동물이다. 인간이 탐구를 시작하면 온 우주가 그의 앞에 펼쳐질 것이다. 그가 한 걸음을 떼어놓을 때마다 새로운 전망이 열리고 새로운 욕구가 불타오를 것이다. 인간은 건설적 동물이다. 그는 건설하고, 개선하고, 발명하고, 종합한다. 그가 하는 것이 많으면 많을 수록 그가 하고 싶은 것도 더 많아진다. 그는 동물 이상의 존재이다. 자연 속에 숨결을 불어넣는 지성[14]을 어떻게 정의하든 간에, 인간은 그 지성을 모방하여 창조되었다. 힘차게 고동치는 엔진의 힘으로 바다를 항해하는 증기선은 정도는 다르지만 종류에 있어서는 바닷속을 헤엄치는 고래 못지않은 창조물이다. 인간이 그 자신을 위해 만들어낸 망원경과 현미경은 눈의 기능을 강화시키는 것이다. 여성들이 몸단장을 하는 부드러운 옷감이나 아름다운 화장은 자연이 새들에게 부여한 깃털과 같은 것이 아니겠는가? 인간은 뭔가를 하거나 아니면 자신이 뭔가 하고 있다고 생각해야 한다. 그의 내부에는 창조적 충동이 고동치기 때문이다. 햇볕만 쬐며 빈둥거리는 사람은 자연스러운 인간이 아니라 비정상적인 인간이다.

아이는 자신의 근육을 부릴 수 있게 되자마자 진흙 만두를 만들거나 인형에 옷을 입힌다. 아이의 놀이는 어른들이 하는 일의 모방이다. 아이의 파괴 본성도 실은 뭔가를 하려는 욕구, 뭔가를 성취했을 때의 만족감과 같은 뿌리에서 나오는 것이다. 쾌락을 위하여 쾌락을 추구한다는 것은 있을 수 없다. 우리의 오락도 그것이 뭔가를 학습하거나 행동하는 것이거나 아니면 그런 학습과 행동을 자극하는 것일 때 비로소 오락이 된다. 그것이 우리의 탐구심

---

14 로고스를 가리키는 것으로 곧 하느님: 옮긴이

이나 건설적 경향에 호소하지 않는다면 그 순간 오락은 재미가 없게 된다.

소설을 읽는 사람은 그 줄거리가 어떻게 끝나는지 알게 되면 소설을 계속 읽고 싶은 흥미가 사라진다. 카드놀이에 행운과 기술이 동시에 작용하기 때문에 사람들은 카드를 섞으면서 "시간을 죽이는 것"이다. 왕이 자신은 왕국을 다스리고 있다고 생각하고, 궁정 신하들은 높은 명예와 새로운 연금을 추구하기 때문에, 베르사유 궁전의 호화로운 경박스러움이 비로소 가능해지는 것이다. 유행과 쾌락의 삶을 추구하는 사람들은 어떤 구체적 목표를 가지고 있어야 하고, 그렇지 않으면 권태 때문에 죽어버리게 될 것이다. 그들이 그런 삶을 계속 하는 것은 장차 지위를 얻고, 친구들을 사귀고, 자녀들의 기회를 향상시킬 수 있다고 보기 때문에 그렇게 하는 것이다. 인간을 어떤 폐쇄된 공간에 가두어 두고 일거리를 주지 말아 보라. 그러면 그는 죽어버리거나 돌아버릴 것이다.

자유로운 노동은 더 높은 목적을 추구한다

인간이 혐오스럽게 여기는 것은 노동 그 자체가 아니다. 또 인간은 일을 해야 하는 자연스러운 필요를 저주로 여기지도 않는다. 그가 혐오하고 저주하는 것은 아무것도 생산하지 않는 노동, 아무런 결과도 만들어내지 못하는 노동이다. 하루하루 힘들게 일하는데 얻는 것이라고는 겨우 살아가게 만드는 생필품 정도라면 이것은 정말 고통스럽다. 그것은 물을 계속 퍼내야만 물에 빠져죽지 않는 형벌, 혹은 발로 밟아 계속 바퀴를 돌려야만 그 바퀴가 위에서 떨어져 내리지 않는 형벌과 비슷한 지옥의 형벌이다.

그러나 이런 강요된 노동에서 해방된다면, 인간은 더 열심히 더 잘 일하게 된다. 그때에는 자신의 취향이 시키는 대로 일을 하는 까닭이다. 그때에 인간은 그 자신 혹은 남들을 위해 실제로 일하는 것처럼 보일 것이다. 독일의 생물학자 훔볼트(1769-1859)는 게으른 삶을 살았는가? 벤저민 프랭클린은 충분한 노후 자금을 가지고 인쇄업에서 은퇴했을 때 아무런 일자리를 찾지 않았던가? 철학자 허버트 스펜서는 게으른 사람이었던가? 미켈란젤로는 오로지 숙식을 위해 그림을 그렸던가?

사실을 털어놓고 말해 보자면, 인류의 생활 조건을 개선시키는 일, 지식을 확대하고 인간의 힘을 증진시키는 일, 문학과 사상을 아주 풍성하고 고상하게 만드는 일 등은 생계를 확보하기 위해 수행된 것이 아니다. 그것은 주인의 채찍질이나 동물적 생필품을 얻기 위해 억지로 노동을 강요당한 노예의 일이 아니다. 그것은 먹고, 마시고, 입고, 남들에게 과시하기 위해 한 일이 아니며, 그 자체의 목적을 위해 수행된 일이다. 가난이 사라져버린 사회 구조에서, 이런 종류의 일이 크게 늘어날 것이다.

내가 주장한 방식대로 지대를 세금으로 회수하면 그 결과로 대규모 자본이 투입된 곳에서는 노동의 조직이 협동조합의 형태를 취할 것이라고 생각한다. 왜냐하면 부가 공평하게 널리 확산된다면 한 사람이 자본가와 노동자를 겸하게 될 것이기 때문이다. 하지만 이런 결과가 벌어질 지 아닐 지는 그리 중요한 문제가 아니다. 정해진 절차에 따라 노동하는 힘든 일은 사라질 것이다. 임금은 아주 높아지고 또 기회는 아주 많아서 사람들은 자연스럽게 자신의 고상한 성품을 드러내게 될 것이다. 모든 직업에서 두뇌는 양손의 일을 도와줄 것이다.

아주 거친 종류의 일일지라도 좀 더 일하기가 가벼워질 것이고, 분업이 세분화되는 현대적 생산의 경향은 노동자에게 단조로움을 안겨준다거나 노동자의 능력을 축소시키는 일은 없을 것이다. 노동자의 일은 짧은 노동 시간, 변화, 정신적인 일과 신체적인 일의 교대 등에 의해 한결 강도가 완화될 것이다. 그 결과 현재 낭비되는 생산력이 널리 활용되고, 불완전하게 적용되는 우리의 현재 지식이 더욱 충실하게 활용될 것이다. 노동의 활력과 그로 인해 생겨나는 정신적 능력의 향상으로부터, 지금으로서는 상상조차 할 수 없는 생산 방법의 개선이 이루어질 것이다.

현재의 사회 구조에서 생겨나는 가장 큰 낭비는 정신력의 낭비이다. 현재 사용되지 않아 놀고 있는 힘에 비해 볼 때, 문명의 발전에 기여하는 힘들이란 얼마나 작은 부분인가! 일반 대중의 숫자에 비해 볼 때, 사상가, 발견자, 발명가, 조직가의 숫자는 너무 적지 않은가! 그러나 실제로는 이런 사람들이 많이 태어난다. 단지 사회의 조건 때문에 아주 소수만이 그 재능을 발전시킬 수 있는 것이다. 인간들 사이에는 능력과 경향의 무한한 다양성이 존재한다. 이것은 백만 명의 사람들 중에 신체 구조가 완전히 똑같은 두 사람이 없는 정도의 다양성이다.

그러나 관찰과 성찰의 관점에서 볼 때, 인간들 사이에서 타고난 힘의 차이는 신장이나 체력의 차이보다 더 크다고 생각되지 않는다. 위인들의 생애를 살펴보면 그들이 아예 이름조차 없는 상태로 이 세상을 떠났을 수도 있다는 것을 알 수 있다. 가령 카이사르가 프롤레타리아 가문에서 태어났거나 나폴레옹이 실제보다 몇 년 전에 세상에 태어났더라면? 콜럼버스가 항해에 나서지 않고 사제가 되었더라면? 셰익스피어가 구두 제작자나 굴뚝 청소부의 도제로 들어갔더라면? 아이작 뉴턴 경이 운명의 손길에 의해 농업 노동자의 교육을 받고 농사를 지었더라면? 애덤 스미스가 채탄부의 오두막에서 태어났거나 허버트 스펜서가 공장 직공으로 생계를 유지해야 했더라면? 그랬더라면 이들 위인의 재능이 과연 발휘될 수 있었을까? 그랬더라면 다른 카이사르 비슷한 사람, 다른 나폴레옹, 다른 콜럼버스, 다른 셰익스피어, 뉴턴, 스미스, 스펜서 등이 태어났을 것이다. 이것은 사실이며 인간의 본성이 얼마나 풍요로운지를 보여준다.

평범한 일벌이 필요에 따라 여왕벌로 변모할 수 있듯이, 환경이 도와준다면 평범한 사람으로 끝날 뻔한 사람도 영웅 혹은 지도자, 발견자 혹은 교사, 현인 혹은 성인으로 변모할 수 있다. 씨앗을 뿌리는 사람은 아주 넓게 씨앗을 뿌려놓았고, 또 싹을 틔우고 꽃피게 하는 씨앗의 생명력은 너무나 강인한 것이다. 그러나 슬프다. 그 씨앗이 돌바닥에 떨어지고 새들이 쪼아 먹고, 호밀풀 사이에서 뿌리를 내리지 못한다면 어떻게 할 수가 없는 것이다.[15] 자신의

---

15 마태복음 13장 25절: 옮긴이.

능력을 온전히 발휘하며 제 키만큼 자란 사람이 한 명이라면, 환경의 방해를 받아 위축되고 기형이 된 사람은 백 명이나 되는 것이다.

의지는 사상의 궁극적 표현이다

우리 내부에 있는 의지는 우리의 생각(사상)이 궁극적으로 표현된 것이다. 우리들 중에 가장 뛰어난 사람이라고 할지라도, 재능, 지위, 성품 등의 측면에서 온전히 자기 자신의 힘으로 그것을 얻은 경우는 아주 드물다. 반면에 우리를 형성하는 힘들의 영향력은 아주 크다. 현명하고 학식 높고 신중하고 강인한 사람들 중에서, 그의 인생의 내면적 역사를 살펴볼 때, 스토아학파의 황제(마르쿠스 아우렐리우스 황제)처럼 신들에게 그런 성품을 주신 것을 감사하지 않을 사람이 몇이나 되겠는가? 이런 신(神) 혹은 저런 신 덕분에,[16] 여기 혹은 저기에서 좋은 모범들이 황제의 앞에 나타났고, 고상한 생각이 떠오르게 되었으며, 멋진 기회가 생겨난 것이 아니겠는가. 인생의 꼭짓점에 오른 사람이 그의 두 눈으로 주위를 살펴볼 때, 저 경건한 영국인 존 브래드포드(John Bradford)의 다음과 같은 생각에 공감하지 않을 사람이 몇이나 되겠는가? 브래드포드는 교수대로 끌려가는 죄수를 보고서 이렇게 중얼거렸다. "하느님의 은총이 없었더라면 나도 저렇게 되었겠지."

생활 조건에 비해 볼 때 유전은 별로 힘을 발휘하지 못한다. 우리는 이렇게 말한다. 이것은 유럽 문명이 천 년 동안 발달해온 결과이다. 저것은 중국 문명이 천 년 동안 정체된 결과다.[17] 그러나 백인 갓난아이를 중국의 한가운데 갖다 놓고 키운다면, 성인이 된 그는 눈알의 각도와 머리칼 색깔을 제외하고는 그 주위의 중국인과 똑같은 사람으로 성장할 것이다. 중국인과 똑같은 말을 하고, 똑같은 생각을 하며, 똑같은 미각을 갖게 될 것이다. 요람 속에

16　기독교 도입 이전의 로마 시대에는 다신교를 믿었다: 옮긴이
17　『진보와 빈곤』이 출간된 시기 이전에 중국은 아편전쟁(1839-1842)과 태평천국의 난(1850-1864) 등으로 인해 외세의 침략을 받아 국가가 서서히 망해가는 징조를 보이고 있었다: 옮긴이

들어 있던 귀족 아이 비어 드 비어[18]를 꺼내어 그 자리에 빈민촌 아이를 대신 집어넣고, 그 귀족 아이를 빈민가에서 기른다면 백 년 동안 많은 백작을 배출한 그 가문의 피가 그 아이를 여전히 세련되고 교양 높은 여인으로 성장하게 해줄까?

가난과 가난의 공포를 없애버리고, 모든 계급의 사람에게 여가, 안락, 독립심, 생활의 예의와 품위, 정신적·도덕적 발전의 기회 등을 제공하는 것은 사막에 물을 대어 옥토로 바꾸는 것과 같다. 불모의 땅은 초록으로 제 몸을 단장할 것이고, 생명이 자라지 않는 것처럼 보였던 척박한 땅은 곧 나무 그늘로 시원하게 될 것이고 새들의 울음소리가 가득하게 될 것이다. 감추어진 재능과 예상 못한 미덕이 밖으로 튀어나와 인간의 삶을 한층 풍요롭고, 풍성하고, 행복하고, 고상하게 만들어줄 것이다.

가난과 가난의 공포를 없애버린다면 많은 사람들이 달라질 것이다. 둥그런 몸을 가지고 있는데 삼각 구멍에 억지로 구겨 넣어진 사람, 삼각의 몸을 가지고 있는데 둥근 구멍에 강제로 들어간 사람, 부자가 되기 위한 쟁탈전에서 정력을 낭비하는 사람, 공장에 취직했는데 기계가 될 것을 강요당하는 사람, 필요에 의하여 긴 의자나 쟁기에 쇠사슬로 매여 있는 사람 등도 크게 달라질 것이다. 왜냐하면 그들에게도 가장 높은 수준의 힘, 가장 멋진 재능이 숨겨져 있기 때문이다. 그들은 그 힘과 재능을 꺼내어줄 기회가 필요한 것이다.

모든 사람들에게 기회를 제공하는 국가 구조의 가능성을 한 번 생각해 보라. 상상력으로 그림을 가득 채워보라. 그 색깔은 너무나 선명하여 필설로는 묘사할 수가 없다. 도덕적 향상, 정신적 활동, 사회적 생활을 생각해 보라. 천 가지의 행동과 상호 행동으로 모든 공동체의 구성원들이 서로 연결되어 있는 상태를 생각해 보라. 현재의 상황 아래에서, 사회적 피라미드의 정점에 서 있는 운 좋은 소수의 사람들도, 비록 그들 자신은 의식하지 못하겠지만, 피라

---

18 비어 드 비어는 영국 계관시인 알프레드 테니슨(1808-1892)의 시 "귀부인 클라라 비어 드 비어 (Lady Clara Vere de Vere)"에 나오는 유서 깊은 가문의 귀족 부인: 옮긴이

미드 밑 부분에서 벌어지는 가난, 무지, 타락 때문에 고통을 받는다. 이런 것들을 생각해 볼 때, 내가 제안하는 변화는 사회의 모든 구성원에게 혜택을 주는 것이 아니겠는가? 심지어 거대한 토지를 소유한 사람에게도 혜택이 돌아갈 것이다. 이런 이상적인 사회 구조 속에다 그의 자녀를 무일푼으로 남겨두는 것이, 혼란스러운 사회 속에서 거대한 재산을 상속받도록 하는 것보다 더 안전하지 않겠는가? 이런 이상적인 사회가 이 세상 어느 곳에 존재한다면 그는 자신의 모든 재산을 포기하는 값싼 대가를 치르고서 그 사회로 들어가는 입장권을 사지 않겠는가?

지금껏 사회적 결점과 질병을 그 원천까지 추적해 왔다. 그리고 나는 그에 대한 해결책을 제시했다. 나는 모든 사항을 점검했고 모든 반론에 맞섰다. 그러나 우리가 검토해온 문제들은 비록 중대한 것이기는 하지만, 그보다 더 큰 문제들로 편입된다. 그것은 인간의 정신이 씨름해야 하는 가장 큰 문제들이다. 지금까지 이 책을 읽어온 독자들에게 나와 함께 더 높은 경지로 나아갈 것을 요청한다. 그러나 독자는 다음과 같은 사실을 유념해주기 바란다. 이 책에 현재 남아 있는 지면 관계상 그 문제와 관련된 질문들을 모두 다룰 수는 없다. 그래서 몇 가지 중요한 생각들만 제시하고자 하는데, 그것들은 더 많은 생각들을 이끌어내는 힌트가 될 수 있을 것이다.

인류 진보의 법칙

내 안의 어두운 것을 비추어라.

내 안의 낮은 것을 들어올리고 지탱하라.

그렇게 하면 나는 거대한 논쟁의 꼭대기까지

영원한 신의 섭리를 주장하고, 또 하느님의 방식을

인간들에게 정당화할 수 있을 것이다.

— 존 밀턴

제1장

현행 진보 이론은 충분하지 않다

우리가 도달한 결론이 정확하다면 그것은 더 범위가 큰 일반론에 포섭된다.

따라서 우리가 더 넓은 분야를 조사할 수 있도록, 우리의 탐구를 좀 더 높은 관점에서 다시 시작해 보자.

인류 진보의 법칙은 무엇인가?

앞 장에서 해온 얘기들이 아니었다면 나는 이 한정된 지면에서 이런 질문을 다루는 것이 망설여졌을 것이다. 이 질문은 직접적으로나 간접적으로나 인간 정신이 다룰 수 있는 가장 높은 문제들 중 일부와 결부되어 있기 때문이다. 하지만 이 질문은 자연스럽게 나올 수밖에 없는 질문이다. 우리가 도달한 결론은 인간의 진보를 지속시키는 거대한 법칙과 일치하는 것인가, 아니면 일치하지 않는 것인가?

그 법칙은 무엇인가? 이 질문에 대한 답을 찾아내야 한다. 왜냐하면 현행 철학은 이런 법칙의 존재를 분명하게 인식하지만, 그에 대하여 만족스러운 설명을 해주지 못하기 때문이다. 그것은 현행 정치경제학이 늘어나는 부 속에서 빈곤이 지속되는 이유를 제대로 설명해주지 못하는 것과 비슷하다.

가능한 한 사실들의 확실한 근거를 따라가기로 하자. 인간이 동물로부터 서서히 발전해 왔는가 하는 문제는 탐구할 필요가 없을 것이다. 현재 우리가 알고 있는 인류에 대한 질문과, 인류의 발생에 관한 질문이 서로 밀접한 관계가 있다고 할지라도, 현재 알고 있는 인류의 모습으로부터 그 발생에 대한 단서를 찾아야 하기 때문이다. 추론은 미지의 것에서 이미 알고 있는 것으로 진행될 수는 없다. 우리는 이미 인식하고 있는 사실들로부터 그 인식이 생겨나기 이전의 것을 추론할 수 있다.

인간에게만 있는 것: 문명의 힘

인간의 발생 기원이 무엇이든 간에, 우리는 현재 발견되는 인간의 모습만 알 수 있을 뿐이다. 현재 열대 우림 같은 곳에 존재하는 야만인보다 더 수준 낮은 인류가 있었는지에 대해서는 기록이나 흔적이 남아 있지 않다. 인간과 동물을 갈라놓는 넓은 균열을 인간이 어떤 경로로 건너게 되었는지, 그 경로에 대해서는 현재 남아 있는 것이 없다. 우리가 알고 있는 가장 낮은 단계의 야만인과, 가장 지능이 높은 동물 사이에는 뛰어넘을 수 없는 근본적인 차이가 있다. 그것은 정도의 차이가 아니라 종류의 차이이다. 인간의 여러 가지 특징, 행동, 감정 등을 지능이 낮은 동물들도 보여준다. 그러나 인류의 스케일에서 아무리 지위가 낮은 인간이라도 동물들에게서는 전혀 찾아볼 수 없는 요소를 하나 가지고 있다. 이것이 인간에게 향상하려는 힘을 부여하고, 그를 진보하는 동물로 만든다.

비버(beaver)는 댐을 짓고, 새는 둥우리를 만들고, 벌은 벌집을 짓는다. 비버의 댐, 새의 둥우리, 벌의 벌집은 언제나 같은 모델로 지어지지만, 인간이 사는 집은 나무 잎사귀와 가지로 만든 조잡한 오두막에서 현대적 편의 시설이 가득한 웅장한 대저택으로 발전해 왔다. 개는 어느 정도까지 원인과 결과를 연결시킬 수 있고 또 어떤 특정한 요령도 가르쳐줄 수 있다. 그러나 이런 방면에서의 개의 능력은 개가 인간과 함께 살아온 오랜 세월 동안 조금도 향상되지 않았고, 문명권의 개는 방랑하는 야만인의 개에 비하여 더 우수하거나 더 지적이지 못하다.

동물은 옷을 입지도 않고, 음식을 요리하지도 않으며, 도구나 무기를 사용할 줄 모르고, 식용으로 다른 동물을 사육할 줄 모르고, 언어를 사용하지도 않는다. 반면에 인간은 이 모든 것을 할 줄 알며, 이런 것들을 할 줄 모르는 인간은 우화(寓話) 이외의 곳에서는 발견되지 않는다. 다시 말해, 인간은 자연이 그에게 해준 것에 더하여 자신이 할 수 있는 것을 보충하여 더욱 풍성하게 한다. 이처럼 자연을 보충하는 능력이 있기에 인간은 생존했고 또 발전해 왔다. 사실 인간의 체력은 너무나 열등하여, 그런 능력이 없었더라면 태평양의 아주 자그마한 섬이라면 모를까, 자신의 생활을 영위할 수 있는 곳은 지구상에 없었을 것이다.

인간은 언제 어디에서나 이 능력을 보여 왔다. 우리가 알고 있는 어느 곳, 어느 때든 인간은 그 능력을 활용해 왔다. 그러나 그 능력을 발휘한 정도는 상황에 따라 크게 다르다. 가령 조잡한 카누와 증기선, 부메랑과 연속 발사가 가능한 소총, 거칠게 조각된 나무 우상과 그리스의 대리석 조각상, 미개인의 지식과 현대인의 과학, 야성적인 인디언과 백인 정착자, 호텐토트 여자와 세련된 문명사회의 숙녀 사이에는 분명 엄청난 차이가 있다.

인간의 자연 보충 능력이 이처럼 차이가 나는 것은 원래의 능력 차이로 돌릴 수는 없다. 오늘날의 가장 발달한 민족도 역사적 시대 안에서 미개인이 었던 때가 있었다. 또한 같은 종족의 사람들 사이에서도 커다란 차이가 발견된다. 그런 차이를 전적으로 물질적 환경 탓으로 돌릴 수도 없다. 현재 학문과 예술의 요람으로 자리 잡은 곳들도 많은 경우에 야만인들이 살던 곳이었고, 야만 부족의 사냥터였던 곳에 몇 년 사이에 대도시가 들어서기도 했다. 이러한 차이들은 분명 사회적 발전과 관련이 있다. 아주 원시적인 상태를 제외하고, 인간은 동료 인간들과 함께 살 때 비로소 발전할 수 있었다. 인간의 능력과 조건이 이처럼 향상된 것을 우리는 문명이라는 하나의 단어로 요약할 수 있다. 인간은 사회 내에서 협동하는 것을 배우면서, 다시 말해, 문명화되면서 발전해 왔다.

이러한 발전의 법칙은 무엇인가? 서로 다른 공동체가 도달한 서로 다른 문명의 단계를 어떤 공통 원리로 설명할 수 있을까? 문명을 발전시키는 힘은 본질적으로 무엇인가? 다양한 사회 제도들 중에서 어떤 것은 문명을 촉진시키고 어떤 것은 지연시키는데, 그 원인은 무엇인가? 왜 어떤 제도나 조건은 어떤 때에는 문명을 진보시키는데 또 다른 때에는 퇴보하게 하는가?

이러한 질문에 대한 현 시대의 답변은 이런 것이다. 문명의 진보는 발전 혹은 진화인데 그 과정에서 인간의 능력은 따라서 증가하고 그의 품성은 여러 가지 원인들의 작용에 의해 향상된다. 그런 원인들은 종의 기원을 설명하는 데에도 원용되는데, 적자생존과 획득된 품성의 유전, 이렇게 두 가지이다.

문명의 차이는 적자생존과 유전 형질에서

문명은 진화인데, 허버트 스펜서의 말을 빌리자면, 불확실하고 혼란스러운 동질성에서 확실하고 일관된 이질성(다양성)으로의 진전이다. 여기에 대해서는 의심의 여지가 없다. 그러나 이렇게 말하는 것이 문명을 촉진 혹은 지연시키는 원인들을 설명하거나 확인하는 것은 아니다. 모든 현상을 물질과 힘이라는 두 용어로 설명하는 스펜서의 일반론이 어느 정도까지 이 원인들을 포함하는지, 나는 분명하게 말할 수 없다. 그러나 과학적 설명의 관점에서 보자면 발전 철학(진화론)은 이 질문을 확정적으로 설명하지 못했거나, 사실과 부합하지 않는 의견을 만들어냈을 뿐이다.

발전에 대한 대중적 설명은, 부자가 부의 불공정한 분배의 원인을 설명할 때 취하는 태도와 아주 비슷하다. 이것이 하나의 이론으로 성립될지는 모르겠으나 부자의 이론은 이러하다. 의지와 능력만 있다면 이 세상에는 벌 수 있는 돈이 얼마든지 있다. 부자와 빈자의 차이를 만들어내는 것은 무지, 게으름, 낭비이다. 이와 마찬가지로 문명의 차이에 대한 공통적 설명은 능력의 차이를 설명하는 것이다. 문명된 종족은 우수한 종족이고, 문명의 진보는 이 우월성 덕분이다. 가령 영국인들의 공통된 설명에 의하면, 영국인이 전투에 승리하는 것은 개구리를 먹는 프랑스인에 비하여 민족적으로 우수하기 때문이라는 것이다. 그리고 "양키 국가"의 총명함에 대해서는 최근까지 이렇게 설명해 왔다. 미국인들은 대중적인 정부, 적극적인 발명, 평균적인 안락함 등이 그런 총명함을 만들어냈다고 생각한다.

이런 태도는 정치경제학과 맬서스 이론을 생각나게 한다. 우리가 탐구에 나선 초입에서 살펴보면서 논박했던 정치경제학 이론은 일반 대중의 생각 –

자본가가 임금을 지불하고, 경쟁이 임금을 낮춘다는 생각 – 에 영합하는 것이었다. 또한 맬서스 이론은 부자와 빈자에 대한 기존 이론을 그대로 수용했다. 이와 마찬가지로 문명의 진보를 종족의 우수함으로 설명하는 태도는 문명의 차이를 종족의 차이라고 보는 일반 대중의 생각을 그대로 받아들인 것이었다. 그것은 이미 존재하던 사람들의 생각에 일관성과 과학적 공식을 제공했다. 다윈이 『종의 기원』을 발간하여 세상을 놀라게 한 이래 진보 철학은 널리 퍼져 나갔다. 하지만 그것은 세상을 정복했다기보다는 기존에 있던 이론에 동조한 것에 지나지 않는다.

현재 사상계를 지배하고 있는 견해는 이러하다.

"생존 경쟁은 그 치열한 정도에 따라서 인간에게 새로운 노력과 발명을 해내도록 강요한다. 그리고 이런 개선과 능력은 유전적 형질에 의하여 고정된다. 그리고 가장 잘 적응했거나 가장 많이 향상된 사람이 많은 사람들 중에 살아남아 자손을 퍼트린다. 그리고 가장 잘 적응했거나 가장 많이 개선된 부족, 민족, 인종이 사회 집단 간의 투쟁에서 살아남는다. 이런 적자생존은 다시 그 사람 혹은 집단의 개선과 능력을 강화한다."

이런 진화 이론에 의하여, 인간과 동물의 차이, 인간 집단들 사이의 발달 차이 등이 포괄적으로 또 자신 있게 설명된다. 그 태도는 얼마 전에 특별한 창조와 신성한 개입의 이론으로 그 차이를 설명하던 태도와 아주 비슷하다.

진화 이론의 실제적 결과는 일종의 희망 섞인 운명론인데, 이에 대해서는 현재 많은 문헌들이 나와 있다.[1] 이 견해에 의하면, 진보는 인간의 향상을 위

---

1   절반쯤 과학적인 혹은 대중적인 형태로 이것이 가장 잘 드러나는 것은 『인류의 순교(The Martyrdom of Man)』라는, 표현력 풍부하고 솔직한 책이 있다. 이 책의 저자 윈우드 리드는 독특한 활기와 위력을 갖고 있는 작가이다. 이 책은 사실상 진보의 역사를 다룬 것이다. 진보의 원인과 방법을 다룬 논저인데, 저자의 철학적 일반화 능력에 대해서는 다소 이견이 있을 수 있으나 그 생생한 묘사력 때문이라도 정독해 볼 만한 가치가 있다. 주제와 제목 사이의 연관 관계는 결론에 나오는 다음과 같은 문장으로 파악할 수 있다. "나는 보편적 역사에 기이하면서도 진실한 제목, 즉 『인류의 순교』라는 제목을 부여한다. 각각의 세대에서 인류는 고문을 당하는데 그들의 슬픔 덕분에 그들의 자녀가 혜택을 볼 수 있게 하기 위해서이다. 우리 자신의 번영은 과거의 고뇌에 바탕

하여 천천히, 꾸준히, 사정없이 작용하는 힘의 결과이다. 전쟁, 노예제, 미신, 기근, 전염병, 가난과 비참 등은 가난한 유형은 제거하고 유능한 유형은 발탁함으로써 인간을 계속 앞으로 밀어붙이는 힘이다. 유전적 형질은 진전이 어느 정도 이루어질 것인지를 미리 고정시키는 힘이다. 그리고 과거의 진전은 새로운 진전의 바탕이 된다.

개인은 과거의 수많은 개인을 거쳐 오면서 형성된 꾸준한 변화의 결과이고, 사회조직의 형태는 사회를 구성하는 개인의 형태에 의해 결정된다. 그리하여 이 이론은 허버트 스펜서가 말한 것처럼,[2] "현재의 급진주의가 생각하고 있는 것을 초과할 정도로 급진적이다." 이 이론은 인간의 본성을 서서히 바꾸는 것 이외에 다른 변화는 없다는 점에서 "현재의 어떤 보수주의보다 보수적이다." 그렇지만 철학자들은 부조리를 개혁하기 위해 노력할 의무가 이 이론 때문에 줄어들지 않는다고 말한다. 마치 예정설[3]을 가르치는 신학자들이 구원을 얻기 위한 모든 노력을 계속해야 한다고 주장하는 것처럼 말이다. 그러나 널리 이해되고 있듯이 그 결과는 운명론일 뿐이다. "우리가 무엇을 하든 신들의 공장은 우리의 도움이나 방해와는 무관하게 계속 돌아갈 것이다."

나는 현재 일반 대중의 공통된 생각 속으로 스며들어 널리 퍼지고 있는 의견을 지적하기 위하여 이런 말을 하고 있다. 하지만 진리를 추구하는 과정에서, 겉으로 나타난 현상에 너무 집착하여 냉정한 관찰의 정신이 흐려져도 좋다는 뜻은 아니다. 아무튼 나는 다음과 같은 것이 현행 문명론이라고 생각한다.

"문명은, 천천히 인간의 특성을 바꾸고 그 능력을 향상하고 제고하는 힘들이 미리 정해진 방식으로 인간에게 작용한 결과이다. 문명인과 미개인의

을 두고 있는 것이다. 따라서 우리가 장차 태어날 사람들의 혜택을 위하여 고통을 받는 것이 부당하다고 할 수 있겠는가?"

2 『사회학 연구(The Study of Sociology)』 결론 부분.

3 세상의 모든 일은 신이 예정한 것이고, 인간의 영혼이 구원받을 것인지 여부는 신에 의해 예정되어 있다는 설: 옮긴이

차이는 장기간에 걸친 종족 교육의 차이이며, 그 차이는 정신의 구조에 항구적으로 고정되어 있다. 문명의 개선은 점점 가속화하는 경향을 보이며 점점 더 높은 문명을 지향한다. 우리는 문명의 발전이 자연스럽게 보이는 단계에 도달했으며, 다가오는 문명 경쟁에서 더 위대한 업적을 달성할 것이라고 자신 있게 기대할 수 있다. 심지어 어떤 사람들은 과학이 앞으로 비약적으로 발전하여 인간이 불로장생할 뿐만 아니라, 태양계의 항성들을 위시하여 그 밖의 다른 고정된 별들을 탐구하는 것은 물론이고 인간 자신이 태양과 태양계를 만들어낼 수도 있을 것이라고 주장한다."[4]

문명은 꾸준히 발전하지 않는다

그러나 별들을 향해 날아올라갈 것도 없이, 이 세상을 한 번 둘러보는 순간 이런 진화론은 난관에 봉착한다. 우리는 발전하는 문명 속에 있기 때문에 이런 이론이 아주 자연스럽게 보이지만, 그 이론은 곧 엄청난 사실(고정된 채 굳어버린 문명)과 마주해야 한다. 오늘날 인류의 대부분은 진보가 무엇인지 잘 모른다. 인류의 대부분은 과거에 이미 인류의 발전이 완성되었다고 본다(몇 세대 전 우리의 조상들도 이런 식으로 생각했다). 미개인과 문명인의 차이는, 진화론에 의하면, 미개인은 불완전하게 발달하여 그의 진전이 아직 겉으로 드러나지 않은 종족으로 설명될 수 있을 것이다. 그러나 인간의 진보가 전반적이고 지속적인 원인들의 결과라고 보는 진화론에는 하나의 난점이 있다. 만약 그것이 사실이라면 지금까지 잘 발달해 오다가 갑자기 멈춰 버린 문명은 어떻게 설명할 것인가?

우리의 우월함이 오랜 교육의 결과라는 말─우리는 어른인 반면에 저들은 어린아이라는 말─은 미개인에 대해서는 해당할지 모르나 인도인과 중국인에 대해서는 통하지 않는 얘기이다. 인도와 중국은 우리가 미개인이었을

---

4   윈우드 리드, 『인간의 순교』

때 이미 문명화된 나라였다. 우리의 조상들이 방랑하는 미개인으로 오두막이나 가죽 텐트에 살면서 아메리카 인디언보다 별로 나을 것이 없는 사람들이었을 때, 저들은 대도시들을 세웠고, 고도로 조직된 강력한 정부를 두었으며, 문학, 철학, 세련된 매너, 상당한 수준의 노동 분업, 대규모 상업, 정교한 예술 등을 누리고 있었다. 우리가 저런 미개인의 상태에서 19세기 문명으로 발전해 왔을 때 중국과 인도 문명은 정지한 상태였다.[5] 만약 진보가 인간을 앞으로 밀어내는 불가피하고 영원한 고정 법칙의 결과라면, 우리는 중국과 인도의 경우는 어떻게 설명할 것인가?

발전 철학의 인기 높은 주창자 중 한 명인 월터 배젓(Walter Bagehot)은 이런 반론이 일리 있다고 생각하여 그의 저서 『물리학과 정치학』에서 다음과 같은 방식으로 그것을 설명하려고 한다. 인간을 문명화시키는데 필요한 첫걸음은 먼저 그를 길들여야 한다. 그가 법률에 복종하면서 이웃들과 함께 살도록 해야 한다. 여기서 법률과 관습의 "덩어리"가 생겨나고, 자연 선택에 의해서 강화되고 확대된다. 이런 식으로 결속된 부족 혹은 민족은 그렇지 못한 부족 혹은 민족에 대하여 우위를 차지하게 된다. 그런데 이 법률과 관습의 덩어리는 너무 두껍고 단단해져서 더 이상의 진보를 허용하지 않는다. 따라서 진보는 사람들 사이에 토론을 허용하고, 개선에 필요한 자유와 이동성을 허용할 때에만 벌어질 수 있다.

배젓 씨가 다소 미진한 느낌과 함께 제시한 이런 설명은, 내가 보기에 일반 이론이 되기에는 아주 미흡하다. 그것은 객관적 사실들을 설명하지 못하기에 이론으로 언급될 가치가 없다.

배젓 씨가 말한 법률과 관습이 굳어지는 경향은 발전의 아주 초창기 단계에서 드러나는 것인데, 그가 제시한 구체적 사례들은 거의 미개인 혹은 준 미개인 사회에서 가져온 것이다. 반면에 내가 위에서 말한 인도와 중국 문명은

---

5   19세기 중국은 아편전쟁과 태평천국의 반란 등으로 망국의 길을 가고 있었고 인도는 대영제국의 식민지가 되어 있었다: 옮긴이

아주 오래 지속되어 오다가 멈추어 버렸다. 이 두 문명이 미개인 국가에 비하여 아주 뛰어나게 발전했으면서 동시에 유연하고, 자유롭고, 진보하는 때가 분명 있었을 것이다. 이 정지된 두 문명은 16세기 유럽 혹은 15세기 유럽에 비하여 전혀 열등하지 않고 오히려 여러 면에서 우월했던 시점에 우뚝 멈춰섰다. 그 시점까지는 두 나라의 국민들 사이에서는 충분한 토론이 있었을 것이고, 각종 새로운 정신적 활동이 있었을 것이다.

두 문명은 아주 높은 수준에 오를 때까지 일련의 기술혁신과 개선 행위를 통하여 건설 기술을 발전시킨 건축가들이 있었다. 조선업자들은 기술의 혁신을 통하여 헨리 8세의 전함과 맞먹는 훌륭한 군함을 만들 수 있었다. 발명가도 현재의 중요 발명품과 거의 유사한 단계까지 간 경우도 있었고, 그 발명 기술은 오늘날도 배울 바가 있는 정도이다. 엔지니어들은 거대한 관개 시설과 배가 지나다닐 수 있는 운하를 건설했다. 서로 다른 사상을 가진 철학 학파들이 경쟁했고 종교에 대해서도 여러 가지 교리들이 상충했다. 여러 면에서 기독교를 닮은 위대한 종교(불교)가 인도에서 생겨나 과거의 종교(힌두교)를 대체했고, 중국으로 들어가 그 나라를 휩쓸다가 다른 것(선불교)에 의해 대체되었다. 마치 기독교가 그 원래의 자리(가톨릭)에서 개신교로 대체된 것처럼 말이다. 사람들이 함께 사는 것을 배우기도 전에 적극적이고 활동적인 생활이 있었고 기술혁신은 환경의 개선을 가져왔다. 더욱이 인도와 중국은 다른 종족들을 정복하는 과정에서 다른 관습과 사고방식을 받아들여 그들의 문명에 새로운 피를 수혈했다.

영고성쇠를 거듭하는 문명

우리가 알고 있는 문명 중에서 가장 고정되고 암석처럼 굳어진 것으로는 이집트 문명이 있는데, 이 문명에서는 심지어 예술도 관습적이고 경직된 형식을 취했다. 하지만 우리는 이런 표면 뒤에 생기와 활기의 시대 - 오늘날의 우리 미국 문명처럼 새롭게 발전하고 확대되는 문명 - 가 있었다는 것을 알고 있다. 또 이집트의 예술과 과학이 최고점에 도달했다는 것도 널리 알려져 있다. 최근의 발굴로 이집트 땅 속에서 초기 이집트의 유물이 빛을 보게 되었는데, 출토된 인물상이나 조각은 경직되고 형식적인 것이 아니라 생생함과 표현력을 뿜내고 있다. 이것은 당시의 예술이 정열적이고 치열하고 자연스럽고 자유로웠다는 것을 보여준다. 이것처럼 적극적이고 생기 넘치는 일상생활을 보여주는 증거를 또 어디에서 찾아볼 수 있을 것인가. 현재 발전을 멈춘 문명들도 과거에는 다 이와 같이 생생함을 자랑했던 것이다.

그러나 현재의 발전 이론(진화론)이 설명해주지 못하는 것은 이들 정지된 문명뿐만이 아니다. 인간이 진보의 길을 멀리 가다가 갑자기 멈추어버리고 끝난 것이 아니라, 거기서 아예 뒤로 퇴보해 버린 상황을 설명해 주지 못하는 것이다. 진화론을 반박하는 것은 어느 개별적인 하나의 사례만을 보고 하는 애기가 아니다. 오히려 문명의 퇴화가 보편적 원칙인 것이다.

우리가 알고 있는 세계의 모든 문명은 활기찬 성장, 답보와 정체, 쇠퇴와 멸망의 시대가 있다. 그동안 성장하여 발전한 모든 문명 중에서 오늘날까지도 남아 있는 것은 정체된 문명과 우리 서구 문명뿐이다. 서구 문명은 아브라함이 쳐다보았던 피라미드들처럼 오래 되지 않았다. 그 피라미드들은 이미 2천년의 기록된 역사를 그 뒤에 갖고 있었다.

서구 문명이 더 넓은 기반을 갖고 있고, 더 발전된 유형이고, 이전의 문명에 비해 더 빠르게 움직이고 더 높이 솟아오른다는 사실은 의문의 여지가 없는 진실이다. 그러나 이런 점들에서 서구 문명은 그리스-로마 문명보다 앞선다고 할 수 없고, 또 그리스-로마 문명도 아시아 문명보다 더 앞선다고 할 수 없다. 이렇게 볼 때, 예전 문명들의 궁극적 실패를 가져온 원인이 서구 문명에는 아예 존재하지 않는다면 모를까, 서구 문명이 항구적이고 지속적으로 발전할 것이라고 증명해 주는 것은 아무것도 없다. 현재의 진화 이론은 서구 문명에 그런 궁극적 실패를 모면하게 해주는 사항들이 있다고 단언하지 못한다.

사실 진화론 – 문명은 인간의 능력을 향상시키고 높여주는 자연선택의 결과라는 주장 – 은 인간의 보편적 역사를 결코 완벽하게 설명하지 못한다. 문명이 다른 시대, 다른 장소에서 생겨나서 발전했다는 사실은 진화론과 배치되지 않는다. 문명은 추진력과 저항력의 불평등한 균형에서 생겨날 수도 있기 때문이다. 그러나 일단 진보를 시작한 문명 – 어떤 저급한 부족도 다소간의 진보는 이루는 법이다 – 이 그 어디에서도 진보를 계속하는 법이 없고, 어디에서나 예외 없이 정지 혹은 퇴보했다는 사실은 진화론의 주장과는 완전배치된다. 진화론은 인간의 발전이 가끔 방해를 받는 경우가 있기는 하겠지만, 그래도 사회의 발전은 인간성을 개선시켜 고정시키고 그것이 다시 추가발전을 견인할 것이라고 말한다. 그리하여 진화론의 일반 원칙은, 발전은 지속적인 것이라는 얘기이다. 진보가 또다른 진보를 가져오고, 그리하여 문명은 더 높은 수준의 문명으로 도약한다는 것이다.

그런데 진화론의 이런 주장과는 정반대 현상이 일반 원칙일 뿐만 아니라 보편 원칙이다. 지구는 죽은 사람의 무덤이지만 동시에 죽은 제국들의 무덤이기도 하다. 진보가 인간을 더 높은 진보에 대비(준비)시키기는커녕, 한때우리 서구문명처럼 활기차고 전진을 계속하던 모든 문명이 저절로 정지해버렸다. 거듭하여 예술은 쇠퇴하고, 학문은 퇴보하고, 권력은 추락하고, 인구는 줄어들었다. 마침내 거대한 사원과 거창한 도시를 짓고, 강줄기를 돌리고산을 뚫으며, 거대한 땅을 정원처럼 경작하고, 삶의 사소한 일에도 더없는 세련미를 추구하던 사람들이 지저분한 야만인의 상태로 목숨을 보존하고 있을뿐이다. 그들은 조상이 해놓은 찬란한 문화 사업의 기억을 모두 잊어버리고, 남아 있는 장엄한 유적을 정령(精靈)들의 작품 혹은 대홍수 이전의 강성한 종족이 해놓은 일로 여기고 있다.

이러한 영고성쇠는 너무나 보편적이어서, 우리는 과거를 되돌아볼 때 그것이 불가피한 법칙인 것 같은 느낌이 든다. 우리는 그 법칙으로부터 벗어날희망이 없다. "온 몸에 생기를 느끼는" 젊은이라도 모든 인간의 공통된 운명인 죽음으로부터 벗어나지 못하는 것처럼. 스키피오는 카르타고의 폐허를 보면서, "오 로마여, 장래 언젠가 이것이 그대의 운명이 될 것이다!"라고 울면서소리쳤다. 일찍이 영국 역사가 매콜리는 런던 브리지의 부러진 아치에 대하여 명상하는 뉴질랜드 사람의 모습을 묘사한 바 있었다.[6] 이 뉴질랜드 사람의 상상은 황무지에 대도시를 건설할 생각을 하고, 새로운 제국의 기반을 놓으려는 사람들의 상상력에 호소하는 바가 있다. 그래서 우리는 공공건물을 건립할 때, 가장 큰 주춧돌 속에다 구멍을 내고서 그 빈 공간에 우리 시대의 기념물을 집어넣는다. 우리의 건물이 폐허가 되고 우리들 자신이 모두 잊히는 때를 대비하면서 말이다.

이처럼 문명의 흥망과 성쇠가 번갈아 찾아드는 것이 상승하는 발전선(發展線)의 움직임인지 아닌지는 별 다른 차이를 만들어내지 않는다(나는 이 질문을 검토하지는 않겠지만, 그것이 실제로 상승하는 발전선이라고 증명하는 것은 생각보다 훨씬 어렵다고 생각한다). 어느 경우든 현재의 진화론은 반박되어 별 설득력이 없는 것이다. 문명은 죽으면 아무런 표시도 남기지 않고, 힘들게 이룩했던 진보도 결국 그 종족으로부터 영원히 사라져버린다. 그러나 진보의 파도가 그 다음 파도를 더 높게 만들고, 각 문명이 더 큰 문명에 횃불을 전달한다는 것을 인정한다고 하더라도, 문명이 인간 본성에 새겨진 변화에 의해 진보한다는 이론(진화론)은 객관적 사실들을 제대로 설명하지 못한다. 모든 경우에, 새로운 문명을 시작하는 것은 옛 문명에 의해 교육받고 유전적으로 수정된 종족이 아니라, 낮은 단계에서 위로 올라온 새로운 종족이 새롭게 시작하기 때문이다.

한 시대의 야만인은 다음 시대의 문명인이 된다. 그리고 그 다음에는 다른 야만인이 뒤를 잇는다. 문명의 영향 아래 있던 사람들이 처음에는 향상이 되지만 나중에는 쇠퇴하는 현상이 지금껏 드러난 보편적 사례이다. 오늘날의 문명인은 문명되지 못한 사람들에 비하면 아주 우월하다. 그러나 모든 죽은 문명 속의 문명인들도 전성기를 누릴 때에는 다른 사람들에 비해 우월했다. 그러나 어떤 일정한 시점을 지나가면 악덕, 부패, 문명의 쇠약 등이 반

---

6   뉴질랜드 사람이 막강한 대영제국도 언젠가 저 런던 브리지의 부러진 아치처럼 쇠망할 날이 온다고 상상한 모습: 옮긴이

드시 그 문명사회 안에서 드러나게 되어 있다. 야만인들에게 제압당한 모든 문명은 실제로는 내부의 부패 때문에 붕괴했다.

문명의 발전 요인이 곧 붕괴 요인

이 보편적 사실을 깨닫는 순간, 발전이 유전적 계승에 의하여 이루어진다는 이론은 물거품이 되어버린다. 세계의 역사를 뒤돌아보면 어떤 시간이 되었든 위대한 진보의 선(線)은 유전의 선(線)과 일치하지 않는다. 그 어떤 유전의 선 이 되었든 진보 뒤에는 반드시 퇴보가 따라오는 듯하다.

따라서 우리는 개인의 생애가 있는 것처럼 국가 혹은 종족에도 생애가 있 다고 말해야 하지 않을까? 모든 사회단체는 말하자면 일정한 양의 에너지를 갖고 있는데 그 에너지를 소비하면 그에 따라 반드시 쇠퇴가 온다고 말해야 하지 않을까? 이것은 널리 퍼진 오래된 관념으로서, 발전 철학을 주장하는 사람들의 저서에서 끊임없이 은근슬쩍 떠오르는 관념이다. 차라리 그것을 물 질과 운동의 관점에서 서술하여 진화의 일반론에 명확하게 포함시키는 것도 좋으리라 생각한다. 개인을 원자로 본다면 사회의 성장은 이렇게 된다. "그것 은 물질의 통합이며 그에 따르는 운동의 소멸이다. 그 과정에서 물질은 불확 실하고 혼란스러운 동질성에서 확실하고 일관된 다양성으로 이행하며, 유지 된 운동은 그와 유사한 변화를 겪게 된다."[7]

이렇게 하여 성운설[8]에 의거하여 사회의 생애와 태양계의 생애 사이에 유비가 성립된다. 태양의 열과 빛이 운동하는 원자들의 총합에 의하여 생겨 나는데, 원자들이 마침내 평형 혹은 휴지의 상태에 도달하면 운동은 정지한 다. 그 후 부동의 상태가 이어지는데 외부적 힘의 충격이 있으면 그 상태가 깨어진다. 그러면 진화의 과정을 역전시키면서 운동은 통합되고 물질은 가스 의 형태로 소산되었다가 다시 농축되어 운동을 낳는다. 이와 마찬가지로 사

---

7   허버트 스펜서가 규정한 진화의 정의. 『제일 원리(First Principles)』 p.396.
8   태양계도 성운에서 생성되었다고 라플라스가 주장한 설: 옮긴이

회도 문명의 열과 빛을 생산하는 힘을 발전시킨다. 그러나 이 과정이 멈추면 개인 구성원들은 평형의 상태에 들어가 고정된 자리를 차지하고, 그러면 화석화 현상이 시작된다. 그리하여 발전 과정을 재개하여 문명이 성장하려면 외부의 야만인들이 침입하여 그 경직된 상태를 깨트리고 확산시키는 작업이 필요하다.

그러나 유비는 가장 위험스러운 사고방식이다. 유비는 유사한 것들을 서로 연결시키기도 하지만 진실을 위장하거나 은폐할 수도 있다. 그리고 이런 유비들은 모두 피상적이다. 사회는 그 구성원들이 어린아이의 신선한 힘에 의해 계속 재생산되므로, 힘이 쇠퇴하여 늙어버리는 개인과는 다르게 늙지 않는다. 사회 집단의 힘은 개별 구성원들의 힘의 총합으로서, 사회는 그 구성원들의 생기가 줄어들지 않는 한 그 생기를 잃어버리지 않는다.

그러나 국가의 생기를 개인의 그것에 유비하고, 또 내가 위에서 방금 말한 사회와 태양계의 생애를 서로 유비하는 것에는, 어떤 명백한 진리가 어른거린다. 그것은 진보를 마침내 정지시키는 장애물은 바로 그 진보의 과정에서 생겨난다는 진리이다. 예전의 문명들을 파괴한 것은, 문명 그 자체가 성장하는데서 생겨나는 상황인 것이다.

이것은 현행 철학이 무시하는 진실이다. 하지만 이는 아주 의미심장한 진실이다. 인류의 진보에 관한 타당한 이론은 반드시 이 진실을 설명해야 한다.

제2장

문명의 차이는 무엇 때문인가?

인류 진보의 법칙을 발견하려는 과정에서, 첫 번째 단계는 문명들 사이의 차이점을 묘사하면서 그 차이점의 본질적 성격을 파악하는 것이 되어야 한다.

사회의 진보를 인간의 본성에 새겨진 변화 탓으로 보는 현행 철학은 역사적 사실과 일치하지 않는다. 또한 그런 차이점을 깊이 분석해 보면 문명의 다른 단계에서 여러 사회들 사이의 차이점이 그 사회를 구성하는 개인들의 타고난 차이점 탓도 아니라는 것을 발견할 수 있다. 타고난 차이점이 있는 것은 사실이다. 유전에 의해 후대에 전해지는 특성은 분명 존재한다. 그러나 다른 사회 구조 속에 살고 있는 사람들 사이의 격차는 그런 식으로 설명되지 않는다. 현재 아주 높게 평가되고 있는 유전의 영향은 인간이 태어난 이후에 그에게 미치는 환경의 영향과 비교하면 아무것도 아니다.

유전보다는 교육과 습관이 중요

사람의 습관 중에 언어보다 더 뿌리 깊은 것이 있을까? 언어는 여러 근육들이 자동적으로 동원되는 기술일 뿐만 아니라 사상을 표현하는 수단이다. 이 언어보다 더 오래 지속되는 것, 혹은 더 빨리 국적을 알게 해주는 것이 있을까? 그렇지만 우리는 어떤 언어에 대한 편향을 가지고 태어나는 것은 아니다. 우리의 모국어는 우리가 아주 어릴 때부터 배웠기 때문에 모국어인 것이다. 어떤 아이의 조상이 무수히 많은 세대 동안 하나의 언어로 생각하고 말해왔다 하더라도, 그 아이가 처음부터 다른 언어를 듣고 자랐다면 그 언어를 아주 능숙하게 말하게 될 것이다. 국가적·지역적·계급적 특성이라는 것도 이와 비슷하다. 이런 것들은 교육과 습관의 문제이지 유전의 문제는 아닌 듯하다. 갓난 아이 때 인디언들에게 붙잡혀가서 인디언 천막에서 자란 백인 아이들의 사례는 이것을 잘 보여준다. 그들은 완벽한 인디언이 되었다. 백인 아이가 집시들의 손에 컸다면 그 결과 또한 그러했을 것이다.

그런데 백인들이 키운 인디언이나 다른 인종의 자녀들은 그렇지가 않다. 나는 이런 결과가 나온 것은 그 아이들을 완벽한 백인 아이 취급을 안 했기 때문에 그렇다고 생각한다. 흑인 학교에서 교사를 역임했던 신사가 내게 이런 말을 했다. 흑인 아이들이 열 살이나 열두 살이 될 때까지는 백인아이들에 비해 더 똑똑하고 유식하다. 하지만 그 연령대를 지나가면 그들은 아둔해지고 부주의해진다. 그는 이것이 흑인 종족이 태생적으로 백인보다 열등한 증거라고 생각했고 그 당시에 나도 그런 생각을 했다.

그러나 그 후에 나는 아주 지성적인 흑인 신사(힐레리 주교)로부터 우연찮게 다음과 같은 말을 듣게 되었는데 내가 보기에 상황을 잘 설명해주는 것이었다. "우리 아이들은 어릴 때에는 백인 아이들 못지않게 총명하게 또 잘 배웁니다. 하지만 어느 정도 철이 들어 흑인의 신분을 알게 될 즈음이면, 그러니까 흑인이 열등 인종 취급을 당하고 앞으로 요리사, 웨이터, 기타 시시한 사람밖에 되지 못한다는 것을 깨닫게 되면, 야망을 놓아버리고 발전하려는 의욕을 잃어버리게 됩니다." 주교는 그 말에 다음과 같은 말을 덧붙일 수도 있었을 것이다. 흑인 아이들은 가난하고, 배우지 못하고, 야망 없는 부모 밑에서 크기 때문에 집안의 영향이라는 것도 그들에게 불리하게 작용한다.

나는 초등학교 단계에서는 무식한 부모의 자녀도 지적인 부모의 자녀 못지않게 감수성이 예민하다고 생각한다. 그러나 시간이 흘러갈수록 후자의 자녀들이 더 앞서 나가고 더 총명한 사람으로 성장한다. 학교에서 배우는 간단한 것들에 대해서는 두 자녀가 비슷한 수준을 유지할 것이다. 그러나 그들의 학습이 좀 더 복잡해지면서, 집에서 좋은 영어를 자주 듣고, 지적인 대화에 귀 기울일 기회가 많고, 책을 쉽게 펴볼 수 있고, 질문을 하면 금방 답을 얻을 수 있는 아이가 그렇지 못한 아이보다 더 앞서 나가게 되는 것이다.

나중에 성인이 되었을 때에도 똑같은 얘기를 해볼 수 있다. 평범한 노동자 계급에서 출세한 사람도 교양 높은 사람과 저명한 사람을 자주 접촉하게 되면 전보다 더 총명하고 세련한 사람이 된다. 가난한 부모 밑에서 같은 집에 살고, 같은 방식으로 성장한 두 형제가 있다고 해보자. 형은 거친 직업에 투신하여 힘든 막노동으로 생계를 벌어들이는 수준 이상으로 발전하지 못했다. 동생은 회사의 사환으로 시작하여 곧 다른 방향으로 전환하여 열심히 노력한 끝에 마침내 성공한 변호사 혹은 사업가 혹은 정치가가 되었다. 마흔이나 쉰 무렵이면 두 형제의 차이는 너무나 뚜렷하여, 통찰력이 없는 사람이라면, 그 동생의 출세가 형보다 더 훌륭한 타고난 자질 때문이라고 생각할 것이다.

이처럼 생활환경 탓에 예절이나 지성이 크게 달라지는 두 자매의 경우도 예시해 볼 수 있다. 언니는 가난한 남자에게 시집을 가서 사소한 걱정에 매여 살면서 향상의 기회가 없었던 반면에, 동생은 사회적으로 지위가 높은 남자에게 시집을 가서 교양 있는 사람들을 접촉하여 많은 향상의 기회를 누리게 되어, 그녀의 취미를 세련되게 하고 지성을 더욱 넓혔다. 이렇게 하여 두 자매 사이는 뚜렷한 차이가 나게 되었다. "사람을 잘못 사귀면 좋은 예절을 망친다"라는 말이 있다. 이 말은 인간의 특징이 생활조건과 환경에 의해 크게 영향을 받는다는 일반 법칙을 잘 요약한다.

나는 과거에 브라질의 항구에서 자기 딴에는 한껏 멋을 부린다면서 멋진 옷을 차려입은 흑인을 본 적이 있었다. 하지만 그 흑인은 양말을 신지 않았고 게다가 구두마저 신지 않았다. 나와 함께 항해하던 선원 한 명은 과거에 노예무역에 종사한 적이 있는 사람이었는데 이런 이론을 내놓았다. 흑인은 사람이 아니라 일종의 원숭이이다. 그러면서 그 맨발의 흑인을 증거로 제시했다. 흑인이 구두를 신는 것은 자연스럽지 않다는 것이었다. 그리고 자연 그대로의 상태였다면 그 흑인은 아예 옷을 입지 않고 돌아다녔을 것이라고 말했다. 나는 나중에 노예들이 구두를 신는 것은 "제격"이 아니라는 것을 알게 되었다. 가령 영국에서 격식에 맞게 옷을 차려입은 시종장이 보석을 몸에 걸치는 것이 제격이 아닌 것처럼 말이다. 아무튼 나는 그때 이후 자유롭게 옷을 입기

제10권 —— 인류 진보의 법칙

좋아하는 백인들도 그 브라질 노예 못지않게 엉뚱한 복장을 하고 돌아다니는 것을 여러 번 보았다. 다윈주의의 옹호자들이 유전적 형질의 증거라고 내놓는 것들 중 아주 많은 것들이 이 정도 이상의 의미를 지니지 못하고 있다.

거지가 거지를 키운다

가령 뉴욕의 범죄자와 구호금 수령자의 상당수가 3~4대 전으로 거슬러 올라가면 거지 부모의 후예였다고 한다. 그리고 이 사실이 유전적 형질의 결정적 증거로 널리 제시된다. 그러나 그것은 사실을 그대로 진술한 것일 뿐, 유전적 형질에 대해서는 아무런 증명도 되지 않는다.

거지가 거지를 키우는 것이다. 설사 원래는 거지의 자녀가 아닐지라도 거지의 손에 키워지면 거지가 되는 것이다. 이것은 덕성 높은 부모 밑에서 태어난 아이일지라도 범죄자들과 자주 접촉하면 범죄자가 되는 것과 마찬가지 이치이다. 남의 자선에 기대기 시작하면, 어려운 시절이 닥쳐와 자립이 필요할 때 자존심과 독립심을 잃어버리게 된다. 이것은 잘 알려진 사실이다. 그래서 자선은 자선에 대한 요구를 더욱 높일 뿐이다. 그렇게 하여 공공 구호금과 개인 동냥이 이익보다는 피해를 더 가져온다는 것은 알려진 비밀이다. 아이의 기질이 부모와 똑같은 감정, 기호, 편견, 재능 등에 대해서도 똑같은 얘기를 해볼 수 있다. 아이들은 습관적으로 사귀는 사람들로부터 이런 기질을 흡수하는 것이다. 아이가 부모에 대하여 증오나 혐오감을 느낄 수도 있지만, 이런 예외 역시 원칙(환경의 영향)을 증명하는 것이다.

그리고 성격의 격세유전인 듯한 것을 설명해주는 좀 더 미묘한 영향이 있다. 그것은 통속 모험소설을 많이 읽은 소년이 해적이 되고 싶어 하는 것과 비슷한 영향이다. 나는 과거에 인디언 추장의 후예인 신사를 사귄 적이 있었다. 그는 할아버지에게서 들은 인디언 전통을 내게 말해주었는데 그것은 백인 남자로서는 이해하기가 어려운 것이었다. 그 전통은 인디언의 사고방식, 사냥감 추적에 나섰을 때 반드시 피를 보고야 마는 끈질긴 갈증, 고문대 위에서의 강인함 등이었다. 그가 이런 인디언 전통을 진지하게 말해주는 표정에서, 나는 이런 짐작을 할 수 있었다. 그는 높은 교육을 받은 세련된 사람이지만, 그와 비슷한 상황에 처해진다면 인디언의 혈통이라고 생각됨직한 그런 특징을 보일 것 같았다. 하지만 그것은 실제에 있어서 조상들의 행동에 대한 그의 활발한 상상력 덕분일 것이라고 생각해 볼 수도 있었다.[9]

대규모 사회에서는 계급 내지 집단 간에 지식, 신념, 관습, 취향, 언어 등의 문화적 차이가 있으며, 심지어 같은 나라에 사는 각 민족 간에도 문명사회와 미개사회 간의 차이에 해당될 만큼 큰 차이가 나기도 한다.

현대에 존재하는 여러 사회들에서는 석기시대부터 그 후대에 이르는 모든 사회 발전의 단계가 발견된다. 이와 마찬가지로 같은 나라, 같은 도시에서도 그와 유사한 다양성을 보여주는 집단들이 나란히 존재한다. 영국과 독일 같은 나라에서, 같은 종족, 같은 장소에서 태어나 성장한 아이들도 서로 다른 말을 사용하고, 다른 신념을 지니고, 다른 관습을 지키며, 다른 취향을 갖고 있다. 미국 같은 나라에서도, 그와 동일한 종류(비록 동일한 정도는 아니지만)의 차이가 다른 계층 혹은 집단들 사이에서 발견된다.

그러나 이런 차이는 결코 태생적인 것은 아니다. 아이는 태어나면서부터 감리교 신자이거나 천주교 신자는 아니다. 또 때어날 때부터 단어의 h를 발음하거나 발음하지 않는 것은 아니다. 서로 다른 집단과 계층을 구분해 주는 이런 차이는 그 아이가 접하는 환경에서 유래하는 것이다.

터키제국의 술탄 호위대인 예니체리는 아주 어릴 적에 기독교 부모의 품에서 떼어낸 아이들을 육성하여 만든 부대이다. 그렇지만 그들은 열광적인

---

9   영국 시인 워즈워스는 그의 시, "브로엄 성(城) 축제의 노래"에서 아주 시적인 형식으로 이런 영향력을 언급했다.

"그의 성 홀에서 녹슬고 있는 갑옷은
클리포드의 피를 부른다.
'스코틀랜드 인들을 진압하라.' 창이 소리친다.
'나를 프랑스의 중심부로 데려다 달라'
라는 것이 방패의 소원이다."

이슬람 신자로 성장하여 터키인의 특징을 그대로 보여준다. 예수회 수사들과 다른 수도회의 수사들도 남들과 뚜렷하게 구분되는 특징을 보여주지만 그것은 유전적 형질에 의해 그렇게 된 것이 아니다. 학교와 군대 같은 환경도, 그 구성원들은 잠시 머물고 또 계속 바뀌지만, 어떤 전반적인 특성을 드러낸다. 이것은 환경에 의해 영구적으로 조성되는 심리적 영향의 결과다.

초유기적 환경의 중요성

모든 공동체에서 생겨나서 개인들을 둘러싸는 이런 전통, 믿음, 관습, 법률, 습관, 인간관계 등의 덩어리는 국민성을 형성하는데 큰 역할을 한다. 이것을 허버트 스펜서는 "초유기적 환경(super-organic environment)"이라고 명명했다. 영국인을 프랑스인으로부터 구분해주고, 독일인과 이탈리아인을 구분하고, 미국인을 중국인으로부터 구분하고, 문명인을 미개인으로부터 구분해주는 것은 유전적 형질이 아니라 바로 이 초유기적 환경이라고 생각한다. 바로 이런 방식을 통하여 국가의 특성이 보존, 확대, 혹은 변경된다.

일정한 한도 내에서(혹은 아무런 제한 없이), 유전적 형질은 어떤 특징을 발전시키고 바꿀 수도 있을 것이다. 그러나 이것은 인간의 정신적 측면보다는 신체적 측면에 훨씬 더 강하게 적용되는 얘기이다. 또 인간의 신체보다는 동물의 신체에 더 해당되는 얘기이다. 비둘기나 가축을 키우면서 나온 결론은 인간에게는 적용되지 않는데 그 이유는 명백하다. 아무리 원시적 상태라 할지라도 인간의 삶은 동물보다는 훨씬 더 복잡하기 때문이다. 인간은 훨씬 더 많은 숫자의 영향력에 노출되어 있으며, 그런 상황이기 때문에 유전적 형질의 영향력은 상대적으로 점점 감소하고 있다. 여기에 정신 활동 면에서 동물보다 나을 것이 없어서 그저 먹고 마시고 잠자고 번식하는 정도에 그치는 인종이 있다고 해보자. 그 인종을 대상으로 장기간에 걸쳐 세심하게 행동을 관리하고 또 번식을 선택적으로 통제한다면, 가축을 상대로 한 관리와 번식 통제가 이루어낸 그런 신체적 형태와 특성을 만들어낼 수도 있을 것이다.

그러나 세상에 그런 인종은 없다. 인간인 이상, 인간의 내부에서 작용하는 심리적 영향력이 끊임없이 그런 관리와 통제의 과정을 방해할 것이다. 마치 돼지를 살찌게 한 것처럼, 인간을 우리에다 가두고 계속 먹을 것을 줌으로써 정신력이 활발하게 작용하는 인간을 살찌게 만들 수는 없다. 사실 인간은 여러 동물의 종보다 더 오래 이 지구상에서 살아왔다. 인간은 기후 조건이 다른 지역에서 오랫동안 서로 떨어져 살아왔다. 만약 동물들이 이렇게 떨어져 살아왔더라면 커다란 신체적 차이가 생겨났을 것이다. 그러나 서로 다른 인종들 간의 신체적 차이는 흰 말과 검은 말 사이의 차이보다 크지 않다. 가령 개의 하위 종들인 테리어와 스패니얼의 차이 같은 그런 심한 차이가 나지 않는 것이다. 그러나 인종 간의 이런 차이 – 자연 선택과 유전적 형질로 그 차이를 설명하는 진화론자들의 말에 의하면 – 는, 인간이 동물에 훨씬 더 가까운 상태, 그러니까 정신력이 별로 발달하지 않았을 때 이미 겉으로 드러난 것이다.

신체는 태생적이나 정신은 후천적

인간의 신체적 기질에 대한 이런 설명이 타당한 것이라면, 인간의 정신적 기질에 대해서는 얼마나 더 타당한가? 우리는 이 세상에 태어날 때 신체를 그대로 가지고 온다. 그러나 정신은 그 후에 발달한다.

모든 유기체의 성장 단계에는 그것이 물고기가 될지 파충류가 될지, 원숭이가 될지 인간이 될지 알 수 없는 단계가 있다(그 유기체가 처한 환경이 있기 때문에 이처럼 결정되지 않은 상태에서도 그것이 앞으로 무엇이 될 것인지 알 수 있는 것이다). 이것은 새로 태어난 아기에게도 해당되는 얘기이다. 의식을 하고 인지 능력을 갖추게 될 마음(정신)이 영국인, 독일인, 미국인, 중국인 – 문명인 혹은 미개인 – 중 어느 것이 될 건지는 아직 결정되지 않은 것이다. 아이가 어떤 환경 속으로 태어나느냐에 전적으로 달려 있는 것이다.

가령 아주 교양 높은 문명인 부부들에게서 태어난 여러 명의 갓난아기들을 사람이 살지 않는 곳으로 데려갔다고 해보자. 그들이 기적적인 방식으로 목숨을 부지하여 스스로 앞가림을 할 수 있는 성인이 되었다고 해보자. 그러면 그들이 어떤 모습으로 성장했을 것 같은가? 우리가 현재 알고 있는 미개인보다 더 무기력한 모습일 것이다. 그들은 불을 새로 발견해야 할 것이고, 조잡한 도구와 무기를 발명해야 하고, 언어도 새롭게 구축해야 할 것이다. 간단히 말해서, 그들은 가장 저급한 인종이 현재 갖고 있는 아주 간단한 지식을 얻기 위해서도 마치 걸음마를 배우는 아이처럼 힘들게 투쟁해야 할 것이다. 나는 그들이 이 모든 것을 다 해내리라는 것을 의심하지 않는다. 걷기 능력이 인간의 신체에 내재되어 있는 것처럼, 이 모든 것을 해내는 능력이 인간의 정신 안에 깃들어 있기 때문이다.

그러나 그들이 미개인 부모 밑에서 그와 비슷한 상황에 놓인 아이들보다 더 잘 혹은 더 나쁘게, 혹은 더 천천히 또는 더 빨리 해내리라고는 생각하지 않으며 비슷한 능력이나 속도를 보일 것으로 생각한다. 이례적인 개인들이 보여준 아주 높은 정신력을 감안한다 하더라도, 17년 된 매미[10]처럼 한 세대가 그 다음 세대로부터 완전히 단절된다면, 인류의 모습은 과연 어떻게 될까? 그런 단절은 인류를 완전 야만 상태로 타락시키지는 않겠지만, 그 결과 생겨난 상태는 우리가 현재 알고 있는 열대우림의 야만 상태를 오히려 문명 상태인 것처럼 보이게 만들 것이다.

반대로 다수의 미개인 아이들이 그들의 어머니 모르게 같은 숫자의 문명권 아이들과 바꿔치기를 당했다고 가정해 보자(우리의 실험을 공정한 것으로 만들기 위해서는 이런 가정이 필요하다). 그렇다면 그 미개인 아이들이 문명권 아이들과 다른 모습으로 성장할 것이라고 생각하는가? 다른 사람들이나 계급과 많이 접촉한 사람이라면 그렇게 생각하지 않을 것으로 본다. 이러한 가정에서 얻을 수 있는 커다란 교훈은 "인간의 본성은 전 세계 어디서나 똑같다"라는 것이다. 이러한 교훈은 도서관에서도 얻을 수 있다. 나는 여행자들의 여

---

10 17년 된 매미는 미국 동부 지역에 유포된 전설로서, 17년 간 땅 속에 묻혀 있던 매미가 공중으로 나오는 것을 말한다. 이런 매미처럼 인간의 문명이 완전 단절된 후에, 다시 세상이 시작된다면 그 상태는 완전 원시 상태는 아니더라도 아주 원시적인 상태일 것이라는 뜻. 왜냐하면 열대 우림의 야만 상태는 그런 완전한 단절은 겪지 않았을 뿐만 아니라 비록 느리기는 하지만 발전을 계속 해 왔기 때문이다: 옮긴이

행담은 그리 대단한 것으로 여기지 않는다. 문명인이 써낸 미개인 이야기는, 미개인이 문명권을 잠깐 다녀간 후에 써낼 법한 그런 이야기와 아주 유사하기 때문이다. 하지만 다른 시대, 다른 사람들의 생활과 생각을 보여주는 기념품들은 중시한다. 그것은 오늘날의 언어로 번역한다면, 우리 자신의 생활을 엿보게 해주고 또 우리 자신의 사상을 파악하게 해주기 때문이다. 그런 기념품들이 불러일으키는 생각은 어디에 살든 인간들은 본질적으로 서로 비슷하다는 것이다. 독일의 동양학 학자 에마누엘 도이치(1829-1873)는 이렇게 말했다. "이것이 역사 혹은 예술을 철저하게 탐구하고 얻은 결론이다. 옛 사람들은 우리와 같았다."

유대인과 종교

어떤 특성이 유전적 형질에 의한 것이고, 어떤 것이 환경에 의한 것인지 잘 보여주는 사람들이 전 세계 모든 지역에서 살고 있다. 유대인은 그 어떤 유럽인 종족보다 더 오랫동안 더 세심하게 혈통을 유지해 왔다. 하지만 혈통 탓으로 돌릴 수 있는 유일한 특징은 유대인의 관상뿐이라고 생각한다. 하지만 그들의 관상을 유심히 관찰해 보면 이것도 실제보다 과장되어 있는 특징임을 알 수 있다. 그들은 꾸준히 동족끼리 결혼을 해오기는 했지만, 전 세계 어디에서나 유대인의 특징은 환경의 영향을 받아 수정되었다. 영국계, 러시아계, 폴란드계, 독일계, 동양계 유대인들은, 이런 나라들의 사람들이 서로 다르듯이, 유대인들끼리도 많은 점에서 다르다.

그러나 유대인은 많은 공통점을 갖고 있으며 어디에서나 그들의 개성을 유지한다. 이렇게 된 이유는 분명하다. 그것은 히브리 종교 때문인데 종교는 세대에 의해 전승되는 것이 아니라 모임(association)에 의해 전승되는 것이다. 이렇게 하여 유대인은 어디에서나 히브리 종족의 특성을 보존한다. 유대인 어린아이들은 이 종교를 신체 조건처럼 부모에게서 물려받는 것이 아니라 교훈과 모임으로부터 물려받는다. 히브리 종교는 그 가르침이 배타적일 뿐만 아니라, 외부 사람들에게 강력한 의심과 혐오를 일으킴으로써 강력한 외부 압력을 만들어낸다. 그리하여 교리보다는 그 외부 압력 때문에 유대인은 어디를 가나 공동체 내에 작은 공동체를 형성한다. 이런 식으로 형성되고 유지되는 특정한 환경은 그들에게 뚜렷한 특성을 부여한다. 유대인 간의 동족결혼은 이러한 특성의 원인이 아니라 결과이다. 이러한 특성은 유대인 아이를 부모로부터 강제로 떼어내어 다른 상황에서 키우지 않는 한, 아무리 박해한다고 해도 없어지지 않을 것이다. 그렇지만 종교적 믿음의 강도를 약화시키면 그런 특성이 어느 정도 희석된다. 이런 현상이 미국 내에서 널리 목격되는데, 유대인과 이교도 사이의 구분이 신속하게 사라지고 있는 것이다.

이런 사회적 연결망 혹은 환경이 종족 간 차이의 증거로 제시되는 현상 – 미개 종족이 더 높은 문명을 받아들이기 어려워하고, 또 그런 종족이 문명권 속으로 들어가 사라져버리는 현상 – 을 설명한다고 본다. 어떤 사회적 환경이 지속적으로 작용하면, 그 환경 아래 살아가는 사람들은 다른 환경을 받아들이기가 어렵거나 거의 불가능한 것이다.

다른 민족들과 마찬가지로 중국인의 특성은 고정되어 있다. 그러나 캘리포니아에 살고 있는 중국인들은 미국식 작업 방식, 거래 방식, 기계류의 사용 등을 능숙하게 습득하여 그들도 유연성 혹은 자연적 능력을 갖추고 있음을 보여주었다. 하지만 그들이 그 외의 다른 점들에서는 변하지 않는 것은, 여전히 그들을 둘러싸고 작용하고 있는 중국적 환경 때문이다. 중국에서 온 그들은 중국으로 돌아가기를 기대한다. 그래서 이곳 캘리포니아에서 자그마한 중국인 촌을 이루고 살고 있는데, 그것은 영국인들이 인도 내에서 자그마한 영국인 촌을 형성한 것과 마찬가지다. 우리는 동일한 특성을 가지고 있는 사람들과 자연스럽게 어울리게 되고, 그리하여 개인들이 완전 단절되지 않은 곳에서는 언어, 종교, 관습을 공유하게 된다. 뿐만 아니라 그들이 중국인이라는 다른 점이 외부의 압력을 불러일으켜, 그들로 하여금 더욱 결속하게 만든다.

이런 명백한 원리들은, 타고난 차이가 있다는 이론에 의존하지 않고서도, 어떤 문화의 단계가 다른 문화의 단계를 만날 때 발생하는 모든 현상을 설명해준다. 예를 들어, 비교언어학이 보여주듯이, 힌두족은 인도를 정복한 영국인과 같은 종족의 후예이다. 그리고 여러 가지 사례들은 다음 사실을 분명하게 보여준다. 만약 인도인이 영국적 환경에 온전하고 배타적인 상태로 들어갈 수 있다면(앞에서 말한 것처럼, 인도 아이들을 영국 가정에 집어넣고 그 아이들이 자라나는 동안 그들은 물론이고 그들 주변의 사람들도 전혀 차별을 느끼지 못하게 한다면), 그 인도 아이는 한 세대 동안에 유럽의 문명을 온전하게 흡수할 수 있을 것이다. 그러나 인도에 도입된 영국적 사상과 습관은 아주 느리게 정착하고 있다. 인도의 엄청나게 많은 사람들이 지속적으로 실천하고 있고 또 일상생활의 모든 행위에서 작용하는 관습과 사상의 그물망으로부터 방해를 받기 때문이다.

대영 제국과 로마 제국의 차이

배젓 씨는 『물리학과 정치학』에서 야만인들이 우리의 문명 앞에서는 시들어버리는데 고대의 문명 앞에서는 그렇게 되지 않은 사실을 주목한다. 그는 이런 차이에 대하여 문명의 발전이 우리에게 강인한 신체적 기질을 부여했기 때문이라고 설명한다. 그는 그리스·로마 시대의 저술가들이 야만인들에 대하여 통탄한 적이 없다고 하면서, 어디에서나 야만인들이 로마인과의 접촉을 잘 견뎌냈고 또 로마인들도 야만인들과 잘 어울렸다고 지적한다. 이어 그는 이런 기질론을 펼친다(pp.47-48).

> "기독교 시대의 첫 해에 살았던 야만인들은 18세기의 야만인과 별반 차이가 없었다. 그런 야만인이 고대 문명인들과의 접촉은 잘 견뎠는데 우리의 문명은 견디지 못한다면, 우리 현대인의 인종이 고대 인종보다 더 난폭하다고 보아야 할 것이다. 왜냐하면 우리는 고대인이 지녔던 것보다 더 큰 질병의 씨앗을 지닐 수밖에 없고 또 지니고 있기 때문이다. 우리는 과거나 지금이나 변한 바 없는 야만인을 하나의 기준으로 삼아서 그 야만인이 접촉하는 문명의 활력을 측정해야 할 것 같다."

배젓 씨는 문명이 1800년 전에는 야만인들에 대한 비교 우위를 문명인에게 제공하지 못한 이유가 무엇인지는(오늘날에는 그런 우위를 제공하고 있는

데 비하여) 설명하지 않는다. 그러나 이런 이야기는 할 필요가 없고 또 인간의 신체적 기질이 조금이라도 개선되었다는 증거가 없다는 얘기도 언급이 불필요하다. 우리 서구 문명과 접촉한 열등한 종족이 어떤 영향을 받았는지 자세히 관찰한 사람에게는 그보다 즉각적이면서도 그리 유쾌하지 못한 설명이 떠오를 것이다.

우리에게 비교적 무해한 질병이 미개인에게는 치명적인 것은, 우리의 체질이 그들보다 반드시 더 강인해서가 아니다. 단지 우리 문명인은 그런 질병에 대해서 잘 알고 또 치료할 수단을 갖고 있는데 비해, 미개인들은 그런 지식과 수단이 없을 뿐이다. 문명이 전진하는 과정에서 함께 따라간 문명의 찌꺼기가 미개인들에게 옮긴 질병은, 아무것도 모르는 미개인이 그대로 방치하여 치명적 결과를 당한 것처럼, 문명인들도 아무 대응을 하지 않았더라면 역시 마찬가지 재앙을 당했을 것이다. 어떤 질병이 되었건 치료 방법을 모르는 상황에서는 문명인이나 미개인 모두에게 치명적이기는 마찬가지다.

이 뿐만 아니라 문명이 미개인에게 미치는 나쁜 영향은 - 문명인에게 힘을 부여하는 그런 조건들을 미개인에게 전혀 가져다주지 않은 채 - 미개인의 힘만 약화시킨다는 것이다. 미개인의 습관과 관습은 지속적으로 영향을 미치는 경향이 있고 실제로 현재도 그대로 힘을 발휘하고 있는 상황에서, 그런 습관과 관습이 적응해야 하는 조건들이 강제로 바뀌는 것이다. 그는 들짐승이 없어진 땅에서 사냥꾼 노릇을 해야 한다. 자신의 무기를 빼앗긴 채 싸움의 결과를 법적 절차에 호소해야 하는 전사(戰士)이다. 그는 두 문화 사이에 갇혀있다. 배젓 씨가 인도에 사는 유럽 혼혈아에 대해서 말했듯이, 두 도덕 사이에 위치하여 문명의 미덕은 모른 채 문명의 악덕만 배운다. 그는 익숙한 생계 유지 방식을 잃어버렸고, 자존심을 상실했으며, 도덕성을 잃어버렸다. 그는 퇴화하면서 죽어간다.

국경 도시나 철도 역사에서 어슬렁거리면서 구걸을 하거나 절도를 하거나 그보다 더 나쁜 짓(매춘)을 하는 비참한 사람들은 백인이 그들의 사냥터를 정복하기 이전의 전형적인 인도인의 모습이 아니다. 그들은 더 높은 문명의 힘과 미덕은 얻지 못한 채, 예전 상태의 힘과 미덕마저 잃어버렸다. 사실 문명은 인디언들을 밀어붙이면서 아무런 미덕도 보이지 않았다. 대체로 말해서, 개척 지역에 진출한 앵글로-색슨 인들이 볼 때, 원주민들은 백인이 반드시 존중해야 하는 권리는 갖고 있지 않았다. 인디언은 가난해지고, 오해되고, 사기당하고, 학대 받았다. 인디언은 서서히 죽어갔는데 우리도 그런 상황에 놓였더라면 그렇게 되고 말았을 것이다. 로마화 된 브리튼 인이 색슨 야만족 앞에서 사라졌듯이, 인디언은 우리의 문명 앞에서 사라졌다.

고전(그리스·로마) 시대의 저술가들이 미개인에 대하여 한탄을 하지 않고, 또 로마 문명이 그들을 파괴하지 않고 동화한 이유는 이렇게 설명해 볼 수 있다. 고대의 문명인들은 미개인을 만났을 때 그들 자신이 미개인과 상당히 비슷했다. 뿐만 아니라 고대 문명은 우리의 문명처럼 외연을 넓혀나간 것이 아니었다. 로마 제국은 대영 제국처럼 식민주의자들을 앞세운 것이 아니라, 단기간에 걸친 정복에 의하여 새로운 속주를 총체적으로 복속시켰다. 그런 만큼 속주 지역 주민들의 사회적·정치적 조직을 완전히 파괴할 필요가 없었고 그 조직을 상당 부분 그대로 유지하게 했다. 이 때문에 속주의 사회 조직을 동요시키거나 악화시키지 않고 동화의 과정을 진행할 수 있었다. 현재 일본의 문명은 이와 유사한 방식으로 그 자신을 유럽의 문명 속으로 동화시키고 있는 듯하다.

미국에서 앵글로-색슨 족은 인디언을 개화시킨 것이 아니라 절멸시켰다. 인디언을 아예 백인의 환경 속으로 동화시키지 않았다. 또한 인디언 사상과 관습의 연결망이 새로운 생활조건에 적응하여 적절히 변화할 수 있도록 유도하거나 지원하지도 않았다. 인디언은 새롭고 강력한 이웃 앞에 무방비로 노출되어 버린 것이다. 인디언 종족이 우리의 문명을 받아들이는 것을 원천적으로 거부한 것은 아님은 여러 개별 사례들에 의하여 거듭 증명이 되었다. 파라과이의 예수회, 캘리포니아의 프란체스코 수도회, 태평양 제도의 일부 섬들에 파견된 개신교 선교사 등의 실험도 그와 똑같은 결론(외부 문명을 받아들일 능력이 있음)을 증명해 보였다.

고대인과 현대인의 차이

우리가 알고 있는 어떤 특정한 시대에서 어떤 종족이 신체적으로 향상되었다는 가정은 전혀 근거가 없는 것이다. 특히 배젓 씨가 고려한 그 시대 내에서는 절대 그런 일이 없었다. 우리는 고전 시대의 조각상, 고대의 병사들이 등에 졌던 짐과 걸어간 거리, 그리고 고대 달리기 선수들의 기록과 각종 운동선수들의 업적 등을 미루어볼 때 자신 있게 말할 수 있다. 지난 2천 년 동안 인간의 신체 크기나 체력은 전혀 향상되지 않았다. 신체 능력보다 더 확신 있게, 더 전반적으로 추정되고 있는 정신력의 향상은 더 불확실한 것이다. 현대 문명은 고대 문명에 비하여 정신력이 더 우수한 시인, 예술가, 건축가, 철학자, 수사학자, 정치가, 군인들을 배출했는가?

고대 저명인사들의 이름을 여기서 호명할 필요도 없을 것이다. 모든 학생들이 그 이름을 알고 있을 테니까. 우리는 정신력의 모범 겸 화신으로서 고대인들을 높이 숭상하고 있다. 우리가 사람들 사이에 널리 퍼져 있는 가장 오래된 믿음을 받아들여 - 독일 극작가 레싱(1729-1781)[11]은 형이상학적 관점에서 이것(환생)을 인정했지만 - 고대의 위인들이 오늘날에 환생한다고 한다면, 가령 호메로스와 베르길리우스, 데모스테네스와 키케로, 알렉산드로스, 한니발과 카이사르, 플라톤과 루크레티우스, 유클리드와 아리스토텔레스 등이 19세기에 다시 환생한다면 이들이 오늘날의 위인들에 비하여 열등하다고 할 수 있을까?

만약 우리가 고전 시대 이래에 그 어떤 시대, 가령 우리가 알고 있는 아무리 어두운 시대라고 할지라도, 그 시대의 생활조건과 지식수준에서, 오늘날의 사람들이 보여주는 그런 정도의 높은 정신력을 발견하지 않을까? 오늘날 우리가 발견하는 덜 발전된 인종들 사이에서도 우리가 그들을 잘 살펴본

---

11 레싱은 독일의 극작가로서 괴테가 등장할 수 있도록 독일 연극의 환경을 사전 조성해준 중요한 인물이다. 그는 아리스토텔레스의 『시학』을 현대적으로 재해석했고, "고대인들은 죽음을 어떻게 보았는가?"(1769)라는 논문에서, 그들은 육체적으로는 되돌아오지 않지만 정신적으로 되살아나 후대에 계속하여 영향을 미친다는 주장을 폈다: 옮긴이

다면 그들의 생활조건 속에서 우리의 문명이 보여주는 것에 못지않은 훌륭한 정신력을 발견하지 않을까? 오늘날 활기차게 운영되고 있는 철도의 발명이 손수레가 없었던 시절에 손수레를 발명한 사람의 발명 능력보다 더 위대하다고 할 수 있을까?

우리 현대 문명인들은 우리보다 앞선 사람들 혹은 우리와 동시대를 사는 사람들 중 덜 문명된 사람들보다 훨씬 높게 평가되고 있다. 하지만 이것은 우리가 그들보다 키가 커서가 아니라 피라미드 위에 서 있기 때문이다. 지난 여러 세기가 우리에게 해준 것은 우리의 신장을 높여준 것이 아니라, 우리가 굳건히 발을 내려놓을 수 있는 구조물을 만들어준 것이다.

나는 다시 반복해서 말한다. 나는 모든 사람이 똑같은 능력을 갖고 있고, 정신적 능력도 동일하고, 심지어 신체적으로도 똑같다고 말하려는 것이 아니다. 이 지구상에 왔다가 간 무수하게 많은 사람들 중에서 신체적으로나 정신적으로 완전히 똑같은 두 사람은 없었다. 인종 간에 신체적 차이가 있듯이 정신적인 차이가 있다는 것을 부정하려는 것도 아니다. 유전의 영향으로, 육체의 특징이 전달되는 것과 비슷한 정도로 정신의 어떤 특징이 전달된다는 사실도 부정하려는 것이 아니다.

그렇지만 나는 신체와 정신에는 공통적인 기준과 자연스러운 균형이 있어서 모든 일탈적 행위는 그 기준과 균형으로 되돌아가려 한다고 생각한다. 단지 우리가 살아가고 있는 생활조건들이 그런 일탈을 만들어낸 것뿐이다. 가령 플랫헤드 인디언 부족이 어린아이의 머리를 가슴에 계속 품고 있어서 납작하게 변형시킨 것이나, 중국인이 딸의 발을 꽁꽁 묶어서 전족을 만드는 것이 그런 경우이다. 그러나 플랫헤드 족 아이들이 계속 정상적인 머리 형태를 가지고 태어나고, 중국의 딸아이들도 자연스러운 발을 가지고 태어난다. 이와 마찬가지로 자연은 정상적인 심리 유형으로 되돌아가려 한다. 아이는 아버지의 의안이나 의족을 물려받지 않듯이, 아버지의 지식도 물려받지 않는다. 아주 무식한 부모에게서 태어난 아이도 과학의 개척자나 사상의 지도자가 될 수 있다.

문화의 차이는 사회의 차이

다음은 깊이 명심해야 할 사실이다. 다른 장소와 다른 시대에 사는 사람들의 차이를 문화의 차이라고 한다. 그러나 이 차이는 그 사회를 구성하는 개인들의 차이가 아니라 그 사회에 내재된 차이이다. 그것은 허버트 스펜서가 주장한 것처럼 개인의 차이에서 나오는 것이 아니고, 그 개인들이 살고 있는 생활조건에서 나오는 것이다. 간단히 말해서, 나는 사회들 간의 차이를 이렇게 설명한다. 크든 작든 각각의 사회는 반드시 그 자신을 위하여 지식, 신념, 관습, 언어, 취향, 제도, 법률 등의 그물망을 짠다. 이런 그물망들(사회는 아무리 단순하더라도 여러 개의 하부 사회들로 서로 중첩되고 연결되어 있으므로) 속으로, 개인은 태어나서 죽을 때까지 계속 살아간다.

이 그물망은 마음이 형성되는 모체(matrix)이고, 그로부터 어떤 특징을 갖게 된다. 이것이 관습, 종교, 편견, 취향, 언어 등이 성장하여 영속하는 방식이다. 이것이 기술이 전수되고 지식이 축적되며, 한 시대의 발견이 공동 자산이 되어 다음 시대로 가는 디딤돌이 되는 방식이다. 이것은 종종 진보에 큰 장애가 되기도 하지만, 진보를 가능하게 만드는 것도 또한 이것이다. 바로 이것 때문에 우리 시대의 학생은 몇 시간 만에 프톨레마이오스가 아는 것보다 더 많은 천문학 지식을 배운다. 이 때문에 가장 평범한 과학자도 위대한 사상가 아리스토텔레스가 도달한 것보다 더 높은 수준의 지식을 갖추게 된다. 기억이 개인에게 필수적인 것이라면 이것은 종족에게 필수적인 것이다. 우리의 멋진 예술, 아주 포괄적인 과학, 경탄할 만한 발명 등은 바로 이것을 통하여 나왔다.

한 세대에서 만들어진 진보가 이런 식으로 하여 다음 세대의 공동 재산이 되고, 그러면서 인류의 진보는 계속 된다. 또한 이 진보는 뒤에 오는 진보의 출발점이 된다.

제3장

인류 진보의 법칙

그렇다면 인류 진보의 법칙, 문명이 발전하는 법칙은 무엇인가?

그 법칙은 막연한 일반론이나 피상적인 유비가 아니라 분명하고도 확정적으로 사회 발전의 이유를 설명해야 한다. 인류가 동일한 능력으로 동일한 시점에서 출발했을 것인데, 결과적으로는 문명의 발전에는 지역마다 엄청난 차이가 있는 것이다. 그 법칙은 정체된 문명, 부패하거나 파괴된 문명을 설명해야 한다. 문명의 발흥에 관한 일반적 사실들, 문명을 경직시키거나 쇠퇴시키는 힘에 대한 일반적 사실들을 설명해야 한다. 문명의 진보뿐만 아니라 퇴보도 설명해야 한다. 아시아 문명과 유럽 문명의 전반적 특징의 차이, 고전 문명과 현대 문명의 차이, 문명이 진보하는 속도의 차이, 모든 문명에 부수적 현상으로 나타나는 문명의 갑작스러운 발흥, 발전, 정지 등에 대하여 설명해야 한다. 그리고 그 법칙은 진보의 본질적 조건이 무엇이고, 어떤 사회적 제도의 조정이 문명을 진보 혹은 퇴보시켰는지도 밝혀야 한다.

이러한 법칙을 발견하는 것은 어렵지 않다. 우리는 잘 관찰하면서 그 이면을 유심히 살펴보기만 하면 된다. 나는 그 법칙이 과학적 정밀성을 갖춘 것이라고 주장할 생각은 없고 단지 그 법칙을 지적하는 데 그치려 한다.

진보의 동기는 인간 본성에 내재된 욕구다. 가령 동물적 본성의 욕구, 지적 본성의 욕구, 동정심의 필요를 충족시키려는 욕구, 살아 있고, 알고 싶고, 행동하려는 욕구 등이 그것이다. 이러한 욕구는 무한하기 때문에 결코 충족되지 않으며, 그 욕구가 충족되는 것을 바탕으로 하여 다른 욕구가 생겨난다.

정신력은 인간이 진보하는 수단이고, 이 정신력을 투입하여 각각의 진보가 확보되며 또다른 진보의 발판이 된다. 인간은 생각을 한다고 해서 그의 키가 단 1센티도 더 자라는 것은 아니다. 그러나 깊이 생각함으로써 우주에 대한 지식과 우주를 통제하는 힘을 거의 무한정이라고 해도 좋을 정도로 크게 넓히게 된다. 인생은 짧기 때문에 개인은 그의 생애 동안에 먼 거리를 나아가지 못한다. 또 각 세대는 그들의 생애 동안에 역시 많은 것을 이루어내지는 못하지만 선배 세대들의 업적을 계승하여 인류의 지위를 점진적으로 높일 수 있다. 마치 산호가 선배 세대의 업적 위에 당대의 층을 서서히 쌓아올려 바다의 바닥에서 그들 자신을 들어 올리는 것과 같다.

정신력은 사회 발전의 원동력

그러므로 정신력은 사회 발전의 원동력이다. 인간은 진보에 쏟는 정신력 – 지식의 확대, 방법의 개선, 사회적 조건의 향상에 기여하는 정신력 – 에 비례하여 발전하는 경향을 보인다.

그런데 정신력의 양은 일정하게 고정되어 있다. 다시 말해, 인간의 신체가 할 수 있는 일에 한계가 있듯이 정신이 할 수 있는 일에도 한계가 있다. 따라서 진보에 기여할 수 있는 정신력은 진보와 무관한 목적에 투입된 정신력을 뺀 나머지 부분만 투입이 가능하다.

진보와 무관한 목적은 사회의 유지와 갈등으로 분류해 볼 수 있다. 유지는 생명을 부지하기 위한 것뿐만 아니라 기존의 사회 조건을 유지하고 이미 확보한 진보의 수준을 지키는 것 등이다. 갈등은 전쟁과 전쟁의 준비뿐만 아니라 남들을 희생시켜 자신의 욕구를 충족시키는 데 들어간 정신력과 남들의 이런 공격적 태도에 저항하는 것 등이다.

인간의 사회를 배에다 한 번 비유해 보자. 배가 앞으로 나아가는 것은 선원들의 노력에 달려 있는 것이 아니라 배의 노를 젓는데 투입된 노력에 달려 있다. 배에 들어온 물을 퍼낸다거나 선원들끼리 싸운다거나 배의 노를 각자 상반된 방향으로 젓는다든가 하면 배가 앞으로 나아가는 힘은 줄어들 수밖에 없다.

사람들이 남들과 떨어져 혼자 있는 상태라면 그는 목숨을 부지하는 데 온 힘을 투입해야 한다. 인간이 공동체 속에서 모임을 유지할 때에만 그의 정신력은 더 높은 목적에 투입될 수 있다. 그런 모임 덕분에 공동체 구성원들의 적극적 협력을 통하여 노동의 분업과 경제적 절약이 가능해지는 것이다. 이렇게 볼 때 모임(association)[12]은 발전의 첫 번째 필수 요건이다. 사람들이 평화로운 모임을 유지할 때 개선이 비로소 가능해진다. 모임의 폭이 넓고 긴밀할수록 개선의 가능성은 더 커진다. 인간에게 평등한 권리를 부여하는 도덕 법칙이 무시되느냐 중시되느냐에 따라 정신력이 갈등 속에서 낭비되는지 여부가 결정되므로 평등(혹은 정의)은 진보의 두 번째 필수 요소이다.

평등한 모임은 사회 발전의 법칙

이렇게 볼 때 평등한 모임은 사회 발전의 법칙이 된다. 모임은 정신력을 해방시켜 사회의 개선에 투입되게 한다. 평등, 정의, 자유 – 이런 것들은 도덕 법칙의 명령이므로 결국 같은 것이다 – 는 정신력이 쓸데없는 갈등에 휘말려 소모되는 것을 막아준다.

여기에 진보의 법칙이 있다. 그것은 모든 다양성, 모든 진보, 모든 정체, 모든 퇴보를 설명해줄 것이다. 인간은 함께 가깝게 어울릴수록 진보하는 경향이 있다. 그리고 서로 협동함으로써 사회 개선에 바쳐지는 정신력을 향상시킨다. 그러나 갈등이 유발되거나 모임이 불평등한 조건 속에서 이루어진다면, 발전의 경향은 감소되고 견제되어 마침내 퇴보하게 된다.

똑같은 선천적 능력이 있다고 감안할 때, 사회 발전의 완급, 정지와 퇴보 등은 그 사회가 만나게 되는 저항에 따라 결정된다. 일반적으로 말해서, 사회가 겪게 되는 이러한 저항은 외부적인 것과 내부적인 것, 이렇게 두 가지로 분류할 수 있다. 외부적인 저항은 문명의 초창기 단계에서 좀 더 큰 힘으로

12　모임: 역자 해제 중 "헨리 조지에게 영향을 준 사상가들" 참조: 옮긴이

작용하고, 내부적 저항은 후기 단계로 가면 좀 더 중요한 힘으로 등장한다.

인간은 그 본성상 사회적 동물이다. 그를 동료 인간들과 함께 살도록 하기 위해 그를 붙잡아다가 길들일 필요가 없다. 그는 무기력한 상태로 세상에 태어나고 신체적 능력이 성숙될 때까지 장기간의 시간이 소요된다. 이 때문에 그는 가족이 반드시 있어야 한다. 그 가족 관계는 현대의 교양인들 사이에서보다는 과거의 원시적 부족들 사이에서 더 넓게 더 단단하게 퍼져 있다. 인간의 최초 사회는 가족이었고, 이것이 상호 혈통 관계를 여전히 유지한 채로 부족으로 확대되었다. 그리하여 그들이 심지어 커다란 민족을 형성했을 때에도 공통의 혈통을 가지고 있다고 주장한다.

이러한 특성을 가진 인간이 다양한 지역과 기후대를 가진 지구상에서 살고 있으므로, 인간이 동일한 능력을 가지고 동일한 출발을 했다고 하더라도 사회 발전의 양상은 각 지역마다 크게 달라지는 것이다. 모임에 대한 최초의 한계 혹은 저항은 거주 지역의 물리적 조건으로부터 생겨난다. 지역에 따라 이런 물리적 조건이 크게 다르기 때문에 그에 상응하여 사회 발전의 차이가 생겨나는 것이다. 생존을 위해 주로 자연 환경에 의존해야 되었던 미개의 상태에서, 인구 증가 속도나 인간 모임의 긴밀도 등은 기후, 토양, 물리적 조건 등에 크게 의존할 수밖에 없었다. 동물의 날고기와 따뜻한 옷이 필요한 곳, 토지가 척박하여 생산력이 떨어지는 곳, 열대우림의 무성한 생명력이 야만인들의 자연 통제력을 비웃는 곳, 산, 사막, 바다 등이 인간들을 서로 갈라놓아 고립시키는 곳, 이런 곳들에서 인간의 모임과 그에 따른 사회 개선 능력은 처음엔 천천히 진행되었다.

자연 조건의 다양성과 인간의 적대적 관계

그러나 따뜻한 날씨에 토지가 비옥한 곳에서는 별로 많은 땅을 차지하지 않아도, 인간은 큰 노력을 들이지 않고서도 생명을 유지할 수 있었다. 그리하여 사회 개선에 바쳐질 수 있는 잉여 정신력이 훨씬 커지게 되었다. 따라서 인간의 최초 문명은 자연스럽게 계곡 지역이나 평평한 땅에서 생겨났으며, 우리는 그런 초창기 문명의 유적을 이런 지역에서 발견한다.

그러나 이런 자연 조건의 다양성은 사회 발전의 다양성을 가져왔을 뿐만 아니라, 인간 내부에 하나의 장애물을 형성시켰는데 그것은 개선을 억제하는 적극적인 반발력으로 작용했다. 가족과 부족이 서로 분리되어, 그들 사이에 사회적 유대감이 작동하지 않으면서 언어, 관습, 전통, 종교 등의 차이가 발생했다. 간단히 말해서, 그 규모가 크든 작든 각 사회가 짜내는 사회적 그물망의 차이가 생겨난 것이다. 이런 차이들과 함께, 편견이 생기고, 적대감이 솟아나고, 사람들 사이의 접촉이 쉽게 갈등을 유발하고, 공격성은 또다른 공격성을 낳고, 악행은 복수를 불러왔다.[13]

이렇게 하여 서로 독립된 인간의 집단들 사이에 이스마엘[14]의 적대적 감정과 카인의 못된 심보가 생겨났다. 그 결과 인간 사회의 상호 관계에서 전쟁이 만연하고, 인간의 정신력은 공격과 방어, 상호 살육과 부의 파괴, 전쟁 준비 등에 소모되었다. 이러한 적대적 관계가 얼마나 오래 지속되어 왔는지에 대해서, 오늘날 문명 세계의 보호 관세와 상비군 유지가 잘 증언하고 있다. 외국인의 것을 훔치는 것은 범죄가 아니라는 생각을 불식시키는 것이 얼마나 어려운지는, 국제 저작권법 제정의 어려움이 잘 말해주고 있다.

부족과 씨족의 항구적 적대관계가 그리 놀라운 일이라고 할 수 있을까?

---

13 무지가 경멸과 혐오로 넘어가는 것은 아주 쉬운 일이다. 우리는 예절, 관습, 종교 등의 차이를 우리와 다른 사람의 열등성을 보여주는 증거라고 생각하기가 쉽다. 편견에서 어느 정도 해방된 사람, 다른 계급의 사람들과 섞여본 적이 있는 사람은 문명사회에서 이런 경향을 쉽게 관찰할 수 있을 것이다. 종교에서는, 예를 들어, 이런 찬송가 가사가 있다.

   "나는 차라리 침례교 신자가 되어 언제나 환히 빛나는 얼굴을 내보이겠네.
   감리교 신자가 되어 은총에서 추락하기보다는."

   이런 차별적 태도가 모든 종파에서 발견된다. 그래서 영국의 한 주교는 말했다. "나의 종교는 정통이고 나머지 모든 종교는 비(非)정통이다." 그리하여 자신의 정통 종교 이외의 종교, 상당한 세력을 가지고 있는 다른 비정통 종교는 모두 이단이요 무신론 취급을 하는 보편적 경향이 있다. 이러한 경향은 종교 이외의 다른 모든 차이에서도 관찰된다.

14 제4장 중, "국가의 행정 업무가 간소화 된다"의 주석 참조: 옮긴이

각 공동체가 다른 공동체들로부터 단절되어 저마다 독자적인 사회 환경의 그물망을 짜놓아 그 어떤 개인도 그로부터 도망칠 수 없을 때, 전쟁이 정상이고 평화는 예외였다는 사실을 그리 놀라운 일이라고 할 수 있을까? "옛사람들도 우리가 지금 살고 있는 것처럼 그렇게 살았던 것이다."

그런데 전쟁은 모임을 부정하는 것이다. 사람들이 다양한 부족으로 나뉘어져 서로 전쟁을 하게 되면 사회 개선은 난망해진다. 외부로부터 별로 분리되지 않은 상태로 인구가 크게 증가하는 곳에서는, 사회 전체가 국경 너머에서 다른 나라와 전쟁을 하는 경우에도, 내부에서 부족 간 전쟁을 하지 않는 덕분에 문명은 발전할 수 있다. 이렇게 하여 자연의 저항을 적게 받아서 인간의 긴밀한 모임이 이루어지는 곳에서, 전쟁의 반발력이 처음에는 가장 적게 느껴진다. 그리고 문명이 처음 시작되었던 비옥한 평야의 경우, 흩어진 부족들이 아직 미개한 상태인 동안에 문명은 높은 수준에 올라설 수 있었다.

반면에 흩어진 소규모 부족들이 지속적인 전쟁 상태로 발전이 억제된 곳에서, 그 지역의 공동체들이 문명을 받아들이는 첫 번째 단계는 이렇다. 먼저, 외부에서 온 부족이나 국가가 그 지역을 정복하여 여러 개로 갈라진 자그마한 공동체를 통합하여 커다란 공동체로 만든다. 그리고 이 대규모 공동체 내에서는 내부 평화가 유지된다. 이런 평화적인 모임의 힘이 붕괴된 곳에서는, 외부의 침략이나 내부의 혼란으로 문명은 정지하고 퇴보가 시작된다.

그러나 정복 전쟁만이 인간의 모임을 촉진시키고 또 인간의 정신력을 전쟁으로부터 해방시켜 문명을 진보시키는 힘이 되는 건 아니다. 기후, 토양, 물리적 조건의 다양성은 처음에는 인류를 서로 분리시키는 힘으로 작용했으나, 나중에는 교환을 권장하는 힘으로 작동한다. 그 자체 모임과 협동의 한 형태인 상업은 직접적으로 문명을 촉진시킬 뿐만 아니라, 전쟁과는 상반되는 이해관계를 증진하고 또 편견과 적개심의 비옥한 온상인 무지를 퇴치함으로써 간접적으로 문명을 촉진시킨다.

종교와 사회의 발전

종교 또한 문화 발전에 기여한다. 종교의 형태와 각 종교가 취하는 적개심 때문에 인간들이 서로 이간되어 전쟁을 벌이기도 했지만, 다른 때에는 종교가 인간의 모임을 촉진하는 수단이 되었다. 고대 그리스인의 경우를 보면, 공동의 예배가 전쟁의 참상을 완화하고 화합의 기반을 마련해주었다. 또한 기독교가 유럽의 야만인들을 교화시킴으로써 근대 문명이 시작되었다. 로마 제국이 붕괴했을 때 기독교 교회가 존재하지 않았더라면, 그 어떤 사회적 결속력도 없던 유럽은 북아메리카 인디언 정도로 영락했을 가능성이 있다. 혹은 이슬람 세력의 공격을 받아서 유럽은 아시아 문명의 특징을 유럽 전 지역에 간직하게 되었을지 모른다. 이슬람 세력은 아라비아의 사막 한가운데서 생겨난 종교를 기반으로, 오래전부터 사막 지역에 흩어져 있던 많은 부족들을 하나로 통합함으로써 엄청나게 강성한 세력을 구축했던 것이다. 그들은 아라비아 사막에서 외부로 진출하여 초승달 같이 생긴 칼, 언월도를 휘두르며 인류가 사는 많은 지역을 정복했고, 또 하나의 공통된 종교의 모임 아래 그들을 통합시켰다.

인류의 역사를 되돌아볼 때, 사람들의 모임이 구성된 곳이면 어디에서나 문명이 생겨났고, 그 모임이 사라진 곳에서는 문명도 따라서 사라진 것을 발견한다. 그리하여 정복에 의하여 유럽 전역에 퍼진 로마 문명은 내부적 평화를 가져왔으나, 북방의 야만족들의 침략으로 인하여 그 사회가 붕괴되면서 사람들의 모임은 다시 흩어졌다. 우리의 현대 문명 속에서 진행되고 있는 발전은 봉건제가 사람들을 대규모 공동체 속으로 끌어들이면서부터 시작되었다. 또한 로마 교황청의 정신적 지배는 이들 공동체에게 공통적인 관계를 부여했다. 이는 과거 로마 시대에 로마의 군단들이 했던 역할과 비슷하다.

봉건제의 사회 구조가 근대 국가의 자율성 국가로 성장하고 기독교가 종교개혁에 의해 새롭게 되면서, 암흑시대(중세)에 기독교가 감추었던 지식이 밖으로 드러나게 되었다. 또한 기독교가 유럽 도처에 세워진 기독교 조직을 통하여 평화적인 화합의 끈을 묶으면서 종교적 질서 속에서 긴밀한 모임을 가르치자 전보다 더 큰 문명의 발전이 가능하게 되었다. 사람들은 점점 더 긴밀한 모임과 협동을 이룩하게 되었고 문명의 진보는 더욱더 큰 힘을 얻어 앞으로 나아갔다.

이성과 정의가 사회 발전의 길

그러나 우리는 내부적 저항 혹은 반발력을 감안하지 않는다면 문명의 방향이나, 역사가 제시하는 다양한 현상들을 결코 이해하지 못할 것이다. 내부적 저항은 진보하는 사회의 한가운데에서 발생하고 이것만이 잘 시작된 문명이 저절로 정지하거나 야만인에 의해 파괴되는 이유를 설명해준다.

사회 발전의 원동력인 정신력은 사람들의 모임에 의해 자유롭게 되는데, 모임이란 좀 더 적절하게 이름을 붙여 본다면 곧 사회의 통합이다. 그 과정에서 사회는 점점 더 복잡해지고 개인들은 서로 더 긴밀히 의존하게 된다. 직업과 기능은 특화된다. 주민들은 방랑하는 것이 아니라 한 자리에 정착하게 된다. 각 개인이 자신의 필요를 모두 자기 힘으로 공급하려고 하는 것이 아니라, 다양한 직업과 산업이 특화되어 그 필요를 충족시킨다. 한 사람이 이 기술에 전념하면 다른 사람은 저 기술에 전념하는 식이 되는 것이다.

지식에 대해서도 같은 말을 해볼 수 있다. 지식의 덩어리는 한 사람이 수집하는 것보다 훨씬 크게 되며, 여러 가지 분야로 세분되어 각 개인은 서로 다른 분야를 추구하여 관련 지식을 습득한다. 종교적 의례의 수행도 마찬가지여서, 관련 업무는 그 목적에 전념하는 소수의 사람들이 관장하게 된다. 그리고 치안유지, 정의의 시행, 공공 업무의 배정과 포상의 분배 등은 조직을 갖춘 정부의 특별한 기능으로 돌아간다.

간단히 말해서, 허버트 스펜서가 진화를 정의한 표현을 그대로 빌려 말해보자면, 사회의 발전은 각 구성원들과의 관계에 있어서, 불확실하고 혼란스러운 동질성에서 확실하고 일관된 이질성(다양성)으로 넘어가는 과정이다. 사회 발전의 단계가 낮을수록, 그 사회는 가장 저급한 동물의 조직을 닮는다. 그런 동물 조직은 내부 기관이나 사지가 제대로 갖추어지지 않았고, 설혹 그 중 어떤 부분이 잘려나가더라도 여전히 생명을 유지한다. 그러나 사회 발전의 단계가 높아질수록 사회는 고등 조직을 갖춘 동물을 닮아간다. 그런 동물은 기능과 능력이 특화되어 있고 각 부분은 다른 부분들과 긴밀하게 연결되어 있어서 어느 하나라도 떨어져 나가면 생명에 위협을 받는 것이다.

그러나 이런 통합의 과정(기능과 능력의 특화 과정)이 사회 내에서 진행되면, 인간 본성의 가장 심오한 법칙이 작용하여, 불평등을 지향하려는 경향이 나타난다. 나는 불평등이 사회 발전의 필연적 결과라고 말하지는 않겠다. 그러나 사회의 성장이 만들어내는 새로운 조건에 맞추어 사회 제도에 적절한 변경을 가하지 않을 경우에, 꾸준히 나타나는 경향이라고 말하고 싶다. 비유적으로 말해 보자면, 각 사회가 그 자신을 위해 만들어서 입고 있는 법률, 관습, 정치적 제도 등의 의복은 사회의 몸집이 커지면서 너무 몸에 꽉 끼는 경향이 있다. 인간이 미로 속을 걸어갈 때 직진만 하면 그는 반드시 길을 잃게 된다. 이 미로 속을 통과하면서도 계속 향상하는 길로 나아가게 해주는 것은 이성과 정의뿐이다.

성장에 수반되는 통합이 인간의 정신력을 해방시켜 사회 개선의 방향으로 나아가게 하지만, 인구가 증가하고 사회 조직이 복잡해지면 불평등을 야기하는 반작용의 경향이 생겨나는 것이다. 이 반작용은 정신력을 낭비시키고, 그 힘이 커지면서 사회의 개선을 정지시킨다.

역설: 진보의 추진력은 곧 억제력

진보에 작용하는 힘과 그 진보를 중단시키는 힘의 법칙을 궁극까지 추적해 보면, 물질적 우주의 생성이라는 문제보다 더 심오한 문제를 해결해야 한다는 결론에 봉착한다. 그것은, 악이 어떻게 생겨났는가 하는 문제이다. 이것은 너무나 심오한 문제이므로 여기에서는 사회 발전에 따라 그 발전을 억제하는 경향이 어떻게 생겨나는지 그것만 살펴보기로 한다.

인간 본성에는 두 가지 특성이 있는데 먼저 그것을 유념하는 것이 좋을 듯하다. 첫 번째 특성은 습관의 힘이다. 이것은 전부터 해오던 것을 앞으로도 같은 방식으로 계속 해나가려는 경향이다. 두 번째 특성은 인간성이 정신적으로나 도덕적으로 퇴화하는 가능성이 있다는 것이다. 습관의 힘은 어떤 습관, 관습, 법률, 방법이 원래의 효용성을 잃어버린 지 오래 되었는데도 그것들을 계속 지켜나가는 쪽으로 작용한다. 퇴화는 인간의 상식이 본능적으로 혐오감을 느끼는 사회 제도나 사고방식의 성장을 허용하는 경향이다.

사회가 성장하고 발전하면 개인은 다른 사람들에 점점 더 의존하게 되고, 개인 자신의 생활조건 자체에 대해서도 그 개인의 영향력이 줄어들고 대신 사회의 영향력이 커지게 된다. 그리고 모임 혹은 통합의 효과는 개인들의 힘의 총합과는 뚜렷이 구분되는 집단의 힘을 만들어낸다. 이와 동일한 법칙의 유비 혹은 사례는 온 사방에서 발견된다. 동물의 유기체가 복잡해지게 되면 각 부분들의 수명과 능력을 넘어서는 통합된 전체의 수명과 능력이 생겨난다. 무의지적인 운동 능력보다는 자발적인 운동 능력이 더 많아진다.

인간 집단의 행위와 충동이, 동일한 상황에서 개인이 보여주는 행위와 충동과는 다르게 나타나는 사례가 종종 관측된다. 일개 연대의 전투력은 각 병사들의 개별 전투력의 총합과는 크게 다를 수 있다. 여기에 대해서는 구체적 사례를 들 필요가 없다. 지대의 성격과 상승을 탐구하는 과정에서 우리는 내가 금방 언급한 것을 추적했다. 인구가 듬성한 곳에서 토지는 가치가 전혀 없다. 사람들이 모여듦에 따라 토지의 가치가 생겨나고 상승한다. 이것은 개인의 노력으로 생겨나는 가치와는 분명하게 다른 어떤 것이다. 그것은 인간의 모임에서 생겨나는 가치이고, 모임이 커지면서 그에 따라 가치도 더 커지고, 모임이 붕괴되면 가치도 따라서 사라진다. 이와 동일한 현상이 일반적으로 부라는 용어로 표현되는 권력 이외의 다른 권력에서도 발생한다.

사회가 성장하면서 예전의 사회 제도를 그대로 유지하려는 인간의 기질은 사회 내에서 발생하는 집단의 힘을 사회 내의 소수의 손에 집중시키려 하는 경향이 있다. 사회의 발전이 더 큰 불평등을 낳으므로 이런 부와 권력의 불평등한 분배가 더 심화된다. 남의 것을 빼앗으려는 공격성은 일단 공격으로 찍어 누른 것을 바탕으로 하여 더욱 기승을 부리게 된다. 이러한 불의를 습관적으로 허용하다 보면 마침내 정의의 개념은 흐릿해지게 된다.

이런 식으로 해서 사회의 가부장적 구조는 쉽사리 세습 군주제로 발전한다. 군주제 아래에서 왕은 지구상의 하느님이고 일반 대중은 왕의 변덕에 휘둘리는 노예에 지나지 않는다. 아버지는 집안일을 지휘하는 우두머리가 되어야 하고, 아버지가 사망하면 장남은 자식들 중 가장 나이가 많고 경험이 풍부하므로 아버지의 지휘권을 이어받는 것이 자연스럽다. 그러나 가문이 확대되어 나가는 가운데 이런 지휘 계통을 계속 유지하면 그것은 결국 권력을 특정 가문에 집중시키는 것이 된다. 이런 식으로 집중된 권력은 공동 가계가 점점 외연을 확대하고 공동체의 권력이 증대되면서 따라서 커지게 된다. 가부장은 발전하여 세습제의 왕이 되고, 이 왕은 그 자신은 물론이고 남들까지도 우월한 권리를 가진 존재로 인식된다.

개인의 힘에 대비하여 집단의 힘이 성장함에 따라 사람을 포상하거나 징벌하는 왕의 권력도 커지고 그에 따라 그에게 아부하거나 그를 두려워하는 경향이 더 뚜렷해지게 된다. 만약 이러한 과정이 제지되지 않는다면, 온 국민이 왕좌의 발치에서 무릎을 꿇어야 할 것이다. 그리하여 10만 명의 사람들이 그들과 마찬가지로 언젠가 죽을 운명인 자(왕)의 무덤[15]을 짓기 위하여 50년 동안이나 노역을 하는 일이 벌어지게 된다.

소규모 미개인 씨족의 추장은 그 씨족에 속하는 한 사람이지만, 그들 중 가장 용감하고 명민한 자이기 때문에 사람들이 그를 따르게 된다. 그러나 대규모 집단이 함께 움직여야 할 때에는 그런 개인적 자질에 바탕을 둔 선택이 어려워지고, 맹목적인 복종이 필요하고 또 강요된다. 또 대규모로 전쟁을 수행해야 할 필요가 있을 때에는 절대 권력이 생겨난다.

기능의 전문화에 대해서도 같은 얘기를 해볼 수 있다. 사회가 크게 성장했을 때에는 모든 생산자를 전투 목적으로 일터에서 불러내는 것보다는 정

---

15   파라오 즉 이집트 왕의 피라미드를 가리킴: 옮긴이

규 군대를 조직하여 전투 기능을 전문화하는 것이, 오히려 생산력 유지에 도움이 된다. 그러나 이런 전문화는 필연적으로 군대 계급 혹은 그 조직의 우두머리들에게 권력을 집중시키는 경향이 있다. 내부 치안유지, 사법 행정, 공공시설의 건설과 유지 등도 같은 방식으로 특별한 계급의 손에 권력이 옮겨가는 결과를 가져온다. 이런 계급은 일단 권력을 확보하면 그들의 기능을 확대하고 그들의 권력을 강화하려 한다.

토지 사유화: 불평등의 시작

그러나 가장 큰 불평등의 원인은 토지의 소유가 가져다주는 독점적 권리이다. 인간이 갖고 있던 최초의 상식은 언제나 토지가 공동 재산이었다는 것이다. 이런 상식을 최초로 인정해준 원시적 장치 – 가령 해마다 경작할 토지를 분배한다거나 공동으로 경작하는 것 등 – 는 사회 발전의 초창기 단계에서나 찾아볼 수 있다. 인간이 생산한 물건에 국한하여 생겨난 재산의 개념은 쉽사리 토지에도 적용되었다. 인구가 듬성했을 때 토지 개량자나 사용자에게 그의 노동에 대한 정당한 보상을 확보해 주던 제도가, 이제 인구가 조밀해지고 지대가 오르면서 생산자에게서 그의 임금을 빼앗는 수단이 되어버렸다.

문제는 이것뿐만이 아니다. 고도로 발달한 사회에서 토지를 공동재산으로 사용하는 방법은 지대를 세금으로 징수하여 공동 목적에 사용하는 방법뿐이다. 그러나 정치 권력과 종교 권력이 일부 소수 계급의 사람들 손에 들어감으로써 그들이 토지 소유를 독점하여 지대를 챙겨감으로써 일반대중은 소작인으로 전락하고 말았다. 전쟁과 정복은 정치 권력을 집중시키고 노예제를 제도화했고, 사회가 성장하여 토지에 가치가 생기는 지역에서는 토지 독점이 벌어졌다. 권력을 잡은 지배 계급은 곧 토지 소유권도 그들의 손에 집중시켰다. 그들은 정복된 땅의 커다란 부분을 가져갔고, 예전의 주민은 소작인 혹은 농노로 전락했다. 사회가 발전하는 과정에서 공공 영역 혹은 공유지로 남겨둔 땅(농촌의 원시적 제도가 목초지 혹은 삼림지로 유지해온 땅)은, 우리가 현대적 사례들에서 볼 수 있듯이, 이들 권력자 계급이 그들의 소유로 가져가 버렸다.

불평등이 일단 자리를 잡게 되자, 토지 소유는 사회 발전의 속도에 따라 점점 소수 계급의 손에 집중되었다.

나는 여기서 서로 다른 조건들에 따라 반드시 달라지는 토지 사유제의 구체적 결과를 지적하려는 것이 아니라, 사회가 발전하면서 불평등이 자리 잡게 되는 일반적 사실만 진술하고자 한다. 그러나 이런 일반적 사실만으로도 문명의 경직과 퇴화 현상을 분명하게 보여줄 수 있다고 생각한다. 사회 내의 인간의 통합에 따라 얻어진 부와 권력이 불평등하게 분배되면, 개선이 이룩되고 사회가 발전하는 힘을 억제하다가, 마침내 그 힘을 무력화시키고 만다. 한편에서 사회의 일반 대중은 그저 근근이 먹고 살아가는데 그들의 정신력을 소비할 것을 강요당한다. 다른 한편으로 불평등한 제도의 유지와 강화, 과시적 허세, 사치, 전쟁 등에 사람들의 정신력이 소모된다. 다스리는 계급과 다스림을 받는 계급으로 나누어진 사회, 아주 부자인 계급과 아주 가난한 계급으로 나누어진 사회는 "거인들처럼 건설하고 보석세공사처럼 마무리한다." 그것은 무자비한 자부심과 부실한 허영의 기념탑이고, 인간의 내면을 숭고하게 들어올린다는 원래의 직무를 내팽개치고 인간을 찍어 누르는 데 전념하는 종교의 기념비일 뿐이다.

발명은 한동안은 어느 정도 계속될 것이다. 하지만 그것은 사치스러운 세공품의 발명에 지나지 않을 것이고 인간의 노동을 덜어주고 생산력을 높여주는 발명은 아닐 것이다. 사원들의 비밀스러운 공간과 궁정 어의(御醫)의 의무실에서는 지식이 여전히 추구될 것이다. 그러나 그 지식은 비밀 사항으로 감추어질 것이고, 설사 외부로 나와 사람들의 생각을 드높이고 공동생활을 개선하려려는 즉시, 위험스러운 혁신으로 낙인 찍혀 축출될 것이다. 그것은 사회 개선에 바쳐지는 정신력을 감소시킬 것이고, 그에 따라 불평등은 사람들로 하여금 사회 개선에 등을 돌리게 만들 것이다.

일반 대중은 생계유지를 위해 노동에 내몰려서 주변 환경에 무지하게 되고, 그리하여 예전의 방식을 그대로 유지하려는 경향이 강하다. 이런 경향은 너무나 잘 알려져 있어서 사례를 들 필요조차 없을 지경이다. 그러나 기존의 사회 제도 덕분에 특별한 이득을 누리고 있는 계급들의 보수주의도 그에 못지않게 강력하다. 설사 개량을 지향하는 것이라도 혁신에 저항하는 경향은 종교, 법률, 의학, 과학, 직인 길드 등 여러 분야의 특별한 조직들에서 널리 발견된다. 특히 그 조직의 구성이 긴밀할수록 저항의 강도가 높다. 구성원 간의 긴밀도가 높은 결사는 언제나 혁신과 그것을 주장하는 사람들에게 본능적인 반감을 갖고 있다. 이러한 태도는 변화가 그들을 보호해주는 장벽을 파괴하고 그들의 지위와 권력을 빼앗아갈지 모른다는 본능적 공포를 표현하는 것이다. 그들은 자신들의 특별한 지식과 기술을 철저하게 보호하려는 태도를 보인다.

이런 방식으로 사회 조직의 경직이 발전의 뒤를 잇게 된다. 불평등의 심화는 반드시 사회 발전을 정지시킨다. 그리고 불평등이 해소되지 않거나 쓸데없는 반작용을 일으킨다면, 현상유지에 필요한 정신력마저 고갈시켜 문명의 퇴보가 시작된다.

이러한 원리들은 문명의 역사를 잘 이해하도록 해준다.

기후, 토양, 물질적 조건 등이 늘어나는 인구를 분산시키지 않아서 최초의 문명이 발생한 곳, 이런 곳에서는 진보에 맞서는 내부 저항이 일정하고 예상 가능한 방식으로 벌어진다. 반면에 서로 떨어져 있는 작은 규모의 공동체들이 다양한 변화의 특징을 보이다가 나중에 좀 더 긴밀한 연합을 이룬 곳에서는, 내부 저항이 훨씬 불규칙하고 예측 불가능한 상태로 벌어진다. 후대의 문명과 비교하여 초창기 문명이 보여주는 일반적인 특징은 바로 이것(규칙적이고 예측 가능한 특징)이다. 처음부터 관습, 법률, 종교 사이에 갈등의 삐걱거림이 없이 발전해온 동질적 공동체들은 훨씬 더 일관된 규칙성을 보인다. 한 곳으로 집중하는 보수적인 힘들이 서로 밀고 끌어당기며 결집한다. 경쟁 관계의 부족장들은 서로 견제하는 법이 없었고, 다양한 신앙들도 사제 계급의 영향력을 견제하지 않았다. 이렇게 하여 정치 권력과 종교 권력, 부와 지식 등이 동일한 중심부에 집중되었다. 세습 군주와 세습 사제를 만들어내는 작용을 한 원인들이 세습 장인과 노동자를 만들어냈고, 또 사회를 여러 신분으로 나누어 놓았다.

이처럼 사회가 여러 신분(계급)으로 분화하면서 인간의 모임이 자유롭게 풀어놓은 정신력은 낭비되기에 이르렀고, 계속적인 진보를 가로막는 장애물이 점진적으로 세워졌다. 일반 대중의 잉여 에너지는 사원, 궁전, 피라미드의 건설에 투입되거나, 통치자들의 자부심에 비위를 맞추고 그들의 사치품을 공급하는데 활용되었다. 유한계급들 사이에서 사회 개선의 경향이 나타나면서 그것은 즉시 혁신에 대한 두려움에 의해 견제되었다. 이렇게 하여 사회 발전은 계속적인 진전을 가로막는 보수주의에 가로막혀 멈춰 서게 되었다.

일단 이런 완전한 정지 상태에 도달하면 그 상태가 얼마나 오래 지속될지의 문제는 주로 외부 원인들에 달려 있었다. 왜냐하면 그동안 성장해온 사회적 환경의 강력한 구속력이 사회 개선을 억제하는 동시에 사회를 해체하려는 힘들도 강력하게 억압하기 때문이다. 그런데 발전이 멈춘 사회는 가장 쉽게 정복된다. 일반 대중이 희망 없는 노동의 삶을 이어가면서 수동적인 복종만 하도록 길들여졌기 때문이다. 힉소스 족이 이집트에서, 그리고 타타르 족이 중국에서 했던 것처럼 정복자들이 지배 계급의 자리를 차지하는 것으로 만족한다면, 모든 것이 전과 같이 굴러갈 것이다. 그러나 정복자들이 인명을 살상하고 파괴를 자행한다면 궁전과 사원의 영광은 폐허 속에서만 남게 되고, 인구는 흩어져서 듬성하게 되며, 지식과 예술은 사라져버릴 것이다.

유럽 문명과 이집트 문명

유럽 문명은 그 특성상 이집트 유형의 문명들과는 다르다. 유럽 문명은 처음부터 동질적인 기질의 사람들이 모여서 같은 생활조건 아래에서 오랫동안 같이 살면서 만든 것이 아니었다. 그 문명은 서로 떨어져서 독자적인 사회적 특성을 가지고 있던 사람들의 모임에서 생겨난 문명이고 작은 조직 단위로 분할되어 있었기 때문에 부와 권력이 하나의 중심에 집중되는 것을 오랫동안 막아왔다.

그리스 반도의 지형 조건은 그 주민들을 다수의 소규모 사회로 나누어놓는 특징을 갖고 있었다. 그러나 이 소규모 공화국과 명목상의 왕국들이 전쟁으로 정신력을 소모시키는 일을 멈추고 서로 협조하는 평화로운 상업 활동을 확대하자 문명의 빛이 서서히 밝아오기 시작했다. 그러나 그리스에서 인간들 사이의 모임의 원리는 그리 강력하지 못하여 내전이 자주 벌어졌고, 정복에 의하여 내전이 종식되자 – 그리스의 현인과 정치가들이 다양한 장치로 해소시키고자 했던 – 불평등의 경향이 널리 퍼져 나가면서 위세를 떨치게 되었다. 그 결과 그리스의 용기, 예술, 문학은 과거의 것이 되고 말았다. 이와 마찬가지로 로마 문명의 발흥과 확대, 쇠퇴와 멸망에도 사회 발전의 두 기둥인 모임과 평등의 원칙이 작용했다. 두 원리가 순조롭게 작용하면 사회의 발전이 이루어졌고 반대로 두 원리를 무시해 버리면 몰락의 길로 들어섰다.

로마 제국은 이탈리아의 독립적인 농민과 자유 시민들의 모임에서 시작했고 정복 사업으로 국력을 키워나가는 과정에서 적대적인 국가들에 공통의 연결 관계를 제공했다. 그리하여 로마 제국은 온 세상에 로마 통치 아래의 평화를 부여했다. 로마 문명이 쇠퇴하는 경로는 다른 동질적 문명들이 걸어간 길과는 달랐다. 후자의 경우, 관습과 미신의 강력한 결속력이 주민들을 철저하게 복종시키는 반면에 보호해주기도 했고, 또 적어도 통치자와 피치자 사이에 평화를 유지시켜 주었다. 로마 문명은 이와는 다르게 내부에서 부패하여 쇠퇴하고 멸망했다. 고트족과 반달족이 로마 군단의 경계 지역을 뚫고 침입하기 훨씬 이전에, 로마는 그 중심부가 죽어 있었다. 이렇게 된 것은 대규모 사유 영지의 탓인데 그것이 이탈리아를 멸망시켰다.

불평등은 로마 세계의 힘을 고갈시켰고 활력을 파괴했다. 정부는 전제 정부로 바뀌었고 황제가 몇 명 암살된다고 해서 그런 전제 정부가 바뀌지 않았다. 애국심은 노예근성으로 바뀌었고 가장 악랄한 악덕이 공개된 장소에서 버젓이 자행되었다. 문학은 유치한 감상문 수준으로 타락했고 학문은 망각되었다. 비옥한 토지들은 전쟁 없이도 황무지가 되었다. 어디에서나 불평등이 정치적·정신적·도덕적·물질적 부패를 낳았다. 로마를 멸망시킨 야만은 외부에서 온 것이 아니라 내부에서 왔다. 이탈리아의 자영농민 대신에 노예와 소작농을 집어넣어 대규모 농원을 영농하고, 속주들을 원로원 가문의 영지로 분할해서 나눠준 제도의 불가피한 결과였다.

현대 문명은 인간 모임의 성장과 더불어 평등이 성장했다는 사실에 그 우월적인 기반을 두고 있다. 여기에는 두 가지 커다란 원인이 작용했다. 하나는 집중되어 있던 권력(로마 제국의 권력)이 북방 민족들(야만족들)의 유입으로 무수히 작은 중심으로 분할된 것이고, 다른 하나는 기독교의 영향이다. 유럽이 이처럼 분할되어 있었기에 동로마 제국은 서서히 조직이 경직되면서 부패해 갔다. 동로마 제국은 정부와 교회가 긴밀히 결합되어 있어 서로 받쳐주고 있었기 때문에 외부적 힘을 잃었다고 해서 내부의 전제 체제가 완화되지도 않았다. 기독교가 없었더라면 유럽은 모임이나 개선의 원칙은 아예 없이 야만인들 천지가 되고 말았을 것이다.

지방 토호나 군벌들은 거주 지역의 정치 권력을 확보하여 서로 견제했다. 이탈리아의 도시들은 고대의 자유를 회복했고, 자유 도시가 건설되었으며, 마을 공동체들은 뿌리를 내렸고, 농노들은 그들이 경작하는 땅에 대하여 권리를 얻었다. 평등이라는 게르만 족 사상이 하나의 효모가 되어 해체되고 붕괴된 사회 조직에 스며들어 봉합시키는 역할을 했다. 비록 사회는 무수한 숫자의 독립된 조각으로 분해되었지만 긴밀한 인간 모임의 사상은 언제나 존재했다. 그것은 보편적 제국을 회상할 때[16]에는 반드시 등장했고, 보편적 교회의 주장 속에서도 존재했다.

평등을 옹호해 온 기독교

기독교는 부패한 문명 속에 스며들면서 그 모습이 왜곡되고 변질되었다. 이교도의 신들을 기독교의 신전에 받아들였고, 이교도적인 형식을 의례 속에 도입했으며, 이교도적 사상을 교리에다 수용했다. 그러나 기독교의 핵심 사

---

16 유럽을 통합한 샤를마뉴 대제는 자신이 로마 제국을 계승한다고 주장했고 독일에 세워진 신성로
    마 제국도 로마 제국을 모델로 하여 세워진 것: 옮긴이

상인 인간의 평등성은 결코 전적으로 파괴되는 법이 없었다. 문명의 초창기 중 아주 중요한 시기에 두 가지 제도가 형성되었는데, 하나는 교황청의 설립이고, 다른 하나는 사제의 독신생활 서약이었다. 교황청 제도는 정신적 권력이 세속적 권력과 마찬가지로 동일한 가계에 집중되는 것을 막았다. 사제의 독신 서약은 모든 권력이 세습제의 형태를 띠는 시대에, 특정한 가문 중심의 사제 계급 형성을 예방했다.

기독교의 공로는 이루 말할 수 없이 많다. 우선 노예제를 철폐하려고 노력했다. 하느님의 휴전을 가르쳤고, 수도원을 세웠으며, 여러 나라가 참여하는 공의회를 개최했다. 정치적 국경에 구속되지 않고 적용되는 교회의 회칙을 반포했다. 기독교의 표징이 되는, 낮은 신분으로 태어난 사람의 상징(예수의 십자가) 앞에서는 이 세상에서 가장 오만한 사람도 무릎을 꿇었다. 교회의 축성을 받은 주교들은 속세의 신분 높은 귀족들과 동급이었다. 공식 직함이 "종들의 종"(교황)인 사람은 가장 평범한 어부의 반지(베드로의 후계자)라는 상징 덕분에 국가들 사이의 분규를 중재하는 권리를 가졌다고 주장하며, 그가 타고 가는 말의 등자를 왕들이 앞다투어 잡았다.

교회는 이 모든 것에도 불구하고 인간 모임의 추진자였고 인간의 타고난 평등성을 증언하는 자였다. 그리고 교회에 의하여 하나의 자유로운 정신이 함양되었다. 인간 모임과 해방이라는 교회의 초창기 사업이 거의 끝났을 때, 교회가 묶어놓은 유대의 매듭이 너무 단단해졌을 때, 그리고 교회가 축적해온 지식이 이 세상에 주어졌을 때, 교회가 함양한 자유로운 정신은, 지금껏 교회가 인간의 마음에다 묶어놓았던 족쇄를 깨트렸고 유럽의 많은 지역에서 교회의 조직이 분열되었다.[17]

유럽 문명의 발흥과 성장은 너무나 복잡하고 방대한 주제이므로 몇 줄의 문장으로 그 개요와 관계를 적절히 설명하기가 어렵다. 그러나 그 주된 특징

---

17 종교개혁에 의해 교회가 가톨릭과 개신교로 분열된 상황을 암시적으로 서술하고 있음: 옮긴이

을 살펴보나 또 그 세부사항을 들추어 보더라도 사회 내에 긴밀한 유대와 높은 평등성이 보장될 때 사회가 발전해 왔다는 진리를 잘 예증한다. 문명은 협동이다. 연합과 자유가 그 핵심 요소이다. 먼저 인간 모임의 외연이 크게 확대되어야 한다. 그러자면 인구 조밀한 대규모 공동체로 발전할 뿐만 아니라 상업과 교환이 다양하게 발전해야 한다. 이것이 공동체를 단단하게 결속시킬 뿐만 아니라, 다른 독립적인 공동체들과의 연계를 강화해준다. 국제법과 국내법이 발달해야 한다. 재산과 인신의 안전이 진보해야 한다. 단지 개인의 자유뿐만이 아니라 민주 정부로의 진보 – 간단히 말해서 생명, 자유, 행복 추구의 동등한 권리를 인정해 주는 방향으로의 진보 – 가 이루어져야 한다.

이런 것들이 우리의 현대 문명을 예전 문명보다 더 위대하고 더 높은 것으로 만드는 요소들이다. 그것들은 지구의 대부분 지역을 뒤덮은 무지의 베일을 걷어내어 우리의 정신력을 자유롭게 해방시키고, 우리의 지식을 증진시킨다. 그 지식은 태양의 주위를 돌고 있는 천체들의 궤도를 측정하게 만들고, 한 방울의 물 속에서 움직이며 맥박 치는 생명을 보게 한다. 그 지식은 우리에게 자연의 신비로 들어가는 대합실 문을 열어주며 오래 묻힌 과거의 비밀들을 읽어준다. 그 지식은 인간의 작은 신체적 힘은 감히 비교도 안 되는 커다란 물리적 힘을 우리가 부릴 수 있게 도와준다. 그 지식은 천 가지의 위대한 발명품으로 인간의 생산력을 높여준다.

자유와 평등은 같은 것이다

내가 이미 언급한 바 있는, 현행 각종 문헌들에 스며들어가 있는 운명론의 관점에서는 심지어 전쟁과 노예제도가 인류 발전의 수단이라고 말하는 것이 하나의 유행이다. 그러나 화합의 반대인 전쟁은 더 이상의 전쟁을 막아주거나 반사회적 장애물(이것 자체가 수동적으로 전쟁을 걸어오는 것인데)을 타도할 때에만 진보에 도움을 줄 수 있을 뿐이다.

노예제도에 대해서 말해 보자면, 나는 그것이 어떻게 자유의 확립에 도움이 된다는 것인지 납득하지 못한다. 평등의 동의어인 자유는 인간이 아주 원시적 상태로 살아가던 때부터 사회 발전의 촉진제 겸 사전 조건이었다. 노예제도가 야만인들의 식인주의를 종식시켰다는 오귀스트 콩트의 주장은, 인류가 오두막을 불태움으로써 비로소 돼지고기 맛을 알게 되었다는 엘리아[18]의 유머러스한 얘기만큼이나 황당무계한 것이다. 그것은 아주 부자연스러운 상황[19] – 극심한 물자 가난이나 아주 지독한 동물적인 미신 등 – 이 아니고서는 인간에게서 발견되지 않는 상황을 인간의 원초적 충동으로 가정하는 것이다. 또 모든 동물들 중에서 가장 고상한 동물인 인간이 가장 저급한 상태에 있다고 해도 하지 않을 짓(심지어 고등 동물들도 하지 않을 짓)을 한다고 가정하는 것이다. 노예제도가 노예 소유주에게 시간 여유를 주어 사회 개선에 신경 쓰게 만듦으로써 비로소 문명이 시작되었다는 얘기도 황당무계하기는 위의 얘기와 마찬가지다.

노예제도는 사회 개선을 한 적도 없고 도와줄 수도 없다. 주인 한 명에 노예 한 명이 있는 작은 공동체든, 혹은 주인 수천 명에 노예 수백만 명이 있는 커다란 공동체든, 인간의 힘을 낭비시키기는 마찬가지다. 노예 노동은 자유 노동에 비하여 생산력이 떨어질 뿐만 아니라, 노예 주인의 힘도 낭비시킨다. 주인은 노예들을 부리고 감독해야 하는데 여기서 사회 개선에 투입되어야 할 그의 정신력은 소모되어 버리는 것이다. 처음부터 끝까지 노예제도는 인간의 타고난 평등성을 부정하는 다른 모든 행위와 마찬가지로 진보를 가로막고 방해한다. 노예제도가 사회 조직에서 중요한 역할을 하는 것에 비례하여 그만큼 사회 발전은 중단된다.

고전 시대에는 노예제도가 널리 퍼져 있었다. 나는 이 때문에 고전 시대의 세련된 문학과 예술을 만들어낸 정신력이 위대한 발견이나 발명(현대 문명

---

18 제8권 1장에 나오는 『엘리아 수필』 참조: 옮긴이
19 샌드위치[하와이] 섬 사람들은 그들의 훌륭한 추장이 사망했을 경우에, 그 시신을 나누어 먹음으로써 존경을 표시했다. 반면에 사악하거나 독재적인 추장의 시신은 건드리려고 하지 않았다. 뉴질랜드 원주민들은 적의 시체를 먹음으로써 적의 힘과 용기를 획득한다고 생각했다. 이것이 전쟁 포로들의 살을 먹게 된 시초인 것처럼 보인다.

의 특징)을 하지 못했다고 본다. 일찍이 노예를 소유했던 사람들은 발명을 잘하는 사람들이 아니었다. 노예를 소유한 사회에서 상류 계급은 사치스럽고 세련되게 살았으나 발명을 잘하지는 못했다. 노동자를 타락시키고 그에게서 노동의 결과물을 빼앗는 태도는 발명의 정신을 질식시키고, 설혹 발명이나 발견이 이루어지더라도 그것들을 활용할 엄두를 내지 못한다. 오로지 자유에게만, 지구의 보물을 수호하고 공기 중의 보이지 않는 힘을 소유한 정령을 불러내는 힘이 부여되어 있다.

도덕의 법칙이 인류 발전의 법칙

인류 발전의 법칙이라고 하면, 도덕의 법칙을 제외하고 따로 무슨 법칙이 있겠는가? 사회제도의 정비가 정의를 추진하고, 인간들 사이의 평등성을 인정하고, 구성원 각자에게 다른 사람들의 동등한 자유를 침범하지 않는 범위 내에서 공평한 자유를 부여한다면, 문명은 저절로 발전하게 되어 있다. 이런 일을 게을리하거나 제대로 하지 않았기 때문에 발전하던 문명이 정지하고 마침내 퇴보했다. 정치경제학과 사회과학은 1,800년 전에 십자가에 못 박힌 분이 가난한 어부들과 유대인 농민들에게 가르친 단순명료한 교훈 이외의 것들을 가르칠 수가 없다. 그 단순명료한 진리는, 이기심의 왜곡과 미신의 변형에도 불구하고, 인류의 정신적 열망을 대변하려고 애쓰는 모든 종교의 밑바탕이 되는 힘이다.

제4장

현대 문명의 쇠퇴 가능성

이렇게 하여 우리가 도달한 결론은 이미 앞에서 도달했던 결론들과 일치한다.

이러한 인류 진보의 법칙에 대한 논의는 자연스럽게 관련된 정치-경제 학적 법칙을 유도한다. 우리가 지금까지 탐구해온 조사연구와 더 높은 법 칙의 범위 내에서 살펴볼 경우에, 그 진보의 법칙은 우리의 정신이 파악할 수 있는 가장 높은 법칙이라 할 수 있다. 또한 그 법칙은 내가 주장한 방식 으로 토지를 공동재산으로 만드는 것이 문명에 엄청난 추진력을 제공한다 는 것을 증명한다. 반면에 이러한 조치를 거부한다면 문명은 퇴보할 수밖에 없다.

우리 서구 문명 같은 문명은 진보하거나 퇴보하거나 둘 중 하나이고, 그 중간을 취하여 가만히 서 있을 수는 없다. 서구 문명은 동질적인 문명들과는 다르다. 가령 나일 강 유역의 문명은 사람들을 그들의 지형조건에 맞추어 적 응시키고 피라미드에 집어넣어 쌓아올리는 벽돌처럼 그 문명에 활용했다. 그 러나 서구 문명은 이와는 다르게 역사적 시대 내에서 흥망성쇠가 이루어졌 고 또 그 시대 안에서 발생한 것이다.

우리 문명이 현재 모든 면에서 진보하지 않고 있다는 나의 주장에 대하여 비웃는 사람들도 있다. 하지만 나는 우리 시대의 정신이 중국 황제에게 아첨 한 재상이 내린 명령과 비슷하다고 생각한다. 그는 모든 고대의 책들을 불살 라 버려야 한다고 하면서 이렇게 말했다. "함께 모여서 시경과 서경에 대해서 얘기하는 자는 사형에 처한다. 현재를 비난하기 위하여 과거를 언급하는 자들은 그 친척들과 함께 사형에 처한다."[20]

그렇지만 진보의 시기가 있다면 쇠퇴의 시기가 있는 것은 분명한 사실이다. 그리고 쇠퇴의 시기는 전면적으로 인식되는 경우가 드물다.

로마 초대 황제 아우구스투스가 벽돌로 된 로마를 대리석으로 바꾸고, 로마 제국의 부가 늘어나서 장엄함이 날로 높아지고, 연승하는 로마 군단이 멀리 변경지역까지 진출을 확대하고, 민간 사회의 풍습이 더욱 세련되어지고, 언어가 더욱 정제되고, 문학이 최고로 찬란한 경지에 도달한 시기에, 로마 제국이 쇠퇴기에 접어들었다고 말하는 사람이 있다면 그는 무모한 자라는 비난을 받았을 것이다. 그러나 실상은 로마가 쇠퇴하고 있었던 것이다.

예리한 관찰력을 가진 사람이라면 다음의 사실을 꿰뚫어볼 것이다. 우리의 문명이 전보다 더 빠른 속도로 전진하고 있지만, 로마의 진보를 퇴보로 바꾸어놓은 원인이 현재 우리 문명 속에서도 작동하고 있는 것이다.

부와 권력의 불평등이 문명을 쇠퇴시킨다

이전의 모든 문명을 파괴한 것은 부와 권력의 불평등한 분배였다. 오늘날 점점 더 강한 힘으로 작용하는 이런 불평등의 경향이 우리의 문명 속에서도 발견되고 있다. 그것은 모든 발전하는 사회에서 나타나고 있고, 사회의 발전 속도가 빠를수록 더욱 강력한 힘을 얻고 있다. 임금과 이자는 꾸준히 내려가고, 지대는 오르며, 부자는 더 큰 부자가 되고 가난한 사람은 더욱 희망 없는 비참한 신세로 전락하고 있다. 그러면서 중산층은 사라지고 있다.

나는 이러한 현상의 원인을 추적해 왔다. 그리고 간단한 조치를 취함으로써 이런 원인을 제거할 수 있음도 보여주었다. 나는 이제 이런 조치가 취해지지 않으면 진보는 퇴화로 반전되고, 현대 문명이 예전의 모든 문명들과 마찬

---

20 중국의 재상: 중국 진(秦)나라의 재상 이사(李斯)를 가리킨다. 진시황제 시절인 기원전 213년에 농업, 복점, 의약 책을 제외한 모든 서적을 불태웠고, 진나라를 비방하면 사형에 처하도록 했으며 이듬해에 유생 460여명을 생매장했는데 이를 가리켜 분서갱유(焚書坑儒)라고 한다: 옮긴이

가지로 야만으로 쇠퇴하는 방식을 여기에서 지적하고자 한다. 많은 사람들이 진보가 쇠퇴로 이어질 수 있음을 간파하지 못하고 그런 과정은 있을 수 없다고 생각한다. 예를 들어, 영국 역사가 에드워드 기번은 현대 문명은 결코 파괴되지 않을 것이라고 보았다. 이제 더 이상 현대 문명을 멸망시킬 수 있는 야만족들이 남아 있지 않고, 인쇄술의 발명으로 수많은 책들이 보급되어 기존의 지식이 모두 사라질 가능성은 아예 없어졌다는 것은 누구나 다 알고 있는 사실이라는 것이다. 이런 식으로 생각하는 사람들이 많으므로, 여기서 문명 쇠퇴의 가능성을 지적하는 것은 가치 있는 일이라 생각한다.

우리가 이미 관련 법칙을 살펴보았듯이, 사회 발전의 조건은 모임(연합)과 평등이다. 서로마 제국의 멸망 이후 어둠의 시대에 한 줄기 문명의 빛이 처음 반짝거린 이래에, 근대적 발전의 전반적 경향은 대체로 말해서 이런 것들이었다. 먼저 정치적·법적 평등을 향한 움직임이었다. 독재 정부를 대의 정부로 바꾼 것이었다. 종교의 문제에서 개인의 판단을 존중하는 것이었다. 신분이 낮든 높든, 세력이 강하든 약하든, 인신과 재산을 동등하게 보장받는 것이었다. 거주 이전의 자유, 직업의 자유, 언론 결사의 자유를 더 많이 보장하는 것이었다. 현대 문명의 역사는 이런 방향으로 진보해온 역사이고, 치열한 투쟁 끝에 개인적·정치적·종교적 자유를 얻은 역사이다. 인류 진보의 일반 법칙은 다음 사실이 증명해준다. 위에서 말한 자유화의 경향이 강하게 드러날수록 문명은 진보한 반면에, 그런 경향을 억압하거나 퇴출한 경우에 문명은 정체되었다.

자유화의 경향은 미국 공화국의 수립으로 최고조에 도달했다. 미국은 정치적·법적 권리가 절대 평등하고 공직의 순환 보직 제도를 실시하여 관료의 권력 확대를 사전 예방한다. 모든 종교적 신념과 비종교적 신념이 동일한 대우를 받는다. 모든 소년은 대통령이 되겠다는 꿈을 꿀 수 있고, 모든 성인은 공적 사건들에 동등한 발언권을 가지며, 모든 공직자의 자리는 직접적으로 혹은 간접적으로 유권자의 투표에 의해 결정된다. 이런 자유화의 경향은 영국에서도 어느 정도 승리를 거두었다. 투표권 적용 범위가 확대되었고 군주제, 귀족제, 고위 성직제의 흔적을 일소했다. 그러나 독일이나 러시아 같은 나라들에서 왕권신수설은 여전히 사법적 허구 이상의 실제적 개념으로 작동하고 있고,[21] 따라서 갈 길이 멀다.

그러나 자유화의 경향은 전반적인 추세이고 유럽이 얼마나 일찍 완전한 공화제를 성취할 것인가 하는 것은 시간의 문제일 뿐이다. 미국은 이런 진보적인 측면과 관련하여 여러 대국들 중에서 가장 선진국이다. 그리고 우리는 미국의 경우 이런 개인적·정치적 자유화가 상당 부분 저절로 성취된 것임을 볼 수 있다.

토지 사유제는 평등에 위배된다

그런데 정치적 평등의 첫 번째 효과는 부와 권력의 좀 더 평등한 분배이다. 인구가 비교적 듬성할 때 부의 불공평한 분배는 주로 개인 권리의 불평등에서 야기되는 것이다. 반면에 물질적 진보가 이루어지고 토지가 개인 소유로 돌아가면서 전반적인 불평등의 문제가 강력하게 대두하게 된다. 그런데 절대적인 정치적 평등이 그 자체로는 토지 사유제에 따르는 불평등의 문제를 예방하지 못하는 것으로 밝혀졌다. 게다가 부의 불평등한 분배 경향과 공존하는 정치적 평등은 궁극적으로 조직적 독재체제의 전횡을 가져오거나 아니면 그보다 더 못한 무정부 상태의 혼란을 가져온다.

공화 정부가 아주 비열하고 잔인한 독재 정부로 바뀌는 데에는 헌법을 바꾸거나 선거제도를 반드시 폐기해야 하는 것도 아니다. 카이사르가 암살된 후 여러 세기가 흘러간 다음에야 비로소 로마의 절대주의적 황제는 형식적인 원로원의 권위를 내팽개쳤던 것이다. 사실 그 전부터 원로원은 이미 황제의 독재 정권 앞에서 벌벌 떨어왔었다.

그러나 실질이 사라지면 형식은 아무것도 아니다. 민주 정부라는 형식은

---

21 독일과 러시아에서는 왕이 아직도 실제적 통치자라는 뜻: 옮긴이

자유라는 실질이 가장 사라지기 쉬운 것이다. 양극단은 서로 만난다. 보통 선거권과 이론적 평등을 실천하는 정부가, 변화를 강요하는 환경 조건 아래에서는 가장 손쉽게 독재 정부로 바뀌어버린다. 왜냐하면 그런 독재 정부는 국민의 이름과 권력을 내세우면서 더욱 기승을 부리기 때문이다. 권력의 단일원천(국민)이 일단 확보되면 나머지 것은 저절로 확보된다. 그리하여 민원을 호소해 볼 수 있는 독립적 계급은 존재하지 않고, 자기들의 권리를 수호하는 과정에 모든 사람의 권리를 옹호해주는 특권 계급도 없게 된다. 독재 권력의 홍수를 막아주는 튼튼한 방어벽은 없고, 그 홍수보다 더 높은 담장은 존재하지 않는다.

대헌장(마그나 카르타)을 가지고 플랜태저넷 왕가를 견제했던 것은 허리에 칼을 찬 귀족과 주교관을 머리에 쓴 대주교였다. 스튜어트 왕가의 자부심을 꺾어놓은 것은 영국 중산층이었다. 그러나 부의 귀족제는 독재자에게 뇌물을 주어 회유시킬 수만 있다면 그들의 지위를 견제당하거나 권력을 억압당하지 않기 위해 발버둥쳐야 할 필요가 없다.[22]

생활조건의 차이가 커질수록 보통 선거에 의해 권력의 원천을 장악하는 것이 그만큼 더 쉬워진다. 왜냐하면 국정 관리에 직접적 관심이 없는 사람들의 손에 권력이 더 많이 돌아가기 때문이다. 가령 가난으로 고통을 당하고 가난으로 비참해진 사람들은 가장 높은 값을 부른 사람에게 그들의 한 표를 팔거나 가장 노골적인 민중선동가의 선동을 따라가게 된다. 또한 생활고로 어려움을 겪는 사람들은 낭비적이고 독재적인 정부를 만족스러운 시선으로 쳐다보게 된다. 이에 대해서는 로마 제국의 노동자들과 노예들이, 칼리굴라 황

---

22 플랜태저넷 왕가는 헨리 2세로부터 리처드 3세까지 8대(1154-1399)에 이르는 영국의 왕가. 마그나 카르타는 영국왕 존이 1215년 귀족들의 강요에 의하여, 국왕권의 남용에 대한 제한과, 인민의 권리와 자유의 보장을 규정한 헌장. 스튜어트 왕가는 엘리자베스 여왕을 뒤이은 제임스 1세(1603)부터 앤 여왕(1714)까지 영국을 통치한 왕가로서 영국 중산층에 자부심을 꺾인 왕은 스튜어트 왕가의 찰스 1세로서 영국 장기, 단기 의회와 협상에 실패하여 내전에 돌입했고 결국 의회파에 의해 처형당했다: 옮긴이

제나 네로 황제가 부유한 귀족들 사이에서 미친 듯이 날뛰는 것을 보고 흐뭇해했던 광경을 연상하면 충분할 것이다.

공화 정부를 가진 사회에는 이런 일들이 벌어진다. 한 계급은 너무나 부유하여 공적인 일들이 어떻게 집행되든 간에 그들의 사치스러움을 조금도 감축할 필요가 없다. 반면에 다른 계급은 너무나 가난하여 선거일에 몇 달러만 쥐어줘도 추상적인 구호보다 훨씬 더 고맙게 여긴다. 그 사회에서 소수의 사람들은 넘쳐나는 부를 주체하지 못하는 반면에, 많은 사람들은 그들의 생활조건에 커다란 불만을 느끼지만 그것을 어떻게 해결해야 하는지 그 방법을 전혀 알지 못한다. 또한 권력은 소수의 거간꾼 손에 넘어가 버린다. 그들이 권력을 사고파는 행태는 황제 자리를 제멋대로 팔아넘긴 로마 제국의 황제 근위대를 연상시킨다. 혹은 민중선동가들이 권력을 잡아 한동안 휘두르다가 얼마 지나지 않아 그보다 더 나쁜 민중선동가들에 의해 대체된다.

부의 평등한 분배가 민주 정부의 바탕

부가 평등하게 분배된 곳, 다시 말해, 애국심, 미덕, 지성이 널리 존재하는 곳에서, 정부가 민주적일수록 부의 분배는 더 잘 이루어진다. 그러나 부의 분배가 아주 불공평하게 이루어진 곳에서는, 정부가 민주적일수록 부의 불평등은 더욱 악화된다. 부패한 민주정부가 그 자체로는 부패한 독재정부보다 나쁜 것은 아니지만, 그것이 국가의 안위에 미치는 영향은 그(독재정부)보다 훨씬 더 나쁘다. 부랑자, 거지, 일할 기회를 축복으로 여기는 사람, 구걸하거나 훔치지 않으면 굶어야 하는 사람, 이런 사람들에게 보통 선거권을 부여하는 것은 정부의 파괴를 자초하는 것이다. 가난으로 고생하고 타락한 사람들의 손에 정치권력을 쥐어주는 것은 여우의 몸에 햇불을 묶어놓고 옥수수 밭에 풀어놓는 것과 비슷하다. 그것은 삼손[23]의 두 눈알을 뽑아놓고 그의 양팔을 국

---

23 삼손: 구약성경 사사기 16장 23절에 나오는 인물로 애인 들릴라의 유혹에 넘어가 엄청난 힘의 원천인 머리카락을 다 잘리고 두 눈알을 뽑힌 채 블레셋 사람들의 노리갯감이 되었다. 그들은 눈먼

가의 목숨이라는 두 기둥에 묶어놓는 것과 같다.

상속에 의한 계승, 혹은 고대의 일부 공화국들의 방식인 추첨에 의한 선택 등의 우연한 권력 이양 방식도 때로는 현명하고 정의로운 사람을 권좌에 앉혔다. 그러나 부패한 민주정부는 언제나 가장 최악인 자에게 권력을 넘겨주는 경향이 있다. 정직성과 애국심은 압박을 당하고 비양심적인 태도가 성공을 가져온다. 가장 착한 자는 바닥으로 가라앉고 가장 나쁜 자는 맨 위로 떠오른다. 사악한 자는 그보다 더 사악한 자에 의해서만 쫓겨난다. 국가적 특성이 서서히 권력을 장악한 자의 성질을 흡수하고 심지어 그런 성질을 존경하는 지경에 이르는 동안, 사람들의 도덕성 타락은 계속된다. 그리하여 역사의 파노라마라는 관점에서 볼 때 자유민의 종족은 노예의 종족으로 전락한다.

지난 세기(18세기)의 영국의 경우를 한 번 살펴보자. 영국 의회가 귀족들의 긴밀한 결사 같은 조직이었을 때, 일반대중으로부터 단절된 부패한 과두제였다고 하더라도 국가적 특성에는 이렇다 할 영향을 미치지 않은 채 존재할 수 있었다. 왜냐하면 이 경우에, 권력은 대중들의 마음속에 부정부패가 아닌 다른 어떤 것을 연상시켰기 때문이다.[24]

그러나 상속의 전통이 없는 곳에서, 낮은 지위에 있는 사람이 부정부패에 의해 부와 권력의 지위에 올라서는 것이 자주 목격될 경우에, 그런 부패의 기질에 대한 용납은 마침내 존경으로 발전한다. 부패한 민주정부는 반드시 국민을 부패시킨다. 국민이 부패하면 그로부터는 소생할 길이 없다. 생명은 사라지고 시체만 남게 되는 것이다. 그러면 운명의 쟁기가 그것을 땅에 파묻어

삼손의 재주를 보기 위해 감옥에서 궁전으로 불러냈다. 삼손은 많은 사람들이 구경나온 궁전의 두 기둥 사이에 세워졌는데, 이때 마지막으로 이번 한 번만 다시 힘을 주시어 블레셋 인과 함께 죽게 해달라고 하느님에게 기도를 올려 응답을 받았다. 그리하여 궁전은 무너져서 그 안에 있던 모든 사람이 삼손과 함께 죽었다. 이로부터 서양에서는 '너죽고 나죽자'라는 심리를 가리켜 삼손 콤플렉스라고 한다: 옮긴이

24 영국의 귀족 지위는 전통적으로 상속되는 것이었으므로, 그 가문의 후손은 굳이 부정부패의 수법을 쓰지 않더라도 귀족이 되어 의회 의원으로 진출할 수 있었다는 뜻: 옮긴이

사람들의 눈에 띄지 않게 하는 일만 남는다.

그런데 이런 변모, 그러니까 민주정부가 부의 불평등한 분배로부터 반드시 생겨나는 가장 사악하고 가장 타락한 독재정부로 변모하는 것은 그리 먼 장래의 일이 아니다. 그것은 이미 미국에서 시작되었고 바로 우리의 눈앞에서 빠르게 진행되고 있다. 우리의 사법부는 꾸준히 그 기준이 퇴보하고 있다. 가장 높은 능력과 품성을 가진 사람들이 정계 진출을 꺼리고 있고, 정치 거간꾼들의 흥정 기술이 정치가들의 명망보다 훨씬 더 중시되고 있다. 투표 행위는 전보다 더 무모한 방식으로 이루어지고 금전의 힘이 점점 증가하고 있다. 사람들에게 개혁의 필요성을 환기시키는 일이 전보다 더 어렵지만 개혁을 막상 실천하려고 하는 것은 그보다 훨씬 더 어렵다. 정치적 차이는 더 이상 원칙의 차이가 아니며 추상적 개념들[25]은 그 힘을 잃어가고 있다. 정당들은 정부 내에 들어선 과두정 혹은 독재정의 손에서 놀아나고 있다. 이런 모든 것은 정치가 쇠퇴하고 있다는 증거이다.

대도시의 부자는 현대판 귀족

현대적 성장의 전형적 사례는 대도시이다. 여기에서는 가장 거대한 부와 가장 심각한 가난이 동시에 존재한다. 민주정부의 힘이 분명하게 붕괴되었음을 보여주는 곳도 이곳이다. 미국의 여러 대도시들에는 전 세계 귀족 국가들의 통치계급처럼 뚜렷하게 그 모습을 드러내는 통치 계급이 있다. 그 계급의 구성원들은 도시의 행정구역을 자기 호주머니 속의 물건처럼 마음대로 다루고, 후보 지명대회의 명단을 작성하고, 그들이 흥정한 대로 관직을 나누어준다. 그들은 노동을 하는 것도 아니고 옷감을 짜는 것도 아닌데 가장 좋은 옷을 입고 돈을 물처럼 쓴다. 그들은 권력자이고, 야심 있는 자는 그들의 비호를 애써 추구해야 하고 그들의 보복은 무슨 수를 써서라도 피해야 한다.

---

25 자유, 정의, 진리 같은 선의 개념들: 옮긴이

이들은 도대체 누구인가? 그들은 현명하고, 선량하고, 유식한 자들인가? 깨끗한 생활태도, 뛰어난 재능, 성실한 공공 업무 처리, 정부 문제에 대한 깊이 있는 연구 등으로 동료 이웃들의 신임을 얻은 자인가? 아니다.

그들은 도박꾼, 술집주인, 권투 선수 혹은 이보다 더 나쁜 자들로서, 투표를 배후 조종하고 관직을 사고팔고 공공 업무를 제멋대로 주무르는 것을 직업으로 삼는 자들이다. 그들이 도시의 행정을 주무르는 작태는 황제 근위대가 쇠퇴하는 로마 제국의 국정을 망쳐놓은 것과 방불하다. 황제의 보라색 옷을 입고 싶은 자, 고관용 쿠룰레 의자에 앉고 싶은 자, 자신의 행차 때에 권표(權標)잡이를 앞에 세우고 싶은 자 등은 자신이 직접 가거나 아니면 전령을 앞세워서 근위대의 의사를 물어보면서 뇌물을 주고 약속을 받아내야 했다.

이와 마찬가지로 미국 대도시의 통치 계급을 통해야만 비로소 대규모 회사와 힘 있는 금전 관계 이해집단들은 그들의 사람을 상원의원이나 사법부에 심을 수가 있다. 학교 교장, 감독관, 감정평가사, 주정부 의원, 연방정부 의원 등을 만들어내는 것도 이 계급이다. 오늘날 미국에는 조지 워싱턴, 벤저민 프랭클린, 토머스 제퍼슨 같은 사람이 주 하원 의원에 출마해도 당선되지 못하는 선거 지역구가 아주 많이 있다. 이 상황은 프랑스의 앙시앵 레짐 하에서 밑바닥에서 태어난 농민이 프랑스의 야전군 원수가 되지 못하는 것과 아주 비슷하다. 그런 사람들이 갖고 있는 고결한 품성이 곧 극복 불가능한 단점이 되어버린다.

이론상 우리는 아주 열렬한 민주주의자이다. 그러나 우리의 아주 고결한 시민에게 공로 훈장을 수여하겠다고 한다면 어떤 일이 벌어질까? 고대 예루살렘에서는 성전에서 돼지를 희생 제물로 바치겠다고 하면 엄청난 공포와 분노를 일으켰는데, 아마 그 비슷한 공포와 분노가 터져 나올 것이다. 이제 우리들 사이에서 귀족제의 외양은 전혀 없이 사실상 귀족의 권력을 모두 휘두르고 있는 계급이 점점 커지고 있는 게 아닌가? 우리들 중에는 수천 마일의 철도를 지배하고, 일반 대중의 생계 수단이 되어야 할 수백만 에이커의 토지를 소유한 평범한 시민들이 있다. 그들은 자신들의 서기를 뽑듯이 주정부를 이끌어가는 주지사를 멋대로 지명한다. 과거 한때 재판석에 앉아 재판장 노릇을 했던 프랑스 왕처럼 그들은 입법부를 좌지우지한다. 현 시대의 사태 흐름은 우리가 그토록 도망치기를 소망하여 간신히 빠져나온 옛 생활 조건 들로 되돌아가는 듯하다.

과거 봉건제가 완벽하게 정립된 시절에, 사람들은 천국도 봉건제를 바탕 으로 조직되어 있을 것이라고 생각했다. 그래서 봉건제의 영주와 영신(領臣) 을 삼위일체의 위격 중에 제2위와 제3위로 여길 정도였다. 하지만 장인과 상 인 계급이 서서히 올라오면서 결국 그 제도를 무너트렸다. 그러나 오늘날 토 지 사유제를 허용하는 사회 조직 내에서 제조업과 교환 업무가 발달하면서 모든 노동자로 하여금 상전을 찾도록 내몰고 있다. 이것은 로마 제국이 붕괴 한 후에 모든 자유민이 영주(지주)를 찾아 나섰던 상황과 비슷하다. 이러한 노예화 경향으로부터 그 누구도 피해가지 못한다. 어디서나 산업은 한 사람 은 주인이고 많은 사람은 노예인 그런 형태를 취하는 경향이 있다. 한 사람이 주인이고 다른 사람들은 노예이면, 그 한 사람이 그들을 통제하고 심지어 투 표 같은 문제에서도 같은 상황이 벌어진다. 영국의 영주가 소작인의 투표를 좌지우지하듯이, 뉴잉글랜드의 공장주가 직공의 투표를 멋대로 처리하는 것 이다.

현대의 야만적 사례들

이런 현상은 착오의 여지가 없다. 우리의 목전에서 사회의 기반이 훼손되고 있는 것이다. 그리하여 우리는 이런 질문을 던진다. 철도, 일간신문, 전신 등 을 갖춘 문명이 파괴될지 모른다니 그게 어떻게 가능한 얘기이지? 여러 문헌 들은 우리가 지금껏 야만 상태로부터 멀리 벗어났으니 앞으로 그렇게 될 것 이라는 믿음을 계속 떠들어대고 있다. 그러나 우리가 실제로는 퇴보하여 야 만으로 돌아가고 있다는 여러 징후가 있다.

여기서 구체적 사례를 들어보겠다.

야만의 한 가지 특징은 인신과 재산의 권리를 경시한다는 것이다. 앵글로-색슨 조상들은 살인에 대한 징벌을 고려할 때 살해된 사람의 지위에 따라서 차등 있게 부과했다. 반면에 우리의 법률은 그런 지위를 감안하지 않고, 높은 사람이나 낮은 사람이나, 부자인 사람이나 가난한 사람이나 차등을 두지 않고 똑같이 사형을 부과한다. 사람들은 이것을 야만과 문명을 구별하는 증거라고 생각한다. 그리고 해적질, 강탈, 노예무역 등도 과거에는 합법적 직업으로 여겨졌으나, 이제는 그것들을 모두 불법으로 처리하고 있으니, 우리가 원시적 발달 상태에서 더 높은 발달 상태로 진보해온 결정적 증거라고 생각한다.

그러나 우리의 엄연한 법률에도 불구하고, 돈 많은 어떤 사람이 인구가 조밀하고 상업이 번창한 미국의 어떤 도시로 가서 다른 사람을 죽이고서 당국에 자수를 했다고 해보자. 그러면 그가 임시 투옥되었다가 그 자신의 재산 상태와 피살자의 지위를 고려한 벌금을 납부하고 풀려날 가능성이 100 중 99가 된다. 그가 낸 돈은 가장인 피살자의 가족에게 돌아가는 것이 아니라, 시민 한 명을 잃어버린 국가에 돌아간다. 또 재판 지연 기술을 알고 있고, 적절한 증인을 발견하여 제시하고, 배심원들을 유도하여 정상참작 의견을 내도록 하는 변호사에게 (돈이) 돌아간다.

그래서 어떤 사람이 충분히 남의 것을 훔쳤다면 그는 훔친 액수의 일부에 해당하는 돈을 벌금으로 지불하면 될 것이다. 만약 그가 한 밑천을 잡을 정도로 훔쳤다면 그는 친지들에게 커다란 환영을 받을 것이다. 마치 성공적인 약탈전을 마치고 돌아온 바이킹이 환영을 받는 것처럼 말이다. 설혹 그가 자신을 믿어주는 사람들을 강탈했더라도, 과부와 고아들의 돈을 훔쳤더라도, 그는 충분히 훔치기만 하면 사람들이 훤히 보는 데서 그의 부를 안전하게 자랑할 수 있을 것이다.

그런데 이런 경향이 점점 더 분명하게 드러나고 있다. 부의 불공평한 분배가 가장 심각한 곳에서 그런 경향이 심각하게 드러나며, 불평등이 심할수록 더욱 뚜렷하게 나타난다. 이것이 야만으로의 회귀가 아니라면 무엇이겠는가? 내가 언급한 사법부의 실패 사례들은 모든 방면에서 우리의 사법 제도가 점점 쇠약해지고 있음을 보여주는 개략적 윤곽에 불과하다. 그리하여 차라리 법률을 폐지하고 제일 원리로 돌아가는 것이 더 낫겠다는 말들이 많이 들려오고 있다. 그렇게 되면 사람들은 정당 방어의 차원에서 치안 위원회를 구성할 것이고 그들 스스로 정의를 실천할 수 있을 것이다. 이러한 사태는 문명이 발전하고 있다는 표시인가, 아니면 퇴보하고 있다는 표시인가?

이 모든 것은 공통적으로 관찰되는 문제이다. 우리가 그것을 드러내놓고 말하지 않지만, 공화정 제도에 대한 전반적인 믿음은, 그 제도가 완숙하게 발전한 곳에서는 줄어들면서 약해지고 있다. 공화제에 대한 굳건한 믿음은 한때 국가적 축복의 원천이었으나 지금은 더 이상 그렇지 않다. 사려 깊은 사람들은 그 제도의 위험사항들을 목격하기 시작했으나 그것들을 피해나갈 수 있는 방법은 알지 못한다. 그들은 이제 영국 역사가 매콜리의 견해를 받아들이면서 제퍼슨의 공화 사상은 불신한다.[26]

그리고 일반 대중은 점점 심해지는 부정부패에 익숙해지고 있다. 오늘날 미국 정계에서 발견되는 불길한 징조는 다음과 같은 감정이 널리 퍼지고 있다는 것이다. "공직에 진출한 사람치고 정직한 사람을 찾아보기 어렵다. 공직자가 되어 좋은 기회를 포착하지 않는다면 그는 바보이다." 이것은 다시 말하자면 국민들 자신이 타락하고 있다는 표시이다. 이렇게 하여 오늘날 미국 정부는 부의 불평등한 분배가 야기하는 여러 조건들 아래에서 필연적으로 나아갈 수밖에 없는 방향으로 가고 있다.

그 방향이 어디로 이어지는지, 사려 깊은 사람이라면 분명하게 알 것이다. 부정부패가 만연하고, 공공정신이 사라지고, 명예, 미덕, 애국심의 전통이

---

26 매콜리가 1857년에 제퍼슨의 전기 작가인 랜들에게 보낸 편지 참조. 이 편지에서 매콜리는 미국의 풍요로운 미개발지가 다 차지되고 나면 미국의 노동자들은 당시 영국 노동자들이 겪고 있는 가난의 조건들을 겪을 것이라고, 그 경우 미국은 그 자신의 민주적 제도 때문에 망하게 될 것이라고 예측했다. "로마 제국을 파괴한 훈족과 반달족은 외부에서 왔습니다. 당신네 나라의 훈족과 반달족은 당신네 나라의 제도에 의해 내부에서 발생할 것입니다. 당신들을 멈출 수 있는 것은 아무것도 없습니다. 미국의 헌법은 돛만 있고 닻이 없습니다."

약화되고, 법률이 조롱의 대상이 되고 개혁이 무망해지면, 분노하는 일반 대중의 가슴속에는 화산 같은 반발력이 생겨날 것이다. 어떤 우연한 사건이 그 힘에 배출구를 부여하면 그 힘은 밖으로 튀어나와 정부 조직을 뒤흔들고 찢어놓을 것이다. 완력이 강하고 비양심적인 사람들이 그런 혼란한 때를 틈타서 사회에 등장하여 눈먼 대중의 욕구 혹은 맹렬한 대중의 열정을 충족시켜주겠다고 주장하면서, 활력을 잃어버린 기존의 여러 가지 제도들을 파괴할 것이다. 칼이 다시 펜보다 강해질 것이고, 파괴의 카니발이 진행되면서 쇠퇴하는 문명의 무기력에 편승하여 맹목적인 힘과 야성적인 광분이 교차 발생할 것이다.

나는 미국에 대해서만 말하고 있다. 미국이 여러 위대한 나라들 중 가장 선진국이기 때문이다. 유럽에 대해서는 무엇을 말할 수 있겠는가? 그곳에서는 오래된 관습과 법률의 댐이 넘쳐나는 물을 가두어두고, 상비군이 안전판 역할을 하고 있지만 그 댐의 밑 부분에서는 해가 갈수록 불길이 더욱 뜨겁게 솟구치고 있다. 유럽은 진정한 공화제도를 허용하지 않는 조건 아래에서 공화주의를 향해 가고 있다. 유럽의 조건은 자유의 여신상의 평화롭고 근엄한 모습을 밀쳐놓고 그 대신에 여성 석유 방화범[27]과 단두대를 만들어내는 조건이다.

새로운 야만인들은 어디에서 올까? 대도시의 지저분한 빈민촌 구역으로 들어가 보라. 그러면 거기에 야만인들이 무더기로 모여 있음을 발견할 것이다. 과거로부터 배운 학습 효과가 어디로 가겠는가? 사람들은 읽기를 중단할 것이고 책들은(책에서 배운 지식은) 사람들의 불길에 불을 붙이고 그것을 탄약으로 변모시킬 것이다![28]

---

27 1871년 파리 코뮌 때 파리의 중요 건물에 석유를 뿌려댄 여성 방화범: 옮긴이

28 이것은 파리 코뮌을 암시하는 것인데, 파리 코뮌은 혁명적 노동자와 소시민들이 봉기하여 1871년 3월에서 5월까지 석 달간 세웠던 임시 정권으로 프랑스 정부군에 의해 붕괴되었다. 헨리 조지가 『진보와 빈곤』을 집필한 것은 1877-1879년 사이이므로 이 코뮌의 기억이 그의 머리에서 생생했을 것이다: 옮긴이

우리의 문명이 과거 문명들이 쇠퇴하면서 겪었을 그 깊은 고통을 겪게 된다면 우리의 문명에서 살아남는 흔적은 거의 없을 것이다. 이것을 생각하면 모골이 송연해진다. 종이는 양피지처럼 오래 가지 못하고, 우리의 장엄한 건물과 기념비들은 과거 문명의 석조 사원이나 거대한 궁전[29]에 비해 보면 그 견고함도 부실하기 짝이 없다. 반면에 인류는 발명을 통해 증기 엔진과 인쇄기를 문명의 이기로 얻기도 했지만 그와 정반대로 모든 것을 파괴해 버리는 석유, 니트로글리세린, 다이너마이트 등도 갖추게 되었다.

쇠퇴를 진보로 착각하는 일반 대중

오늘날 우리 문명이 쇠퇴할 수도 있다고 암시하는 것은 과도한 비관론처럼 보일 수도 있다. 내가 방금 지적한 특별한 경향들은 사려 깊은 사람들에게는 분명하게 보이는 것이다. 그러나 일반 대중은 실질적 발전에 대하여 뿌리 깊으면서도 강력한 믿음을 가지고 있다. 그런 근본적 믿음은 의심의 그림자를 거부한다.

그러나 이 문제를 깊이 생각해본 사람이라면 진보는 서서히 퇴보로 역행하는 것이 사실임을 인정할 것이다. 다른 모든 것과 마찬가지로 사회 발전의 움직임은 직선을 고집하는 경향이 있다. 따라서 예전에 진보가 이루어진 곳에서는, 설사 퇴보가 전면적으로 시작되었다 하더라도 그것을 인식하기가 아주 어렵다. 사람들은 지금까지의 사회 변화가 진보였으면 앞으로도 계속 그럴 것이라고 굳게 믿는 경향이 있다. 각 사회가 꾸준히 만들어내고 있는 신념, 관습, 법률, 제도, 사고방식 등의 연결망은 절대로 해체되지 않는다. 그 연결망은 사회의 구성원 개인들에게 영향을 미쳐 국민성 사이의 차이점을 만들어낸다. 이 때문에 문명이 쇠퇴할 때, 각 사회는 그들이 밟아온 길과 똑같

---

29 여기서 이런 지적을 해두고 싶다. 우리 시대의 종교적 기념물이나 사망 기념물로부터 파악하게 될 우리 문명에 대한 개념은 아주 부적절하고 오해를 불러일으키기 딱 좋다는 생각이 든다. 그런데 우리는 과거의 파묻힌 문명에 대해서 이런 기념물들을 가지고 그 문명을 파악하려 드는 것이다.

은 길로 쇠퇴하지 않는다.

예를 들어, 문명이 쇠퇴한다면 정부 구조는 공화제, 입헌 군주제, 봉건제 이런 순으로 역행하는 것이 아니라 곧바로 독재정치와 무정부 상태로 퇴화한다. 종교의 경우는 우리 조상들이 거쳐 왔던 개신교와 가톨릭교로 퇴보하는 것이 아니라 새로운 형태의 미신으로 곧바로 추락해 버린다. 가령 모르몬교 같은 것이 될 수도 있고 다른 조잡한 형태의 "종파"가 될 수도 있다. 지식의 경우는 베이컨으로 퇴화하는 것이 아니라 중국의 지식인들 수준으로 퇴화할 것이다.[30]

일정한 진보의 기간에 뒤이어 문명의 퇴보가 서서히 시작되어 그 당시에는 아무도 주목을 하지 못한다. 그리하여 일반 대중은 그런 퇴보를 진보로 오해하기까지 한다. 이렇게 되는 이유는 쉽게 파악할 수 있다. 예를 들어, 그리스 고전 시대와 동로마 제국 시대의 그리스 예술에는 현격한 차이가 있다. 그러나 그러한 변화는 취향의 변화를 수반했고, 아니, 그런 취향이 변화의 원인이었다. 이러한 내리 먹는 취향의 변화를 재빨리 간파한 예술가들은 그들의 생애 동안에 아주 뛰어난 예술가 대접을 받았다.

문학에 대해서도 같은 얘기를 해볼 수 있다. 문학이 시시해지고, 유치해지고, 허풍떠는 것이 되어버리자 문학가들은 그런 변화된 취향을 쫓았고 사람들은 그런 퇴보하는 취향을 강건함과 아름다움이 증가하는 형상이라고 오해했다. 그리하여 정말로 좋은 작가는 독자로부터 외면을 받았다. 그는 투박하고, 건조하고, 아둔한 작가 취급을 받았다. 희곡도 같은 식으로 쇠퇴했다. 좋은 희곡들이 없어서 그렇게 된 것이 아니라, 대중을 지배하는 취향이 점점 더 교양 낮은 계급에 영합했기 때문이다. 그 계급은 자기들이 좋아하는 연극만 가장 수준 높은 연극이라고 착각했다. 종교에서도 같은 현상이 벌어진다. 미신을 좋아하는 사람들이 종교에 추가하는 미신들이 그들에게는 종교의 개

---

30 베이컨은 근세 과학적 철학의 선구자이고 중국의 지식인들은 과학에 어두운 송(宋)대의 성리학자들을 암시하고 있음: 옮긴이

선으로 여겨지는 것이다. 반면에 쇠퇴가 진행되어 야만으로 돌아가는 현상은, 그것을 진보라고 여겨지지 않는 곳에서도, 시대의 위급한 상황에 대처하기 위해 그것(야만)이 불가피하다고 생각하는 듯하다.

가령 어떤 비행에 대한 징벌인 매질은 최근에 영국의 형법 제도에 다시 도입되었고, 대서양의 이쪽(미국)에서도 강력히 지지되어 왔다. 나는 매질이 투옥보다 더 좋은 징벌인지 아닌지에 대해서는 의견을 표명하지 않겠다. 단지 범죄 건수가 증가하고 죄수의 유지비가 증가하는 것 - 두 현상 모두 현재 분명하게 드러나고 있다 - 이, 교정 당국을 야만적 형법의 신체적 고통으로 회귀하게 만드는 구체적 사례로 제시한 것뿐이다. 사법적 조사에서 고문을 하는 것은 로마 문명이 쇠퇴한 후 꾸준히 증가되어 왔다. 그리고 이제 풍속이 흉흉하고 범죄가 증가하면서 형법을 개선하기 위해서 반드시 필요한 것으로 고문이 요구되고 있는 것이다.

위기에 도달한 현대 문명

현재의 여론과 취향의 흐름에서 퇴보의 징후가 나타났는지 여부에 대해서는 탐구하는 것이 불필요하다. 그러나 우리의 문명이 중대한 시대에 도달했음을 보여주는 많은 것들에 대해서는 논박의 여지가 없다. 사회적 평등의 방향으로 새로운 출발이 이루어지지 않는다면 19세기는 후세에 문명의 정점으로 기록될 것이다. 기근이나 전쟁처럼 많은 낭비와 고통을 가져오는 산업 불황은 전신 마비에 앞서서 발생하는 경련 및 충격과 비슷한 것이다. 어디에서나 물질적 진보가 이루어지고 토지가 독점될 때의 불가피한 결과인 불평등이 뚜렷하게 나타난다. 그러면 진보는 더 이상 이루어지지 못하고 문명은 내리막길을 걷게 된다. 그 길은 들어가기는 쉽지만 빠져나오기는 어렵다. 어디에서나 생존하기 위한 투쟁의 강도가 더 세어지고 부를 얻기 위한 경쟁에서 남들에게 짓밟히지 않기 위해 온 신경을 쏟아야 하는데, 이것은 개선을 만들어내고 유지하는 건전한 힘을 고갈시킨다.

모든 문명국가에서 가난, 범죄, 정신이상, 자살 등이 증가하고 있다. 모든 문명국가에서 과로, 영양부족, 지저분한 주거 환경, 해롭고 단조로운 직업, 어린이 노동, 빈곤이 여자들에게 부과하는 힘든 일과 범죄 등에서 발생하는 질병이 늘어나고 있다. 모든 선진 문명국에서, 지난 수세기 동안 서서히 높아져서 19세기의 첫 4분기에서 최고점을 찍은 듯한 기대 수명은 이제 줄어들고 있다.[31]

이러한 수치들이 보여주는 것은 진보하는 문명의 모습이 아니다. 그 저류에서 이미 퇴보가 시작된 문명이다. 조수가 만이나 강에서 밀물에서 썰물로 빠질 때 갑작스럽게 물이 빠지지는 않는다. 이미 퇴조가 시작되었지만 물은 여전히 차 있는 것처럼 보일 뿐이다. 태양이 최고점을 지나가면 짧은 그림자가 떨어지는 것만으로 그것을 알 수 있을 뿐이다. 대낮의 열기는 아직도 상승하고 있는 것이다. 그러나 조류가 썰물로 바뀌면 머지 않아 물이 완전히 빠지게 되고, 해가 지면 어둠이 찾아오게 마련이다.

문명도 이와 마찬가지다. 아직 지식이 증가하고 발명도 계속되며 새로운 주들이 생겨나고[32] 도시들은 여전히 확장되고 있지만, 문명은 이미 기울기 시작했다. 인구의 증가에 비례하여 우리는 더 많은 감옥, 더 많은 구빈원, 더 많은 정신병원을 지어야 한다. 사회가 죽는 것은, 위에서 시작하여 아래로 퍼지는 것이 아니라, 아래에서 시작하여 위로 올라간다.

문명의 퇴조를 보여주는 것으로는 통계 수치보다 더 생생한 증거들이 있다. 우선 막연하지만 전반적으로 널리 퍼진 실망감이 있다. 노동자 계급들 사이에서 비참한 느낌이 더욱 커지고 있다. 불안감과 혁명의 예감이 널리 퍼져 있다. 만약 이런 것을 해결할 수 있는 어떤 구체적 대책이 나온다면 그것은 희망찬 징조가 될 것이다. 하지만 그런 아이디어는 나오지 않는다. 학교 교사

---

31 이러한 것들을 보여주는 통계는 새뮤얼 로이스에 의하여 편집된 「퇴보와 인종 교육」이라는 책자로 간편하게 수집되었다. 이 책자는 뉴욕의 목사 피터 쿠퍼에 의해 널리 배포되었다. 그러나 기이하게도 로이스 씨가 제안한 유일한 해결책은 유치원의 설립이다.

32 헨리 조지가 이 책을 집필한 당시인 1870년대 후반에 미국의 주는 모두 37개 주이고 현재는 50개 주이다: 옮긴이

는 해외에 당분간 파견되어 시찰을 하고 오지만, 원인과 결과를 추적하는 전반적인 능력은 조금도 향상되지 않는다. 정부의 실패로 끝난 오류에 대한 반작용으로서, 보호무역주의로 회귀하는 움직임은 그것을 잘 보여준다.[33]

심지어 철학적 자유사상가들도 문명 세계에 퍼져 나가는 광범위한 종교 사상의 변화를 관찰하면, 반드시 이런 엄청난 사실이 상당히 중요한 관계를 포함하고 있어서 미래에 중요한 개발 요소가 되리라는 것을 깨닫게 된다. 왜냐하면 현재 진행되고 있는 것은 종교 형식의 변화가 아니라 종교를 탄생시킨 관념의 부정과 파괴이기 때문이다.

기독교는 그 자체에 붙어 있는 미신적 요소들을 제거하여 진보하고 있는 것이 아니라, 대중들 마음속에서는 뿌리부터 죽어가고 있다고 생각된다. 기독교가 이 세상에 처음 나왔을 때, 이교가 죽어갔던 것처럼 말이다. 그리고 그 자리를 대신 차지할 종교는 생겨나지 않는다. 전지한 창조주와 내세의 복락이라는 근본 사상은 이제 대중의 마음속에서 급속히 약화되고 있다.

이제 이것이 그 자체로 진보인지 아닌지 여부는 제쳐 놓더라도, 종교가 세계사에서 수행해온 역할의 중요성을 감안하면, 현재 벌어지고 있는 변화의 중요성을 보여준다. 인류의 보편 역사는 인간 본성의 뿌리 깊은 특징이 무엇인지 보여주었는데, 그 인간 본성이 갑자기 바뀌지 않는 한, 엄청난 규모의 작용과 반작용이 벌어질 것이다. 이러한 사상의 단계들은 지금까지 언제나 전환기에 해당되었다.

우리 시대의 문헌을 잘 섭렵하고, 그 문제를 주위의 사람들과 충분히 토론한 사람이라면, 오늘날의 유물론적 관점이 파헤치고 있는 것은 지표면이 아니라 그보다 더 깊은 심층 토양임을 알 것이다. 그런데 유물론적 사상보다 규모나 깊이가 덜한 사상의 상태가 프랑스 대혁명 직전에 이미 발생했다. 그

---

33 건설적 국가 행정―근본 원리의 인식과 목적에 부합하는 수단의 채택―의 관점에서 볼 때, 1세기 전에 채택된 미국 헌법이 그 뒤에 생겨난 각 주의 헌법보다 훨씬 더 우월하다. 주 헌법 중 가장 최근의 것은 캘리포니아 주 헌법인데 어설프기 짝이 없는 작품이다.

러나 현재 진행되고 있는 종교적 사상의 파괴에 가장 가까운 유사 사례는 고대 문명이 영화에서 쇠락으로 이행해간 그 시기에서 찾아볼 수 있다. 앞으로 어떤 변화가 닥쳐올지 우리는 자세히 예측하지는 못하지만, 사려 깊은 사람들은 엄청난 변화가 닥쳐오리라는 것을 느끼기 시작했다. 문명 세계는 거대한 움직임의 가장자리에 서서 선택을 요구받으며 떨고 있다. 앞으로 도약하여 지금껏 꿈꾸어 보지 못한 진보로 나아가는 길을 열든지, 아니면 아래쪽으로 추락하여 야만으로 퇴행하든지 둘 중 하나의 선택이 기다리고 있다.

제5장

핵심적 진리

우리의 탐구의 후반 부분은 부득이하게 제한된 지면에만 할애되어 있다. 그래서 나는 하고 싶은 말을 많이 생략해야 했고 전반적으로 검토해야 하는 곳에서도 간략하게 스케치할 수밖에 없다.

그렇지만 우리가 수행해온 정치경제학적 탐구로 도달하게 된 진리는 국가의 흥망과 문명의 성쇠에서 분명하게 드러난다. 그 진리는 우리 마음속 깊숙한 곳에 있는 도덕의 관점으로 살펴본 사태의 선후관계와도 일치하는 것이다. 이렇게 하여 우리의 결론은 가장 깊은 확신과 최고의 인정을 받았다.

부의 평등한 분배가 사회발전의 지름길

이 진리는 위협과 약속을 동시에 내포하는데 다음과 같은 사실을 보여준다. 현대 문명이 진행될수록 더욱 뚜렷해지는, 정의롭지 못하고 불평등한 부의 분배는 진보의 우연한 현상이 아니라 보편적 경향으로서 결국 진보를 멈춰 세운다. 그런 경향은 저절로 치유가 되지 않는다. 오히려 그 원인이 제거되지 않으면 점점 더 심해지다가 결국에는 우리 문명을 야만으로 퇴행시킬 것이다(이것은 예전의 모든 문명이 걸어온 길이기도 하다). 사회악은 자연법에 의해 만들어진 것이 아니다. 사회악은 자연법을 무시하고 만들어진 미흡한 사회제도에서 나오는 것이다. 우리가 그 원인을 제거한다면 사회의 진보에 큰 추진력을 부여하게 될 것이다.

풍요의 한가운데에서 사람을 괴롭히고 타락시키는 빈곤, 그리고 그 빈곤에서 비롯되는 다양한 사회악들은 정의가 없기 때문에 그런 것이다. 자연이 모든 사람에게 무상을 나눠준 기회를 어떤 개인이 독점하게 내버려둠으로써, 우리는 정의라는 기본법을 무시해 버렸다. 그리고 우리가 모든 사태를 대국적으로 살펴본다면 정의는 세상의 가장 높은 법률이 되어야 마땅하다.

우리가 사회 내의 불의를 일소하고 모든 사람에게 자연의 기회(토지)를 평등하게 되돌려준다면, 우리 자신이 정의의 법을 지키는 것이 된다. 우리는 부자연스러운 부와 권력의 불평등한 분배를 가져오는 커다란 원인을 제거하고, 빈곤을 퇴치하게 된다. 탐욕이라는 무자비한 열정을 순화하고 악덕과 비참의 샘을 말라붙게 한다. 어두운 곳에 지식의 등불을 켠다. 발명에 새로운 활기를 불어넣고 발견에 신선한 자극을 준다. 정치적 허약함 대신에 정치적 강건함이 들어서서 독재 정부와 무정부 상태를 아예 불가능하게 만든다.

내가 주장하는 개혁은 정치적·사회적·도덕적으로 바람직한 것들과 일치한다. 그것은 진정한 개혁의 특성을 갖고 있으므로, 다른 모든 개혁들을 한결 쉽게 만들기 때문이다. 그것은 미국 독립선언서에서 언명된 진리의 문자와 정신을 그대로 구현하는 것이다. 그것은 독립선언문의 핵심이요 영혼인 "자명한" 진리이다.

"우리는 모든 사람은 평등하게 태어났고, 창조주로부터 몇 개의 양도할 수 없는 권리를 부여받았으며, 그 권리 중에는 생명, 자유, 행복의 추구가 있다는 것을 자명한 진리로 주장하는 바이다!"

사람이 발붙이고 살아가야 할 토지에 대한 평등한 권리를 부정한다는 것은 이런 자명한 진리들을 부정하는 것이다. 정치적 권리의 평등은 자연의 선물(토지)에 대한 평등한 권리를 부정하고서는 온전히 설 수가 없고 결코 그 사라진 권리를 보상해주지도 못한다. 토지의 평등권이 부정된다면, 정치적 자유라는 것은, 인구가 증가하고 발명이 계속되는 상황에서, 간신히 먹고 살 수 있는 기아 수준의 임금을 주는 일자리를 두고서 경쟁하는 자유에 지나지 않는다. 이것이 우리가 지금껏 무시해온 진리이다.

그런 상황에선, 우리의 거리에 거지들이 돌아다니고, 우리의 도로에는 부랑자들이 서성거린다. 빈곤은 소위 정치적 주권자라고 칭송되는 사람들을 노예로 만든다. 가난은 무지를 만들어내고 우리의 학교들이 아무리 노력해도 그런 무지몽매함을 퇴치하지 못한다. 시민들은 그들의 주인이 시키는 대로 투표한다. 정치가는 감쪽같이 사라지고 그 자리에 대중선동가들이 대신 들어선다. 정의의 거울은 황금이 무거운 쪽으로 기울어진다. 고위직 자리에는 심지어 위선의 입 발린 말일지라도 시민 도덕에 경의를 표시하는 사람들은 앉아 있지 않다. 우리가 튼튼하다고 생각하는 공화국의 기둥들은 이미 점점 커져가는 압력에 휘어져 있다.

우리는 명실공히 자유를 높이 숭상한다. 우리는 자유의 여신상을 세우고 자유를 하늘 높이 칭송한다. 하지만 우리는 자유를 충분히 믿지 않는다. 우리의 사회가 성장하면서 자유의 요구사항도 따라서 많아지고, 자유는 자신의 요구를 절반만 들어주는 것은 결코 용납하지 않는다!

자유! 이는 듣기만 해도 가슴이 뛰는 말이다. 그것은 공허한 허세로 사람의 귀를 따갑게 하는 것이 아니다. 왜냐하면 자유는 정의이고, 정의는 자연법인 까닭이다. 자연법은 건강과 균형과 힘, 우애와 협동의 법이다.

자유가 세습적 특혜를 폐지하고 인간에게 투표권을 부여하면서 그 임무를 완수했다고 말하는 사람, 자유는 이제 우리의 일상생활과는 아무런 관련이 없다고 보는 사람, 이런 사람들은 자유의 진정한 장엄함을 아직 보지 못한 자들이다. 이런 사람들이 보면 자유를 찬양하는 노래를 부르는 시인들은 망발하는 광인으로, 자유를 위해 희생한 순교자들은 바보로 보일 것이다. 태양은 빛과 생명의 원천이다. 그 빛은 모든 구름을 꿰뚫을 뿐만 아니라 모든 피조물의 성장을 돕고, 모든 움직임을 지원하며, 차가운 무생물로부터 아주 다양한 존재와 아름다움을 이끌어낸다. 자유는 인류에게 태양과 마찬가지로 실용적인 역할을 한다. 인간은 비현실적 관념을 위해서 일하고 죽는 것이 아니다. 모든 시대에 자유의 증인들이 앞으로 나섰고 자유의 순교자들이 고통을 당했다.

자유는 인간 사회 모든 것의 원천

우리는 자유는 자유이고, 미덕, 부, 지식, 발명, 국력, 국가의 독립은 별개라고 말한다. 하지만 그렇지 않다. 자유는 이 모든 것의 원천이요, 어머니요, 필요조건이다. 색깔은 빛이 있어야 하듯이, 미덕은 자유가 있어야 비로소 존재한다. 햇볕이 곡식을 키우듯이 자유가 부를 일궈낸다. 눈이 있어야 볼 수 있듯이 자유가 있어야 지식을 얻을 수 있다. 자유는 발명의 진수, 국력의 힘줄, 국가 독립의 영혼이다.

자유가 일어서는 곳에서, 미덕도 함께 자란다. 부가 증가하고, 지식이 늘어나고, 발명이 인간의 노동력을 몇 배나 크게 해준다. 자유로운 국가들은 국력이나 정신력이 다른 나라들보다 더 우뚝해지고 더 키가 크고 더 아름다워지는데, 그 모습은 마치 사울 왕이 형제들 사이에서 월등했던 것과 비슷하다.[34] 자유가 침체하면 미덕도 따라서 가라앉고 부는 줄어들고 지식은 망각되며 발명은 중단되고, 한때 무력과 예술이 강성했던 제국[35]은 그 제국보다 한결 자유로운 야만인들[36]에게 무기력한 먹이가 된다!

지금까지 자유의 태양은 인간들 사이에서 부분적인 빛으로만 번쩍거렸으나, 그래도 모든 진보는 그 자유가 이룩한 것이었다.

자유는 먼저 이집트인의 채찍 아래에서 신음하던 노예의 종족에게 찾아와서 그들을 노예의 집으로부터 불러냈다. 자유는 그들을 사막에서 단련시켜서 정복자의 종족으로 만들었다. 모세 율법의 자유로운 정신이 그들의 사상가들을 하늘 높이 들어 올렸고 그곳에서 그들은 유일신을 보았다. 또 자유로운 정신은 그들의 시인들에게 가장 높은 수준의 사상을 노래 부르도록 만들었다.

자유는 페니키아 해변에도 빛을 비추었고 그들의 배는 미지의 바다를 항

---

34 구약성경 사무엘상 9장 2절: "이스라엘 자손들 가운데 사울처럼 잘 생긴 사람은 없었고, 키도 모든 사람보다 어깨 위만큼은 더 컸다.": 옮긴이
35 로마 제국: 옮긴이
36 훈족과 반달족: 옮긴이

해하기 위하여 헤라클레스의 기둥(지브롤터 해협)을 지나갔다. 자유는 그리스에도 부분적으로 빛을 비추었다. 그리스인들은 대리석을 주물러서 이상적 아름다움의 형체로 만들어냈고, 그들의 언어는 아주 절묘한 사상의 도구가 되었다. 대왕[37]의 무수히 많은 대군이 그리스 자유 도시들의 소규모 민병대를 향해 절벽을 때리는 파도처럼 몰려왔으나 결국 패퇴했다. 자유는 이탈리아 농부들의 4에이커 농장에도 빛을 비추었다. 로마인들이 신봉한 자유의 힘으로부터 전 세계를 정복하는 무력이 나왔다. 그러나 로마인들은 더 자유로운 게르만 전사들의 번쩍거리는 방패에 잠시 눈이 멀었고 아우구스투스는 사라진 군단들을 아까워하며 눈물을 흘렸다.[38]

자유가 일시 사라진 밤이 지나가자, 그녀의 비스듬한 햇빛이 자유 도시들을 비추었고, 잃어버린 학문이 회복되어 근대 문명이 시작되고 새로운 세상이 도래했다. 자유가 성장하면서, 예술, 부, 국력, 지식, 세련미가 함께 늘어났다. 모든 국가의 역사에서 우리는 동일한 진리를 읽을 수 있다.

영국이 프랑스에 맞서서 크레시 전투와 아쟁쿠르 전투에서 승리를 거둘 수 있었던 것은 마그나 카르타에서 생겨난 국력 덕분이었다. 튜더 왕조[39]의 독재정치로부터 자유가 다시 회복되자 영국 여왕 엘리자베스 시대의 영화가 찬란하게 꽃피울 수 있었다. 왕관 쓴 독재자[40]를 단두대로 보내고, 이곳(미국)

---

37 페르시아의 다리우스 1세. 기원전 558-486: 옮긴이

38 서기 9년 9월에, 라인 강 동쪽에 주둔하던 로마 3개 군단의 사령관 바루스는 먼 곳에 있는 게르만 부족이 반란을 일으켰다는 가짜 소문에 넘어가서 그 반란의 진압차 토이토부르크 숲의 계곡으로 유인당했다. 마침 비가 내려 질척한 계곡의 비좁은 길로 들어선 로마 3개 군단은 독 안에 든 쥐가 되어 매복 중이던 게르만 족장 아르미니우스의 반격을 받아 사흘 동안 총 1만 3천 명의 병력이 전멸했다. 당시 50대 중반이던 바루스는 칼에 몸을 던져 자결했다. 이 패배로 로마 제국은 그 후 다시는 라인 강 동쪽의 게르만 지역을 넘보지 못하게 되었다. 패전 소식을 들은 초대 황제 아우구스투스는 밤잠을 이루지 못하고 궁전의 회랑을 거닐다가 그 회랑 벽에 이마를 쿵쿵 부딪치며 "바루스, 바루스, 내게 3개 군단을 돌려다오!"라고 소리쳤다: 옮긴이

39 헨리 7세부터 엘리자베스 여왕까지(1485-1603) 영국을 통치한 왕가: 옮긴이

40 스튜어트 왕가의 찰스 1세(1600-1649)를 가리키는 것으로 크롬웰이 이끄는 의회파와의 내전에서 패배하여 처형됨: 옮긴이

에 막강한 나무의 씨앗을 뿌릴 수 있었던 것도 그 자유의 정신 덕분이었다.

스페인이 무적함대를 갖추고 세계 최강의 세력으로 올라설 수 있었던 것도 오래된 자유의 에너지를 통하여 국가적 일치를 이룰 수 있었기 때문이었다. 그러나 자유로운 정부에 뒤이어 독재 정부가 들어서자 스페인은 국력이 바닥나서 가장 밑바닥까지 추락하고 말았다.

프랑스의 경우도 사정은 마찬가지다. 17세기의 전제 정부 밑에서 신음하던 지적 활기는 18세기에 들어와 자유가 잠깨어나자 찬란하게 되살아났다. 대혁명 때 농민들이 정치에 적극 참여했던 것을 보라. 그것은 자유의 놀라운 힘 덕분이며, 그 자유는 우리의 시대에도 패배를 모른다.

그러니 우리가 어떻게 자유를 신뢰하지 않겠는가?

예전 시대들과 마찬가지로 우리의 시대에도, 불평등을 가져오고 자유를 파괴하는 음험한 세력이 준동하고 있다. 지평선 위에는 먹구름이 낮게 깔리기 시작했다. 자유는 우리를 다시 부른다. 우리는 자유를 따라 더 멀리 나아가야 한다. 우리는 자유를 전적으로 믿어야 한다. 우리가 자유를 백 퍼센트 받아들여야 한다. 아니면 자유는 우리를 떠나갈 것이다. 국민들이 투표를 하는 것만으로는 충분하지 않다. 국민들이 이론상으로 법 앞에서 평등한 것만으로는 충분하지 않다.

국민은 생활의 기회와 수단을 활용할 수 있는 자유를 누려야 한다. 국민은 자연의 선물과 관련하여 동등한 권리를 누릴 수 있어야 한다. 이렇게 하지 않으면 자유는 그 빛을 거두어갈 것이다! 이렇게 하지 않으면 어둠이 닥쳐올 것이고, 문명의 진보가 가져온 힘들은 곧바로 문명을 파괴하는 힘으로 전환될 것이다. 이것이 보편적 법칙이다. 이것이 지난 수 세기 동안의 교훈이다. 사회 구조는 정의의 바탕 위에 놓이지 않으면 제대로 서 있지 못한다.

토지 사유제는 철폐되어야 마땅하다

우리의 기본적 사회 제도는 정의를 부정하고 있다. 어떤 한 사람이 다른 많은 사람들이 살아가야 할 땅을 소유하게 함으로써, 우리는 그 많은 사람들을 토지 소유주의 노예로 만들었다. 물질적 진보가 앞으로 계속 될수록 그 예속의 강도는 더욱 높아질 것이다. 이것은 은밀한 연금술로서, 일반 대중이 의식하지 못하는 가운데, 모든 문명국가의 노동자들로부터 그들의 피곤한 노동에서 나온 결과물을 착취하는 방식이다. 그것은 이미 철폐된 노예제를 대신하여 그 자리에다 더 고통스럽고 더 희망 없는 노예제를 들이밀고 있다. 그것은 정치적 자유를 말살하고 정치적 독재를 강요하며, 곧 민주적 제도들을 무정부 상태로 바꾸어 놓을 것이다.

바로 이것(토지 사유제)이 물질적 진보의 축복을 저주로 바꾸어 놓는다. 사람들을 시끄러운 지하실과 지저분한 셋집으로 몰아넣는다. 감옥과 창녀촌을 사람들로 가득 채운다. 사람들에게 가난의 고통을 안겨주고 온몸이 탐욕으로 불타오르게 만든다. 여자들로부터 완벽한 여성으로 성장할 수 있는 우아함과 아름다움을 강탈해간다. 어린아이들에게서 인생의 아침에 맞이해야 할 즐거움과 순진함을 빼앗아간다.

이런 바탕을 가진 문명은 오래 가지 못한다. 우주의 영원한 법칙이 그것을 금지한다. 죽은 제국들의 폐허와, 모든 영혼 속에 깃든 증인이 그런 문명은 존속하지 못한다고 증언한다. 우리에게 이런 잘못을 시정하라고 요구하는 것은 자비보다 더 위대하고, 사랑보다 더 위엄 있는 것인데, 바로 정의이다. 아무도 정의를 거부하지 못하고 정의를 물리치지도 못한다. 심판의 저울대를 앞에 내미는 정의는 칼도 함께 가지고 있다. 우리가 종교의 전례와 기도로 그 칼날을 받아낼 수 있을까? 배고픈 아이들이 신음을 내지르고 피곤한 어머니들이 울음을 터트리는데 교회 건물을 세운다고 해서 만고불변 법칙의 명령을 우리가 피해갈 수 있을까?

가난에서 오는 고통과 비참함을 이해하기 어려운 섭리의 작정 탓으로 돌린다면, 그 말이 비록 기도의 언어로 되어 있더라도 신성모독이다. 미국 대도시들의 가난과 범죄에 대하여, 두 손 공손히 모으고서 전능한 하느님에게 고개를 돌리면서 그 책임을 하느님 탓으로 돌리는 것은 신성모독이 아닐 수 없다. 우리는 영원하신 분을 모독하는 것이다. 우리는 정의로우신 분을 중상하는 것이다. 하느님이 이런 세상을 만들었다고 말하다니! 인간들 중에 자비로운 사람이라면 이보다 더 나은 세상을 조직하려 했을 것이다. 정의로운 사람이라면 그의 발로 그와 같은 부패한 개미 언덕을 짓밟아 뭉개버렸을 것이다! 그러나 우리의 문명을 괴롭히는 악행과 비참에 책임 있는 것은 바로 우리들 자신이다. 창조주는 우리 모두에게 충분히 돌아갈 정도로 선물을 내려주었다. 그러나 먹을 것을 얻기 위해 달려드는 돼지처럼 우리는 그 선물을 진흙에 처넣고 짓밟고 있다. 그리고는 서로서로 물어뜯고 갈가리 찢어 버리고 있다!

눈을 감지 않고 담대하게 주위를 둘러보는 사람이라면 오늘날 우리 문명 한가운데에서 가난과 고통이 창궐하는 것을 보고서 깊이 상심하게 될 것이다. 우리는 창조주에게 시선을 돌리면서 그분에게 이런 상황에서 구제해 달라고 요구해야 할까? 우리의 기도가 응답되었다고 가정하자. 그리하여 이 세상을 만들어낸 그 명령의 힘으로, 태양이 전보다 더 강력한 힘으로 빛나고, 새로운 능력이 공기 중에 가득하고, 신선한 활력이 땅을 채우고, 현재 풀잎 하나가 자라던 곳에서 두 개가 자라나고, 씨앗도 현재보다 두 배의 결실을 본다고 해보자! 이렇게 된다면 가난이 줄어들거나 가난이 완화될까? 분명 그렇지 않다!

그렇게 바뀐 세상이 가져다주는 혜택은 일시적인 것일 뿐이다. 물질적 세상을 통하여 흘러가는 힘은 오직 토지를 통해서만 활용될 수 있다. 토지는 사유재산이기 때문에 현재 창조주의 선물을 독점하고 있는 자들이 모든 새로운 선물을 독점할 것이다. 토지 소유주만 혜택을 볼 것이다. 지대는 상승할 것이고, 임금은 여전히 기아(飢餓) 점을 향해 내려갈 것이다.

이것은 단지 정치경제학의 결론에 그치는 것이 아니라 체험으로 확인된 사실이다. 우리는 그것을 보았기 때문에 그것을 안다.

우리의 시대에, 우리가 바로 보고 있는 데서, 하느님의 힘 – 이 세상 모든 것에 깃들어 있고, 이 세상 모든 사물이 그것을 표현하며, 그 작용이 없으면 그 어떤 것도 생성되지 않는 힘 – 은 인간이 즐길 수 있도록 그분의 선물을 더욱 많이 풀어놓았는데 마치 자연의 다산성을 크게 증가시킨 것 같았다. 어떤 사람의 머릿속에는 인류에 봉사할 수 있는 증기선의 아이디어가 떠올랐고, 또 어떤 사람의 귀에는 번개처럼 전 세계로 메시지를 나르는 전신(電信)의 비밀이 속삭여졌다. 모든 방면에서 물질의 법칙이 밝혀졌다. 산업의 모든 분야에서 쇠 팔과 무쇠 손가락이 생겨났고 이것들이 부의 생산에 미친 효과는 자연의 다산성이 증가한 것과 똑같은 효과였다.

이러한 선물의 결과는 무엇인가? 단지 지주들만이 모든 이득을 챙겨갔다. 우리 세기의 놀라운 발명과 발견은 노동을 경감시켜 주지 않았다. 그 효과는 단지 소수의 부자를 만들어낸 것뿐이었다. 그 외의 다수의 사람들은 전보다 더 무력하게 되었다!

자유와 정의의 황금시대

창조주의 선물이 이처럼 악용되는 데도 아무런 제재도 하지 않는 것이 가당한 일인가? 탐욕이 엄청난 부를 거머쥐는 동안에 노동은 그 소득을 강탈당하고 그리하여 다수가 먹을 것이 없어 고통 받는데 소수는 소화불량이 될 정도로 과식하는 것이 타당한 일인가? 역사책으로 눈을 돌려보면 모든 페이지에서 이런 과오는 결코 징벌을 피하지 못한다는 교훈이 적혀 있을 것이다. 불의를 뒤쫓아 징벌하는 복수의 신 네메시스는 결코 발걸음이 비틀거리거나 잠에 빠지는 법이 없다! 오늘날 주위를 한 번 둘러보라. 이러한 사회 상태가 계속 될 수 있으리라 보는가? 사람들은 심지어 이런 말도 한다. "우리가 죽은 다음에 대홍수[41]가 나든 말든!"

---

41 대홍수: 'Apres moi le deluge'라는 프랑스어 표현에서 온 것. 루이 15세의 정부인 마담 드 퐁파두르(1721-1764)가 궁정의 과도한 사치에 대해서 비난을 받자 이 말을 했다고 한다. 그녀는 루이 15세가 이 말을 한 것을 듣고서 반복해서 말했을 것으로 추정된다. 오스트리아의 정치가 메테르니히(1773-1859)도 이 말을 썼다. 메테르니히는 나폴레옹 전쟁이 끝난 뒤 유럽의 새로운 정치 질서를 수립한 빈 회의에서 대활약을 한 인물이다. 그는 기존의 정치 질서는 자신이 인도해주기 때문에 가능한 것인데, 자신이 죽은 후에는 그 질서가 유지되지 못할 것이라는 뜻에서 이 말을 썼다: 옮긴이

아니다.

국가의 기둥은 지금도 흔들리고 있다. 억눌려 지하로 들어간 힘들이 꿈틀 거리는 바람에 사회의 기초가 뿌리째 요동치고 있다. 다시 새롭게 태어나거 나 요동치다가 허물어지거나 둘 중 하나로 귀결될 대투쟁이 다가왔다. 아니, 이미 시작되었는지도 모른다.

지엄한 명령이 내려졌다! 증기와 전기, 그리고 진보에서 생겨난 새로운 힘들이 이 세상에 들어왔다. 그 힘들은 우리에게 더 높은 고지로 올라가거나, 아니면 예전에 국가와 문명이 그러했듯이 멸망의 길로 굴러 떨어지거나 둘 중 하나를 선택할 것을 강요한다. 현재 문명 세계에서 일반 대중이 겪고 있는 심각한 불안이 일시적 원인들의 지나가는 현상일 뿐이라고 생각하는 것은, 문명이 멸망하기 전에 흔히 나타나는 망상이다. 민주적 사상과 귀족제도 사 이에는 타협하기 어려운 갈등이 있다. 유럽에서와 마찬가지로 여기 미국에서 도 그런 갈등이 생겨나는 것이 목격된다. 우리는 주민들에게 투표권을 부여 하면서 그들이 부랑자가 되도록 강요하는 현 상태를 한없이 계속할 수는 없 다. 공립학교에서 남녀학생에게 동등한 직업의 권리를 가르치면서 그들에게 정직한 생계를 제공하지 않는 현 상태가 한없이 계속될 수 없다. 인간의 양 도할 수 없는 권리를 칭송하면서 창조주의 선물(토지)에 대한 양도할 수 없는 권리를 부정할 수는 없다. 심지어 지금 이 순간에도, 낡은 병들에서 새로운 와인이 발효하고 있고, 투쟁을 벌이기 위한 기본적 힘들이 축적되고 있다!

그러나 아직 시간이 있을 때, 우리가 정의로 돌아가서 그 뜻에 승복하고, 우리가 자유를 신임하고 자유를 따른다면 지금 이 사회를 협박하는 위험은 사라질 것이고, 위협을 가하는 힘들은 사회를 개선하는 힘으로 바뀔 것이다. 지금 낭비되고 있는 힘, 아직 탐구되지 않은 무한한 지식의 분야, 이 세기의 멋진 발명품이 암시하는 여러 가능성을 생각해 보라. 가난이 사라지고, 탐욕 이 고상한 열정으로 바뀌고, 평등에서 생겨나는 박애정신이 지금 사람을 서 로 싸우게 만드는 질투와 공포를 대신하고, 가장 비천한 사람에게도 안락과 여가를 제공하는 사회 조건들에 의해 정신력이 자유롭게 풀려날 경우에, 우리 문명이 까마득히 솟아오를 그 높이를 측정할 수 있는 자 누구인가?

표현이 생각을 따라오지 못하는구나!

그것은 시인들이 노래해 왔고 높은 곳에 다녀온 예언자들이 비유법을 써서 말해준 황금시대이다. 그것은 꺼졌다 켜졌다 하는 찬란한 빛으로 늘 인간을 사로잡아온 영광스러운 비전이다. 그것은 파트모스 섬에서 환상 중에 두 눈을 감고서 보았다는 사람[42]의 비전이다. 그것은 기독교의 꼭짓점이다. 지상에 세워진 하느님의 도시이고, 성벽은 석영으로, 성문은 진주로 만들어진 도시이다! 그것은 평화의 왕이 다스리는 도시이다!

---

42 파트모스는 그리스의 에게 해에 있는 섬으로, 복음서 기자 요한이 신약성경의 〈요한계시록〉을 이 섬에서 썼음: 옮긴이

개인 생활의 문제

나라들의 시절은 지금껏 태양이 예언해온 것들의

흔적을 조금도 간직하고 있지 않구나.

대포는 교사의 자리에서 발언하고

시대는 노동과 황금으로 피곤하구나.

높은 희망은 시들고 기억은 쇠퇴하네.

가정의 난로와 교회의 제단에서 불은 꺼져버렸다.

그러나 저 용감한 신앙은 헛되이 살지 않았으니,

이것이 우리의 감시자가 해주는 말이로다.

－프랜시스 브라운

개인 생활의 문제

나의 과업은 완수되었다.

그러나 아직도 많은 생각이 내 머리를 맴돈다. 우리가 지금껏 검토해온 문제들은 우리를 더 높고 깊은 문제로 인도한다. 사회생활의 문제 뒤에는 개인 생활의 문제가 도사리고 있다. 나는 개인 생활을 생각하지 않고서 사회생활을 말하는 것은 불가능하다고 본다. 이 책을 여기까지 읽고 나와 같은 생각을 하는 독자들은 이런 주장에 동감하리라 생각한다. 그래서 프랑스 역사가 프랑수아 기조(1787-1874)는 이런 말을 했다. "문명의 역사가 완료되고 우리의 현 존재에 대하여 더 이상 할 말이 없을 때, 사람은 필연적으로 그 자신에게 물어보게 된다. 모든 것을 샅샅이 다 조사했는가? 과연 모든 것의 끝에 도달했는가?"

이 문제를 나는 지금 논의하지 못한다. 내가 이 문제를 말하는 것은 이 책을 쓰는 동안 내게 엄청난 격려를 주었던 생각이 이 책을 읽은 독자들에게도 격려가 되리라 보았기 때문이다. 이 책의 운명이 어떻게 되든 간에 마음속 깊은 곳에서 새로운 십자군 운동의 십자가를 걸머진 사람들에 의해 읽혀질 것이다. 이 생각은 내가 제안하지 않아도 그들에게 저절로 떠오를 것이다. 그러나 우리가 보고 있는 별을 남들도 보고 있다는 것을 알면 우리는 더욱 우리의 관찰에 자신감이 붙게 된다.

내가 분명하게 이해시키고자 한 진리는 사람들 사이에서 쉽게 받아들여지지 않을 것이다. 만약 그럴 수 있었다면 오래전에 받아들여졌을 것이다. 만약 그럴 수 있었다면 그토록 오랫동안 어둠 속에 파묻혀 있지 않았을 것이다. 하지만 그 진리는 친구들을 발견할 것이다. 그것을 위해 일하고, 그것을 위해 고통을 당하고, 필요하다면 그것을 위해 죽을 사람들을 만날 것이다. 이것이 진리의 힘이다.

진리는 마침내 승리할 것인가? 궁극적으로는 그렇다. 그러나 우리의 시대 내에, 우리들 중 누군가가 기억할 수 있는 시간 내에 승리할 것인지는 누가 알겠는가?

누군가가 정의롭지 못한 사회 제도가 만들어내는 궁핍과 비참, 무지와 타락을 보고서 자신의 힘이 미치는 범위 내에서 그것들을 바로잡아 보려고 하는 사람은 실망과 개탄을 느끼게 되어 있다. 그것은 심지어 오늘날에도 그러하다. 그러나 가장 쓸쓸한 생각 – 이것은 가장 선량하고 가장 용감한 사람에게도 때때로 떠오른다 – 은, 아무리 노력해도 희망이 없고 아무리 희생해도 결과가 없다는 생각이다. 그러나 씨앗을 뿌린 사람들 중에서, 그 씨앗이 자라나는 것을 보는 기회, 혹은 그것이 분명 자랄 것이라는 확신이 주어지는 사람은 아주 소수이다.

진리와 정의가 이긴다

이제 그것을 위장하지 말기로 하자. 이 세상에서는 거듭하여 진리와 정의의 깃발이 높이 올려졌다. 하지만 그 깃발은 거듭하여 짓밟혀졌고 그 과정에서 종종 유혈사태가 발생했다. 만약 진리에 반대하는 자들이 허약한 세력이었다면 어떻게 오류가 그토록 오래 지속될 수 있었겠는가? 정의가 불의를 물리치기 위해 그저 고개 한 번 쳐드는 것으로 충분했더라면, 어떻게 억압받는 자들의 탄식소리가 그토록 오래 들려올 수 있었겠는가?

그러나 진리를 보고서 그것을 따라가려는 사람, 정의를 알아보고 그것을 위해 앞장 서려는 사람은 성공만을 유일한 목표로 삼지 않는다. 성공! 거짓도 때때로 성공을 준다. 불의도 때때로 성공을 준다. 진리와 정의도 본연의 권리에 의하여 그들의 소유인 어떤 것을 우리에게 주지 않겠는가? 결코 우연한 어떤 것이 아닌 본질적으로 그들의 소유인 것을?

진리와 정의가 바로 지금 이 순간 나누어줄 것을 가지고 있으며, 그 존귀함을 느껴본 사람은 그런 사실을 분명하게 안다. 그러나 때때로 먹구름이 획하고 아래로 내려온다. 자신의 동료들에게 뭔가 해주려 했던 사람들의 전기를 읽는 것은 슬프고, 슬픈 일이다. 그리스 사람들은 소크라테스에게 독배를 주었다. 로마인들은 민중을 위해 싸운 그라쿠스 형제를 몽둥이와 돌로 쳐서 죽였다. 모든 사람들 중에서 가장 위대하고 순결한 그분(예수)은 십자가에 못 박혀 돌아가셨다. 이런 분들은 대표적 유형이다.

오늘날 러시아 감옥은 죄수들로 넘쳐난다. 고상한 애국심을 품지 않았더라면 안락과 사치 속에서 살아갔을 선남선녀들이 쇠사슬에 묶인 채 기다란 행렬을 이루어 시베리아의 생지옥으로 끌려갔다. 가난과 결핍, 무시와 경멸, 쓸쓸한 마음을 위로해 주었을 동정심의 부재, 이런 것들 속에서 모든 나라의 애국자들이 쓸쓸히 두 눈을 감은 것이 그 얼마인가? 우리는 이런 것을 본다.

하지만 우리는 그 모든 것을 알고 있는 것인가?

나는 이 책을 쓰면서 신문을 집어 들었다. 거기에 간단한 기사가 실렸다. 반(半) 공식적 보고서에서 번역된 것일 텐데, 키예프에서 처형된 세 명의 무정부주의자에 관한 기사이다. 그들은 프로이센 사람 브란트너, 안토노프라는 이름의 무명인사, 그리고 귀족 오신스키이다. 교수대 발치에서 그들은 서로 볼을 비비며 키스하는 것이 허용되었다. "이어 교수형 집행인은 밧줄을 끊었다. 의사들은 사형수들의 사망을 선언했고, 그 시체는 교수대 발치에 매장되었다. 세 명의 무정부주의자는 영원한 망각 속으로 떨어졌다." 기사는 이렇게 말하고 있다. 나는 그것을 믿지 않는다. 아니다. 망각이라니!

나는 이 탐구 과정에서 내 생각의 방향을 따라왔다. 내가 이 책의 집필을 시작했을 때 내 마음속에는 이렇다 할 이론도 없었고 증명해야 할 결론도 없었다. 단지, 내가 대도시의 지저분한 빈민가의 참상을 처음 보았을 때, 나는 경악했고 깊은 고통을 느꼈다. 그 후 내 마음은 한시도 안정되지를 않고, 무엇이 그런 가난의 원인인가, 그 가난을 해결할 수 있는 방법은 무엇인가를 생각해 왔다.

그리고 이 탐구로부터 나는 발견할 것이라고 생각하지 않았던 것을 발견했고, 죽어 있던 신앙이 되살아났다.

내세에 대한 동경은 자연스러우면서 뿌리 깊은 것이다. 그것은 지적 성장과 함께 자라왔고, 우주가 정말로 광대무변하다는 것을 깨닫는 사람, 지식의 진보가 우리 앞에 펼쳐놓는 전망 – 제대로 다 파악하려면 거의 영원의 시간이 필요할 정도로 무한한 전망 – 이 정말로 무한하다는 것을 인식하는 사람은 그런 내세의 동경을 더욱 강하게 느끼게 된다. 그러나 우리 시대의 정신적 분위기에서, 대부분의 사람들에게 신앙의 교리는 별 호소력이 없다. 그들은 내세에 대한 동경을, 자기중심주의에서 생겨난 유치하고 헛된 희망이라고 생각한다. 내세를 뒷받침하는 근거나 보장은 조금도 없고, 오히려 그런 동경이 실증적 지식과 불일치하는 것이라고 여긴다.

자연법은 선량한 만고불변의 법칙

이제 우리가 내세에 대한 희망을 죽여 버린 사상을 분석하고 추적해 보면, 그것의 근원이 자연과학의 발견이 아니라 모든 방면에서 사상계에 깊숙이 침투한 정치학과 사회학의 가르침임을 발견한다. 그리고 그 가르침은 다음과 같은 이론에 뿌리를 내리고 있다.

- 인류는 실제로 식량이 부양할 수 있는 것 이상으로 많이 태어난다.
- 악덕과 비참은 자연법의 결과이고 사회 발전의 수단이다.
- 인류의 진보는 개인이 아니라 종(種)의 진보이다.

일반적으로 공인된 진리로 통하는 이런 이론들은, 자연과학에서는 통하지 않는 방식을 사용하고 있다. 다시 말해, 그 이론들이 과학적 해석을 일부러 왜곡하고 있다는 얘기이다. 이 이론들은 개인을 무의미하고 사소한 존재로 전락시킨다. 또 우주의 질서 중에는 개인의 존재에 대한 배려가 있을 수 있다는 생각을 배척하며, 우리가 도덕적 성질이라고 부르는 것을 인정하지 않는다.

인간 영혼의 불멸이라는 사상을, 자연이 부양할 능력도 없으면서 인간을 자꾸 태어나게 한다는 사상과 조화시키는 것은 어렵다. 창조주는 전지전능하고 자비로운 분이라는 사상을, 많은 인간들이 겪고 있는 비참과 타락이 창조주가 미리 정한 운명의 결과라는 사상과 서로 조화시키기는 불가능하다. 그런데 인간은 정신적으로나 육체적으로나 유전에 의하여 영속되는 느린 수정 작업의 결과라는 사상은 반드시 다음과 같은 사상을 유도한다. "인간이 생존하고 있는 목적은 개인의 생명을 위해서가 아니라 인류의 존속을 위해서이다."

이렇게 하여 우리들 중 많은 사람들 사이에서 내세에 대한 믿음이 사라졌고, 현재도 사라지고 있는 중이다. 내세에 대한 믿음은 삶 가운데 싸움과 사회악 속에서 가장 강력한 지원과 가장 심오한 위안을 주는데도 말이다.

그동안 우리가 거쳐 온 탐구 과정 속에서 우리는 이런 이론들을 검토하여 그 오류를 증명해 보였다. 가령 우리는 인구가 식량 한계보다 더 빨리 늘어나지 않는다는 것을 보았다. 인간 능력의 낭비와 엄청난 인간의 고통이 자연법에서 나오는 것이 아니라, 자연법을 준수하지 않는 무지와 이기심에서 나오는 것이다. 인류의 진보는 인간의 본성을 바꾸는 것으로는 성취되지 않는다. 오히려 인간의 본성은 일반적으로 말해서 과거나 현재나 가릴 것 없이 언제나 그대로이다.

이런 식으로 우리는 현대 세계에서 내세관을 몰아내는 악몽을 제압할 수 있다. 그러나 모든 어려움이 제거된 것은 아니다. 우리는 어느 쪽으로 시선을 돌리든 간에 우리가 이해할 수 없는 사물을 만나게 된다. 그러나 결정적이고 극복 불가능한 것처럼 보였던 어려움들은 제거되었다. 그리하여 이제 희망이 샘솟는다.

하지만 이게 다는 아니다.

정치경제학은 음침한 학문[1]으로 불려왔고, 현재 가르쳐지고 있는 정치경

---

1   토머스 칼라일이 경제학을 비꼬아서 한 말: 옮긴이

제학은 희망이 없고 또 사람을 절망시키는 것이다. 그러나 우리가 검토해온 바와 같이 이것은 정치경제학을 타락시키고 족쇄를 잠갔기 때문에 그러하다. 정치경제학의 진리가 내팽개쳐졌고 그 조화가 무시되었다. 정치경제학은 입에 재갈이 물려져 있어서 하고 싶어 하는 말을 하지 못한다. 잘못에 대한 정치경제학의 항의는 불의를 승인하는 것으로 탈바꿈되었다. 내가 주장하는 대로 자유롭게 해방시키면, 정치경제학은 본래의 균형을 찾아서 희망으로 찬란하게 빛나게 될 것이다.

부의 생산과 분배를 지배하는 법칙을 제대로 이해하게 되면, 현재의 사회 구조 속에서 벌어지는 가난과 불의는 불필요한 것임을 알게 된다. 뿐만 아니라, 가난이 아예 없어지고, 인간 본성의 더 좋은 특징과 더 높은 능력이 완전 개발되는 기회를 맞는, 그런 사회 구조가 가능하다는 것을 인식할 것이다.

경제 법칙과 도덕 법칙은 하나이다

그에 더하여 이런 사실들을 알게 된다. 사회 발전이 특별한 섭리나 무자비한 운명에 의해 지배되는 것이 아니라, 선량한 불변의 법칙에 의해 지배된다. 인간의 의지가 가장 큰 요인이고, 인간 전체를 볼 때 인간의 생활조건은 인간이 만들어내는 대로 형성된다. 경제 법칙과 도덕 법칙은 본질적으로 하나이다. 지성이 힘들게 노력하여 파악한 진리는 도덕적 인식이 직관에 의해 순간적으로 파악한 것과 동일하다. 빛의 홍수가 개인 생활의 문제점을 비추는 것이다. 지구상에 살고 있는 우리 자신과 같은 수백만, 수천만의 무수한 사람들, 그들은 즐거움과 슬픔, 노동과 노력, 열망과 공포, 표피적 감각보다 더 깊은 인식, 다양한 교리의 밑바탕을 이루는 공통적 상식 등을 안고 이 삶을 살아간다. 이제 경제 법칙과 도덕 법칙은 하나가 되어 그들의 생활은 더 이상 무의미한 낭비로 보이지 않게 된다.

모든 분야의 학문을 이루는 위대한 사실은 법칙의 보편성이다. 우리는 그것을 추적할 수 있다. 사과가 땅으로 떨어지거나 태양계의 별들이 회전하는 현상에서 천문학자는 동일한 법칙의 작용을 본다. 이 법칙은 우리가 식별할 수 있는 작은 공간이나 천문학적 대상이 되는 무한한 우주에서 동일하게 작용한다. 천문학자의 망원경이 관찰할 수 있는 범위 너머에서 어떤 천체가 그의 시야로 들어왔다가 다시 사라진다. 천문학자가 그 천체의 방향을 추적하는 동안, 보편 법칙은 무시되는 듯하다. 그렇다면 그는 이것이 예외 사항이라고 말하는 것인가? 아니다. 그는 이것이 그가 관찰한 궤도의 한 부분일 뿐이라고 말한다. 그의 망원경 관찰 범위 너머에서도 보편 법칙은 유효하다. 그는 계산을 했고 여러 세기가 흘러간 후에 그 계산은 맞는 것으로 판명되었다.

이제 우리가 사회 내의 인간 생활을 지배하는 법칙들을 추적해 보면, 소규모 사회에서나 대규모 사회에서나 그 법칙들은 동일하다. 처음에는 일탈이나 예외처럼 보이는 것들도 실은 동일한 원칙들의 구체화일 뿐이다. 그리고 우리가 추적하는 것이 어디든 간에 사회 법칙은 결국 도덕 법칙과 만나 그 법칙을 준수하게 된다. 어떤 사회가 되었든 정의는 반드시 보상을 가져오고 불의는 징벌을 당하게 되어 있다.

그러나 우리는 이것을 개인의 생활에서는 볼 수가 없다. 단지 개인 생활만 쳐다본다면 보편 법칙이 과연 선과 악, 옳음과 그름, 정의와 불의 등과 조금이라도 관련이 있는지 볼 수가 없다.[2] 그렇다면 사회생활에서 드러나는 법칙이 개인 생활에는 통용되지 않는다는 것일까? 그렇게 말하는 것은 과학적이지 못하다. 우리는 그 어떤 것에 대해서도 그렇게 말하지 않겠다. 차라리 우리가 이런 생각을 갖게 되는 것은 개인 생활을 전반적으로 다 알지 못하기 때문이 아닐까?

정치경제학이 발견하는 법칙들은, 구체적 성격을 가진 사건들 및 관계들

---

2   우리의 아이들을 속이지 말도록 하자. 플라톤이 말한 바대로, 아이들은 우리가 경건한 우화라고 말해준 것을 포기하게 되면, 우리가 진리라고 말한 것 또한 포기하게 된다. 자기와 관련된 미덕은 일반적으로 말해서 그 보답을 가져다준다. 술을 마시지 않고, 신중하고, 자신의 약속에 충실한 사람이라면 상인이든 도둑이든 훨씬 더 성공을 거둘 것이다. 그러나 자기와 관련되지 않는 미덕은 이렇게 보인다.

"그것은 요정의 세계에서 흘러나오는 이야기처럼 보인다.
자격 있는 자가 미덕을 얻거나,
그가 획득하는 것이 장점이 될 때."

처럼, 정신 발달의 법칙과 조화를 이룬다. 그 과정은 필연적인 비자발적 과정이 아니라 인간의 의지가 적극적으로 작용하는 과정이다. 그러나 우리가 잘 알듯이 인간의 실제 생활에서 정신적 발달은 아주 천천히 진행된다. 신체의 능력이 쇠퇴하기 전에, 정신이 깨어나는 일은 별로 없다. 하지만 정신은 그 앞에 펼쳐진 넓은 들판을 희미하게 의식하며, 정신력을 배우고 또 사용하기 시작하며, 사물의 관계를 인식하고 그 공감을 확대해 나가다가, 육체가 죽으면 정신도 따라서 사망한다.

여기서 (죽음 후에) 뭔가 더 없다면, 인생의 사업은 중단되고 따라서 실패가 된다. 훔볼트(1769-1859, 독일 생물학자)든 허셀(1738-1822, 영국 천문학자)이든 피스가(이스라엘 사해의 북쪽 끝의 동쪽에 있는 산) 산정에서 약속의 땅을 내려다보는 모세든, 이스라엘 사람의 무리를 이끌고 약속의 땅으로 들어가는 여호수아든, 척박한 환경 속에서 빛나는 삶을 사는 점잖고 참을성 많은 사람이든, 이곳 지상에서 형성된 마음과 성품이 여기 이생에서 끝나고 더 이상 앞으로 나아가지 못한다면, 인생은 아무 목적이 없다는 생각이 들게 되고, 그것은 우리가 알고 있는 우주의 연속적 전후관계와는 일치가 되지 않는다.

우리 마음의 근본 원칙 – 정치경제학이 모든 결론을 이끌어내는 바탕이 되는 법칙 – 에 의하면, 우리는 목적 없는 수단을 생각하기 어려우며, 목표 없는 발명품을 상상하기 어렵다. 우리가 이 세상에 살면서 자연과 접촉해 본 결과, 우리 안에 있는 지성이 작용하고 도와주어 그 자연에 적절한 목적과 목표를 부여한다. 인간이 훨씬 더 높은 것을 향해 도약하거나 또는 그런 것을 이끌어내지 않는다면, 여기 지상에 살아 있는 우리의 존재는 이해할 수 없는 것이 된다. 이런 형이상학적 필요는 너무나 강력하여, 개인에게 내세의 가능성을 인정하지 않으려 하는 사람은 그 완전성의 사상을 인종에게 돌릴 수밖에 없다.[3]

---

3 완전성 혹은 완전 가능성은 바로 위에서 나온 모든 사물에는 목표가 있다는 것을 가리키고, 인종에게 돌린다는 것은 앞에서 나온, 인간이 생존하는 목적은 개인의 생명을 위해서가 아니라 인종의 존속을 위해서라는 말을 가리킨다: 옮긴이

그러나 우리가 논의해 온 바와 같이 – 그 논의를 좀 더 완벽한 것으로 만들 수도 있었는데 그렇게 하지 못했지만 – 인종이 본질적으로 개선되었음을 보여주는 것은 아무것도 없다. 인류의 진보는 인간 본성의 개선이 아니다. 문명의 진보는 인간 체질의 개선으로 이루어지는 것이 아니라, 사회 구조의 개선으로 이루어진다. 따라서 문명의 개선은 고정되어 있거나 항구적인 것이 아니고, 언제라도 사라질 수 있다. 아니, 실제로 사라지는 경향을 보이고 있다.

그리고 이에 더하여 인간의 삶이 우리가 현재 이생에서 보고 있는 것 이상으로 나아가지 않는다면, 우리는 인종에 대해서도 개인을 대할 때와 마찬가지의 어려움에 직면하게 된다! 왜냐하면 개인이 죽어야 하는 것처럼 인종도 죽어야 하는 것이 확실하기 때문이다. 우리는 이 지상에서 인간의 삶을 불가능하게 만드는 지질학적 조건이 있었다는 것을 안다. 우리는 그런 조건이 언젠가 다시 나타날 것도 안다. 지구가 정상적으로 궤도를 돌고 있는 지금도 북극의 얼음 덩어리는 서서히 두꺼워지고 있으며, 빙하가 다시 움직이고 남극해가 북쪽으로 밀려와서 현재의 문명을 바다 밑으로 가라앉히는 시점이 서서히 다가오고 있다. 우리의 문명처럼 고도로 발달한 과거의 문명을 그런 식으로 파묻었듯이.

과학은 이런 시기들이 지나가면, 지구가 죽어버리고 태양이 꺼져버릴 것이라고 예측한다. 이 때가 되면 태양계는 서로 충돌하여 가스의 형태로 분해되어버리고, 이어 측정하기 어려운 변환의 과정이 다시 시작될 것이다.

인생의 의미는 무엇인가?

죽음이 필연적으로 찾아오는 인생의 의미는 무엇인가? 내가 볼 때 그것은 내세로 가는 출입구 혹은 현관이 되어야만 비로소 이해가 가능하다. 인생의 사실들은 신화와 상징의 이론에 입각할 때 비로소 설명이 가능하다. 언제 어디에서나, 인간의 깊은 지혜를 묘사하는 방편인 신화와 상징은 그런 사실들을 표현하고 있다.

지상에 왔다간 사람들이 저술해 놓은 경전들은 많이 있다. 성경, 젠드아

베스타(고대 페르시아의 조로아스터교 경전), 베다 경(힌두교의 경전), 불경, 코란이 있고, 고대 철학의 신비한 교리, 기괴한 신앙들의 내면적 의미, 에큐메니컬(범교파적) 종교회의의 교리, 조지 폭스(퀘이커교 창시자), 존 웨슬리(감리교 창시자), 사보나롤라(종교개혁자)의 설교, 아메리카 인디언들의 전승, 흑인 미개인들의 민속 신앙 등, 이런 것들은 공통적인 핵심과 고갱이를 가지고 있다. 그것들은 원초적 진실을 서로 다른 각도에서 다양하게 이해한 문서들인 것처럼 보인다.

우리가 추적해 가는 생각의 연쇄 고리들로부터, 이런 문서들이 희미하게 보았던 것들이 어렴풋이 떠오른다. 그것은 궁극적 관계[4]를 보여주는 희미한 불빛인데, 결국 불가피하게 모형과 알레고리로 환원되는 것을 언어로 표현하고자 했던 것들이다. 다음과 같은 것들은 그런 모형과 알레고리의 구체적 사례이다.

에덴 동산에는 선악과가 열리는 나무들이 서 있다. 포도밭에는 주님께서 하라고 하신 일들이 많다. 삶은 하나의 통로이다. 육체 뒤에 서 있는 삶[5]에서 앞으로 나서서 그 너머로 나아가는 삶. 그것은 무한한 시련과 갈등의 과정인데, 우리는 그 끝을 볼 수가 없다.

오늘날 주위를 둘러보라.

보라! 바로 여기 우리의 문명사회에, 오래된 알레고리가 아직도 의미를

---

4   궁극적 관계: 세상을 분류하는 10개 범주들의 관계를 가리킨다. 실체, 분량, 성질, 관계, 장소, 시간, 위치, 상태, 능동, 수동 등이 그것인데 이 관계는 결국 하느님에서 시작하여 천사-인간-동물-식물-무생물로 이어지는 존재의 대 사슬을 가리키는 것이다. 모형은 비유를 구상화하는 사물이고, 알레고리는 존 번연의 『천로역정』처럼 비유(가령 선, 악, 허영 등)를 하나의 등장인물로 만들어서 엮어낸 이야기이다: 옮긴이

5   육체 뒤에 서 있는 삶: 신약성경 고린도전서 13장 12절, "우리가 지금은 거울에 비친 모습처럼 어렴풋이 보이지만 그때에는[육체를 벗어나서는] 얼굴과 얼굴을 마주 볼 것입니다. 내가 지금은 부분적으로 알지만 그때에는 하느님께서 나를 온전히 아시듯 나도 온전히 [하느님을] 알게 될 것입니다."에서 영감을 받은 문장. 『진보와 빈곤』의 맨 끝에 인용된 플루타르코스의 문장도 같은 뜻이다. 이 문장은 플루타르코스의 저서 『윤리(Moralia)』 중, 사후의 운명을 논한 "소크라테스의 천재"라는 글에서 나온다: 옮긴이

갖고 있고 오래된 신화가 여전히 진실로 인정되고 있다. 의무의 길은 종종 〈죽음의 그림자의 계곡〉으로 이어진다. 그러나 크리스천과 믿음[6]은 〈허영의 시장〉의 거리를 통과하여 앞으로 나아가고 마침내 크리스천은 천상의 도시에 도달한다. 그리고 담대[7]의 갑옷은 공격하는 칼들이 부딪쳐서 쨍그랑 소리를 낸다. 아후라마즈다는 여전히 아리만과 싸우고 있다. 빛의 왕자가 어둠의 권세들과 맞서서 쟁투하는 것이다. 들으려 하는 사람에게는 악에 맞서 싸우는 선의 쟁투에 뛰어들라는 전투의 나팔소리가 들려온다.[8]

그 전투의 나팔소리는 울리고, 울리고, 또 울려서 그 소리를 듣는 사람의 가슴을 한껏 부풀어 오르게 한다! 이 세상은 이제 튼튼한 영혼과 고상한 노력을 필요로 한다. 아름다움은 아직도 감옥에 갇힌 채 있고, 인간의 생활에서 흘러나와야 마땅한 진선미 위로 쇠바퀴가 짓밟으며 굴러가고 있다.

아후라마즈다의 편에 서서 싸우는 사람들은 비록 서로 알지는 못할지라도, 어디선가 혹은 언젠가 전투의 나팔 소리를 듣게 될 것이다.

진리와 정의가 종종 제압되기도 하지만 우리가 그 모든 것을 볼 수 있는 건 아니다. 어떻게 우리가 그것을 다 볼 수 있겠는가? 지금 여기서 흘러가고 있는 것도 다 말할 수 없다. 물질의 파동은 어떤 범위를 초과하면, 그 파동이 만들어내는 빛과 색깔의 감각을 우리는 구분하지 못한다. 우리가 소리를 들을 수 있는 것도 인간의 청각 범위 내에서만 가능하다. 심지어 동물들도 우리가 갖지 못한 감각을 가지고 있다. 그런데 여기에 있는 것을 어떻게 다 알겠는가?

태양계와 비교하면 우리 지구는 잘 알아볼 수도 없는 먼지 한 점에 지나

---

6 둘 다 번연의 『천로역정』에 나오는 알레고리의 등장인물: 옮긴이

7 번연의 『천로역정』에 나오는 인물로 크리스천의 아내와 자식들의 길잡이: 옮긴이

8 아후라마즈다와 아리만: 고대 페르시아의 조로아스터교에서 아후라마즈다는 최고의 창조신으로 선의 화신이고, 반면에 아리만은 악의 화신으로 언제나 이 지상에 갈등을 불러일으키는 존재이다: 옮긴이

지 않는다. 태양계 자체도 은하계와 비교하면 아무것도 아니라고 할 정도로 왜소하다. 그러니 우리의 시야에서 사라진다고 해서 망각 속으로 사라진다고 할 수 있을까? 아니다. 망각으로 떨어지지 않는다. 우리의 시야가 미치지 못하는 아주, 아주 멀리 떨어진 곳에서도 영원한 법칙은 여전히 힘을 발휘한다.

마음속에서 솟구치는 희망이야말로 모든 종교의 핵심이다! 시인들은 그것을 노래 불러왔고, 예언자들은 그것을 말해 왔으며, 모든 인간의 심장은 그 진리에 반응하여 아주 힘차게 맥박친다. 이것이야말로 마음이 순수하고 밝은 눈빛을 가진 사람들이 모든 시대에, 모든 언어로 말해왔던 것이다. 그들은 말하자면 사상의 산꼭대기에 서서 그림자 같은 바다 저 너머로 육지의 어렴풋한 모습을 보았던 것이다. 그것을 플루타르코스는 이렇게 말했다.

"인간의 영혼은 이곳 지상에서 육체와 열정에 갇혀 있어서, 하느님과 직접 소통하지는 못한다. 인간은 철학을 수단으로 하는 관념적 접근이나, 희미한 꿈의 형식으로만 하느님에게 다가갈 수 있다. 그러나 인간이 육신으로부터 해방되어, 보이지 않고, 바라볼 수 없고, 지나갈 수 없는 순수한 영역으로 이동해 가면, 그 때에는 하느님이 인간의 지도자 겸 왕이 된다. 영혼은 거기에서 그분에게 전적으로 매달리면서, 아무리 보아도 지치지 않고, 보면 볼수록 열정적으로 사랑하게 되는 아름다움을 보게 된다. 그 아름다움은 인간의 언어로는 표현할 수도 발설할 수도 없는 것이다."

헨리 조지 연보

1839년   9월 2일 펜실베이니아 주 필라델피아 시 사우스 파인 10번가에 있는
2층집에서 태어남. 그곳은 미국 독립 선언서가 서명된 주 의회 건물
에서 반 마일 정도 떨어진 곳임. 아버지는 웨일스 지방 출신의 영국계
이고, 어머니는 스코틀랜드 출신 영국계임. 헨리 조지의 아버지는 캐
서린 프래트 밸런스와 결혼하여 4남 6녀를 두었음. 헨리 조지는 위로
누나를 하나 둔 장남으로 태어났음.

      헨리 조지의 아버지는 필라델피아 세관에서 서기로 일했으나 1831
년 세관을 떠나 출판업자로 변신하여 개신교 감독 교회의 종교 서적
을 주로 출판했음. 그러나 1848년 출판업이 성공을 거두지 못하자 다
시 세관 서기로 돌아가 14년을 근무했음. 헨리 조지의 할아버지는 선
장이었음.

1852년(13세) 중학교 과정에 입학했으나 다섯 달만에 학업 중단을 결심함. 다시 세
관으로 돌아간 아버지의 연봉 800달러로는 많은 가족 부양 이외에 학
비 부담은 무리라는 생각이 들어 헨리 조지 자신이 스스로 중퇴하고,
주급 2달러에 사우스 프론트 거리에 있는 도자기 및 유리 수입 가게
에 점원으로 들어감. 학교를 중퇴한 이후 독서에 취미를 붙여 많은 책
을 읽었는데 특히 독실한 기독교 신자인 부모의 영향으로 성경을 많
이 읽음.

1855년(16세) 아버지의 동서인 토머스 래티머의 영향으로 선원이 될 생각을 함. 당
시 25세의 젊은 선장인 새뮤얼 밀러의 눈에 띄어 힌두 호의 선실 담

당 소년(캐빈 보이)으로 배를 타게 됨. 힌두 호는 오스트레일리아 멜버른과 인도 캘커타를 거쳐서 돌아오는 화물선이었음. 1855년 4월부터 1856년 6월까지 총 1년 65일을 항해함.

1856년(17세) 아버지가 예전에 출판업계에 종사한 덕분에 아들 헨리 조지를 킹 앤드 베어드 인쇄소에 견습 식자공으로 넣었고 이 때 식자공 일을 배움.

1857년(18세) 1년 계약으로 화물선인 슈브릭 호를 타게 됨. 당시만 해도 파나마 운하가 개통되지 않아 배는 남아메리카 남단을 돌아서 다시 태평양을 항해하여 미국 서부로 가는 코스를 취했음.

1858년(19세) 155일에 걸친 항해 끝에 서부 해안의 샌프란시스코 항에 5월 27일에 도착. 샌프란시스코에 도착한 헨리 조지는 당시 노천금광에 뛰어들면 큰돈을 번다는 소식을 듣고서 더 이상의 항해를 포기함. 당시 캘리포니아에서는 1848년에 처음 금이 발견된 이래, 골드러시가 이루어지고 있었음. 샌프란시스코의 인쇄소에서 식자공으로 잠시 일하다가 프레이저 강에서 사금 채취에 나섰으나 성공을 거두지는 못함.

1860년(21세) 9월 2일에 성년이 되었고 인쇄 노동조합에 가입함. 이 시절, 사금 채취차 프레이저 강을 배로 올라갈 때 한 광부에게서 들은 말을 자주 생각함. "나라는 커지고 사람들이 모여드니까 임금은 계속 내려갈 거야." 그 생각은, 그렇다면 노동자는 한평생 가난하게 살아야 한다는 말인가 하는 의문으로 이어졌음.

　10월 12일에 인쇄소 식자공 동료의 주선으로 애니 코시나 폭스라는 처녀를 처음 만남. 당시 애니는 17세였음.

　애니의 아버지 존 폭스는 31세의 영국군 장교였는데 16세의 엘리자베스 맥클로스키를 만나 결혼함. 그러나 존 폭스는 처가와 불화를 일으켜 아내 맥클로스키에게 자기(남편)와 친정 중에 하나를 고르라고 강요하여, 아내는 친정어머니의 영향으로 남편을 버리고 친정을 선택함. 그리하여 부부는 딸 애니 폭스를 어머니 엘리자베스가 맡기로 하고 헤어짐. 애니의 어머니는 막상 이혼하고 나니 남편이 너무 그

리워 마음고생을 하다가 29세에 폐결핵으로 사망함. 이때 이후 애니
폭스는 외삼촌 밑에서 컸음.

1861(22세) 4월 12일 남군이 포트 섬터에 총격을 가하면서 남북전쟁이 시작됨.
노예제도의 철폐와 노예 해방은 헨리 조지가 철저히 신봉하던 것이었
고, 이 생각은『진보와 빈곤』에서도 자주 언급됨.

애니는 12월 3일, 집안에서 헨리 조지와의 결혼을 반대하자 가출하
여 헨리 조지와 결혼함.

1862(23세) 11월 3일, 맏아들 헨리 조지 2세 출생. 이 아들이 후일 커서 대학에 갈
때가 되었을 때, 당시 하버드 대학에 가난한 집안의 아이들을 특별 입
학시키는 제도가 있어서 아들은 자신의 진로와 관련하여 아버지에게
조언을 구함. 대학을 신통치 않게 여긴 아버지는 대학에 가면 친구를
많이 사귀는 이점이 있겠지만, 실제 사회에 나가서 직장 생활하는 것
만큼 배우지는 못할 것이라고 조언함. 아버지의 조언에 따라 아들은
하버드 대학을 포기하고 신문사에 입사했고 후일 하원의원이 되었으
며 아버지의 전기『헨리 조지의 생애』(1904)를 집필함.

1865(26세) 남북전쟁이 링컨 대통령이 이끄는 북군의 승리로 마무리됨.

헨리 조지는 이 시기에 인쇄공으로 근무하다가 일이 떨어지면 실
업자가 되어 일자리를 전전하는 생활을 함. 극도의 가난을 겪던 시절
이었고 1월 27일에 둘째 아들 리처드 조지 출생. 차남은 후일 저명한
조각가가 됨. 이 아들이 출생할 당시에 대하여 헨리 조지는 16년 후에
이런 회상을 남김.

"나는 거리를 정처 없이 걸어내려 가면서 돈이 있어 보이는 사람에
게서 돈을 얻어내기로 결심했다. 나는 일면식도 없는 한 남자를 불러
세우고 그에게 5달러가 지금 당장 필요하다고 말했다. 그는 내게 어
디에다 쓰려고 하느냐고 물었다. 나는 아내가 해산했는데 아내에게
음식을 사 먹일 돈이 전혀 없다고 말했다. 그는 나에게 돈을 주었다.
만약 그가 주지 않았더라면 당시 나는 너무 절망적인 상태에 빠져 있

어서 그를 죽일 수도 있었을 거라는 생각이 든다."

1866(27세)   셋째이자 맏딸인 제인 조지 출생.

샌프란시스코 『타임스』의 기자로 2년 정도 활약하다가 사직함.

1868년(29세)   샌프란시스코의 『헤럴드』지의 기자로 일하다가 반년 동안 뉴욕 특파
원으로 나갔음. 전신 이용권을 독점하고 있는 대규모 신문사들과 협
상을 하려는 것이 주목적이었으나 성사되지 않음.

이때 뉴욕시의 빈민가를 둘러보고 커다란 충격을 받음. 왜 나라는
발전하고 있는데 가난은 없어지지 않는가 하는 의문을 아주 강하게
품게 됨. 특히 헨리 조지 자신이 차남이 태어날 때 극심한 가난을 겪
은 적이 있었으므로, 어떻게든 이 문제를 풀어보아야겠다는 생각을
갖게 됨.

1871년(32세)   논문, "우리의 토지와 토지 정책" 집필. 이 논문을 토대로 후일 『진보
와 빈곤』을 집필하게 됨.

『샌프란시스코 이브닝 포스트』를 창간하여 4년간 편집인으로 활약.

이 해에 승마에 취미를 붙여 자주 샌프란시스코 교외로 승마를 나
갔는데, 이때 한 행인을 만나 땅값을 물어본 것이 계기가 되어, 그동
안 깊이 생각해온 빈곤 해결의 방안이 섬광처럼 머리를 스치고 지나
감. 또한 승마를 하다가 말에서 떨어지는 사고를 당하고서 인생이 얼
마나 불확실한 것인가 깨닫고 빈곤 해결의 방법을 탐구하는 데 더욱
박차를 가하게 됨.

1872(33세)   네바다 주 워쇼 산중에서 콤스톡 은광이 개발되어 큰 수익을 올릴 수
있다는 전망이 나오자 헨리 조지도 자본을 투자했으나 실패하고 이
때문에 저축한 돈을 잃어 생활이 곤궁해짐.

1876(37세)   1월 1일 캘리포니아의 새 주지사 윌리엄 어윈이 취임하여 선거 운동
을 도와준 헨리 조지에게 주정부 가스 미터 점검관이라는 한직을 제
공함. 헨리 조지는 가스 미터 점검관으로 있으면서, 전투적인 신문 편
집인, 정치 연설가 등으로 활약함.

1877(38세)	3월, 캘리포니아 대학은 경제학과를 설립할 계획이었는데 교수 물망에 오른 헨리 조지가 이 대학에 가서 경제학 관련 연설을 함. 그러나 그 연설이 기존 경제학의 허구와 경제학 교수의 무능을 질타하는 내용이라 대학 당국이 당황했고, 그 결과 교수 물망에서 낙마함.

8월에『진보와 빈곤』의 집필에 착수함.

10월 2일에 막내딸 앤 조지 출생. 이 딸은 유명한 안무가이며『진보와 빈곤』백주년 기념판에 서문을 쓴 애그니스 데밀의 어머니임.

1878(39세)	이 해 내내『진보와 빈곤』의 집필에 매달림. 집 안에 있을 때, 원고 생각에 너무 몰두하여 식사를 할 때에도 자신이 무엇을 먹었는지 모르고 같은 음식을 자꾸 먹는 경우도 있었다고 함. 헨리 조지는 어린 시절부터 독서를 좋아했고 이 무렵 서재에는 800권의 장서를 보유하고 있었음. 헨리 조지는 소설 읽는 것은 별로 좋아하지 않았으나 영국 여류작가 조지 엘리엇은 좋아하여 그녀의 최후작『대니얼 데론다』를 아내에게 읽어주었음. 이 소설은 자신의 목표를 위해 열심히 일하는 젊은 청년을 다룬 것임.

1879(40세)	3월『진보와 빈곤』을 탈고한 날 밤, 너무나 감동하여 무릎을 꿇고 기도를 올리며 눈물을 흘림.

1881년(42세)	샌프란시스코에서 뉴욕으로 이사.

논문 "아일랜드의 토지 문제" 출간. 이 논문이 계기가 되어, 헨리 조지는 뉴욕의 아일랜드 계 신문인『아이리시 월드』의 특파원으로 아일랜드와 영국에 파견되어 1년간 강연 여행을 함.『진보와 빈곤』의 저자로서 특히 아일랜드 사람들의 열렬한 환영을 받음.

1884(45세)	영국 토지개혁연맹의 초청으로 영국에 강연 여행. 그 여행의 일환으로 옥스퍼드 대학에서 강연을 함. 강연이 끝나고 질의응답 시간에 경제학자 알프레드 마셜은 발언권을 얻어 다음과 같이 말함.

"조지 씨의 책에는 새로우면서 동시에 진실한 경제 이론은 하나도 없다. 새로운 것은 진실이 아니고, 진실인 것은 새로운 게 아닌 탓이

다. 조지 씨는 그의 책 속에서 비판한 경제학자들 중 그 어느 학자도 제대로 이해하지 못했다. 하지만 조지 씨가 그런 이론들을 이해할 정도로 본격적인 경제학 교육을 받지 않았기 때문에 그런 점에 대해서는 비난하지 않겠다."

헨리 조지는 그 지적에 이렇게 답변함.

"『진보와 빈곤』이 저명한 경제학자인 마셜 씨의 검증을 받게 된 것을 영광으로 생각한다. 나의 책에는 새로우면서 동시에 진실인 것은 없다. 그러나 나의 책은 오로지 진실에 입각하여 집필되었다. 진실은 결코 새로운 것이 될 수 없다. 진실은 지금껏 계속 존재해 왔으며 그것은 앞으로도 영원히 존재할 것이다."

1886(47세) 미국 내의 여러 노동조합이 결성하여 만든 정당인 연합노동당의 추대로 뉴욕시장에 출마함. 민주당의 후보는 아브람 휴잇, 공화당 후보는 후일 미국 대통령이 된 시어도어 루스벨트였음. 개표결과 휴잇 90,552표, 조지 68,110표, 루스벨트 60,435표였음. 조지는 '민주당 선거기구의 매표 행위로 선거에 졌고 실제로는 자신이 선출되었는데 투표에서 졌다'라고 생각했음. 그 당시 조지를 밀었던 유권자들은 민주당의 태머니 홀 지지를 받은 휴잇이 부정선거에 의해 승리했다고 생각했음. 태머니 홀은 태머니 파라고도 하는데, 뉴욕에 있는 태머니 홀을 본부로 하여 1789년에 조직된 민주당의 유력한 한 당파로서 뉴욕 시정의 부패, 추문, 이권 개입, 선거 조작 등으로 악명이 높던 조직이었음.

뉴욕 교구 산하 가톨릭 성당의 주임 신부인 닥터 맥글린이 헨리 조지를 지지했다는 이유로 2주 동안 뉴욕 교구의 주교로부터 직무 정지 처분을 받음. 교구청은 헨리 조지의 사상이 "불건전하고 불온하며, 교회의 가르침에 위배된다"라고 지적함. 맥글린 신부는 헨리 조지의 가르침이 예수 그리스도의 가르침에서 벗어난 것이 전혀 없으므로 자신의 지지 입장을 철회하지 않겠다고 천명하여 교구청과 갈등을 겪음.

헨리 조지는 주간지 『스탠더드』를 창간하여 1890년까지 운영함. 이

	잡지는 토지 가치 단일세와 완전 자유무역을 일관되게 주장함.
1889(50세)	영국과 스코틀랜드 강연 여행. 이 무렵 헨리 조지의 사상에 대한 반응이 서서히 바뀌어가기 시작함. 유럽에서 첫 번째 반응은 너무 황당무계하여 일고의 가치도 없다는 것이었음. 두 번째 반응은 종교의 가르침에 어긋난다는 것이었음. 세 번째 반응은 우리 모두 그것이 진실인 줄 알고 있으나 반발 세력이 만만치 않다는 것이었음. 그리고 네 번째 반응은 러시아의 저명한 소설가 레프 톨스토이가 『팔말 가제트』와 한 인터뷰에서 확인할 수 있음. "앞으로 30년 이내에 사유 재산제도는 러시아의 농노제처럼 과거의 유물이 될 것이다. 영국, 미국, 러시아가 이 문제를 제일 먼저 해결하는 국가가 될 것이다. 헨리 조지는 이 세상의 진보적 자유주의자들이 따라야 할 행동강령의 제1과 제1조를 규정해 놓았다."

헨리 조지가 뉴욕에서 발간한 『스탠더드』 지에서 일하던 J.W.설리번이 퇴사한 후 다른 신문으로 가서, 『진보와 빈곤』이 패트릭 도브의 『인류 발전의 이론(*The Theory of Human Progress*)』이라는 책에서 표절한 것이라고 비난했으나 헨리 조지는 사상의 유사성은 언제나 있는 일이라고 답변하면서 대수롭지 않게 여김. |
1890(51세)	호주와 뉴질랜드에 강연 여행.
1891(52세)	교황 레오 13세가 "노동의 조건"이라는 회칙을 발표했는데 비록 헨리 조지의 이름을 거명하지는 않았으나 사회주의, 무정부주의, 토지가치 단일세를 동일한 사상으로 보아 비난하는 내용이었음. 뉴욕 교구의 캐리건 주교는 교황의 회칙이 맥글린 신부와 헨리 조지가 지지하는 토지 가치 단일세에 대하여 반대하는 교구청의 입장을 잘 밝혔다고 환영함. 헨리 조지는 사회주의, 무정부주의, 토지가치 단일세는 결코 같은 것이 될 수 없음을 알리는 "교황 레오 13세께 드리는 공개서한"을 출간했으나 교황으로부터 답변을 얻지는 못함.
1892(53세)	당초 토지 사유제를 반대하다가 그 입장을 철회한 철학자 허버트 스

펜서를 비판하는 『길 잃고 당황하는 철학자』를 출간.

1897(58세)　　뉴욕 시장에 다시 출마함. 11년 전의 시장 선거와는 달리 건강이 나빠서 출마가 어려웠으나 용기를 가장 중시한 평소 소신에 따라 출마하게 되었음. 당시 헨리 조지의 친구들은 안색이 너무 나쁘다며 그의 건강을 우려했음. 투표일을 나흘 앞두고 투숙 중이던 뉴욕의 유니온 스퀘어 호텔에서 10월 29일 뇌졸중으로 사망함. 한밤중에 아내가 일어나 남편이 옆에 없는 것을 발견하고서 침실 옆의 응접실로 가보니 헨리 조지가 힘들게 서서 "예스, 예스"라는 말만 중얼거리고 있었음. 부인이 소파에 겨우 앉혀 놓으니 그 자리에서 의식을 잃고 쓰러져 절명함. 그의 때이른 죽음을 슬퍼하는 애도객 10만 명이 장례식에 참석.

1898(사후)　　『정치경제학(*The Science of Political Economy*)』 출간.

　(이 연보와 역자 해제 중의 작가의 생애는 헨리 조지의 맏아들 헨리 조지 2세가 집필한 『헨리 조지의 생애』(1904)를 참조하여 작성되었음.)

용기 있는 도덕적 경제학자

이 책은 미국의 재야 경제학자 헨리 조지(1839-1897)의 저서 『진보와 빈곤』 (1879)을 완역한 것이다. 여기서 재야라고 한 것은, 그가 기존의 애덤 스미스 - 데이비드 리카도 - 토머스 맬서스 - J.S.밀 등으로 이어지는 고전경제학의 대가들과는 다른 경제 사상을 갖고 있었기 때문이다. 헨리 조지는 당시로서는 획기적인 조세 방식, 즉 모든 세금을 면제하고 오로지 토지의 가치에만 세금을 매기자는 단일세를 주장했다. 그의 사상은 당시 아일랜드 토지 문제로 골치를 앓고 있던 대영제국에 커다란 자극을 주었고, 이로 인하여 영연방인 호주와 뉴질랜드에서 헨리 조지의 사상이 일부 실천되기에 이르렀다. 아쉽게도 그의 사상이 전 세계적인 호응을 얻어가던 시기에 마르크스 사상이 미국에 수입되면서 두 사상 사이에 갈등이 벌어지게 되었다. 그 결과 헨리 조지의 단일세 정책은 마르크스 경제학파와 애덤 스미스의 고전경제학파, 이렇게 좌우 양쪽에서 모두 무시되어 잊히게 되었다. 그러나 근년에 들어와 부동산 투기, 빈부 격차, 가난의 문제가 심각해지면서 다시 조명을 받고 있다.

『진보와 빈곤』이 발간된 직후에 『뉴욕 헤럴드』의 편집장은 헨리 조지에게 경제 법칙들만 간결하게 기술하면 될 일이지 왜 이렇게 부피가 큰 책을 썼느냐고 질문을 해온 적이 있었다. 그때 조지는 이런 대답을 했다.

"만약 내가 당신 같은 전문가들을 위해 이 책을 썼더라면 간결하게 내 주장만 적는 것으로 충분했을 것입니다. 하지만 나의 집필 목적은 좀 더 많은 독자를 상대로 하려는 것이었습니다. 나는 전에 경제학 책이라고는 단 한 번도 읽어본 적이 없고 또 경제학은 생각조차 한 적이 없는 사람들을 위해 이 책을 썼습니다. 무엇보다도 나는 그런 독자들의 마음속에다 가장 기본적인 진실을 확실히 각인시키고 싶었습니다."

헨리 조지는 『진보와 빈곤』의 제1권 2장에서 이런 말도 하고 있다. "나는 경제학 교과서를 쓰려는 게 아니고, 단지 어떤 중대한 사회적 문제를 지배하는 법칙을 찾아내려고 한다." 여기서 말하는 중대한 문제는 발전하는 사회 내의 심각한 가난이고, 법칙은 가난을 물리치기 위한 해결책을 말한다.

이러한 저자의 발언에서 살펴볼 수 있듯이, 이 책은 경제학 저서이기는 하지만 일반 독자들도 많은 관심을 가지고 있는 주제(가난이라는 사회악)를 다룬 책이며 특히 후반 부분은 가난의 퇴치와 더불어, 인류의 문명과 그 나아갈 길을 논술하고 있어서 인문서의 성격이 더 강하다. 이 해제는 작가의 생애, 저작의 배경, 저작 해설의 세 부분으로 나누어 진행된다.

작가의 생애

헨리 조지는 필라델피아의 하위 중산층 가정에서 리처드 조지와 캐서린 조지 사이의 10남매 중 두 번째 자녀로, 위로 누나를 하나 둔 장남으로 태어났다. 아버지는 세관 관리로 근무하다가 종교 서적을 판매하는 출판업을 했고 독실한 미국 성공회 교회의 신자였다. 아들 조지는 먼저 공립학교인 마운트 버논 그래머 학교에 입학했으나 1년 뒤인 1849년에 성공회 학교로 전학했다. 이 학교는 시설이 좋은 학교였으나 어린 조지는 그 학교에 다니지 않으려 했다. 당시 그의 아버지는 교회 서적을 출판하는 출판업자가 아니었는데, 목사의 아들 등 종교 관련 종사자의 자녀에게 주어지는 학비 감면 혜택을 자신이 받는 것을 부끄럽게 생각했기 때문이다. 이후 헨리는 집에서 자율 학습을 하다가 헨리 로더바크가 운영하는 사립 중학교에 입학했으나 1년을 채 다니지 못하고 14세에 중퇴했다. 짧은 재학 기간이었으나 로더바크 교장은 헨리가 독서를 많이 하고, 머리가 똑똑하고, 독창성이 뛰어나고, 널리 아는 것이 많은 학생으로 기억했다.

후일 헨리는 이 중학생 시절을 "대부분 게으름을 피우며 시간을 낭비한 시절"이었다고 회상했다. 어린 나이였으나 이미 이 때부터 세상에 나갈 마음을 먹고 있었다. 무엇보다도 아버지가 세관 서기로 벌어오는 연봉 800달러로는 10남매나 되는 대가족을 부양할 수 없다고 생각하여 스스로 돈을 벌어야 한다고 결심했다.

이후 필라델피아에서 점원 생활을 하다가 〈힌두〉호의 사환 선원으로 채용되어 1855년 오스트레일리아의 멜버른과 인도의 캘커타를 경유하는 화물선의 선원 생활을 했다. 선원 생활을 마치고는 필라델피아에서 출판관계에 안면이 있던 아버지의 주선으로 인쇄소에 들어가 식자공으로 일했다. 1858년에는 미국 서부로 갔다가 샌프란시스코에서 눌러앉아 금광 사업을 해 보았으나 실패하고 다시 인쇄소의 식자공 생활을 했다.

샌프란시스코에서 조지는 당시 17세의 애니 폭스와 사랑에 빠졌다. 애니는 당시 부모를 모두 여의고 외삼촌 집에서 살고 있었다. 외삼촌은 번창하는 사업가였는데 조카딸이 가난하고 병약해 보이는 식자공과 사귀는 것을 못마땅하게 여겼고 그래서 결혼을 강하게 반대했다. 그러나 애니는 자신의 어머니가 외할머니의 말을 따라, 남편과 친정 중 양자택일을 강요받았을 때 친정을 선택하여 남편과 생이별한 후, 두고두고 후회하면서 헤어진 남편을 그리워하며 살다가 마침내 병사한 사실을 생생하게 기억했다. 그래서 애니는 "나는 어머니처럼 살지 않겠다"라고 굳센 결심을 했다. 헨리 조지를 만나 사랑하게 된 애니는 이제 자신의 신념에 따라 가출하겠다고 결심했다. 그 당시 어린 소녀가 자신의 뜻을 이루기 위해 가출을 한다는 것은 엄청난 용기가 없으면 불가능한 일이었다. 이 용기는 애니의 한평생을 좌우하는 덕목이었고 남편 헨리 조지에게도 결정적 영향을 미쳤다. 마침내 애니는 헨리 조지와 결혼하기 위해 집을 나왔고 젊은 남녀는 1861년 후반 처가의 승인 없이 결혼했다. 헨리는 빌려온 신사복을 입고 결혼식에 나왔고, 애니는 외삼촌 집에서 몇 권의 책을 가지고 나온 게 재산의 전부였다.

비록 가난하기는 했지만 부부의 결혼 생활은 행복했고 슬하에 네 명의 자녀가 태어났다. 맏아들 헨리 조지 2세(1862-1916)는 신문 기자 생활을 하다가 나중에 뉴욕 주 하원의원까지 지냈다. 둘째 아들 리처드 조지(1865-1912)는 유명한 조각가가 되었다. 나머지 두 딸 중 언니 제니 조지(1867-1897)는 젊은 나이에 폐병으로 죽었고, 막내딸 안젤라 조지는 유명한 안무가 애그니스 데밀의 어머니가 되었다. 조지는 성공회 교회의 신자로 성장했으나 "이신론적 인도주의"를 신봉했다. 이신론은 이성의 힘을 강조하면서 하느님이 이 세상을 창조한 것은 맞지만, 그 후 계시의 방법이든 기적의 방법이든 현재의 세상 돌아가는 일에는 일절 간섭하지 않는다고 보는 신학사상이다. 또한 선(혹은 옳음)과 악(그름)은 분명하게 다른 개념이고, 인생의 의무는 선(옳음)을 현양하는 것이며, 영혼은 불멸이라고 생각한다. 이신론은 우리가 내세에서 누릴 지위는 현세에서 실천한 윤리적 행동에 의해 결정된다고 보았다. 이러한 사상이 『진보와 빈곤』의 후반부, 문명론을 다룬 부분에서 다소 드러나고 있으나, 하느님의 힘을 믿는다는 점에서는 다른 기독교 사상과 동일하다.

캘리포니아에서 금광 사업에 실패를 본 후에 조지는 샌프란시스코의 새로 창설된 신문 『타임스』의 식자공으로 취직했으나 곧 글쓰기 능력을 인정받아 기자로 발탁되었고 이 신문사에서 꾸준히 승진하여 1867년에는 편집장이 되었다. 조지는 그 후 여러 신문사에서 일했는데, 자신이 창간한 신문 『샌프란시스코 데일리 이브닝 포스트』의 편집인으로 4년간(1871-1875) 일했다. 그 후 한동안 민주당의 반(反) 독점 정책을 지지하는 간행물인 『리포터』를 운영하기도 했다. 조지의 집안은 둘째 아이가 태어날 때까지도 아주 가난했으나 조지의 이름이 조금씩 알려지고 신문사 일에 적극 참여하면서 가난을 겨우 면하게 되었다.

헨리 조지는 신문기자 자격으로 철도와 광산업, 부패한 정치가, 토지 투기꾼, 노동자를 착취하는 건설업자 등에 대하여 비판적인 논설을 계속 써냈다. 그는 1869년 『타임스』에 "철도가 우리에게 무엇을 가져올 것인가?"라는 논설을 실었는데, 철도 건설의 호경기로 철도 주변의 부동산을 대거 매입한 철도 회사와 몇몇 관련 회사들이 혜택을 독점하고 대부분의 사람들은 더욱 비참한 가난에 빠지고 말 것이라는 내용이었다. 이 논설은 수십 년 동안 캘리포니아 각급 학교의 필수 논설문으로 널리 추천되었다. 이 글 때문에 조지는 센트럴 퍼시픽 철도회사의 미움을 받았고 그 회사는 캘리포니아 주 의회 의원 선거에 나온 조지를 낙선시킴으로써 보복했다.

미국 사회에 대한 헨리 조지의 비판 수위가 높아지면서 그에 대한 비난도 따라서 많이 나왔고 그에 대응하려면 강인함과 관대함이 무엇보다도 필요했다. 1876년 무렵 헨리와 아내는 이런 대화를 나누었다.

"여보, 당신은 남자의 어떤 점을 가장 존경합니까?" 남편이 물었다.

"용기예요."라고 아내가 대답했다.

그러자 조지는 비스듬히 앉아 있던 소파에서 벌떡 일어나 방안을 거닐면서 이렇게 말했다.

"용기라고? 나는 당신이 도덕이라고 말할 줄 알았는데."

"아니, 도덕은 분명 아니에요. 나는 이 세상이 남자와 여자에 대하여 도덕의 기준을 다르게 설정하고 있다고 생각해요. 여자에게는 분명 도덕의 상실인 것이, 정작 남자에게서는 별로 그렇지 않아요. 나는 물론 이런 구분이 옳다는 얘기는 아니에요. 하지만 세상은 도덕을 그런 식으로 인식하고 있어요."

"그럼, 왜 용기라고 보는 거지?" 조지가 물었다.

"그게 남자가 갖추어야 할 가장 멋진 덕목이라고 생각하기 때문이에요."

"하지만, 여보, 용기는 신체적 완력을 연상시키는 면이 있어요. 나는 키가 작은 사람인데 당신은 내게서 어떻게 그런 용기를 보겠다는 거요?"

"나는 신체적 용기를 말하는 게 아니에요. 도덕적 용기를 말하는 것이지요. 자신의 의무가 가라고 하는 곳이면 어디든 달려가는 그런 용기, 어떤 희생을 치르더라도 밀고나가는 용기, 자신의 신념을 확신하면서 이 세상에 맞서는 용기."

헨리 조지는 1879년 『진보와 빈곤』을 발간하여 커다란 명성을 얻었고 이를 계기로 유명한 시국 연설가가 되었다. 1880년 조지는 뉴욕 시로 이사 가서 미국 내의 아일랜드 민족주의 운동 조직과 접촉하게 되었다. 특히 미국 내의 아일랜드 계 인사들로 구성된 〈아일랜드 토지 연맹〉의 주선으로 1881-1882년 사이의 영국과 아일랜드에서 순회강연을 했다. 헨리 조지는 애덤 스미스를 존경하여 그의 『국부론』에 대한 주석 작업을 1882-1883년 사이에 진행했으나 결국 다른 일에 밀려서 완성을 보지 못하고 포기했다.

이 무렵 힌드맨이라는 영국인은 대영박물관에서 토머스 스펜스라는 사람이 쓴 논문 "인간의 진정한 권리"를 발견했다. 그것은 애덤 스미스의 『국부론』이 발간되기 1년 전인 1775년 11월 8일에 뉴캐슬 철학회에서 발표된 것이었다. 이 강연에서 스펜스는 토지는 공동의 재산이고 토지 가치는 공동의 목적에 사용되어야 하고 토지세 이외의 모든 세금은 철폐되어야 한다고 주장했다. 헨리 조지는 스펜스의 강연을 있는 그대로 발간하면 좋겠다고 힌드맨에게 말했다. 헨리 조지 부인은 그것이 남편에게 불리하게 작용할 것을 우려했다. 이미 백년 전에 나온 사상을 『진보와 빈곤』이 재탕하는 것 아니냐는 지적을 받을지 모르겠다고 염려했다. 하지만 헨리 조지는 다르게 보았다. 사람들은 완전히 새로운 아이디어는 받아들이기를 거부하는데, 이처럼 백 년 전에도 헨리 조지와 같은 생각을 하는 사람이 있었다는 것, 이것은 그의 사상이 상당히 보편성을 가지고 있다는 뜻이 아니겠냐고 해석했다. 사실 토지 공유제는 플라톤의 『국가』에서 시작하여 오비디우스의 황금시대를 경유하여, 토머스 모어의 『유토피아』에 이르기까지 수천 년 된 유토피아적 사상인 것이다.

1884년에는 웨일스로 여행하여 그곳에서도 순회강연을 했는데 이 당시 헨리 조지에게는 이런 에피소드가 있었다. 그는 카디프 시에 도착했을 때 여행의 피로를 풀기 위하여 한 목욕탕에 들렀다. 목욕이 끝나고 시원한 대기실에서 쉬고 있는데 그 목욕탕의 종업원이 다른 목욕 손님과 "이 헨리 조지라는 미국인"을 주제로 대화를 나누는 것을 엿듣게 되었다. 두 사람은 실물 헨리 조지가 그들과 한 방에 있다는 것을 알지 못했다. 그들은 이 미국인이 남의 멀쩡한 물건을 강탈하라고 얘기하고 있다고 말했다. 그런 도둑질을 하라고 부추기고 있으니 미국인들은 모두 거짓말쟁이라는 말도 했다. 유머를 좋아하는 헨리 조지는 영국인인 척하면서 그들의 대화에 끼어들었다.

"헨리 조지 같은 미국인들은 모두 미국으로 보내서 그런 이론을 먼저 미국인을 상대로 실험한 다음에 우리에게 한 번 해보라고 말해야 돼요." 조지가 말했다.

"그래요, 그래요." 두 사람이 동의했다.

"그런데 말입니다, 여기 카디프에서 부트 후작이 땅을 상당히 많이 가지고 있지요? 그 땅은 후작의 것이지요?"

"그렇죠."

"그럼 후작은 그 땅을 그분 마음대로 처리해도 되지요?"

"그렇죠."

"그렇다면 그가 자신의 카디프 땅에서 사람들을 다 쫓아내고 자신이 갖고 있는 땅을 다 황무지로 만들어도 아무 말 못하는 거지요?"

그러자 목욕탕 종업원과 목욕 손님은 아무리 땅 주인이라도 그렇게 할 수는 없다고 이의를 제기했다. 헨리 조지는 부트 후작의 권리와 특혜를 계속 주장했으나, 두 사람은 점점 더 과격한 항의를 하더니 후작은 그 땅에 대하여 카디프 시민들 이상의 권리를 가지고 있는 게 아니라고 주장하고 나섰다. 그 주장은 방금 전만 해도 그들이 비난했던 "저 헨리 조지라는 미국인"이 주장하는 원칙 바로 그것이었다. 헨리 조지는 자신의 정체를 밝히지 않고 그 목욕탕을 나섰다.

이러한 해외여행을 통하여 헨리 조지는 당시 토지의 높은 지대 문제로 큰 고통을 받고 있던 아일랜드 사람들에게 커다란 격려와 정신적 위안을 안겨주었다. 이때 조지는 아일랜드의 토지 개혁 운동가인 마이클 대빗을 알게 되었다. 당시 아일랜드의 토지 개혁 지도자는 찰스 파넬(1846-1891)과 마이클 대빗(1846-1906) 두 사람이었다. 파넬은 처음에는 대빗을 적극 후원했으나 열흘 정도 영국 당국에 의해 투옥되었다가 풀려난 후에는 온건 노선으로 돌아섰다. 파넬보다 과격한 운동을 펼치던 대빗은 당국에 의해 10개월 정도 투옥되었다가 풀려났는데, 그가 감옥에서 막 풀려났을 때 더블린의 피닉스 공원에서 아일랜드 극렬 운동원들이 영국에서 파견된 신임 정무총감과 부총감을 살해하는 사건이 발생했다.

그 사건 직후 더블린은 일대 혼란에 빠졌다. 더블린에 사는 영국 국민들이 아일랜드 지도자들을 상대로 난폭한 보복극에 나설 것으로 우려되었다. 그래서 더블린 유지들은 아일랜드 지도자들에게 프랑스로 잠시 피신할 것을 건의할 정도였다. 헨리 조지 부부가 초대되어간 A.M. 설리번 집의 만찬 행사에서 손님들은 다들 '소나기는 일단 피하고 봐야 한다'는 대응 방안에 심정적으로 동의했다. 이때 헨리 조지는 아내에게 대빗이 어떻게 행동해야 되느냐고 의견을 물었다.

"나는 대빗이 첫 번째 기차로 아일랜드에 가야 한다고 생각해요. 지도자라면 이런 혼란과 좌절의 순간에 반드시 국민들과 함께 있어야 한다고 생각해요!" 좌중에서 탄식하는 소리가 흘러나왔고 어떤 손님은 만약 대빗이 이처럼 감정이 격발된 상황에서 아일랜드로 간다면 영국 정부 지지자들에 의해 살해될지 모른다고 말했다. 그러자 헨리 조지의 아내는 이렇게 대답했다.

"마이클 대빗이 어려움에 빠진 국민들과 함께 있다가 죽는 것보다 더 영광스러운 죽음을 맞이할 수 있으리라 생각하세요?"

헨리 조지는 아내의 발언이 곧 자신의 심정을 대신 표현한 것이라고 말했다. 그는 아내의 그 말을 잊지 않았고 15년 후에 그 말을 다시 아내에게 꺼내게 된다.

조지는 1883년 〈노동기사단〉에 가입하면서 더욱더 많은 지지 세력을 얻게 되었다. 1886년 조지는 단명한 정치 단체로 끝난 중앙 노동조합이 만든 연합노동당의 후보로 뉴욕 시장 선거에 나섰으나 2위를 기록하고 당선에는 실패했다. 조지는 뒤이어 1887년에는 뉴욕 주 주정부 선거에서 뉴욕 국무장관 선거에 나섰으나 역시 실패했다. 조지가 이처럼 선출직에 진출하려고 노력한 것은 자신의 경제 철학을 주정부 운영에서 직접 실천하려고 하는 뜻이 강했기 때문이다.

연합 노동당은 곧 내부 분열로 약화되었다. 이 당의 지도자들은 대부분 조지의 경제 철학을 지지하는 사람들이었으나 노동자들의 권익을 대표하는 당이므로 일부 당원은 마르크스주의를 신봉했다. 그들은 토지만 공유제로 할 것이 아니라, 토지와 자본을 모두 공유제로 해야 한다고 주장하고 나섰다. 또 가톨릭 신자 당원들은 조지를 지지했다가 교황청으로부터 파문을 당한 에드워드 맥글린 신부 사태로 크게 낙담했다. 또한 다른 당원들은 조지의 자유무역 정책에 반대했다. 조지는 특히 노동조합 연맹의 핵심 간부인 〈노동기사단〉의 테렌스 파우덜리와 심한 갈등을 겪었다. 파우덜리와 다른 노조 지도자들은 관세 부과가 미국 노동자의 권익 보호에 더 유익하다고 판단한 반면에, 조지는 관세 정책이 오히려 노동자의 삶을 더욱 열악하게 만든다고 주장했다.

조지는 토지 공유제와, 지대와 빈곤의 상관관계 등에 대하여 세계 일주를 하면서 강연 여행을 다녔는데 그 직후인 1890년에 처음으로 가벼운 뇌졸중을 맞았다. 뇌졸중의 후유증은 그의 건강을 크게 약화시켰고 그는 예전의 건강한 상태로 되돌아가지 못했다. 그렇지만 조지는 두 번째로 뉴욕 시장 선거에 뛰어들려고 했다. 그리하여 의사의 경고에도 불구하고 조지는 1897년 뉴욕시 시장 선거에 또다시 출마했다. 이번에는 독립민주당의 후보로 나섰다. 이 당시 조지는 아내와 이런 대화를 나누었다.

"애니, 1882년에 피닉스 공원 살인 사건이 벌어졌을 때, 당신이 마이클 대빗에 대해서 했던 말을 기억하오? 그때 당신은 대빗이 설사 목숨을 내놓는 한이 있더라도 더블린으로 가서 그의 핍박받는 사람들과 함께 해야 된다고 말했었지. 나는 그때 당신에게 장래 언젠가 그 말을 기억할 때가 올 거라고 했었지. 당신은 내가 뉴욕 시장 선거에 뛰어들지 않기를 바라오? 사람들이 나를 원하고 있어요. 그들의 단결에 구심점이 필요한데 나 말고는 그 역할을 해줄 사람이 없다는 거요. 이것은 한 도시의 행정 이상의 문제요. 뉴욕은 온 세상의 관심사가 될 거고 내가 선거에서 승리한다면 우리의 대의는 세계적인 정치적 이슈가 될 거요."

헨리 조지 부인은 이렇게 대답했다. "당신이 어떤 희생을 치르는 일이 있더라도 당신의 의무를 다할 거라고 생각해요." 한평생 용기를 가장 훌륭한 덕목으로 여기며 살아온 아내는 죽음을 불사하고 마지막 승부에 나선 남편을 적극 밀어주면서 옳다고 생각하는 일에서 결코 물러서지 말라고 권유했다. 그러나 선거 운동의 스트레스는 헨리 조지에게 두 번째 뇌졸중을 일으켰고 그는 선거일 나흘을 앞두고 사망했다.

뉴욕의 그랜드 센트럴 팰리스에서 거행된 그의 장례식에는 조문객 10만 명이 운집했고 팰리스 외곽에는 그만큼 숫자의 조문객들이 만원이라는 이유로 경찰의 제지를 받아서 안으로 들어가지 못했다. 논평가들은 뉴욕의 헨리 조지 장례식이 링컨 대통령의 죽음 이후 최대 규모의 인파라고 말했다.

헨리 조지는 가난한 집안에서 태어나 그 가난과 맞서 싸우면서 그 가난을 퇴치할 수 있는 방법을 연구했고 그 결과를 『진보와 빈곤』이라는 책으로 발표했다. 하지만 이론적 연구에만 그친 것이 아니라 실제 세상에서 실현시키기 위하여 뉴욕 시장 선거에 두 번이나 도전했고, 그것이 몸에 무리를 가져와 대업을 이루지 못하고 몸이 먼저 죽으니 58세의 아까운 나이였다. 그의 한평생은 이 세상의 빈곤 퇴치라는 사회적 정의를 위해 헌신한 용기 있는 삶이었다. 『진보와 빈곤』의 제2권 3장에 나오는 헨리 조지의 인간론은 실은 그 자신을 묘사한 문장이다. "그는 자신이 보지 못한 사람들 혹은 앞으로도 보지 못할 사람들을 위해 일한다. 그의 관 뚜껑 위에 흙이 후드득 소리를 내며 떨어지고 나서 오랜 세월이 지나도 찾아올지 어쩔지 알 수 없는 명예 혹은 정의를 위해서 일한다."

저작의 배경

2018년 봄, 국내의 부동산 투기가 절정에 올랐을 때 정가에서는 토지 공개념이라는 말이 나왔고, 그에 따라서 자연스럽게 헨리 조지라는 이름이 사람들의 입에 오르내렸다. 그 당시 사람들은 "헨리 조지? 그 사람 공산주의자 아니야?" 혹은 "개인 재산인 부동산을 국가가 몰수하라니, 도대체 국가가 무슨 권리로?" "신성한 개인 재산을 강탈해 가는 정권이 과연 권력을 유지할 수 있겠어?" 하고 말들을 했다. 결론부터 말하자면 헨리 조지는 공산주의자도 아니고, 모든 토지를 국유화해야 한다고 주장한 사람도 아니다. 이 저작의 배경은 그런 의문들과 관련하여 좀 더 자세한 정보를 제공하려는 것이다.

1. 집필 경위와 발간 전후

헨리 조지는 14세의 어린 나이부터 취업 전선에 나서야 했다. 가게 점원, 화물선 사환, 금광 사업, 인쇄공, 언론인 등 다양한 직업을 전전했지만 그의 생활 형편은 별로 나아지지 않았다. 아내인 애니 폭스와 젊은 나이에 결혼하여 아이들이 하나 둘씩 태어나면서 생활은 더욱 쪼들렸다. 특히 둘째 아이가 태어났을 때에는, 아내가 출산 후 먹을 것이 없어서 쇠약한 모습을 보이자 길거리에서 노상강도라도 해서 돈을 마련해 와야겠다는 생각을 할 정도로 절박했다. 인쇄소에서 만난 한 늙은 식자공으로부터, "도시는 매일 발전하는데 왜 우리 노동자는 늘 이렇게 가난하게 살까?" 하고 한탄하는 소리를 듣고서, 이런 생각을 하게 되었다. '사람들이 다 같이 가난으로 고통을 받는다면 그나마 덜 괴로울 텐데, 왜 어떤 사람들은 아주 잘 살고, 어떤 사람들은 아무리 열심히 일해도 이렇게 가난하기만 할까' 하는 의문을 품게 되었다.

조지가 그 가난을 더욱 심각하게 깨닫게 된 것은 전신 이용권과 관련하여 뉴욕에 특파원으로 출장을 나갔을 때였다. 당시 미국의 대규모 전신 회사는 연합 자본의 힘을 믿고서 미국 시민들로부터 전신이라는 공동 발명품의 혜택을 빼앗아서, 사람들 사이의 통신을 방해하고 또 그 회사의 비위를 건드린 신문사들을 짓누르고 있었다. 결국 헨리 조지는 전신 회사로부터 전신 이용권의 양보를 받아내지 못했지만 하나의 충격적인 체험을 하게 된다. 당시 뉴욕은 미국에서 가장 큰 도시로서 마천루가 들어서기 시작했다. 그 마천루의 위용에 압도된 헨리 조지는 그 다음에 뉴욕의 할렘 가에서 그 지저분하고 처참한 가난의 광경을 목격하고서 경악했다. 잘 사는 사람은 마천루를 지을 정도로 부자인데, 가난한 사람은 끼니를 이어가기도 어렵고 그 자식들은 옷도 제대로 입지 못한 채 맨발로 도시를 뛰어다니는 광경을 보고서 충격을 받았던 것이다. 이때 헨리는 이런 엄청난 빈부격차의 원인이 무엇인지 반드시 알아내고야 말겠다고 스스로에게 맹세했다. 그리하여 원래 독서광이었던 헨리는 애덤 스미스, 맬서스, 리카도, J.S.밀 등의 고전경제학자들의 저서들을 깊이 파고들었다. 그러나 이 경제학 책들을 아무리 읽어도 왜 가난의 문제를 해결하지 못하는지 명확한 대답을 얻지 못했다.

1871년 무렵, 어느 날 오후에 승마를 좋아하던 헨리 조지는 샌프란시스코 교외로 승마를 나갔는데 이런 일이 있었다. 그것은 커다란 영감을 주는 에피소드였고 그 일에 대하여 헨리 조지는 이런 기록을 남겨놓고 있다.

"나는 깊이 생각에 잠긴 채 말을 몰아 산기슭까지 달려갔고 마침내 말은 숨을 헐떡이기 시작했다. 잠시 숨을 돌리기 위해 말을 멈춘 나는 마침 짐마차를 끌면서 내 옆을 지나가던 마부에게 별로 할 말도 없고 해서 그 일대의 땅값이 얼마나 나가느냐고 물었다. 그는 아주 멀리 떨어져 있어서 암소가 생쥐처럼 보이는 목초지를 가리키면서 이렇게 대답했다. '정확한 값은 모릅니다. 하지만 저 목초지를 소유한 사람은 한 에이커당 1천 달러에 팔겠다고 합니다.' 바로 그 순간 섬광처럼 내 머리에 이런 생각이 떠올랐다. 사회가 발전하여 부가 계속 늘어나는데도 가난이 덩달아서 심화되는 이유가 바로 이것이구나. 인구가 늘어나면서 땅은 가치가 올라가고, 그 땅에서 일하는 사람들은 그 땅을 사용하기 위해 더 높은 대가를 지불해야 하는 것이로군. 나는 깊은 생각에 잠기면서 산기슭에서 돌아섰고, 그때 이후 그 영감처럼 떠오른 생각을 좀 더 구체적으로 발전시키기 위해 각고의 노력을 해왔다."

헨리 조지는 당초 고전경제학의 가르침이 맞는 것으로 생각했다. 가령 임금은 자본에서 나오는 것이기 때문에 노동자 수가 늘어나면 임금으로 돌아가는 몫은 적을 수밖에 없다는 설명을 그대로 믿었다. 그래서 1870년대에 미국 서부로 들어오는 철도 부설 공사에 중국인 노동자들을 많이 수입해 오는 것에 대하여 반대했다. 그러나 나중에 조지는 생각을 바꾸었다. 노동자가 많을수록 오히려 부가 늘어난다고 보았기 때문이다. 이것이 리카도와 밀의 임금 이론을 반박하게 된 계기였다. 이어 가난한 사람이 계속 가난할 수밖에 없는 것은 토지를 많이 가진 부자들이 생산물의 상당 부분을 지대로 가져가기 때문이라고 지적한다. 마지막으로 조지는 지대를 모두 국가 세금으로 회수해야 한다는 아주 파격적인 주장을 편다.

헨리 조지는 자신의 책이 너무 과격한 주장을 하고 있어서 생전에는 주목을 못 받을지 모른다고 우려했다. 그래도 진실은 반드시 이긴다는 신념 아래 얼마든지 기다릴 수 있다고 스스로를 격려했다. 당초 저자의 우려대로 『진보와 빈곤』의 원고를 뉴욕의 여러 출판사에 보냈으나 모두 출판이 거절되었다. 저명한 경제학자들 가령 J.S.밀 같은 사람의 저서도 미국 내에서 그리 잘 팔리지 않는데다가 무명의 재야 경제학자가 내놓은 거의 황당무계하다고 생각될 법한 주장을 담은 책을 독자들이 사서 읽을 것 같지 않았기 때문이다. 그러던 중 애플턴 출판사가 식자판 제작비용을 저자가 부담한다면 책을 내주겠다고 제안하여 이 출판사에서 초판을 내게 되었다. 이 책의 미국 내 반응은 그리 폭발적이지 못했으나, 토지 문제로 골치를 앓던 아일랜드 내에서는 폭발적인 인기를 얻었고, 당연히 영국 내에서도 주목을 받게 되었다. 책이 나온 1879년은 세기말을 향해 가던 시점으로, 당시 지식인들은 가난의 문제를 해결하지 못해 고민하던 차에 일거에 가난을 해결할 수 있다고 주장한 책이 나오자 열렬하게 환영하고 나섰다. 당시 캘리포니아에 나와 있던 독일인 C.D.F. 폰 귀트초는 곧바로 독일어 번역에 착수했고, 뉴욕시 스태튼 섬에 은퇴하여 살고 있던 독지가 프랜시스 쇼 씨는 책을 1천 부 사서 미국 전역의 도서관에 고루 들어갈 수 있게 해주었다. 1884년에 영국에서 6페니짜리 염가본이 나와 4만 부가 팔리면서 영미권과 세계 여러 나라에서 널리 읽혀졌고 그 후의 스토리는 이제 잘 알려진 얘기가 되었다.

2. 헨리 조지의 시대적 배경

헨리 조지의 생애에 벌어진 것으로 두 가지 중요한 사건이 있는데, 하나는 철도 부설(부의 집중)과 다른 하나는 남북전쟁(노예해방)이다.

철도가 미국에 처음 도입된 것은 1830년대였다. 그리하여 1840년에 이르러 뉴잉글랜드와 대서양에 면한 주들은 총 2,000마일의 철도를 갖게 되었다. 철도는 미국 동부에서 시작하여 중서부로까지 계속 뻗어나갔다. 미국 철도는 1860년에 이르러 총 3만 마일의 전국 규모 네트워크를 갖추게 되었다. 1869년에는 최초의 대륙 간 횡단 철도가 완성되었다. 이들 철도 부설 사업에는 공적 자금도 일부 들어가기는 했지만 대부분 민간 자본이 투입되었다. 19세기 중반 철도 회사는 대기업이었고 많은 노동자를 고용했으며 다양한 방식으로 금융을 조달했다. 1861-1865년 사이에 남북 전쟁이 벌어지면서 철도의 역할은 더욱 중요하게 되었다. 활발하게 철도가 부설되었고 1865년에 3만 5천마일 정도 되던 철도 네트워크가 1880년에 9만 3천 마일까지 늘어나게 되었다.

우리나라에서도 과거 1960년대와 70년대에 고속도로가 지나가는 도시 주변은 사람이 모여들어 도시가 발전했듯이, 이 철도가 지나가는 지역은 마을이 읍으로, 읍이 도시로 발전하면서 부동산 가격이 크게 올라갔다. 그리고 그 올라간 토지 가격의 혜택을 보는 사람들은 대부분 철도회사와 관련회사의 종사자들이었다. 헨리 조지는 이 철도회사에 반대하는 운동을 펴나갔다. 캘리포니아 정부의 보조금이 철도회사에 과도하게 지급되는 것을 『새크라멘토 리포터』지를 통하여 줄기차게 비난했다.

헨리 조지가 기자로 활약하던 당시에 센트럴 퍼시픽 철도회사는 이미 캘리포니아에서 막강한 힘을 떨치고 있었다. 이 회사는 대부분의 언론을 장악했고, 입법부를 좌지우지했고, 법원 판결도 마음대로 뒤집었고, 은행을 자기 금고처럼 부렸으며, 정계에서도 막강한 영향력을 행사했다. 재주 있는 사람을 알아보고 그들의 돈을 활용하여 그들 편으로 끌어들였고 막강한 자금력으로 어떤 사람을 성공하게 만들고 반대로 실패하도록 유도할 수도 있었다. 철도회사는 먼저 주위의 사람들을 그들 편으로 만들려 했고 그렇게 할 수 없는 사람은 침묵시키려고 했는데 젊은 헨리 조지가 그 대상이었다. 그러나 조지가 계속 반발하자, 철도회사는 조지가 편집자로 있는 『새크라멘토 리포터』를 사들였다. 조지는 더 이상 자신의 소신대로 글을 쓸 수 없게 되자 이 신문사의 자기 지분 4분의 1을 회수하고 퇴사했다. 이때 헨리 조지는 부를 나쁜 방법으로 형성한 사람은 결국 나쁜 방법으로 그 부를 사용한다는 것을 뼈저리게 느끼게 되었다.

철도회사의 토지 독점은 홈스테드 법과도 관련이 있다. 미국 정부는 1862년 홈스테드 법에 의하여 미국 서부에 진출한 농민들에게 1인당 160에이커의 땅을 무상으로 불하했다. 국유지를 개간하여 농사를 짓던 미국의 개척농민들은 정부로부터 대토지를 매점한 상인, 토지투기업자, 토지회사, 철도 회사로부터 그들의 토지로부터 추방당하는 일이 있었다. 그리하여 1862년에 홈스테드법이 성립되어 농민들에게 국유지를 무상으로 불하하게 되었다. 이 법은 대평원으로의 이주를 더욱 촉진했다. 또 이 홈스테드 농장은 미국인이 부를 축적하는 표준적 방식이기도 했다. 그러나 160 에이커의 토지로는 수익성 있는 농경에 착수하기가 어려웠으므로, 미국 정부는 1873년 식목법을 제정하여 40에이커의 토지에 나무를 심는다는 조건으로 다시 160에이커의 땅을 무상으로 주었고, 1877년에는 사막개발법을 제정하여 3년 안에 소유지의 일부를 관개하면 에이커당 1달러 25센트로 640에이커의 토지를 살 수 있게 했다. 또 1878년에는 새로운 토지법에 의해 경작이 불가능한 토지를 에이커당 2달러 50센트로 160에이커의 토지를 살 수 있게 했다. 이런 여러 가지 정부의 혜택으로 대평원의 이주민은 최소의 비용으로 1,280에이커에 이르는 토지를 소유할 수 있었다. 그러나 미국 정부는 대륙횡단 철도 회사 등에 더욱 많은 토지를 불하했다.

그러나 이러한 토지법에는 허점이 많아서 영세 자작농보다는 자금이 많은 대토지회사가 큰 이득을 보았다. 홈스테드 법에 의하여 정부로부터 직접 자작 농지를 받은 농민들은 1890년에 이르기까지 30년 동안 37만 2천 건으로 4,880만 에이커인데 비해, 철도회사는 1862년부터 10년 동안 1억 2700만 에이커에 달하는 토지를 불하받았다. 철도가 건설되거나 계획된 곳에서는 투기 탓으로 땅값이 상승했다. 수억 달러가 토지의 명목 가치에 추가되었고, 자본가와 노동자는 일을 하면서 부를 생산하고 싶다면 그 대가로 이 올라간 땅값을 즉시 지불하거나 아니면 할부로 지불해야 되었다. 그에 따른 불가피한 결과로 생산이 억제되었고 그 억제는 다른 곳으로 전파되어 수요의 중단으로 나타났다. 이러한 수요의 중단은 넓은 교환망의 맨끝 가장자리까지 생산을 억제하게 되었다. 헨리 조지는 어느 날 승마를 나갔다가 가난의 원인을 깨달았다고 위에서 말했는데, 이처럼 철도 회사 등 힘센 자들이 토지를 독점하여 임금을 압박하는 것이 가난의 근본적 원인이라고 본 것이다.

또 다른 시대적 배경인 남북전쟁은 1861년부터 1865년까지 미국에서 벌어진 내전으로 결국 북부의 승리로 끝났다. 북부는 처음부터 흑인 노예의 해방을 위해 이 전쟁을 일으킨 것은 아니었다. 링컨 대통령은 이 전쟁을 연방의 유지를 위해 어쩔 수 없이 벌이게 된 전쟁이라고 규정했고 그런 입장에서 벗어나지 않으려 했다. 그러나 북부의 노예제 반대 인사들은 계속 대통령에게 노예 해방을 호소했다. 그리하여 링컨은 노예 해방이 북부의 입장을 도덕적으로 강화하여 전쟁의 승리에 기여할 것이라고 생각하여 노예 해방의 선언 시점을 신중히 저울질하게 되었다.

반면에 남부는 노예제를 옹호하면서 전쟁에 나섰다. 북부에 비해 산업이나 물류 면에서 열세였던 남부는 영국의 개입을 은근히 바라고 있었다. 남부의 면을 수입하기 위해 유럽의 여러 국가 특히 영국이 남부 편을 들어 개입해 준다면 승산이 있다고 생각했다. 남부는 전쟁에 이기는 것이 궁극적 목적이 아니라 남북분단의 현상을 그대로 유지하다가 영국과 프랑스 등의 해외 열강으로부터 국가로 인정받게 되면 그 결과로 전쟁이 무승부로 종식되기를 희망하고 있었다.

전쟁 초기에 전황은 북부에게 불리하게 돌아갔다. 북부의 사령관들, 가령 매클레란, 번사이드, 후커, 미드 같은 장군들은 남군 사령관 로버트 리 장군을 지나치게 두려워하여 교전을 하지 않으려 했다. 우세한 병력을 가지고서도 적의 병력수를 과대 포장하면서 링컨 대통령에게 계속 증원군을 보내달라고 요청했고, 막상 전투에 돌입해서도 미리 겁먹은 상태로 싸웠기 때문에 리 장군을 이길 수가 없었다. 자신이 질 것을 예상하는 장수가 어떻게 전투에서 이길 수가 있겠는가. 이렇게 전쟁 국면이 계속 불리하게 돌아가면 영국이 남북 전쟁에 개입하여 남부를 독립 국가로 승인할 수도 있었다. 이것을 예방하기 위하여 1863년 1월 1일을 기하여 링컨은 노예 해방을 선언했다. 이렇게 되면 노예제도를 폐지한 영국이 노예제를 옹호하는 남부를 인정하려 해도 명분이 약해지기 때문이다. 링컨은 여러 번 총사령관을 바꾸는 가운데 북군의 미드 사령관이 남군 리 사령관의 공세를 잘 막아낸 게티스버그 전투를 계기로 전황을 바꾸는 데 성공했고 마침내 서부 전선에서 대활약을 보이며 빅스버그 함락에 성공한 율리시즈 그랜트 장군을 북군의 총사령관으로 임명하여 리 장군으로부터 버지니아 주의 아포마톡스에서 1865년 4월 9일 항복을 받아냄으로써 전쟁을 승리로 이끌었다.

이 남북전쟁과 노예 해방은 헨리 조지의 사상 형성에 결정적 영향을 미친 사건이었다.

선원 생활에서 돌아온 열여섯 살 무렵의 헨리 조지는 어머니와 노예제에 대해서 이야기를 나누게 되었다. 그는 노예제 철폐를 강력하게 지지하는 입장이었고 어머니는 사회의 평화와 재산권의 관점에서 노예제를 지지하는 발언을 했다. 어머니는, 노예제의 폐해는 과장된 것이고 일부 노예 주인들은 잔인할지 모르나 대부분의 노예 주인들은 그렇지 않을 것이라고 말했다. 헨리 조지는 어머니는 "원칙이 아니라 정책"의 입장에서 그렇게 말한다면서 적극 반박했다. 어머니는 노예 주인들의 인정에 호소하고 있지만 그들이 노예들에게 저지를 수도 있는 일을 고려해야 한다고 말했다. 만약 노예를 물건 취급한다면 그 주인은 자기 물건이니까 마음대로 할 수 있다고 생각하여 그들을 학대할 수도 있고 더 나아가 죽일 수도 있으니, 정말 노예제는 나쁘다고 말했다.

헨리 조지는 『진보와 빈곤』에서 토지 사유제의 폐해가 노예제의 그것에 못지않다면서 그것이 현대판 노예 제도를 만들어내는 가장 커다란 사회악이라고 주장한다. 그리하여 제7권 3장에서는 이런 말을 하고 있다. "미국 내에서 벌어진 노예제 철폐 운동은 처음에는 노예 소유주들에게 보상을 거론하는 것으로 시작되었다. 그러나 4백만 명의 노예가 해방되었을 때 소유주들은 보상을 받지 못했고 보상을 요구하지도 않았다." 노예제 폐지에 대하여 남부 농장주에게 아무런 보상을 해주지 않았던 것처럼, 토지 사유제를 혁파하고 지대를 모두 세금으로 회수하는 데에도 전혀 보상을 해줄 필요가 없다는 것이다.

3. 헨리 조지에게 영향을 준 사상가들

조지에게 영향을 준 사상가로는 19세기 후반에 영미권의 대표적 사상가였던 허버트 스펜서(1820-1903)가 있다. 조지는 『진보와 빈곤』에서 제일 원리라는 용어를 자주 사용하고 있다. 이것은 허버트 스펜서의 저서 『제일 원리들』에서 처음 사용된 용어인데, 힘의 지속성의 원칙이다. 이 원리로부터 다른 원리들이 나오기 때문에 제일 원리라고 한다. 스펜서 당시에 자연 철학의 일반 원칙은 운동의 연속성과 물질의 파괴 불가능성이었다. 스펜서는 물질과 운동이 결국 에너지의 다른 형태라고 파악하면서 운동과 물질의 원칙들을 종합하여 힘의 지속성의 원칙이라고 불렀다. 헨리 조지는 제일 원리라는 용어를 세상이 정의롭게 운영되는 기본 원칙 정도의 뜻으로 사용하고 있다.

조지는 또한 『진보와 빈곤』에서 스펜서의 『사회정역학』을 인용하고 있다. 스펜서는 그의 책에서 토지의 독점적 소유가 부당하다는 것을 명확하게 증명하고 나서, 이 보상의 주장을 받아들이며 이런 말을 했다. "그들 자신의 행위나 조상들의 행위에 의하여 토지를 소유하게 된 지주들의 주장을 정확하게 감정하여 정직하게 획득한 부에 상응하는 보상금을 지불해야 한다. 이것은 장래 언젠가 문명사회가 해결해야 할 가장 복잡한 문제들 중 하나이다." 바로 이런 사상에 입각하여 영국 내에서는 정부가 개인의 토지를 시장 가격으로 모두 사들여야 한다는 주장이 나왔다.

또 이런 사상 때문에 존 스튜어트 밀은 토지 사유제의 본질적인 부당함을 깊이 인식하고 있었으면서도 토지의 전면 몰수가 아니라 향후 토지에서 발생하는 이득 분에 대해서만 몰수를 해야 한다고 주장했다. 그러나 헨리 조지는 원래 토지는 온 국민의 것이기 때문에 이런 보상이 불필요하다고 생각한다. 그렇지만 누대에 걸쳐 소유되어온 토지를 어느 날 갑자기 국가가 빼앗으면 문제가 될 것이므로 그 토지에서 발생하는 지대에 대해서만 국가가 세금 형식으로 모두 회수하자고 주장한다.

1882년에 영국으로 간 헨리 조지는 스펜서를 직접 만났다. 당시 조지는 아일랜드의 토지 문제에 대해 이런 생각을 갖고 있었다. 헨리 조지는 『진보와 빈곤』 제2권 2장 후반에서 아일랜드의 토지 상황을 이렇게 설명한다.

"그러나 이런 상황 아래에서도 아일랜드의 식량 생산은 8백만 명을 부양하고도 남음이 있었다. 왜냐하면 그 나라의 인구가 최고점을 찍었을 때 아일랜드는 식량 수출국이었기 때문이다. 심지어 기근이 들이닥친 때에도, 수출용 곡식, 고기, 버터, 치즈 등이 수레에 실려서, 굶어 죽어가는 자들이 즐비한 거리와 죽은 자들의 시체를 떠밀어 쌓아놓은 고랑을 따라서 이동해 갔다. 이러한 수출용 식량들 혹은 그 식량들 대부분에 대해서는 아무런 대가가 없었다. 아일랜드 사람들이 볼 때, 이렇게 수출된 식량은 불태워버리거나, 바다에 내던지거나, 아예 생산되지 않은 거나 마찬가지였다. 그것은 교환용이 아니라 공물용으로, 그러니까 부재지주들에게 지대를 지불하기 위해 수출되었다. 그 생산물의 생산에 전혀 기여한 바가 없는 자들이 생산자들로부터 강제로 쥐어짠 세금인 것이다."

아일랜드의 비참함을 조금이라도 생각해본 사람이라면, 그 나라의 궁핍과 고통을 인구과잉 탓으로 돌릴 수 없다고 단언한다. 그러나 아쉽게도 지주를 옹호하는 태도가 심지어 J.S.밀 같은 고결한 정신을 가진 저술가들의 책에서도 발견된다고 한탄한다. 그러면서 아일랜드 사람들이 거의 굶어죽을 정도로 가난하게 사는 것은 땅주인들의 압제와 수탈 때문이라고 단언한다.

헨리 조지가 스펜서를 만났을 때 스펜서는 조지에게 아일랜드의 토지 문제에 대하여 어떻게 생각하느냐고 물었다. 조지는 영국 정부의 가혹한 탄압 조치를 비난하면서 아일랜드 토지 동맹이 정당한 저항을 하는 것이라고 대답했다. 스펜서는 열띤 목소리로 반박하면서 이렇게 말했다. "구금된 토지 동맹 운동원들은 당연한 처벌을 받은 것입니다. 그들은 사람들을 선동하여 지주들이 받아야 할 정당한 몫인 지대를 거부하도록 부추기고 있습니다." 헨리 조지는 『사회정역학』에서 토지 사유제는 공정하지 않다고 주장한 사람으로부터 그런 대답을 듣자 경악하는 한편 혐오감을 느꼈다. 조지는 "우리는 그 문제에 대해서는 서로 합의를 보지 못하겠군요"라고 대답하고서 스펜서와 헤어졌다. 조지는 이 얘기를 가족 이외의 사람들에게는 거의 하지 않았으나 닥터 테일러에게만은 이런 편지를 써 보냈다. "허버트 스펜서는 잊어버리시오. 그는 지나칠 정도로 거만합니다. 나는 그가 그리 위대한 사람이라고 생각하지 않습니다." 그리하여 『진보와 빈곤』이 1897년 재쇄에 들어갔을 때 조지는 제7권 3장의 각주에서 스펜서를 맹비난했다.

고전경제학파의 여러 경제학자들에 대해서 헨리 조지는 비판적인 입장을 취한다.

조지는 애덤 스미스가 당초 임금을 노동의 생산물이라고 여겼다고 생각했다. 만약 스미스가 이것을 논의의 출발점으로 잡았더라면, 오늘날의 정치경제학은 많은 모순과 오류를 피할 수 있었을 것이라고 진단한다. 또한 애덤 스미스가 지대는 불로소득이며 임금을 압박한다는 것을 인식했으면서 더 이상 지대 문제를 연구하지 않은 것을 아쉽게 생각한다.

노동에 대하여 애덤 스미스는 애매한 입장을 취한다. 『국부론』에서 스미스는 상품의 가치를 둘로 나누어 하나는 사용 가치, 다른 하나는 교환 가치라고 하면서, 교환 가치의 양을 결정하는 척도는 노동이라고 말했다. 그와 동시에 스미스는 상품의 가치는 임금, 이윤, 지대의 3요소로 구성된다는 이원론적 주장을 편다. 노동 가치설의 원래 주장은 상품의 가치는 그것을 생산하는 데 들어간 노동량에 의해 결정된다는 것이나, 스미스는 이 명제를 일관되게 지키지 못하고 애매한 입장을 취한 것이다.

리카도는 이것을 수정하면서 이런 주장을 폈다. 한 상품의 가치 혹은 그 상품과 교환될 다른 상품의 수량은 그 생산에 필요한 노동의 상대량에 의해 결정되는 것이지, 그 노동에 대하여 지불되는 보수의 많고 적음으로 결정되지 않는다. 가령 골동품이나 고서화 같은 희귀한 상품이 아니라, 생산에 의하여 시장에 공급되는 많은 상품들의 가치는 상품을 만드는데 들어간 노동의 상대량에 의해 결정된다. 이러한 서로 다른 투입 노동량은 시장의 가격 기구를 통하여 자동적으로 조절된다. 또한 기계나 도구 등에 투입된 간접 노동도 직접 노동과 함께 상품 가치를 형성한다. 이상과 같은 리카도의 설명은 스미스의 노동가치설을 크게 보완했다.

그러나 리카도 역시 노동가치설을 완벽하게 마무리하지 못했다. 그는 서로 다른 상품에 투입된 노동량이 같더라도 상품의 가격은 달라질 수 있다고 보았다. 고정자본과 유동자본의 구성비, 고정자본의 내구력, 자본가의 자본 회수 속도 등이 다르면 가격이 달라질 수 있다고 인정했다. 리카도를 계승한 마르크스는 잉여가치설을 주장하여 이윤의 근거를 밝혔다. 마르크스는 상품 가치의 실체는 노동이며, 가치의 높고 낮음은 사회적으로 필요한 노동시간에 의해 결정된다는 것이다. 이러한 노동가치설에 입각하여 헨리 조지는 『진보와 빈곤』에서 노동을 제일 중시한다. 조지에 의하면 노동이 자본을 만들어내는 유일한 근거이며, 자본은 노동의 하위 개념이라는 것이다.

헨리 조지는 『진보와 빈곤』 제2권 1장에서 스미스가 저지른 실수를 리카도가 교정했다고 말하는데 이것은 지대와 관련해서 한 말이다. 애덤 스미스는 지대가 독점 가격이라고 말했다. 리카도는 이 말에 동의하면서도 그 개념을 좀 더 확장했다. 만약 토지가 공기처럼 무한히 공짜라면 원하는 사람이라면 누구나 그 토지를 사용할 수 있으므로, 토지는 아무런 가격도 없는 공공재가 될 것이다. 원시사회에는 모든 토지가 공짜였을 것이다. 따라서 가장 첫 번째로 등장한 농부가 가장 좋은 땅을 차지했다. 그러나 좋은 땅이 다 차지되자 그 다음에 오는 농부들은 그보다 질이 떨어지는 땅을 차지해야 되었다. 이렇게 되자 좋은 땅에는 가격이 붙게 되어 토지의 등급이 설정되었다. 리카도의 지대 이론은 공짜 땅에서 노동과 자본을 투입하여 100이라는 생산 한계가 나온다면, 다른 땅의 경우에는 그 100을 넘어서는 부분은 모두 지대로 흡수된다는 것이다. 헨리 조지는 이 책에서 리카도의 지대 이론을 그대로 수용하면서 이 지대가 임금의 저하를 가져오는 가장 심각한 요소라고 본다. 결국 이 지대를 노리고 토지 투기가 벌어지고 투기는 토지가 사유제이기 때문에 비로소 가능하다는 것이다. 또한 조지는 애덤 스미스가 공짜 토지가 많은 곳에서 임금이 높아지는 원인이 무엇인지 알아보았으나 그 사실의 중요성과 다른 사실(지대가 노동의 임금을 앗아간다)의 연계성을 이해하지 못했다고 본다. 그러면서 신생 식민지에서의 번영의 원인을 다룬 장(『국부론』, 4권 7장)을 소개한다.

> "식민지 개척자들은 자신이 경작할 수 있는 것보다 더 많은 토지를 획득한다. 그가 지불해야 할 지대도 없으며 세금도 거의 없다…그는 최고로 높은 임금을 주고서라도 다른 지역의 노동자들을 모으려고 애쓴다. 그러나 임금이 높아도 토지는 풍부하고 저렴하기 때문에 노동자는 곧 고용주를 떠나 스스로 지주가 된다. 그리고 그도 마찬가지로 똑같이 높은 임금을 주고서 다른 노동자들을 고용하게 되는데, 그 노동자도 그가 첫 번째 고용주로부터 떠난 것과 똑같은 이유로 그 농부를 떠나가게 된다."

헨리 조지는 애덤 스미스가 진정한 분배의 법칙을 놓쳐버렸다고 하면서, 스미스가 가장 원시적 형태의 사회 조직으로부터 시선을 돌려서 복잡한 사회 현상 속에서 최초의 법칙을 찾으려 했다. 그리하여 스미스는 자본의 기능을 설명하는 임금 기금 이론에 현혹되었다는 것이다. 또 스미스는 죽기 이태 전에 맬서스가 정식화한 인구의 이론을 막연하게 받아들이는 듯한 태도를 보였다. 그것이 논지 전개에 도움이 되었기 때문이다. 애덤 스미스 등 고전 경제학자들은 지대가 임금을 압박한다는 것을 알면서 더 이상 그 문제를 탐구하지 않았다. 그것은, 헨리 조지에 의하면, 영국의 귀족은 대부분 지주였고 그들의 권력이 아주 강력했기 때문에 스미스와 그 후의 경제학자들은 그들을 의식하여 지대 문제로 지주 계급을 공격하는 것은 그만두어 버렸다. 대신에 논의를 자본과 임금의 관계 쪽으로 돌려서 상인과 제조업자를 공격했고 여기에 일부 도움을 준 것이 맬서스의 인구론이라는 것이다.

이상에서 살펴본 바와 같이 조지는 고전경제학자들에 대해서 비판적이다. 동시에 그들에 대하여 섭섭한 감정도 갖고 있었는데 사후에 발간된 그의 저서『정치경제학』에서 이런 말을 하고 있다.

"정치경제학을 심오한 학문이라고 주장하는 사람들은 애덤 스미스의 시대 이후에 부가 무엇인지를 정의하려는 시도가 없었다. 재산이 무엇인지 규정하려 들지 않았고 생산 혹은 분배의 법칙들을 서로 긴밀히 연계시키려고 하지도 않았다. 그러다가 재야의 한 아마추어 경제학자가 불쑥 무대에 등장했다. 그는 대학 교육을 받은 사람도 아니면서 이 심오한 학문을 재구성했다. 그리고 그들로서는 비위가 상하게 그의 주장이 서서히 사람들의 주목을 받기 시작했다.

중학교를 중퇴한 후에 대학 구경이라고는 해본 적도 없고 화물선의 선실과 신문사의 인쇄소를 학교로 삼았던 사람이 현행 정치경제학의 모순을 지적하면서 경제학이라는 학문을 이처럼 무시해 버렸으니, 그들의 고된 훈련과 고통스러운 연구에 모욕이 아니고 무엇이겠는가? 그런 일이 벌어져서는 안 되는 것이었다. 그래서 그들은 영어권 3개 국가에서 수천 권씩 팔려나가고 여러 중요한 나라들에서 번역된『진보와 빈곤』을 논평할 가치조차 없는 책이라며 싹 무시해 버리기로 한 것이다. 그들은 이 책이 제시한 반론과 논증을 일체 거론하지 않으면서 마치 약속이나 한 것처럼 일체 침묵을 지킴으로써 그들의 경멸을 표시하기로 한 것이다."

한편 헨리 조지는『진보와 빈곤』의 4쇄 서문에서 이렇게 말했다. "내가 이 책에서 수행하려 했던 것은, 스미스와 리카도 학파가 인지한 진실을 프루동과 라살 학파가 인지한 진실에 서로 결합시키는 것이다. 진정한 의미의 자유방임 경제가 사회주의의 고상한 꿈을 실현시키는 길을 가리킨다고 납득시키는 것이다." 그래서 프루동과 라살을 개략적으로 알아두어야 할 필요가 있다.

피에르 프루동(1809-1865)은 평등과 사유 재산 철폐를 부정하는 사회주의 사상가였는데 국가마저도 거부한다는 점에서 다른 사회주의자들과 구분된다. 그러나 그는 공산주의에 대해서는 그것이 개인의 자유를 질식시키는 것이라고 생각하여 반대했다. 프루동은 자신이 생각하는 이상적 사회를 이렇게 설명한다. "무정부 상태에서 질서의 통합을 구현한 사회." 프루동은 정부가 없으면 개인의 부는 존재할 수 없다고 본다. 왜냐하면 부의 소유자를 보호해 줄 기관이 없기 때문이다. 공동체의 공동 소유권을 최초로 깨트린 자는 그 본질을 살펴보면 도둑이다. 그리하여 프루동은 "재산은 장물이다(The property – it is a theft)"라는 말을 남겼다. 여기서 말하는 재산은 이자, 이윤, 지대, 소작료 등 불로소득인 사유재산을 가리키며 사유 재산 일반을 말하는 것은 아니다. 만년의 톨스토이는 프루동을 만나 이 말을 듣고 감동을 받았고, 다시 단일세로 토지 공유의 효과를 내려는 헨리 조지의 사상에도 감동을 받았다. 고용주들은 노동자들의 노동에 대하여 그 가치를 충분히 계산하여 주지 않음으로써 노동을 강탈한다. 사회의 기본적 원칙은 누구나 자신의 노동으로 생산한 생산물을 소유할 수 있어야 한다. 이런 종류의 재산은 자연스러운 것이며 모든 사람들에 의해 존중될 것이다. 공동체로부터 재산을 훔치고 노동자를 약탈하는 자들을 보호해주는 정부가 존재하지 않는다면 말이다. 프루동의 아나키즘 (무정부주의)은 유럽의 노동운동에 큰 영향을 미쳤고 특히 프랑스와 스페인에서 파급 효과가 컸다. 그리고 미국 내에서도 한동안 IWW(Industrial workers of the world: 1905년 시카고 시에 설립된 혁명적인 산업별 미국노동조합의 연합체)를 떠받치는 철학 역할을 했다. 카를 마르크스의 사상에도 프루동의 영향이 발견되지만, 마르크스는 아나키스트(무정부주의자)는 아니다.

페르디난트 라살(1825-1864)는 독일의 사회주의자 겸 철학자이다. 그는 인간의 사회사를 세 단계로 구분했다. 첫 번째 단계는 자유 없는 일치단결로서 고대와 중세 시대가 여기에 해당한다. 두 번째 단계는 일치단결 없는 자유로서 1789년 이래 라살의 시대에 이르는 기간이 여기에 해당한다. 세 번째 단계는 모임(association)의 원칙을 통한, 일치단결 있는 자유인데, 미래 사회의 목표가 되어야 한다. 그의 사상을 요약하면, 국가가 후원하는 생산 노동자들의 모임을 전국적으로 조직함으로써 자본의 힘을 깨트릴 수 있다는 것이다. 그는 이러한 움직임의 핵심적 관건은 보통 선거권이라고 보았다. 노동자들의 숫자가 자본가들보다 압도적으로 많으므로 투표로 노동자 모임의 권익을 강화할 수 있다고 생각했다. 그는 생애 마지막 3년 동안 이 노동자의 모임을 전국적으로 조직하는데 온 힘을 쏟았는데, 이런 움직임이 독일 사회주의의 시조라고 여겨진다. 헨리 조지는 프루동으로부터 토지 공유제의 사상을, 그리고 라살로부터는 모임의 사상을 물려받았다.

4. 『진보와 빈곤』에 대한 반응

헨리 조지의 사상은 그의 시대에 엄청난 영향을 미쳤다. 그 사상은 조지주의(Georgism)라고 알려진 경제철학을 성립시켰고, 그의 사상을 신봉하는 사람들을 가리켜 조지스트(Georgist)라고 한다. 그의 대표 저서 『진보와 빈곤』은 진보주의 시대의 시작을 알리는 나팔 소리라는 얘기도 듣는다. 진보주의 시대는 1889년부터 1920년 사이에 미국 내에 진보주의가 널리 퍼져나간 시대로서, 헨리 조지의 경제사상과 부합하는 시대이다. 이 시대의 대표적 지식인 존 피터 알트겔드는 이렇게 말했다.

"다윈이 과학의 세계에 엄청난 영향을 미쳤다면 헨리 조지는 경제 사상의 분야에서 그에 못지않은 영향력을 발휘했다."

헨리 조지를 지지하다가 교황청으로부터 파문 처분까지 받았던 뉴욕 시의 한 가톨릭 성당 주임신부인 에드워드 맥글린은 이렇게 말했다.

"조지는 이 세상이 배출한 가장 위대한 천재들 중 한 사람이다. 그의 공감 넘치는 정서적 마음가짐은 엄청난 지적 재능과 맞먹을 정도로 뛰어나다. 그는 오늘날 문학과 과학의 분야에서 그 어떤 사람보다 존재감이 우뚝한 사회사상가이다."

영국 페이비안 협회의 회원이자 저명한 극작가인 조지 버나드 쇼는 이렇게 말했다.

"헨리 조지는 1880년대에 영국의 대표적 사회개혁가 6명 중 5명에게 영감을 준 인물이다. 이 사람들이 결국 페이비안 협회 같은 사회개혁 운동 조직을 만들었다."

그러나 헨리 조지의 사상에 가장 깊은 영향을 받은 사람은 러시아의 위대한 소설가 레프 톨스토이였다. 톨스토이는 『진보와 빈곤』이 발간된 1879년 무렵에 깊은 정신적 위기를 겪었다. 그는 정교회 집안에서 성장했으나 10대 시절 종교에 회의를 느끼고 종교에서 이탈했다가 50세가 되자 자신의 인생을 종교적으로 마무리하려는 강렬한 동경을 느끼게 되었다. 그가 볼 때 기독교의 핵심 사상은 보편적 사랑의 윤리이며 폭력을 완전히 버리는 것이었다. 그는 이런 종교적 사상을 바탕으로 타락한 정치와 경제 제도를 비판했다. 국가는 악 그 자체이며 토지의 개인 소유는 절도나 폭력에 바탕을 둔 것이라고 보았다. 따라서 이상적인 사회는 유토피아적 무정부 사회다. 방탕한 바람둥이였던 그는 철저한 금욕주의를 지키면서 섹스를 거부했고, 명백한 도덕 철학이 배제된 예술 작품도 거부했다. 이런 관점에서 셰익스피어의 작품을 공격했을 뿐만 아니라 그 자신이 이전에 쓴 작품들도 모두 부정했다.

그는 도덕적 스승으로 국제적 명성을 얻기 시작했고, 간디도 편지를 통하여 톨스토이의 제자가 되었으며 간디의 비폭력 사상은 그 후 마틴 루터 킹 목사에게 이어졌다. 1884년 이후 톨스토이는 자신의 사상을 생활 속에서 실천해나갔다. 그는 농부처럼 옷을 입었고 손수 노동을 했으며 육식을 거부했다. 재산을 거악이라고 생각하여 톨스토이 집안의 개인 영지인 야스나야폴랴나 농장에 대한 소유권을 포기하려고 했으나 아내 소냐와 자식들의 반대로 무산되었다.

이처럼 종교적 성자의 모습으로 전환하던 시기에 톨스토이는 『진보와 빈곤』을 읽게 되어 헨리 조지에게 커다란 친밀감을 느끼게 되었다. 1897년 조지가 사망하자 마치 자신의 친한 친구가 죽은 것처럼 슬퍼했다. 개인 영지 문제로 고민하던 톨스토이는 아일랜드의 토지 문제에 대해서도 깊은 관심을 가졌고, 그 문제를 해결할 수 있는 방안을 『진보와 빈곤』에서 발견하고 큰 감동을 받았다.

톨스토이는 이런 깊은 감명을 그의 저서 『인생독본』에서 그대로 기술하고 있다. 이 책은 1년을 365일로 나눠서 각 월별 날짜별로 여러 작가들에게서 가져온 명상의 말씀을 소개한 것인데, 톨스토이는 『진보와 빈곤』에서 가져온 문장을 무려 스무 군데에서 인용하고 있다. 또한 8월과 9월 사이의 읽을거리라는 칼럼에서는 4페이지를 할애하여 헨리 조지의 사상을 소개하고 있는데 그 내용은, 토지는 신의 선물이며 이것을 소수의 지주가 독점함으로써 노동자가 가난해진다는 것을 소개하고 있다.

톨스토이는 여기서 그치지 않고 그의 마지막 장편소설 『부활』에서도 헨리 조지를 거론하고 있다. 이 소설은 귀족 남자인 네흐류도프가 카추샤라는 여인을 유혹하고 내버림으로써 그녀를 비참한 신분으로 떨어지게 하지만, 이런 사실을 나중에 알게 되어 그 여자를 다시 살려주려고 백방으로 활약함으로써 "부활"의 과정으로 나아간다는 내용이다. 이 작품 중에서 네흐류도프는 자신의 개인 영지를 모두 농부들에게 나눠줌으로써 자신이 부활의 삶을 향해 나아가는 구체적 계기로 삼고 있다. 이 소설의 제1권 3장에서는 이런 말이 나온다.

"토지의 개인 소유는 명백하고 반박 불가능한 불의의 증거이다. 허버트 스펜서는 『사회정역학』에서 토지 사유제의 부당함을 예리하게 설파했다. 그리고 스펜서보다 후배인 헨리 조지는 이 사상을 더욱 자세히 부연 설명했다."

그리고 제2권 9장에서 네흐류도프는 이런 발언을 한다.

"토지는 모든 사람의 공동 재산입니다. 모든 사람이 토지에 대하여 똑같은 권리를 가지고 있습니다. 하지만 토지에는 좋은 땅과 나쁜 땅이 있습니다. 모든 사람이 좋은 땅을 차지하려고 할 겁니다. 그러니 이 토지를 공평하게 분배하려면 어떻게 하면 좋겠습니까? 이런 식으로 하면 됩니다. 좋은 땅을 사용하는 사람은 땅을 아예 사용하지 않는 사람에게 대가를 지불해야 합니다. 그런데 누가 누구에게 그 돈을 지불할 것인가, 결정하는 것이 어려운 문제인데다, 공동체는 공동의 목적을 위해 돈이 필요합니다. 그러니 좋은 땅을 사용하는 사람은 그 대가를 공동체에 지불하여 공동의 목적에 사용하게 해야 합니다. 이렇게 하면 모든 사람이 공평하게 공유하게 됩니다. 만약 당신이 땅을 사용하고 싶다면 그에 대하여 대가를 지불하십시오. 좋은 땅을 사용하면 돈을 더 많이 내야 하고, 나쁜 땅을 사용하면 적게 내면 됩니다. 당신이 땅을 아예 사용하지 않는다면 아예 돈을 낼 필요가 없습니다. 그러나 땅을 사용하는 사람은 세금을 내서 공동체의 비용으로 충당하도록 해야 합니다."

네흐류도프의 얘기는 토지공유제, 지대 수익의 국가 환수, 불로소득의 근절 등에 있어서 헨리 조지의 사상을 그대로 가져다 쓴 것이다.

저작의 해설

지금껏 경제학 책을 단 한 번도 읽은 적이 없는 독자를 위해 헨리 조지 사상의 개요를 준비해 보았다. 이어 조지의 유토피아적 사상을 간단히 기술하고, 마지막으로 헨리 조지 사상에 대한 찬반 입장을 함께 실어서 독자가 스스로 판단하는데 도움을 제공하려 한다. 텍스트에 대한 해석의 치맛단은 올라가기도 하고 내려가기도 하지만 독서는 어디까지나 독자가 텍스트를 꼼꼼하게 읽어서 독자적 판단에 도달하는 것이 가장 중요하다고 보기 때문이다.

1. 헨리 조지 사상의 요약

헨리 조지는 아주 오래된 산업 중심 지역에서 최악의 가난과 최고의 부가 공존하고 있다고 지적한다. 다시 말해, 현대적 기술로 생산력을 크게 증가시킨 곳에서 아주 극심한 가난이 발생한다는 것이다. 하지만 새로 개발된 지역이나 정착촌은 오래된 도시보다 부가 풍부하지는 못하지만 그런 빈부격차가 그래도 좀 덜하다. 이것은 우리가 상식적으로 기대할 수 있는 것과 정반대이다. 왜 일반 대중은 산업 생산력의 증가로부터 골고루 혜택을 받지 못하는 것일까? 그에 대한 헨리 조지의 대답은 생산된 부의 분배가 공평하지 못하기 때문이라는 것이다.

이어 조지는 당시의 정치경제학(고전학파의 경제학)에서 널리 받아들여지는 분배 이론을 검토한다. 그것은 생산의 3요소인 노동, 자본, 토지 사이에서 생산물이 분배되는 방식을 설명하는 이론이다. 그 결과 조지는 임금, 이윤(혹은 이자), 지대에 대한 기존 통설이 모두 미흡할 뿐만 아니라 서로 연결되지 않는다고 진단한다.

우선 임금에 대해서 알아보면, 애덤 스미스가 주창하고 후배 경제학자들이 받아들인 것으로는 임금 기금 이론(wage-fund theory)이 있다. 1820년대부터 1870년대까지 약 50년 동안 영국 경제학계에 대두된 학설로서, 데이비드 리카도를 경과하여 J.S.밀에 이르러 완성된 고전학파의 이론이다. 한 마디로 말하면, 임금은 자본에서 나온다는 것이다. 자본가가 임금 노동자에게 돈(임금)을 주기 때문에 노동자들은 생산을 하면서 살아갈 수 있다. 이어 자본가는 노동에 대한 투자를 생산물로 회수하여 그것을 팔아서 이윤을 남긴다. 그러나 이 학설의 근거는 몹시 박약하다. 자본의 총액이 일정하다 하더라도 어느 부분이 임금 기금이 될 수 있는가는 하나의 가상에 불과하고 또 노동자 숫자도 전부가 취업하여 임금을 받는 상태에 있다고 보기 어렵기 때문이다. 특히 이 학설에 의하면 노동자가 그 자신의 임금을 인상시키려면 임금 기금을 증대시키거나 노동자의 숫자를 감소시키는 수밖에 없다. 하지만 인구는 계속 늘어나고 있다. 그러니 결국 노동자의 부담과 희생을 요구하는 이론으로서, 자본가만 일방적으로 편드는 이론인 것이다. 조지는 이런 고전경제학파의 주장이 사실과 부합하지 않는다고 본다. 그는 임금이 자본에서 나오는 것이 아니라, 실제로는 노동의 생산물로부터 나온다고 주장한다.

더 나아가 조지는 임금 기금 이론이 맬서스의 『인구론』에 의해 더욱 그럴듯한 이론으로 포장되었다고 지적한다. 맬서스는 식량은 산술급수적으로 늘어나는데 인구는 기하급수적으로 늘어나기 때문에, 이 인구를 전쟁이나 산아제한 같은 수단으로 제한하지 않으면, 인간사회는 궁핍과 비참으로 고통 받을 수밖에 없다고 주장한다. 따라서 맬서스 이론은 임금은 늘 최저 생계 수준에 머무를 것이라고 본다. 인구 증가가 언제나 식량 공급을 부족한 상태로 만들기 때문이다.

그러나 조지는 맬서스 이론이 우리가 알고 있는 인구 상황이나 우리가 생산에 대해서 알고 있는 객관적 사실과 부합하지 않는다고 주장한다. 모든 산업 국가들에서 부의 총량은 인구 증가보다 더 빠르게 늘어났다는 것이다. 가장 부자인 나라들은 천연자원이 풍부한 나라가 아니라 유효 노동력이 풍부한 나라이다. 그래서 멕시코보다는 매사추세츠 주가, 브라질보다는 잉글랜드가 더 부국인 것이다. 매와 인간은 똑같이 닭을 잡아먹는다. 그러나 매가 늘어날수록 닭의 숫자는 줄어들지만, 인간이 늘어날수록 닭의 숫자는 증가한다. 왜냐하면 인간은 닭을 사육하여 그 숫자를 크게 늘릴 수 있기 때문이다. 어떤 일정한 지역에 인구가 듬성할 때보다는 인구가 조밀할 때 더 많은 생산물을 산출한다. 노동의 분업이 더 세분화되고 선진 생산 기술을 활용할 수 있기에 그런 효과가 발생하는 것이다. 헨리는 이렇게 주장하면서『인구론』이 부자인 사람들의 현상 유지 입장을 지원해주는 아주 사악한 학설이라고 맹공을 퍼붓는다. 그래서 헨리 조지는『진보와 빈곤』의 전반부에서 고전경제학의 임금 기금설과 맬서스의 인구론에 대하여 많은 지면을 할애하고 있다.

조지는 이어 자본을 언급하면서, "자연적" 사회에서는 노동이 생산을 하기 전에는 자본이 축적될 수 없다고 주장한다. 가령 노동자가 새알을 채취하거나, 야생 딸기를 따거나 할 경우에, 그의 임금은 그 새알이나 딸기이지, 자본에서 나온 게 아니라는 얘기다. 노동의 분업이 세분화된 현대 사회라고 할지라도 이런 임금의 상황은 원시 시대나 본질적으로 다를 바 없다는 것이다. 복잡한 교환의 기구를 통하여 노동자들은 모두 열심히 일하면서 서로 지원한다. 그래서 조지는 이런 말까지 한다. 내가 번역료 수입으로 쌀을 사들이고, 반면에 그 쌀을 생산한 사람은 농부이다. 그러나 교환의 효과를 통하여 내가 번역을 하는 것은 곧 내가 농사를 짓는 것이나 다름없게 된다. 따라서 노동이 가장 중요하다. 생각해 보라. 만약 노동자들이 모두 일을 멈추어 버린다면 자본만으로는 그 어떤 노동자도 먹이고 입힐 수가 없다. 이런 경우(노동의 전면 중단)에, 자본의 가치는 소멸되어버릴 것이다. 자본이 할 수 있는 일은, 개선된 기계류와 생산 시설을 갖추는데 도움을 주어 노동자들의 생산력을 더욱 높여주는 것 뿐이다.

이처럼 노동이 중요한데 왜 노동자는 가난한가? 헨리 조지는 임금이나 인구를 지배하는 자연법이나 자본의 압박 때문이 아니라 불공평한 부의 분배 때문에 가난이 심화된다고 진단한다. 그렇다면 불공정한 분배는 자본이 부당한 소득을 많이 가져가기 때문인가? 아니다. 자본의 소득을 적절히 분석해 보면 사정은 그렇지 않다. 엄밀히 말해서 자본이 가져가는 소득은 이자율이라고 보아야 한다. 그런데 일반적인 생각과는 다르게, 임금이 가장 높은 곳에서 이율도 가장 높다. 그래서 부의 분배가 심한 불균형을 이루는 선진국들에서 이율이 가장 낮다.

그렇다면 이윤은 어떤가? 이윤은 여러 가지 다른 종류의 소득을 망라하는 단어이다. 이윤의 일부는 노동자의 보수에 대한 대가이다. 좀 더 엄밀하게 말한다면 그것은 노동에 대한 대가이다. 또 일부분은 이자처럼 자본의 사용에 대한 대가이다. 그러나 이 부분(자본의 사용에 대한 소득)은 이자율과 거의 비슷하지만, 자본의 투입에 따른 위험부담이 있으므로 일반 이율보다는 약간 높다. 그리하여 마지막으로 남은 이윤의 부분은 토지의 사용에 대한 대가인데, 즉 지대이다.

조지는 이런 식으로 가난을 불러오는 원인들을 점검해 나가다가 지대의 지불이 가난의 원인이라는 결론에 도달한다. 이 과정에서 조지는 리카도의 지대 법칙에서 부분적인 설명을 얻는다. 공짜 땅에서는 지대를 받을 수 없고, 그 땅이 다 차지되고 나면 다른 땅보다 더 좋은 땅에서만 지대를 받을 수 있고, 지주는 그 땅을 소유했다는 그 사실 하나만으로 지대를 챙겨간다. 조지는 지대에 대해서는 리카도의 이론을 받아들이지만 임금과 이윤에 대한 리카도의 이론은 받아들이지 않는다. 조지는 지주들이 자본가만 착취한다는 리카도의 주장에 동의하지 않는다. 지주들은 노동(노동자들)이 현대적 생산 방식으로 땅에서 가장 큰 혜택을 올릴 수 있도록 하는 것을 방해한다는 것이다. 하지만 이 결론에 대해서도 조지는 단서를 단다. 노동자는 좋은 토지의 독점적 가치(지대)가 상승하는 것을 앞지를 정도로 기술 발전을 할 때에만 그 땅에서 혜택을 얻는다는 것이다. 또 기술 발전에 의한 혜택은 오래된 지역보다는 새로운 지역에서 얻을 수 있는 것이라고 조지는 말한다.

여기서 조지는 아주 독창적인 주장을 펴는데 그것은 시간의 검증을 이겨낸 타당한 주장이다. 토지의 가치를 상승시키는 것은 땅의 비옥도가 아니라 그 땅 주위에 사람들이 얼마나 많이 모여드는지, 그 사회의 생산성이 얼마나 증가했는지 등에 달려 있다. 부자가 되려면 토질이 좋은 농지를 살 것이 아니라, 앞으로 대도시로 발전할 가능성이 있는 중심지의 인근에 땅을 사야 한다는 것이다. 그 땅이 비옥한 토양을 가진 땅인지, 혹은 화강암 바닥의 단단한 땅인지 여부는 중요하지 않다. 이 말은 사실이다. 서울 강남구의 한복판에 있는 땅의 토질이 좋은지 나쁜지는 누가 신경이나 쓰겠는가? 사람이 많이 모여드니까 땅값이 올라가는 것이다. 이런 사정은 전 세계 어디서나 마찬가지다. 필라델피아의 땅처럼 충적토인지, 뉴올리언스처럼 강가의 낮은 지대 땅인지, 상트페테르부르크처럼 습지를 메워서 조성한 땅인지, 샌프란시스코처럼 모래벌판의 땅인지 등은 중요하지 않다. 단지 사람들이 모여든다는 그 이유 하나만으로 땅값이 올라가는 것이다.

그런데 여기서 이런 의문이 생긴다. 땅 주인은 한 게 아무것도 없는데, 그 땅에 들어선 사람들로부터 엄청난 지대를 받아간다는 것이 말이 되는가? 그 지대는 본질적으로 전혀 지주의 노동이 들어가지 않은 불로소득이다. 이런 터무니없이 높은 지대가 토지 투기를 재촉하는 원인이 되고, 장기적으로는 산업 불황의 원인이 된다. 투기가 산업 불황의 원인이 되는 것은 노동의 생산물인 물품에 집중하는 것이 아니라, 부의 생산에서 노동이 투입되어야 하는 것, 혹은 고정된 수량을 가지고 있는 것에 집중하기 때문이다. 그런데 그런 투기는 토지에 대한 투기밖에 없다.

헨리 조지는 토지 투기가 산업 불황의 원인이라는 사실은 미국에서 아주 분명하게 드러난다고 말한다. 산업 활동의 각 시기에서, 토지 가치는 꾸준히 상승하여 결국 투기로 이어졌고 이것이 다시 땅값을 크게 폭등시켰다. 그러자 생산의 부분적 중단 현상이 발생했고 그에 대한 필연적 결과로 효율적 수요가 중단되었다(거래의 둔화). 이로써 비교적 정체된 불황의 시기가 오고 이 기간을 힘들게 견디어 나가면 다시 균형점에 서서히 도달되어 한동안 호황을 누리다가 투기가 다시 시작되고 그리하여 불경기가 되풀이된다는 것이다.

그래서 조지는 이런 폐해를 없애기 위해 전국의 모든 토지를 공동 재산 (좀 더 구체적으로 말해 보자면 국가 재산)으로 만드는 것이 좋다고 본다. 하지만 그는 토지의 몰수 같은 과격하고 혁명적인 조치에 대해서는 망설인다. 그래서 개인의 토지 소유는 인정하여 지주의 마음대로 팔게 하되, 그 토지에서 나온 지대를 모두 국가의 세금으로 흡수하자는 것이다.

아무튼 헨리 조지는 이 지대 수입이 너무나 막대하여 모든 국가 행정 비용을 감당하고도 남음이 있다고 생각한다. 그런 만큼 이 토지 가치세(단일세) 하나만 남기고 그 밖의 모든 세금은 철폐하자는 것이다. 이러한 단일세 제도는 일찍이 중농주의자들에 의하여 주장되었다. 프랑스의 중농학파는 토지만이 순생산물 즉 순이익을 창조할 수 있기 때문에 모든 조세는 결국 토지에 전가되거나 귀속되는 것으로 보아, 처음부터 토지에만 세금을 부과하는 것이 옳다고 주장했다.

이러한 조치는 무역과 산업을 촉진하고 노동자들로부터 생산과 소비에 대한 세금을 모두 면제시켜 줄 것이다. 또한 토지를 소유하고 있는 것만으로는 돈을 벌 수가 없으므로, 지주들은 땅을 팔아서 토지 가격을 낮추거나, 아니면 자신의 토지를 개량하려고 애쓸 것이므로 생산성을 높이고 경쟁을 촉발시킬 것이다. 헨리 조지는 이 단일세가 가져올 여러 훌륭한 결과들을 자세히 설명한 후에, 이 조치를 적극적으로 채택해야 한다고 주장한다. 단일세가 시행되는 세상에서는 꾸준하게 고용 상황이 증가되고, 빈민가가 사라지고, 노동에 대한 수요가 늘어나서 임금이 올라갈 것으로 예측한다.

조지의 이러한 경제 사상은 현행 경제 제도에 대하여 획기적인 도전을 걸어오는 것이었다. 노동자의 권익을 획기적으로 개선시키려 한다는 점에서 카를 마르크스의 사상과 닮은 점이 있다. 마르크스는 개인이 자본을 소유하는 것을 철폐해야 한다고 주장했다. 마르크스의 『자본론』은 세 권으로 된 방대한 책이고 온갖 가상적 사례를 제시하여 읽어나가기가 아주 까다로운 책이지만, 그 주장은 분명하고 직접적이다. 자본가는 물건을 사용하기 위해 구입하는 것이 아니라 그것을 팔아서 이윤을 남기려고 한다. 자본가는 노동의 비용을 실제 노동의 가치 이하로 유지하여 그 차액을 챙겨서 자본으로 축적한다. 노동의 생산력을 높여주는 기계류와 건물 등도 실은 노동자에게 돌아가야 할 몫을 자본가가 챙겨서 사들인 것이기 때문에, 자본가는 그런 기계류와 건물을 자신의 것이라고 주장할 수 없다. 마르크스는 결국 자본은 노동의 착취에 지나지 않는다고 본다. 하지만 마르크스의 주장에도 허점이 있다. 그는 생산기술의 확대로 커다란 이윤이 실현되어 그 대가가 자본가와 노동자 모두에게 만족스럽게 돌아갈 수 있는 방법도 있음을 아예 무시해 버렸다. 서구의 자본주의 사회는 강력한 노조를 허용함으로써 자본가의 일방적 수탈을 억제하고 이런 분배가 어느 정도 이루어지는 쪽으로 진화해 왔던 것이다.

헨리 조지가 마르크스와 다른 점은, 전면적인 생산 수단의 회수가 아니라, 개인이 토지를 소유하는 데서 나오는 지대만 폐지하자고 주장하는 것이다. 그는 노동의 3요소인, 노동, 자본, 토지 중에서 자본은 노동의 하위 개념으로 보면서, 마르크스처럼 자본을 중시하지 않았다. 오히려 토지의 독점이 사회악의 근본 요소라고 보았다. 헨리 조지는 제3권 1장에서 이렇게 말한다.

"그러나 우리가 사물의 근원과 자연스러운 선후 관계를 살펴보면 이것(자본을 우선시하는 것)은 역전된 순서이다. 자본은 맨 먼저 오는 것이 아니라 맨 나중에 오는 것이다. 자본은 노동의 사용자가 아니라, 실제로는 노동에 의해 고용되는 것이다. 노동이 투입되려면 먼저 토지가 있어야 하고, 그런 식으로 노동이 투입된 이후에 비로소 자본이 생겨나는 것이다. 자본은 노동의 결과이고, 노동이 더 많은 생산을 하도록 돕는 데 사용되는 것이다. 노동은 활동적인 최초의 힘이고 따라서 자본의 사용자가 된다. 노동은 오로지 토지를 상대로 투입될 수 있고, 부로 변모시킬 수 있는 물질을 끄집어내는 것도 토지가 있어야 가능하다. 따라서 토지는 선행 조건이고 노동이 투입되는 들판이며 물질이다. 자연적인 순서는 토지, 노동, 자본이 되어야 한다. 우리는 자본을 논의의 출발점으로 삼는 것이 아니라 토지로부터 시작해야 한다."

헨리 조지가 이처럼 토지를 사회악으로 지목하고 있으므로 그의 사상을 가리켜 토지사회주의라고 말하기도 한다. 또한 조지는 마르크스의 사상에 반대하면서 그 사상을 그대로 실천하면 결국 독재정부가 들어설 것이라고 보았다. 마르크스 사상은 1917-1989년까지 70년 동안 러시아에서 실천되었는데, 공산당의 일당 독재 하에서 많은 경제적 실험이 결국 실패로 돌아가고 소련 해체로 붕괴되었음을 우리 모두가 알고 있는 바와 같다.

2. 유토피아 사상과 헨리 조지

헨리 조지의 주장이 나온 지 150년 가까이 되었고 그동안 그 사상을 실천해 보려는 구체적 사례들도 있었다. 가령 미국 앨라배마 주 모빌 만(灣)의 볼드윈 카운티의 페어호프 시(1894)와 델라웨어 주 뉴캐슬 카운티의 아든 마을(1900) 등 두 곳이 시범적으로 조지의 사상을 실천해 보았다. 처음에는 토지세 제도가 잘 정착되는 듯 했으나, 주변 마을들과의 다른 조세 제도로 인해 마찰이 생겨나서 결국 흐지부지되고 말았다. 이외에도 매사추세츠 주와 메인 주의 여러 마을에서도 시험해 보았으나 시간이 경과하면서 결국 다른 마을과 별반 다를 바 없게 되었다. 왜 이렇게 되었을까? 위에서 톨스토이가 그의 개인 영지 야스나야폴리아나를 농부들에게 무상으로 나누어 주려 할 때 그것을 아내 소냐와 자식들이 필사적으로 반발했다는 얘기를 했다. 이 에피소드는 무슨 일에든 거기에는 반드시 저항 세력이 있음을 보여주는 사례다.

헨리 조지는 토지의 개인 사유가 강탈이나 다름없기 때문에 아무런 보상도 없이 국가가 지대를 세금으로 회수해도 무방하다고 말했다. 하지만 그런 주장에 미국 토지 소유자들이 가만있을 리가 없었다. 미국의 경우 지주들은 다른 나라들의 지주보다 훨씬 막강했고 또 토지의 소유제도가 널리 분포되어 있다. 신세계인 미국은 건국 초기부터 토지 가치에 대한 투기가 부를 축적하는 표준적 방식이었다. 토지를 늘려서 돈을 버는 관행은 이미 막대한 부를 가진 사람이나 부동산 거래를 전문 직업으로 하는 사람들만 채택한 것이 아니라, 새로운 지역에 들어간 거의 모든 농부들이나 정착자들이 이런 방식

(홈스테드 법)으로 토지를 획득했고 그 결과 돈을 벌었다. 헨리 조지도 『진보와 빈곤』의 제7권 5장에서 이것을 지적하여 이런 말을 한다. "미 대륙이 너무나 넓게 보이고, 인구가 이동할 수 있는 지역이 너무나 광대하여 우리는 토지 사유제의 사상에 습관적으로 익숙해지고 말았다. 그리하여 그 제도의 본질적 불의함을 깨닫지 못했다." 심지어 도시에 사는 미국 노동자들도 공유지를 좀 관대하게 나누어달라고 시위를 벌이거나 노골적으로 주장하고 나설 정도였다. 그러니 헨리 조지의 토지단일세는 미국의 일부 부동산 투기업자를 겨냥한 것이 아니라, 미국 전 국민의 일반적 재산 형성 방식에 제동을 걸려는 것이었다. 당연히 저항은 엄청났고 조지의 사상은 철저하게 거부되었다.

이런 면에서 『진보와 빈곤』은 유토피아적 동경이 아주 강한 저서라고 할 수 있다. 그런 측면을 보여주는 에피소드로는 이런 것이 있다. 1889년에 『진보와 빈곤』에 표절 시비가 붙었을 때, 헨리 조지는 다음과 같은 논지로 반박했다.

"만약 사상이 서로 비슷하다는 논리로 표절 의혹을 제기하는 것이 가능하다면 패트릭 도브는 허버트 스펜서를 표절한 것이다. 스펜서 또한 1765년에서 1819년 동안 애버딘의 킹스 칼리지에서 교수로 활약한 윌리엄 오길비를 표절한 것이다. 오길비는 토머스 스펜스에게서 표절한 것이다. 스펜스는 1775년에 토지 공유제에 관하여 유사한 주장을 폈던 것이다…. 내가 '우리의 토지와 토지 정책'이라는 논문을 써냈을 때 나는 중상주의자나 단일세 얘기를 일체 들은 것이 없었다. 하지만 내가 본 것(토지 공유제)이 진짜 별이라면, 다른 사람들도 전에 그것을 보았을 것이라고 짐작했다.

『진보와 빈곤』에 대해서도 같은 얘기를 할 수 있다. 나는 이미 그 책에서 독자들 중에는 자신이 했던 생각의 메아리를 들은 것 같다고 말하는 사람이 많으리라 언급했다. 당시에 내가 그렇게 생각했던 것 이외에도, 나보다 앞선 시대를 살았던 많은 사람들 역시 이와 동일한 본질적 진리를 꿰뚫어보았을 것이라고 확신했다. 나는 그런 사람들이 있었다는 얘기를 연이어 계속 듣게 되면서, 나는 그 사람들이 나의 아이디어에 추가적인 증거를 보태주고 있구나 하는 생각이 들었다. 그 사람들을 포함하여 나는 정말로 진정한 길 위에서 있었다. 우리에게 맞서는 무지와 권세가 만만치 않음을 보여주었다. 하지만 우리의 든든한 후원 세력이 있는데 그것은 희망과 믿음으로 가득 찬 수세기에 걸친 지혜였다. 그것은 인간이 갖고 있는 가장 깊고, 가장 분명한 지혜이기도 했다."

이 가장 깊고, 가장 분명한 지혜는 무엇이겠는가? 그것은 곧 유토피아에 대한 동경이다. 일찍이 프랑스의 소설가 아나톨 프랑스는 이런 말을 했다. "우리들보다 앞선 다른 시대에 유토피아를 동경하는 사람들이 없었다면 인간은 아직도 동굴 속의 비참하고 벌거벗은 상태에서 살고 있을 것이다. 유토피아는 모든 진보의 원리이며 한층 나은 미래를 향한 시도이다." 진보에 대한 신념은 이성과 신앙에 대한 신뢰를 뜻하며, 그 신뢰란 인간이 이성과 신앙을 통하여 사회 환경을 통제하고 한층 더 좋은 생활 조건을 창조할 수 있다는 신념을 의미한다.

이런 점에서 헨리 조지의 사상은 과거로부터 연면하게 이어져온 유토피아 사상의 현대적 표현인 것이다. 실제로 조지는 제10권 5장 끝부분에서 자유와 정의의 황금시대를 열망하면서 이런 말을 하고 있다. "그것은 시인들이 노래해 왔고 높은 곳에 다녀온 예언자들이 비유법을 써서 말해준 황금시대이다. 그것은 꺼졌다 켜졌다 하는 찬란한 빛으로 늘 인간을 사로잡아온 영광스러운 비전이다."

유토피아는 원래 황금시대의 동경으로부터 흘러나온 것인데, 일찍이 오비디우스는 장편서사시 『변신 이야기』에서 인류의 시대를 금은동철의 네 시대로 분류하면서 황금시대를 이렇게 묘사했다. 황금시대에는 치안을 담당하는 관리도 없고 법률 없이도 자발적으로 신의와 권리를 숭상했다. 징벌이나 공포도 없었다. 인간은 자기가 태어난 마을 이외의 곳은 알지 못했다. 마을 주위에 깊은 참호를 파는 일도 없었다. 병졸이 필요하지 않았으므로 종족들은 아무 근심 없이 평화로운 생활을 영위했다. 괭이로 일구지 않고 보습으로 찌르지 않아도 땅은 저절로 모든 것을 생산했다. 봄날은 영원히 계속되었고 사람들은 먹을 것이 언제나 풍부했다.

그 다음의 순은 시대에 인간은 처음으로 집으로 들어갔는데, 주로 동굴, 짙은 숲속의 피신처, 나무껍질로 고정시킨 나뭇가지 등의 조잡한 주거지에서 살았다. 이 때 처음으로 인간은 농사를 지었다. 그 다음 청동 시대에 사람들의 성격이 사나워졌고 끔찍한 무기를 집어들 준비가 되어 있었다. 마지막으로 강철의 시대에는 모든 죄악이 밖으로 튀어나왔다. 염치와 진실과 신의는 사라져버리고, 그 자리에 사기와 기만과 음모와 폭력과 사악한 소유욕이 들어섰다. 이 시대에 해롭기 짝이 없는 쇠가 등장했고 그 쇠보다 더 해로운 황금이 나타났다. 자연히 쇠와 황금을 얻기 위한 전쟁이 벌어졌고, 전쟁은 그 피 묻은 손에서 번쩍거리는 무기를 휘둘렀다. 사람들은 남의 것을 강제로 빼앗는 약탈을 해서 먹고 살았다.

오늘날의 강철 시대가 오게 된 것은 약탈과 기만으로 남의 것을 빼앗아 자신의 부를 늘리려 하는 인간의 탐욕 때문인데, 헨리 조지는 그 탐욕이 가장 잘 드러난 것이 바로 개인의 토지 소유라고 되풀이하여 지적한다. 그러면서 조지는 제7권 1장의 각주에서 황금시대의 모습을 연상시키는 이런 사례를 들고 있다. "여기서 한 가지 사례만 들어보겠다. 뉴질랜드의 백인 정착자들은 마오리 족으로부터 토지의 완벽한 권리를 인정받을 수가 없었다. 마오리 족은 이런 논리를 폈다. 설사 부족민 전체가 토지의 판매에 동의했다고 하더라도 그들 사이에서 앞으로 태어날 새로운 아이들은 여전히 토지에 대해서 추가적인 권리를 주장할 수 있다는 것이었다. 현재의 마오리 부족이 양도하는 것은 그들 자신의 토지 사용권일 뿐, 태어나지 않은 아이들의 토지 사용권을 판매할 수는 없다는 논리였다. 이때 뉴질랜드 정부가 개입하여 부족 연금을 제시하는 것으로 땅을 사들이는 문제를 마무리 지었다. 그 연금은 앞으로 태어나는 모든 아이가 일정한 액수를 공유하는 것이었다."

헨리 조지는 토지 가치세의 시행으로 노동이 충분한 보상을 받은 환경이 조성되면, 사람들이 부자를 부러워하며 무슨 수를 써서라도 부자가 되어야겠다는 이기적 마음을 발휘할 이유가 없다고 말한다. 그는 제9권 2장에서 이런 말도 한다. "살 날이 앞으로 몇 년 밖에 없는 데도 노예처럼 돈 버는 일에만 몰두하다가 그 돈을 써보지도 못하고 부자인 상태로 죽는 사람들의 광경은 그 자체로 부자연스럽고 어리석은 것이다. 가난의 공포가 사라져서 오늘날의 일반 대중이 큰 부자를 쳐다보며 부러워하는 존경심이 사라졌다고 해보자. 그렇다면 자신이 사용할 수 있는 것보다 더 많이 획득하려고 애면글면하는 사람은 머리에 모자를 여섯 개나 쓰고 걸어가는 사람, 혹은 무더운 여름날에 외투를 입고 걸어가는 사람 취급을 당할 것이다. 모든 사람이 필요한 것을 충분히 얻을 수 있다고 확신한다면 아무도 그 자신을 짐말 같은 존재로 만들려 하지 않을 것이다."

이어 헨리 조지는 제9권 4장에서 이기심을 인간 행위의 주된 동기로 파악하는 것은 잘못되었다고 논박한다. 그것은 현재만 제대로 보지 못한 것이 아니라 과거도 옳게 읽지 못한 것이다. 인간은 자신의 목숨을 위해서라면 그가 가진 것을 모두 다 내놓는다는 것이 이기심이라면, 고결한 이상을 위해 목숨마저도 내놓는 것이 역시 인간이라면서 이기심을 초월할 수 있는 인간의 고상한 마음을 강조한다. 부를 공평하게 분배하면 모든 사람이 가난의 공포에서 벗어날 것이고, 부에 대한 탐욕은 자연스럽게 소멸할 것으로 본다. 헨리 조지는 또 경제 법칙은 곧 도덕의 법칙이고, 앞으로 문명이 퇴보하지 않으려면 반드시 도덕지향적으로 나아가야 한다고 주장한다.

그러나 이기심에 대해서는, "우리가 저녁 식사를 할 수 있는 것은 정육점 주인, 양조장 주인, 빵집 주인의 자비심 때문이 아니라, 그들이 자신의 이익을 챙기려 하기 때문이다"라는 애덤 스미스의 말도 함께 고려해 보아야 하고, 경제 법칙이 곧 도덕 법칙이라는 데 대해서는 인간은 최소한의 노력으로 최대한의 욕구를 충족시키려 한다는 경제학의 기본 원칙도 생각해 보아야 한다. 이런 여러 가지 점들을 두루 살펴볼 때 헨리 조지의 사상은 유토피아적 열망이 강하다고 할 수 있다.

3. 조지 사상에 대한 찬반

조지는 토지가치세 즉 단일세를 시행하면 그것으로 국가 행정 비용을 모두 충당할 수 있으므로 나머지 세금들을 일괄 폐지할 수 있고 그리하여 노동자의 실질 임금을 더욱 높일 수 있다고 주장했다. 헨리 조지가 이런 주장을 펼당시에는 그것이 과연 실제와 부합하는 주장인지 확인할 길이 없었다. 조지의 생전에는 미국의 국가 수입에 대한 통계 수치가 미비하여 확인해 볼 길이 없었던 것이다. 그러나 그로부터 근 150년 가까이 세월이 흘러갔으므로 그동안의 통계 수치로 이 주장을 검증해 볼 수 있게 되었다. 미국의 남북전쟁이 끝난 1865년부터 미국이 한국 전쟁에 참여한 1950년까지 근 백 년 동안의 통계 연구는 미국의 노동자 실질 임금이 생산 능력의 상승과 비례하여 올라갔다는 수치를 보여주고 있다. 또한 부동산 소득이 그 기간 동안 노동 소득을 희생시켜 가면서 올라간 것도 아님을 보여주고 있다.

그런데 20세기 동안에 미국 내 연방 정부와 지방 정부의 행정 비용은 엄청나게 늘어났다. 인구 증가와 함께 각 정부의 기능이 그만큼 확대되었기 때문이다. 연방정부와 지방정부가 아무런 조세저항이나 심각한 불경기 없이 지대 수입을 그대로 다 세금으로 회수했다고 할지라도, 그 세금만으로는 행정 비용을 다 충당하기는커녕 엄청나게 모자라는 것으로 판명되었다. 1929년에 미국 부동산 지대는 국가 수입의 약 6% 정도였다. 그런데 이 비율은 그 후 꾸준히 떨어져서 21세기에 들어선 현 시점에서는 1%까지 낮아졌다. 그리하여 한때 연방정부와 지방정부의 비용 중 65%를 지원하던 부동산 세금은 오늘날 약 17% 정도만 부담하고 있다.

이러한 통계 수치를 제시하면서 조지의 사상에 비판적인 사람들은 단일세 주장이 별 호소력이 없다고 주장한다. 단일세는 과거의 무질서한 조세 제도에 대한 하나의 반발로서 주장할 수는 있었으나, 오늘날 실제적인 효과는 거의 거둘 수 없다는 것이다. 단일세만으로는 국민 소득을 완전 포착할 수 없을 뿐만 아니라, 조세부담의 형평성도 실현할 수가 없기 때문에 오늘날 모든 국가는 여러 가지 항목의 세금으로 세원을 포착하는 조세제도를 채택하고 있다. 사실 우리나라만 해도 소득세, 법인세, 부가가치세, 양도소득세, 상속세 등의 직접세와, 물품세, 주세, 담배세 등의 간접세가 중요한 국가 소득원으로 되어 있다. 조지가 자신이 잘 아는 캘리포니아와 샌프란시스코 주위의 환경을 관찰하고 또 몇 가지 간단한 전제들만 가지고 내놓은 단일세 주장은 오늘날의 현실과는 맞지 않는다는 것이다. 또 토지의 소유와 판매는 인정하되 땅주인으로부터 지대만을 회수하자는 조지의 주장에 대해서도, 명목적으로는 토지 사유제가 유지되는 것처럼 꾸미고 있지만, 실제적으로는 그 제도의 밑바탕이 되는 동기와 효력을 박탈하는 것이라고 반박한다.

반면에 그의 사상을 지지하는 조지스트들은 이런 주장을 편다. 단일세만으로 국가 행정 비용을 모두 감당할 수 없다는 것이 밝혀졌다고 해서, 조지가 지적했던 일차적 원인인 현상, 즉 부동산 투기에 의한 불로소득을 해결하려는 시도마저도 잘못된 것이라고 볼 수는 없다. 오늘날 부동산의 불로소득을 세금으로 환수해야 한다는 조지의 주장은 오히려 더 큰 호소력을 갖게 되었다는 것이다.

부동산으로 불로소득을 올린 사례는 멀리 미국을 참고할 것도 없이, 우리나라의 사정을 살펴보면 더욱 이해가 빠르다. 한국의 부동산 가격이 얼마나 높은지 한국의 땅을 모두 팔면 그 돈으로 미국 땅의 절반을 살 수 있다는 말까지 나올 정도이다. 2018년 후반, 정부는 서울시 강남구 일대의 아파트 값이 상승하는 것을 막기 위해 모든 조치를 다 취했다. 그런데 다들 과거의 경험에 의해 잘 알고 있다시피 강남구의 집값은 그대로 내버려두면 잘 안 오르는데 정부가 집값을 떨어트리려는 조치를 취하면 오히려 더 올라가는 이상한 현상을 보여 왔다. 이것은 사람들이 정부의 부동산 정책보다는 부동산 불패의 신화를 더 믿기 때문이다.

조지는 『진보와 빈곤』에서 토지를 사놓고 땅값이 오르기만을 기다려서 부자가 된 사례를 여러 군데에서 제시하고 있다. 제4권 2장에서 최초의 정착자가 부자 되는 방법을 서술하고 있고, 제5권 2장에서는 돈을 쉽게 버는 방법으로 이런 말을 하고 있다.

돈 버는 방법을 아는 냉철한 사업가에게 이런 질문을 해보자. "여기에 작은 마을이 있는데 앞으로 10년 안에 큰 도시가 될 것이다. 10년 사이에 철도가 역마차를 대신하고, 전기가 촛불을 대신할 것이다. 그 도시에는 노동의 효율성을 엄청나게 높여주는 기계류와 기술 개량품들이 넘쳐날 것이다. 앞으로 10년 사이에 이자가 지금보다 더 높아질까?" 그는 대답할 것이다. "아닙니다!"

"보통 노동의 임금이 더 높아질까? 자신의 노동력밖에 없는 사람이 독립적인 생활을 할 수 있을까?" 그는 대답할 것이다. "아닙니다. 보통 노동의 임금은 지금보다 더 높아지지 않을 것입니다. 오히려 더 낮아질 가능성이 많습니다. 단순 노동자가 독립적 생활을 하는 것은 쉽지 않을 겁니다. 노동자의 삶은 더 어려워질 가능성이 있습니다."

"그러면 무엇이 더 올라갈까?"

"지대 혹은 땅의 가치이지요. 지금이라도 당장 가서 그 땅을 사들이고 오래 붙들고 계십시오."

땅 투기로 손쉬운 돈을 버는 방법은 이제 하나의 상식이 되었다. 얼마전에는 대기업이 갖고 있는 땅이 몇 년 전에 비해 땅값이 세 배로 올랐다는 보도도 나왔다. 그런데도 조지 사상에 반대하는 사람들은 "세금으로는 부동산 투기를 막을 수 없다"라고 하고 있다. 우리나라의 부동산 불패 신화가 기승을 부리는 것은 부동산 보유에 대한 세금(재산세)은 적은 대신 부동산을 이전하는데 대한 세금(양도소득세)이 높기 때문이다. 따라서 부동산 보유에 대한 세금을 높여야만 부동산 투기에 의한 불로소득을 억제할 수 있다. 그러나 기존에 실시하고 있는 세금만으로는 부동산 투기 근절에는 한계가 있다. 그래서 더욱 강력한 대처 방안으로 나오는 것이 토지 보유세(헨리 조지의 토지 가치세에서 발전된 개념)이다. 전국의 모든 토지를 대상으로 토지보유세를 거두어 여기서 조성된 돈을 모든 국민에게 골고루 나누어주자는 제안이다.

그러나 위에서 미국 토지 소유자들의 반발 사례를 언급한 바 있듯이, 우리나라에서도 땅을 많이 가진 사람들이 이런 정책에 찬성할 리가 없다. 게다가 미국이나 한국이나 민주 사회이기 때문에, 중요한 정책은 국민들의 동의를 얻어야 한다. 그 동의를 얻어내기가 낙타가 바늘 구멍을 지나가는 것만큼이나 어렵다.

헨리 조지도 이 점을 꿰뚫어 보고 제8권 4장에서 이렇게 말한다. "토지 가치세는 땅 주인들에게만 부과되고 그들은 그 부담을 다른 사람들에게 전가시키지 못한다. 따라서 권력을 가진 막강한 계급은 세수의 원천으로 토지 가치세를 거부하고 그 대신에 다른 것들에게 매기는 과세 방법을 고집하여 관철시켰다. 가령 2백 년 전에 영국의 지주 계급은, 봉건제의 토지 소유 상황 아래에서는 그들이 납부해야 할 세금을, 모든 소비자들이 부담하는 소비세로 대체시켜서 남들이 부담하게 했다."

국정 운영을 정의와 편의의 두 가지 관점에서 살펴볼 때, 후자(편의)의 입장에 선 사람들 혹은 조지 사상에 반대하는 사람들은 이렇게 말한다. "사회 전체의 편의가 그것(현재의 상태)을 요구하고, 기존 정부 방침에 저항하거나 그 방침을 바꾸는 것이 커다란 공적 불편과 사회 혼란을 초래하는 경우라면, 기존 방침에 복종하면서 더 이상 저항하지 않는 것이 사회 안정의 지름길이며 그것이 곧 정의이다."

그러나 조지스트는 그것을 가리켜 편의를 정의로 변장시킨 궤변에 불과하다고 말한다. 사회의 빈곤층은 너무나 살기가 힘든데 토지 보유에 의한 불로소득이 더욱 심화되면 그것은 부자만 잘 살고 가난한 사람은 더욱 고통 받는 상태를 현재 그대로 방치하겠다는 것이나 마찬가지다. 이런 식으로 계층 간 소득 격차와 불화가 심각해지는 것을 그대로 내버려두면 그것이 어떻게 공정하고 정의로운 사회라고 할 수 있겠냐는 것이다. 자기 몫을 제대로 받아 가지 못하는 사람들을 살리기 위해서는 부동산 투기와 불로소득을 근절하여 그들에게 적정한 임금이 돌아가게 해야 하고 그러자면 초강력 대책을 써야 한다는 것이다.

경제학 책을 처음 읽는 독자라면 이 찬반 양론을 접하고 두 입장이 모두 그럴 듯하게 보여서 선뜻 어느 한 편의 손을 들어주기가 어렵다. 아무튼 오늘날 한국 사회가 돌아가는 상황을 살펴보면, 빈부격차의 최대 원인은 부동산 투기에 의한 불로소득이고 이것을 해결하지 않는 한, 사회 정의의 구현은 요원하다는 헨리 조지의 주장은 여전히 유효하고 타당한 것이다. 우리가 『진보와 빈곤』을 읽으면서 그 유토피아적 비전에 감동하면서 동의하게 되는 것도 바로 그것 때문이다.

마지막으로, 『진보와 빈곤』은 저자가 제6권의 1장에서 붙인 6개의 소제목과, 제8권 3장에서 붙인 4개의 소제목을 제외하고는 전편을 통하여 소제목이 들어 있지 않다. 옮긴이는 독자가 이 방대한 책의 내용을 쉽게 찾아보고 또 책의 가독성을 높이기 위하여 각 권의 각 장에 적당한 분량마다 소제목을 붙였음을 밝힌다. 책을 읽기 전에 이 소제목을 미리 읽어두면 책의 전체적 윤곽을 파악하는데 도움이 되리라 생각한다.

옮긴이 이종인

1954년 서울에서 태어나 고려대학교 영어영문학과를 졸업하고 한국 브리태니커 편집국장과 성균관대학교 전문 번역가 양성 과정 겸임 교수를 역임했다. 지금까지 250여 권의 책을 번역했다. 인문사회과학 분야의 교양서, 특히 서양의 고대와 중세에 대한 역사서를 많이 번역했다. 번역 입문 강의서 『번역은 글쓰기다』, 『살면서 마주한 고전』 등을 집필했으며, 옮긴 책으로는 『리비우스 로마사 Ⅰ, Ⅱ, Ⅲ, Ⅳ』, 『로마제국 쇠망사』, 『고대 로마사』, 『숨결이 바람 될 때』, 『변신 이야기』, 『작가는 왜 쓰는가』, 『호모 루덴스』, 『중세의 가을』, 『유한계급론』 등이 있다.

현대지성 클래식 26

진보와 빈곤

1판 1쇄 발행 2019년 5월 23일
1판 9쇄 발행 2024년 10월 14일

지은이 헨리 조지
옮긴이 이종인
발행인 박명곤 **CEO** 박지성 **CFO** 김영은
기획편집1팀 채대광, 김준원, 이승미, 김윤아, 이상지
기획편집2팀 박일귀, 이은빈, 강민형, 이지은, 박고은
디자인팀 구경표, 유채민, 임지선
마케팅팀 임우열, 김은지, 전상미, 이호, 최고은

펴낸곳 (주)현대지성
출판등록 제406-2014-000124호
전화 070-7791-2136 **팩스** 0303-3444-2136
주소 서울시 강서구 마곡중앙6로 40, 장흥빌딩 10층
홈페이지 www.hdjisung.com **이메일** support@hdjisung.com
제작처 영신사

ⓒ 현대지성 2019

"Curious and Creative people make Inspiring Contents"
현대지성은 여러분의 의견 하나하나를 소중히 받고 있습니다.
원고 투고, 오탈자 제보, 제휴 제안은 support@hdjisung.com으로 보내 주세요.

현대지성 홈페이지

현대지성 클래식 살펴보기